EN BONNE FORME

Sixth Edition

EN BONNE FORME

SIMONE RENAUD DIETIKER
formerly of San José State University

DOMINIQUE VAN HOOFF
San José State University

Houghton Mifflin Company   Boston   New York

Senior Sponsoring Editor: E. Kristina Baer
Development Editor: Cécile Strugnell
Project Editor: Nicole Ng
Senior Production/Design Coordinator: Jennifer Waddell
Manufacturing Coordinator: Lisa Merrill
Marketing Manager: Elaine Uzan Leary

Cover design: Harold Burch, Harold Burch Design, New York City

Cover image: Magnum Photos, Inc. © 1952 Henri Cartier Bresson

Credits for photos and text are found on page 498.

Printed in the U.S.A.

Library of Congress Catalog Card Number: 96-76879
Student Text ISBN: 0-669-41624-X
Instructor's Edition ISBN: 0-669-41625-8

1 2 3 4 5 6 7 8 9 -QM- 00 99 98 97 96

Préface

En Bonne Forme, Sixth Edition, is a complete intermediate program written in French; it is designed for students who have completed an introductory course at the university level or two to three years of French at the high school level. It will also be a useful reference text for those who wish to review their skills and to regain their fluency in French.

After twenty-five years, *En Bonne Forme* is still based on the conviction that a solid knowledge of French grammar is important. Each grammar topic is introduced by one or more excerpts of French or francophone literature; these reading selections (**Lectures**) are placed at the beginning of the chapter and serve to illustrate the grammar topic. The core of the chapter is the grammar section, (**Grammaire**) which consists of a thorough explanation of the topic with reinforcement exercises after each major step. **Formules à retenir** are a selection of idiomatic expressions that appear in the **Lecture** or are related to the grammar topic. Each one is followed by a reinforcement exercise. The fourth major feature is the **Synthèse** section, containing contextualized activities, suggestions for class discussion, a translation exercise, and topics for written compositions. In *En Bonne Forme* students are thus given ample opportunity to improve all four skills—reading, writing, listening, and especially speaking. A Workbook/Laboratory Manual rounds out the program.

Organization of the Text

En Bonne Forme contains twenty-three chapters, written in French, and a Preliminary Chapter in English. The **Preliminary Chapter** reviews introductory-level material and provides an overview of the basics of French grammar. In addition, it introduces the French grammatical terminology that is used throughout the rest of the text.

The twenty-two regular chapters are structured as follows:[1]

Vocabulaire

Vocabulaire de la lecture

Vocabulaire supplémentaire

---

[1] Chapter 23, *La phrase complexe,* is different; it contains only the grammar topic with reinforcement exercises.

Lecture

précédée de

Notes sur l'auteur

Préparation à la lecture

suivie de

Questions sur la lecture

Questions personnelles

Leçon de grammaire avec exercices

Formules à retenir avec exercices

Synthèse

Applications

Conversations

Traduction

Rédactions

Vocabulaire: Based on the chapter literary selection, this list contains high-frequency vocabulary appropriate for the intermediate level. This vocabulary is *actif*. It is recommended that students memorize it, since these words are important to understand the story and will appear in numerous exercises. The **Vocabulaire supplémentaire** presents additional words related to the topic of the reading and selected to help the students answer the **Questions personnelles** or other open-ended activities in the chapter. It is a "passive" vocabulary, which does not need to be memorized, although hopefully, the students will use and retain some of the words. Low-frequency words are glossed in the margin of the text for recognition only. This division between active and passive vocabulary and glossing is meant to facilitate the assimilation of new vocabulary by giving students the chance to learn it *par petites doses,* instead of overwhelming them with long lists of new words.

Lecture: The reading selections in *En Bonne Forme* consist of twenty-eight literary texts by twentieth-century writers from France, Canada, Belgium, Africa, and the Caribbean. They have been selected for their interest to students and for their wide variety of styles and genres. In addition, each provides many examples of the chapter grammar topic used in context before the topic itself is presented.

Preceding each selection is a short author biography and a section **Préparation à la lecture** that provides cultural and background information to enhance students' understanding of the *lecture.*

Selections are followed by two sets of questions. The first, **Questions sur la lecture,** focuses on the meaning of the story; the motives, actions, emotions, and feelings of the characters; and the intentions of the author. The **Questions personnelles** that follow are more challenging. Using the selection as a point of departure, students are invited to express their own opinions and to relate personal experiences to the selection's theme. Together, the **Questions sur la lecture** and the **Questions personnelles** stimulate lively classroom discussion and promote student interaction and communication.

Grammaire: Grammar explanations provide thorough coverage of all important grammar topics. These are often presented in **Tableaux-Résumés,** summary tables that will help students assimilate the rules. Exercises after each major step provide immediate reinforcement of that point.

Formules à retenir: This section treats idiomatic expressions and lexical items or structures related to the grammar topic that are problematic for the English-speaking students. Each point is again followed by exercises that reinforce correct usage.

Synthèses: In this cumulative review section, activities reinforce the chapter material in new ways. These activities may be done orally or in writing. They include the following:

Applications: These exercises blend grammatical correctness with free expression. They apply several grammar points in one contextualized exercise and are often followed by open-ended questions that invite the students to express personal opinions, using the structures they have just practiced.

Conversations: The conversations allow students to communicate freely and express their opinions. Topics for discussions frequently expand on the ideas raised in the **Questions personnelles.** The choice of topics ranges from the personal (shops, food, clothing) to general (methods of child-raising, the environment). Additional vocabulary, chosen to facilitate exchanges, is often supplied.

Traduction: Translating the assigned sentences reinforces the assimilation of the chapter vocabulary, grammar, and **Formules à retenir** material. The context of the *traductions* is closely related to the reading selection topic (*rétro-traductions*).

Rédactions: The *Rédactions* section is the culminating activity of the chapter. Here the students can show that they have assimilated the chapter material and demonstrate that they are able to express themselves creatively in French. While the topics suggested are related to the chapter theme and/or the grammar topic, students are also encouraged to use their imagination and to think in French.

The book concludes with three appendices, a French-English glossary, and an index.

Appendix A includes regular and irregular verb conjugations, lists of verbs followed by an infinitive (with or without a conjunction), and verbs followed by the indicative or the subjunctive.

Appendix B includes grammatical structures that are rare or unusual.

Appendix C lists the vocabulary for numbers in French, the French names of U.S. states and Canadian provinces with the appropriate prepositions, and a chart showing how to change expressions of time in indirect speech.

A French-English glossary lists all active vocabulary from the section **Vocabulaire** and all words from the **Vocabulaire Supplémentaire.**

Workbook/Laboratory Manual and Cassette Program

Each chapter of the *Cahier de travail et de laboratoire* is divided into three parts. The first is completely aural. Using the cassette tapes, students listen to a reading of the chapter literary text, respond to questions about the text, complete a true-false exercise, and perform a series of quick grammatical transformations.

The second part practices both aural and writing skills. Each lesson covers one or more aspects of French pronunciation and enables students to practice methodically and accurately each sound in the French language. The first section, the **leçon de phonétique,** is one of the original features of the program and has met with continuous success. It is followed by an exercise on sound discrimination followed by either a dictation or the reading of a poem, and a comprehension activity.

The third part reinforces writing skills, with activities progressing from structured drills to contextualized activities to open-ended situations in which students describe illustrations or create dialogues.

A new answer key for all mechanical exercises is available to the students at the back of the workbook so that they can correct themselves as they work independently. The sixth edition of *En Bonne Forme* will continue to appeal to those who believe in the importance of a comprehensive grammar review and appreciate its pairing with contemporary literary works. The revisions have added opportunities for open-ended written and oral communication. Some of the grammar explanations have been reorganized to enhance logic and clarity. The new design by its use of color and better hierarchy of headings will make it easier for the students to follow the presentation of the grammar points.

The authors would like to thank the following colleagues who reviewed the manuscript for this edition:

Louise Fiber Luce, Miami University (Oxford, OH)

André Klein, American Graduate School of International Management, Thunderbird Campus (AZ)

Pascal Normand-Trucho, Université Concordia, Quebec

Marthe T. Rocca, Santa Monica College, CA

We also wish to thank the Houghton Mifflin staff, in particular Cécile Strugnell, Developmental Editor; Nicole Ng, Project Editor; and Maryam Fakouri, Photo Researcher.

Simone Renaud Dietiker
Dominique Van Hooff

Table des matières

Préface v

Chapitre préliminaire 1

1 **Le présent et l'impératif** 15

Les gangsters du supermarché (de *Monsieur Papa*) Patrick Cauvin 17

Formules à retenir 32
depuis + le présent • **aller / s'en aller** • **on**

2 **Le passé composé** 37

Déjeuner du matin, Pour toi, mon amour, Le Message (de *Paroles*) Jacques Prévert 39

Formules à retenir 50
combien de temps + passé composé • **venir de** + infinitif • **sans** (*without*) • **quitter / s'en aller / partir / laisser / sortir** (*to leave*)

3 **L'imparfait** 55

Un cas particulier (de *La Cause des femmes*) Gisèle Halimi 57

Formules à retenir 66
si + l'imparfait dans une phrase interrogative • **devoir** • **depuis quand** + imparfait

4 **Le plus-que-parfait** 72

Le vieil homme et son chien (de *l'Etranger*) Albert Camus 74

Formules à retenir 81
venir de + imparfait • Expressions avec **avoir** • **s'ennuyer / ennuyer / ennuyé**

5 **Le passé simple** 88

La saga de Daniel (de *La Maison de papier*) Françoise Mallet-Joris 90

Formules à retenir 99
emmener, emporter (*to take*) / **amener, apporter** (*to bring*) / **ramener, rapporter** (*to bring back*) • **servir / se servir** • **connaître / savoir**

6 **Le nom et l'adjectif** 105

Pharmacien ou médecin? (de *Rue Deschambault*) Gabrielle Roy 107

Formule à retenir 125
les adverbes en **-ment**

7 **L'article** 129

Un dîner vite prêt (de *Va voir Papa, Maman travaille*) Françoise Dorin 131

Formules à retenir 144
Les prépositions **à, en, dans** • Les prépositions avec les noms géographiques • La préposition **de** avec les noms géographiques

8 **Le comparatif et le superlatif** 151

La France au volant (de *Les Carnets du Major Thompson*) Pierre Daninos 153

Formules à retenir   163
L'identité, la différence, la proportion •
La préférence: **plutôt / plutôt que /
plutôt que de / aimer mieux** • Les
expressions **conduire / aller en
voiture / marcher / aller à pied**

9   La négation   170
Jamais personne ou toujours quelqu'un?
(de *La Cantatrice chauve*) Eugène
Ionesco   172

Formules à retenir   182
**quelqu'un, personne, quelque chose,
rien + de +** adjectif • **ne ... que /
seulement** (*only*) • **n'avoir qu'à / il n'y
a qu'à • il s'agit de** (*it is about*) •
Expressions avec **rien**

10   L'interrogation   189
Enquêtes-minute (de *Les Choses*) Georges
Pérec   191

Formules à retenir   202
penser à / que pensez-vous de ... ? •
Les dimensions • Les mesures •
L'approximation

11   Les pronoms personnels   209
La lettre de Marius (de *Fanny*) Marcel
Pagnol   211

Formules à retenir   227
Expressions idiomatiques avec les
pronoms **en** et **y** • **faillir** + infinitif •
Formules de lettres

12   Le verbe pronominal   234
Une bonne correction (de *L'Enfant noir*)
Camara Laye   236

Formules à retenir   246
tout • Expressions avec **coup**

13   L'infinitif   251
Le lever de Prunelle (de *10 Jours de rêve*)
Nicole de Buron   253

Formules à retenir   267
trop ... pour / assez ... pour •
Prépositions et adverbes communs

14   Le futur   272
A deux Jacques Brel   273
Un jour tu verras ... Charles Aznavour
276

Formules à retenir   284
donc / alors / aussi • en / dans + les
expressions de temps • **en même
temps / à la fois** • L'inversion du sujet
dans une citation (*quotation*)

15   Le conditionnel   289
Mon frère Maxime Le Forestier   290
Ce que disait le vent René Bazin   293

Formules à retenir   302
aimer mieux au conditionnel • **faire
mieux de +** infinitif

16   Le subjonctif   307
Prières dans l'Arche Carmen Bernos de
Gasztold   309
La mort de Moulouk (de *Histoire de ma vie*)
Jean Marais   311

Formules à retenir   325
il faut • les verbes **demander** (*to ask*),
empêcher (*to prevent*), **permettre** (*to
permit*), **défendre** et **interdire** (*to forbid*)

17   Le possessif   330
Le cadeau de mariage (de *La Table des
Matières*) Michelle Maurois   332

Formules à retenir   342
Expressions idiomatiques avec le
possessif • La matière: **En quoi est ... ?**

18 Les pronoms relatifs   347

Une enfance bizarre (de *Si je mens*)
Françoise Giroud   349

Formules à retenir   360
pendant / pour • **quelque, quelques,
quelqu'un, quelques-uns, quelques-
unes** • **chaque, chacun, chacune**

19 Les démonstratifs   366

Quelques conseils pour avoir de la chance (de
Guide pratique de la chance) Jean-Luc
Caradeau et Cécile Donner   368

Formules à retenir   376
manquer (*to miss, to lack*) • Verbes de
mouvement

20 Le discours indirect   381

Un beau dimanche à la campagne (de *Le Petit
Nicolas et les copains*) René Goscinny
383

Formules à retenir   392
avoir l'air / sembler / paraître • **faire
semblant / prétendre** • Prépositions et
adverbes communs (*suite*)

21 Le passif   397

Esclaves d'Afrique (de *Ségou*) Maryse
Condé   399

Formules à retenir   406
**entendre dire que / entendre parler
de / avoir des nouvelles de** • **c'est
pourquoi** • **il reste / il me reste**

22 Les participes   411

Une planète sœur (de *La Planète des singes*)
Pierre Boulle   413

Formules à retenir   423
se mettre • **n'importe lequel,
n'importe quel / n'importe qui, quoi,
où, comment, quand**

23 La phrase complexe   428

Définitions • Le temps • La cause • La
conséquence • La condition • Le but •
L'opposition • Répétition d'une
conjonction

Appendice A   450

Appendice B   475

Appendice C   478

Vocabulaire   481

Index   494

Acknowledgments   498

Chapitre préliminaire

As you begin your study of second-year French, two questions are undoubtedly running through your mind: How much do I remember of first-year French? How am I going to handle a grammar book written in French?

Do you feel you have forgotten everything? This preliminary chapter will help you remember a few, very basic points of grammar that a teacher of second-year French will expect you to know—for example, the articles (**le, la, les, un, une, des**), the verb **être** (**je suis, tu es,** etc.), the interrogative expression **est-ce que,** and so on. If a grammatical point seems familiar, but does not seem clear, do not panic. Look it up in the chapter where it is described. Cross-references are provided for this purpose. Such references appear throughout the book to enable you to view the interrelationships between different grammatical structures.

The other aim of this preliminary chapter is to present the French grammatical terms used in the book. We have translated these terms because we believe you should be familiar with them before you begin your work in Chapter 1.

French grammar is often pictured as a fearsome scarecrow, gesturing with the subjunctive in one hand and the irregular verbs in the other! *En Bonne Forme, 6th ed.,* will try to turn him into a cooperative fellow, to show you how varied and symmetrical the French language is.

The sentence and its parts

When we speak or write, we use words (**les mots**) organized into a sentence (**une phrase**). A phrase is **un groupe de mots;** a clause is **une proposition.** You need not concern yourself with this structure until you study the complex sentence (**la phrase complexe**). Most of the time we speak or write in simple sentences (**des phrases simples**). What kinds of words do we use?

Nouns — *les noms*

Nouns are easy to recognize because they represent people (**des personnes**) or inanimate objects (**des choses**). The most important point to remember is that in French, nouns have gender. They are either feminine (**le féminin**) or masculine (**le masculin**). How does one learn and remember their gender? One usually does this by memorizing. One sometimes groups words according to their endings; for example, **-tion** and **-té** are almost always feminine (*la* **nation,** *la* **liberté**); **-ment** and **-eau** are usually masculine (*le* **département,** *le* **tableau**). Probably the easiest way to master the idea of gender is by learning nouns with their article: **le, un** for a masculine noun; **la, une** for a feminine noun.

Plurals are most commonly formed by the addition of **-s** to the singular; there are, however, a number of other ways to indicate plural (see pp. 115–121). In spoken language, since final **-s** is not pronounced, it is the article (**les, des**) that indicates the plural (*les* **parents,** *des* **familles**). Consequently, in French, nouns must be accompanied by an article or another determining word. The article is omitted only in very special cases.

Articles — *les articles*

There are three kinds of articles:

1 Definite articles (**les articles définis**): *the*

masc. **le**	*fem.* **la**	*pl.* **les**

2 Indefinite articles (**les articles indéfinis**): *a, an, one, some*

masc. **un**	*fem.* **une**	*pl.* **des**

3 Partitive articles (**les articles partitifs**): *some*

masc. **du**	*fem.* **de la**

The partitive article is used with certain verbs when one speaks about a *part* of something, a *piece* of something: *some* + singular noun (see p. 136).

Je mange **du** pain.   Je bois **de** la limonade.

You should remember these three facts about French articles:

1 Agreement (**l'accord**): articles agree (**s'accordent**) with the nouns they modify in gender and number.

2 Elision (**l'élision**): the dropping of a letter occurs when **le** or **la** is followed by a word that begins with a vowel: **l'étudiant, l'histoire, de l'eau.**

3 Contraction (**la contraction**) of **la** or **les** occurs with the prepositions **à** and **de** (see p. 134).

de + le = du	**à + le = au**
de + les = des	**à + les = aux**

Determining words — *les déterminants*

There are other kinds of determining words besides the article:

1 A possessive adjective (**un adjectif possessif**) (Chap. 17): *my, your,* etc.

masc. **mon**	*fem.* **ma**	*pl.* **mes**
votre	**votre**	**vos**

2 A demonstrative adjective (**un adjectif démonstratif**) (Chap. 19): *this, these*

masc. **ce**	*fem.* **cette**	*pl.* **ces**

3 An interrogative adjective (**un adjectif interrogatif**) (Chap. 10): *which?*

masc. **quel**	*fem.* **quelle**	*pl.* **quels, quelles**

Like the article, these words agree in gender and number with the nouns they modify.

Adjectives — *les adjectifs*

The most common adjectives—**les qualificatifs**—describe the noun: **joli, beau, grand,** etc. The agreement between noun and adjective is the main issue confronting you as you study the adjective. Many adjectives are identical in their masculine and feminine forms; that is, both genders end in **-e: rapide, pratique, calme,** etc. For most adjectives, however, the feminine is indicated by the ending **-e,** while the masculine has no **-e.**

This final **-e** may or may not affect the pronunciation of the two genders.

fem. grand**e**	*masc.* grand
aimé**e**	aimé

The adjective also agrees in number with the noun. Usually this agreement is shown by the addition of an **-s,** which is silent (see p. 121).

> **les** étudiant**s** intelligent**s**

Where is the adjective placed? In French, most adjectives come *after* the noun.

> une robe **bleue**   un voyage **intéressant**

A few short common adjectives, however, are placed *before* the noun (see p. 123).

> un **bon** dîner   une **petite** maison

Pronouns — *les pronoms*

The most common pronoun is the personal pronoun (**le pronom personnel**), a word that takes the place of a noun. Personal pronouns, in spite of their name, represent not only people; they also refer to things.

> **Il** or **elle** signifies *it,* as well as *he* or *she.*
> **Le** or **la** signifies *it,* as well as *him* or *her.*

Before you study the different forms of these pronouns, you should consider the function of the nouns they replace, because the pronouns have different forms for different functions (Chap. 11).

Functions of nouns and pronouns

1 Subject (**le sujet**). A noun or pronoun can be the subject of the verb.

   Le **professeur** parle.   **Il** parle.

Subject pronouns (**les pronoms sujets**) are as follows:

> **je, tu, il, elle, nous, vous, ils, elles**

2 Direct object (**l'objet direct**). A noun or pronoun can be a direct object.

   Vous visitez **le musée?**   Vous **le** visitez?

The noun is a direct object when it receives the action of the verb; in a sense, it completes the verb's meaning.

The direct object pronoun (**le pronom objet direct**) comes *before* the verb in French; in English it comes *after.*

   Je **le** visite.   *I visit it.*

Its forms are the following:

> **me, te**
> **le, la, les** (*like the articles*)
> **nous, vous** (*like the subject pronouns*)

3 Indirect object (**l'objet indirect**). A noun is the indirect object when the preposition (**la pré-position**) **à** (*to*) stands between the verb and the noun object.

   Je parle **à Jeanne.**

The forms of the indirect object pronoun (**le pronom objet indirect**) are identical to those of the direct object, except in the third person singular and plural:

me, te, nous, vous	*to me, to you, to us, to you*
lui	*to him, to her*
leur	*to them*

This pronoun also comes *before* the verb.

   Il **me** parle.   Je **lui** montre la maison.

4 The object of a preposition (**l'objet d'une préposition**). A noun or a pronoun can be the object of a preposition: **de, chez, avec, sans,** etc.

Vous habitez **avec votre sœur?**	*Do you live **with your sister?***
Vous habitez **avec elle?**	*Do you live **with her?***

The pronoun as object of a preposition *follows* the verb and the preposition. It is called **pronom disjoint** or **pronom tonique;** its forms are as follows:

moi, toi	*me, you*
lui	*him*
eux	*them (masc. pl.)*
elle, nous, vous, elles	*her, us, you, them (fem. pl.)*
(*like the subject pronouns*)	

RELAX! Many students become confused by all the forms of the personal pronoun. Don't worry if you have forgotten some of them at the beginning of the year. You will have ample opportunity to learn and use all of them before you complete your course.

Other categories of pronouns

1 Possessive pronouns (**les pronoms possessifs**) (Chap. 17)

> **le mien** (*mine*), **la vôtre** (*yours*), etc.

2 Relative pronouns (**les pronoms relatifs**) (Chap. 18)

The two most common relative pronouns are **qui** and **que. Qui** is the subject form for people and things. **Que** is the direct object form.

Voilà un livre **qui** paraît intéressant. (*sujet*)	*Here is a book **that** seems interesting.*
L'examen **que** vous voulez passer est bien difficile. (*objet direct*)	*The exam **that** you wish to take is really difficult.*

Note: **Qui** is followed immediately by a verb: *qui* **paraît.** A subject (noun or pronoun) stands between **que** and the verb: *que* **vous** *voulez.*

3 Demonstrative pronouns (**les pronoms démonstratifs**) (Chap. 19)

> **celui-ci** (*this one*), **celle-là** (*that one*)

Two very common and useful expressions are **c'est** ... (*it is* . . .) and **ça** (*that*) (see p. 374).

4 Interrogative pronouns (**les pronoms interrogatifs**) (Chap. 10)

> **qui** (*who, whom*), **qu'est-ce qui** (*what*), **avec quoi** (*with what*), **lequel** (*which one*), etc.

5 Indefinite pronouns (**les pronoms indéfinis**) (see pp. 361–362)

> **quelque chose** (*something*) , **chacun** (*everyone*)

Adverbs — *les adverbes*

An adverb usually modifies a verb; sometimes it modifies an adjective or another adverb. Here are six common short adverbs:

assez	*enough*	**beaucoup**	*much, many*
bien	*well*	**plus**	*more*
très	*very*	**trop**	*too, too much, too many*

Many adverbs end in **-ment,** corresponding to *-ly* in English (see p. 125): **rapidement, complètement,** etc.

Prepositions — *les prépositions*

A preposition accompanies a noun or an infinitive. Here are a few common prepositions:

à	*at, to, in*	Nous sommes **à** l'université.
avec	*with*	Il voyage **avec** sa mère.
chez	*at the home* (*office*) *of*	Tu habites **chez** tes parents.
dans	*into, in*	Elle est **dans** la classe.
de	*from, of, about*	C'est la classe **de** français.
pour	*in order to, to*	Ils vont à la bibliothèque **pour** lire.

De is also used to express possession.

> le livre **de** Marie   *Mary's book*

Choosing between **à** and **de** before an infinitive requires practice (see p. 260).

> J'ai un exercice **à** écrire.   J'ai envie **de** dormir.

Verbs — *les verbes*

Unlike English, French verbs in their infinitive form are not preceded by a preposition.

> **être** *to be*   **aller** *to go*

The endings of the infinitive identify the group to which the verb belongs. French verbs are divided into three groups of regular verbs: the first (**le premier groupe**) consists of verbs ending in **-er** (**parler, manger, danser**); the second (**le deuxième groupe**) includes verbs ending in **-ir** (**finir, choisir**) that possess the infix **-iss-** in the plural (**nous fin*iss*ons, vous fin*iss*ez, ils fin*iss*ent**). A third small group (**le troisième groupe**) contains the regular verbs ending in **-dre** (**vendre, attendre**). All other verbs are irregular. Their infinitives end in **-ir, -oir,** or **-re** (**dormir, pouvoir, mettre,** etc.), and their conjugation (**la conjugaison**) must be memorized.

When a verb is conjugated, the ending (**la terminaison**) changes according to the subject.

je	parle	**-e**
tu	parles	**-es**
il	parle	**-e**

When using verbs, you have to consider tense (**le temps**), the time of the verbal action. One speaks in the present (**le présent**), in the past (**le passé**), or in the future (**le futur**). In French there is one present tense, but there are two futures and several pasts!

The present tense is always a simple one-word form; the other tenses can be simple (**temps simple**) or compound (**temps composé**). **Le temps simple** means that the verb consists of one word: [je] **parle. Le temps composé** means that the verb is composed of two words: [j']**ai parlé.** The first word is called an auxiliary verb (**l'auxiliaire**); it is always a form of either **être** or **avoir.** The other word is the past participle (**le participe passé**).

> Je **suis allée.**   J'**ai vu.**

Here are some facts you may remember about verbs from your first year:

1 The present tense of the verb **être** (*to be*)

je **suis**	nous **sommes**
tu **es**	vous **êtes**
il, elle **est**	ils, elles **sont**

2 The present tense of the verb **avoir** (*to have*)

j'**ai**	nous **avons**
tu **as**	vous **avez**
il, elle **a**	ils, elles **ont**

3 The present tense of the verb **aller** (*to go*)

je **vais**	nous **allons**
tu **vas**	vous **allez**
il, elle **va**	ils, elles **vont**

4 The forms and endings of the present tense of first-group verbs (those like **parler**)

-e	je **parle**	**-ons**	nous **parlons**
-es	tu **parles**	**-ez**	vous **parlez**
-e	il, elle **parle**	**-ent**	ils, elles **parlent**

Note: The endings **-e, -es, -ent** are silent; **-ons, -ez** are pronounced and occur in practically all French verbs.

5 The past tense (**le passé composé**) of first-group verbs (Chap. 2)

This tense is usually formed with the verb **avoir** + the past participle of the conjugated verb, which always ends in **-é.**

j'ai **parlé**	nous **avons mangé**
tu **as regardé**	vous **avez aimé**
il, elle **a dîné**	ils, elles **ont étudié**

Note: A few past tense verbs are formed with the verb **être** (Chap. 2).

je **suis allé**   il **est arrivé**

6 The gerund (**le gérondif**) is a widely used construction and an easy one to remember. It is made of **en** plus the **-ant** form of the verb: **en chantant, en parlant.** It means *while, by, in doing something.*

Laurent est tombé **en courant.**   *Laurent fell **while running.***

The other forms and uses of participles (**les participes**) are explained in Chapter 22.

Reflexive verbs — *les verbes pronominaux*

There are many reflexive verbs; and in the infinitive form, they are always preceded by the reflexive pronoun **se** or **s'** (Chap. 12).

se regarder   **s'**aimer

In conjugating reflexive verbs, one has to remember to put *two* pronouns (the subject and the object) *before* the verb.

je me	**tu te**	**il se**	**elle se**
nous nous	**vous vous**	**ils se**	**elles se**

Je me lave.   *I wash **myself.***

One important fact to remember about French reflexive verbs is that many of them do not have a reflexive meaning.

Il **se** regarde.   *He looks **at himself.***
Nous **nous** aimons.   *We love **each other.***

BUT:

Elle **se moque de moi.**   *She makes fun of me.*
Vous **vous en allez?**   *Are you leaving?*

Passive voice — *le passif*

The passive construction is formed with the verb **être,** conjugated in different tenses, + the past participle (see p. 402).

Cette règle **est expliquée** à la page 200.   *This rule **is explained** on page 200.*
L'orchestre **a été dirigé** par un génie.   *The orchestra **was conducted** by a genius.*

Mood — *le mode*

Mood is another important aspect of French verbs. Three moods are presented in this book—the indicative (**l'indicatif**), the imperative (**l'impératif**), and the subjunctive (**le subjonctif**). As in English, the mood most frequently used is the indicative. It implies facts (**les actions réelles**). The imperative is the mood used to give a command. The subjunctive, the third mood, is more frequently used in French than in English. It implies wishes, doubts; it also follows expressions of necessity (Chap. 16).

Je **veux que** vous **sachiez** tous ces verbes.   *I **want** you **to know** all these verbs.*
Il est possible qu'il **pleuve**.   *It **is possible** that it **will rain**.*
Il faut que vous **alliez** chez le docteur.   *You **must go** to the doctor.*

Positive statements, negative statements, questions

There are three types of sentences:

1 A positive statement (**une phrase affirmative ou énonciative**)

Il fait beau.

2 A negative statement (**une phrase négative**)

Il ne fait pas beau.

3 A question (**une phrase interrogative**)

Est-ce qu'il fait beau?

Negation — *la négation*

Negation in French always consists of two words. **Ne** is usually the first; the second varies.

ne ... pas	*not*
ne ... plus	*no more, no longer*
ne ... jamais	*never*
ne ... personne	*nobody*
ne ... rien	*nothing*

Remember: The negative expression surrounds the verb (Chap. 9).

Il **ne** fait **pas** beau.   Elle **ne** mange **rien.**

Interrogation — *l'interrogation*

To ask a question, one usually uses one of the following ways:

1 Raising the voice at the end of a sentence

Vous êtes allé à Paris.   Vous êtes allé à Paris?

2 Beginning the sentence with the expression **est-ce que**

> **Est-ce que** vous êtes allé à Paris?

The interrogative form of the verb, which consists of the inversion of the subject and the verb, can be simple:

> **Etes-vous** prêt?   **Ont-ils** des enfants?

or complex:

> **Ses parents** lui **ont-ils acheté** une voiture?

This last form is usually avoided in everyday conversation.

Other interrogative words

Other words that indicate interrogation (**les mots interrogatifs**) are divided into adjectives, pronouns, and adverbs. Here are the most common ones:

1 The adjective **quel** (*which, what*) placed *before* a noun

> **Quel** temps fait-il?   De **quelle** femme parles-tu?

2 The pronoun **qui** (*who*) always refers to people.

> **Qui** parle?   **Avec qui** sort-elle?

3 The pronoun **qu'est-ce que** (*what*): **qu'est-ce que** + subject + verb

> **Qu'est-ce que** vous dites?   **Qu'est-ce que** vous faites?

4 The adverbs **quand** (*when*), **où** (*where*), **comment** (*how*), **pourquoi** (*why*), **combien** (*how much, how many*)

> **Quand** arrivent-ils?   **Pourquoi** pleurez-vous?

Indirect discourse — *le discours indirect*

Indirect discourse (**le discours indirect**) (Chap. 20) is reported dialogue: He says *that* . . . , I ask them *if* . . .

> Il dit **qu'**il est malade.   Je leur demande **si** le film est fini.

Conjunctions — *les conjonctions*

A conjunction can be of two types: coordinating or subordinating.

1 Coordinating conjunctions (**les conjonctions de coordination**) connect words, phrases, or clauses. The principal coordinating conjunctions are **et** (*and*), **mais** (*but*), **ou** (*or*), **donc** (*so, therefore*). These conjunctions do not cause the subjunctive to be used in the sentence, although they may link two subjunctive verbs.

2 Subordinating conjunctions (**les conjonctions de subordination**) are used in complex sentences (sentences that contain a principal clause and one or more dependant clauses).

Subordinating conjunctions are easily recognizable because they can be grouped into this simple list:

comme *as, since*   **quand** *when*   **si** *if*   **que** *that*

and any expressions including **que.**

parce que *because*   **pendant que** *while*   **pour que** *in order that*

The subjunctive is used after many of these conjunctions.

> Elle lit **jusqu'à ce que** nous **arrivions.**

The last chapter of this book is devoted to the complex sentence (**la phrase complexe**) and the study of conjunctions—specifically, the use of the subjunctive with conjunctions and ways to avoid such constructions.

Preposition or conjunction?

In English, some words (*before, until,* etc.) can function as prepositions or as conjunctions. In French, however, a preposition and a conjunction are always different words.

before noon	**avant** = preposition
before I came	**avant que** = conjunction

A preposition is followed by a noun, a pronoun, or an infinitive.

> **pour** *l'art*   **pour** *lui*   **pour** *dormir*

A conjunction is followed by a conjugated verb, never by a noun or an infinitive alone.

> **pour que** *je dorme*

Level of language

Grammar usage is closely linked to the level of language. In this book you will find frequent references to the following:

1 Literary language (**langue littéraire**): the refined and elegant French of good writers.

2 Spoken language (**langue parlée**) contrasted with written language (**langue écrite**): expressions that are appropriate to speech but not to writing; or occasionally, the reverse—expressions used primarily in letters or papers.

3 Common language (**langue courante**): the idiom of everyday speech. These expressions are the most important ones to lively, idiomatic usage.

4 Familiar language (**langue familière**): expressions that are commonly used in speech, but that are in some cases on the borderline of vulgarity.

Prononciation

You should become familiar with the following symbols of the International Phonetic Alphabet, which will facilitate your understanding of the sounds explained in the lessons of the workbook and tape program that accompany *En Bonne Forme*.

Alphabet phonétique	
voyelles	*consonnes*
[i] il, livre, stylo	[p] porte, soupe
[e] bébé, aller, papier, les, allez	[t] table, thé
[ɛ] fenêtre, père, lait, hôtel	[k] comment, quatre, coin
[a] madame, patte	[b] bonjour, bonne
[ɑ] pâte, classe	[d] du, de
[ɔ] porte, homme, donne	[g] garçon, bague
[o] pot, eau, pauvre	[f] femme, photo
[u] ou, vous	[s] sa, classe, ça, nation, ce
[y] du, tu, une	[ʃ] chambre, chez
[ø] deux, monsieur	[v] voir, venir, wagon
[œ] professeur, fleur	[z] zéro, chaise, deuxième
[ə] le, de, monsieur	[ʒ] Georges, gym, jeune
[ɛ̃] vin, main, bien	[l] la, aller, livre
[ã] France, content	[R] rouler, roue, vivre
[ɔ̃] mon, non, oncle	[m] manger, maman
[œ̃] un, lundi	[n] nous, tonne
	[ɲ] magnifique, vigne
semi-voyelles	[ŋ] camping
[j] papier, crayon, fille	
[w] oui, soir	
[ɥ] huit, nuit	

Silent letters

Many letters and groups of letters in French are written but not pronounced.

1 Final **-e** is not pronounced. One hears the sound (consonant or vowel) that precedes it.

    petit̸e   joli̸e

2 The **-es** ending on plural nouns and verbs is not pronounced.

    les pomm̸e̸s   tu parl̸e̸s

3 The **-ent** verb ending is also silent.

    elles chant̸e̸n̸t   ils dorm̸e̸n̸t

In nouns, adjectives, and adverbs, however, **-ent** is pronounced /ã/.

    un **v**ent violent   heureusem**ent**

4 Learn quickly how to differentiate between the sound produced by **e** (without accent) and the sounds of **-es, é, è, ê.**

> le, premier   les, des, marché   crème, tête

5 Remember as a rule of thumb that most final consonants in French are not pronounced.

> cha~~t~~   de~~s~~   dra~~p~~   il per~~d~~

As exceptions, the four consonants C, R, F, L (as in CaReFuL) are usually sounded in final position.

> sac   peur   œuf   bol

Note, however, that the **r** in the final group **-er** (in verb infinitives and in most nouns) is silent. The **-er** ending is pronounced /e/.

> chante~~r~~, alle~~r~~, prisonnie~~r~~

6 The letters **m** and **n** in "nasal sounds" are not pronounced.

> u~~n~~ bo~~n~~ vi~~n~~ bla~~nc~~   da~~ns~~ le gra~~nd~~ cha~~mp~~

Liaison

Remember to link the last sound of a short word (article, pronoun, etc.) with the beginning vowel of the next word. This act is called *liaison*. The rules of this phenomenon are explained in detail in your workbook (Chap. 7).

> les‿amis   des‿oranges   un petit‿ami

Never sound the **-t** in **et,** however.

> André et / Alice…

Stress

When reading in French, remember not to stress words the way you would in English. Put a light accent on the last syllable of an important word or on the last word of a group.

> Il a mis son chapeau sur sa tête, et il est parti.

Listen to your teacher and to the speaker on your tape, and imitate them!

Abréviations

The following abbreviations and symbols are used in the text:

adjectif	*adj.*	féminin	*f., fém.*
adverbe	*adv.*	futur	*fut.*
chapitre	*chap.*	littéralement	*litt.*
conditionnel	*cond.*	masculin	*m., masc.*
conjonction	*conj.*	objet	*obj.*
démonstratif	*dém.*	objet direct	*O.D.*
familier (ère)	*fam.*	object indirect	*O.I.*

participe	*part.*	subjonctif	*subj.*
pluriel	*pl.*	sujet	*suj.*
possessif	*poss.*	versus	*vs.*
préposition	*prép.*	=	équivalent de
présent	*prés.*	≠	contraire de
singulier	*s., sing.*	→	se change en

Testing yourself

A test on the facts described in this chapter is provided in the *Cahier de travail et de laboratoire*.

Bon Courage et Bonne Chance!

Chapitre 1

Le présent et l'impératif

Vocabulaire

allée (*f.*) aisle
aller à to fit, to suit
an (*m.*) year
ananas (*m.*) pineapple
s'approcher (de) to come near
s'arrêter to stop
ascenseur (*m.*) elevator
attraper to catch, to grab
avancer to move forward
avoir l'air to look, to appear
bifteck (*m.*) steak
bouteille (*f.*) bottle
caisse (*f.*) cash register
caissier (*m.*), **caissière** (*f.*) cashier
se casser to break
chariot (*m.*) **métallique** shopping cart
chuchoter to whisper
cœur (*m.*) heart
crémerie (*f.*) dairy
crier to shout
croire to think
se décider to make up one's mind
se dépêcher to hurry
dessus on top
devant (*m.*) front
embêtant(e) bothersome
embêter to bother
endroit (*m.*) place
essayer to try (on)
étiquette (*f.*) tag
éviter to avoid

faire la vaisselle to wash the dishes
faire les (des) commissions to go shopping
fauteuil (*m.*) armchair
fesses (*f. pl.*) behind, seat
filet (*m.*) net bag
frigo, frigidaire (*m.*) refrigerator
gendarme (*m.*) policeman
grimper to climb
habillé(e) dressed
il faut we need
large wide
magasin (*m.*) store
marque (*f.*) brand
monde (*m.*) people
oublier to forget
patate (*f.*) (*fam.*) potato
poche (*f.*) pocket
remplir to fill
rue (*f.*) street
sac (*m.*) bag
sauvé(e) safe, saved
soldes (*m. pl.*) sale items
sucre (*m.*) sugar
taper to type
tapis (*m.*) **roulant** conveyor belt
tirer to pull, to draw
trottoir (*m.*) sidewalk
vide empty
yaourt (*m.*) yogurt
yeux (*m. pl.*) eyes

Vocabulaire supplémentaire

Le supermarché

escalier (*m.*) **roulant** escalator
étagères (*f. pl.*) shelves
faire des courses to go shopping
faire la queue to wait in line
fermeture (*f.*) closing
fromage (*m.*) cheese
gâteaux (*m. pl.*) **secs** cookies
glace (*f.*) ice cream

jus (*m.*) **de fruit** fruit juice
légumes (*m. pl.*) vegetables
monnaie (*f.*) change
ouverture (*f.*) opening
pommes de terre (*f. pl.*) potatoes
produits (*m. pl.*) **surgelés** frozen foods
rayon (*m.*) section, shelf
réfrigérateur (*m.*) refrigerator
vendeur (*m.*), **vendeuse** (*f.*) salesperson

viande (*f.*) meat
Zut! Darn it!

Divers

étourdi(e) scatterbrained
faire exprès to do something on purpose
oubli (*m.*) omission, oversight

se tromper to make a mistake
se tromper de … to get the wrong . . .
tee-shirt (*m.*) T-shirt
vol (*m.*) **à l'étalage** shoplifting
voler to rob
voleur (*m.*)**, voleuse** (*f.*) thief

Les gangsters du supermarché

Patrick Cauvin (1932–   *)* est né à Marseille; il a été professeur de philosophie. Sous le nom de Claude Klotz (son véritable nom), il a commencé à écrire des romans, des critiques de cinéma. Quand il a décidé d'écrire sous un autre nom, ses livres sont devenus° très populaires. C'est   **sont…** became
un narrateur qui écrit ses romans comme des films. Certains de ses livres ont été tournés en films: *Monsieur Papa* et *E = mc², mon amour* (*A Little Romance*). Dans le passage suivant, extrait de *Monsieur Papa*, Laurent, dix ans, et son père Franck vont au supermarché pour faire des commissions, et pour acheter un jean pour Laurent.

Préparation à la lecture

En France, dans les supermarchés,[1] on trouve des produits comme aux Etats-Unis — des spaghettis, des biftecks sous cellophane, du beurre, des légumes, des fruits. Dans les hypermarchés[2] on trouve aussi des vêtements, des livres, etc. Dans cette histoire, les jeans sont placés dans une corbeille-filet°. Il n'y a pas toujours de cabine pour essayer le vêtement   wire or net basket
qu'on va acheter!

Remarquez aussi que les Français achètent du sucre en morceaux de différentes tailles: les petits morceaux sont du numéro un, les gros du numéro quatre.

Quand votre chariot métallique est plein, vous passez à la caisse et vous mettez vous-même vos provisions sur le tapis, puis dans des sacs en plastique ou dans votre filet.

Le jean est devenu un vêtement international. Les jeunes Français aiment bien les jeans serrés sur les fesses° comme les chanteurs de musi-   **serrés…** tight on the seat
que pop ou rock en portent.

---

[1]**supermarché** American-Canadian style supermarket
[2]**hypermarché** combination supermarket–discount store

Sur la photo de la page 15 vous voyez beaucoup d'hommes. En France, les hommes aiment aller au supermarché pour faire des commissions.

—Il faut aller faire les commissions, il n'y a plus rien dans le frigo.

Le supermarché est au bout de° la rue. Peu de monde dans les allées, quelques mémés° qui poussent des chariots métalliques: on en° prend un, je grimpe dessus. On remplit de spaghettis, de biftecks sous cellophane, une bouteille de Pschitt-orange°, quatre rouleaux de papier W.C.[3] et un liquide pour faire la vaisselle dans la joie.

  — Les yaourts, va chercher les yaourts.

Voilà les yaourts. J'attrape le paquet.

  — Viens voir.

Je m'approche. Dans une corbeille-filet, c'est bourré° de jeans en soldes. 100 pour cent coton avec une petite poche sur le devant. Franck en sort un° et regarde l'étiquette.

  — C'est marqué dix ans, dit-il, tu crois que ça te va?

Je dis oui mais c'est embêtant parce que s'ils sont trop larges je ne les mettrai pas.°

  — Ça° ferme dans cinq minutes, dit Franck, il faut te décider. Essaye-les, il n'y a personne.

Alors, ça, je déteste totalement.

  — Allez, vas-y, dépêche-toi, personne ne te voit... Tu te décides, ou non?

Zip, une jambe, deux jambes; vite, vite, la gauche d'abord, la droite, rezip.[4] Ouf! sauvé![5]

  — Fais-toi voir.°

[...] Ça a l'air impeccable. Ça serre bien sur les fesses comme les gars des groupes pop. [...]

  — Ça ne te serre pas trop?

  — Impeccable.

  — On prend?

  — On prend.

Voilà l'affaire faite.°

Dans le magasin, il n'y a plus personne et la sonnerie retentit.° — Bon Dieu,° dit Franck, on n'a pas pris° de beurre. Cavale°, n'importe quelle° marque, je t'attends à la caisse.

Je fonce° en direction de la crémerie.

au... at the end of	
old ladies / of them	
orange soda	
= **rempli**	
en... pulls one out	
je... I shall not wear them	
It (the store)	
Fais... Let's see how you look.	
Voilà... Business concluded. / **la...** the bell rings / Good God / we didn't get / Run / **n'importe...** any / **Je...** I dash	

---
[3]**papier W.C.** The initials W.C. are the abbreviation for water closet, or toilet.
[4]**Zip... rezip.** This elliptical sentence describes the actions of the little boy taking off his pants in the store and quickly putting on the jeans his father wants to try.
[5]**Ouf!** a sigh of relief; **sauvé!** He was saved because no one saw him undress.

— Prends du sucre, crie-t-il, du numéro quatre.

Pendant que° je reviens, il ajoute un sac de patates et un ananas dans le chariot; et on met tout sur le tapis roulant.   While

La caissière tape sur sa machine... et voilà le petit papier qui sort: quarante-deux francs quatre-vingt dix. Evidemment° Franck a oublié° le filet ...   Of course / forgot

Nous voilà sur le trottoir et ça me vient d'un coup.°   ça... I remember all at once

— Papa.

— Quoi?

Bon sang,° ce qui arrive est fantastique, comme dans les films...   Good grief

— Eh bien, quoi? Parle, qu'est-ce qui t'arrive?°   qu'est-ce... what's happening to you?

Je chuchote.

— Mon pantalon.

Ses yeux se transforment en cercles.

— Zut, souffle-t-il,° on ne l'a pas payé!°   he whispers / we didn't pay for it

Ce qui m'embête le plus, c'est que j'ai encore les étiquettes sur les fesses.

— On court?

J'avance avec l'impression d'avoir cent gendarmes derrière moi.

— Petit trot,° dit Franck.   Let's hurry

Je pars à fond de train° avec mon ananas, mon quart de beurre et les papiers.   à fond... at full speed

La porte, l'ascenseur, mon cœur va se casser, le bouton, quatrième.[6] Je fonce à la fenêtre et regarde par le côté pour éviter les rafales de mitraillettes.[7] La rue est vide, on ne nous a pas suivis:° le crime paie.   on... we have not been followed / collapses

Franck s'écroule° sur le fauteuil.

— On est des gangsters, hein?

— Les meilleurs,° dit-il.   The best

Questions sur la lecture

1. Pourquoi est-ce que Franck et Laurent doivent faire les commissions?
2. Comment sont les jeans qui sont placés dans la corbeille-filet? Décrivez-les.
3. Pourquoi est-ce que Laurent déteste essayer le jean dans le supermarché?
4. Est-ce que le jean qu'il essaie lui va? Est-ce qu'il serre? A qui est-ce que Laurent aime ressembler?

---

[6]**La porte... quatrième.** This elliptical sentence describes the race to the door of the apartment house and the elevator, pushing the button to go up to the 5th floor (called the 4th floor in France), as well as Laurent's emotions: his heart is beating so wildly that it feels as though it might burst.

[7]**les rafales de mitraillettes** Laurent imagines he is being followed by policemen: he ducks to avoid the burst of machine gun fire.

5. Que font le père et le fils quand la sonnerie retentit?
6. Est-ce que la caissière compte tout ce qu'ils ont dans leur chariot?
7. Pourquoi est-ce qu'elle ne compte pas le jean?
8. Que font Laurent et son père quand ils voient qu'ils ont oublié de payer le jean? Décrivez leurs actions. A quoi ressemblent ces actions?

Questions personnelles

1. Pensez-vous que Laurent et son père ont volontairement volé le jean? Est-ce qu'ils sont vraiment coupables (*guilty*)?
2. Oubliez-vous quelquefois (involontairement) de payer dans un magasin?
3. A votre avis, pourquoi est-ce que des personnes volent dans les magasins?
4. Qu'est-ce que vous faites si vous voyez quelqu'un en train de voler?
5. Qu'est-ce que vous faites si on vous donne trop d'argent quand on vous rend la monnaie?

Le présent

Formes

Le système verbal français se compose de trois groupes de verbes réguliers et d'un grand nombre de verbes irréguliers. Au présent, les terminaisons suivantes sont identiques.

tu	**-s**	vous	**-ez**
nous	**-ons**	ils, elles	**-ent**

Verbes du 1ᵉʳ groupe: parler *(to speak)*, étudier *(to study)*

1 Les verbes du 1ᵉʳ groupe ont l'infinitif en **-er**. Voici les terminaisons du présent et la conjugaison des verbes **parler** et **étudier**.

-e	je **parle**	j'**étudie**	-ons	nous **parlons**	nous **étudions**
-es	tu **parles**	tu **étudies**	-ez	vous **parlez**	vous **étudiez**
-e	il, elle **parle**	il, elle **étudie**	-ent	ils, elles **parlent**	ils, elles **étudient**

Voici d'autres verbes de ce groupe: **donner** (*to give*), **chanter** (*to sing*), **continuer** (*to continue*).

Remarques:

- Quatre-vingt-dix pour cent (90%) des verbes français sont des verbes du 1er groupe. Ils sont tous réguliers sauf **aller:**

je **vais**	nous **allons**
tu **vas**	vous **allez**
il, elle **va**	ils, elles **vont**

- Les terminaisons **-e, -es, -ent** ne s'entendent pas. C'est la consonne ou la voyelle qui précède qu'on entend: donne, chante, étudie, continuent.

2 Changements orthographiques

Dans certains verbes du 1er groupe, on remarque des changements orthographiques:

a. verbes en **-cer: c→ç** devant **-ons**

commencer (*to begin*)

je commence   MAIS: nous commençons[8]

- *Autres verbes:* **annoncer** (*to announce*), **prononcer** (*to pronounce*), **remplacer** (*to replace*)

b. verbes en **-ger: g→ge** devant **-ons**

voyager (*to travel*)

je voyage   MAIS: nous voyageons[9]

- *Autres verbes:* **manger** (*to eat*), **changer** (*to change*), **nager** (*to swim*)

c. verbes en **-yer: y→i** devant **-e, -es, -ent**

payer (*to pay*)

je paie   MAIS: nous payons
ils paient   vous payez

- *Autres verbes:* **employer** (*to employ*), **envoyer** (*to send*), **essayer** (*to try*)

d. verbes en **é** + consonne + **er: é→è** devant **-e, -es, -ent**

préférer (*to prefer*)

je préfère   MAIS: nous préférons
ils préfèrent   vous préférez

- *Autres verbes:* **espérer** (*to hope*), **exagérer** (*to exaggerate*), **répéter** (*to repeat*)

Voir l'Appendice, page 468, pour le détail des conjugaisons.

---

[8]La lettre ç (cé cédille) + **-ons** est prononcée /sɔ̃/.
[9]Le groupe **-geons** est prononcé /ʒɔ̃/.

e. certains verbes en **e** + consonne + **er**: e→è devant **-e, -es, -ent**

lever (*to lift up, raise*)

je lève   MAIS: nous levons
ils lèvent   vous levez

• *Autres verbes:* **acheter** (*to buy*), **enlever** (*to remove*), **geler** (*to freeze*), **peser** (*to weigh*)

f. certains verbes où on redouble la consonne:

◆ verbes en **e** + **l** + **er**: l→ll devant **-e, -es, -ent**

appeler (*to call*)

j'appelle   MAIS: nous appelons
ils appellent   vous appelez

◆ verbes en **e** + **t** + **er**: t→tt devant **-e, -es, -ent**

jeter (*to throw*)

je jette   MAIS: nous jetons
ils jettent   vous jetez

• *Autres verbes:* **épeler** (*to spell*), **rappeler** (*to call back, to recall*); **projeter** (*to plan*), **rejeter** (*to reject*)

Exercice

A. Mettez les verbes entre parenthèses au présent.

1. L'enfant (grimper) dans le chariot.
2. Les vendeuses (peser) les produits.
3. Nous (acheter) quatre rouleaux de papier.
4. Est-ce que tu (éviter) le rayon des glaces?
5. Vous (arriver) à la caisse pour payer.
6. Le petit garçon (voler) du chewing gum.
7. La caissière (appeler) une collègue pour vérifier un prix.
8. Vous (étudier) les qualités des différentes marques?
9. Je (aller) chercher les yaourts à la crémerie.
10. Le jeune papa (pousser) son chariot métallique.
11. Les caissières (taper) sur les machines.
12. La petite fille (essayer) le tee-shirt en soldes.
13. Le supermarché (recycler) les bouteilles vides.
14. Le parking (fermer); je (garer) ma voiture dans la rue.
15. Vous (régler) vos achats par chèque?
16. Tu ne (jeter) pas la bouteille d'huile sur le tapis roulant.
17. Nous ne (manger) pas les petits gâteaux avant de passer à la caisse.
18. On (annoncer) des prix intéressants pour les ananas.
19. Tu (changer) le sac de patates de rayon.
20. Les clientes (ranger) les produits surgelés dans des sacs en plastique.
21. J'(enlever) l'étiquette du jean.

22. Nous n'(oublier) pas la monnaie à la caisse.
23. L'enfant (épeler) les noms des marques de céréales.
24. Dans un supermarché français, on (peser) soi-même ses légumes et ses fruits.
25. Vous (préférer) les hypermarchés ou les petits magasins?

Verbes du 2ème groupe: finir *(to finish)*

1 Les verbes du 2ème groupe ont leur infinitif en **-ir** et le groupe de lettres **-iss-** inséré dans les trois personnes du pluriel. Voici les terminaisons et la conjugaison du présent du verbe **finir:**

-is	je **finis**	-issons	nous **finissons**
-is	tu **finis**	-issez	vous **finissez**
-it	il, elle **finit**	-issent	ils, elles **finissent**

2 Ce groupe contient:

a. des verbes qui correspondent à des verbes anglais en *-ish.*

   finir, punir, démolir, fleurir, polir, etc.

b. des verbes dérivés d'adjectifs.

blanchir *(to turn white, to bleach)* **rougir** *(to turn red, to blush)* **grandir** *(to grow)*
brunir *(to turn brown, to tan)* **pâlir** *(to turn pale)* **grossir** *(to gain weight)*
jaunir *(to turn yellow)* **vieillir** *(to grow old)* **maigrir** *(to lose weight)*

c. d'autres verbes comme **choisir** *(to choose),* **obéir** *(to obey),* **réfléchir** *(to reflect),* **remplir** *(to fill).*

Attention: Tous les verbes en **-ir** et **-iss-** sont réguliers. Les autres verbes en **-ir** sont irréguliers (voir pp. 25–26).

Exercice

B. Complétez les phrases avec un verbe de la liste suivante, conjugué au présent.

finir	pâlir	obéir	punir	vieillir
réfléchir	démolir	grandir	remplir	fleurir
grossir	jaunir	brunir	maigrir	choisir

1. Nous ne mangeons plus de gâteaux, nous _____. 2. L'accusé entend le verdict, il est condamné à vingt ans de prison, il _____. 3. «Tes chaussures sont trop petites! Tu _____.» 4. C'est le printemps, les jardins _____. 5. Le professeur dit aux étudiants: «Vous _____ avant d'écrire.» 6. Nous allons au supermarché, nous _____ les chariots. 7. Je suis un bon citoyen, je _____ aux lois. 8. C'est l'automne, les feuilles _____. 9. Si on reste longtemps au soleil, on _____. 10. Elle attend un bébé, elle _____. 11. Mon grand-père a les cheveux blancs, il _____. 12. Les étudiants _____ l'examen avant l'heure. 13. Le gérant du supermarché dit aux gendarmes: «Vous _____ les voleurs.» 14. Les bulldozers _____ la vieille maison pour construire un nouveau supermarché. 15. Je _____ les meilleurs fruits du rayon.

Verbes du 3ème groupe: vendre *(to sell)*

Le 3ème groupe contient un petit nombre de verbes réguliers. Leur infinitif est en **-dre.** Le **-d** (ou **-ds**) apparaît aux trois personnes du singulier et n'est pas prononcé. Le **-d** est prononcé aux trois personnes du pluriel. Voici les terminaisons et la conjugaison du présent du verbe **vendre:**

-ds	je **vends**	-dons	nous **ven*d*ons**
-ds	tu **vends**	-dez	vous **ven*d*ez**
-d	il, elle **vend**	-dent	ils, elles **ven*d*ent**

Voici d'autres verbes de ce groupe: **entendre** (*to hear*), **confondre** (*to confuse*), **rendre** (*to give back*), **attendre** (*to wait*), **perdre** (*to lose*), **répondre** (*to answer*).

Attention: **Prendre** (*to take*) et ses dérivés **comprendre** (*to understand*) et **apprendre** (*to learn*) sont irréguliers (voir p. 26).

Exercice ....

C. Dans les phrases suivantes, mettez les verbes entre parenthèses au présent.

1. (Entendre)-vous vraiment des voix quand vous méditez? 2. Nous (confondre) les couleurs. **3.** Tu (répondre) toujours aux questions par des questions. 4. Elle (attendre) l'inspiration pour écrire un poème. 5. Je (perdre) la notion du temps, quand je suis dans une chambre toute noire. 6. Cet antiquaire (vendre) des tableaux de grande valeur. 7. L'art ne (correspondre) pas toujours à la réalité. 8. Est-ce que ces couleurs (fondre) au soleil? 9. Le critique dit: «Vous (rendre) bien la personnalité du modèle dans ce portrait.» 10. De la Pyramide du Louvre, on (descendre) dans les ruines d'une forteresse médiévale.

Verbes irréguliers

Tous les autres verbes de la langue française sont irréguliers.

1 Leur infinitif peut être en **-ir** (sans **-iss-**)   **dormir** (*to sleep*)
en **-oir**   **voir** (*to see*)
en **-re**   **mettre** (*to put, place*)

2 Voici les terminaisons et la conjugaison des verbes **dormir, voir** et **mettre:**

-s	je **dors**	je **vois**	je **mets**
-s	tu **dors**	tu **vois**	tu **mets**
-t	il, elle **dort**	il, elle **voit**	il, elle **met**
-ons	nous **dormons**	nous **voyons**	nous **mettons**
-ez	vous **dormez**	vous **voyez**	vous **mettez**
-ent	ils, elles **dorment**	ils, elles **voient**	ils, elles **mettent**

Remarquez les exceptions à ces terminaisons dans les tableaux des pages 25 à 26.

3 **avoir / être**

Voici les deux verbes irréguliers les plus importants:

avoir (*to have*)		**être** (*to be*)	
j'**ai**	nous **avons**	je **suis**	nous **sommes**
tu **as**	vous **avez**	tu **es**	vous **êtes**
il, elle **a**	ils, elles **ont**	il, elle **est**	ils, elles **sont**

4 Les verbes en **-ir** (sans **-iss-**)

courir (*to run*)	je cours	nous courons	
dormir (*to sleep*)	je dors	nous dormons	
mourir (*to die*)	je meurs	nous mourons	ils meurent
partir (*to leave*)	je pars	nous partons	
sortir (*to go out*)	je sors	nous sortons	
servir (*to serve*)	je sers	nous servons	
mentir (*to lie*)	je mens	nous mentons	
sentir (*to feel, to smell*)	je sens	nous sentons	
tenir (*to hold, to keep*)	je tiens	nous tenons	ils tiennent
venir (*to come*)	je viens	nous venons	ils viennent

Attention: On conjugue les verbes **ouvrir** (*to open*), **couvrir** (*to cover*), **offrir** (*to offer*), **souffrir** (*to suffer*) avec les terminaisons du 1er groupe.

j'**ouvre**	tu **offres**	il, elle **souffre**
nous **couvrons**	vous **offrez**	ils, elles **souffrent**

5 Les verbes en **-oir**

apercevoir (*to see in the distance*)	j'aperçois	nous apercevons	ils aperçoivent
devoir (*to owe, must*)	je dois	nous devons	ils doivent
pouvoir (*to be able*)	je peux[10]	nous pouvons	ils peuvent
recevoir (*to receive*)	je reçois	nous recevons	ils reçoivent
falloir (*to be necessary*)	il faut		
pleuvoir (*to rain*)	il pleut		
voir (*to see*)	je vois	nous voyons	ils voient
savoir (*to know*)	je sais	nous savons	ils savent
valoir (*to be worth*)	je vaux[10]	nous valons	ils valent
	ça vaut		
vouloir (*to want*)	je veux[10]	nous voulons	ils veulent

---

[10] je peu**x**, je vau**x**, je veu**x**: on a **-x** à la place du **-s**.

Remarques: Le verbe **valoir** (*to be worth*) est plus souvent employé à la 3ème personne du singulier qu'aux autres personnes. Les deux verbes **falloir** (*to be necessary*) et **pleuvoir** (*to rain*) s'emploient seulement à la 3ème personne du singulier.

6 | Les verbes en **-re**

boire (*to drink*)	je bois	nous buvons		ils boivent
conduire (*to drive*)	je conduis	nous conduisons		
construire (*to build*)	je construis	nous construisons		
connaître (*to know*)	il connaît	nous connaissons		
convaincre (*to convince*)	je convaincs[11]	nous convainquons		
croire (*to believe*)	je crois	nous croyons		ils croient
dire (*to say*)	je dis	nous disons	vous dites[12]	ils disent
écrire (*to write*)	j'écris	nous écrivons		
faire (*to make, to do*)	je fais	nous faisons	vous faites[12]	ils font[13]
lire (*to read*)	je lis	nous lisons		
mettre (*to put*)	je mets	nous mettons		
plaire (*to please*)	je plais	nous plaisons		
	ça plaît			
prendre (*to take*)	je prends[14]	nous prenons		ils prennent
rire (*to laugh*)	je ris	nous rions		
suivre (*to follow*)	je suis	nous suivons		
vivre (*to live*)	je vis	nous vivons		

Exercices

D. Refaites les phrases en remplaçant les sujets des verbes par les sujets entre parenthèses.

1. François et Irène meurent de peur quand ils voient un film d'horreur.   (je, tu, vous)
2. Le petit garçon ment et dit des bêtises.   (nous, ils, tu)
3. Elle aperçoit le gendarme, elle court vers lui.   (je, nous, elles)
4. J'écris des lettres et je reçois des réponses.   (elle, ils, vous)
5. Ils dorment et ils font des rêves.   (tu, elle, vous)
6. Je lis un livre, je prends des notes.   (il, nous, ils)
7. Il rit, il connaît la réponse.   (je, on, elles)
8. Tu sors dans le jardin, tu mets un manteau.   (vous, ils, nous)
9. Nous ne conduisons pas quand nous buvons.   (je, tu, elles)
10. Elle sait la leçon, elle veut répondre à la question.   (il, vous, ils)
11. Ils poursuivent des études et ils doivent travailler dur.   (je, nous, on)
12. Vous ne souffrez plus, vous partez en vacances.   (tu, vous, il)
13. J'ouvre un compte en banque, je peux payer par chèque.   (elles, vous, il)

---

[11]elle convainc: on a **-c** à la place du **-t**.
[12]vous di**tes**, vous fai**tes** (vous ê**tes**): on a **-tes** à la place de **-ez**.
[13]ils f**ont** (ils v**ont**, ils s**ont**): on a **-ont** à la place de **-ent**.
[14]il pren**d**: on a **-d** à la place du **-t**.

E. Combinez chaque phrase de la colonne de gauche avec une phrase de la colonne de droite et mettez les verbes entre parenthèses au présent.

Modèle: **1.** Le supermarché *ferme* à dix-neuf heures. **D.** Les clients *se dépêchent* de sortir.

1. Le supermarché (fermer) à dix-neuf heures.
2. Un bandit (faire) un hold-up à la banque.
3. L'alibi du gangster (être) étrange.
4. Tu (boire) trop d'alcool.
5. Nous (habiter) dans la maison près de la gendarmerie.
6. Le repas (sentir) très bon.
7. Elle (voir) un film d'épouvante.
8. Le vieil homme (perdre) la mémoire.
9. Il (pleuvoir) dans la rue.

A. Je (se faire) du souci.
B. Il ne (se souvenir) pas où il (habiter).
C. On (se mettre) à l'abri dans un magasin.
D. Les clients (se dépêcher) de sortir.
E. Il (se moquer) du juge.
F. Nous (se croire) en sécurité.
G. Les employés (s'enfuir) par la porte de derrière.
H. Vous (s'installer) vite à table.
I. Ses yeux (s'agrandir) de terreur.

7 La négation du verbe au présent

En français, on emploie deux mots, **ne ... pas,** qui entourent le verbe. Voici la formule:

$$\text{sujet} + \begin{matrix}\textbf{ne}\\\textbf{n'}\end{matrix} + \text{verbe} + \textbf{pas} + \text{complément}$$

Nous **ne** faisons **pas** les commissions.   Vous **n'**achetez **pas** ce jean.

8 Les verbes pronominaux

Les verbes pronominaux se composent surtout de verbes du 1er groupe et de verbes irréguliers. Ces verbes sont étudiés en détail au Chapitre 12. Voici la conjugaison de deux de ces verbes. Remarquez la place des pronoms.

se dépêcher *(to hurry)*	**se souvenir** *(to remember)*
je me dépêche	je me souviens
tu te dépêches	tu te souviens
il, elle se dépêche	il, elle se souvient
nous nous dépêchons	nous nous souvenons
vous vous dépêchez	vous vous souvenez
ils, elles se dépêchent	ils, elles se souviennent

A la forme négative, la négation entoure le verbe.

Nous **ne** nous dépêchons **pas.**   Il **ne** se souvient **pas.**

Remarque: Pour la différence de construction entre **se rappeler** et **se souvenir,** voir page 244.

Exercice ....

    F.   Dans les phrases suivantes, mettez le verbe entre parenthèses au présent.

       1.   Vous (se dépêcher) de sortir du supermarché.
       2.   Elles (s'approcher) de la caisse.
       3.   Comment (s'appeler)-tu?
       4.   Je (se souvenir) que je n'ai pas de sucre.
       5.   Tu ne (se décider) pas?
       6.   Ses yeux (se transformer) en cercles.
       7.   La vendeuse ne (se tromper) pas.
       8.   Nous (s'amuser) à remplir le chariot.

Emplois

En anglais, il y a trois formes du présent: *regular present* (*I go* to the supermarket), *present progressive* (*I am going* to the supermarket) et *emphatic present* (*I do go* to the supermarket). En français, il y a un seul présent: Je **vais** au supermarché.

Comme en anglais, on emploie le présent en français:

1 pour exprimer une vérité générale.

    Le crime ne **paie** pas.

2 pour exprimer une habitude.

    Tous les jours, le soleil **se lève** à l'est et **se couche** à l'ouest.

  Remarque: Souvent, en anglais, c'est le futur qui exprime une habitude.

      *Often, on Sundays, he **will stay** in bed all day*   Souvent, le dimanche, il **reste** au lit toute la
      *and **read** a book.*   journée et **lit** un livre.

3 pour présenter une action qui a lieu au moment où on parle.

    En ce moment, nous **expliquons** la leçon de grammaire.

4 pour exprimer un futur proche.

    Nous **sortons** ce soir.   Ils **arrivent** lundi.

Expressions utiles

1 Les expressions suivantes accompagnent souvent un verbe au présent:

d'habitude	usually
en général	generally
en ce moment	at the present time
à l'heure qu'il est	
à l'heure actuelle	at this very moment
toute la journée	all day long

tous les jours	every day
le lundi, le mardi	on Mondays, on Tuesdays

D'habitude je fais les commissions le samedi.   *Usually I go shopping on Saturdays.*

2 L'expression **être en train de** + **l'infinitif** signifie *to be doing something, to be in the process of doing something.*

Elle ne répond pas, elle **est en train de réfléchir.**

3 On forme des questions au présent avec les expressions courantes qui suivent:

est-ce que	(*simple question*)
comment	how
combien	how many, how much
quand	when
où	where
pourquoi	why

Est-ce que vous payez par chèque?
Combien coûtent ces oranges?
Le musée Grévin se trouve **où**?

Remarque: Pour l'ordre des mots dans la phrase interrogative, voir page 202.

Exercice

G. Faites des phrases au présent.

1. Décrivez trois habitudes quotidiennes: Tous les jours, je...
2. Ecrivez trois vérités générales: La terre tourne autour du soleil...
3. Décrivez trois actions actuelles. Qu'est-ce que vous êtes en train de faire en ce moment?
4. Faites la liste de trois actions que vous allez faire demain, mais utilisez le présent: Demain, j'arrête de manger du chocolat...
5. Utilisez trois verbes au présent pour décrire ce que vous faites dans la cafétéria.
6. Posez trois questions au présent à un(e) camarade sur sa routine matinale.

L'impératif

Formes

Répète!	**Finis!**	**Prends!**
Répétez!	**Finissez!**	**Prenez!**
Répétons!	**Finissons!**	**Prenons!**

1 On conjugue l'impératif comme le présent, mais le sujet (**tu, vous, nous**) n'est pas exprimé. Au singulier (**tu**), la forme est la même que la 1ère personne du présent (**je**), sans pronom sujet.

> Je répète: **Répète!**   Je finis: **Finis!**   Je prends: **Prends!**

2 Au singulier forme polie (**vous**) et au pluriel (**vous**), l'impératif est comme la 2ème personne du pluriel, sans pronom sujet.

> Vous répétez: **Répétez!**   Vous finissez: **Finissez!**

3 A la 1ère personne du pluriel (**nous**), la forme de l'impératif est la même que la 1ère personne du pluriel du présent, sans pronom sujet.

> Nous répétons: **Répétons.** (*Let's repeat.*)   Nous finissons: **Finissons!** (*Let's finish!*)

4 La négation **ne ... pas** entoure le verbe à l'impératif.

> **N'**écrivez **pas!**   **Ne** répète **pas!**

5 A l'impératif du verbe pronominal, on emploie un pronom après le verbe (voir p. 240).

> Regarde-**toi!**   Souvenez-**vous!**   Dépêchons-**nous!**
> *Look at yourself!*   *Remember!*   *Let's hurry!*

A la forme négative, le pronom précède le verbe.

> **Ne te** perds **pas!**   **Ne vous** dépêchez **pas!**   **Ne nous** fâchons **pas!**
> *Don't get lost!*   *Do not hurry!*   *Let's not get angry!*

6 Impératifs irréguliers

aller	**Va!**	**Allons!**	**Allez!**
avoir	**Aie!**	**Ayons!**	**Ayez!**
être	**Sois!**	**Soyons!**	**Soyez!**
savoir	**Sache!**	**Sachons!**	**Sachez!**
vouloir			**Veuillez!**

> N'**ayez** pas peur!   **Soyez** patiente!   **Sachez** que je ne plaisante pas!   **Veuillez** écouter!

Remarques:
- L'impératif des verbes **avoir, être, savoir, vouloir** est semblable au subjonctif présent (voir p. 316).
- **Sachez** et **veuillez** ne sont pas employés dans la langue courante et familiale.

Emplois

1 L'impératif sert:

   a. à donner un ordre direct: **Sortez!**

   b. à exprimer une défense: **Ne fumez plus!**

   c. à présenter une suggestion: **Allons au cinéma!**

Remarques: Il y a deux possibilités en français pour dire *Let us go.*

- On a l'impératif du verbe **aller,** à la forme **nous,** si on invite plusieurs personnes à participer à une action ensemble.

    Allons au cinéma.   ***Let's go*** *to the movies!*

- On emploie le verbe **laisser** à l'impératif, 2ᵉᵐᵉ personne, avec l'infinitif du verbe **aller,** si on exprime une requête, une demande de permission.

    Laissez-nous aller au cinéma.   ***Let us go*** *(allow us to go) to the movies.*

2 Les impératifs suivants sont employés comme interjections: **Tiens, Allons, Voyons.**

   a. **Tiens** indique l'étonnement.

   Tiens, il est déjà midi!   ***Hey,*** *it's already noon!*

   b. **Allons, Voyons** expriment une exhortation.

   Allons, ne vous découragez pas.   ***Come on,*** *don't get discouraged.*
   Voyons, allez un peu plus vite!   ***Come on,*** *hurry up!*

   c. **Allons-y!** veut dire *Let's go! Let's get started!*

3 L'impératif de **vouloir** est surtout employé dans la formule écrite: **Veuillez agréer l'assurance de ma considération distinguée.** En anglais on traduit cette formule par *Sincerely yours.*

Exercices

H. Que dit le professeur à ses élèves quand il entre dans la classe?

   Modèle: *Asseyez-vous ...*

   1. ouvrir (*négatif*) les livres
   2. écrire (*négatif*)
   3. commencer
   4. faire de la gym
   5. lire
   6. aller au tableau
   7. rêver (*négatif*)
   8. bien écouter

I. Qu'est-ce que vous dites à vos amis un dimanche? Suggérez des activités pour vous amuser.

   Modèle: *Allons au parc ...*

   1. se promener dans la campagne
   2. visiter un musée
   3. boire un verre
   4. faire un pique-nique
   5. jouer au foot
   6. dormir
   7. rester (*négatif*) à la maison
   8. rentrer (*négatif*) tard

J. Franck est impatient. Qu'est-ce qu'il dit à Laurent?

   Modèle: *Va un peu plus vite ...*

   1. essayer les baskets
   2. courir (*négatif*) dans les allées
   3. grimper (*négatif*) sur le chariot
   4. oublier (*négatif*) les patates
   5. prendre du sucre
   6. être (*négatif*) étourdi

Formules à retenir

1 ▶ **depuis** + le présent

a. On emploie le présent avec **depuis** et une expression de temps pour dire qu'une action a commencé dans le passé et continue encore dans le présent au moment où on parle.

Il est à l'hôpital **depuis** lundi.	*He has been in the hospital **since** Monday.*
Anne attend l'autobus **depuis** une heure.	*Anne has been waiting for the bus **for** an hour.*

La formule est:

> présent + **depuis** + expression de temps

Depuis a deux sens (*meanings*):

> *since* + date
> *for* + length of time

La traduction en anglais est *has / have been.* En français, le verbe est au présent.

b. On peut aussi employer les expressions suivantes pour indiquer *for + length of time.*

Il y a une heure qu'Anne attend l'autobus.	
Voilà une heure qu'Anne attend l'autobus.	*Anne has been waiting for the bus **for one hour.***
Ça fait une heure qu'Anne attend l'autobus.	

Les questions qui correspondent à ces réponses ont deux formes. Si on veut connaître *la date précise,* on dit:

Depuis quand est-il à l'hôpital?	*How long has he been in the hospital?*
Depuis lundi.	*Since Monday.*

Si on veut connaître *la durée,* on dit:

Depuis combien de temps attend-elle?	*How long has she been waiting?*
Depuis une heure.	*For an hour.*

Exercice

K. Avec le vocabulaire suggéré, faites d'abord une question avec **Depuis quand** ou avec **Depuis combien de temps.** Ensuite, donnez la réponse à la question.

Modèle: Frédéric (étudier) le piano. (l'âge de trois ans)
Depuis quand est-ce que Frédéric étudie le piano?
Frédéric étudie le piano depuis l'âge de trois ans.

1. Elle (suivre) des cours de danse.   (trois ans)
2. Nous (jouer) au tennis.   (dix heures du matin)
3. Tu (chercher) ton pull vert.   (trois jours)
4. Elles (dormir).   (dix minutes)
5. Vous (travailler) à cette banque.   (lundi)
6. Il (prend) du sucre numéro 4?   (toujours)

2 ▶ aller / s'en aller

Voici la conjugaison de ces deux verbes:

je **vais**	nous **allons**	je **m'en vais**	nous **nous en allons**
tu **vas**	vous **allez**	tu **t'en vas**	vous **vous en allez**
il, elle **va**	ils, elles **vont**	il, elle **s'en va**	ils, elles **s'en vont**

a. On emploie **aller** avec le sens de *to go.*

> Vous **allez** au marché ce matin?

b. On emploie **aller à** avec le sens de *to fit.*

> Ce tee-shirt **va** bien **à** ce garçon.

c. On emploie **aller** avec l'infinitif d'un autre verbe pour exprimer un futur proche (*to be going to*) (voir p. 280). **Aller** + **aller** est fréquent.

> Tu **vas faire** des commissions dimanche?
> Je **vais aller** en Europe cet été.

d. On emploie **s'en aller** pour dire *to leave, to go away* (voir p. 51).

> Ils préparent leur voyage. Ils **s'en vont** samedi.

Exercice

L. Complétez les phrases suivantes avec la forme correcte du verbe **aller** ou **s'en aller.**

1. Elle _____ au marché pour acheter des fruits.
2. Tu _____ essayer des pulls à l'hypermarché?
3. Nous _____. Le magasin ferme.
4. Vous _____ acheter du sucre dans une grande surface, parce que c'est moins cher.
5. Elles _____ faire des commissions le samedi.
6. Ce jean est trop serré. Il ne vous _____ pas.

3 ▶ on

a. **On** remplace une personne indéfinie et signifie *one.*

> **On** se sent stupide quand **on** n'a pas assez d'argent pour payer.

b. **On** peut aussi remplacer **vous, ils, les gens** (*you, they, people*).

> En France, **on** boit du Pschitt-orange.

   c. Dans la conversation familière, **on** a le sens de **nous.**

> Papa et moi, **on** fait les commissions le samedi.

   d. Le verbe est toujours à la troisième personne du singulier, mais on accorde l'adjectif et le participe passé avec la personne ou les personnes que **on** représente (voir p. 47).

> Suzanne dit: **On** est bien conten**tes**, maman et moi.
>
> Hier, **mon papa et moi, on** est all**és** au supermarché.

   e. Souvent, **on** est utilisé à la place d'un passif (voir p. 406).

> **On** vend des yaourts à la crémerie.   (*des yaourts sont vendus*)

Exercice

   M. Remplacez les expressions en italique par **on.** Attention: changez aussi la forme du verbe.

1. En France, *les gens prennent* le repas principal à midi.   2. Papa et moi, *nous préparons* le dîner.   3. *Une personne chuchote* dans un musée.   4. A cette école, *les enfants travaillent* beaucoup.   5. En Amérique, *les gens boivent* beaucoup de lait.   6. A la maison, *nous nous couchons* à dix heures.   7. *Vous achetez* des baskets au supermarché?   8. *Les gens ne mangent pas* d'escargots comme dessert.

Synthèse

Applications

  I. **Régime ou pas régime?** Comment mangent les personnes suivantes? Mettez les verbes entre parenthèses au présent.

1. Mme Lamince ne (faire) pas son marché au supermarché.   2. Elle (préférer) les magasins de produits diététiques.   3. Elle (manger) des légumes frais, des fruits, des yaourts.   4. Elle (prendre) du poulet, du poisson.   5. Elle n'(acheter) pas de viande, ni de gâteaux secs.   6. Elle (avoir, *négatif*) de problèmes de santé.   7. M. Legros, au contraire, (adorer) les bons gros repas.   8. Il (aller) au supermarché.   9. Il (remplir) son chariot de spaghettis.   10. Il les (préparer) avec beaucoup de beurre et de fromage.   11. Il (boire) aussi du vin, du lait, du cognac.   12. Il (mettre) de la crème fraîche dans tout.   13. Il ne (suivre) pas de régime.   14. Il (avouer) qu'il (être) un peu fatigué le soir, et qu'il (dormir) mal ...

> Et vous, qu'est-ce que vous achetez, mangez, choisissez, préférez ...? Et vos parents, qu'est-ce qu'ils achètent, mangent, etc.?

  II. **Rêves d'action.** Charles et Pauline ont beaucoup d'imagination. Mettez les verbes entre parenthèses au présent.

1. Ils (se raconter) des histoires. 2. Ils (penser) qu'ils (être) des gendarmes et qu'ils (poursuivre) des gangsters. 3. Ils (porter) un uniforme, quelquefois une mitraillette. 4. Ils (courir) dans la rue. 5. Ils (faire) des plans d'action pour surprendre les voleurs. 6. Ils (arrêter) les bandits et les (envoyer) en prison. 7. Ils (vivre) une vie dangereuse, mais bien sûr ils ne (mourir) jamais. 8. Ils (prendre) des risques et (se sentir) importants car ils (protéger) la société.

Et vous, est-ce que vous imaginez que vous êtes une personne extraordinaire? Quelles actions accomplissez-vous?

III. A chaque pays ses habitudes. Dites ce qu'on fait en général dans chaque pays.

1.	En France on	dépenser beaucoup d'argent pour manger / aimer le pain, les gâteaux, le beurre, le fromage / boire du vin aux repas / conduire vite / prendre des vacances en août / ne pas respecter le code de la route (*traffic rules*)
2.	En Amérique on	préférer les hamburgers / prendre du lait aux repas / aimer (*négatif*) les escargots / être libre après cinq heures du soir / avoir des machines pour nettoyer la maison / faire beaucoup de sport à l'école / s'habiller (*négatif*) élégamment le dimanche
3.	En Angleterre on	prendre le thé plusieurs fois par jour / pouvoir (*négatif*) sortir sans parapluie / adorer la reine et la famille royale / faire (*négatif*) très bien la cuisine / aimer beaucoup les animaux / s'amuser à écouter de la musique rock

Et en Italie, en Chine, au Canada, qu'est-ce qu'on fait?

IV. Une mère embêtante. Que dit une mère protectrice et embêtante à son fils adolescent?

Modèle: se lever: *Lève-toi!*

se dépêcher / se laver / prendre (*négatif*) ce jean, il est trop serré / faire tous tes devoirs / oublier (*négatif*) tes livres / manger des épinards (*spinach*) / boire beaucoup de lait / acheter (*négatif*) ces journaux idiots / baisser ta radio / apprendre tes leçons

Maintenant, à votre tour, continuez sur le même modèle.

V. Le voleur passe en jugement. Le juge dit à l'accusé:

1. Accusé, (se lever). 2. (Répondre) à mes questions. 3. (Se souvenir). 4. (Faire) un effort. 5. Où étiez-vous le soir du hold-up? (Être) précis. 6. Ne (perdre) pas votre temps. 7. (Prouver) votre innocence. 8. (Réfléchir) aux détails. 9. (Dire) la vérité. 10. N'(avoir) pas l'air stupide. 11. (Epeler) votre nom clairement. 12. (S'asseoir).

VI. Réorganisons le magasin. Le directeur du supermarché dit à ses employés:

1. (Changer) les patates de place. 2. (Mettre) le beurre à côté des yaourts. 3. (Placer) les bouteilles de Pschitt-orange en bas. 4. (Arranger) le sucre en suivant les numéros. 5. (Pousser) les rouleaux de papier W.C. 6. (Se dépêcher). 7. (Essayer) de mettre les biftecks avec les côtelettes. 8. (Remplir) l'étagère avec des petits gâteaux. 9. (Se reposer). 10. (Aller) à la cafétéria pour boire un soda.

Conversations

1. **Petits magasins.** Les supermarchés deviennent de plus en plus populaires, mais les petits magasins spécialisés existent encore. Est-ce que vous vous souvenez où on achète:[15]

   ◆ du pain?
   ◆ de la viande de bœuf et de mouton?
   ◆ du fromage, du beurre?
   ◆ de l'alimentation générale (légumes, riz, céréales, etc.)?
   ◆ des plats préparés?
   ◆ des gâteaux?
   ◆ du poisson?
   ◆ des journaux, des cigarettes, des timbres (*stamps*)?

2. **En France et ailleurs.** D'après la lecture du texte, pouvez-vous trouver des ressemblances et des différences entre un supermarché français et un supermarché américain? Faites des comparaisons. Voici des suggestions:

le chariot	la crémerie
les rayons	les heures de fermeture
le sucre numéro 4	la caissière ou le caissier

3. **Les commissions.** Quand vous faites des commissions, préférez-vous aller au supermarché, ou dans un magasin spécialisé? Allez-vous quelquefois dans un marché en plein air (*outdoor market, farmers' market*)? Pourquoi ou pourquoi pas?

4. **Le crime paie.** Discutez la phrase: «Le crime paie.» Est-ce que cette phrase doit être prise sérieusement?

Traduction

1. Antoinette's mother asks her daughter: 2. "Please go to the supermarket for me. 3. Buy a bag of potatoes, (**du**) sugar, (**du**) bread, (**du**) butter, (**du**) cheese, a steak, and some cookies." 4. But Antoinette meets (**rencontrer**) a friend on the sidewalk, in front of her house. 5. She has known (**connaître**) the friend for five years. 6. She stops and they talk for (**pendant**) one hour. 7. Antoinette arrives at the supermarket after closing time. 8. She must (**devoir**) go to the grocery store, to the bakery, to the dairy, to the butcher shop, and to the pastry shop. 9. She does not have enough money to (**pour**) take the bus and she carries all her groceries in a net bag.

Rédactions

1. **Gare au gendarme!** Il y a un «vrai» gendarme dans la rue. Il appelle Laurent et son père parce qu'ils courent. Ils retournent au supermarché pour payer le jean. Mais la caissière est pressée parce que le magasin va fermer. Elle refuse de recompter. Racontez la scène.
2. **«Va faire mes commissions pour moi.»** Vous êtes malade et un(e) ami(e) va faire des commissions pour vous. Vous lui dites: «Achète-moi des oranges, n'oublie pas le beurre, etc». Utilisez des phrases complètes dans la liste (ou dans le dialogue) que vous écrivez.

---

[15]Réponses possibles (en désordre) pour la question 1: la pâtisserie, la poissonnerie, l'épicerie, la boulangerie, la boucherie, le bureau de tabac, la charcuterie, la crémerie

Chapitre 2

Le passé composé

Vocabulaire

allumer to light
amour (*m.*) love
s'asseoir to sit down
bois (*m.*) wood
caresser to pet, caress
chapeau (*m.*) hat
cuiller ou **cuillère** (*f.*) spoon
encore still
esclave (*m.* or *f.*) slave
fumée (*f.*) smoke
se jeter to throw oneself
lait (*m.*) milk
se lever to stand up, to get up
main (*f.*) hand
manteau (*m.*) **de pluie** raincoat
marché (*m.*) **aux fleurs** flower market

marché (*m.*) **aux oiseaux** market where
  birds are sold
mordre to bite
parole (*f.*) word
pleurer to cry
pleuvoir to rain
quelqu'un somebody
renverser to knock down, to spill
reposer to put down
rivière (*f.*) stream
route (*f.*) road
tasse (*f.*) cup
tête (*f.*) head
tourner to toss, to stir
traverser to cross
trouver to find

Vocabulaire supplémentaire

Le couvert (place setting)

assiette (*f.*) plate
couteau (*m.*) knife
débarrasser la table to clear the table
fourchette (*f.*) fork
mettre le couvert to set the table
nappe (*f.*) tablecloth
serviette (*f.*) napkin
verre (*m.*) glass

Le mauvais temps (bad weather)

bottes (*f. pl.*) boots
brouillard (*m.*) fog
se couvrir to become overcast
éclair (*m.*) lightning flash
s'éclaircir to clear up
foudre (*f.*) lightning bolt
glace (*f.*) ice
il fait du brouillard it is foggy
il fait du vent it is windy
il neige it snows, it is snowing
imper(méable) (*m.*) raincoat
météo (*f.*) weather report
neige (*f.*) snow

nuages (*m. pl.*) clouds
nuageux, couvert cloudy
orage (*m.*) thunderstorm
parapluie (*m.*) umbrella
tempête (*f.*) storm
tonnerre (*m.*) thunder
vent (*m.*) wind
verglas (*m.*) black ice

Le marché aux oiseaux

cage (*f.*) cage
canari (*m.*) canary
s'envoler to fly away
perruche (*f.*) parakeet

Divers

caressant(e) loving
couler to flow
esclavage (*m.*) slavery
marché (*m.*) **aux puces** flea market
se reposer to rest
rester to stay
se suicider to commit suicide

Déjeuner du matin

Jacques Prévert (1900–1977) est le poète contemporain le plus populaire de France. Ses poèmes sont quelquefois tristes, et même poignants. Il
s'indigne contre la guerre, la misère, les enfants malheureux, les animaux
enfermés, les amoureux séparés. Parfois, ses poèmes sont gais et humoristiques: il chante le soleil, la joie de vivre, les fleurs, l'amour. Plusieurs de
ses poèmes ont été mis en chansons. Prévert a aussi écrit des scénarios de
films.

Préparation à la lecture

En France, le petit déjeuner est généralement très simple. On prend une
tasse ou un bol de café noir, ou bien du café au lait préparé avec du lait
chaud. Si on prend son petit déjeuner dans un café, on commande: «Un
noir!» ou «Un crème!».

Beaucoup de personnes ne prennent pas le temps de manger le matin.
Mais quand on a le temps, alors, on mange une tranche° de pain grillé (on   slice
dit aussi un toast) avec du beurre ou de la confiture°, ou des biscottes°. Le   jam / melba toast
dimanche, on va à la pâtisserie ou à la boulangerie acheter des croissants
frais ou des brioches°. Les Français ne mangent pas de fruits et ne boivent   rolls
pas de jus d'orange pour le petit déjeuner.

En revanche, les Français, les jeunes surtout, fument beaucoup, malgré la campagne antitabac; ils fument partout, dans les bureaux, au restaurant, dans la rue.

Il a mis le café
Dans la tasse
Il a mis le lait
Dans la tasse de café
5 Il a mis le sucre
Dans le café au lait
Avec la petite cuiller
Il a tourné
Il a bu le café au lait
10 Et il a reposé la tasse
Sans me parler
Il a allumé
Une cigarette
Il a fait des ronds°   **a fait...** made smoke rings
15 Avec la fumée
Il a mis les cendres°   ashes

Dans le cendrier°   ashtray
Sans me parler
Sans me regarder
20 Il s'est levé
Il a mis
Son chapeau sur sa tête
Il a mis
Son manteau de pluie
25 Parce qu'il pleuvait
Et il est parti
Sous la pluie
Sans une parole
Sans me regarder
30 Et moi j'ai pris
Ma tête dans ma main
Et j'ai pleuré.

Questions sur la lecture

1. Combien de personnes est-ce qu'il y a dans cette scène? Qui sont ces personnes?
2. Quels gestes fait le personnage «il»? Décrivez et mimez ces gestes. Que révèlent ces gestes?
3. Quelle est la signification de la répétition de «sans me parler», «sans une parole»?
4. Qu'est-ce que l'action de «faire des ronds avec la fumée» indique?
5. Pourquoi est-ce que toutes les actions de «il» sont importantes?
6. Pourquoi est-ce que la personne qui parle pleure à la fin du poème?
7. Donnez un autre titre à ce poème.

Questions personnelles

1. Comment se passe votre petit déjeuner?
2. Est-ce que vous fumez? Pourquoi ou pourquoi pas?
3. Quand il pleut, comment est-ce que vous vous habillez? Portez-vous un parapluie ou un imperméable, ou les deux? Aimez-vous marcher sous la pluie?
4. Imaginez une autre réaction de la part de la personne qui pleure.
5. L'homme revient. Il commence à parler. Que dit-il? Que répond-elle?

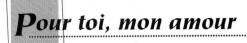

Pour toi, mon amour

Préparation à la lecture

A Paris, le marché aux fleurs le plus célèbre est dans l'île de la Cité, sur une place située devant la Préfecture de police. Le dimanche, ce marché est fermé et le marché aux oiseaux prend sa place. Partout en France, on trouve des marchés intéressants, typiques: les marchés aux puces,° les marchés à la ferraille,° les brocantes°.

°flea markets

°scrap iron / second-hand shops

Je suis allé au marché aux oiseaux
    Et j'ai acheté des oiseaux
        Pour toi
      mon amour ...

5   Je suis allé au marché aux fleurs
    Et j'ai acheté des fleurs
        Pour toi
      mon amour ...

10 Je suis allé au marché à la ferraille
Et j'ai acheté des chaînes
De lourdes chaînes
Pour toi
mon amour ...

15 Et puis je suis allé au marché aux esclaves
Et je t'ai cherchée
Mais je ne t'ai pas trouvée
mon amour.

Questions sur la lecture

1. Est-ce un homme ou une femme qui parle? Comment le savez-vous?
2. Qu'est-ce que cette personne a acheté aux deux premiers marchés?
3. Que pensez-vous de ces achats?
4. Qu'est-ce que cette personne a acheté au troisième marché? Qu'est-ce qu'on fait avec des chaînes?
5. Qu'est-ce que cet homme a cherché au quatrième marché? Est-ce qu'il a trouvé ce qu'il cherchait?
6. Que veut faire cet homme avec son amour? Quelle idée est-ce qu'il a de l'amour?

Questions personnelles

1. Aimez-vous aller au marché aux fleurs? Quelles fleurs préférez-vous? Pour qui achetez-vous des fleurs?
2. Une femme doit-elle être l'esclave de l'homme? Est-ce qu'un homme doit être l'esclave de la femme? Etes-vous d'accord avec cette idée de l'amour? Pensez-vous que ce poème exprime la pensée de Jacques Prévert, ou est-il ironique?

Le Message

La porte que quelqu'un a ouverte
La porte que quelqu'un a refermée
La chaise où quelqu'un s'est assis
Le chat que quelqu'un a caressé
5 Le fruit que quelqu'un a mordu
La lettre que quelqu'un a lue
La chaise que quelqu'un a renversée
La porte que quelqu'un a ouverte

10 La route où quelqu'un court encore
Le bois que quelqu'un traverse
La rivière où quelqu'un se jette
L'hôpital où quelqu'un est mort

Questions sur la lecture

1. Répétez le poème et commencez ainsi: Quelqu'un a ouvert la porte.
2. Est-ce que le genre de «quelqu'un» est déterminé? Pourquoi pas?
3. Est-ce que les premières actions de la personne sont normales?
4. Qu'est-ce qu'il y a dans la lettre?
5. Que fait la personne qui a lu la lettre?

Questions personnelles

1. Trouvez-vous ce poème dramatique? Si oui, par quels moyens est-ce que l'auteur exprime le drame? Sinon, expliquez votre opinion.
2. Que pensez-vous du suicide par désespoir d'amour? Pouvez-vous nommer quelques cas historiques ou littéraires célèbres?

Le passé composé

Formes

Le passé composé est un temps formé avec le présent de l'auxiliaire **avoir** ou **être** et le participe passé du verbe conjugué.

> Il **a parlé** de son voyage.   Suzanne **est arrivée** par l'avion de six heures.

verbes avec **avoir**		*verbes avec* **être**	
j'**ai parlé**	nous **avons parlé**	je **suis arrivé(e)**	nous **sommes arrivés(ées)**
tu **as parlé**	vous **avez parlé**	tu **es arrivé(e)**	vous **êtes arrivé(e)(s)**
il **a parlé**	ils **ont parlé**	il **est arrivé**	ils **sont arrivés**
elle **a parlé**	elles **ont parlé**	elle **est arrivée**	elles **sont arrivées**

Le participe passé

1 Le participe passé se termine en **-é** pour tous les verbes du 1er groupe (**-er**).

> parl**é**   chant**é**   aim**é**   arriv**é**

Les verbes qui ont des changements orthographiques au présent sont réguliers au passé composé. Leur participe passé est:

commenc**é**   voyag**é**   pay**é**   achet**é**   appel**é**   jet**é**   préfér**é**

2 Le participe passé se termine en **-i** pour les verbes du 2ème groupe (**-ir: -iss-**).

fin**i**   obé**i**   roug**i**   pâl**i**   grand**i**

3 Le participe passé se termine en **-u** pour les verbes du 3ème groupe (**-dre**).

entend**u**   vend**u**   répond**u**

Exercice

A. Récrivez les phrases suivantes au passé composé.

1. Nous réfléchissons à notre esclavage. 2. Ils ne finissent pas leur bol de café. 3. Vous vendez des imperméables? 4. Ludwig n'entend pas la neuvième symphonie. 5. On attend l'autobus sous la pluie. 6. Tu ne réponds pas à sa lettre. 7. Quelqu'un trouve de la ferraille dans la rivière. 8. Jacques pleure son amour perdu. Il essaie de se suicider. 9. Je traverse l'île de la Cité et j'achète des fleurs. 10. Catherine paie très cher sa chaîne en or. 11. Vous commencez vos devoirs avant le petit déjeuner? 12. Tu ne manges pas les mauvais fruits. 13. Le garçon casse la tasse et jette les morceaux. 14. Mon chien mord mes bottes de pluie. 15. Il neige dans la nuit. Je cherche mes skis. 16. Elles ne débarrassent pas la table?

4 Les verbes irréguliers ont aussi des participes passés irréguliers.

a. **avoir / être**

avoir→ **eu**   être→ **été**

Voici la conjugaison complète de ces deux verbes; ils ont tous les deux l'auxiliaire **avoir** au passé composé.

avoir		être	
j'**ai eu**	nous **avons eu**	j'**ai été**	nous **avons été**
tu **as eu**	vous **avez eu**	tu **as été**	vous **avez été**
il, elle **a eu**	ils, elles **ont eu**	il, elle **a été**	ils, elles **ont été**

b. Les verbes en **-ir** (sans **-iss-**)

ir→ u

courir   **couru**   tenir   **tenu**   venir   **venu**

ir→ i

dormir   **dormi**   sortir   **sorti**   mentir   **menti**

partir   **parti**   servir   **servi**   sentir   **senti**

ir → ert / ir → ort

couvrir	**couvert**	offrir	**offert**	mourir	**mort**
ouvrir	**ouvert**	souffrir	**souffert**		

Remarque: Les verbes **venir, partir, sortir, mourir** sont conjugués avec l'auxiliaire **être** (voir p. 47).

c. Les verbes en **-oir**

oir → u

apercevoir	**aperçu**	devoir	**dû**	falloir	**fallu**
décevoir	**déçu**	vouloir	**voulu**	pleuvoir	**plu**
recevoir	**reçu**	savoir	**su**	valoir	**valu**
pouvoir	**pu**	voir	**vu**		

Attention: Pour avoir le son /s/ dans **déçu** et **reçu,** il faut ajouter une cédille au **c** devant **u.**

d. Les verbes en **-re**

re → u

boire	**bu**	lire	**lu**	convaincre	**convaincu**
connaître	**connu**	plaire	**plu**	vivre	**vécu**
croire	**cru**				

re → ri

rire	**ri**	sourire (*to smile*)	**souri**	suivre	**suivi**

re → is

mettre	**mis**	prendre	**pris**
admettre (*to admit*)	**admis**	comprendre (*to understand*)	**compris**
permettre (*to permit*)	**permis**	surprendre (*to surprise*)	**surpris**
promettre (*to promise*)	**promis**		
remettre (*to put back*)	**remis**		

re → it

conduire	**conduit**	dire	**dit**
construire	**construit**	écrire	**écrit**
traduire (*to translate*)	**traduit**	décrire (*to describe*)	**décrit**
produire (*to produce*)	**produit**	faire	**fait**

Attention: A la forme négative, la négation entoure l'auxiliaire (voir p. 176).

Il a compris.
Il **n'**a **pas** compris.

Exercice

B. Dans les phrases suivantes, mettez les verbes entre parenthèses au passé composé.

1. Il (pleuvoir). Frédéric (ne pas pouvoir) faire de camping.
2. Tu (mentir)! Tu (ne pas écrire).

3. Vous (perdre) à la loterie: vous (lire) la nouvelle dans le journal.
4. Je (ne pas recevoir) mon chèque et je (avoir) des difficultés d'argent.
5. Pendant les vacances, nous (ne pas retenir) de chambre d'hôtel: (nous vivre) sous la tente.
6. Ils (construire) un nouveau garage, mais la foudre le (détruire).
7. L'orage (être) si violent que les touristes (ne pas dormir).
8. Vendredi, elle (obtenir) son permis de conduire; samedi, elle (conduire) la voiture de son oncle.
9. Tu (faire) du tennis au lieu de (*instead of*) te reposer. Tu (ne pas suivre) mes conseils.
10. Je (voir) mon vieux maître d'école au marché aux puces et je (ne le pas reconnaître).
11. Son fiancé (promettre) de lui téléphoner tous les jours, mais elle (ne pas le croire).
12. A la soirée, elles (boire) trop de jus de fruit, et après elles (avoir) mal à l'estomac.
13. On (traduire) mal, je (ne pas comprendre).
14. Je (courir) sur le verglas, je (perdre) l'équilibre, je (rire).
15. Vous (mettre) du temps à écrire cette lettre.
16. Les élèves (ne pas savoir) répondre aux questions de l'examen et ils (avoir) des mauvaises notes.

Choix de l'auxiliaire

1 **Avoir.** La majorité des verbes forment leur passé composé avec l'auxiliaire **avoir**.

2 **Etre.** Les verbes suivants forment toujours leur passé composé avec l'auxiliaire **être**.

aller	je **suis allé(e)**	partir	je **suis parti(e)**
arriver	je **suis arrivé(e)**	(repartir)	(**reparti[e]**)
entrer	je **suis entré(e)**	rester	je **suis resté(e)**
naître	je **suis né(e)**	venir	je **suis venu(e)**
mourir	je **suis mort(e)**	(devenir, revenir)	(**devenu[e], revenu[e]**)
		tomber	je **suis tombé(e)**

3 Les six verbes suivants changent de forme. Leur passé composé est formé avec **être** s'ils sont intransitifs (s'ils n'ont pas de complément d'objet direct); il est formé avec **avoir** s'ils sont transitifs (s'ils ont un complément d'objet direct). Remarquez le changement de sens.

descendre	Je **suis descendu(e)** à la cave.	*I went down to the cellar.*
	J'**ai descendu** l'escalier.	*I went down the stairs.*
	J'**ai descendu** ma valise.	*I took down my suitcase.*
monter	Je **suis monté(e)** au grenier.	*I went up to the attic.*
	J'**ai monté** l'escalier.	*I went up the stairs.*
	J'**ai monté** ma valise.	*I took up my suitcase.*
passer	Je **suis passé(e)** par Paris.	*I came by way of Paris.*
	J'**ai passé** trois jours à Paris.	*I spent three days in Paris.*
rentrer	Je **suis rentré(e)** à la maison.	*I returned home.*
	J'**ai rentré** mes plantes.	*I took my plants inside.*
retourner	Je **suis retourné(e)** en Chine.	*I went back to China again.*
	J'**ai retourné** le bifteck.	*I turned over the steak.*

sortir	Je **suis sorti(e).**	*I went out.*
	J'**ai sorti** mon chien.	*I took my dog out.*

4 Tous les verbes pronominaux se conjuguent avec l'auxiliaire **être** (voir Chapitre 12, p. 241).

Je me promène.	Je me **suis** promené(e).
Il ne s'endort pas.	Il ne s'**est** pas endormi.

Exercice ....

C. Mettez les verbes des phrases suivantes au passé composé.

1. Jules sort avec Marion.   2. Ils passent de bonnes vacances.   3. Christian descend du bus.   4. Georges, tu reviens de Tombouctou?   5. Michelle sort des bonbons de sa poche.   6. Il passe tous les jours devant la Statue de la Liberté.   7. Je descends mes bagages toute seule du troisième étage.   8. Le cuisinier retourne délicatement l'omelette.   9. Albert monte prendre un verre avec Jean-Paul.   10. Les petites filles rentrent leurs bicyclettes au garage.   11. Maman monte mon petit déjeuner.   12. Vous rentrez à une heure du matin?   13. Roland va à la bibliothèque ce matin et il y retourne ce soir.   14. Franck boit trop de bière: son jean devient serré.   15. Gérard arrive à San Francisco mardi. Il reste deux jours à l'hôtel Méridien. Il repart jeudi.   16. Alain se trompe de livre.   17. Grand-père s'endort dans son fauteuil.   18. L'enfant qui monte dans le chariot tombe.

Accord du participe passé

Formes

Le participe passé s'accorde comme un adjectif (voir p. 121). Cet accord s'entend rarement. C'est généralement un changement orthographique.

1 Au masculin singulier, l'accord ne se voit pas.

arrivé, parti, vu, compris

2 Au masculin pluriel, on ajoute un **-s,** sauf s'il y en a déjà un.

arrivé**s,** parti**s,** vu**s,** compris

3 Au féminin singulier, on ajoute un **-e.**

arrivé**e,** parti**e,** vu**e,** compris**e** /kɔ̃pʀiz/[1]

4 Au féminin pluriel, on ajoute **-es.**

arrivé**es,** parti**es,** vu**es,** compris**es** /kɔ̃pʀiz/[1]

---

[1] Même les Français ont des difficultés pour accorder les participes passés. Les accords les plus importants sont ceux qu'on entend.

La leçon? Je l'ai **apprise, comprise, refaite** etc....

Règles de l'accord

1 Accord avec **être**

Quand l'auxiliaire est **être,** le participe passé s'accorde avec le sujet comme un adjectif.

> Il est **arrivé.** Elle est **sortie.** Nous sommes **entrés (entrées).** Je suis **venu(e).**

2 Accord avec **avoir**

Quand l'auxiliaire est **avoir,** il faut considérer l'objet direct du verbe.

a. Si l'objet direct est placé après le verbe, il n'y a pas d'accord.

> Pauline a **acheté** ces fleurs au marché.

b. Si l'objet direct est placé devant le verbe, le participe s'accorde avec cet objet direct.

> Est-ce que Robert est ici? Je ne l'ai pas **vu.**

> Voici des fruits magnifiques: nous **les** avons **cueillis** dans notre jardin.

> Où est ma montre? Je l'ai **perdue.**[1]

> Regardez ces belles fleurs: je **les** ai **achetées** au marché.

c. L'objet direct qui demande un accord peut être:
- **les, la** ou **l'** (*sing.*)
- **quelle** + nom féminin singulier
  quels + nom masculin pluriel
  quelles + nom féminin pluriel

> **Quelle robe** est-ce qu'elle a **mise** pour le bal?
> **Quels exercices** est-ce que vous avez **faits?**
> **Quelles fleurs** est-ce qu'il a **achetées?**

- **que**

> La porte **que** quelqu'un a **ouverte** ...

Attention: Il n'y a *jamais* d'accord avec **en** (voir p. 222).

> Des fleurs? J'**en** ai **acheté.**

3 Les verbes pronominaux

a. Pour la majorité des verbes pronominaux, le participe passé s'accorde aussi avec le sujet.

> Elle s'est **assise.**
> **Ils se** sont aim**és.**
> **Les deux amies se** sont rencontr**ées.**

b. Il n'y a pas d'accord pour quelques verbes courants:

se dire	ils ou elles se sont dit adieu	**se plaire**	ils ou elles se sont pl**u**
s'écrire	ils ou elles se sont écrit	**se téléphoner**	ils ou elles se sont
se parler	ils ou elles se sont parl**é**		téléphon**é**

c. Les règles détaillées de l'accord du participe passé des verbes pronominaux sont expliquées au Chapitre 12, page 245.

Exercice

D. Dans les phrases suivantes, mettez les verbes en italique au passe composé. Attention à l'accord du participe passé!

1. Le jeune homme *sort* sans parler. 2. Vous admirez mes fleurs? Je les *cultive* avec amour. 3. La jeune femme *se repose* dans le fauteuil. 4. Jette la pomme que tu *mords*. 5. Il *cherche* ses bottes longtemps. Il les *trouve* sous la table. 6. Mademoiselle, vous *ne tombez pas* sur la glace? 7. Ta cuiller? Je la *mets* dans ta tasse. 8. Les promeneurs *se rencontrent* dans la forêt. 9. La femme-agent de police *n'entre pas* dans le magasin. 10. Quelles rivières *traversez*-vous quand vous *voyagez* en Australie? 11. Juliette *ferme* la porte; le vent la *rouvre.* 12. Le chat que Régine *caresse* dans la rue la suit. 13. Jacques *baisse* la tête et la *prend* dans ses mains. 14. Ma mère *ne voit pas* la tasse de café que tu *renverses* sur le tapis. 15. Voici les nouvelles que la radio *annonce.* 16. Les deux amies *se téléphonent.*

Emplois

Différentes fonctions du passé composé

Le passé composé a trois sens en anglais:

Il a plu: *It rained, it did rain, it has rained.*

On emploie le passé composé:

1 pour exprimer une action isolée, unique, comme une sorte de point dans le temps.

Hier, je **suis allé** au marché.

2 pour exprimer plusieurs actions successives, toutes courtes et enchaînées.

Il **s'est levé,** il **a mis** son chapeau et il **est parti.**

3 pour exprimer une action qui a duré un certain temps, mais qui est terminée.

Elle **a habité** trois ans à Paris.

4 pour exprimer une action qui s'est répétée un certain nombre de fois, mais qui est terminée.

Nous **sommes allés** six fois au marché aux fleurs.

On peut représenter les fonctions du passé composé par le dessin suivant:

1. une action-point   •
2. plusieurs actions-points   • • •
3. une durée terminée   ├———┤
4. une répétition terminée | • • • |

Exercice

E. Mettez les phrases suivantes au passé composé. Identifiez les actions ou les durées qu'elles représentent. Est-ce une action-point, une durée terminée, une répétition terminée?

Modèle: Nous allons trois fois à Paris. *Nous sommes allés ... (répétition terminée)*

1. Je reste trois ans à Lyon.   2. Je vois Pierre à la bibliothèque.   3. Il a la grippe toute la semaine.   4. Un gangster entre dans la banque.   5. Il y a plusieurs accidents dans cette rue.   6. Elle se jette dans la rivière.   7. Tu arrives à Marseille en avion.   8. Il donne plusieurs coups de téléphone.   9. Elle dort deux heures dans le train.   10. Ils montent sur le bateau.   11. Le docteur arrive, examine le malade et appelle l'ambulance.   12. Le pauvre homme reste six mois à l'hôpital.

Expressions adverbiales avec le passé composé

1 Place de certains adverbes

Les adverbes suivants se placent entre l'auxiliaire et le participe passé: **bien, mal, déjà, souvent, beaucoup, trop, assez.**

Il a **bien** travaillé.	*He worked **well**.*
J'ai **mal** dormi.	*I slept **badly**.*
Vous avez **déjà** fini?	*Have you **already** finished?*
Ils sont **souvent** allés en Europe.	*They **often** went to Europe.*
Mes parents ont **beaucoup** voyagé.	*My parents have traveled **a lot**.*
Tu as **trop** mangé.	*You ate **too much**.*
Ils ont **assez** couru.	*They have run **enough**.*

2 Expressions adverbiales de temps

Voici des adverbes et des expressions adverbiales qu'on emploie souvent dans des phrases au passé:

hier	yesterday
avant-hier	the day before yesterday
la semaine dernière / **la semaine passée**	last week
lundi (mardi) dernier	last Monday (Tuesday)
le mois dernier	last month
l'année dernière	last year
il y a trois (huit) jours	three (eight) days ago

Exercice

F. Mettez les phrases suivantes au passé composé. Placez l'adverbe dans les phrases.

Modèle: Elle chante. (bien) *Elle a bien chanté.*

1. Tu remplis ton chariot? (déjà)
2. Il neige. (beaucoup)
3. Josette reçoit ma lettre. (bien)
4. Nous nous promenons dans ce parc. (souvent)
5. Vous buvez. (assez)
6. La caissière tape la note. (mal)
7. Je visite les musées de guerre. (souvent)
8. Elles lisent ce roman. (déjà)

Formules à retenir

1 **combien de temps** + passé composé

On emploie cette expression avec le passé composé pour poser une question sur la durée d'une action terminée. On utilise aussi le passé composé dans la réponse.

Combien de temps est-ce que vous **avez dormi**?	*How long* { *did you sleep?* / *have you slept?* }
J'ai dormi neuf heures.	*I slept nine hours.*
J'ai dormi pendant neuf heures.	*I slept for nine hours.*

Remarque: L'emploi de **pendant** n'est pas obligatoire (voir p. 361).

Exercice

G. Avec le vocabulaire suggéré, faites des questions et des réponses. Suivez le modèle.

Modèle: Paul / regarder la télé / toute la soirée
Combien de temps est-ce que Paul a regardé la télé?
Il a regardé la télé toute la soirée.

1. Jérôme / rester au cinéma / quatre heures
2. Jacqueline / se reposer dans le jardin / une heure
3. Vous / vivre en France / deux ans
4. La jeune fille / lire sa leçon / dix minutes
5. Ma sœur / voyager en Afrique / cinq mois
6. Christophe / faire de la recherche / plusieurs mois
7. Les cosmonautes / naviguer dans l'espace / cinq jours
8. Le pauvre homme / fumer / toute sa vie

2 **venir de** + infinitif

On emploie l'expression **venir de** au présent + l'infinitif du verbe pour indiquer qu'une action est arrivée récemment.

Il **vient de partir** au marché.   *He **has just left** for the market.*

Attention: Le verbe **venir** est au présent, la formule a un sens passé.

Exercice

H. Répétez les phrases suivantes avec **venir de.** Suivez le modèle.

Modèle: Elle a fini ses commissions.
*Elle **vient de finir** ses commissions.*

1. L'avion est arrivé. 2. Nous sommes rentrés de voyage. 3. Le président a signé sa déclaration. 4. Les électeurs ont voté. 5. Tu as lu ce livre? 6. Elle a écrit sa rédaction. 7. J'ai bu mon café au lait. 8. Vous avez acheté une voiture?

3   **sans** (*without*)

a.   On emploie **sans** avec l'infinitif quand, en anglais, il y a la forme -*ing* du verbe.

Il est parti **sans** me **parler, sans** me **regarder.**   *He left **without speaking** to me, **without looking** at me.*

b.   On emploie **sans** avec un nom sans article, si le nom est indéfini.

Elle est sortie **sans** chapeau.
Vous travaillez **sans** imagination.

c.   On emploie un article avec le nom qui suit **sans** pour dire **sans un seul, sans une seule** (*without a single one*).

Il est parti **sans une parole.**
Nous avons travaillé toute l'année **sans un jour de vacances.**

Exercice

I.   Traduisez les phrases suivantes en français.

1. She walks without looking at the shops.   2. Are you going out without a coat?
3. Don't leave without saying good-bye!   4. Repeat without stopping!   5. She read the lesson without a single mistake.

4   **quitter** / **s'en aller** / **partir** / **laisser** / **sortir** (*to leave*)

a.   On emploie **s'en aller**[2] et **partir** seuls ou avec un complément de lieu ou de temps pour traduire *to leave, to go away, to depart.*

Je **m'en vais.**   Tu **pars?**
Elle **s'en va** au marché.   Ils **partent** demain pour Paris.

b.   On emploie **quitter** avec un objet direct de personne ou d'endroit, pour traduire *to leave,* et souvent *to leave forever.*

Tu veux me **quitter?**   Elle **a quitté** la ville.

c.   On emploie **laisser** avec un objet direct, personne ou chose, pour traduire *to leave behind, to forget.*

J'**ai laissé** mes amis.   Tu **as laissé** tes livres au restaurant?

d.   On emploie **sortir** pour traduire *to go out, to leave a room.*

Tu **sors?**   Le professeur **est sorti** de la classe.

---

[2]**S'en aller** a deux formes au passé composé: *he left* se traduit **il s'est en allé** ou **il s'en est allé.** Ces formes ne sont pas courantes. Il est plus simple de traduire *he left* par **il est parti.**

Exercice

J. Dans les phrases suivantes, mettez le verbe qui convient au temps nécessaire: **s'en aller, partir, laisser, quitter, sortir.**

1. Nous sommes entrés dans le musée à deux heures et nous _____ à six heures.
2. Mme Robert s'est sentie si malheureuse qu'elle _____ son mari. 3. J'ai perdu mon parapluie. —Tu l'_____ dans l'autobus? 4. Mes amis passent l'été en Europe. Ils _____ le 25 juin. 5. Quand vous êtes allés en vacances, vous _____ votre chien chez des amis? 6. Stéphanie n'a pas réussi à apprendre l'informatique; elle _____ son job. 7. Même l'hiver dernier, nous _____ tous les jours pour faire une petite promenade. 8. Restez encore quelques minutes. — Non, je _____.

Synthèse

Applications

I. Un interrogatoire. On est entré dans l'appartement d'une dame et on a volé des objets. Au commissariat de police (*precinct*) un employé lui pose des questions. Qu'est-ce qu'il dit?

1. Madame, à quelle heure est-ce que vous (sortir)?
2. A quelle heure est-ce que vous (rentrer)?
3. Combien de temps est-ce que vous (rester) absente?
4. Vous (remarquer) quelqu'un quand vous (arriver)?
5. Vous (voir) quelque chose d'anormal sur votre porte ou votre fenêtre?
6. Combien d'objets est-ce qu'on (voler)?
7. Quels objets (disparaître)?
8. Est-ce que vous (signaler) le vol à votre compagnie d'assurances?

II. Après le vol. Formez un groupe de trois personnes: le commissaire, le suspect et la victime, et imaginez un dialogue entre ces personnes à propos du vol décrit dans l'exercice précédent.

III. Un voyage-éclair. Mme Vavite a fait un voyage rapide en Europe. Racontez son voyage.

1. *En Angleterre:* rester deux jours / voir la Tour de Londres / visiter Buckingham / boire du thé.
2. *En France:* passer trois jours / monter à la Tour Eiffel / prendre le train / s'arrêter à Marseille / repartir le lendemain.
3. *En Italie:* traverser Pise / photographier la Tour penchée / avoir une indigestion de peinture à Florence.
4. *En Espagne:* ne pas aller.

5. *En Suisse:* admirer les montagnes / manger du fromage et du chocolat / acheter une montre.

6. *En Allemagne:* arriver / perdre sa montre / acheter une Mercedes / s'écrouler de fatigue / rentrer aux Etats-Unis.

IV. **A votre tour.** Racontez les grandes lignes d'un voyage vécu ou imaginaire dans un autre pays.

V. **Un week-end catastrophique ou formidable?** Vous demandez à un ami qui n'a pas d'énergie ce qu'il a fait ce week-end. Il vous répond. Ecrivez ses réponses au passé composé en utilisant le vocabulaire suggéré.

— Qu'est-ce que tu as fait ce week-end?

pleuvoir	regarder un peu la télé	s'ennuyer
ne pas sortir	faire la sieste	être content quand lundi arriver
rester à la maison	ne pas s'amuser	

Ensuite vous posez la même question à un ami énergique. Il vous répond.

se lever tôt	sortir	déjeuner
prendre un petit déjeuner	faire du jogging	téléphoner à un ami
copieux	passer au supermarché	aller tous les deux au cinéma
ranger sa chambre	écrire une rédaction	étudier ses leçons

Conversations

1. **Le petit déjeuner.** Qu'est-ce que vous prenez pour votre petit déjeuner? Que prennent d'autres personnes? Qu'est-ce que vous avez pris ce matin?

le chocolat	le pain grillé	le jus d'orange
le thé	la biscotte	le pamplemousse (*grapefruit*)
les céréales	la confiture	le croissant
les œufs (*eggs*)	le miel (*honey*)	la brioche
les crêpes américaines (*pancakes*)		

2. **Les courses.** Dans quels rayons des grands magasins (*department stores*) ou des Prisunic, Monoprix (*names of inexpensive department stores in France*) aimez-vous vous promener, même si vous n'achetez rien? Demandez à un(e) camarade quels rayons il (elle) préfère et pourquoi.

3. **Les événements récents.** Discutez avec un (une) camarade les trois événements politiques ou sociaux qui vous ont le plus frappé(e) l'année dernière.

4. **Les inventions.** Quelles sont les trois inventions qui vous paraissent les plus utiles pour vous ou pour l'humanité? Qui les a inventées et, si vous le savez, dans quelles circonstances? Comparez vos idées avec les idées d'un(une) camarade.

Traduction

1. Yesterday Patrice had a bad day.
2. He woke up early.
3. He got up, shaved, washed, and got dressed.
4. He went to the kitchen and sat down to have breakfast. The cat jumped on the table. Patrice petted him, but the cat knocked down the cup. The cup of milk fell on the rug (**tapis**).
5. Patrice went to the bird market. He looked in all the cages and finally found a lovely parakeet. He bought it. He stayed a few minutes to talk with the salesperson. A child opened the door of the cage and the parakeet flew away.
6. Patrice cried, came back home, and went to bed.

Rédactions

1. **Votre champion.** Avez-vous un champion ou une championne favori(te)? Y a-t-il un chanteur ou une chanteuse, un acteur ou une actrice, un personnage de la vie moderne que vous admirez énormément? Racontez sa vie et ses exploits: Où est-il (elle) né(e)? Quelles sortes d'études a-t-il (elle) faites? A-t-il (elle) eu des débuts difficiles? Qu'est-ce qu'il (elle) a accompli ou inventé? Quels sont les moments importants de sa carrière? Pour quelles actions l'admirez-vous?
2. **Le marché.** Hier, vous êtes allé(e) faire des courses dans vos endroits préférés: supermarché, pâtisserie, marché aux puces, marché aux fleurs ... Combien de temps est-ce que vous êtes resté(e) à chaque endroit? Qu'est-ce que vous avez vu? Qu'est-ce que vous avez cherché? Qu'est-ce que vous n'avez pas trouvé? Qu'est-ce que vous avez acheté?

Chapitre 3

L'imparfait

Vocabulaire

à l'époque in those days
s'apercevoir to notice, to realize
avocat (*m.*), avocate (*f.*) lawyer
avoir besoin de to need
avoir droit à to be entitled to
bibliothèque (*f.*) library
bonne note (*f.*) good grade
brancher to plug
bulletin (*m.*) scolaire report card
se cacher to hide
carreau (*m.*) tile
se coucher to lie down, to go to bed
cours (*m.*) class, course (of study)
se débrouiller to manage
disque (*m.*) record
éclairage (*m.*) lighting
élève (*m. or f.*) pupil
élever to bring up
en cachette secretly
faire des remplacements to substitute
faire partie de to belong to
famille (*f.*) nombreuse large family
gratuit(e) free
s'inscrire to register
inscrit(e) registered

intéresser to interest
s'intéresser à to be interested in
leçon (*f.*) particulière private lesson, tutoring
livre (*m.*) scolaire textbook
lycée (*m.*) high school
mettre de l'argent de côté to save money
obliger à to force
obtenir to get
parfois at times
parquet (*m.*) wood floor
par terre on the floor
particulier (ère) special
pièce (*f.*) room
prêt (*m.*) loan
prise (*f.*) electrical plug, outlet
ranger to put in order
recopier to copy
réussir to succeed
rigueur (*f.*) strictness
sol (*m.*) floor, ground
solide strong
toucher (*m.*) feel
veilleuse (*f.*) nightlight
vue (*f.*) sight

Vocabulaire supplémentaire

Les études

aller à l'université to attend university, college
avoir une bourse to have a scholarship
baccalauréat (*m.*) high school diploma
cancre (*m.*) dunce
concours (*m.*) contest, competitive exam
copain (*m.*), copine (*f.*) pal
copier to crib
devoirs (*m. pl.*) homework
échouer à un examen, rater un examen to fail an exam
épreuve (*f.*) test
faible weak
faire un emprunt, emprunter to borrow
interrogation (*f.*) écrite quiz
mauvais(e) élève bad student

mauvaise note bad grade
note (*f.*) grade
noter to grade
passer un examen to take an exam
prêter de l'argent to lend, loan money
redoubler to repeat a class
repasser, réviser to review
suivre un cours to take a course
tricher to cheat

Relations parents-enfants

défendre to forbid
donner la permission to give permission
être fier (ère) de to be proud of
faire des compliments to compliment
féliciter to congratulate

gronder to scold
indulgence (*f.*) leniency
laisser faire to allow
laxisme (*m.*) permissiveness
parents (*m. pl.*) **durs** tough parents
          indulgents lenient
          laxistes permissive

sévères harsh
stricts strict
permettre to permit
punir to punish
réprimander to reprimand
tolérance (*f.*) tolerance

Un cas particulier

Gisèle Halimi (1926–   ) est née en Tunisie. Elle a fait des études de droit (*law*) à l'université de Paris et est devenue avocate. Elle a participé à la création du Mouvement de Libération des Femmes (MLF) et a écrit plusieurs livres. Dans *La Cause des Femmes*, elle décrit son enfance dans une famille tunisienne traditionnelle, où les filles n'étaient pas encouragées à faire des études, et les difficultés qu'elle a eues pour briser (*break*) la tradition.

Préparation à la lecture

En France et dans les protectorats français (la Tunisie, le Maroc) à l'époque où Gisèle Halimi allait au lycée, les études s'étalaient° sur sept ans: de la sixième° à la première°, plus une année terminale.° Chaque année, on suivait des cours de toutes les matières.° On recevait des notes de 0 à 20, et aux compositions° on était classé par rang: être le premier ou la première, c'était comme si on recevait un A; être le dernier ou la dernière correspondait à un F. Si les élèves trichaient ou étaient indisciplinés, ils recevaient des colles° et restaient au lycée pour faire du travail supplémentaire comme punition. [spread / sixth grade / eleventh grade / twelfth grade / subjects / tests / detentions]

    A la fin de la première, on passait le premier bac (la première partie du bac—le baccalauréat, l'examen que doivent passer tous les lycéens à la fin du lycée). A la fin de l'année terminale, on passait le deuxième bac (la deuxième partie du bac), en philosophie, sciences naturelles ou mathématiques élémentaires. Depuis l'époque de Gisèle Halimi, il y a eu des réformes et le système actuel est un peu différent. Aujourd'hui les jeunes Français vont d'abord, de 11 à 14 ans, dans un collège d'enseignement général ou d'enseignement secondaire (CEG ou CES). Les cours du lycée commencent en seconde. A partir de ce moment, les étudiants choisissent une spécialité. Ils passent une épreuve de français en première et le bac à la fin de l'année terminale, dans la section spéciale qu'ils ont choisie (lettres, maths, sciences, etc.).

Mes parents nous élevaient avec rigueur. Je sais que très, très jeunes, vers l'âge de sept, huit ans, ma mère nous° obligeait à laver le sol de la maison. (En Tunisie, il n'y a pas de parquet, il y a des carreaux par terre.) Il n'était pas question de le° demander à mon frère qui était pourtant plus âgé, et
5 beaucoup plus solide que nous, les filles. Je devais ranger, faire la vaisselle. Dans la maison, l'homme n'avait jamais rien à faire. Nous, les filles et ma mère, étions là pour le servir.

　　Mon frère n'était pas très bon élève, en cinquième°. Il avait des colles, il truquait.[1] Il imitait, sur les bulletins scolaires, la signature paternelle. Et
10 moi, je continuais mon chemin.° Je réussissais. J'obtenais de très bonnes notes, mais elles passaient toujours inaperçues.° J'arrivais pour dire:° «Je suis première en français.» C'était le moment même où se déclenchait° un drame parce que mon frère était dernier en mathématiques. Toute l'attention était tournée vers lui. Je ne suis même pas sûre qu'on m'entendait
15 quand je parlais de mes professeurs et de mes cours. Il m'a fallu accumuler° beaucoup de succès, réussir à des examens pour que mes parents commencent à dire: «C'est pas mal,° ce qu'elle fait. Après tout, peut-être est-elle un cas un peu particulier?» Mais, à l'époque, ça ne les intéressait pas, c'était secondaire.

20 　　Quelques années plus tard, c'est moi qui donnais des leçons particulières au fils d'un avocat chez lequel° mon père faisait des remplacements de secrétaire. J'étais en seconde°, au lycée. Avec ces leçons de mathématiques et de latin, je voulais mettre de l'argent de côté: j'avais décidé° que j'irais° à l'université en France et je savais que personne ne
25 m'aiderait°. C'était assez symbolique: mon frère avait besoin de leçons particulières; moi, j'en° donnais.

　　A la maison, on ne trouvait pas un livre, pas un disque, rien. Heureusement, faisant partie° d'une famille nombreuse, impécunieuse°, j'avais droit au prêt gratuit de tous les livres scolaires durant° mes études…
30 Quand il m'en manquait un° parfois, je me débrouillais. J'allais chez une copine recopier les cours°. J'étais inscrite dans toutes les bibliothèques. La vue, le toucher des livres me fascinaient. Je lisais des nuits entières.° En cachette, car nous étions quatre enfants à dormir° dans la même pièce… Grâce à° un système d'éclairage un peu artisanal° et clandestin — une
35 toute petite veilleuse que je branchais directement sur une prise placée au ras du sol°—je me couchais par terre et je lisais tout mon soûl°…

Marginal glosses:
= **les filles**

it (= **laver le sol**)

seventh grade

je… I continued on my way / **passaient…** would always go unnoticed / **J'arrivais…** I would come home and say / = **commençait**

Il… I had to accumulate
C'est… = **Ce n'est pas mal**

chez… in whose office
tenth grade

j'avais… I had decided / I would go / would help me / some

faisant… since I belonged / poor / = **pendant** / **il…** I lacked one class notes

des… for nights on end
= **qui dormions**
Thanks to / primitive

au ras… close to the ground / **tout…** to my heart's content

Questions sur la lecture

1. Dans quel pays habitait Gisèle Halimi quand elle était jeune?
2. Combien d'enfants est-ce qu'il y avait dans cette famille?

---

[1]**truquait** = cheated. **Tricher** is a more common word for *to cheat.*

3. Quelle était la profession du père? Cette famille était-elle riche? Comment le savez-vous?
4. Décrivez les occupations de la mère et des filles.
5. Comment était le sol dans la maison?
6. Pourquoi est-ce que le père et le fils ne faisaient rien à la maison? Connaissez-vous d'autres cultures qui ont les mêmes principes?
7. Dans quel autre domaine se manifestait la différence de traitement entre le frère et la sœur?
8. Décrivez la personnalité de Gisèle et celle de son frère.
9. Comment Gisèle gagnait-elle de l'argent? Où est l'ironie? Que voulait-elle faire de cet argent?
10. Comment pouvait-elle satisfaire sa passion de lire?
11. Gisèle Halimi est devenue avocate et a beaucoup milité au MLF (Mouvement de Libération des Femmes). Pourquoi son cas est-il un cas particulier?

Questions personnelles

1. Dans votre famille ou dans votre école, est-ce qu'on traitait les filles et les garçons d'une façon différente? Quelle était la différence?
2. Quelle est l'utilité des leçons particulières? Dans quel cas sont-elles nécessaires?
3. Aimiez-vous lire le soir dans votre lit quand vous étiez enfant? Lisiez-vous à l'aide d'une lampe de poche (*flashlight*)? Est-ce que vos parents vous punissaient s'ils vous surprenaient en train de lire en cachette?

L'imparfait

Formes

L'imparfait est régulier pour tous les verbes excepté le verbe **être.** On forme l'imparfait avec la première personne du pluriel du présent. On enlève la terminaison **-ons** et on ajoute les terminaisons de l'imparfait: **-ais, -ais, -ait, -ions, -iez, -aient.**

1 Voici la conjugaison des verbes du 1ᵉʳ groupe:

parler nous parlons parl-	
je **parlais**	nous **parlions**
tu **parlais**	vous **parliez**
il, elle **parlait**	ils, elles **parlaient**

a. Les verbes en **-cer** et **-ger** ont les changements orthographiques suivants:

c → **ç** devant **a**

je commen**çais**	MAIS:	nous commen**cions**
tu commen**çais**		vous commen**ciez**
il, elle commen**çait**		
ils, elles commen**çaient**		

g → **ge** devant **a**

je voya**geais**	MAIS:	nous voya**gions**
tu voya**geais**		vous voya**giez**
il, elle voya**geait**		
ils, elles voya**geaient**		

b. Les verbes en **-ier** qui ont la racine en **i** conservent le **i** à toutes les personnes. Il y a deux **i (ii)** aux formes **nous** et **vous**.

j'étud**iais**	MAIS:	nous étud**iions**
tu étud**iais**		vous étud**iiez**
il, elle étud**iait**		
ils, elles étud**iaient**		

On conjugue sur ce modèle: **apprécier** (*to appreciate*), **oublier** (*to forget*), **pacifier** (*to pacify*), **remercier** (*to thank*), **télégraphier** (*to telegraph*), **vérifier** (*to check, ascertain*).

2 Voici la conjugaison des verbes du 2ème groupe.

finir nous finissons finiss-	
je **finissais**	nous **finissions**
tu **finissais**	vous **finissiez**
il, elle **finissait**	ils, elles **finissaient**

Remarque: Il y a **-iss-** dans l'imparfait de tous les verbes du 2ème groupe.

3 Voici la conjugaison des verbes du 3ème groupe.

attendre nous attendons attend-	
j'**attendais**	nous **attendions**
tu **attendais**	vous **attendiez**
il, elle **attendait**	ils, elles **attendaient**

4 avoir / être

L'imparfait d'**avoir** est régulier. L'imparfait d'**être** est formé sur la racine **ét-;** les terminaisons sont régulières.

	avoir		*être*	
j'avais	nous **avions**	j'**étais**	nous **étions**	
tu **avais**	vous **aviez**	tu **étais**	vous **étiez**	
il, elle **avait**	ils, elles **avaient**	il, elle **était**	ils, elles **étaient**	

5 L'imparfait des verbes irréguliers se forme comme l'imparfait des verbes réguliers. Voici l'imparfait de quelques verbes irréguliers.

boire	buvons	**je buvais**	**nous buvions**
croire	croyons	**je croyais**	**nous croyions**
voir	voyons	**je voyais**	**nous voyions**
connaître	connaissons	**je connaissais**	**nous connaissions**
dire	disons	**je disais**	**nous disions**
faire	faisons	**je faisais**	**nous faisions**
lire	lisons	**je lisais**	**nous lisions**
rire	rions	**je riais**	**nous riions**
écrire	écrivons	**j'écrivais**	**nous écrivions**

Remarques:
- La forme du présent et la forme de l'imparfait des verbes suivants se ressemblent pour **nous** et pour **vous**. A l'imparfait le son /j/ est un peu plus prononcé.

croire	croyons	**croyions**	croyez	**croyiez**
voir	voyons	**voyions**	voyez	**voyiez**
rire	rions	**riions**	riez	**riiez**

- La syllabe **fai-** dans l'imparfait de **faire** est prononcée /fə/.

  je **faisais** /fəzɛ/   nous **faisions** /fəzjɔ̃/

6 Verbes impersonnels

pleuvoir	il pleut	**il pleuvait**	**plaire**	ça plaît	**ça plaisait**
falloir	il faut	**il fallait**	**valoir**	ça vaut	**ça valait**

7 Verbes pronominaux

L'imparfait des verbes pronominaux se forme comme l'imparfait des verbes réguliers. Voici la conjugaison de **se laver.**

je **me lavais**	nous **nous lavions**
tu **te lavais**	vous **vous laviez**
il, elle **se lavait**	ils, elles **se lavaient**

Exercice

A. Dans les phrases suivantes, mettez le verbe qui manque à l'imparfait. Suivez le modèle.

Modèle: Maintenant, elles arrivent à l'heure; avant, elles *arrivaient* toujours en retard.

1. Maintenant, tu nages dans une piscine; avant, tu _____ dans une rivière.
2. Elle se débrouille pour conduire dans Paris. Pendant la guerre, elle _____ pour circuler en vélo.
3. Aujourd'hui, il ne prend plus de médicament; avant, il _____ de l'aspirine tous les jours.
4. Vous savez utiliser l'ordinateur pour faire votre courrier; autrefois, _____ -vous taper vos lettres à la machine?
5. Maintenant, je renonce à fumer; quand j'étais jeune, parfois je _____ au tabac et je recommençais le lendemain.
6. Après une série de piqûres, ils ne souffrent plus d'allergies; les autres années, ils _____ terriblement du rhume des foins (*hay fever*).
7. Aujourd'hui, nous sommes plus âgés, nous ne rions pas de nos difficultés financières. Quand nous étions étudiants, nous en _____.
8. Tu fais des études supérieures? Il y a quelques années tu _____ des travaux ménagers.
9. Elle écrit à son amoureux avec la permission de ses parents; avant, elle lui _____ en cachette.
10. Maintenant, on s'inscrit à l'université par téléphone; autrefois, on _____ en personne.
11. En ce moment, tu sors beaucoup avec tes copains; avant, tu _____ rarement.
12. Vous étudiez les maths? Et avant, qu'est-ce que vous _____?
13. Ces parents s'intéressent beaucoup à la carrière d'avocate de leur fille. Quand elle était jeune, ils ne _____ pas du tout à ses études.
14. Depuis les vacances, nous n'oublions jamais de rendre nos livres à la bibliothèque; avant, nous les _____ souvent à la maison.
15. Maintenant, elle se place dans les premières; avant, elle _____ dans les dernières.
16. Vous voyez la mer de votre balcon? Dans votre ancienne maison, vous _____ la montagne.
17. Nous ne connaissons personne dans notre quartier. Autrefois, tout le monde se _____.
18. Ses frères lisent des romans des nuits entières. Avant, ils _____ des bandes dessinées (*comic strips*).
19. Nous sommes en terminale. L'année dernière, nous _____ en première.
20. Maintenant que je prends des leçons particulières, je réussis à tous mes examens. Avant, je ne _____ jamais.

Emplois

Différentes fonctions de l'imparfait

Il y a trois formes en anglais pour traduire l'imparfait.

Je **pensais**   *I would think, I used to think, I was thinking*

Remarque: On peut aussi traduire l'imparfait *I thought,* mais cette traduction contient l'idée de *I would think, I used to think* ou *I was thinking.*

1 On emploie l'imparfait pour raconter des souvenirs d'enfance, ou des actions habituelles qui se sont répétées dans une période de temps illimité (*without limits*).

> Quand Gisèle **était** petite, elle **vivait** en Tunisie avec sa famille. Son père ne **gagnait** pas beaucoup d'argent. Gisèle **se débrouillait** et **donnait** des leçons particulières.

Ces actions sont souvent accompagnées d'adverbes.

autrefois	formerly	**souvent**	often
à l'époque	in those days	**toujours**	always
le dimanche, le lundi	on Sundays, Mondays	**de temps en temps**	from time to time
tous les jours	every day	**quelquefois**	sometimes
parfois	sometimes	**généralement**	generally
rarement	rarely	**d'habitude**	usually

> **Le dimanche,** le père emmenait les enfants à la plage et **quelquefois** il leur achetait une glace.

2 On emploie l'imparfait pour faire la description physique et morale d'une personne, d'un lieu, d'une époque ou pour décrire le temps.

> Laurent **avait** dix ans. Il n'**était** pas grand. Il **avait** les yeux bleus et les cheveux bruns. Il **portait** toujours des jeans. Il **souriait** souvent et **obéissait** généralement à son père.

> Hier, à la plage, il **faisait** un temps superbe: le soleil **brillait;** il n'y **avait** pas de vent; le ciel **était** clair et bleu.

3 Certains verbes sont plus fréquemment employés à l'imparfait qu'au passé composé parce qu'ils expriment un état mental ou physique. Ces verbes sont **être, avoir, penser, croire, savoir, espérer,** etc.

> J'**étais fatigué:** je **pensais** que j'allais mourir.
> Je **savais** que c'**était** la fin.

Quand ces verbes sont employés au passé composé, ils ont un sens différent; ils expriment un choc, un changement soudain, ou donnent l'idée que l'action est terminée.

> Quand j'ai lu la critique de ce film, j'**ai pensé** que c'était un bon film. Quand je suis allé le voir, j'**ai su** que c'était une erreur.

4 On emploie l'imparfait pour indiquer les actions progressives. Souvent deux actions ont lieu (*take place*) en même temps. Dans ce cas, on utilise des conjonctions.

pendant que while	**quand** ⎫ when **lorsque** ⎭	**tandis que** ⎫ whereas **alors que** ⎭

Gisèle **donnait** des leçons particulières, **tandis que** son frère ne **faisait** rien.
Nous **regardions** la télévision **pendant que** nous **mangions**.

Exercices

B. Refaites les phrases suivantes à l'imparfait, pour dire ce que ces personnes avaient l'habitude de faire dans le passé.

> *Modèle:*   Les Renaud habitent à Bordeaux. Autrefois, ils (habiter à Pau).
> *Les Renaud habitent à Bordeaux. Autrefois, ils **habitaient** à Pau.*

1. Ma tante mange des légumes. Quand elle était jeune, elle (manger de la viande). 2. Robert court tous les jours. Autrefois, il (ne pas courir). 3. M. Halimi est riche. Quand il habitait en Tunisie, il (être pauvre). 4. Nos cousins ne voyagent plus. Autrefois ils (voyager tous les ans). 5. Gisèle suit des cours de droit. Avant, elle (suivre des cours de médecine). 6. Mme Laurent fait ses commissions dans un hypermarché. Quand elle habitait à la campagne, elle (faire ses commissions au marché en plein air). 7. Régine porte des lunettes pour lire. Quand elle était plus jeune, elle (lire sans lunettes). 8. Roger se lève à midi, se couche à minuit. Autrefois, il (se lever tous les jours à sept heures et se coucher à dix heures).

C. Mettez les descriptions suivantes à l'imparfait.

1. Dans ce pays, il fait toujours chaud. Le soleil brille. Le ciel est bleu. Il ne neige jamais. Il pleut au printemps. On a des carreaux sur le sol des maisons parce que c'est plus frais. Dans les jardins, il y a beaucoup de fleurs et d'arbres.
2. Jacques est un homme de petite taille. Il a les cheveux bruns et les yeux verts. Il s'habille toujours de vêtements pratiques: il préfère les jeans et les polos, même en hiver. Il est plutôt timide, mais se met en colère quand on le contrarie. Il montre du courage et de la patience dans les situations difficiles.

D. Dans les phrases suivantes, mettez les verbes entre parenthèses au temps qui convient, passé composé ou imparfait.

1. Je ne pas (venir) te rendre visite, je (penser) que tu (être) en vacances.
2. Quand le père (recevoir) le bulletin scolaire de son fils, il (penser) qu'il (devenir) un cancre.
3. «Vous (tricher) à l'examen. Vous (croire) sans doute que cela (être) permis?»
4. Quand elle (entendre) son professeur l'appeler par son nom, elle (croire) qu'elle (rêver).
5. Ses parents (voir) qu'elle (faire) partie d'une famille nombreuse.
6. On (savoir) qu'il (mettre) de l'argent de côté le jour où il (partir) en voyage.

Le passé composé et l'imparfait ensemble

Dans un récit, on emploie le passé composé et l'imparfait alternativement. Voici des situations possibles.

1 Une action soudaine (*au passé composé*) est accompagnée par une description (*à l'imparfait*) ou par une action progressive.

> J'**ai vu** le chien: il **courait** dans la rue.
> Je l'**ai fait** entrer: il **avait** l'air triste.
> Gisèle **s'est arrêtée** de parler: ses parents ne l'**écoutaient** pas.

Remarque: Souvent il y a **qui, que** ou **parce que** entre les deux groupes de la phrase.

> J'**ai vu** le chien *qui* **courait** dans la rue.

2 Une description, une habitude (*à l'imparfait*) est interrompue par une action soudaine (*au passé composé*).

> Hier, je **dormais** sur mon canapé: le chat **a sauté** sur moi!
> J'**écrivais** tous mes devoirs à la main; un jour j'**ai acheté** un ordinateur.

3 Le verbe qui suit la conjonction **que** après un verbe au passé (**je pensais que, il a cru que**) n'est jamais au passé composé.

> J'ai vu qu'il **pleuvait**.
> Je savais qu'il **allait** échouer à son examen.

■ Tableau-résumé
Emplois du passé composé et de l'imparfait

Passé composé	Imparfait
1. Action-point •	Actions habituelles →
2. Plusieurs actions-points • • •	Actions progressives →
3. Durée limitée ⊢—⊣	Description →
4. Répétition limitée | • • • |	Habitude →

Passé composé et imparfait ensemble

1. Action soudaine et description   • →
2. Description et action soudaine   → •
3. Habitude et action soudaine   → •

Exercice

E. Dans les phrases suivantes, mettez les verbes au temps qui convient, passé composé ou imparfait.

1. Hier, Marguerite (voir) un garçon qui (dormir) à la bibliothèque.
2. Quand elle (rentrer) chez elle, elle (rencontrer) le facteur (*mail carrier*) qui (apporter) le courrier.

3. Elle (demander) à sa mère si elle (savoir) où (être) son livre de chimie.
4. Je (ne pas aller) au cinéma parce que je (ne pas avoir) le temps.
5. Vous (ne pas sortir) ce matin? Pourquoi pas? —Il (pleuvoir).
6. Dans cette famille, les filles (travailler); le garçon (se reposer). Un jour, les filles (se révolter).
7. Toutes les nuits, Gisèle (lire) en cachette. Une nuit son père (se lever), (la surprendre) et (la punir).
8. Les parents de cette jeune fille (ne pas remarquer) ses bonnes notes. Un jour, le professeur de maths leur (téléphoner).
9. Les parents (être surpris). Ils (ne pas savoir) que leur fille (être) un génie.
10. Nous (ne pas acheter) de disques parce que nous (ne pas avoir) de chaîne stéréo.
11. Bernard (recevoir) généralement des mauvaises notes. L'autre jour, surprise! Il (recevoir) un 16/20 [seize-sur-vingt].
12. Il (ne pas savoir) qu'il (pouvoir) réussir. Il (décider) de travailler davantage.

Formules à retenir

 Si + l'imparfait dans une phrase interrogative signifie *What if . . . , suppose . . . , how about . . . ?*

> **Si** nous **allions** au ciné ce soir?   *How about a movie tonight?*
> **Si** tu **te dépêchais** un peu?   *What if you hurried a bit?*

Exercice

F. Répétez les phrases suivantes avec **si** et l'imparfait.

Modèle: On va au cinéma ce soir?
    Si on allait au cinéma ce soir?

1. Nous achetons une nouvelle voiture? 2. Vous prenez un peu de repos? 3. Tu empruntes de l'argent à la banque? 4. On va voir grand-mère dimanche? 5. Je te raconte une histoire?

2 devoir

a. **Devoir** avec un nom objet direct signifie *to owe.*

> Françoise **doit** mille dollars à la banque.   *Françoise **owes** the bank one thousand dollars.*

b. **Devoir** avec un infinitif est un auxiliaire et a plusieurs sens:

◆ un sens de **probabilité** (*must, probably*). C'est son emploi le plus courant.

> Il **doit faire** froid au pôle Nord.   *It **must be** cold at the North Pole.*

Tu as travaillé jusqu'à minuit? Tu **devais avoir** sommeil.

*You worked until midnight? You **must have been** sleepy.*

Il fait plus frais; il **a dû** pleuvoir cette nuit.

*It's colder; it **probably** rained last night.*

◆ un sens de **nécessité,** d'**obligation** (*must, should, have to*). Souvent cette obligation a un caractère moral.

Les enfants **doivent** respecter leurs parents.

*Children **must** (or ***should***) respect their parents.*

Ma sœur et moi **devions** ranger les affaires.

*My sister and I **had to** pick up things.*

Sa voiture est tombée en panne. Elle **a dû** prendre un taxi.

*Her car broke down. She **had to** take a taxi.*

Remarque: Pour traduire l'idée d'obligation, on peut aussi employer **il faut.**

◆ une **intention** ou une **action future** au présent; un projet manqué à l'imparfait.

Nos amis **doivent** arriver demain à San Francisco.

*Our friends **are supposed** to arrive tomorrow in San Francisco.*

Marie **devait** venir nous voir, mais elle n'a pas pu.

*Marie **was supposed to** come and visit us, but she couldn't.*

Remarque: **Devoir** au conditionnel: **devrais, aurait dû** a le sens spécial de *should, should have* (voir p. 302).

■ *Tableau-résumé*
Emplois du verbe devoir

	Probabilité	*Obligation*	*Intention / Action future*
Présent	Il **doit** faire beau. *The weather **must be** fine.*	Vous **devez** travailler davantage. *You **must** work harder.*	Je **dois** partir à huit heures. *I **am supposed** to leave at eight o'clock.*
Passé composé	Vous **avez dû** avoir peur. *You **must have been** scared.*	Il **a dû** prendre un taxi. *He **had to** take a taxi.*	
Imparfait	Tu **devais** avoir faim. *You **were probably** hungry.*	Autrefois, les femmes **devaient** porter un chapeau dans la rue. *In the past, women **had** to wear a hat (while walking) in the street.*	Josette **devait** partir en vacances, mais elle a eu un accident (*projet manqué*). *Josette **was supposed** to leave for a vacation, but she had an accident.*

Exercice

G. Modifiez les phrases suivantes en employant le verbe **devoir** avec l'infinitif des verbes en italique. (*Attention:* **devoir** peut être au présent, à l'imparfait ou au passé composé!)

Modèle: Il *fait froid* au pôle Nord.
             Il **doit faire froid** au pôle Nord.

1. Giselle a l'air fatigué. *Elle lit* la nuit avec une veilleuse.   2. Vous avez fait du camping en Alaska en hiver. *Il faisait* froid.   3. Vous n'avez rien mangé depuis hier matin? *Vous aviez faim* quand vous êtes arrivé.   4. Un cambrioleur est entré chez vous la nuit? *Vous avez eu* peur.   5. Marie a reçu le prix d'excellence. Ses parents *ont été* fiers.   6. Dans les pays islamiques les femmes *portent* un voile (*veil*).   7. Dans ce pays, les enfants *demandent* aux parents la permission de se marier.   8. Autrefois, les jeunes filles *ne sortaient pas* seules le soir.   9. Georgette *n'a pas demandé* de prêt à la banque pour payer ses études.   10. Si on veut vivre vieux, *on fait* attention à sa santé.   11. Son frère *va* au lycée samedi pour sa colle.   12. Julia *vient* me voir cet après-midi pour copier le cours de géographie.   13. Mon père *faisait* un remplacement dans un lycée, mais on a trouvé quelqu'un d'autre.   14. Nous *allions* nous promener au bord de la rivière mais nous sommes restés à la maison à cause de la pluie.   15. Ses parents *partaient* faire une croisière (*cruise*), mais leur fils a eu un accident.

3 ▶ **depuis quand** + imparfait

On emploie **depuis quand** + *l'imparfait* pour indiquer qu'une action a commencé dans le passé et a continué jusqu'à une interruption.

>   **Depuis quand** est-ce que Louis **trichait**   *How long had Louis been cheating when the*
>   quand le prof l'**a attrapé**?   *professor **caught** him?*

Comme au présent, on utilise **depuis quand** pour dire *since when (date or precise time)* et **depuis combien de temps** pour dire *how long (for what length of time)* avec l'imparfait au sens d'action progressive (*had been cheating*). Le verbe qui suit **quand** est toujours au passé composé. La formule est:

Depuis quand   Depuis combien de temps } + imparfait, **quand** + passé composé

Dans la réponse on emploie l'imparfait + **depuis.**

>   Louis **trichait depuis** trois mois (**depuis**   *Louis **had been cheating for** three months (for*
>   **quand**?) **quand**...   *how long?) **when** . . .*

A la place de **depuis,** on peut aussi employer les expressions suivantes: **Il y avait ... que** et **ça faisait ... que.**

>   **Il y avait** trois mois que Louis **trichait** ... }   *Louis **had been cheating for** . . .*
>   **Ça faisait** trois mois que Louis **trichait** ... }

Exercice ....

H. Faites des questions avec **depuis quand** et **depuis combien de temps** et des réponses avec **depuis, il y avait** ou **ça faisait.** Variez la forme des réponses.

Modèle: Ils / regarder la télé / tu / téléphoner / huit heures
—*Depuis quand* est-ce qu'ils regardaient la télé quand tu as téléphoné?
—*Ils regardaient la télé depuis huit heures quand j'ai téléphoné.*

1. Rosalie / se promener dans la forêt / il / se mettre à pleuvoir / midi
2. Germaine / conduire sa nouvelle voiture / elle / avoir un accident / février
3. Cet employé / travailler dans ce bureau / il / quitter la compagnie / trente ans
4. Je / dormir / je / entendre l'explosion / minuit
5. Nous / se parler / on / couper la communication / dix minutes
6. Les Rois Mages (*Wise Men*) / marcher / ils / apercevoir l'étoile de Bethléem / plusieurs jours

Synthèse

Applications

I. **Que faisiez-vous?** Dimanche, je m'ennuyais; j'ai téléphoné à plusieurs personnes. Personne ne répondait. Dites ce que chaque personne faisait.

Modèle: Philippe: (être au cinéma)
Philippe était au cinéma.

1. Georges: (se reposer) / (dormir) / rêver)
2. Caroline: (faire) du jogging / (écouter) son baladeur / (courir) vite
3. Sophie et sa sœur: (déménager) / (transporter) des boîtes / (organiser) le nouvel appartement
4. Mon père et moi: (ranger) le garage / (jeter) des vieilleries (*old things*) / (construire) des étagères
5. Charles et sa petite amie: (être) à la bibliothèque / (lire) des livres de science fiction / (prendre) des notes
6. Paulette: (nager) dans la piscine / (sauter) du plongeoir / (se bronzer)
7. Les étudiants: (réfléchir) à leurs problèmes de maths / (étudier) les théorèmes / (faire) des calculs compliqués
8. Marc et toi: (réviser) votre cours / (recopier) vos notes / (se préparer) à l'examen

Et vous, que faisiez-vous dimanche?

II. **Les camarades d'enfance.** Les bons et les mauvais élèves.

1. Gisèle et Philippe étaient bons élèves. Que faisaient-ils?

étudier tous les jours	s'intéresser à tout
s'inscrire à toutes les bibliothèques	réussir à leurs examens
copier les notes de cours	vouloir aller à l'université
ne pas manquer les classes	faire partie du club français

2. Robert et Marguerite étaient mauvais élèves. Que faisaient-ils?

tricher	avoir besoin de leçons
recevoir de mauvaises notes	particulières
signer les bulletins à la place de leur père	ne jamais finir leurs exercices
échouer aux examens	s'amuser en classe
ne pas faire leurs devoirs	

    Et vous, étiez-vous bon(ne) ou mauvais(e) élève? Que faisiez-vous?

III. L'enfance de nos grands-parents. Votre grand-père ou votre grand-mère vivait peut-être dans un autre état ou dans un autre pays. Racontez leur enfance.

vivre	danser
habiter	écouter des histoires qu'on leur raconte
aller à l'école à pied (à skis)	lire
travailler dans une ferme (dans un magasin)	ne pas avoir de voiture
ne pas regarder la télé	jouer à des jeux de société, etc.

Conversations

1. **Votre maison ou votre appartement.** Où habitez-vous? Combien de pièces (*rooms*) est-ce qu'il y a chez vous? Quelle pièce préférez-vous et pourquoi? Habitiez-vous dans une maison différente quand vous étiez jeune? Comment était cette maison?

une pièce	la cuisine (*kitchen*)	le grenier (*attic*)
le séjour, le living (*living room*)	la chambre (*bedroom*)	la cave (*cellar*)
un meuble (*piece of furniture*)	la salle de bain (*bathroom*)	le sous-sol (*basement*), etc.
la salle à manger (*dining room*)	le bureau (*study*)	

2. **Votre famille.** Quels sont les membres de votre famille? Vivez-vous avec votre famille? Avez-vous des réunions familiales pour certaines fêtes? Comment était votre famille quand vous étiez jeune? Est-ce que vos parents étaient stricts ou laxistes? Quelles activités aviez-vous avec vos parents, vos frères et vos sœurs: camping, pique-niques, jeux de société, voyages, sports, sorties, etc.?

le beau-père (*father-in-law; stepfather*)	le grand-père	le neveu
la belle-mère (*mother-in-law; stepmother*)	la grand-mère	la nièce
le beau-frère	l'oncle	le cousin
la belle-sœur	la tante	la cousine

3. **Vos responsabilités.** De quelles occupations ménagères est-ce que vous êtes responsable? De quels travaux est-ce que vous étiez responsable quand vous étiez jeune? Imaginez que vous êtes père ou mère; quelles responsabilités est-ce que vous allez donner à vos enfants?

faire le ménage (*to clean house*)	nettoyer (*to clean*)	arroser le jardin
faire les commissions	repasser (*to iron*)	balayer (*sweep*)
faire la cuisine (*to cook*)	sortir, vider les poubelles	passer l'aspirateur
faire la lessive (*to do the laundry*)	(*garbage*)	faire la vaisselle, etc.
ranger	tondre la pelouse	

Traduction

1. When I was attending university, I needed pocket money. 2. I could not borrow money from the bank, and my parents could not help me. 3. But I managed: I substituted, and I tutored students, from eighth to twelfth grade. 4. My students were poor students; they were not getting good grades and did not pass their exams. 5. One of them, however, was a special case. 6. He belonged to a large family, and his parents could not even buy him his school books. 7. He worked in a restaurant, washed dishes, and cleaned floors. 8. He was registered in all the libraries in town, was reading [books] at night, hiding from his parents. 9. He was saving money to go to the university in Paris. 10. He became a famous lawyer.

Rédactions

1. **Souvenirs d'enfance.** Quand vous étiez enfant, dans quel état ou pays viviez-vous? Quel était le climat de chaque saison? Quelles activités intéressantes aviez-vous à chaque saison? Alliez-vous au bord de la mer, à la piscine, dans une rivière ou dans un lac? Faisiez-vous du ski en hiver? Avez-vous déménagé? Avez-vous voyagé en Europe, dans un autre état, dans un autre pays?
2. **Lettre de rupture.** Vous décidez de rompre avec votre petit(e) ami(e). Vous lui écrivez une lettre où vous expliquez vos raisons, vos sentiments, vos peines et vos déceptions.

Chapitre 4

Le plus-que-parfait

Vocabulaire

âgé(e) old (*people*)
ajouter to add
apprendre to inform
arriver to happen
s'asseoir to sit down
atelier (*m.*) workshop
avoir envie de to feel like
avoir l'air (+ *adj.*) to look
avoir mauvais caractère to have a bad
    disposition
avoir raison to be right
avoir sommeil to be sleepy
avoir tort to be wrong
biberon (*m.*) baby bottle
caractère (*m.*) disposition, temperament
chien (*m.*) dog
commissariat (*m.*) police station
écraser to run over
ennuyer to bore
entrer dans (*here*) to begin working
épouser (quelqu'un) to marry (someone)
faire entrer (quelqu'un) to show (someone) in
faire du théâtre to act in a play; to be an actor,
    actress
faire face à to face
faux (fausse) false
fourrière (*f.*) pound
fourrure (*f.*) fur
garder to keep

genou (*m.*) knee
genoux (*m. pl.*) lap
guéri(e) cured, well again
guérir to cure
habitué(e) accustomed
s'habituer à to get used to
interroger to ask questions
jeune young
jeunesse (*f.*) youth
maladie (*f.*) illness
se marier to get married
mort (*f.*) death
nourrir to feed
pas (*m.*) de la porte doorstep
peau (*f.*) skin
perdre to lose
perdu(e) lost
poil (*m.*) animal hair, human body hair
pommade (*f.*) ointment
race (*f.*) breed
remarquer to notice
retraite (*f.*) pension
se sentir (+ *adj.*) to feel (+ *adj.*)
un bout de a bit of
vieillesse (*f.*) old age
vieux (vieille) old
voisin (*m.*), voisine (*f.*) neighbor
vrai(e) real

Vocabulaire supplémentaire

Animaux de compagnie, animaux familiers (pets)

aboyer to bark
chien (*m.*) de garde watchdog
collier (*m.*) collar
croquettes (*f. pl.*) dry cat food
donner à manger to feed
enragé(e) rabid
griffe (*f.*) claw
griffer to scratch
laisse (*f.*) leash
lécher to lick

miauler to meow
niche (*f.*) doghouse
oreilles (*f. pl.*) ears
pâtée (*f.*) pet food
patte (*f.*) paw, leg of an animal
promener to take for a walk
queue (*f.*) tail
rage (*f.*) rabies
ronronner to purr
Société (*f.*) protectrice des animaux (SPA)
    Humane Society
toilettage (*m.*) grooming

La retraite (retirement)

donner sa démission to resign
être à la retraite to be retired
maison (*f.*) **de retraite** retirement home
prendre sa retraite to retire
se retirer to withdraw
retraité (*m.*), **retraitée** (*f.*) retired person
troisième âge (*m.*) senior citizen age group
vieux monsieur (*m.*) old man
vieille dame (*f.*) old lady

La santé (*f.*) (health)

être en bonne (mauvaise) santé to be in good
   (bad) health
soigner to take care of
se soigner to take care of oneself
vieillir to grow old

Divers

commissaire (*m.*) **de police** police inspector
morceau (*m.*) piece

Le vieil homme et son chien

Albert Camus (1913–1960), un des plus grands auteurs du vingtième siècle, a vécu son enfance dans les quartiers défavorisés d'Alger, entre le soleil et la misère. Il s'installe en France en 1940 et il rédige *L'Étranger*. Meursault, le narrateur de *L'Étranger,* apparaît comme un personnage indifférent et insensible à tout ce qui l'entoure. Il note avec sécheresse les actes absurdes d'une vie qui n'a aucun sens.

Camus est l'auteur d'essais, de pièces de théâtre, de nouvelles, de récits, de chroniques, de romans. A quarante-quatre ans, il a reçu la consécration avec le prix Nobel de littérature. Il est mort en 1960 dans un accident de voiture.

Dans le passage suivant, Meursault parle avec Salamano, un vieux voisin qui a perdu son chien.

Préparation à la lecture

L'Algérie, pays de l'Afrique du Nord, a été conquise par la France entre 1830 et 1857, et est devenue un département français. Après 1870, de nombreux «colons» venus de France, d'Espagne et d'Italie s'y sont installés et ont formé une population variée, les «pieds-noirs», qui a cohabité avec les Musulmans d'origine. Le nom de Salamano est d'origine espagnole, Meursault est un nom français.

Les institutions (écoles, administrations, services publics, etc.) étaient semblables aux institutions de la métropole. Par exemple, la Société des Chemins de Fer (SNCF) fonctionnait comme en France, et un employé

vieux = old

comme Salamano pouvait y faire carrière et obtenir sa retraite. En 1954 a commencé une guerre de rébellion pour obtenir l'autonomie, guerre qui a conduit à la proclamation de l'indépendance de l'Algérie en 1962. Tous les «pieds-noirs» ont dû quitter l'Algérie, et se sont installés en France, aux Etats-Unis, et dans les départements français d'outre-mer (D.O.M.), comme la Martinique et la Guadeloupe, ou dans des territoires français d'outre-mer (T.O.M.), comme la Nouvelle-Calédonie.

Sur le pas de ma porte, j'ai trouvé le vieux Salamano. Je l'ai fait entrer et il m'a appris que son chien était perdu, car il n'était pas à la fourrière. Les employés lui avaient dit que, peut-être, il avait été écrasé. Il avait demandé s'il n'était pas possible de le savoir dans les commissariats. On lui avait

5   répondu qu'on ne gardait pas trace° de ces choses-là,° parce qu'elles arrivaient tous les jours. J'ai dit au vieux Salamano qu'il pourrait avoir° un autre chien, mais il a eu raison de me faire remarquer qu'il était habitué à celui-là.[1]

　　J'étais accroupi° sur mon lit et Salamano s'était assis sur une chaise

10   devant la table. Il me faisait face et il avait ses deux mains sur les genoux. Il avait gardé son vieux feutre°. Il mâchonnait des bouts de phrases° sous sa moustache jaunie. Il m'ennuyait un peu, mais je n'avais rien à faire et je n'avais pas sommeil. Pour dire quelque chose, je l'ai interrogé sur son chien. Il m'a dit qu'il l'avait eu après la mort de sa femme. Il s'était marié

15   assez tard. Dans sa jeunesse, il avait eu envie de faire du théâtre. Mais finalement, il était entré dans les chemins de fer et il ne le regrettait pas, parce que maintenant il avait une petite retraite. Il n'avait pas été heureux avec sa femme, mais dans l'ensemble° il s'était bien habitué à elle. Quand elle était morte, il s'était senti très seul. Alors, il avait demandé un chien à

20   un camarade d'atelier et il avait eu celui-là très jeune. Il avait fallu le nourrir au biberon. Mais comme un chien vit moins qu'un homme, ils avaient fini par être vieux ensemble. Il avait mauvais caractère, m'a dit Salamano. Mais c'était un bon chien quand même.° J'ai dit qu'il était de belle race et Salamano a eu l'air content. Et encore, a-t-il ajouté, vous ne l'avez pas

25   connu avant sa maladie. C'était le poil qu'il avait de plus beau.° Tous les soirs et tous les matins, depuis que le chien avait eu cette maladie de peau, Salamano le passait à la pommade.° Mais selon lui,° sa vraie maladie, c'était la vieillesse, et la vieillesse ne se guérit pas.

garder... keep track / **ces...** those things / **il...** he could have

crouched

felt hat / **mâchonnait...** was chewing the ends of his sentences

dans... all in all

quand... all the same

C'était... His fur was his most beautiful feature.

le... rubbed him with ointment / **selon...** according to him

Questions sur la lecture

1. Où est-ce que Salamano était allé chercher son chien?
2. Qu'est-ce qui avait pu arriver au chien?
3. Pourquoi est-ce que Salamano ne voulait pas un autre chien?

---

[1]**celui-là** (*pronom démonstratif*) = **ce chien-là** that dog

4. Où avait travaillé Salamano pendant toute sa vie et que faisait-il maintenant?

5. Avait-il vraiment aimé sa femme? Décrivez ses sentiments à l'égard de sa femme avant et après sa mort.

6. Comment savez-vous que le chien était très jeune quand Salamano l'avait adopté?

7. Quel âge avait le chien quand il s'était perdu? Décrivez sa personnalité.

8. Qui est-ce que le chien avait remplacé dans la vie de Salamano?

9. Quelle maladie avait le chien? Quelle était sa vraie maladie?

10. Est-ce que l'homme qui parle (Meursault) avait vraiment de la sympathie pour le vieil homme? Pourquoi est-ce qu'il interrogeait le vieux? Quelles phrases vous montrent qu'il avait quand même de la compassion?

Questions personnelles

1. Avez-vous un animal de compagnie? Est-il en bonne santé? L'emmenez-vous parfois chez le vétérinaire? Est-ce que cet animal est avec vous ou chez vos parents? S'il n'est pas avec vous, est-ce qu'il vous manque? (*Do you miss him?*)

2. Avez-vous jamais perdu un animal familier? Où êtes-vous allé(e) le chercher? L'avez-vous retrouvé? Sinon, qu'est-ce que vous avez éprouvé?

3. Connaissez-vous une personne à la retraite (grand-père, grand-mère)? Est-ce que cette personne vit seule, en famille ou dans une maison de retraite? Pensez-vous que les vieilles personnes doivent vivre avec leurs enfants et leurs petits-enfants ou dans une maison de retraite avec d'autres vieilles personnes?

4. Avez-vous de la pitié, de la sympathie pour les personnes âgées? Etes-vous indifférent(e)? Pourquoi est-ce qu'on se moque de la vieillesse, quelquefois?

5. Quels problèmes peuvent avoir les personnes âgées?

Le plus-que-parfait

Formes

1 Le plus-que-parfait est formé avec l'imparfait de l'auxiliaire **avoir** ou **être** et le participe passé.

Il **avait eu** son chien après la mort de sa femme.

*He **had gotten** his dog after his wife's death.*

J'**étais surpris** de ce qui **était arrivé**.

*I was **surprised** about what **had happened**.*

Elle s'**était endormie** avant la fin de la pièce.

*She **had fallen asleep** before the end of the play.*

verbes avec **avoir**	*verbes avec* **être**	*verbes pronominaux*
j'**avais donné**	j'**étais parti(e)**	je m'**étais promené(e)**
tu **avais pris**	tu **étais venu(e)**	tu t'**étais trompé(e)**
il **avait fait**	il **était entré**	il s'**était assis**
elle **avait vu**	elle **était arrivée**	elle s'**était regardée**
nous **avions choisi**	nous **étions sortis(ies)**	nous nous **étions perdus(ues)**
vous **aviez écouté**	vous **étiez descendu(e)(s)**	vous vous **étiez regardé(e)(s)**
ils **avaient reçu**	ils **étaient montés**	ils s'**étaient mariés**
elles **avaient chanté**	elles **étaient rentrées**	elles s'**étaient amusées**

2 Le choix de l'auxiliaire et l'accord du participe passé suivent les mêmes règles qu'au passé composé (voir p. 45 et p. 46).

3 Le verbe pronominal se conjugue avec l'auxiliaire **être** à l'imparfait.

Chantal était arrivée la veille et **nous nous étions rencontrés** à l'aéroport.

4 Ne confondez pas un plus-que-parfait conjugué avec **être** et l'imparfait du verbe **être** accompagné d'un participe passé adjectif.

Suzanne **était partie** de bonne heure. Elle **était fatiguée** parce qu'elle avait voyagé toute la journée.

5 A la forme négative, **ne ... pas** entoure l'auxiliaire.

Le vieil homme **n'**avait **pas** oublié son chien.

Exercice

A. Dans les phrases suivantes, mettez les verbes entre parenthèses au plus-que-parfait.

Modèle: Elle a dîné à huit heures. (Elle a préparé) son repas à sept heures.
*Elle a dîné à huit heures. **Elle avait préparé** son repas à sept heures.*

1. Vous n'avez pas été surpris d'apprendre son mariage. (Vous avez lu) la nouvelle dans le journal.
2. Albert n'a pas pu prendre sa retraite. (Il n'a pas fait) d'économies pour vivre.
3. Tu n'as pu voir tout le film. (Tu es arrivé en retard)
4. Ils n'ont pas promené leur chien. La neige (a recouvert) tous les chemins.
5. Les vieilles dames ont parlé de la maison de retraite où (elles se sont rencontrées).
6. Nous ne sommes pas retournés dans ce village parce que (nous nous y sommes ennuyés) pendant les vacances précédentes.

7. Le directeur lui a fait des compliments parce qu'(il a fait face) à ses difficultés.
8. Le prof m'a donné une colle parce que (j'ai ri) pendant le cours.
9. Il n'a pas encore reçu ma lettre: (je suis allé) la poster trop tard.
10. Tu as eu un accident de voiture: (tu n'as pas remarqué) le chien qui traversait.

B. Dans les phrases suivantes, mettez les verbes entre parenthèses au plus-que parfait.

1. Jean et Suzanne ont divorcé la semaine dernière: ils (se marier) il y a un mois!
2. Le café vous a paru amer (*bitter*): vous (ne pas mettre) assez de sucre.
3. Nous (ne pas savoir) qu'il était à la retraite.
4. Le vieux monsieur est allé à la fourrière: il (perdre) son chien.
5. Gilberte a déménagé pour vivre en France: elle (ne pas s'habituer) à la vie en Algérie.
6. Le vétérinaire a fait une piqûre à mon chien: il (être) en contact avec un animal enragé.
7. A la SPA, nous n'avons pas pu adopter le petit chat qui (ne pas avoir) ses vaccinations.
8. Hier, je me suis couchée tôt; vers sept heures, je (se sentir) fatiguée.
9. Son chat a miaulé toute la nuit sur le pas de la porte parce qu'elle (l'oublier) dehors.
10. Notre chien s'est retiré dans sa niche parce que le chat le (griffer).

Emplois

Le plus-que-parfait correspond au *past perfect* en anglais: *he had made; she had said.*

Les employés du commissariat lui **avaient dit** que, peut-être, son chien **s'était perdu.**	*The employees at the precinct **had told him** that, maybe, his dog **had gotten lost.***

On emploie le plus-que-parfait pour indiquer qu'une action a lieu avant une action principale déjà passée.

(action principale)   (action passée avant)
Paul **est rentré** à 9 heures; il **était parti** à 7 heures.

(action principale)   (action passée avant)
Gabrielle et son mari **sont allés** vivre dans la province d'Alberta; ils **s'étaient mariés** au Québec.

Remarque: Le français est plus strict que l'anglais. En anglais on peut dire:

Paul returned at nine o'clock; he left at seven.

Voici des modèles de phrases où l'emploi du plus-que-parfait est fréquent.

1 Dans deux phrases juxtaposées (placées l'une à côté de l'autre).

Salamano m'a remercié: je l'**avais invité** à entrer.
Francine était heureuse: elle **avait épousé** un retraité.

2 Après un pronom relatif (**qui, que,** etc.).

Il n'a pas trouvé le chien **qu'il avait perdu.**
La Société protectrice des animaux n'a pas accepté les petits chats **que j'avais apportés.**

3 Après la conjonction **parce que.**

Je me suis fâchée **parce qu'elle était arrivée** en retard à notre rendez-vous.

4 Après **que** ou **si** dans un discours indirect (voir p. 391).

Il a demandé aux employés **si** quelqu'un **avait trouvé** son chien.

5 Après la conjonction **si** dans un système conditionnel (voir p. 298).

Si j'avais eu sommeil, je serais allé me coucher.

6 Après les conjonctions de temps.

lorsque quand après que	after	aussitôt que dès que	as soon as	une fois que depuis que	once, after, since

Aussitôt qu'il s'était senti malade, il **était allé** chez le médecin.
Une fois que Pauline **avait fini** ses commissions, elle se promenait dans les rues de Montréal.

Attention: Le verbe qui suit la conjonction de temps est au plus-que-parfait; le verbe principal est au plus-que-parfait ou à l'imparfait, jamais au passé composé.

Exercice

C. Dans les phrases suivantes, mettez les verbes entre parenthèses au plus-que-parfait.

1. Aussitôt qu'elle (arriver) au commissariat, Régine (demander) si on (trouver) le voleur qui (entrer) dans sa maison et (prendre) son appareil photo, sa caméra (*movie camera*) et sa machine à écrire.
2. Si tu (se soigner), tu n'aurais pas eu besoin d'aller à l'hôpital.
3. Le jour du concours de beauté (*dog show*), son chien avait une fourrure magnifique parce qu'il lui (donner) un bain et qu'il le (brosser) pendant des heures.
4. Serge a eu une vie ennuyeuse et un travail sans avenir. Il (ne pas s'intéresser) aux études.
5. Une fois que les enfants (s'amuser) dans le parc, (courir) et (jouer), on leur donnait un goûter.
6. Le professeur a répété ses explications trois fois: les étudiants (ne pas avoir l'air) de comprendre les deux premières fois.
7. Après que Marie-Françoise (nourrir) son bébé, elle le regardait avec adoration.
8. Dès que ma voiture est tombée en panne, j'ai compris que je (avoir raison) de prendre une bonne assurance.
9. Le commissaire était fatigué; il (interroger) le prisonnier pendant deux heures sans succès.
10. Quand Robert (taper) vingt lettres à la machine, il se sentait déprimé.

Choix des temps du passé dans un récit

1 *Le passé composé*, seul dans une phrase, est employé:

a. pour exprimer une action soudaine ou une série d'actions successives.

Il **est entré**, il **s'est assis**, il **a commencé** à parler.

b. pour exprimer une action qui a duré, mais qui s'est terminée.

Il **a attendu** une heure au commissariat.

c. pour exprimer une action qui s'est répétée plusieurs fois, mais qui s'est terminée.

Il **a emmené** son chien cinq fois chez le vétérinaire.

2 *L'imparfait*, seul dans une phrase, est employé:

a. pour décrire un décor, une atmosphère, une personne ou un animal.

Il **faisait** chaud, le soleil **brillait**; il n'y **avait** pas de vent.
Le chien **était** grand, il **avait** un beau poil.

b. pour décrire une habitude, sans limite de temps (*actions habituelles*).

Salamano **se promenait** tous les jours avec son chien.

c. pour indiquer des actions qui sont en train de se faire (*progressives*).

La petite fille **mangeait** du pop-corn pendant qu'elle **regardait** la télé.

3 *Le plus-que-parfait* est rarement employé seul dans une phrase.

4 *Passé composé, imparfait et plus-que-parfait* ensemble

On peut avoir une succession des trois temps du passé: passé composé, imparfait, plus-que-parfait. Chaque temps exprime un aspect particulier de l'action passée.

a. Le passé composé a une valeur d'action soudaine ou d'action achevée.

b. L'imparfait a une valeur de description, d'habitude, d'action progressive.

c. Le plus-que-parfait a une valeur d'action passée avant l'action principale.

J'**ai rencontré** le vieux Salamano; il **avait** l'air triste; il **avait perdu** son chien qui **avait disparu** depuis trois jours.

5 Adverbes et expressions de temps suivis du plus-que-parfait

Les expressions suivantes sont souvent employées avec le plus-que-parfait:

avant	before	**la semaine avant**	the week before
avant-hier	the day before yesterday	**la semaine précédente**	
		le week-end d'avant	the preceding weekend
avant-hier soir	the night before last		
la veille		**le mois précédent**	the month before last
le jour avant	the day before		

Mon grand-père est parti en vacances dimanche. **La semaine précédente** il **avait pris** sa retraite.

Nous avons adopté un chien de garde à la SPA. **Le mois précédent,** un voleur **était entré** dans notre maison.

Exercice

D. Dans les paragraphes suivants, mettez les verbes entre parenthèses au temps qui convient: imparfait, passé composé ou plus-que-parfait.

1. D'habitude, Gérard (arriver) toujours à l'heure en classe. Hier, il (arriver) en retard. Il (ne pas se réveiller) quand son réveil (sonner).

2. Tous les jours, M. Tintin (se promener) dans le parc avec son chien de garde. Lundi dernier je le (voir): il (être) seul. Je lui (parler). Il (me dire) que son chien (être) malade et qu'il (devoir) le conduire chez le vétérinaire et le laisser pour quelques jours.

3. Jérôme et Mélanie (se rencontrer) à une soirée samedi dernier. Ils (se reconnaître): il y a plusieurs années ils (faire du théâtre) ensemble et (jouer) dans une pièce. Ils (être) enchantés de se retrouver.

4. Nous (rentrer) de vacances mercredi. Nous (partir) la semaine précédente. Nous (avoir) une mauvaise surprise: la maison (être) cambriolée parce que nous (oublier) de fermer la porte d'entrée.

5. Hier je (aller) voir mon ami Stéphane. Je (ne pas lui téléphoner) avant. Quand je (arriver), je (sonner) à la porte d'entrée. Personne ne (répondre). Stéphane (sortir). Je (attendre) pendant une heure. Enfin Stéphane (arriver). Il (être) content de me voir. Nous (bavarder) pendant cinq minutes, et puis je (partir) parce que je (avoir) rendez-vous avec Sarah. C'est un rendez-vous que je (prendre) lundi dernier et je ne (vouloir) pas le manquer (*miss*).

6. Sylvie et François (rompre) leurs fiançailles. François (ne pas regretter) Sylvie: elle (avoir) mauvais caractère et ils (se disputer) tout le temps. Même le jour de Noël, ils (avoir) une dispute mémorable parce que Sylvie (refuser) de rendre visite à sa famille.

Formules à retenir

1 **venir de** à l'imparfait + infinitif

L'expression **venir de** à l'imparfait accompagnée d'un infinitif est une autre façon d'exprimer le plus-que-parfait récent: *I had just done, he had just left.*

Je **venais de** rentrer chez moi quand mon voisin est arrivé.

*I **had just returned** home when my neighbor arrived.*

Exercices ....

E. Refaites les phrases suivantes en utilisant l'expression **venir de** à l'imparfait suivie de l'infinitif du verbe en italique.

Modèle: Elle *était* rentrée.
            Elle ***venait de*** *rentrer.*

1. Salamano *était sorti* de son appartement.   2. Nous *avions reçu* une lettre de notre fils quand il a téléphoné.   3. Rachel *avait acheté* sa voiture quand elle a perdu son travail. 4. Camus *avait obtenu* le prix Nobel quand il est mort.   5. Le chat *avait mangé.* Il miaulait pour avoir plus de croquettes.

F. Traduisez les phrases suivantes.

1. We had just arrived when they (**on**) announced the departure of the plane.   2. She had just visited the Louvre when I met her.   3. The composer (**compositeur**) had just finished his symphony when he died.   4. The police station had just closed when she arrived.

2▶   Expressions avec **avoir**

Certaines expressions idiomatiques sont formées avec le verbe **avoir** et un nom sans article. Voici une liste d'expressions avec **avoir** qui sont fréquentes.

avoir besoin de	to need	**avoir mauvais caractère**	to have a bad disposition
avoir bon caractère	to have a good disposition	**avoir mauvaise mine**	to look sick
		avoir peur	to be afraid
avoir bonne mine	to look healthy	**avoir raison**	to be right
avoir chaud	to be hot	**avoir soif**	to be thirsty
avoir envie de	to feel like	**avoir sommeil**	to be sleepy
avoir faim	to be hungry	**avoir tort**	to be wrong
avoir froid	to be cold	**avoir (dix, quinze) ans**	to be (ten, fifteen) years old
avoir l'air	to look, seem, appear		
avoir l'intention de	to intend		

Remarques:

◆ Presque toutes ces expressions s'emploient seulement avec un nom de personne comme sujet. A la place d'**avoir chaud, froid, raison, tort,** si le sujet est un objet inanimé, une chose, on dit:

La soupe **est chaude.**
La glace **est froide.**
Cette phrase **est juste, exacte, fausse, incorrecte.**

◆ **Avoir besoin de, avoir l'air** peuvent aussi avoir un nom de chose comme sujet.

> Cette **maison a besoin d'**un nouveau parquet.
> Votre **bifteck a l'air** excellent.

◆ Il n'y a pas d'article devant le mot qui suit **avoir,** excepté dans les expressions **avoir l'air** et **avoir l'intention.**

> Elle **a eu peur.**   *She **got scared.***
> Il **a eu l'air** content.   *He **looked** happy.*

Exercices

G. Mettez l'expression avec **avoir** qui convient dans les phrases suivantes.

1. Je ne peux pas garder les yeux ouverts: _____ .   2. Tu trembles parce que tu _____ ou parce que tu _____ ?   3. Quand on marche vite sous le soleil, bientôt, on _____ et on _____.   4. Il n'a rien mangé depuis hier: il _____ .   5. Le chien est vieux. Il _____ .
6. Quand je lui ai dit que son chien était beau, il _____ content.   7. Tu bois du café? Tu _____ . C'est mauvais pour le cœur.   8. Elle était pâle et maigre. Elle _____ malade.
9. Ce jeune homme n'a pas beaucoup d'amis; oui, il est toujours de mauvaise humeur et il _____ .   10. Mes voisins ne sont pas gentils avec leurs animaux. J'_____ de les dénoncer à la Société protectrice des animaux.

H. Traduisez les phrases suivantes.

1. My dog is fifteen years old.   2. Do you need a typewriter?   3. She does not have a good disposition.   4. You look healthy.   5. Your father is right.

3 ▶ **s'ennuyer / ennuyer / ennuyé / ennuyeux / ennui**

a. Le verbe **s'ennuyer** signifie *to be bored, to get bored* ou *to become bored.*

> Quand je n'ai rien à faire, je **m'ennuie.**
> Vous **vous ennuyez** le dimanche?

b. Le verbe **ennuyer** signifie *to bore someone.* Il y a toujours un objet direct après le verbe.

> Le vieil homme **ennuie** Meursault.
> Est-ce que cette classe vous **ennuie?**

c. **Ennuyé(e)** signifie *annoyed, sorry.*

> Salamano est **ennuyé;** il a perdu son chien.

d. **Ennuyeux (ennuyeuse)** signifie *boring.*

> Ce film est **ennuyeux.** Ce professeur est **ennuyeux.**

e.   L'**ennui** signifie *boredom.*

Les jeunes gens font des actions stupides par **ennui.**

f.   Les **ennuis** signifie *difficulties, worries, problems.*

Ils ont eu beaucoup d'**ennuis** avec leur fille.

Exercice

I.   Complétez les phrases avec la forme qui convient: **s'ennuyer, ennuyer, ennuyé(e), ennuyeux, l'ennui, ennuis.**

1.   Vous répétez toujours la même chose: vous m'_____ .
2.   Tu _____ pendant le week-end? —Moi? Jamais. J'ai toujours quelque chose à faire.
3.   Qu'est-ce qui cause l'exode des jeunes de la campagne vers les villes? _____ !
4.   Ce chien est toujours malade. Il nous cause beaucoup d'_____ .
5.   Je suis _____ . Je ne trouve plus mes cartes de crédit.
6.   Ce professeur est _____ . Tous ses élèves dorment pendant son cours.

Synthèse

Applications

I.   **Vive le changement!** Christelle aime le changement. Hier elle a fait les choses d'une façon; la semaine précédente elle les avait faites autrement. Décrivez ses actions, au passé composé avec **hier,** et au plus-que-parfait avec **la semaine précédente.**

Modèle: Elle va au lycée à pied; elle prend l'autobus.
*Hier, elle **est allée** au lycée à pied; la semaine précédente, elle **avait pris** l'autobus.*

1.   Elle sort avec Julien; elle refuse de lui parler.
2.   Elle met un pull rouge; elle s'habille en bleu.
3.   Elle teint (*dyes*) ses cheveux en vert; elle les teint en violet.
4.   Elle décide d'avoir des bonnes notes; elle ne travaille pas du tout.
5.   Elle se maquille pendant une heure; elle ne se coiffe pas.
6.   Elle mange des fruits et du yaourt; elle dévore des hamburgers.
7.   Elle se lève à six heures; elle dort jusqu'à midi.
8.   Elle téléphone à ses amis; elle écrit des lettres.
9.   Elle écoute des disques; elle joue du piano.
10.   Elle n'aide pas sa mère; elle nettoie toute la maison.

A votre tour, faites cinq phrases qui décrivent les activités contradictoires de Christelle dans les situations suivantes: conduire une voiture, suivre un régime, aller à la banque, etc.

II. Des personnes bien organisées ou mal préparées? Mettez les verbes entre parenthèses au temps qui convient pour expliquer ce que les personnes bien organisées avaient fait pour assurer le succès de leur entreprise ou ce que les personnes mal organisées avaient fait pour échouer.

> *Modèle:* Marianne (partir) à l'heure pour l'aéroport; elle (faire) sa valise la veille.
> *Marianne **est partie** à l'heure pour l'aéroport; elle **avait fait** sa valise la veille.*

1. La pièce de théâtre (être) une catastrophe; les acteurs (ne pas répéter) assez souvent. 2. Caroline (être reçu) brillamment à son examen; elle (étudier) sérieusement toute l'année précédente. 3. Le mariage d'Evelyne (être) un grand succès. Sa mère et elle (préparer) les détails de la réception pendant plusieurs mois. 4. Notre voiture (tomber) en panne (*broke down*) pendant notre voyage. Le mécanicien (ne pas vérifier) le moteur avant notre départ. 5. Mon cousin (gagner) le marathon; il (s'entraîner) régulièrement. 6. Cette actrice (ne pas avoir) l'Oscar; ses films (ne pas recevoir) une bonne critique. 7. On (donner) le prix Nobel aux savants qui (découvrir) comment guérir un virus dangereux.

III. Une bonne raison. Combinez chaque phrase de la colonne de gauche avec une phrase de la colonne de droite et mettez le deuxième verbe au plus-que-parfait. La phrase de la colonne de droite est une explication logique de la phrase de gauche.

> *Modèle:* Tu as eu mal à l'estomac?   manger trop de gâteau au chocolat!
> *Tu **avais mangé** trop de gâteau au chocolat!*

1. Elle a mal dormi.	A. ne pas faire ses devoirs
2. Je suis arrivé en retard au bureau.	B. boire trop de café
3. Nous avons perdu le match de foot.	C. oublier de mettre son réveil
4. Le vieux monsieur est allé à la fourrière.	D. lire la nuit avec un mauvais éclairage
5. Tu as eu mal à la tête toute la matinée.	E. l'équipe adverse avoir plus d'entraînement
6. Il a raté son examen.	F. perdre son chien
7. Les mauvais élèves ont reçu une colle.	G. ne pas étudier sérieusement

IV. Un jeune homme étourdi. Dans le récit suivant, mettez les verbes entre parenthèses au temps qui convient pour chaque action: passé composé, imparfait, plus-que-parfait.

Un jour, Jean-François (décider) _____ d'aller faire du ski pendant le week-end. Il (emprunter) _____ la voiture de sa cousine. Il (partir) _____ tôt le samedi matin et (arriver) _____ à midi à la montagne. Il (faire) _____ du ski tout l'après-midi. Quand il (s'arrêter) _____ , il (aller) _____ dîner et (trouver) _____ un motel pour dormir. Le lendemain, quand il (se réveiller) _____ , il (s'apercevoir) _____ qu'il (neiger) _____ toute la nuit. Il (écouter) _____ la radio: on (annoncer) _____ que les routes (être bloquées) _____ . Toute la journée, il (neiger) _____ . Jean-François (rester) _____ au motel. Mais il (ne pas avoir) _____ assez d'argent pour passer une autre nuit au motel et il (ne pas posséder) _____ de carte de crédit. De plus, il (ne pas avoir) _____ de chaînes pour la voiture. Il (téléphoner) _____ à sa mère: elle (être) _____ furieuse parce que Jean-François (partir) _____ sans la prévenir (*inform*). Après plusieurs coups de téléphone, la mère de Jean-François (trouver) _____ un ami qui (connaître) _____ des gens dans cette station (*resort*). Les Cholet (inviter) _____ Jean-François à rester dans leur chalet (*cabin*). Ils lui (prêter) _____ de l'argent pour acheter des chaînes et de l'essence pour la voiture. Enfin, le lundi, il (s'arrêter) _____ de neiger. Jean-François (pouvoir) _____ partir et il (rentrer) _____ chez lui. Quand il (rendre) _____ la voiture à sa cousine, elle (éclater) _____ de rire: elle-même (aller) _____ faire du ski la semaine précédente et (acheter) _____ des chaînes qui (se trouver) _____ dans le coffre (*trunk*) de la voiture. Jean-François (se sentir) _____ stupide parce qu'il (ne pas penser) _____ regarder dans le coffre.

Conversations

1. **Animaux de compagnie.**

    a. Demandez à vos camarades quels animaux de compagnie ils ont, ou quels animaux ils préfèrent.

    animaux habituels:
    un chien, un chat (ordinaire, de race, à poils courts, à poils longs, de quelle couleur?), un canari, une perruche, un poisson

    un animal exotique:
    un perroquet (*parrot*), un cacatoès (*cockatoo*), un cochon d'Inde (*guinea pig*), un hamster, un lapin (*rabbit*), une souris (*mouse*), un rat, un serpent (*snake*)

    b. Où habite, couche (*sleep*) votre animal?

    un panier (*a basket*)   un aquarium   une cage   une niche

    c. Que lui donnez-vous à manger?

    un os (*bone*)   la pâtée (pour le chien)   les croquettes   les graines

    d. Quels sont vos rapports avec cet animal? Quels soins est-ce qu'il demande?

    donner un bain   brosser   promener   parler

    e. De quels soins médicaux a-t-il besoin?

    la piqûre (*shot*)   le vaccin (*vaccine*)

2. **Le conflit des générations.** Pour quelles raisons est-ce que les gens de différentes générations ne sont pas d'accord?

    a. Qu'est-ce que les jeunes critiquent chez les vieux?

    autorité?   conseils (*advice*)?   tradition?   absence d'indulgence?

    b. Qu'est-ce que les vieux critiquent chez les jeunes?

    musique?   vêtements?   indiscipline?

3. **Distractions et passe-temps.** Quelles sont les distractions qui sont communes aux jeunes et aux vieux?

les loisirs	faire du camping
les passe-temps (*hobbies*)	faire de la tapisserie (*needlepoint*)
faire du sport	faire des travaux manuels (*crafts*)
jouer au tennis	jouer d'un instrument
faire du théâtre	faire de la peinture
bricoler (*to fix things around the house*)	faire de la sculpture
faire du jardinage	faire des courses

Traduction

Traduisez les groupes en italique en mettant les verbes au temps qui convient pour chaque action.

Benoît *was studying* le droit à Paris. Un jour *he decided* de prendre des vacances aux Etats-Unis. Mais *he did not have* beaucoup d'argent. *He was hitchhiking* (**faire de l'auto-stop**). Un jour, un homme qui *looked nice stopped and took him* dans sa voiture. Pendant que *they were traveling*, le monsieur, Mr. Hunt, *asked him questions* (**lui poser des questions**). *He learned* que Benoît *was not* un hippie et *he saw* que Benoît *looked serious. He asked if he wanted* travailler pour lui. Benoît *was to* (**devoir**) conduire une voiture toute neuve de Detroit à Phoenix pour un riche propriétaire. Benoît *was happy.* Trois jours plus tard, *he picked up* (**prendre livraison**) de la voiture *and started* son voyage. Mais dans une petite ville de Michigan, où *he was getting gas* (**prendre de l'essence**), *he realized* que les papiers de la voiture *were* faux. *He called* la police. On *found out* (**découvrir**) que la voiture *had been stolen.* Mr. Hunt et son gang *were stealing* des voitures et *were sending them* au Mexique. Benoît *had to stay* dans la petite ville pour témoigner (*to testify*). *He found* un job dans un restaurant, comme garçon. Quand *he returned home, he wrote* une lettre au patron du restaurant *where he had worked: he had noticed that* le restaurant *was selling* deux ou trois bouteilles de vin chaque soir. Si le patron *selected* (**choisir**) de meilleurs vins français, il pourrait en vendre davantage. Le patron *called* Benoît en France et lui *offered* (**proposer**) un job l'été suivant. Benoît *studied* les vins et l'été suivant au restaurant *he sold* 90 bouteilles de vin chaque soir. Alors *he decided that it was fun* (**cela l'amuser**), *and he started* à faire ce métier pour gagner sa vie. *He became* le sommelier en chef d'un des plus grands palaces du monde.

Rédactions

1. **Chat, chien, cheval... ?** Imaginez une vie passée où vous aviez la forme d'un animal. Racontez votre expérience, vos activités, votre style de vie, vos aventures, vos sentiments.
2. **Un reportage.** Vous imaginez que vous êtes un reporter et que vous allez interviewer des vieux dans une maison de retraite. Certains ont eu une vie très ennuyeuse, mais d'autres ont eu une vie fascinante.

Chapitre 5

Le passé simple

Vocabulaire

à cinq (dix) ans at five (ten) years of age
à demi=à moitié half-way
allonger to become longer
avoir du succès to be successful
bague (*f.*) ring
baignoire (*f.*) bathtub
collectionner to collect
constater to observe
se corriger to rectify one's errors
doigt (*m.*) finger
du reste besides
éducatif (éducative) educational
en liberté wild, free
essai (*m.*) attempt
étonnamment surprisingly
faire de l'auto-stop to hitchhike
faire des courses to run errands
faire des sciences économiques to study economics
figurant (*m.*) (movie) extra
hurler to howl, scream, yell

jouer à to play (*a game*)
jouer de to play (*an instrument*)
manifester to show; to demonstrate
mode (*f.*) fashion
objet (*m.*) **perfectionné** gadget
période (*f.*) length of time
plier to fold
plonger to submerge
porter to carry
poussière (*f.*) dust
raser to shave off
ressembler à to look like
servir de to act as, to be used as
souvenir (*m.*) memory
sujet (*m.*) topic
tout(e) habillé(e) fully clothed
tout(e) seul(e) all by oneself
tribu (*f.*) tribe
ventre (*m.*) stomach
vestiaire (*m.*) coatroom
wagon (*m.*) train car

Vocabulaire supplémentaire

Les appareils électroniques

baladeur (*m.*) Walkman
caméscope (*m.*) video camera
cassette (*f.*) **vidéo** video cassette
chaîne (*f.*) stereo
disque compact ou **disque laser** (*m.*) compact disk (CD)
électrophone (*m.*) record player
enregistrer to record
lecteur (*m.*) **de cassettes** cassette player
magnétophone (*m.*) tape recorder
magnétoscope (*m.*) video recorder (V.C.R.)
tourne-disque (*m.*) record player
33 tours (*m.*) long-playing record

Le bébé

berceau (*m.*) cradle
couche (*f.*) diaper
lit (*m.*) **d'enfant** crib
poussette (*f.*) stroller
voiture (*f.*) **d'enfant** baby buggy

La guerre et la paix (war and peace)

bataille (*f.*) battle
bouleversé(e) upset
dévaster to ravage
éclater to break out
épée (*f.*) sword
s'engager to enlist
fêter to celebrate
se mettre en garde to take one's guard
récolte (*f.*) crop, harvest
se réconcilier to reconcile
reconstruire to rebuild
se réunir to unite
tuer to kill
vaillamment valiantly
vaincre to vanquish

Divers

animal (*m.*) **en captivité** animal in a zoo

La saga de Daniel

Françoise Mallet-Joris (1930–   ), romancière d'origine belge, a commencé à écrire très jeune et a publié plusieurs romans: *Le Rempart des Béguines*, *La Chambre rouge*, *L'Empire céleste*. Elle a reçu le prix Femina, un prix littéraire important. Elle dirige la collection «Nouvelles» pour les Editions Juilliard. Dans *La Maison de papier,* elle parle de sa propre famille, de l'atmosphère un peu bohême de sa maison et des rapports° souvent   relationships
amusants entre elle, son mari Jacques et leurs enfants.

Préparation à la lecture

La mode «yéyé» est née dans les années 60; elle doit son nom à la chanson des Beatles — «She loves you, yeh, yeh, yeh!» — d'où les Français ont tiré l'expression «yéyé». Cette mode consistait à porter les cheveux longs, à s'habiller d'une façon un peu décontractée° comme les Beatles. Mais bien   relaxed
avant ces chanteurs, certains jeunes intellectuels français élevaient leurs enfants d'une façon peu traditionnelle: comme des «hippies», ils emmenaient leurs enfants au café, au concert de jazz, au dancing.

A notre époque beaucoup de jeunes couples ne prennent plus la peine de se marier et vivent ensemble en union libre, en «concubinage».[1] Les législateurs français s'occupent de cette nouvelle mode, car la séparation sans divorce peut créer des situations parfois dramatiques pour l'épouse et les enfants laissés seuls sans ressources.

Le métro parisien, construit au début du siècle, est un modèle de transport urbain que beaucoup de grandes villes étrangères ont imité. Il est d'un usage très facile, très rapide aux heures de pointe° et plus pratique   rush hours
que la voiture, l'autobus ou un taxi dans les rues superencombrées° de la   jammed
capitale. Autrefois sombres et malodorantes, les stations sont maintenant modernisées, décorées. On y joue de la musique de chambre, on peut assister dans les couloirs à de courtes scènes de théâtre ou de mimes. En plus, on peut quelquefois y voir des expositions d'art.

Quand Daniel naquit°, j'avais dix-huit ans. J'achetai une quantité d'objets   was born (*v.* **naître**)
perfectionnés: baignoire pliante, chauffe-biberon à thermostat°, stérilisa-   bottle warmer
teur°. Je ne sus jamais très bien m'en° servir... J'emmenais parfois Daniel   sterilizer / en = de ces
dans les cafés; on l'y° regardait avec surprise: ce n'était pas encore la mode.   objets / y = dans les
Il fut un bébé précurseur,° un bébé hippie avant la lettre.° Quand j'allais   cafés / bébé... a baby
5 danser, il dormait dans la pièce qui servait de vestiaire.   forerunner / avant...
                                                                                   ahead of his time

---

[1] situation where a couple live together without being married

A cinq ans il manifesta un précoce instinct de protection en criant dans le métro d'une voix suraiguë.[2] *Laissez passer ma maman*. A huit ans il faisait des courses et son dîner tout seul, quand il estimait° que je rentrais trop tard le soir... A neuf ans, nous eûmes quelques conflits. Il refusa d'aller à l'école, de se laver, et de manger du poisson. Un jour, je le plongeai tout habillé dans une baignoire, un autre jour Jacques le porta sur son dos à l'école: il hurla tout le long du chemin. Ces essais éducatifs n'eurent° aucun succès. Du reste, il se corrigea tout seul. Nous décidâmes de ne plus intervenir. A dix ans, au lycée, ayant reçu° pour sujet de rédaction *Un beau souvenir*, il écrivit ingénument: «Le plus beau souvenir de ma vie, c'est le mariage de mes parents.»

A quinze ans, il eut une période yéyé. Nous collectionnâmes les 45 tours°... Il joua de la clarinette. Il but un peu.[3] A dix-sept ans il fut° boud-dhiste. Il joua du tuba. Ses cheveux allongèrent. A dix-huit ans, il passa son bac. Un peu avant, il avait été couvert de bijoux comme un prince hindou° ou un figurant de cinéma, une bague à chaque doigt...

Les bijoux disparurent. Il joua du saxophone, de la guitare. Il fit 4.000 kilomètres[4] en auto-stop, connut les tribus du désert de Mauritanie,[5] vit un éléphant en liberté, voyagea couché à plat ventre° sur un wagon, à demi asphyxié par la poussière. Il constata que Dakar ressemble étonnamment à Knokke-le-Zoute [Belgique]. Il revint pratiquement sans chaussures... mais doté d'°un immense prestige auprès de° ses frères et sœurs. Il rasa ses cheveux et fit des sciences économiques. Voilà la saga de Daniel.

Marginal glosses:

thought

v. avoir

ayant... having received

45 r.p.m. records / became

from India

couché... lying on his stomach

endowed with / in the eyes of

Questions sur la lecture

1. Quel âge avait Françoise Mallet-Joris quand son bébé est né? Est-ce qu'elle était mariée? Comment le savez-vous?
2. Pourquoi est-ce que Françoise Mallet-Joris ne s'est jamais servie des objets perfectionnés qu'elle avait achetés?
3. Quelle sorte de mère était-elle? Où allait-elle souvent? Où emmenait-elle son bébé?
4. Que faisait Daniel tout seul quand sa mère rentrait tard? Pourquoi est-ce que l'enfant est devenu très tôt indépendant, autonome?
5. Comment est-ce que les parents ont réagi quand il a refusé d'obéir? Comment pouvez-vous décrire leurs essais éducatifs? Est-ce qu'ils étaient des parents autoritaires ou laxistes?
6. Quel est «le plus beau souvenir» de Daniel? Pourquoi a-t-il choisi cet événement pour sa rédaction?

---

[2] **suraiguë** in a shrill voice (The dieresis over the **e** indicates that, in the feminine form, the **u** is pronounced /y/.)
[3] **il but** he drank some alcoholic beverage
[4] **4.000 kms** environ 2.500 *miles*
[5] **Mauritanie** country in western Africa that is mostly desert

7. Est-ce que Daniel aimait la musique? Comment le savez-vous?

8. Expliquez la phrase: il but un peu. Est-ce qu'il a bu du vin, du whisky, de la bière ou du Coca?

9. Décrivez l'apparence physique (vêtements, cheveux, bijoux) de Daniel. A qui est-ce qu'il ressemblait?

10. Où et comment est-ce que Daniel voyagea? Pourquoi est-ce qu'il voyagea de cette façon?

11. Qu'est-ce qu'il perdit et pourquoi est-ce qu'il eut du prestige auprès de ses frères et sœurs?

12. A son retour de voyage, est-ce que Daniel a changé? Quelle a été sa nouvelle attitude?

Questions personnelles

1. Que pensez-vous de la mère de Daniel? Est-ce qu'on peut l'appeler une «bonne mère» ou bien est-ce qu'elle pensait trop à ses distractions personnelles? Quelle excuse peut-on lui donner?

2. Que pensez-vous du père de Daniel?

3. Que pensez-vous de la situation qui conduit un enfant à préparer ses repas? Prépariez-vous vos repas quand vous aviez huit ans?

4. Faites-vous de l'auto-stop? En avez-vous fait? Pourquoi ou pourquoi pas? Quels sont les avantages et les inconvénients de cette façon de voyager?

Le passé simple

Dans la langue écrite seulement, et dans un style littéraire, on emploie un autre temps pour le passé: le passé simple.

Formes

Verbes réguliers

Le passé simple est formé sur le radical du verbe. Pour trouver le radical, on supprime la terminaison de l'infinitif **-er, -ir, -re** et on ajoute les terminaisons du passé simple, qui sont régulières.

Retenez surtout les formes de la troisième personne: **il** donn**a**, **ils** fin**irent**, etc. Ces personnes sont employées plus souvent que les autres.

1 Verbes du 1ᵉʳ groupe

donner	radical:	*donn*	
-ai	je **donnai**	-âmes	nous **donnâmes**
-as	tu **donnas**	-âtes	vous **donnâtes**
-a	il, elle **donna**	-èrent	ils, elles **donnèrent**

Remarques:

◆ Il y a un **a** à toutes les personnes, sauf à la troisième personne du pluriel.

◆ Les verbes en **-ger** ont leur passé simple en **gea**: il voyage**a** (MAIS: **ils** voyag**èrent**). Les verbes en **-cer** ont leur passé simple en **ça**: il commen**ça** (MAIS: ils commen**cèrent**). (Voir l'appendice, p. 468.)

2 Verbes du 2ᵉᵐᵉ groupe

finir	radical:	*fin*	
-is	je **finis**	-îmes	nous **finîmes**
-is	tu **finis**	-îtes	vous **finîtes**
-it	il, elle **finit**	-irent	ils, elles **finirent**

Remarques:

◆ Il y a un **i** à toutes les personnes.

◆ Les trois personnes du singulier du passé simple sont identiques au présent. C'est le sens de la phrase qui indique le temps.

3 Verbes du 3ᵉᵐᵉ groupe

entendre	radical:	*entend*	
-is	j'**entendis**	-îmes	nous **entendîmes**
-is	tu **entendis**	-îtes	vous **entendîtes**
-it	il, elle **entendit**	-irent	ils, elles **entendirent**

Remarque: Il y a un **i** à toutes les personnes.

Exercice

A. Dans les phrases suivantes, trouvez l'infinitif des verbes en italique et conjuguez-les au passé composé.

1. La famine *ravagea* le pays et des révoltes *éclatèrent*.
2. Le roi *abdiqua*.
3. Les habitants *obéirent* aux autorités et ils *fermèrent* les portes de la ville.
4. Finalement la guerre *éclata*.

5. On *proclama* la fin du conflit.
6. Jeanne d'Arc *décida* d'écouter les voix et elle *sauva* son pays de l'invasion.
7. Les ministres des Affaires étrangères *travaillèrent* beaucoup et ils *préservèrent* la paix.
8. En 1944, nous *fêtâmes* la libération de Paris toute la nuit.
9. Les autorités françaises et allemandes *signèrent* l'Armistice le 11 novembre 1918.
10. Pendant la drôle de guerre, les soldats français *attendirent* longtemps la réaction de l'armée ennemie.
11. Marie *s'engagea* dans la Résistance.
12. Les armées alliées *ne perdirent pas* la bataille.
13. Les armées ennemies *ne démolirent pas* la ville historique, mais ils *bombardèrent* la cathédrale gothique.
14. Pourquoi le conflit *grossit*-il rapidement?
15. Finalement l'Allemagne et la France *se réconcilièrent*, six pays d'Europe de l'Ouest *se réunirent* et ils *formèrent* l'Europe.
16. Après la guerre, les pays d'Europe *perdirent* leurs colonies et ils *reconstruisirent* leur économie dévastée.

Verbes irréguliers

1 avoir et être

Voici la conjugaison du passé simple des verbes **avoir** et **être.**

avoir		*être*	
j'**eus**	nous **eûmes**	je **fus**	nous **fûmes**
tu **eus**	vous **eûtes**	tu **fus**	vous **fûtes**
il, elle **eut**	ils, elles **eurent**	il, elle **fut**	ils, elles **furent**

2 D'autres verbes irréguliers

On peut classer ces verbes en trois catégories.

a. La première catégorie se compose de verbes qui ont un passé simple identique au participe passé (pour le son) et qui ont un **i** à toutes les personnes.

	participe passé	*passé simple*	
dire	dit	il **dit**	ils **dirent**
dormir	dormi	il **dormit**	ils **dormirent**
mentir	menti	il **mentit**	ils **mentirent**
mettre[6]	mis	il **mit**	ils **mirent**
partir	parti	il **partit**	ils **partirent**

---

[6]Autres verbes conjugués ainsi: **promettre, permettre, remettre.**

	participe passé	*passé simple*	
prendre[7]	pris	il **prit**	ils **prirent**
rire	ri	il **rit**	ils **rirent**
sentir	senti	il **sentit**	ils **sentirent**
sortir	sorti	il **sortit**	ils **sortirent**
sourire	souri	il **sourit**	ils **sourirent**

b. La deuxième catégorie se compose de verbes qui ont un passé simple identique au participe passé (pour le son) et qui ont un **u** à toutes les personnes.

	participe passé	*passé simple*	
boire	bu	il **but**	ils **burent**
connaître[8]	connu	il **connut**	ils **connurent**
courir	couru	il **courut**	ils **coururent**
croire	cru	il **crut**	ils **crurent**
devoir	dû	il **dut**	ils **durent**
falloir	fallu	il **fallut**	
lire	lu	il **lut**	ils **lurent**
plaire	plu	il **plut**	ils **plurent**
pleuvoir	plu	il **plut**	
pouvoir	pu	il **put**	ils **purent**
recevoir[9]	reçu	il **reçut**	ils **reçurent**
savoir	su	il **sut**	ils **surent**
valoir	valu	il **valut**	ils **valurent**
vivre	vécu	il **vécut**	ils **vécurent**
vouloir	voulu	il **voulut**	ils **voulurent**

c. La troisième catégorie se compose de verbes qui ont un passé simple formé sur un radical différent du participe passé. La majorité de ces verbes contient un **i** à toutes les personnes, un verbe contient un **u** et deux verbes contiennent **in**.

	participe passé	*passé simple*		
conduire[10]	conduit	MAIS:	il **conduisit**	ils **conduisirent**
convaincre	convaincu	MAIS:	il **convainquit**	ils **convainquirent**
couvrir	couvert	MAIS:	il **couvrit**	ils **couvrirent**
écrire[11]	écrit	MAIS:	il **écrivit**	ils **écrivirent**

---

[7] Autres verbes conjugués ainsi: **apprendre, comprendre, surprendre.**
[8] Autres verbes conjugués ainsi: **reconnaître, paraître.**
[9] Autres verbes conjugués ainsi: **apercevoir, décevoir.**
[10] Autres verbes conjugués ainsi: **construire, produire, traduire.**
[11] Autres verbes conjugués ainsi: **décrire, prescrire, transcrire.**

	participe passé	*passé simple*		
faire	fait	MAIS:	il **fit**	ils **firent**
naître	né	MAIS:	il **naquit**	ils **naquirent**
offrir	offert	MAIS:	il **offrit**	ils **offrirent**
ouvrir	ouvert	MAIS:	il **ouvrit**	ils **ouvrirent**
souffrir	souffert	MAIS:	il **souffrit**	ils **souffrirent**
voir	vu	MAIS:	il **vit**	ils **virent**
mourir	mort	MAIS:	il **mourut**	ils **moururent**
tenir[12]	tenu	MAIS:	il **tint**	ils **tinrent**
venir[13]	venu	MAIS:	il **vint**	ils **vinrent**

Exercices

B. Conjuguez les verbes des phrases suivantes au passé composé, puis écrivez l'ordre logique des événements (1 à 12).

_____ Albert Camus *mourut* près de Sens dans un accident de voiture en janvier 1960.

_____ Son père *participa* à la Grande Guerre de 1914 et Camus *fut* orphelin à l'âge de un an.

_____ Il *naquit* à Mondovi en Algérie en 1913.

_____ Il *s'inscrivit* au parti communiste en 1934.

_____ Camus *fit* des études de philosophie à Alger et *devint* élève de Jean Grenier qui *l'encouragea* à écrire.

_____ Pendant la guerre, en France, il *publia* son grand roman «L'Étranger» qui *fut* immédiatement un grand succès.

_____ Camus *écrivit* en 1935 «L'envers et l'endroit» et *fonda* le théâtre du Travail.

_____ L'Académie Royale de Stockholm lui *décerna* le prix Nobel de littérature en 1957.

_____ En 1945, la guerre *finit* et Albert Camus *continua* ses activités de journaliste dans le journal *Combat*.

_____ «La Peste» *parut* en 1947. Cette œuvre *eut* un grand succès auprès du public.

_____ A la fin de ses études à l'école élémentaire, il *se présenta* et il *réussit* à l'examen des bourses.

_____ Après sa mort, l'œuvre de Camus *trouva* sa place dans toutes les anthologies d'études littéraires du vingtième siècle.

C. Dans les phrases suivantes, mettez les verbes entre parenthèses au passé simple.

1. Quand j'(apprendre) la nouvelle que mon oncle préféré se trouvait dans un camp de prisonniers, je (être) bouleversée et je (comprendre) ce qu'était la guerre.

---

[12]Autres verbes conjugués ainsi: **contenir, obtenir, retenir.**

[13]Autres verbes conjugués ainsi: **devenir, parvenir, revenir.**

2. Quand d'Artagnan (apercevoir) les hommes du cardinal, il (descendre) de son cheval, (tirer) son épée et (se mettre) en garde. Mais les hommes du cardinal étaient nombreux et d'Artagnan (être) vite débordé [*overwhelmed*]. Ses amis Athos, Aramis et Porthos (arriver), (courir) vers lui et (se joindre) à lui. Ils (se battre) tous vaillamment et (vaincre) leurs ennemis. Ainsi (commencer) une longue amitié entre les trois Mousquetaires, qui en réalité (être) toujours quatre et (devenir) inséparables.

3. Quand Roméo (voir) Juliette allongée sur le tombeau, il (croire) qu'elle était morte. Il (savoir) qu'il ne pouvait pas supporter cette douleur. Il (se tuer). Juliette (se réveiller), (vouloir) rejoindre son amant et (boire) le poison. Ils (se trouver) réunis dans la mort.

Emplois

1 Le passé simple est le temps de la narration historique ou littéraire, employé surtout dans la langue écrite.

En 1535 le navigateur français Jacques Cartier **explora** le fleuve Saint-Laurent. Il **crut** trouver une route vers l'Orient, mais **s'arrêta** à cause des rapides qu'il **nomma** les rapides Lachine.

*In 1535 the French navigator Jacques Cartier **explored** the St. Lawrence River. He **thought** he had found a route to the Orient, but **stopped** because of rapids, which he **named** the Lachine Rapids.*

Remarque: Le passé simple est très rarement utilisé dans le langage parlé, mais quelquefois, un conférencier (*lecturer*) ou un homme d'état qui parle dans un style littéraire l'utilise dans un discours.

Aujourd'hui, je vais vous parler d'un écrivain qui **vécut** au 17ème siècle et qui **fit** beaucoup parler de lui.

2 Le passé simple a exactement la même valeur que le passé composé.

a. Il a la valeur d'action soudaine, de durée limitée, de répétition limitée.

Daniel **naquit** en 1950.   Daniel **est né** en 1950.
La mode yéyé **dura** seulement cinq ans.   La mode yéyé **a duré** seulement cinq ans.
Ses parents **firent** plusieurs voyages.   Ses parents **ont fait** plusieurs voyages.

b. Il s'emploie en relation avec un imparfait ou un plus-que-parfait.

Quand les Etats-Unis **déclarèrent** la guerre à l'Allemagne en 1941, les pays d'Europe **avaient combattu** seuls pendant deux ans. La guerre **avait commencé** pour eux en 1939. Le monde entier **souffrait** des conséquences de cette guerre quand elle **se termina** enfin en 1945.

3 Dans le même récit, on peut utiliser ces deux temps, avec des effets différents. Le passé composé sert à rapporter (*recall*) un dialogue, à écrire une lettre familière, à décrire des actions qui se sont passées récemment, ou des actions anciennes qui ont un résultat présent visible. Le passé simple donne au récit un caractère littéraire, soigné: c'est le temps des actions historiques, lointaines, sans rapport avec le présent.

Action historique, sans rapport avec le présent.

Pendant son règne, Napoléon **fit** construire l'Arc de Triomphe.

Action ancienne, qui a un résultat présent, visible.

Pendant la visite de l'Arc de Triomphe, le guide nous a dit que c'est Napoléon qui **l'a fait** construire.

■ *Tableau-résumé*
Le passé composé et le passé simple

participe passé	*passé simple*
un dialogue écrit	un récit de caractère littéraire
une lettre familière	une narration soignée
des actions récentes	des actions historiques

Exercices

D. Dans le passage suivant, mettez les verbes qui sont au passé simple au passé composé.

Napoléon *naquit* en Corse en 1769. Il *alla* à l'Ecole Militaire et *devint* général à 26 ans. Il *fit* beaucoup de guerres et *conquit* de nombreux pays. Il *se maria* avec Joséphine et *se couronna* lui-même empereur en 1804. Quand il *vit* que Joséphine et lui ne pouvaient pas avoir d'enfant, il *obtint* un divorce et, puis, *épousa* Marie-Louise en 1810. Ils *eurent* un fils, qui *devint* le roi de Rome.

E. Dans le passage suivant, mettez les verbes qui sont au passé composé au passé simple.

Napoléon *est devenu* le héros de beaucoup de jeunes Français de son époque. De tous temps les experts *ont admiré* ses plans de batailles. Il a *rapporté* d'Egypte un monument célèbre: l'Obélisque. Il *a mis* les membres de sa famille à la tête de plusieurs pays d'Europe. Il *a créé* le Code civil et *a fait* passer des lois qui existent encore. Il *a fondé* les lycées d'Etat. Une coalition des pays d'Europe *l'a vaincu* et il *est parti* en exil à l'île de Sainte-Hélène où il *est mort* en 1821.

F. Ecrivez les actions historiques suivantes au passé composé.

Marie-Antoinette *naquit* à Vienne en 1755. Elle *vécut* dans cette ville pendant son enfance. A l'âge de 15 ans, elle *épousa* le futur roi de France, Louis XVI. Elle *devint* très vite impopulaire par sa prodigalité, ses caprices d'enfant gâtée (*spoiled child*) et sa frivolité. Elle *fit* construire le hameau de Versailles. Elle *conseilla* au roi de s'opposer aux réformes et le *poussa* à résister à la Révolution. Ses ennemis lui *reprochèrent* ses amitiés avec les autres rois étrangers. Après son arrestation, elle resta enfermée à la prison du Temple puis *fut transférée* à la Conciergerie. Elle *mourut* sur la guillotine, comme Louis XVI.

Formules à retenir

 Les verbes dérivés de **mener** et **porter: emmener, emporter** (*to take*) / **amener, apporter** (*to bring*) / **ramener, rapporter** (*to bring back*)

a. On **emmène, amène, ramène** une personne, un animal.

Le matin, Jacques **emmenait** son fils à l'école, le soir il le **ramenait** à la maison.
—Paul, venez dîner ce soir! **Amenez** votre petite amie!

b. On **emporte, apporte, rapporte** un objet inanimé.

—Suzanne, tu vas en vacances à Hawaii? **Emporte** ton bikini, et **rapporte**-moi un collier de fleurs!
—Jacques, viens dîner ce soir. —J'**apporte** quelque chose? —Si tu veux, **apporte** une bouteille de vin!

Attention: **Porter** signifie *to carry* ou *to wear*. **Mener** signifie *to lead*.

Exercices

G. Complétez les phrases avec un des verbes suivants: **emmener, amener, ramener; emporter, apporter, rapporter.**

1. Ils sont allés en vacances au Mexique et ils _____ des piñatas et des pots de toutes les couleurs. 2. Tu vas jouer au parc? _____ ton petit frère. 3. Christine vient dîner ce soir. J'espère qu'elle ne va pas _____ son chien. 4. Pierre, tu es à la cuisine? _____ moi un verre d'eau, s'il te plaît. 5. Je _____ mes frères à l'école le matin, et le soir je les _____. 6. Elle va faire du ski à la montagne. Elle _____ six pull-overs.

H. Faites des phrases complètes avec les groupes de mots entre parenthèses et un des verbes étudiés.

Modèle: Je vais au stade pour voir un match. (une chaise pliante, mon petit frère)
J'emporte une chaise pliante, j'emmène mon petit frère.

1. Vous allez à la plage. (des lunettes de soleil, un parasol, de la crème solaire, votre petite amie, les enfants de votre sœur, un ballon, un Frisbee)
2. C'est l'anniversaire de votre meilleur(e) ami(e). Que faites-vous pour lui (elle)? cinéma? fleurs? champagne? restaurant?
3. Vous êtes invité(e) à ma surprise-partie. Qui est-ce que vous amenez? Qu'est-ce que vous apportez?
4. Vous êtes allé(e) en vacances dans une île tropicale. Qu'est-ce que vous avez rapporté?

2 **servir / se servir**

Le verbe **servir** a plusieurs constructions et des sens différents.

a.   **Servir** peut être suivi d'un nom objet direct: *to serve, to wait on.*

Ma mère **sert** le dîner.   L'esclave **sert** son maître.

b.   **Servir à** peut être suivi d'un infinitif: *to be used for.*

A quoi ça **sert?**   *What can it **be used for?***
Ce couteau **sert à** couper le pain.   *This knife **is used for** cutting bread.*

c.   **Servir de** peut être suivi d'un nom: *to be used as.*

Mon salon **sert de** chambre d'amis.
Le bureau **sert de** chaise au professeur.

d.   **Se servir** employé seul signifie *to help oneself.*

Servez-vous!
On ne **se sert** pas avec les doigts.

e.   **Se servir de** suivi d'un nom signifie **employer, utiliser.**

Pour écrire, elle **se sert d'**un vieux stylo.

Exercice

I.   Dans les phrases suivantes, employez la forme correcte du verbe **servir**, à l'affirmatif ou au négatif.

1. On mangeait avec les doigts; on ne _____ fourchette.   2. Cette pommade _____ soigner les maladies de peau.   3. Cette femme _____ son mari et ses enfants comme une bonne (*maid*).   4. Il s'est assis à table, puis il _____ le premier.   5. Puis-je _____ votre dictionnaire?   6. Sa table de cuisine lui _____ bureau.   7. Quand elle donne un dîner, cette dame _____ toujours la première. Ensuite, elle _____ ses amis. Ce n'est pas très poli, n'est-ce pas?   8. Tous les jours, cette mère de famille conduit ses enfants à l'école, au cours de danse, chez le dentiste, au match de foot (*soccer game*). Sa voiture _____ taxi et elle, la mère, _____ chauffeur!   9. Est-ce que je peux _____ votre machine à écrire? La mienne (*Mine*) est cassée.   10. Mon rasoir me _____ me raser, pas à te raser les jambes!   11. La duchesse a plusieurs bonnes qui la _____.   12. Je _____ mes doigts pour manger, sauf en pique-nique.   13. Tout est sur la table. _____ (*Help yourself*)!   14. On n'a pas encore inventé la machine qui _____ faire les devoirs pendant qu'on dort.   15. Cette pièce _____ vestiaire quand je réunis mes amis pour dîner.

3 **connaître / savoir**

Le verbe **connaître** signifie *to know, to be acquainted with, to be familiar with;* il est toujours suivi par un nom ou un pronom.

Il **connaît** bien **la France.**   *He knows France well.*
Connaissez-vous **ce monsieur?**   *Do you know this gentleman?*
Je ne **connais personne.**   *I don't know anybody.*

Le verbe **savoir** signifie *to know something, to know how (if, when, where)*. On utilise **savoir** avec:

a. un infinitif.

Elle ne **sait** pas **se servir** de ce gadget.   *She doesn't know how to use this gadget. (She never learned how to.)*

Savez-vous **plonger?**   *Do you know how to dive? (Did you learn how to?)*

b. une conjonction (comment, si, quand, où, etc.) + un verbe conjugué.

Sais-tu **si** Denis et Gaby vont se marier?   Je ne **sais** pas **quand** ils arrivent.

c. un nom ou un pronom pour signifier *to know after learning* ou *to know as a science, a language*.

Cet élève ne **savait** pas sa **leçon**.   **Sait**-il le **latin?**

Il ne **la savait** pas.   **Le sait**-il?

Exercice

J. Complétez les phrases suivantes, avec le verbe **savoir** ou le verbe **connaître** au temps indiqué entre parenthèses. (**p.s.** = passé simple; **imp.** = imparfait; **p.c.** = passé composé; **prés.** = présent; **inf.** = infinitif)

1. Françoise _____ (**p.s.**) Philippe dans un dancing. 2. Quand elle le vit, elle _____ (**p.s.**) qu'elle allait l'aimer toute sa vie. 3. Ils se marièrent et _____ (**p.s.**) des moments de bonheur extraordinaires. 4. Philippe, qui _____ (**imp.**) bien les Etats-Unis, emmena sa femme dans ce pays. 5. Françoise, elle, ne _____ (**imp.**) personne et bientôt, elle s'ennuya. 6. Elle _____ (**imp.**) que si elle restait à la maison, ce serait terrible pour son mariage. 7. Elle ne _____ (**imp.**) pas la langue, elle ne _____ (**imp.**) pas quoi faire de toute la journée. 8. Enfin, elle alla à l'école du soir, apprit l'anglais, finit par _____ (**inf.**) d'autres personnes. 9. Maintenant elle _____ (**prés.**) qu'elle a vaincu cette époque difficile. 10. Elle désire partager son expérience avec d'autres femmes. Comme elle _____ (**prés.**) bien écrire, elle va raconter sa vie dans un livre. 11. Dans une soirée, elle _____ (**p.c.**) un éditeur qui lui a déjà offert un contrat. 12. Qui _____ (**prés**)? Elle va peut-être devenir célèbre, et tout le monde voudra la _____ (**inf.**).

Synthèse

Applications

I. **Un peu d'histoire.** Dans les phrases suivantes, mettez les verbes entre parenthèses au passé simple. Ensuite, identifiez le ou les personnage(s) historique(s) que les phrases décrivent.

1. Ils (quitter) ⎯⎯ leurs îles, (naviguer) ⎯⎯ sur des bateaux fragiles et (aborder [*to land*]) ⎯⎯ dans d'autres îles plus au nord, qui sont maintenant des paradis pour touristes. ⎯⎯
   (a) les Athéniens   (b) les Polynésiens   (c) les Esquimaux

2. Ils (envahir) ⎯⎯ la Gaule, (vaincre) ⎯⎯ le chef gaulois Vercingétorix, (construire) ⎯⎯ des routes, des villes, des ponts (*bridges*), (installer) ⎯⎯ en France une civilisation riche et active dont on trouve encore des traces. ⎯⎯
   (a) les Romains   (b) les Huns   (c) les Celtes

3. Cette jeune femme (réunir) ⎯⎯ les habitants de Lutèce que les Huns menaçaient, (prier [*to pray*]) ⎯⎯ avec eux, et, dit-on, (protéger) ⎯⎯ la ville de l'invasion. Les Parisiens la (choisir) ⎯⎯ comme patronne de la ville de Paris et (construire) ⎯⎯ pour elle une statue sur un des ponts de la Seine. ⎯⎯
   (a) Catherine Deneuve   (b) Brigitte Bardot   (c) Sainte Geneviève

4. Cette jeune femme (entendre) ⎯⎯ des voix, (partir) ⎯⎯ trouver le roi, (lever) ⎯⎯ une armée, (défendre) ⎯⎯ Orléans contre les Anglais, (être) ⎯⎯ capturée et (mourir) ⎯⎯ sur un bûcher (*stake*). ⎯⎯
   (a) Marguerite de Navarre   (b) Marie Curie   (c) Jeanne d'Arc

5. Ce roi de France (avoir) ⎯⎯ un règne très long, (être) ⎯⎯ célèbre pour le nombre de ses maîtresses et de ses enfants illégitimes, (faire) ⎯⎯ construire Versailles et (vider) ⎯⎯ les caisses (*coffers*) de l'Etat par ses guerres. Il (prononcer) ⎯⎯ la phrase célèbre: «L'Etat, c'est moi!»⎯⎯
   (a) Napoléon   (b) François 1er   (c) Louis XIV

II. **Hommes célèbres.** Dans les phrases suivantes, mettez les verbes entre parenthèses au passé simple. Ensuite, identifiez le personnage historique que les phrases décrivent.

   (a) Scott   (c) Marco Polo   (e) Jules Verne
   (b) Galilée   (d) Newton   (f) Darwin

1. Cet homme (découvrir) ⎯⎯ que la terre n'était pas une galette (*flat bread*), mais l'église le (condamner) ⎯⎯. ⎯⎯

2. Cet explorateur (explorer) ⎯⎯ et (visiter) ⎯⎯ l'Amérique du Sud, les îles Galápagos. Il (chercher) ⎯⎯ et (trouver) ⎯⎯ des fossiles et ses idées sur l'évolution (se former) ⎯⎯ à la suite de ses recherches. ⎯⎯

3. Ce monsieur (avoir) ⎯⎯ l'idée de l'attraction terrestre (*gravity*) quand, (dire) ⎯⎯ -on, une pomme lui (tomber) ⎯⎯ sur la tête. ⎯⎯

4. Ce personnage (voyager) ⎯⎯ beaucoup, (manger) ⎯⎯ des nouilles (*noodles*) en Chine, les (rapporter) ⎯⎯ en Italie et les Italiens les (appeler) ⎯⎯ «spaghettis». ⎯⎯

5. Cet autre explorateur (partir) ⎯⎯ avec un groupe d'hommes et de chiens, (souffrir) ⎯⎯ à cause du froid intense, et (planter) ⎯⎯ le drapeau britannique au pôle Sud. ⎯⎯

6. Cet écrivain (rêver [*to dream*]) _____ de science-fiction avant les autres, (écrire) _____ des livres sur des voyages à la Lune et au centre de la Terre, et (devenir) _____ l'auteur favori des grands et des petits. _____

III. **Les aventures d'un jeune homme pauvre.** Dans l'histoire suivante, mettez les verbes au temps qui convient: passé simple, imparfait ou plus-que-parfait.

L'écrivain Romain Gary, quand il (être) jeune, (ne pas avoir) beaucoup d'argent. Il (vivre) à Paris, et (rendre) souvent visite à des amis qui lui (offrir) un bon dîner. Il lui (falloir) marcher 45 minutes dans la rue de Vaugirard, parce qu'il (ne pas avoir) assez d'argent pour prendre le métro. Un soir, il (ne pas manger) depuis la veille; il (aller) voir ses amis, dans l'espoir d'être invité à dîner. Quand il (arriver) chez ses amis, il (sonner) à la porte. Personne ne (répondre); ses amis (sortir). Romain (s'asseoir) dans l'escalier et (attendre) une heure, deux heures. Mais vers onze heures, il (se lever) et (recommencer) à marcher dans la rue de Vaugirard, très frustré, affamé (*famished*). Il (arriver) au Luxembourg et (passer) devant un restaurant. Là, il (voir), par la fenêtre, un homme qui (manger) un steak-frites. Romain (s'arrêter), (regarder) et (s'évanouir) (*to faint*). Quand il (ouvrir) les yeux, il y (avoir) des gens autour de lui. Déjà, on (appeler) une ambulance. Pendant un instant, il (être) tenté de se laisser transporter à l'hôpital. Mais l'humiliation lui (donner) un coup de fouet (*whipped him*). Il (rentrer) chez lui; il (oublier) sa faim. Il (se mettre) à son bureau et (écrire) une nouvelle (*short story*) qu'il (vendre) à une revue, et qui lui (permettre) de manger pendant quelques jours.

Conversations

1. **Façons d'élever les enfants.** Comparez les différentes façons d'être élevé. Comment la vie moderne a-t-elle changé le rôle des parents et les rapports enfants-parents? Demandez à vos camarades comment leurs parents les ont élevés. Où est-ce qu'ils emmenaient leurs enfants? Est-ce qu'ils rentraient tard et laissaient leurs enfants préparer leur dîner seuls? Est-ce qu'ils forçaient leurs enfants à se laver, à aller à l'école quand ils voulaient rester à la maison?

2. **Modes et adolescents.** A chaque époque, il y a des goûts différents et des excès. Comparez les modes: les yéyés, les hippies, les punks. Comment s'habillaient-ils? Quelle musique aimaient-ils? Que faisaient-ils pour choquer les parents, les personnes plus âgées? Où et comment aimaient-ils voyager? A votre avis, quelles modes peuvent inventer les générations à venir?

3. **Les «cracks»** (*aces, wizards*) **en histoire.** Préparez et posez-vous des «colles» (*quizzes*) sur les dates et les événements importants de l'histoire des Etats-Unis et du monde, et décidez qui mérite le prix d'excellence en histoire.

Modèle: Quelle province américaine est-ce que la France vendit aux Etats-Unis pour 15 millions de dollars en 1803?
La Louisiane.

Traduction

1. When Jacqueline was born, her father was eighteen. 2. Jacqueline's mother left them and went (to) live with a desert tribe. 3. Marcel, Jacqueline's father, decided to raise (**élever**) the little girl by himself. 4. He used to take her to bars, and when he went dancing at some friends' place, she slept in the bathtub. 5. At eight years old, Jacqueline used to shop and cook her own dinner when her father came home too late. 6. She played the piano, the guitar, the tuba, and collected 45 r.p.m. records. 7. She travelled in Africa, hitchhiked. 8. Lying on her stomach on top of a train car, she went to Dakar. 9. Her hair grew long. 10. She shaved her hair and married an African prince.

Rédactions

1. **Mes ancêtres.** Avez-vous jamais pensé au voyage que vos ancêtres firent pour arriver dans le pays où vous vivez maintenant? Imaginez ce voyage, soit par bateau venant d'un pays d'Europe, d'Asie, d'Amérique du Sud ou du Mexique, soit par charrette à travers les plaines et les montagnes. Faites des recherches, inventez, et racontez cette histoire fabuleuse.
2. **Biographie.** Ecrivez au passé simple la biographie de votre héros favori ou de votre héroïne favorite. Employez aussi des imparfaits et des plus-que-parfaits. Où est-ce qu'il (ou elle) naquit? Où passa-t-il son enfance? Où vécut-il? Quels furent les événements marquants de son enfance? Ecrivit-il un livre? Fut-il mêlé à des moments historiques intéressants? Est-ce qu'il se battit pour le progrès? Eut-il une grande histoire d'amour? Quand et dans quelles circonstances mourut-il?

Chapitre 6

Le nom et l'adjectif

Vocabulaire

à droite to the right
à gauche to the left
à la fin finally
s'appliquer to apply oneself
bas(se) low
bocal (*m.*) jar
bonhomme (*m.*) old fellow
bouger to move
bout (*m.*) **de papier** scrap of paper
cassé(e) broken
client (*m.*), **cliente** (*f.*) customer
clochette (*f.*) small bell
cloison (*f.*) partition
comptoir (*m.*) counter
côté (*m.*) side
de fait in fact
effectivement in effect, in fact
effrayé(e) frightened
enlever to take off
en noir dressed in black
ensemble together
exécuter to make up, to perform
faire signe (à) to signal (*to*)

haut(e) high
là there
lunettes (*f. pl.*) (eye)glasses
mêler to mix
mieux better
mur (*m.*) wall
ordonnance (*f.*) prescription
paquet (*m.*) package
passer to pass, to go by
porter les yeux sur to glance at
poste (*m.*) station, position
poudre (*f.*) powder
propre own
rayon (*m.*) shelf
reconnaître to recognize
renseigner to give information
séché(e) dried
sursauter to jump
tinter to jingle
se tourner vers to turn to
tramway (*m.*) street car
visage (*m.*) face

Vocabulaire supplémentaire

La maladie—la visite chez le médecin

aller chez le médecin to go to the doctor
avoir de la fièvre to have a fever
avoir des frissons to shiver
avoir mal à la gorge to have a sore throat
avoir mal à la tête to have a headache
avoir mal au cœur to feel nauseated
avoir mal au dos to have a backache
avoir mal au ventre to have a stomachache
bilan (*m.*) **de santé** checkup
comprimé (*m.*) pill
cachet (*m.*) pill
étagère (*f.*) shelf
faire des analyses to run tests
faire une cure to have a treatment, to take the waters at a spa
goutte (*f.*) drop

grippe (*f.*) flu
maison (*f.*) **de repos, de santé** convalescent home
médicament (*m.*) medicine
passer une radio to have an X-ray
pastilles (*f. pl.*) cough drops
prescrire to prescribe
rhume (*m.*) cold
salle (*f.*) **d'attente** waiting room
se sentir fiévreux to feel feverish
se sentir mal to feel bad
température (*f.*) temperature
tension (*f.*) high blood pressure
thermomètre (*m.*) thermometer
tousser to cough
toux (*f.*) cough

Pharmacien ou médecin?

Gabrielle Roy (1909–1983) est née au Manitoba. C'est dans cette province du Canada qu'elle a passé son enfance et a pris un poste d' institutrice, avant de devenir écrivain. Dans ses livres, *Rue Deschambault, La Petite Poule d'eau,* etc., elle mêle les souvenirs personnels et la description de personnages humbles et courageux, surtout des femmes au caractère énergique et aventureux. Dans cet extrait de «Les déserteuses» (*Rue Deschambault*), elle raconte un voyage que sa mère et elle ont fait, un jour, du Manitoba à Montréal. Elles arrivent dans la grande ville et vont rendre visite à un cousin que la mère n'a pas vu depuis 30 ou 35 ans.

Préparation à la lecture

Autrefois les pharmaciens préparaient leurs médicaments avec des poudres et des herbes séchées. L'arsenic, le séné°, la belladone étaient des plantes utilisées en pharmacie. De nos jours, on trouve tellement de produits pharmaceutiques tout préparés que le pharmacien fabrique rarement un médicament: il dose, il compte les comprimés. En France, en plus des médicaments, dans les pharmacies on vend des produits de beauté, des produits diététiques et de régime. Le pharmacien donne aussi souvent des conseils pour des problèmes médicaux bénins. senna

   Beaucoup de médecins généralistes° font encore des visites à domicile. Si un patient (un client) peut marcher, ou se déplacer, il va à la consultation, sur rendez-vous ou bien à l'heure indiquée sur la plaque extérieure placée à la porte du bâtiment. Un docteur a souvent son cabinet de consultation dans une partie de sa maison. Le cabinet° et le cabinet de consultation° sont souvent la même pièce. family practiioners office examining room

Nous avons trouvé l'adresse du docteur Nault dans l'indicateur du téléphone.[1] Nous avons demandé à une dizaine de personnes quel tramway prendre; quelqu'un nous a bien renseignées à la fin, et nous sommes parties vers la maison du cousin...

5   La nuit venait. J'avais le cœur effrayé° de la métropole du Canada. Car c'est grand, Montréal, on ne peut pas dire le contraire! **J'avais...** I was frightened

   Le docteur Nault habitait rue Rachel; nous avons marché et puis nous sommes entrées dans une pharmacie d'allure ancienne;° les rayons étaient remplis de grands bocaux de verre pleins d'herbes séchées, de poudres, 10 sur lesquels était écrit: arsenic, séné, belladone... J'étais en train de lire tous ces mots, quand j'ai entendu bouger derrière un haut comptoir. Là se **d'allure...** old-looking

---

[1]**l'indicateur du téléphone** In France, **l'annuaire** or **le Bottin** are more common words for *telephone directory.*

tenait° un petit homme en noir, avec une barbe noire, des yeux très noirs, la tête couverte d'une calotte.° Maman lui ayant demandé:° «Etes-vous le docteur Nault?» le bonhomme répondit:

was sitting or standing
skull cap / **Maman...**
After mother asked
him / *Himself*

15   — Lui-même,° en personne.

— En ce cas, me reconnaissez-vous? demanda maman. Le bonhomme répondit sans hésiter:

— Pas du tout. Est-ce que je suis supposé vous connaître?

A ce moment, une clochette tinta de l'autre côté d'une cloison, à peu de distance.° Le docteur Nault enleva sa calotte. Il nous dit:

à peu... *not far away*

20   — Excusez-moi: une cliente en médecine ...

Il ouvrit une petite porte dans le mur qui faisait communiquer° la pharmacie avec ce qui nous parut être un cabinet de médecin. Nous aperçûmes une cliente qui entrait effectivement dans le cabinet de consul-tation mais par une porte donnant° sur la rue.

faisait... *connected*

leading out to

25   Dix minutes passèrent; nous vîmes la cliente sortir comme elle était entrée et tenant à la main° un bout de papier où elle devait chercher une adresse, car elle portait les yeux sur le papier au numéro de la maison. Arrivée à la porte voisine qui était celle de la pharmacie, elle entra. Au même moment,° le docteur Nault revenait par la petite porte que j'ai dite,[2] dans le mur. Il remit sa calotte; il était à son poste de pharmacien lorsque° la cliente atteignit° le comptoir, et il lui prit des mains le papier qu'il venait de lui donner dans le cabinet de consultation. Nous avons compris, maman et moi, que c'était sa propre ordonnance que le docteur Nault, redevenu pharmacien, allait exécuter. De fait, il s'appliqua à lire tout ce qui s'y° trouvait écrit, ensuite à mêler ensemble et à broyer° des pincées° de poudre qu'il prit à gauche, à droite, par en haut,° dans tous ses bocaux. Maman me faisait signe de ne pas rire. Quand sa cliente eut pris[3] son petit paquet et qu'elle eut payé,[3] le docteur Nault se tourna vers nous, tout intrigué.

à... *in her hand*

Au... *At the same time*
= **quand**
reached

in it / *grind* / *pinches*
par... *from the top*

30

35

40   — Samuel, dit alors maman, ne te rappelles-tu pas la douzaine d'œufs cassés?

Le bonhomme sursauta et mit des lunettes pour mieux nous voir.

— Qui est-ce que t'es, toi?°...

Qui... ? *Who are you?*
(*Canadian*) / **l'aida...**
helped him a lot in my
opinion

45   — Eh oui, dit maman, qui l'aida beaucoup à ce qui me semble.° Je suis ta cousine Eveline.

Questions sur la lecture

1. Comment la mère et la fille ont-elles trouvé la maison du docteur Nault? Pourquoi est-ce que ce n'était pas facile?
2. Pourquoi est-ce que le docteur Nault n'a pas reconnu sa cousine?

---

[2]**petite porte ... dite** The past participle agrees with **que,** a direct object that represents **porte,** a feminine noun (see p. 353).

[3]**eut pris, eut payé** (passé antérieur) had taken, had paid (see p. 476)

3. Décrivez le docteur Nault et ses occupations journalières.
4. Qu'est-ce qu'on trouve dans cette pharmacie?
5. Qu'est-ce qu'il y a derrière le mur de la pharmacie?
6. Qu'est-ce que le docteur Nault enlève et remet sur sa tête? Cet objet symbolise une transformation. Laquelle? Que devient le pharmacien quand il enlève sa calotte?
7. Qu'est-ce qu'il y a sur le bout de papier que tient la cliente? Que fait le docteur Nault quand la cliente lui donne le papier?
8. Pourquoi est-ce que la petite fille a envie de rire?
9. Qu'est-ce que la douzaine d'œufs cassés évoque, probablement? Quelle réaction a le bonhomme? Se souvient-il?
10. Pourquoi est-ce que la petite fille pense que sa maman a beaucoup aidé le docteur Nault à se rappeler?

Questions personnelles

1. Etes-vous en bonne santé? Etes-vous quelquefois malade? Que faites-vous quand vous avez un rhume? une grippe?
2. Quand vous allez dans un «drugstore» aux Etats-Unis ou au Canada, qu'est-ce que vous achetez? Achetez-vous des produits qu'on ne trouve pas dans une pharmacie française? Nommez ces produits.
3. Le docteur Nault porte une calotte pour indiquer qu'il est pharmacien. Dans la vie, autour de vous, que portent certaines personnes pour représenter leur fonction (agent de police, facteur, garçon de café, serveuse, etc.)? Croyez-vous que le costume, l'uniforme, sont importants?

Le nom

Le genre des noms de personnes

Un nom de personne a un genre, masculin ou féminin, déterminé par le sexe.

    un garçon   **une** fille
    un homme   **une** femme

1 Pour certains noms masculins terminés par un **-e,** on change simplement l'article pour obtenir un nom féminin.

    un artiste   **une** artiste   **un** pianiste   **une** pianiste
    un camarade   **une** camarade   **un** secrétaire   **une** secrétaire

2 On ajoute souvent un **-e** au nom masculin pour obtenir un nom féminin.

un ami	**une** amie	**un** gérant	**une** gérante *(manager)*
un employé	**une** employée	**un** avocat	**une** avocate

Exception: **un** enfant   **une** enfant (sans **-e**)

Placé après une voyelle, ce **-e** n'est pas prononcé. Placé après une consonne, il n'est pas prononcé, mais la consonne qui précède est prononcée, parfois redoublée. Remarquez les changements orthographiques dans le tableau suivant:

-er → -ère	un boulanger	une boulangère *(baker)*
	un infirmier	une infirmière *(nurse)*
-on → -onne	un patron	une patronne *(owner, boss, manager)*
-ien → -ienne	un mécanicien	une mécanicienne *(mechanic)*
	un informaticien	une informaticienne *(computer scientist, technician)*
-an → -anne	un paysan	une paysanne *(peasant)*

3 Les noms masculins en **-eur** ont leur féminin en **-euse**.

un coiff**eur**   une coiff**euse**   un vend**eur**   une vend**euse**

4 Les noms masculins en **-teur** ont leur féminin en **-trice**.

un ac**teur**   une ac**trice**   le direc**teur**   la direc**trice**
un institu**teur**   une institu**trice**

Exceptions: le chan**teur**   la chan**teuse**   le men**teur**   la men**teuse** *(liar)*

5 Certains noms masculins ont leur féminin en **-esse**. Il y a beaucoup de noms apparentés *(cognates)* dans cette catégorie.

le prince   la princ**esse**   le duc   la duch**esse**   le dieu   la dé**esse**
le comte   la comt**esse**   le tigre   la tigr**esse**

6 Certains noms sont toujours masculins, même pour désigner une femme.

un bébé	un peintre	un mannequin *(model)*
un médecin	un ingénieur *(engineer)*	un professeur
un chef	un docteur	

Remarques:
◆ Si on veut préciser, on dit une **femme peintre**, une **femme architecte**.
◆ Les jeunes Français disent «**la prof**» pour une **femme professeur**.
◆ Les mots **écrivaine** *(writer)* et **auteure** *(author)* ont été récemment créés et deviennent populaires.

7 Certains noms sont toujours féminins, même pour désigner un homme.

une personne   une vedette *(movie star)*   une victime

8 Certains noms ont un mot spécial pour le féminin.

le mâle	la femelle	le roi	la reine
le garçon	la fille	le garçon (*waiter*)	la serveuse (*waitress*)
un homme	une femme	un monsieur (*gentleman*)	une dame (*lady*)

9 **La famille.**   Remarquez les noms des membres d'une famille.

le mari	la femme	le neveu	la nièce
l'époux	l'épouse	le grand-père	la grand-mère
le père	la mère	le petit-fils (*grandson*)	la petite-fille
le fils	la fille	le parrain (*godfather*)	la marraine (*godmother*)
le frère	la sœur	le jumeau (*twin*)	la jumelle
l'oncle	la tante		

10 Les noms d'animaux suivent les mêmes règles.

le chien   la chienne   le chat   la chatte

Il y a parfois un nom spécial pour le féminin.

le coq (*rooster*)	la poule (*hen*)
le taureau (*bull*)	la vache (*cow*)
le cheval (*horse*)	la jument (*mare*)

Quand l'animal a seulement un nom d'espèce, on ajoute **mâle** ou **femelle**.

une souris (*mouse*) **mâle**   un poisson **femelle**

11 Les prénoms français ont des formes masculines et des formes féminines qui suivent les règles précédentes.

Dominique	Dominique	Christian	Christiane
René	Renée	Jean	Jeanne
André	Andrée	Julien	Julienne
Simon	Simone	Jules	Juliette

Exercices

A. Complétez les phrases avec le nom du genre opposé au nom en italique.

1. M. Dupont est *infirmier.* Sa femme aussi est _____.
2. Les Renault sont *le patron* et _____ du café de la Gare.
3. Préférez-vous *une avocate* ou _____ pour vous défendre?
4. Au musée il y a *un guide* et _____.
5. Johnny Halliday est *un chanteur* connu en France. Son ex-épouse, Sylvie Vartan, est _____ connue aux Etats-Unis.
6. Mme Merle est *informaticienne.* Son mari n'est pas _____.
7. *Le marquis* et _____ de Carrabas sont en voyage.
8. Qui voulez-vous voir dans ce cabinet: *le docteur* Henri Malraux ou sa femme, _____ Suzanne Malraux?
9. Pour leur mariage, mes amis ont engagé *un musicien* et _____.

    10. Connaissez-vous *le duc* et _____ de Belfort?

    11. Gabrielle est *une amie* fidèle. Mais le frère de Gabrielle n'est pas _____ fidèle.

    12. Ma mère est *une personne* remarquable. Mon père aussi est _____ remarquable.

B.   Complétez les phrases suivantes avec un nom du genre opposé du nom en italique.

> *Modèle:*   J'ai un *frère* et deux _____.
> J'ai un *frère* et deux **sœurs**.

1. Mon _____ et ma *tante* viennent dîner. 2. Avez-vous vu le film *Cousin,* _____? 3. Lassie est un *chien.* Non, c'est une _____. 4. Comment dit-on quand, au restaurant, le *garçon* est une _____? —On dit: «Mademoiselle, s'il vous plaît.» 5. Le *boulanger* fait le pain et la _____ est derrière le comptoir. 6. Mon *prof* de philo est un *homme*, et ma _____ de latin est une _____. 7. Allez-vous chez un *coiffeur* ou une _____? 8. Le docteur Nault n'est pas *instituteur*, mais Gabrielle Roy fut _____. 9. La *sœur jumelle* de *Simone* s'appelle *Pierrette*, et le _____ _____ de S_____ s'appelle P_____. 10. Dans cette ferme il y a un *cheval* et une _____, un *taureau* et des _____, des *poules* et un _____, un *chat* et une _____.

C.   Quelle est l'activité ou la profession des personnes suivantes?

<table>
<tr><td>1.   Lady Diana, c'est _____.</td><td>5.   Picasso, c'est _____.</td></tr>
<tr><td>2.   Michael Jackson, c'est _____.</td><td>6.   Madonna, c'est _____.</td></tr>
<tr><td>3.   Gabrielle Roy, c'est _____.</td><td>7.   Tom Cruise, c'est _____.</td></tr>
<tr><td>4.   Shirley MacLaine, c'est _____.</td><td>8.   Elizabeth II, c'est _____.</td></tr>
</table>

Le genre des noms de choses

1 Pour les noms de choses, quelquefois la terminaison permet d'identifier le genre du nom. Le tableau suivant présente certaines terminaisons courantes du masculin ou du féminin, avec des exceptions.

Masculin	*Exceptions courantes*	*Féminin*	*Exceptions courantes*
-able le sable (*sand*)	la table	**-ade** la promenade (*walk*) la limonade	
-age le garage	la plage la cage la page l'image		
-ail le travail		**-aille** la trouvaille (*interesting finding*)	
-aire le dictionnaire	la grammaire	**-aine** la douzaine	

Masculin	Exceptions courantes	Féminin	Exceptions courantes
-al le journal		**-ance** la connaissance la correspondance	
-ant le restaurant		**-ence** la science	le silence
-eau le manteau le tableau	l'eau la peau (*skin*)	**-ée** une allée une idée	le lycée le musée
		-eur la longueur la largeur la hauteur (*mots abstraits formés sur adjectifs*)	le bonheur l'honneur le malheur
-c, -r, -g le banc le bar le rang		**-esse** la promesse	
-euil le fauteuil		**-ice** la justice la police	un artifice le supplice
		-ie la boucherie la folie	le génie un incendie le parapluie
-et le jardinet		**-ette** la cigarette	le squelette
		-ique la politique	
-ier le cahier		**-té** la liberté	l'été
		-ion la réunion la télévision	un avion le camion un million
-isme le communisme		**-tion** la conversation	
-ment un appartement le gouvernement		**-tude** la certitude	
		-ture la nature	

Masculin	*Exceptions courantes*	Féminin	*Exceptions courantes*
-oir		**-oire**	
le devoir		une histoire	le laboratoire
			le répertoire
-a, -o, -ou		**-on**	
le cinéma		la leçon	le poisson
le piano		la maison	le soupçon
le trou			

2 Certaines catégories de noms ont le même genre. Les noms d'arbres (**le peuplier, l'oranger**) sont masculins, et aussi les noms de métaux et de couleurs (**l'or, l'argent, le bleu**), les noms de langues (**le français**), les noms de jours et de saisons (**le jeudi, le printemps**). Les noms de sciences (**la physique, la chimie**) sont féminins.

3 Deux mots—**après-midi, interview**—sont masculins ou féminins. On a le choix: **un après-midi** ou **une après-midi, un interview** ou **une interview.**

4 Quelques mots ont deux genres et ont un sens différent au masculin et au féminin.

le crêpe (*crepe fabric*)	la crêpe (*pancake*)
le livre (*book*)	la livre (*pound*)
le manche (*handle*)	la manche (*sleeve*)
le mort (*dead man*)	la mort (*death*)
le poêle (*heating stove*)	la poêle (*frying pan*)
le poste (*job*)	la poste (*post office*)
le tour (*tour*)	la tour (*tower*)

5 Pour le genre des noms de pays, voir page 145 et l'appendice C.

Exercice

D. Dans les phrases suivantes, mettez l'article qui convient (**le, la, l', un, une**) devant les noms entre parenthèses.

1. Quelle saison préférez-vous? (printemps, automne ou hiver?)
2. Nous étudions (géographie, espagnol, leçon).
3. Calculez (longueur, hauteur, temps).
4. C'est [un, une] (invention, histoire, malheur) extraordinaire.
5. Mettez les fleurs sur (comptoir, table, buffet).
6. (lycée, pharmacie, laboratoire) sont dans la même rue.
7. Elle se pose des questions sur (amour, vieillesse, mort).
8. J'entends [un, une] (oiseau, clochette, camion).
9. J'aime (mer, sable, plage, eau, soleil).
10. Mettez (paquet, salade, gâteau) sur la table.
11. (château de Versailles, tour Eiffel, musée du Louvre) sont des sites magnifiques.
12. La constitution promet (justice, liberté, égalité) pour tous.

13. C'est [un, une] (après-midi, jeudi, quinzaine) superbe.
14. Il y a [un, une] (image, dictionnaire, cahier) sur le bureau.
15. Elle étudie (catéchisme, grammaire, politique).
16. Il y a [un, une] (parapluie, mannequin, squelette) dans le placard?
17. Son frère a [un, une] (poste au gouvernement, maison, appartement).
18. Sophie exécute [un, une] (ordonnance, pas de danse, morceau de musique).
19. Je fais signe à [un, une] (tramway, bonhomme, cliente).
20. Dans cette pièce il faut [un, une] (cloison, étagère, rayon).

Le pluriel des noms

1 Pour former le pluriel de la plupart des noms on ajoute **-s** au singulier.

Remarques:

◆ Les noms terminés en **-s**, **-x** ou **-z** ne changent pas: le **pas**, les **pas**; le **nez**, les **nez**; la **voix**, les **voix**.

◆ Certains noms d'origine anglaise ont leur pluriel en **-s** ou **-es**: un match, des match**s** *ou* des match**es**; un sandwich, des sandwich**s** *ou* des sandwich**es**. *Mais* on dit des toast**s**, des sport**s**.

2 Voici un tableau des terminaisons d'autres pluriels particuliers.

Terminaisons	Singulier	Pluriel	Exceptions communes
-ail → **-ails**	le chandail (*sweater*)	les chandails	les travaux (*works*)
	le détail	les détails	les vitraux (*stained-glass windows*)
-al → **-aux**	le cheval	les chevaux	les bals
	le journal	les journaux	les festivals
			les récitals
-au → **-aux**	le tuyau (*hose, pipe*)	les tuyaux	les landaus (*baby carriages*)
-eau → **-eaux**	le château	les châteaux	
	le manteau	les manteaux	
-eu → **-eux**	le jeu (*game*)	les jeux	les pneus (*tires*)
	le neveu	les neveux	
-ou → **-ous**	le clou (*nail*)	les clous	les bijoux (*jewels*)[4]
	le sou (*cent*)	les sous	les cailloux (*stones*)
			les choux (*cabbages*)
			les genoux (*knees*)
			les hiboux (*owls*)
			les joujoux (*toys*)
			les poux (*lice*)

---

[4] Il n'y a que ces sept noms en **-ou** qui ont leur pluriel en **-oux**.

3 Quelques noms courants ont un pluriel irrégulier.

un monsieur	des messieurs	un bonhomme	des bonshommes
madame	mesdames	un jeune homme	des jeunes gens
mademoiselle	mesdemoiselles		

4 Les noms propres ne prennent pas de **-s**.

les Dupont   les Renaud

5 Dans les noms composés qui sont formés avec des noms et des adjectifs, les noms et les adjectifs s'accordent en nombre.

les grand**s**-parent**s**   les petit**s**-enfant**s**

Remarque: Le pluriel de grand-mère est grand-mère**s** ou grand**s**-mère**s**.

6 Quand les noms composés sont formés avec des verbes, les verbes sont invariables; le nom qui suit reste au singulier si son emploi est généralement au singulier.

les gratte-ciel (*skyscrapers*)   les lave-vaisselle (*dishwashers*)

7 Quand les noms composés sont formés avec des mots invariables (préposition, nom toujours singulier), ces mots restent invariables.

les après-midi   les hors-d'œuvre

8 Certains mots sont toujours au pluriel.

les gens   les vacances   les fiançailles   les mathématiques   les ciseaux (*scissors*)

Attention: la vacance = *vacancy*

9 La prononciation des pluriels suivants est irrégulière.

un œuf   des œufs /ø/   un bœuf   des bœufs /bø/   un œil   des yeux /jø/

10 Certains mots français pluriels correspondent à des mots anglais singuliers, et *vice versa*.

| les renseignements | *information* | la vaisselle | *dishes* |
| les devoirs | *homework* | le mode d'emploi | *directions* |

Exercices

E. Complétez les phrases suivantes en mettant les noms donnés en italique au pluriel.

1. Elle achète un *chapeau*. On achète des _____ au marché.
2. Vous avez un *cheval*? Oui, nous possédons plusieurs _____.
3. Il oublie ce *détail*. Ces _____ sont très importants.
4. J'ai un *pneu* crevé (*flat*). Mes _____ sont usés.
5. Avez-vous un *sou*? Oui, j'ai des _____.
6. *Monsieur* et *madame*. _____ et _____.
7. «J'ai mal à l'*œil*», dit-il. Il a toujours mal aux _____.
8. Sais-tu ta *leçon*? Je sais toujours mes _____.
9. Ce jeune *homme* est sérieux; ces jeunes _____ aussi sont sérieux.

10. Ma *grand-mère* est gentille; les _____ sont toujours gentilles.
11. Cléopâtre avait un *nez* remarquable. Connaissez-vous des _____ remarquables?
12. Mon *travail* est plus difficile que tes _____.
13. Elle a un *caillou* blanc et quatre _____ noirs.
14. Le Monopoly est un *jeu* de société. Il déteste les _____ de société.
15. Le fer est un *minéral*; notre corps utilise des _____.
16. Cendrillon n'allait jamais au *bal*. Finalement, elle est allée à trois _____.

F. Complétez les phrases suivantes en mettant les noms donnés en italique au singulier.

1. Il y avait des *clous* sur la route. J'ai marché sur un _____.
2. Au cimetière, les *croix* sont différentes. J'ai vu une _____ bretonne.
3. En France, il y a beaucoup de *festivals* de théâtre en été. Je préfère le _____ d'Avignon.
4. La chanson dit: «Savez-vous planter les *choux*?» Beaucoup de personnes n'aiment pas le _____.
5. On sert les *hors-d'œuvre* au début d'un repas. La salade de tomates est un _____.
6. Les *printemps* sont souvent pluvieux en France. Cette année, le _____ a été superbe.
7. Marie adore ses *neveux*. Son _____ favori habite à la Martinique.
8. Robert Desnos a écrit un poème qui parle de *hiboux*. Le _____ est un oiseau qui dort le jour et chasse la nuit.

G. Trouvez dans la liste suivante le nom qui convient pour compléter les phrases suivantes; mettez-le au pluriel ou au singulier selon le cas et répondez oralement aux questions.

un bijou	un lave-vaisselle	un oiseau
un château	un manteau	un porte-monnaie
un général	un match	un sandwich
un gratte-ciel	un métal	un vitrail
un journal		

1. Il achète le _____, il le lit tous les jours. A quoi servent les _____?
2. L'aigle (*eagle*) est un _____. Connaissez-vous d'autres _____?
3. On trouve des _____ magnifiques dans la cathédrale de Notre-Dame de Paris. En général que représente-t-on sur un _____?
4. Ils ne lavent plus eux-mêmes les plats et les assiettes, ils ont acheté un _____. Quels sont les avantages des _____?
5. Le _____ Eisenhower fut aussi Président. Connaissez-vous d'autres _____?
6. Elle ne regarde jamais les _____ de football. Et vous, y a-t-il un _____ que vous aimez regarder?
7. La reine Elizabeth d'Angleterre possède des _____ magnifiques. Et vous, avez-vous un _____ préféré?
8. Nous faisons un pique-nique. Je prépare les _____. Que peut-on mettre dans un _____?
9. Le long de la Loire, on trouve beaucoup de _____. Qui vivait dans les _____? Connaissez-vous un _____?

10. Le fer (*iron*) et le cuivre (*copper*) sont des _____ communs. Connaissez-vous un _____ rare? un _____ cher? un _____ utile?
11. L'Empire State Building est un _____ connu. Où se trouve ce _____? A quoi servent les _____?
12. J'ai perdu mon _____. Je n'ai plus de sous. Dans quel magasin trouve-t-on des _____?
13. L'hiver, elle aime ce _____ confortable. A quoi servent les _____?

L'adjectif

Le féminin des adjectifs

1 Un grand nombre d'adjectifs sont semblables au féminin et au masculin; ils se terminent avec un **-e.**

> jeune   rapide   facile   ordinaire   magnifique

2 Pour beaucoup d'adjectifs dont le masculin n'a pas de **-e** final, on ajoute un **-e** pour former le féminin.

> grand   grand**e**   bleu   bleu**e**
> vert   vert**e**   général général**e**

3 D'autres adjectifs changent d'orthographe ou de terminaison au féminin. Certains changements sont identiques aux changements des noms.

| *Terminaisons* | | | | *Exceptions communes* | |
masculin *féminin*		*masculin*	*féminin*	*masculin*	*féminin*
-er → -ère		cher	chère (*expensive, dear*)		
-ier → -ière		dernier	dernière (*last*)		
-eur → -euse		travailleur	travailleuse	meilleur	meilleure
		(*hard-working*)		supérieur	supérieure
				inférieur	inférieure
				intérieur	intérieure
-teur → -teuse		menteur	menteuse		
→ -trice		créateur	créatrice		
-en → -enne		européen	européenne		
-ien → -ienne		canadien	canadienne		
-on → -onne		bon	bonne		
-el → -elle		naturel	naturelle		
-eil → -eille		pareil	pareille		
-et → -ette		coquet	coquette	complet	complète
				secret	secrète

masculin	féminin	masculin	féminin	masculin	féminin
-f → -ve		neuf (*brand-new*)	neuve		
		bref (*concise*)	brève		
		actif	active		
		sportif	sportive		
-x → -se		amoureux	amoureuse	doux	douce
		heureux (*happy*)	heureuse	faux	fausse (*false*)
		jaloux (*jealous*)	jalouse		

4 Les cinq adjectifs suivants sont tout à fait irréguliers au féminin, et ils ont aussi une deuxième forme au masculin devant un mot qui commence par une voyelle ou un **h** muet.

masculin	féminin	masculin (*deuxième forme*)
beau	belle	bel
fou (*crazy*)	folle	fol
mou (*soft*)	molle	mol
nouveau	nouvelle	nouvel
vieux	vieille	vieil

un **beau** bateau   une **belle** pomme   un **bel** homme

5 Voici d'autres féminins irréguliers à retenir:

masculin	féminin	
blanc	blanche	(*white*)
favori	favorite	(*favorite*)
frais	fraîche	(*fresh, cool*)
grec	grecque	(*Greek*)
long	longue	(*long*)
public	publique	(*public*)
sec	sèche	(*dry*)
turc	turque	(*Turkish*)

Exercices

H. Utilisez chacun des adjectifs proposés dans trois phrases à la forme affirmative ou négative:

Modèle: La Joconde (*Mona Lisa*) de Léonard de Vinci est une peinture _____ (mystérieux/mineur/célèbre).

La Joconde de Léonard de Vinci est une peinture **mystérieuse.** *La Joconde n'est pas une peinture* **mineure.** *La Joconde est une peinture* **célèbre.**

1. *Les Misérables* de Victor Hugo est une œuvre _____ (français / intéressant / existentialiste).
2. La tour Eiffel est une construction _____ (laid / belge / impressionnant).
3. La crème au chocolat est une crème _____ (délicieux / apprécié / salé).
4. La fusée Ariane est une fusée (rapide / cher / performant).
5. Ma chambre est une pièce _____ (clair / coquet / bien rangé).
6. Le Président actuel des Etats-Unis est une personne _____ (dynamique / actif / cultivé).
7. Québec est une ville _____ (ancien, ravissant, suisse).
8. Le brie est un fromage avec une pâte _____ (mou / blanc / épicé).

I. Donnez le féminin des adjectifs dans les groupes suivants.

1. un corsage blanc, une robe _____
2. un beau château, une _____ maison
3. un vent frais, une brise _____
4. un projet fou, une pensée _____
5. un jardin public, une place _____
6. un nouveau chapeau, une _____ blouse
7. un acteur favori, une actrice _____
8. un vieil homme, une _____ femme

Le pluriel des adjectifs

1 Le pluriel des adjectifs se forme comme le pluriel des noms. On ajoute généralement un **-s** au masculin et au féminin.

2 Voici un tableau d'autres terminaisons communes au masculin pluriel.

Terminaisons	Singulier	Pluriel	Exceptions	
-s → -s	gros	gros		
-x → -x	faux	faux		
	vieux	vieux		
-eau → -eaux	nouveau (*new*)	nouveaux		
-eu → -eux	hébreu	hébreux	bleu	bleus
-al → -aux	spécial	spéciaux	final	finals
	général	généraux	fatal	fatals
	idéal	idéaux		

Exercice

J. Dans les phrases suivantes, mettez au singulier le groupe nom-adjectif qui est au pluriel.

1. En France, les *journaux provinciaux* sont très importants. «Le Courrier de l'Ouest» est un _____.

2. Certaines décisions sont quelquefois des *choix heureux*. Votre décision de vous marier est un _____.
3. Les *voix douces* des enfants me charment, la _____ de votre fille en particulier.
4. Quand on a la fièvre, le docteur recommande de prendre des *boissons fraîches*. Voici une _____.
5. Je n'aime pas les *jeunes gens jaloux*. Guillaume est un _____.
6. Pour devenir docteur, il faut avoir des *connaissances spéciales*. L'anatomie est une _____.
7. Cet auteur écrit des *livres confus*. Sa grammaire française est un _____.
8. Elle a les *yeux bleus*. Son frère a un _____ et un _____ vert.

L'accord des adjectifs

1 L'adjectif s'accorde en genre et en nombre avec le nom qu'il modifie.

un garçon intelligent   des garçons intelligents
une fille intelligente   des filles intelligentes
une mère et une fille intelligentes

Remarques:

◆ Après **c'est,** l'adjectif ne s'accorde pas.

C'est **intéressant,** cette histoire.   C'est **grand,** Montréal!

◆ Après **quelqu'un de, quelque chose de, personne de, rien de,** l'adjectif ne s'accorde pas.

Mme Loiseau est **quelqu'un d'important.**

2 Si l'adjectif modifie deux ou plusieurs noms singuliers de genres différents, l'adjectif est toujours au masculin pluriel.

un père et une fille intelligents

3 Les adjectifs de couleurs communs s'accordent en genre et en nombre.

masculin	féminin	masculin pluriel	féminin pluriel
bleu	bleue	bleus	bleues
vert	verte	verts	vertes
gris	grise	gris	grises
blanc	blanche	blancs	blanches
noir	noire	noirs	noires

4 Les adjectifs suivants ne s'accordent pas.

a. Les adjectifs qui sont aussi des noms de plantes ou de fruits

orange   **cerise** (*cherry*)   **marron** (*chestnut*)   **fuchsia**   **lavande**

une blouse **marron**   des robes **cerise**   les murs **orange**

b. Les adjectifs formés de deux mots

    bleu marine (*navy blue*)   **vert foncé** (*dark green*)   **rose clair** (*light pink*)

    des yeux **bleu clair**   une robe **vert foncé**

Remarque: Un adjectif de couleur devient un nom de couleur si on l'emploie avec un article masculin.

    le bleu (*the color blue*)   **le vert** (*the color green*)

5 Voici des adjectifs pour décrire la couleur des cheveux.

    brun / **brune** (*dark hair*)   **roux** / **rousse** (*red hair*)   **blond** / **blonde**   **châtain** (*chestnut brown*)

Remarques:
◆ **Châtain** (*chestnut brown*) ne s'accorde pas.
◆ **Une brune, une blonde, une rousse** = *a brunette, a blond, a redhead.*

Si on emploie un article, l'adjectif devient un nom de personne. **Un grand brun, un petit blond** = *a tall brown-haired man, a short blond*

6 Les adjectifs **chic** et **snob** ont une seule forme au singulier et au pluriel. (**Snob** s'accorde au pluriel quand c'est un nom.)

    Mon frère porte toujours une cravate **chic** quand il sort.
    Ces femmes sont **chic** et pas **snob.**
    Les **snobs** vivent dans les quartiers **chic.**

Exercices

K. Complétez les phrases suivantes en mettant le groupe de mots entre parenthèses au pluriel.

1. (travail forcé) Les criminels sont condamnés aux _____.
2. (examen final) Ce semestre, j'ai plusieurs _____.
3. (beau nez grec) Va au musée d'Héraklion, tu verras des quantités de _____.
4. (caillou bleu) L'aquarium est rempli de _____.
5. (vieux rail) Sur la ligne du TGV, on ne met pas de _____.
6. (genou blanc) Quand l'enfant joue dans la terre rouge, il n'a plus les _____.
7. (joli tableau) Dans son salon, ma tante met de _____ aux murs.
8. (nouveau pas) Elle apprend les _____ d'une danse.

L. Complétez les phrases suivantes avec la forme correcte de l'adjectif entre parenthèses.

1. Il a pris des décisions (final).
2. Claire s'achète des robes (chic).
3. Robert porte des cravates (orange).
4. Le professeur dit quelque chose d'(intéressant).
5. Nous n'aimons pas les garçons (snob).
6. Les jeunes filles (roux) ont la peau (clair).
7. Ce ne sont pas des travaux (spécial).

8. Jacqueline s'est fait teindre les cheveux. Maintenant, ils sont (châtain).
9. Nos voisins ont une fille et un fils (sportif).
10. Ce jour-là, Renée portait une robe (bleu clair) et des chaussures (marron).

La place des adjectifs

1 Les adjectifs se placent généralement *après* le nom.

> un voyage **extraordinaire**   une ordonnance **simple**

Dans la langue écrite surtout, certains adjectifs peuvent être placés avant le nom pour produire un effet spécial, emphatique.

> Ils ont fait un **excellent** voyage.   C'est une **splendide** pharmacie.

2 On place *avant* le nom les adjectifs courts et courants suivants:

autre	gentil	haut	long	nouveau	vieux
bon	grand	jeune	mauvais	petit	vilain
beau	gros	joli	meilleur	premier	vrai

une **autre** nuit
un **bon** vin
une **jolie** fille
le **premier** jour

Attention: **Haut, long, faux** et **vrai** peuvent se placer avant ou après.

> une **longue** histoire   une robe **longue**   un **faux** numéro   une réponse **fausse**

3 Si un nom est déterminé par deux adjectifs, un qui se place avant, l'autre qui se place après, on met chacun à sa place.

> une **petite** maison **blanche**   un **joli** chapeau **français**

Si les deux adjectifs se placent après, ils peuvent être simplement juxtaposés ou séparés par **et**.

> un film **italien sensationnel**   un manteau **chaud et élégant**

Si les deux adjectifs précèdent le nom, l'ordre est généralement fixe, pour certains adjectifs communs.

> un **joli petit** chien   son **premier grand** bal
> un **beau grand** garçon   un **bon gros** chien

Mais on peut aussi placer les deux adjectifs après le nom, avec **et**.

> une princesse **jeune et jolie**   un monsieur **vieux et gentil**

4 Certains adjectifs changent de place et de sens. Comparez les groupes suivants:

	avant le nom	*après le nom*
ancien	*former* une **ancienne** pharmacie	*ancient* une horloge **ancienne**
brave	*fine, good* un **brave** garçon	*brave* un soldat **brave**
certain	*particular* un **certain** docteur Nault	*sure* une preuve **certaine**
cher	*dear* mon **cher** ami	*expensive* un bijou **cher**
dernier	*final* son **dernier** voyage	*previous* la semaine **dernière**
grand	*famous* un **grand** compositeur	*tall* un homme **grand**
même	*same* la **même** robe	*very* ce jour **même**
pauvre	*unfortunate* ma **pauvre** amie	*penniless* des amis **pauvres**
propre	*own* sa **propre** ordonnance	*clean* des cheveux **propres**
sale	*nasty* une **sale** histoire	*dirty* des mains **sales**
seul	*only* un **seul** jour	*single, lonely* un ami **seul**

Exercices

M. Complétez les phrases suivantes en utilisant tous les adjectifs proposés dans la même phrase. Attention à la place et à l'accord des adjectifs.

> *Modèle:* Ce jardin est (agréable, public, grand).
> Ce **grand** jardin **public** est **agréable.**

1. Le bocal est (gros, fragile, blanc).
2. Léopold Senghor est un écrivain (grand, célèbre, sénégalais).
3. Ce parking est (souterrain, autre, gratuit).
4. Elle a une perruque [*wig*] (roux, long, raide).
5. C'est un homme (beau, élégant).
6. C'est de la crème (frais, supérieur).
7. C'est une voiture (cher, beau).
8. Vous avez un garçon (gentil, petit).

9. Regardez les ballons (gros, orange)!
10. Je n'ai pas lu cette comédie (mauvais, italien).
11. Tu as une robe (joli, mexicain).
12. Allons à ce restaurant (français, bon)!
13. C'est ma blouse (marron, premier).
14. La pharmacie a des étagères (peint, nombreux).
15. Ce sont des pastilles (efficace, nouveau).
16. Les clientes du médecin sont des dames (vieux, québécois).

N. Complétez les phrases suivantes en répétant le nom en italique avec un des adjectifs de la liste suivante. Certains adjectifs peuvent être employés plus d'une fois.

ancien   brave   cher   dernier   pauvre   propre   sale

1. Le docteur remplit son *ordonnance* personnelle. Il remplit sa _____.
2. La *pharmacie* n'est pas neuve. C'est une _____.
3. Ce *millionnaire* a des chagrins d'amour et beaucoup de malheurs dans sa vie. C'est un _____.
4. Votre *voiture* coûte plus de 20.000 dollars? C'est une _____.
5. Cet *homme* a des qualités: il est gentil, généreux. C'est un _____.
6. Après cc *repas*, c'est fini, il n'y en a plus: c'est le _____.
7. Vous n'avez pas donné de bain à votre *chien* depuis des mois: vous avez un _____.
8. Cette pièce, qui était autrefois une *salle de bains*, est maintenant un placard: c'est une _____.
9. J'ai des *cousins* qui n'ont pas du tout d'argent. Ce sont des _____.
10. Cette *affaire* est très difficile, pleine de complications: c'est une _____.
11. Un médecin se lave les *mains* avant d'examiner son malade. Il doit avoir les _____.
12. La *semaine* qui a précédé, j'ai eu trois examens. Quel travail j'ai eu, la _____.

Formule à retenir

Les adverbes en -ment

1 ▶ Un grand nombre d'adverbes de manière sont formés d'adjectifs + le suffixe **-ment**: **rapidement, honnêtement.** Ils correspondent aux adverbes qui se terminent en *-ly* en anglais: *rapidly, honestly.*

Remarques:
◆ On ajoute **-ment** au féminin de l'adjectif: **naïvement, effectivement.**
◆ Les adjectifs terminés par une voyelle perdent le **-e** du féminin: **vraiment, joliment.**
◆ Les adjectifs en **-ent** et **-ant** ont des adverbes en **-emment** et **-amment** (la prononciation est /amã/): étonnant → **étonnamment.**
◆ Certains adverbes ont une terminaison en **-ément: énormément, précisément.**

Attention: N'ajoutez pas **-ment** à l'adverbe **vite:** vous parlez **rapidement** = vous parlez **vite.**

 L'adverbe n'est jamais placé entre le sujet et le verbe comme en anglais. Il est placé après le verbe ou devant l'adjectif.

Je le vois **rarement.**   *I **rarely** see him.*
Ce n'est pas **vraiment** beau.   *It is not **really** beautiful.*

Exercice

O. Formez des adverbes en **-ment** avec les adjectifs indiqués entre parenthèses et placez-les dans les phrases.

1. Ne parlez pas (nerveux, grossier, sec).
2. Il faut raisonner (intelligent, patient, précis).
3. Ils se sont parlé (simple, nerveux, récent).
4. Elle marche (gracieux, lourd, mou).
5. Ils s'aiment (passionné, fou, jaloux).
6. Tu travailles (courant, silencieux, brave).
7. Tu me blesses (horrible, cruel, énorme).

Synthèse

Applications

I. Le jeu des portraits. Ecrivez le portrait des quatre personnalités suivantes.

Lady Diana   Michael Jackson   Cléopâtre   le général de Gaulle

Ensuite, faites un autre portrait, et demandez à un ou une camarade de le lire et de deviner qui est la personne décrite.

Modèle: Liz Taylor: *C'est une actrice. Elle est quelquefois mince, quelquefois grosse. Elle a les yeux violets. Elle est brune. Elle a eu sept maris,* etc.

II. Les qualités et les défauts. Trouvez dans la liste suivante un groupe de trois qualités ou défauts qui décrivent la personne ou la chose présentée dans chaque phrase. Attention: certaines phrases peuvent être négatives.

élégant, coûteux, extravagant	économique, pas cher, luxueux
léger, délicieux, gras	affectueux, fidèle, pingre (*stingy*)
original, plein d'action, ennuyeux	créateur, organisé, paresseux
intelligent, loyal, jaloux	belliqueux, libéral, irascible

amoureux, passionné, déprimé   immense, menacé de destruction, mystérieux

travailleur, étourdi, brillant

> *Modèle:* Cette étudiante réussit à ses examens: elle est ____, ____, ____.
> *Elle est travailleuse, elle n'est pas étourdie, elle est brillante.*

1. Les films de Steven Spielberg sont ____, ____, ____.
2. Marie vient de se fiancer: elle est ____, ____, ____.
3. Cette jeune femme est un cadre (*manager*) parfait: elle est ____, ____, ____.
4. Jules et Jim sont des maris excellents: ils sont ____, ____, ____.
5. Claire aussi est une épouse idéale: elle est ____, ____, ____.
6. La cuisine nouvelle est ____, ____, ____.
7. La forêt d'Amazonie est ____, ____, ____.
8. Ces hommes politiques sont ____, ____, ____.
9. Cette actrice s'achète des vêtements ____, ____, ____.
10. Il cherche une voiture ____, ____, ____.

III. Nouvelles conditions de vie. Vous venez d'arriver dans une nouvelle université. Vous vous renseignez sur les qualités de votre nouvel environnement. Formulez des questions avec le vocabulaire ci-dessous. Ajoutez d'autres adjectifs.

> *Modèle:* *Est-ce que tu connais un restaurant **sympa**?*
> *Est-ce que la bibliothèque est **calme**?*

un coiffeur (une coiffeuse)	travailleur	compatissant
un dentiste	amusant	doux
la piscine	instructif	grand
le prof de philo	intéressant	bon
la bibliothèque	appétissant	exotique
des restaurants	propre	gentil
les cours de maths		
la cité universitaire		
le restau U		

IV. La valise perdue. Vous avez perdu votre valise. Vous la cherchez. Vous allez aux «objets trouvés». Faites la description de son contenu. Voici des suggestions.

> *Modèle:* *Dans ma valise il y avait **des chaussures noires, un jean neuf,** etc.*

un jean	un appareil photo	des livres
des tee-shirts	une trousse de toi-	une peluche (*stuffed*
des sous-vêtements	lette (*toiletries kit*)	*animal*)
des chaussettes	un maillot de bain	des sandales, etc.
un carnet d'adresses	une serviette de bain	

grand   petit   neuf   usagé   vieux   long   court   bleu   vert   rouge   mexicain, etc.

V.　Cœurs solitaires.　Vous écrivez une petite annonce sous la rubrique «Cœurs solitaires» pour rencontrer la personne de vos rêves. Utilisez des adjectifs originaux.

　　Modèle:　*Jeune homme, beau, travailleur, désire rencontrer l'amie idéale: elle est intelligente, fidèle, etc.*

Conversations

1.　**La salle d'attente.**　Vous êtes un(e) client(e) du docteur Martin et vous attendez dans la salle d'attente. Vous engagez une conversation avec les autres malades pour passer le temps. Chacun décrit les symptômes de sa maladie et le traitement prescrit par le docteur Martin.
　　　　Vous échangez également des propos banals: par exemple: le temps qu'il fait, la vie chère, les enfants mal élevés, les impôts, le gouvernement qui va mal, etc. Soyez créatif (-ive) et utilisez beaucoup d'expressions nouvelles apprises dans ce chapitre.

2.　**Les médecines «douces».**　Comment peut-on se guérir sans médicament traditionnel?

le repos (*rest*)	les remèdes de bonnes femmes	la thalassothérapie
une cure	(*old remedies*)	(*seawater spa*)
des conseils	le bouillon de poule (*chicken soup*)	l'homéopathie
un régime	la méthode Coué (*denial method*)	l'acuponcture, etc.
la relaxation	le massage	

Traduction

1. I went to visit an old cousin who is a former pharmacist. He is now retired.　2. I had not seen him for (**depuis**) twenty years.　3. At first, I could not find the house. Finally someone gave me the information and I found it.　4. I rang the bell and my cousin opened the door.　5. I saw a little man dressed in gray, with a gray beard and light blue eyes.　6. I recognized him immediately and I said: "Hello! My name is Josephine!"　7. He answered: "Do I know you?"　8. I said: "Of course! I used to be your favorite cousin."　9. "Josephine? But you used to be young, fat, not pretty. Now you are old, but pretty and elegant. What happened (**arriver**)?"　10. I answered: "The miracles of modern medicine!"

Rédactions

1.　**Visite chez le médecin.**　Avez-vous été malade récemment? Racontez vos symptômes et votre visite chez le médecin. Comment est-ce que vous vous êtes guéri(e)?

2.　**Votre famille.**　De combien de personnes se compose votre famille? Décrivez chaque personne avec un ou plusieurs adjectifs.

　　Modèle:　Ma grand-mère n'est pas vieille. Elle est petite et sportive. Elle a les cheveux gris, etc.

Chapitre 7

L'article

Vocabulaire

s'affairer to fuss
aîné (*m.*), **aînée** (*f.*) the oldest
allongé(e) stretched out
s'apercevoir to realize
bac (*m.*) **à glaçons** ice-cube tray
casserole (*f.*) pan
cérémonieusement formally
charger to load
compotier (*m.*) fruit-salad bowl
cresson (*m.*) watercress
décapsuleur (*m.*) bottle opener
découpé(e) cut in pieces
délicieux (délicieuse) delightful, charming
détendu(e) relaxed
disposé(e) arranged
dresser le couvert to set the table
éloge (*m.*) praise
émission (*f.*) program
envahir to invade
éplucher to peel
étonnement (*m.*) surprise
évidemment of course
évier (*m.*) kitchen sink
gentiment nicely
geste (*m.*) gesture
glaçon (*m.*) ice cube
incroyablement incredibly
s'inquiéter to worry
invité (*m.*), **invitée** (*f.*) guest
laisser tout en plan to drop everything
léger (légère) light

lèvres (*f. pl.*) lips
lourd(e) heavy
malgré in spite of
se mordre les lèvres to bite one's lip
natal(e) native
nez (*m.*) nose
ouvre-boîte (*m.*) can opener
paresseux (-euse) lazy
pêle-mêle helter-skelter
plat (*m.*) platter
plateau (*m.*) tray
poulet (*m.*) chicken
presque almost
prévenir to anticipate
radieux (radieuse) beaming
réclamation (*f.*) complaint
réclamer to call for
résultats (*m. pl.*) **sportifs** sportscast
se réveiller to wake up
sable (*m.*) sand
saladier (*m.*) salad bowl
sans cérémonie informally
secouer to shake
son (*m.*) sound
subitement suddenly
sûrement surely
table (*f.*) **roulante** tea cart
terrine (*f.*) pâté
tire-bouchon (*m.*) corkscrew
victuailles (*f. pl.*) food

Vocabulaire supplémentaire

La batterie de cuisine (pots and pans)

cocotte minute (*f.*) pressure cooker
four (*m.*) **à micro-ondes** microwave oven
poêle (*f.*) frying pan
soupière (*f.*) soup tureen

La salade

ail (*m.*) garlic
bouteille (*f.*) bottle

cuiller (*f.*) **en bois** wooden spoon
fines herbes (*f. pl*) herbs
huile (*f.*) oil
moutarde (*f.*) mustard
persil (*m.*) parsley
salade verte green salad
salade composée mixed vegetable salad
vinaigre (*m.*) vinegar
vinaigrette (*f.*) salad dressing

Au restaurant

addition (*f.*) bill
canard (*m.*) duck
carte (*f.*) **des vins** wine list
entrée (*f.*) dish between first course and main dish

hors-d'œuvre (*m.*) first course
glace (*f.*) ice or ice cream
plat (*m.*) **du jour** today's special
plat (*m.*) **principal** main course

Un dîner vite prêt

Françoise Dorin (1928–   ) est la fille du chansonnier° René Dorin. Elle a été comédienne et a composé des paroles de chansons avant d'écrire des pièces et des romans. Elle présente des personnages qui ont des difficultés à accepter la tyrannie de la vie moderne. Dans cet extrait du livre *Va voir Papa, Maman travaille* elle décrit le dilemme suivant: «Maman travaille et gagne plus d'argent que Papa. Maman va-t-elle divorcer ou sacrifier sa carrière pour garder sa famille intacte?» Serge, le mari, a amené des invités, Frédéric et Ketty, pour le dîner. Agnès, sa femme, est très fatiguée: elle a gardé son petit garçon, Jérôme, toute la journée et son travail est en retard; elle n'est pas très enthousiaste pour préparer un dîner improvisé.

stand-up comedian, songwriter

Préparation à la lecture

En France, les hommes font souvent le marché, mais Françoise Dorin n'a pas une bonne opinion d'eux: elle trouve qu'ils achètent trop de choses. Dans l'extrait suivant, les provisions que Serge et son ami Frédéric ont faites sont trop abondantes pour un dîner. Serge et son ami montrent leur bonne volonté et sortent tout pour préparer l'apéritif (boisson qu'on prend avant le repas, pour ouvrir l'appétit), mais ils sont interrompus par l'annonce des résultats sportifs à la télévision. C'est vrai que pour beaucoup d'hommes, c'est une heure sacrée.

Jeanne d'Arc est une héroïne de l'histoire de France, qui, au Moyen Age, pendant la guerre de Cent Ans, entendit des voix: les saints lui ordonnaient de sauver la France, et de lutter contre l'invasion des Anglais. Comme Jeanne d'Arc, les deux hommes sont captivés par l'annonce de l'émission sportive, comme si c'était un message divin.

La quatrième personne de cette histoire est Ketty, une jeune Martiniquaise, née dans cette île des Antilles françaises.° On l'appelle aussi un D.O.M. (département d'outre-mer). Comme sa voisine, la Guadeloupe, et comme Tahiti dans la Polynésie française, elle est connue pour son climat tropical, ses plages blanches, sa mer turquoise, et aussi l'accent mélodieux de ses habitants. C'est Ketty qui annonce, quand le

Antilles... French West Indies

dîner est prêt, que «ces messieurs sont servis». Elle parodie ainsi la formule traditionnelle, annoncée par la bonne ou le maître d'hôtel, dans un
dîner «chic»: «Madame est servie».°

Madame... Dinner is served.

D'une phrase, Serge prévient toutes les objections de sa femme: —Ne t'inquiète pas, dit-il, ils ont tout apporté. Il y a un énorme paquet sur le balcon. Je vais te l'apporter dans la cuisine parce qu'il est trop lourd.

Effectivement, il est lourd: deux bouteilles de champagne, deux de
5   beaujolais,[1] un poulet, une terrine, de la salade, un ananas, des bocaux de
légumes, des fromages, des tartes. Le marché fait par un homme. Trois fois
plus qu'il n'en faut. Agnès est anéantie°. Les trois autres radieux. La cuisine, envahie.[2] Les deux garçons sortent tout, pêle-mêle: tire-bouchon, bac
à glaçons, ouvre-boîtes, casseroles, plats, verres, décapsuleur... puis subite-
10   ment s'immobilisent et réclament le silence. Deux Jeanne d'Arc à l'affût°
du message divin. Le leur,° c'est l'annonce à la télévision de l'émission
consacrée aux résultats sportifs. Ils laissent, bien entendu, tout en plan.

Agnès, le nez sur son évier°, commence à éplucher la salade. Du cresson, évidemment: ce qu'il y a de plus long°! Elle se mord les lèvres pour ne
15   pas pleurer. Dans son dos, Ketty s'affaire en pépiant° joyeusement. Elle
ponctue ses phrases de petits rires agaçants° mais son accent est délicieux,
sa voix mélodieuse et Agnès, malgré elle, en subit le charme.° Ketty parle
de tout, de rien, de sa Martinique natale, de la grande maison toute
blanche, de sa plage qui était «absolument fabuleuse», où le sable était
20   presque blanc, la mer presque turquoise.

—Il faudrait que vous veniez,° Agnès! Oh! oui, quelle bonne idée!
Venez cet été chez moi,° vous voulez?

Agnès ne répond pas. Au son émollient° de la voix de Ketty, elle y°
était déjà partie sur cette plage. Elle y était déjà allongée au soleil, calme,
25   détendue, heureuse. Ketty insiste gentiment.

—Vous venez avec Serge, bien entendu! dit-elle.

Agnès se réveille.

—Oui, bien sûr, Ketty, avec Serge. Nous aimerions° sûrement beaucoup.

30   Et puis sans transition,° très vite, Agnès annonce qu'elle a fini de laver
la salade, qu'il va falloir la secouer, dans la baignoire, ou mieux sur le balcon, pour ne pas réveiller Jérôme, et ensuite s'occuper de tout le reste.°

—Quoi, tout le reste? demande Ketty.

Glosses (right margin):

stunned

à... awaiting / **Le...** Their message

le nez... bent over the sink / **ce...** what takes the longest / **en...** chirping / irritating

en... is charmed by it

Il... You ought to come
chez... to my home
soft, soothing / there

Nous... we would love it

sans... abruptly

tout... everything else

---

[1] **beaujolais** red wine from Burgundy
[2] Contemporary French writers or journalists have a tendency to end groups of words with
a period before the sentence is grammatically completed. This procedure isolates a part of
the sentence and emphasizes one idea at a time, imitating the way some people speak.

Agnès se retourne et s'aperçoit avec surprise que le désordre a dis-
35 paru: la vinaigrette attend dans le saladier, le poulet découpé est dans son
plat, les fromages disposés sur le plateau, l'ananas épluché dans le compotier. Tout est impeccable. Ketty rit de l'étonnement d'Agnès et, tout en
chargeant° les victuailles sur la table roulante avec des gestes incroyablement précis, elle lui explique qu'elle sait s'occuper de tout dans une mai-
40 son car elle était l'aînée de huit frères, tous aussi beaux les uns que les
autres,° et tous aussi paresseux... Il y avait d'abord Rodolphe qui... puis
Paul qui... Elle n'en est qu'au quatrième frère° quand, ayant fini° de
dresser le couvert avec Agnès, elle s'interrompt pour annoncer cérémonieusement à Serge et à Frédéric que «ces messieurs sont servis».

tout... while loading

tous... all equally
handsome / **Elle...**
She has just begun
talking about the
fourth brother /
ayant... having
finished

Questions sur la lecture

1. Pourquoi est-ce qu'Agnès n'est pas très enthousiaste pour préparer le
   dîner?
2. Que contient le paquet? Reconstituez le menu du repas. Qu'est-ce
   qu'Agnès a à préparer?
3. Les deux invités et le mari sont radieux: qu'est-ce qu'ils font dans la
   cuisine? Que vont-ils faire avec les glaçons, le tire-bouchon, le décapsuleur, le plat, les verres et les autres choses?
4. Pourquoi est-ce que les deux garçons s'arrêtent brusquement d'aider
   Agnès et Ketty? Pourquoi Françoise Dorin mentionne-t-elle Jeanne
   d'Arc? Quel message reçoivent les deux hommes?
5. Pourquoi est-ce qu'Agnès a envie de pleurer?
6. De quel pays vient Ketty? Décrivez ce pays. Comment est-ce qu'elle
   parle?
7. A quoi rêve Agnès quand Ketty l'invite à venir chez elle?
8. Pourquoi faut-il secouer la salade sur le balcon ou dans la baignoire?
   Qui est Jérôme? Que fait-il?
9. Qu'est-ce que Ketty a fait pendant qu'Agnès lavait la salade? Donnez
   des détails.
10. Pourquoi est-ce que Ketty sait s'occuper de tout dans une maison?

Questions personnelles

1. Est-ce que votre père, ou votre frère, ou un homme dans votre famille
   font quelquefois le marché? Savent-ils ce qu'il faut acheter?
2. Que pensez-vous du comportement de Serge et de son ami? Expliquez
   la réaction d'Agnès. Que pensez-vous des dîners improvisés, des sur-
   prises-parties? Pourquoi est-il prudent de faire quelquefois des projets
   en avance pour organiser un repas?
3. Les Français rêvent de vacances à la Martinique. Où est-ce que vous
   rêvez de passer vos vacances? Dans quel pays? Quels sont le climat, la
   végétation de ce pays de rêve?

 *L'article*

Formes

Il y a trois sortes d'articles en français: l'article défini, l'article indéfini et l'article partitif.

	masc.	*fém.*	*pl.*
article défini	**le (l')**	**la (l')**	**les**
contracté + **de**	**du (de l')**	**de la (de l')**	**des**
contracté + **à**	**au (à l')**	**à la (à l')**	**aux**
article indéfini	**un**	**une**	**des**
article partitif	**du (de l')**	**de la (de l')**	

1 L'article défini = **le, la, l', les** (*the*)

a. **Le** est masculin singulier, **la** est féminin singulier, **l'** précède un nom singulier qui commence par une voyelle ou un **h** muet, **les** est pluriel pour les deux genres.

	masc.	*fém.*		*masc.*	*fém.*
sing.	**le** dîner	**la** maison	*pl.*	**les** glaçons	**les** salades
	l'animal	**l'**idée		**les** ananas	**les** émissions
	l'homme	**l'**héroïne			

b. Les articles **le** et **les** se contractent avec la préposition **à** (*to, at, in*) et avec la préposition **de** (*of, from, about*).

> **à + le = au**   **de + le = du**
> **à + les = aux**   **de + les = des**

A la, à l', de la, de l' ne sont pas contractés.

> Vous parlez **au** professeur, **à la** secrétaire, **à l'**ambassadeur.
> Vous parlez **du** beau temps, **des** saisons et **de la** pluie.

2 L'article indéfini = **un, une** (*a, an, one*), **des** (*any, some, several*)

	masc.	*fém.*		*masc.*	*fém.*
sing.	**un** livre	**une** page	*pl.*	**des** verres	**des** nouvelles
	un enfant	**une** amie		**des** ouvre-boîtes	**des** annonces

Remarques:

◆ On prononce **les** /lez/, **aux** /oz/, **des** /dez/ devant une voyelle ou un **h** muet.[3]

 les enfants   **aux** amis   **aux** hôtels   **des** hommes

◆ On prononce **les** /le/, **aux** /o/, **des** /de/ devant une consonne ou un **h** aspiré.[4]

 les / casseroles   **aux** / hiboux   **des** / héros

3 L'article partitif = **du, de la, de l'** (*some, any*)

a. **Du** est la forme du masculin singulier, **de la** la forme du féminin singulier, **de l'** la forme du masculin et du féminin devant un nom singulier qui commence par une voyelle ou un **h** muet.

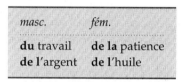

masc.	*fém.*
du travail	**de la** patience
de l'argent	**de l'**huile

b. Il existe une forme rare pour le pluriel: **des.**

 des épinards, **des** pâtes

Emplois généraux

On emploie presque toujours un de ces trois articles devant un nom, et on répète l'article devant chaque nom.

L'article défini

En anglais, souvent il n'y a pas d'article. En français on emploie l'article défini si le nom est déterminé par un possesseur (avec la préposition **de**) ou si le nom est un nom d'espèce, un nom abstrait, un nom qui désigne un groupe en général ou un nom mentionné plus tôt dans la phrase.

Qui a pris **le** livre **de** Marie-Josée? (*possesseur*)
Les insectes ne vivent pas longtemps. (*nom d'espèce*)
L'ambition et **la** modestie sont souvent contradictoires. (*noms abstraits*)
Les grandes personnes ne comprennent pas toujours **les** enfants. (*groupes généraux*)

---

[3]**H** is never pronounced. It is a remnant of Latin orthography.
[4]**H aspiré** indicates that no liaison or no elision takes place between the article and the noun. In dictionaries, words with **h aspiré** are preceded by an asterisk (***héros**). This grammar pronunciation rule is being slowly eliminated by the French Academy, which now "tolerates" the liaison between certain nouns and articles: **les** haricots /lezaʀiko/ as compared to **les** / haricots /leaʀiko/.

L'article indéfini

Au singulier, l'article indéfini correspond à *a, an, one* en anglais.

Au pluriel, souvent en anglais il n'y pas d'article. En français on emploie **des** avec des noms qu'on peut compter, pour donner aux noms un sens de nombre indéterminé.

Vous avez **des** enfants?	*You have children? (any children)*
Ils ont **des** problèmes?	*They have problems? (some problems)*

L'article partitif

On emploie l'article partitif avec des noms qui ne peuvent pas être comptés mais qui peuvent être mesurés, fractionnés. En anglais, souvent il n'y a pas d'article, mais on peut mettre *some* ou *any* devant le nom singulier.

Je mange **du** pain avec **de la** marmelade et je bois **de** l'eau.	*I eat bread with marmalade and I drink water.*
Voulez-vous **du** cresson?	*Do you want **some** watercress?*
Vous avez **de** l'argent pour acheter ce gâteau?	*Do you have **any** money to buy this cake?*

Attention: Il ne faut pas confondre:

du (**de** + **le** = *of the*)	le livre **du** professeur
du (*some*)	Je mange **du** pain.
des (**de** + **les** = *of the*)	les livres **des** élèves
des (pluriel de **un, une** = *some*)	Je manage **des** pommes. (objets qu'on peut compter)
des (pluriel de **du, de la** = *some*)	Je mange **des** épinards. (objets qu'on ne peut pas compter)

Exercices

A. Complétez les phrases suivantes avec un des mots de la liste et l'article qui convient.

ananas   laitue   poulet   bouteille de champagne   yaourts   œufs

Modèle: J'ai acheté _____; _____ est meilleur marché que le bifteck.
*J'ai acheté **du poulet; le poulet** est meilleur marché que le bifteck.*

1. J'ai acheté _____; avec _____ j'ai fait une omelette.
2. J'ai acheté _____; pour assaisonner _____ j'ai préparé une vinaigrette.
3. J'ai acheté _____; _____ bulgares sont les meilleurs.
4. J'ai acheté _____ parce que c'était l'anniversaire de mes parents; j'ai mis _____ au réfrigérateur.
5. J'ai acheté _____; _____ est un fruit exotique.

B. Dites à qui vous parlez ou écrivez. Utilisez la préposition **à,** contractée ou non, avec l'article défini.

1. Je parle _____ professeur, _____ vendeuse, _____ coiffeur, _____ étudiants, _____ pharmacien, _____ personne qui téléphone, _____ enfants.

2. J'écris _____ mère de Julia, _____ directeur, _____ actrice, _____ cousin de mes parents, _____ danseuse, _____ petites filles de ma sœur.

C. Dites de quoi Ketty a parlé. Utilisez la préposition **de,** contractée ou non, avec l'article défini.

Elle a parlé _____ pays où elle est née, _____ plage, _____ mer, _____ sable blanc, _____ dîners qu'elle préparait, _____ frères qu'elle a à la Martinique, _____ enfants de son frère aîné, _____ maison où elle habitait quand elle était jeune.

D. Mettez l'article partitif qui convient.

Au marché, j'ai acheté _____ pain, _____ salade, _____ eau minérale, _____ sucre, _____ farine, _____ beurre, _____ margarine, _____ bière, _____ papier W.C., _____ huile, _____ vinaigre, _____ fromage, _____ viande, _____ poisson, _____ pâtes; heureusement j'avais _____ argent pour payer.

E. Complétez les phrases avec l'article qui convient.

Modèle: Serge ouvre le paquet; il sort **le** poulet, **la** salade, **les** fruits.
               *Ce soir ils vont manger **du** poulet, **de la** salade, **des** fruits.*

1. Ketty épluche les fruits pour faire une salade; elle épluche l'ananas, les oranges, un melon, les pommes; elle lave les fraises. Dans le compotier, elle met _____ ananas, _____ oranges, _____ melon, _____ pommes, _____ fraises.
2. Sur la table je vois le poulet, les légumes en bocaux, la salade, les fromages, les tartes, la terrine, le vin rouge que tu as achetés. Le menu de notre dîner c'est: _____ poulet, _____ légumes, _____ salade, _____ fromage, _____ tartes, _____ terrine, _____ vin rouge.
3. Je prépare une vinaigrette: l'huile, le vinaigre, la moutarde, l'ail (*garlic*), les herbes, le sel et le poivre sont les ingrédients d'une bonne vinaigrette. Je mets _____ huile, _____ vinaigre, _____ moutarde, _____ ail, _____ herbes, _____ sel, _____ poivre dans ma vinaigrette.

Emplois particuliers

Emplois spéciaux de l'article défini

On emploie l'article défini dans les cas suivants:

1 devant un nom de personne précédé de sa profession, de sa fonction ou d'un adjectif.

     le docteur Nault   **le** président Chirac
     la petite Gabrielle   **le** prince Charles

2 devant un nom géographique: les noms de continents ou de régions, de pays, d'états ou de provinces, de fleuves, de montagnes, d'îles.

l'Asie	**la** France	**la** Seine	**la** Corse
l'Amérique du Nord, du Sud	**le** Manitoba	**le** mont Blanc	**la** Martinique
le Midi	**le** Tennessee	**les** Alpes	

Remarque: L'article n'est pas employé devant ce nom de pays: Israël, et ces noms d'îles: Tahiti, Haïti, Hawaii (voir p. 146).

3 pour indiquer la date, ou un jour habituel ou la partie du jour.

> **le** premier avril, **le** 24 janvier
> **Le** lundi, elle va au supermarché.   (*On Mondays*)
> **Le** soir, les étudiants vont à la bibliothèque.   (*At night*)

Remarque: Il n'y a pas d'article dans la date précédée du jour, ou si on parle d'un jour précis.

> dimanche, 2 février
> Ils arrivent lundi (*this Monday*).

4 avec les verbes **aimer, adorer, détester, préférer.**

> Elle aime **la** salade et elle déteste **les** escargots.

5 dans les expressions de mesure, de poids (*weight*) ou de vitesse.

> J'ai payé ces tomates cinq francs **la** livre.   (*five francs a pound*)
> Elle ne gagne pas six dollars de **l'**heure.   (*six dollars an hour*)
> Le TGV roule à 260 kilomètres à **l'**heure.   (*260 kilometers per hour*)

6 avec les parties du corps, à la place de l'adjectif possessif (voir p. 338).

> Serge a **les** yeux bleus et **les** cheveux bruns.
> Agnès, **le** nez sur son évier, épluche la salade.

7 avec les langues et les matières d'enseignement.

> Marc est très intelligent: il étudie **le** japonais, **la** biologie et **l'**histoire européenne en même temps.

L'absence d'article

Dans certains cas, on supprime complètement l'article:

1 dans un proverbe ou un dicton.

> Noblesse oblige.
> Pierre qui roule n'amasse pas mousse. (*A rolling stone gathers no moss.*)

2 devant un titre, une adresse, une inscription.

> Grammaire française   6, rue Paradis   Maison à vendre.

3 avec certaines prépositions.

> **en**

> Nous sommes **en** France.   Elle va **en** classe.   Il est **en** bonne santé.

> **avec, sans, comme** et **sous** (si le nom qui suit est abstrait ou indéterminé)

> Les Indiens luttaient **sans** fusils (*guns*), mais **avec** courage.
> Il travaille **comme** secrétaire.
> L'actrice était **sous** contrat avec la MGM.
> **Comme** boisson, prenez du Coca.

4 dans beaucoup d'expressions idiomatiques comme **avoir faim, avoir soif,** etc.

> **faire peur** to scare   **faire attention** to pay attention   **perdre patience** to lose patience

5 dans une énumération, pour la vivacité de l'expression.

> Vieillards, hommes, femmes, enfants, tous voulaient le voir.
> Ils sortent tout: tire-bouchon, bac à glaçons, ouvre-boîtes.

6 après **de** entre deux noms, si le deuxième nom est indéterminé.

> la classe **de** français   un livre **de** poche

7 avec le verbe **parler** et un nom de langue.

> Il **parle** français, elle **parle** chinois.

Exercice

F.   Mettez l'article qui convient, ou mettez un X s'il ne faut pas d'article.

1. _____ docteur Nault habite _____ rue Rachel. 2. _____ premier janvier est _____ date importante. 3. Je vais aller _____ marché _____ samedi. 4. Elle a perdu _____ courage. 5. Aimez-vous _____ classe de français? 6. Tu parles _____ chinois? 7. Sur _____ monuments publics, en _____ France, on lit: _____ Liberté, _____ Egalité, _____ Fraternité. 8. On fait du ski dans _____ Alpes. 9. _____ mont Blanc est la plus haute montagne d'Europe. 10. Il est sorti sans _____ chapeau, sans _____ parole. 11. Que prenez-vous comme _____ dessert? 12. Ils se sont levés et ont pris _____ congé. 13. Oh! vous m'avez fait _____ peur. 14. _____ petite Gabrielle a écrit ce livre toute seule. 15. J'aime _____ froid mais je déteste _____ pluie. 16. Il a eu _____ accident parce qu'il roulait à 150 kilomètres à _____ heure. 17. J'ai trouvé des oranges à deux francs _____ kilo. 18. Elle a tout perdu dans l'incendie: _____ maison, _____ meubles, _____ papiers personnels, _____ souvenirs, _____ vêtements, _____ photos, etc. 19. _____ président Lincoln est un des grands hommes de _____ histoire américaine. 20. Où habitez-vous? —J'habite _____ rue de Paris.

Transformation de l'article en *de*

On met **de** à la place de **un, une, des, du, de la, de l'** dans les cas suivants:

1 dans une phrase négative.

> Vous avez une piscine?   —Non, je n'ai **pas de** piscine.
> Tu manges des champignons?   —Non, **jamais de** champignons.
> Cette grosse dame mange du pain?   —Non, elle ne mange **plus de** pain.

Exception: On garde l'article avec **ce n'est pas, ce ne sont pas** et **pas un** qui signifie *not one single.*

> Ce **n'est pas du** beurre, c'est de la margarine.
> Je n'ai **pas un** sou.

Attention: Si la négation est partielle, on garde l'article complet.

Je **n'ai pas de l'**argent pour le dépenser à la   (J'ai de l'argent, mais pas pour...)
roulette.
Il **n'a pas une** maison très pratique.   (Il a une maison, mais elle n'est pas pratique.)

2 avec une expression de quantité. Voici les principales expressions de quantité.

a. Certaines sont des *adverbes.*

beaucoup de	*much, many*	**trop de**	*too much, too many*
assez de	*enough*	**peu de**	*little, few*
un peu de	*a few, a little*	**tant de**	*so much, so many*
tellement de	*so much, so many*	**autant de**	*as much, as many*
plus de	*more*	**moins de**	*less*

Il y avait **trop de** sel dans la soupe.
Les Français boivent **beaucoup de** vin.

b. Certaines sont des *noms.*

un bol de	*a bowl of*	**un kilo de**	*a kilo of*
une bouteille de	*a bottle of*	**une tasse de**	*a cup of*
une livre de	*a pound of*	**une tranche de**	*a slice of*
un verre de	*a glass of*	**une boîte de**	*a box (can) of*
un litre de	*a liter of*	**une douzaine de**	*a dozen of*

J'achète **une bouteille de** vin et **une boîte de** gâteaux salés.

c. Certaines sont des *adjectifs.*

plein(e) de, rempli(e) de	*full of, filled with*
couvert(e) de	*covered with*
entouré(e) de	*surrounded by*
garni(e) de, décoré(e) de, orné(e) de	*decorated with*

Les rayons sont **remplis de** bocaux.
La ville est **couverte de** neige.

Mais si le nom qui suit un adjectif de quantité est accompagné d'un adjectif descriptif, on garde l'article indéfini.

La ville est **couverte d'***une* neige épaisse.

3 On garde **de** + l'article entier (**du, de la, de l', des**) dans les expressions suivantes: **bien...** (*much, many*), **encore...** (*some more*), **la moitié...** (*half*), **la plupart...** (*most*).

Marie a **bien de la** chance, mais sa sœur,   *Marie has **much** luck, but her sister, Jeanne, has*
Jeanne, a **bien des** soucis.   ***many** worries.*

Elle veut **encore du** café, **de la** crème.	*She wants **more** coffee, **more** cream.*
Il avait tellement soif qu'il a bu **la moitié de la** bouteille d'eau minérale.	*He was so thirsty that he drank **half of the** bottle of mineral water.*

Remarques:

◆ **Encore un** signifie *one more.*

> Je n'ai vraiment plus faim! —Oh! **encore un** petit gâteau? (*One more cookie?*)

◆ On emploie toujours **la plupart des** avec un nom pluriel et un verbe pluriel, sauf dans l'expression **la plupart du temps.**

La plupart des Américains mangent trop quand ils vont en France.	*Most Americans eat too much when they go to France.*
La plupart du temps il fait très froid en hiver dans la Nouvelle-Angleterre.	*Most of the time it's very cold during the winter in New England.*

Avec un nom singulier, *most (of)* se traduit par **la plus grande partie de.**

La plus grande partie de la population a voté.	*Most of the population voted.*

4 On met **de** à la place de **des** devant un adjectif pluriel qui précède un nom.

des roses rouges	MAIS: **de** jolies roses
des fraises fraîches	MAIS: **de** belles fraises

Cette règle est un peu archaïque; elle appartient à la langue élégante, écrite ou parlée. Plus familièrement, on peut dire **des.**

des jolies roses   **des** belles fraises

Remarques:

◆ Si l'adjectif est long et commence par une voyelle ou un **h** muet, l'emploi de **d'** est obligatoire; **des** est impossible.

> Il prend **d'excellentes** photos avec son appareil.
> Quand je bois trop, je fais **d'horribles** rêves.

◆ On garde **des** devant les noms composés comme *des* **grand(s)-mères,** *des* **après-midi,** ou devant des groupes «fixes» considérés comme des noms composés (*des* **petits pois,** *des* **jeunes gens**); mais à la forme négative on emploie **de.**

> **pas** de grand(s)-mères   **plus de** petits pois

◆ On a toujours **d'** devant **autres,** pluriel de **un autre, une autre.**

> Nous avons un sujet et **d'autres** choses à discuter.

Exercices

G. Mettez l'article qui convient, **un, une, du, de la,** ou **de.**

1. Aimez-vous le cresson? —Non, je ne mange jamais _____ cresson.
2. Ce n'est pas _____ vin, c'est _____ vinaigre.
3. Puisque je suis au régime, je ne prends pas _____ glace.

4. Robert se sent très seul; il n'a pas _____ ami.
5. Il n'a pas _____ grand appartement.
6. Pouvez-vous ouvrir cette bouteille? Je n'ai pas _____ décapsuleur.

H. Dans les phrases suivantes, mettez l'expression de quantité qui convient et changez l'article, si c'est nécessaire.

Modèle: Vous buvez du café.   (une tasse)
*Vous buvez **une tasse de** café.*

1. Dans le paquet, il y avait du champagne.   (deux bouteilles)
2. Ils ont mangé des fruits.   (un compotier)
3. Au marché, nous avons acheté des légumes frais.   (des bocaux)
4. A la fin du repas, on sert des fromages.   (un plateau)
5. Le matin, je vous recommande de boire du jus de fruits.   (un verre)
6. Ils réclament du silence pour écouter les résultats sportifs.   (un peu)
7. Il y a des gâteaux salés pour l'apéritif.   (une boîte)
8. Ces enfants devraient manger des bonbons.   (moins)

I. Refaites les phrases suivantes en introduisant l'expression de quantité ou l'adjectif entre parenthèses et en faisant les changements nécessaires.

1. Elle a pris de la terrine.   (encore)
2. Les Français boivent du vin à leurs repas.   (la plupart)
3. Jérôme a mangé les fruits.   (la moitié)
4. Avez-vous acheté des bouteilles de vin?   (autres)
5. Elle a reçu des notes à son examen.   (excellentes)
6. J'ai acheté des oranges au marché.   (grosses)
7. Ils ont des soucis avec leur chien.   (bien)
8. Avez-vous rencontré des gens au bal?   (jeunes)

Emploi de l'article indéfini avec les noms de nationalité, de religion, de profession

1 A la 3ème personne, on a deux constructions avec le verbe **être** et les noms de nationalité, de religion, de profession:

> le sujet + **être** + le nom sans article

Ketty est martiniquaise.[5]   Elle est martiniquaise.
Ses cousins sont guadeloupéens.   Ils sont guadeloupéens.

> **c'est**
> **ce sont** } + l'article indéfini + le nom

---

[5]En français, on ne met pas de majuscule parce que le mot est un adjectif.

C'est **une** Martiniquaise.   Ce sont **des** Guadeloupéens.

Remarques:

◆ Si l'adjectif **bon** ou **mauvais** qualifie le nom, les constructions sont les mêmes.

Mme Leroy est bonne catholique. (*pas d'article*)
Elle est bonne catholique. (*pas d'article*)
C'est **une** bonne catholique. (*un article*)

◆ Si l'adjectif est autre que **bon** ou **mauvais,** seule la construction avec l'article indéfini est possible.

Mme Diva est **une** chanteuse extraordinaire.   C'est **une** chanteuse extraordinaire.

2 Pour les autres personnes (**je, tu, nous, vous**), on a le choix.

Je suis étudiant. Je suis **un** étudiant.
Je suis bon étudiant. Je suis **un** bon étudiant.

Je suis étudiant répond à la question: **Qu'est-ce que vous faites?**
Je suis un étudiant répond à la question: **Qui êtes-vous?**

Remarque: Le verbe **devenir** suit la même règle que **être:**

Il est devenu avocat.

Exercices

J. Mettez l'article qui convient, ou mettez un X s'il ne faut pas d'article.

1. Mark Twain est _____ américain. 2. C'est _____ écrivain américain. 3. Jean-Paul était _____ mauvais élève. Il est devenu _____ philosophe. 4. M. Collard est_____ pianiste. C'est _____ pianiste célèbre. 5. Est-ce que tu es _____ bon élève? 6. Camille Claudel était _____ sculpteur. C'était _____ femme sculpteur. 7. Elle était _____ amie de Rodin. 8. Debussy était _____ musicien. 9. M. Nault était à la fois _____ médecin et _____ pharmacien. 10. Ketty est _____ martiniquaise. C'est _____ jeune Martiniquaise qui parle avec un accent charmant. 11. Gabrielle Roy était _____ écrivaine canadienne. 12. Avez-vous entendu parler du docteur Schweitzer? C'était _____ docteur qui soignait les lépreux en Afrique.

K. Dites en français:

1. She is a dancer. 2. She is a remarkable dancer. 3. You are English? 4. No, we are Spanish. 5. My sister is a Protestant. 6. She is a very strict Protestant. 7. I am a good Frenchman. 8. He is a teacher. 9. He is a bad teacher. 10. He is an excellent teacher. 11. They are Jewish (**juif**). 12. She is a Jew from Israel.

Emploi de l'article avec se servir de / avoir besoin de / avoir envie de

L'emploi de l'article avec les noms qui suivent ces expressions est semblable (*similar*) en français et en anglais.

1 **de, d':** Le nom qui suit représente une quantité indéterminée (*noncountable noun*). (En anglais: *some,* ou pas d'article.)

Je **me sers de** beurre pour faire mon gâteau.	*I use butter to make my cake.*
J'ai **besoin d'**argent, de courage.	*I need (**some**) money, (**some**) courage.*
J'ai **envie de** silence.	*I would like to have silence.*

2 **d'un, d'une:** Le nom qui suit représente un seul objet non-identifié. (En anglais: *a, an.*)

Je **me sers d'un** décapsuleur.	*I'm using **a** bottle opener.*
J'ai **besoin d'un** ouvre-boîtes.	*I need **a** can opener.*
J'ai **envie d'un** Coca.	*I feel like (having) **a** Coke.*

3 **du, de la, de l', des:** Le nom qui suit est un objet identifié. (En anglais: *the.*)

Je **me sers de la** table roulante.	*I'm using **the** tea cart.*
J'ai **besoin du** dictionnaire.	*I need **the** dictionary.*
J'ai **envie des** derniers gâteaux secs.	*I want **the** last cookies.*

Exercice

L. Finissez les phrases suivantes. Employez **de, d', d'un, d'une, du, de la, de l'** ou **des.**

1. Pour faire du pain, un boulanger se sert...

   la farine, l'eau, le sel, des machines, un four (*oven*), l'énergie

2. Pour faire la cuisine, ma mère se sert...

   les légumes, la viande, l'huile, le beurre, les casseroles, un four à micro-ondes, une cuisinière à gaz

3. M. Horowitz est un pianiste célèbre; il avait souvent besoin...

   un nouveau piano, un manager, le travail régulier, une salle de concert

4. De quoi avez-vous envie quand il pleut, quand il fait froid? J'ai envie...

   le soleil, la chaleur, les vacances, un bon feu de cheminée

5. De quoi est-ce qu'on a envie quand on voyage au Sahara? On a envie...

   l'eau fraîche, l'ombre, une sieste au bord d'une piscine, un grand verre de Coca

Formules à retenir

Les prépositions à, en, dans

1   La préposition **à** signifie *at* ou *to.*

Elle est **à** la maison.	*She's **at** home.*
Elle va **au** magasin.	*She's going **to** the store.*

2 ▶ **En** signifie *in* ou *to* et s'emploie toujours sans article. **Dans** signifie **à l'intérieur de** (*inside, within*) et s'emploie toujours avec un article.

Nous sommes **en** classe.	*We're **in** class.*
Nous allons **en** classe.	*We're going **to** class.*
On ne fume pas **dans la** classe.	*Smoking is forbidden **in** class.*
Nous sommes **en** ville aujourd'hui et nous retournons **en** ville demain.	*We're **in** town today and we're returning to town tomorrow.*
Nous nous promenons **dans la** ville.	*We're strolling **in** the city.*

Les prépositions *à, en, dans* avec les noms géographiques

1 ▶ Les noms de villes

a. On emploie **à** sans article devant les noms de ville.

à Paris   à Montréal

b. On emploie **au, à la** devant un nom de ville avec un article.

Le Havre	**au** Havre
Le Bourget	**au** Bourget
La Nouvelle-Orléans	**à La** Nouvelle-Orléans

c. On emploie **dans** devant le nom de ville seul avec le sens de **à l'intérieur de** ou si un article et un adjectif précèdent le nom de ville.

Je me suis promené **dans** Paris. J'habite **dans le vieux** Paris.

2 ▶ Les noms de pays

Le choix de la préposition devant les noms de pays dépend du genre du nom (si le nom est masculin ou féminin) (voir l'appendice, p. 480).

a. On emploie **en** (sans article) avec les noms de pays féminins.

en France   **en** Italie

Remarque: Les noms de pays terminés par un **-e** sont tous féminins, sauf **le Mexique.**

b. On emploie **en** (sans article) avec les noms de pays masculins à voyelle initiale.

en Iran   **en** Afghanistan

c. On emploie **au** avec les noms de pays masculins à consonne initiale.

au Maroc   **au** Japon   **au** Portugal   **au** Chili

d. On emploie **aux** avec les noms de pays pluriels.

aux Etats-Unis   **aux** Pays-Bas

3 ▶ Les noms de provinces françaises

a. On emploie **en** devant les noms de provinces féminins, ou les noms de provinces masculins à voyelle initiale.

en Normandie   **en** Bretagne   **en** Anjou

b. On emploie **au** ou **dans le** devant les noms de provinces masculins à consonne initiale.

au Berry   **dans le** Poitou

4 ▶ Les noms d'états américains et de provinces canadiennes

a. On emploie **en** devant les noms d'états américains ou provinces canadiennes féminisés:

la Virginie   **en** Virginie
la Californie   **en** Californie
la Colombie britannique   **en** Colombie britannique

ou **masculinisés** à voyelle initiale.[6]

l'Oregon   **en** Oregon
l'Arizona   **en** Arizona

b. On emploie **au** devant les noms d'états ou de provinces masculinisés à consonne initiale.

le Nevada   **au** Nevada
le Wisconsin   **au** Wisconsin
le Québec   **au** Québec

c. On emploie **dans l'état de** si le nom de l'état est aussi un nom de ville.

dans l'état de New York

Remarque: On peut dire **dans l'état de** avec tous les états américains, et **dans la province de** avec toutes les provinces canadiennes.

en Californie *ou* **dans l'état de** Californie
au Québec *ou* **dans la province de** Québec

5 ▶ Les noms d'îles

a. Certaines îles sont considérées comme des noms de villes et ne prennent pas d'article. La préposition est **à.**

à Cuba   **à** Tahiti

b. Certaines îles sont considérées comme des noms de pays féminins et sont précédés de l'article: **la Corse, la Sicile.** La préposition est **en.**

en Corse   **en** Sicile

c. Certaines îles prennent la préposition **à** devant l'article **la.**

à la Martinique   **à la** Guadeloupe

---

[6]Les états américains en **-ia** sont francisés et féminisés en **-ie.** On dit aussi **la Louisiane.** Les noms d'origine étrangère ou indienne en **-a** gardent le **-a** en français et restent masculins: **le Montana, le Nevada, le Manitoba,** etc.

Exercice

M. Où trouve-t-on les monuments ou les sites suivants? Choisissez la réponse correcte dans la liste donnée et ajoutez la préposition qui convient.

Bretagne	Normandie	Martinique	Pérou	Arizona
Chine	Salzbourg	Honolulu	Mexique	Hollande
Maroc	Portugal	Italie	Ecosse	Japon
Provence	Corse	Québec	Canada	Iran
Angleterre	Espagne	Venise		

1. La ville de Casablanca
2. La tour Penchée de Pise
3. Le monstre du Loch Ness
4. Les pyramides de la Lune et du Soleil
5. Les champs de tulipes et les moulins à vent
6. La Grande Muraille
7. La ville où Mozart est né
8. Le mont Fuji
9. La rivière Saint-Laurent
10. La tour de Londres
11. La ville de Porto
12. Les ruines de Persépolis
13. Le château de Combourg
14. La ville natale de Marcel Pagnol
15. Le Grand Canyon
16. Le château Frontenac
17. La province natale de Napoléon
18. La montagne Pelée
19. Le Machu Picchu
20. La montagne Tête-de-Diamant

La préposition *de* avec les noms géographiques

La préposition **de** signifie *from* quand on l'emploie avec un nom géographique.

1 ▶ Si on utilise **à** ou **en** pour dire *in* ou *to,* on utilise **de** pour dire *from.*

Il va...	Il revient...
à Paris	**de** Paris
à la Guadeloupe	**de la** Guadeloupe
en Italie	**d'**Italie
en Israël	**d'**Israël

2 ▶ Si on utilise **au** pour dire *in* ou *to,* on utilise **du** pour dire *from.*

Il va...	Il revient...
au Texas	**du** Texas
au Mexique	**du** Mexique

3 ▶ Si on utilise **aux** pour dire *in* ou *to,* on utilise **des** pour dire *from.*

Il va...	Il revient...
aux Etats-Unis	**des** Etats-Unis
aux îles Hawaii	**des** îles Hawaii

Exercice

N. D'où viennent ces personnes? Choisissez la réponse correcte dans la liste donnée et ajoutez la préposition qui convient.

Londres   Sicile   Californie   Argentine   Grèce
Russie   Egypte   La Nouvelle-Orléans   Texas   Danemark
Lybie   Viêt-nam   Normandie   Israël   Alabama
France   Lorraine   Suisse   Sénégal   Chili

1. Noureïev
2. Sadate
3. Hô Chi Minh
4. Le président Allende
5. Evita Perón
6. Platon
7. Golda Meir

8. Kadhafi
9. Guillaume Tell
10. Le président Clinton
11. Hans Christian Andersen
12. George Bush
13. La Mafia
14. John Wayne

15. Flaubert
16. Jeanne d'Arc
17. Senghor
18. Louis Armstrong
19. La reine Elizabeth II
20. Gérard Depardieu

Synthèse

Applications

I. **Menus.** Dans les phrases suivantes, mettez l'article qui convient, ou mettez un X s'il ne faut pas d'article.

1. Dans la salade, nous mettons toujours _____ vinaigrette. Marie fait _____ vinaigrette délicieuse. _____ vinaigrette est sur la table.
2. Au marché, j'achète _____ gros canard. Le samedi, nous mangeons toujours _____ canard. Le chat a mangé _____ canard!
3. Comme _____ dessert, nous prenons _____ fraises. N'oublie pas d'acheter _____ fraises! _____ fraises poussent au printemps.
4. Vous allez faire votre marché pour _____ repas d'anniversaire. Qu'est-ce que vous achetez? Qu'est-ce que vous préparez? Votre repas doit inclure _____ hors-d'œuvre, _____ plat principal, _____ salade, _____ dessert.

II. **Chez le docteur.** Vous avez mal au ventre. Le docteur vous demande ce que vous avez mangé la veille.

1. J'ai mangé... (côtes de porc, pommes de terre frites, terrine de canard, pâté, fromages [trois sortes], choux à la crème).
2. Le docteur vous ordonne un petit régime (*diet*). Ne mangez plus... (le beurre, le chocolat). Mangez moins... (la viande, le sucre, le sel)
3. Mangez plus... (les légumes, les fruits)
4. Buvez, ne buvez pas... (le vin, les jus de fruits, l'eau minérale, le lait)

III. Recettes de cuisine. Dans les recettes suivantes, mettez l'article qui convient, ou mettez un X s'il ne faut pas d'article.

1. **La bouillabaisse.** Pour faire une bouillabaisse, il faut _____ poissons, _____ oignons, _____ poireaux (*leeks*), _____ huile d'olive, _____ tomates, _____ basilic (*basil*), _____ ail, _____ pommes de terre, _____ sel, _____ poivre, _____ eau, _____ thym (*m.*)

2. **Un pot-au-feu.** Vous avez acheté au marché deux kilos _____ viande _____ bœuf, et _____ légumes suivants: _____ carottes, _____ navets (*turnips*), _____ poireaux, _____ céleri (*m.*), _____ oignons et _____ bouquet de fines herbes: _____ thym, _____ laurier (*m.*), _____ persil (*m.*). Vous mettez _____ viande, _____ oignon et _____ bouquet dans _____ eau froide. Vous faites bouillir pendant deux heures. Vous ajoutez ensuite _____ légumes. Vous laissez bouillir encore pendant une heure. Vous séparez _____ légumes cuits _____ (*from the*) bouillon et vous servez _____ viande et _____ légumes avec _____ pommes de terre cuites à _____ vapeur (*f.*) (*steamed*). Servez ce plat avec _____ moutarde (*f.*) de Dijon.

IV. Inventaire. Vous avez aidé votre père à nettoyer le garage ou votre grand-mère à ranger son grenier (*attic*). Dites ce que vous avez trouvé, et employez l'article qui convient.

Il était plein... Il y avait beaucoup / peu... Nous avons trouvé... Nous avons jeté... Nous avons gardé...

Suggestions:

vieux vêtements	jouets	journaux	chaise de bébé
vieille bicyclette	phono	radio	pendule
poussière	bouteilles	photos	meubles, etc.

Conversations

1. **Préparatifs de voyage.** Vous préparez un voyage avec un(e) ami(e). Vous allez dans une agence de voyages et vous parlez avec l'employé(e), qui essaie de vous vanter les différentes qualités de certains pays. Imaginez le dialogue et jouez la scène. Que trouve-t-on dans ces pays: le Mexique? le Canada? Hawaii? les Bermudes? l'Égypte? Où va-t-on pour faire du ski? pour se reposer? pour voir des ruines? pour apprendre l'allemand? le français, etc.?

2. **Régime de santé.** On recommande aux Américains de réduire leur consommation de cholestérol, qui cause des problèmes de santé. Quels aliments sont considérés comme dangereux et quels produits sont recommandés pour rester en bonne santé? Suivez-vous ces conseils? Pourquoi ou pourquoi pas?

3. **La cuisine internationale.** Quels restaurants ethniques est-ce qu'il y a dans votre ville? Nommez trois plats que vous aimez en particulier. Nommez les spécialités de plusieurs pays.

4. **Les repas.** Quel est le menu d'un repas de midi en France? Qu'est-ce que vous mangez et buvez le soir à votre dîner? Qu'est-ce que vous ne mangez pas? Qu'est-ce qu'on mange en France? Qu'est-ce qu'on mange et boit en grande quantité?

Traduction

1. I am a Frenchman. I am a real Frenchman. Most Frenchmen do the shopping.   2. But I don't do the shopping because I am lazy.   3. Last Tuesday we needed bread, wine, meat, butter, vegetables.   4. Pauline, my wife, was busy (**occupée**): she was organizing the kitchen and everything was in disorder.   5. I was watching a sports program on television.   6. So (**Alors**) I had no excuse. I had (*passé composé de* **devoir**) to go to the market.   7. Pauline had made a list. I bought most of the things that were on the list.   8. I bought beautiful tomatoes, a dozen eggs, ten pounds of potatoes, red apples at 35 cents a pound, and roses for Pauline at the flower market.   9. I came home and Pauline said: "You forgot the yogurt, you did not buy enough wine, the eggs are not fresh, we have too many potatoes, and where is the milk?   10. I don't need spinach! You did not buy half of the things . . ."

Rédactions

1. **Recettes favorites.** Quelles sont vos deux recettes favorites? Ecrivez une recette pour une personne qui ne compte pas les calories et une recette pour une personne qui a besoin de se mettre au régime.

2. **Un repas mémorable.** Racontez un repas mémorable à une occasion spéciale ou dans un restaurant ethnique.

Chapitre 8

Le comparatif et le superlatif

Vocabulaire

allumage (*m.*) ignition
allumer to switch on
allure (*f.*) speed
clignotant (*m.*) directional light
conducteur (*m.*), **conductrice** (*f.*) driver
conduire to drive
convaincu(e) convinced
déduire to infer
en dedans within
en sécurité safe
erreur (*f.*) mistake
être fonction de to depend on
fléau (*m.*) calamity
grâce à thanks to
lenteur (*f.*) slowness
se méfier de to distrust
menacer to threaten

passer dans le camp to join the side
se payer le luxe to allow oneself
piloté(e) driven
proche near
puissance (*f.*) power
puissant(e) powerful
quant à (*pl.* **quant aux**) as for
rendre justice to give credit
risqué(e) dangerous
rouler to travel (*in a car, train*)
royaume (*m.*) kingdom
souriant(e) smiling
soyez tranquille rest assured
tranquille secure
vitesse (*f.*) speed
volant (*m.*) steering wheel

Vocabulaire supplémentaire

La voiture

accélérer to accelerate
s'arrêter to stop
changement (*m.*) **de vitesse** gear shift
changer de vitesse to switch gears
céder la priorité to yield
ceinture de sécurité (*f.*) safety belt
code (*m.*) highway code
contravention (*f.*) ticket
crever to have a flat tire
démarrer to start
doubler to pass
embrayer to put into gear
essence (*f.*) gas
essuie-glace (*m.*) windshield wiper
faire le plein to fill up
feu (*m.*) **rouge** red light
frein (*m.*) brake
freiner to brake
garagiste (*m.* or *f.*) gas station attendant

(se) garer to pull over, to park
gendarme (*m.*) highway patrol officer
limite (*f.*) **de vitesse** speed limit
mécanicien(-ne) mechanic
moteur (*m.*) motor
panne (*f.*) breakdown
pare-brise (*m.*) windshield
phares (*m. pl.*) headlights
ralentir to slow down
rocade (*f.*) bypass
rond-point (*m.*) traffic circle
station-service (*f.*) gas station
tomber en panne to break down

Divers

avoir confiance en to trust
se confier à to confide in
piéton (-onne) pedestrian
rue (*f.*) **piétonnière** street closed to traffic

La France au volant

Pierre Daninos (1913–) romancier, essayiste, journaliste, est connu pour son humour caustique qu'il utilise pour se moquer gentiment ou férocement° des mœurs° de ses contemporains et pour dénoncer les défauts du monde moderne. Dans *Les Carnets du Major Thompson*, son œuvre la plus célèbre, le Major Thompson, un Anglais marié à une Française, observe avec humour les coutumes° et le comportement illogique des Français qu'il compare à celui de ses compatriotes.

savagely / morals

customs

Préparation à la lecture

Ce texte présente deux phénomènes culturels intéressants. Tout d'abord, l'auteur suggère que les Français conduisent très vite et ignorent les règles de la prudence. Les statistiques le prouvent et le nombre d'accidents de voiture le confirme. Beaucoup d'accrochages° et d'accidents mortels ne peuvent être évités parce que certains Français indisciplinés ne respectent pas le code de la route et dépassent les limites de vitesse indiquées. D'autre part, on découvre que les conducteurs fautifs sont souvent en état d'ivresse° avant de prendre le volant. Les autorités publiques ont fait pourtant de gros efforts pour dissuader les conducteurs de boire et de conduire en même temps. Un slogan publicitaire, par exemple, dit: «Un verre ça va, trois, bonjour les dégâts!»° En cas d'accident la répression est sévère et va jusqu'au retrait du permis de conduire.° Et contrairement à ce qu'on peut croire, ce ne sont pas les conducteurs de voiture les plus puissantes qui conduisent le plus vite...

minor collisions

en état... drunk

Un verre... One glass is OK. Three means trouble! / **retrait...** withdrawal of the driving license

Le deuxième aspect culturel que ce texte souligne est l'opinion répandue que les femmes sont moins bonnes conductrices que les hommes. Beaucoup de Français ont tendance à croire que même si elles conduisent moins vite elles conduisent plus mal: «Elles hésitent avant de tourner, et se trompent de signal; elles allument le clignotant gauche pour tourner à droite.» (Le mot **flou**° décrit une attitude sans consistance, sans fermeté.)

vagueness

Il faut se méfier des Français en général, mais sur la route en particulier.

Pour un Anglais qui arrive en France, il est indispensable de savoir qu'il existe deux sortes de Français: les à-pied° et les en-voiture.° Les à-pied exècrent° les en-voiture, et les en-voiture terrorisent les à-pied, les premiers passant° instantanément dans le camp des seconds si on leur met un volant entre les mains...

pedestrians / people in cars / hate

joining

Les Anglais conduisent plutôt mal, mais prudemment. Les Français conduisent plutôt bien, mais follement. La proportion des accidents est à

5

peu près la même dans les deux pays. Mais je me sens plus tranquille avec
des gens qui font mal des choses bien qu'avec ceux qui font bien de mauvaises choses.

Les Anglais (et les Américains) sont depuis longtemps convaincus que
la voiture va moins vite que l'avion. Les Français (et la plupart des Latins)
semblent encore vouloir prouver le contraire...

On pourrait croire que l'appétit de vitesse du Français est fonction de
la puissance de sa voiture. Erreur. Plus la voiture est petite, plus l'homme
veut aller vite. En ce royaume du paradoxe, les automobiles les moins dan-
gereuses sont les plus puissantes, leurs conducteurs, blasés°, étant° les   indifferent / being
seuls qui se paient le luxe de rouler plutôt «en dedans de leurs possibi-
lités°» et d'aller plus vite que tout le monde sans pousser.   limits

Quant aux Françaises, il faut leur rendre cette justice: elles conduisent
plus lentement que les hommes. Un Anglais pourrait donc, en toute
logique, se croire plus en sécurité avec elles. Nouvelle erreur. Dans un pays
où tout le monde va vite, cette lenteur constitue le plus terrible des dangers. Si l'on y ajoute un certain «flou» dans l'allure, et ce charmant esprit
d'indécision grâce auquel on peut déduire de l'allumage d'un clignotant
gauche qu'une conductrice va tourner à droite (encore n'est-ce pas tout à
fait sûr), on concevra° que rien n'est plus risqué que d'être piloté par une   will imagine
femme.°   **être...** to have a woman driver

Il existe cependant un super-danger dans ce pays, où, comme dans
beaucoup d'autres, tant de femmes ne savent ni conduire, ni fumer: ce sont
celles qui conduisent en fumant.

Le plus sûr, si par malheur ce souriant fléau vous menace sur la route,
est de se faire arrêter° à la ville la plus proche et de prendre le train.   **se...** to have the car stopped

Questions sur la lecture

1. Pourquoi est-ce qu'il faut se méfier des Français sur la route?
2. Comparez la façon de conduire des Anglais et des Français.
3. Que font les Français qui ont de puissantes voitures? Pourquoi est-ce un paradoxe?
4. Pourquoi est-ce plus risqué d'être piloté par une Française que par un Français?
5. Selon Daninos, qu'est-ce que ça veut dire quand une conductrice allume son clignotant de gauche?
6. Qu'est-ce que Daninos appelle un «fléau»?
7. Comment est-il préférable de voyager en France?
8. Analysez l'humour de Daninos.

Questions personnelles

1. Savez-vous conduire? Etes-vous en train d'apprendre? Qui vous apprend (Qui vous a appris) à conduire? un de vos parents? un(e)

ami(e)? un moniteur (une monitrice) au lycée? Sur quelle voiture apprenez-vous ou avez-vous appris?

2. Aimez-vous conduire? Conduisez-vous prudemment? Quelles sont les règles du code les plus importantes?

3. Que pensez-vous de la critique de Daninos sur la façon dont les femmes conduisent? Etes-vous d'accord? Comment est-ce dans votre pays? Quelles autres opinions sexistes entendez-vous parfois exprimées autour de vous?

Le comparatif et le superlatif

La comparaison

La comparaison peut exprimer l'égalité (**aussi ... que, autant ... que**), la supériorité (**plus ... que**) ou l'infériorité (**moins ... que**).

L'égalité

Aussi ... que (*as . . . as*) / **autant ... que** (*as much as, as many . . . as*)

1 On exprime la comparaison d'égalité par **aussi ... que** placé autour d'un adjectif ou d'un adverbe. L'adjectif s'accorde avec le nom qu'il qualifie.

Michelle est **aussi** intelligente **que** sa sœur.	*Michelle is **as** intelligent **as** her sister.*
Mon professeur parle **aussi** lentement **que** vous.	*My teacher speaks **as** slowly **as** you do.*

2 On emploie **autant que** (pas séparés) après un verbe et **autant de ... que** autour d'un nom.

Je travaille **autant que** vous.	*I work **as much as** you do.*
Elle a **autant de** travail **que** vous.	*She has **as much** work **as** you.*

Remarques:

◆　Le deuxième mot de la comparaison est toujours **que**.

◆　Le pronom qui suit **que** est le pronom disjoint: **moi, toi, lui, elle, nous, vous, eux, elles** (voir p. 219). Le verbe n'est pas répété.

Joseph mange **autant que** toi.	*Joseph eats **as much as** you.*
Suzanne est **aussi** paresseuse **que** lui.	*Suzanne is **as lazy as** he is.*

◆　Avec un verbe de forme composée, on peut placer **autant** après le participe passé ou entre l'auxiliaire et le participe passé.

　　Il a voyagé **autant que** vous.　　OU　　Il a **autant** voyagé **que** vous.

◆ Les deux formules **aussi ... que** et **autant ... que** peuvent devenir **si ... que** et **tant ... que** après une négation. On a le choix.

<table>
<tr><td>Jeanne n'est pas **aussi** intelligente **que** sa sœur.</td><td>Jeanne n'est pas **si** intelligente **que** sa sœur.</td></tr>
<tr><td>Je ne travaille pas **autant que** vous.</td><td>Je ne travaille pas **tant que** vous.</td></tr>
</table>

Voici un tableau des constructions d'égalité.

$$
\begin{array}{l}
\left.\begin{array}{l}\textbf{aussi} \\ \textbf{pas si}\end{array}\right\} + adjectif \text{ ou } adverbe + \textbf{que} \\[2em]
verbe + \left\{\begin{array}{l}\textbf{autant que} \\ \textbf{pas tant que}\end{array}\right. \\[2em]
\left.\begin{array}{l}\textbf{autant de} \\ \textbf{pas tant de}\end{array}\right\} + nom + \textbf{que}
\end{array}
$$

La supériorité / l'infériorité

Plus ... que (*more* [ou *adjective* en *-er*] . . . *than* / **moins ... que** (*less* [ou *fewer*] . . . *than*)

1 On exprime la comparaison de supériorité ou d'infériorité par **plus ... que** ou **moins ... que** placés autour d'un adjectif ou d'un adverbe.

Céline est **plus** âgée **que** Caroline.   Pierre est **moins** courageux **que** son frère.
Elle parle **plus** lentement **que** toi.   Il court **moins** vite **que** nous.

2 On emploie **plus que, moins que** (pas séparés) après un verbe.

Jeanne travaille **plus que** sa sœur.   Pierre dort **moins que** son frère.

3 On emploie **plus de ... (que), moins de ... (que)** autour d'un nom. Il n'y a pas d'article devant le nom.

Le professeur a **plus de** travail **que** les étudiants.   Les étudiants ont **moins de** courage **que** le professeur.

4 On emploie **plus de, moins de,** sans **que** devant un nombre ou un nom de quantité.

Elle a **plus de** mille dollars à la banque.   Vous mettez **moins** d'une livre de beurre dans ce gâteau.

Remarques:
◆ Dans une expression précédée d'un nombre, la supériorité s'exprime par **de plus que, de plus;** l'infériorité par **de moins que, de moins.**

Mon frère a deux ans **de plus que** moi.   *My brother is two years **older** than I.*
J'ai gagné cent dollars **de moins.**   *I earned a hundred dollars **less.***

◆ Le mot **davantage** peut remplacer **plus,** mais seulement quand il est placé à la fin d'une phrase ou d'une proposition. On ne dit pas **davantage que.**

> Il faut travailler **davantage.**
>
> Nous travaillons **davantage** quand nous avons des examens.

◆ On peut renforcer **plus** et **moins** par un adverbe, **bien** ou **beaucoup: bien plus, bien moins, beaucoup plus, beaucoup moins.**

> Les fromages sont **bien plus** nombreux en France qu'aux Etats-Unis.
>
> Ils sont aussi **beaucoup** moins chers.

Voici un tableau des constructions avec **plus** et **moins.**

$$
verbe + \begin{cases}
\left.\begin{array}{l}\textbf{plus}\\\textbf{moins}\end{array}\right\} + \textit{adjectif}\ \text{ou}\ \textit{adverbe} + \textbf{que}\\[2ex]
\left.\begin{array}{l}\textbf{plus que}\\\textbf{moins que}\end{array}\right\} + \textit{nom}\ \text{ou}\ \textit{pronom}\\[2ex]
\left.\begin{array}{l}\textbf{plus de}\\\textbf{moins de}\end{array}\right\} + \textit{nom} + \textbf{que}\\[2ex]
\left.\begin{array}{l}\textbf{plus de}\\\textbf{moins de}\end{array}\right\} + \textit{nombre}
\end{cases}
$$

5 meilleur

L'adjectif **bon** a un comparatif irrégulier.

	masc.	*fém.*
sing.	**meilleur**	**meilleure**
pl.	**meilleurs**	**meilleures**

Attention: Pour indiquer l'égalité et l'infériorité on emploie **aussi bon** et **moins bon.**

> Le fromage de gruyère est-il **meilleur que** le fromage de Hollande?
>
> Non, il est **moins bon.** Non, il est **aussi bon.**

6 mieux

L'adverbe **bien** a un comparatif irrégulier: **mieux.**

> Victoire nage **mieux que** Frédérique.

Pour indiquer l'égalité et l'infériorité, on emploie **aussi bien** et **moins bien.**

> Elle skie **aussi bien** que Justine, mais elle joue au tennis **moins bien** que Jérôme.

7 moindre / plus petit

L'adjectif **petit** a un comparatif irrégulier, **moindre,** et un comparatif régulier, **plus petit.** On emploie **moindre** dans des situations abstraites; on emploie **plus petit** dans des situations concrètes.

> La gymnastique a une **moindre** importance en France **qu'**aux Etats-Unis.   (*abstrait*)
> Une Renault est **plus petite qu'**une Cadillac.   (*concret*)

Pour indiquer l'égalité et l'infériorité on emploie **aussi petit** et **moins petit.**

8 pire / plus mauvais

L'adjectif **mauvais** a un comparatif irrégulier, **pire,** et un comparatif régulier, **plus mauvais.**

> La situation mondiale est **pire que** l'année dernière.
> Le sel est-il **plus mauvais** pour la santé **que** le sucre?

On emploie de préférence **pire** pour les situations abstraites et **plus mauvais** pour les situations concrètes, mais souvent les deux expressions sont interchangeables.

> Le sel est-il **pire que** le sucre pour la santé?

Pour indiquer l'égalité et l'infériorité, on emploie **aussi mauvais** et **moins mauvais.**

Remarques:

◆ **Pire** est souvent le contraire de **mieux.**

> — Est-ce que c'est **mieux** d'être riche et malheureux ou pauvre et heureux?
> — C'est **pire** d'être riche et malheureux.

◆ Le contraire de **tant mieux** (*so much the better, that's good*) est **tant pis** (*so much the worse, too bad*).

Voici un tableau des constructions de **bon, bien, mauvais** et **petit.**

	Supériorité	*Egalité*	*Infériorité*
bon	meilleur	aussi bon	moins bon
bien	mieux	aussi bien	moins bien
mauvais	pire / plus mauvais	aussi mauvais	moins mauvais
petit	moindre / plus petit	aussi petit	moins petit

Exercices

A. Faites des phrases exprimant l'égalité avec le vocabulaire donné en suivant les modèles.

Modèle: J'ai … de l'argent / Paul
            *J'ai **autant d'argent** que Paul.*

J'ai …

1. du travail / Julia
2. de l'essence / Rosalie
3. de la chance / vous
4. des amis / mon frère

Modèle: Tu es … intelligent / je
            *Tu es **aussi** intelligent **que** moi.*

Tu es …

5. travailleur / ta sœur
6. souriant / Pauline
7. fidèle / ton frère
8. original / Picasso

Modèle: Elle conduit … vite / vous
            *Elle conduit **aussi** vite **que** vous.*

Elle conduit …

9. prudemment / tu
10. follement / il
11. bien / je
12. lentement / ils

Modèle: il travaille / je
            *Il travaille **autant que** moi.*

13. vous avez mangé / il
14. il ne dort pas / elle
15. je ne buvais pas / tu
16. nous n'avons pas couru / ils

B. Faites des phrases exprimant l'égalité avec le vocabulaire donné.

Modèles: Les femmes conduisent / bien / les hommes.
            *Les femmes conduisent **aussi bien que** les hommes.*

            Ce yaourt contient / calories / une glace.
            *Ce yaourt contient **autant de** calories **qu'**une glace.*

1. Est-ce que les Américains conduisent / vite / les Français?
2. Les voitures italiennes sont / populaires / les voitures japonaises?
3. Je me sens / tranquille avec vous / avec un champion de course.
4. Je crois que le train est / pratique / la voiture.
5. Vous avez / temps libre / nous?
6. La France exporte / blé / le Canada?
7. Le candidat écologique n'a pas eu / voix (*votes*) / M. Chirac.
8. Les voyages en avion ne coûtent pas / cher / les voyages en bateau.

C. Faites des phrases exprimant la supériorité ou l'infériorité avec le vocabulaire indiqué.

Modèle: Les voitures américaines sont / grandes / les voitures françaises.
            *Les voitures américaines sont **plus grandes que** les voitures françaises.*

1. La voiture est / rapide / le train.
2. Le train est / pratique / la voiture.
3. Ce jeune homme conduit à / 100 kilomètres à l'heure.
4. Les autoroutes sont / nombreuses aux Etats-Unis / en Europe.
5. Les Américains conduisent / vite / les Français.
6. Ce bâtiment mesure / 500 mètres de hauteur.
7. Il y a / oranges en Israël / au Canada.
8. La musique de chambre fait / bruit / la musique de cirque.
9. Ma grand-mère est encore jeune: elle a / 50 ans.
10. Son frère est petit: il fait / 1 m 40.

D. Faites des phrases exprimant des comparaisons avec le vocabulaire donné.

> *Modèle:*   Le vin français / être bon / le vin chinois.
> *Le vin français est **meilleur que** le vin chinois.*

1. Le président de la France / gouverner / bien / le président des Etats-Unis.
2. Le beurre / être bon / la margarine, mais la margarine / bonne / la crème.
3. Vous êtes blonde: le bleu vous / aller / bien / le jaune.
4. Le poulet / être bon / la dinde.
5. Une Renault / marcher / bien / une Citroën.
6. Etre professeur, est-ce / bien / être ouvrier? —Non, c'est / bien.
7. Cette année, la récolte des pommes / bonne / l'an dernier.

E. Faites des phrases exprimant des comparaisons.

> *Modèle:*   La France / petit / le Texas.
> *La France est **plus petite que** le Texas.*

1. Une Honda / être petit / une Cadillac.
2. La grippe de Hong Kong / être mauvais / un simple rhume.
3. Laissez tomber les détails de / petit / importance.
4. L'inaction / être mauvais / l'exercice pour la santé.
5. Etre seul quand on est vieux, est-ce / être mauvais / quand on est jeune?

Le superlatif

Le superlatif est formé ainsi:

l'article défini + l'adverbe de comparaison + l'adjectif
le, la, les   **plus, moins**

le **plus** beau   la **moins** belle
les **moins** riches   les **plus** grandes

1 Si l'adjectif précède le nom, l'ordre des mots reste le même.

Est-ce que Versailles est **le plus beau** château de France?

2 Si l'adjectif est placé après le nom, il faut répéter l'article défini devant l'adjectif.

> **Les** tomates *les* **plus rouges** sont aussi *les* **plus chères.**

3 L'adjectif possessif peut remplacer l'article qui précède le nom, mais on garde l'article devant l'adjectif qui suit le nom.

> Elle a mis **son plus beau** chapeau.
> Je vais vous montrer mes photos **les plus réussies.**

4 Le complément du superlatif est toujours introduit par la prépositon **de** (*in, of*). **De** se contracte avec **le** et avec **les: du, des.**

> C'est le plus grand château **de** France.
> Miss America est la plus belle fille **des** Etats-Unis, mais pas **du** monde.

5 Le superlatif peut aussi affecter (*apply to*) un verbe et un nom. Dans ce cas, on emploie **le plus** ou **le moins** avec un verbe et **le plus de** ou **le moins de** avec un nom. Cette construction se trouve le plus souvent avec l'expression d'insistance **c'est ... qui, c'est à ... que.**

> C'est Jacqueline qui mange **le plus.**   *It's Jacqueline who eats **the most.***
> C'est Pierre qui a **le plus de** courage.   *It's Pierre who has **the most** courage.*
> C'est à Robert que nous avons donné **le**   *It's Robert to whom we gave **the least** amount of*
> **moins d'**argent.   *money.*

6 le meilleur

L'adjectif **bon** a un superlatif irrégulier.

	masc.	*fém.*
sing.	**meilleur**	**meilleure**
pl.	**meilleurs**	**meilleures**

> **Les meilleures** voitures viennent-elles du Japon?

7 le mieux

Le superlatif de l'adverbe **bien** est **le mieux, la mieux.** Le contraire est **le moins bien.**

> C'est elle qui travaille **le mieux.**   C'est elle qui est **la mieux préparée.**
> Pierre est l'étudiant qui comprend **le moins bien.**

8 le plus petit / le moindre

L'adjectif **petit** a deux superlatifs: **le plus petit, le moindre.** On emploie **le plus petit** dans des situations concrètes et **le moindre** dans des situations abstraites.

> Georges est **le plus petit** des trois frères.   (*concret*)
> Je n'ai pas **la moindre** idée de ce qui se passe.   (*abstrait*)

9 **le plus mauvais** / **le pire**

L'adjectif **mauvais** a deux superlatifs: **le plus mauvais, le pire.** On emploie **le plus mauvais** dans des situations concrètes et **le pire** dans des situations abstraites.

> Vous n'êtes pas **le plus mauvais** élève.   (*concret*)
> Dans **les pires** circonstances, elle garde son calme.   (*abstrait*)

10 On appelle superlatif absolu un adjectif ou un adverbe modifié par **très, bien, remarquablement, extrêmement.**

> Vous êtes **très** fatigué.   Il conduit **extrêmement** vite.

Attention: Certains adjectifs ne sont jamais utilisés avec ces adverbes.

excellent	merveilleux
extraordinaire	sensationnel
formidable	terrible
magnifique	

Mais ou peut employer **tout à fait, vraiment** avec **extraordinaire, sensationnel.** On peut aussi ajouter les préfixes **archi-, extra-, hyper-, super-, ultra-,** devant un adjectif.

> Son père est **archi-conservateur.**   De la poudre **extra-fine.**   C'est un enfant **hyper-nerveux.**

Remarque: Dans la conversation les préfixes **extra-** et **super-** sont devenus des adjectifs avec le sens de **extraordinaire** ou **excellent.**

> Ce gâteau est **extra.**   J'ai vu un film **super.**

11 Voici des expressions idiomatiques.

le plus vite possible	as fast as possible
faire de son mieux	to do one's best

12 Pour l'emploi du subjonctif après le superlatif, voir p. 359.

Exercices

F. Faites des phrases au superlatif avec le vocabulaire donné. (Attention à la contraction de **de** avec l'article.)

1. Le fromage français est / bon / le monde.
2. Est-ce que les Américains construisent les voitures / rapides / l'industrie automobile?
3. Les vêtements / élégants / France / sont fabriqués à Paris.
4. Los Angeles est / grande ville / les Etats-Unis.
5. Est-ce que le Manitoba est / province froide / le Canada?
6. Le poulet est / produit cher / le supermarché.
7. Quel est le monument / vieux / le Québec?

8. C'est à Robert que j'ai écrit / des lettres.
9. Est-ce le blé ou le maïs qui est la culture / importante / la Saskatchewan?
10. Ce marchand vend les fruits / bon / le marché.

G. Traduisez les phrases suivantes.

1. Philippe is the one who speaks the best. 2. Francine is the one who sings the best.
3. What time is it? —I don't have the slightest idea. 4. Answer this letter ASAP. 5. If you meet a black cat, expect (**s'attendre à**) the worst catastrophies. 6. I like Madonna's songs. They are super! 7. Robert does not lend his most expensive books. 8. Hurry up! —I am doing my best. 9. I am extremely tired.

H. Refaites ces phrases au superlatif avec un adverbe ou avec un préfixe comme **archi-, super-, hyper-, ultra-** ou **extra-**.

1. Les nobles étaient *royalistes*. 2. Vous êtes *gentils*. 3. Nous sommes *prudents* quand nous conduisons. 4. Il y a un exercice de diction française qui dit: «Les chaussettes de l'archiduchesse sont-elles *sèches...* » 5. Cet enfant est surdoué, *intelligent*. 6. Nous ne mangeons que du beurre *fin*.

Formules à retenir

L'identité, la différence, la proportion

1 ➤ **le même ... que / la même ... que** (*the same as*)

L'article change. L'adjectif s'accorde.

> Ils ont **la même** voiture et **les mêmes** problèmes **que** nous.

2 ➤ **comme** (*like / as*)

Comme est suivi d'un nom ou d'une proposition entière.

> Elle mange **comme** un oiseau.
> Vous allez faire **comme** je vous l'ai dit.

3 ➤ **différent de** (*different from*)

L'adjectif **différent** s'accorde; le mot qui suit est toujours **de, du** ou **des**.

> Cette émission n'est pas **différente des** autres.

4▶ **de plus en plus** (*more and more*) / **de moins en moins** (*less and less*)

Le groupe précède l'adjectif.

> Cette leçon devient **de plus en plus** difficile et **de moins en moins** claire.

5▶ **plus ... plus** (*the more . . . the more*) / **moins ... moins** (*the less . . . the less*) / **plus ... moins** (*the more . . . the less*) / **moins ... plus** (*the less . . . the more*)

On emploie **plus, moins** sans article au début de la phrase.

> **Plus** elle mange, **plus** elle a faim.   **Moins** vous travaillez, **moins** vous gagnez.

On met le nom après le verbe, avec la préposition **de;** il n'y a pas d'article.

> **Plus** on a d'enfants, **plus** on a de soucis.

Exercices

I. Faites des phrases avec l'expression comparative entre parenthèses et le vocabulaire suggéré. Suivez le modèle.

> *Modèle:* (le même ... que)
> Elle a acheté / les sandales / moi.
> *Elle a acheté **les mêmes** sandales **que** moi.*

1. (le même ... que) Son fils est né / à l'heure / ma fille.
   En France, les étudiants n'ont pas / les vacances / en Amérique.
2. (différent de) Le prix du lait entier / le prix du lait écrémé (*skim milk*).
   Mes notes du premier trimestre (*quarter*) / mes notes du deuxième trimestre.
3. (comme) Vous parlez / un livre.
   Leur voyage ne s'est pas passé / ils l'avaient espéré.

J. Modifiez les phrases suivantes avec les expressions **de plus en plus** ou **de moins en moins.**

1. Cette jeune fille devient jolie et timide.
2. Vous êtes fatigué et patient.
3. Le climat devient froid dans le nord.
4. Nos voisins deviennent aimables.

K. Modifiez les phrases suivantes avec **plus ... plus, moins ... moins, plus ... moins, moins ... plus.**

1. On voyage vers le sud. Le climat est chaud.
2. Elle mange. Elle maigrit.
3. Vous vous énervez. Vous avez des chances d'échapper à une crise cardiaque.
4. Tu travailles. Tu as de mauvaises notes.

La préférence

1 ▶ **plutôt / plutôt que / plutôt que de**

    a. **Plutôt** signifie *rather.*

        Cette jeune fille a une imagination **plutôt** romanesque (*romantic*).

    b. **Plutôt que, plutôt que de** signifient *rather than.* On emploie **plutôt que** devant un nom; on emploie **plutôt que de** devant un infinitif. Souvent on combine **préférer** avec **plutôt que** et **plutôt que de.**

        Nous allons acheter une voiture américaine **plutôt qu'**une voiture étrangère.
        Cette année ils sont restés aux Etats-Unis **plutôt que de** voyager en Europe.
        Nous préférons acheter une voiture américaine **plutôt qu'**une voiture étrangère.

2 ▶ **aimer mieux**

    Aimer mieux signifie **préférer.**

        J'**aime mieux** les pays chauds que les pays froids.

    Si **aimer mieux** est suivi d'un verbe à l'infinitif, la deuxième partie de la comparaison commence par **... que de** ou **... plutôt que de.**

        Catherine **aime mieux se reposer** le dimanche **que d'**aller faire du sport.
        Elle **aime mieux se reposer** le dimanche **plutôt que d'**aller faire du sport.

Exercices

  L. Refaites les phrases suivantes avec **plutôt que** ou **plutôt que de** et les groupes entre parenthèses.

    1. Elle reste à la maison. (aller se promener)
    2. Nous mangeons de la viande. (du poisson)
    3. Ils choisissent de travailler sur un ordinateur. (une machine à écrire)
    4. Elle voyagera en été. (au printemps)
    5. J'écoute de la musique classique. (du jazz)

  M. Faites des phrases avec le vocabulaire suggéré en employant la formule **aimer mieux ... que de** ou **aimer mieux ... plutôt que de.**

    1. Pauline / faire du cinéma / nettoyer sa maison.
    2. Raoul / jouer du jazz / faire des gammes (*scales*) au piano.
    3. Nous / payer en liquide (*cash*) / accumuler des dettes sur nos cartes de crédit.
    4. Ces jeunes gens / conduire une voiture de sport / aller à bicyclette.
    5. Marguerite / lire un bon livre / sortir avec un garçon ennuyeux.

Les expressions *conduire* / *aller en voiture* / *marcher* / *aller à pied*

1 Le verbe *to drive* se dit **conduire** si le verbe est modifié par un adverbe de manière, un complément de lieu ou un objet direct.

> Les Français **conduisent** vite.
> > En été, on **conduit** sur des routes encombrées.
> > Elle **conduit** sa petite Citroën.

2 Le verbe *to drive* se dit **aller en voiture** si le verbe est accompagné d'un complément de destination.

> > Ils **vont** à Paris **en voiture**.

3 Le verbe *to walk* se dit **marcher** avec un adverbe ou un complément de lieu et **aller à pied** avec un complément de destination.

> Tu **marches** lentement.   MAIS: Je **vais à pied** à l'université.
> Nous **marchons** dans la forêt.

Exercice

N. Faites des phrases avec le verbe qui convient.

She drives . . .

1. un camion
2. trop vite
3. du nord au sud de la France

4. une Peugeot
5. au supermarché tous les jours
6. ses enfants à l'école

You walk . . .

7. à l'école
8. dans le parc pour te reposer
9. au bureau de tabac

10. lentement
11. avec ton chien
12. sur la plage

Synthèse

Applications

I. Vivre en France ou aux Etats-Unis? Vous avez la possibilité de choisir si vous allez vivre aux Etats-Unis ou en France. Comparez les avantages de la vie dans chaque pays. Puis donnez votre opinion.

> *Modèle:* Je me demande si / la vie est agréable
> > *Je me demande si la vie est **plus agréable** aux Etats-Unis **qu'**en France.*
> > *Je trouve que la vie est **plus agréable** en France.*

Je me demande si...   Je trouve que...

1. les gens sont accueillants, simples	7. les écoles sont strictes
2. les gens conduisent vite	8. il y a des universités
3. on mange bien	9. on a construit des bibliothèques
4. il y a de la variété dans les menus	10. les problèmes politiques sont nombreux
5. il y a des marchés en plein air	11. il y a du chômage
6. les vêtements sont chers	12. on sait bien s'amuser

II.   Avec qui se marier? Françoise a trois amoureux. Elle veut se marier. Lequel de ses amoureux va-t-elle choisir? Elle pense à eux et les compare. Utilisez **très / énormément; plus / moins; aussi / autant** dans les phrases suivantes.

Modèle: jaloux: Serge / Jean-Luc / Gilbert
             *Serge est **très** jaloux. Jean-Luc est **moins** (**plus**) jaloux que Gilbert.*

1. travailleur	5. les enfants
2. beau	6. est en bonne santé
3. fidèle	7. a de l'ambition
4. fait bien la cuisine	8. me rendra heureuse

III.   Mme Grossous est immensément riche. Elle n'achète que ce qui est de qualité supérieure. Faites des phrases en suivant le modèle.

Modèle: Elle porte des diamants / les bijoux chers.
             *Elle porte des diamants parce que ce sont les bijoux **les plus chers.***

1. Elle mange du caviar / la nourriture / rare.
2. Elle porte des robes de chez Yves Saint Laurent / les vêtements / chic.
3. Elle conduit une Rolls / la voiture / élégante.
4. Elle voyage en Concorde / l'avion rapide / confortable.
5. Elle habite sur la Côte d'Azur / la région / recherchée par les gens riches.
6. Elle a un château / le type d'habitation / luxueux.
7. Elle s'embête à mourir / elle est la personne / stupide / le monde.

IV.   Enquête. Vous voulez connaître les goûts d'un(e) ami(e). Vous lui posez des questions en suivant le modèle et vous écrivez ses réponses.

Modèle: livre / bon / lire
             —*Quel est le meilleur livre que tu as lu? —Le meilleur livre que j'ai lu, c'est...*

1. film / original / effrayant / voir
2. être / la nourriture / délicieux
3. la mode / excentrique / connaître
4. la boisson / rafraîchissant / aimer boire
5. la philosophie / trouver / dynamique
6. l'injustice / révoltant

7. la personne / intelligent / rencontrer
8. le souhait (*wish*) / ardent

V. Un voyage horrible. Complétez le texte suivant avec un mot ou une expression du vocabulaire indiqué.

faire mieux	le pare-brise	dépanner	se garer
extrêmement tôt	une station-service	tomber en panne	le feu rouge
la plus mauvaise	un mécanicien	un gendarme	la lenteur
démarrer	mettre sa ceinture de sécurité	crever	allumer
faire le plein	freiner	céder la priorité	se payer le luxe
mettre son clignotant	à toute allure	se rentrer dedans	accrocher
une contravention	la limite de vitesse	redémarrer	

Jean-Paul est parti un matin, _____. Il a eu du mal à _____ parce que le _____ était froid et parce qu'il achète de l'essence de _____ qualité. Il avait grand peur de _____.

En entrant sur l'autoroute, il a oublié de _____ et il a presque _____ une autre voiture qui roulait _____ et ne respectait pas _____. Les deux voitures se sont presque _____. Une troisième voiture a projeté de la boue (*mud*) sur le _____ et Jean-Paul ne pouvait plus voir la route. Il a dû _____ et _____ sur le côté. Un peu plus tard, il _____ et il a fallu changer le pneu. En colère et pressé, Jean-Paul a _____, mais un gendarme l'a arrêté et lui a donné _____ parce qu'il avait oublié de mettre _____.

La prochaine fois, Jean-Paul _____ de prendre le train.

Conversations

1. **Les records.** Cherchez dans le *Guinness Book of Records* des exemples de supériorité. Combien d'années a vécu le chat le plus vieux du monde? Combien pèse la personne la plus grosse? Faites un concours de l'événement le plus extraordinaire.

2. **La «championnite».** Le monde est atteint d'une nouvelle maladie—la «championnite». Il faut, pour se sentir bien, exceller dans un domaine. Que pensez-vous de cette attitude? Peut-on être heureux sans avoir de succès, sans dépasser les autres? Organisez un débat.

3. **L'alcool.** Comment réduire les accidents dûs à l'état d'ivresse (*drunkenness*)? Faut-il changer les lois? Faut-il augmenter les amendes (*fines*)? Doit-on retirer le permis de conduire pour longtemps, pour toujours?

Traduction

1. Let's drive to this small restaurant in the country. 2. All right, I'll take the wheel. 3. No, no, I want to drive. I feel more secure when I drive. 4. Fine, but drive carefully. 5. A car is certainly faster than the bus. 6. I like my small French car. It is not as powerful as an American car, but it has its possibilities. 7. I must say that today you are driving more slowly than usual. 8. Did you see that man in front of me? He turned on his left turn signal and then he turned to the right! 9. Really, it is dangerous, but less dangerous than you, when you light a cig-

arette while driving. Eh, why are you stopping?   10. My friend, if you think I am a bad driver, why don't you go to the nearest station and catch a train?   11. I apologize. You drive better than anybody (**n'importe qui**). You are the best driver in the world . . . Are we farther from the restaurant or from the train station?

Rédactions

1. **Une nouvelle voiture.** Vous désirez acheter une nouvelle voiture. Vous allez dans plusieurs garages ou halls d'exposition de voitures et vous comparez les voitures que vous vante le marchand. Laquelle est la plus économique, laquelle va le plus vite, laquelle a le plus de possibilités et laquelle achetez-vous?

2. **Permis de conduire.** Vous apprenez à conduire. Racontez votre première leçon.

Chapitre 9

La négation

Vocabulaire

allumette (*f.*) match
à mon tour for my part
assurer to insure
avertir to warn, notify
bien entendu of course
briller to shine
brûler to burn
ça ne marche pas it does not work
ça ne vous regarde pas it's none of your business
casque (*m.*) helmet
cave (*f.*) cellar
cheminée (*f.*) chimney; fireplace
confondre une chose avec une autre to take something for something else
de quoi s'agit-il? what is it about?
des fois sometimes
désolé(e) sorry
se disputer to argue
s'énerver to get excited
en somme in brief
entendre sonner to hear (*a bell*) ring

éteindre to extinguish, put out
étrange odd
fâché(e) angry
faire de la peine (à qqn) to hurt (someone's) feelings
grave serious
grenier (*m.*) attic
incendie (*m.*) fire, blaze
inondation (*f.*) flood
mêler to involve
mettre (deux personnes) d'accord to get (two people) to agree
nier to deny
pompier (*m.*) firefighter
pour rire for a joke
prétendre to claim
rapporter to be profitable
rendre service to do a favor
sentir le roussi (le brûlé) to smell something burning
tous les deux both
tout de suite just now

Vocabulaire supplémentaire

L' incendie

Au feu! Fire!
Au secours Help!
bouche (*f.*) **d'incendie** fire hydrant
briquet (*m.*) cigarette lighter
détecteur (*m.*) **de fumée** smoke detector
échelle (*f.*) ladder
enfumer to fill with smoke
extincteur (*m.*) extinguisher
flamme (*f.*) flame
fumée (*f.*) smoke
police (*f.*) **d'assurance** insurance policy

pyromane (*m.*) pyromaniac
sauver to save
sirène (*f.*) alarm
voiture (*f.*) **de pompiers** fire engine

Divers

donner congé
limoger
mettre à la porte } to fire
renvoyer
étranger (*m.*) male foreigner; foreign country
étrangère (*f.*) female foreigner

Jamais personne ou toujours quelqu'un?

Eugène Ionesco (1912–1994), est né en Roumanie d'un père roumain et d'une mère française. Il passe une partie de sa jeunesse entre la France et son pays natal qu'il quitte définitivement avec la menace du fascisme. Il s'installe à Paris et se consacre au théâtre. Ses pièces font scandale, en partie parce que Ionesco défie les conventions du théâtre traditionnel. Il refuse le théâtre engagé[1] et accepte pour seules règles celles de son univers imaginaire. Dans ses «anti-pièces» Ionesco montre ce paradoxe que le langage ne facilite pas la communication mais qu'il est au contraire la cause d'une incommunicabilité inquiétante. Ionesco est un des grands initiateurs du nouveau théâtre d'avant-garde. Il était membre de l'Académie française.

Préparation à la lecture

L'Académie française a été fondée en 1634; elle est formée d'écrivains célèbres qui, après une longue carrière de succès littéraires, sont élus par leurs pairs°. Les académiciens, qui portent un uniforme pour les céré-   peers
monies officielles, se réunissent pour codifier la langue française, publier un dictionnaire et décider quelles règles de grammaire, orthographe, syntaxe et prononciation doivent être simplifiées ou gardées. Chaque année, l'Académie octroie° un prix littéraire.   grants

Le passage ci-dessous est un extrait de *La Cantatrice chauve.* C'est une des premières pièces à succès de Ionesco — écrite en 1950 —, qui lui a été inspirée par les phrases absurdes d'un manuel scolaire de conversation anglaise. Avec humour, l'auteur met en scène des personnages interchangeables comme les Smith et les Martin, ou ambigus comme Marie et le pompier, ou même absents comme la mystérieuse cantatrice chauve. Tout en conservant leur sérieux, les personnages conversent logiquement mais échangent des paroles banales ou vides de sens.

Dans l'extrait suivant, M. et Mme Martin sont en visite chez M. et Mme Smith. On sonne à la porte. M. et Mme Smith se disputent. M. Smith affirme: «Quand on sonne à la porte, c'est qu'il y a quelqu'un.» «Non, répond Mme Smith, l'expérience nous apprend que lorsqu'on sonne à la porte, il n'y a jamais personne.» Finalement M. Smith va ouvrir la porte et le capitaine des pompiers entre.

---

[1]Use of theater to convey a political, moral, or philosophical message.

Scène VIII

LES MEMES,[2] *LE CAPITAINE DES POMPIERS*

Lᴇ ᴘᴏᴍᴘɪᴇʀ (*il a, bien entendu, un énorme casque qui brille et un uniforme*): Bonjour, Mesdames et Messieurs. (*Les gens sont encore un peu étonnés. Mme Smith, fâchée, tourne la tête et ne répond pas à son salut.*) Bonjour, Madame Smith, vous avez l'air fâché.

5　Mme Sᴍɪᴛʜ: Oh!

M. Sᴍɪᴛʜ: C'est que,° voyez-vous... ma femme est un peu humiliée de ne　　　**C'est...** It's because
pas avoir eu raison.

M. Mᴀʀᴛɪɴ: Il y a eu, Monsieur le Capitaine des Pompiers, une contro-
verse entre Madame et Monsieur Smith.

10　Mme Sᴍɪᴛʜ (*à M. Martin*): Ça ne vous regarde pas! (*à M. Smith*) Je te prie
de ne pas mêler les étrangers à nos querelles familiales.

M. Sᴍɪᴛʜ: Oh, chérie, ce n'est pas bien grave.

Lᴇ ᴘᴏᴍᴘɪᴇʀ: Enfin, de quoi s'agit-il?

Mme Sᴍɪᴛʜ: Mon mari prétendait...

15　M. Sᴍɪᴛʜ: Non, c'est toi qui prétendais.

M. Mᴀʀᴛɪɴ: Oui, c'est elle.

Mme Mᴀʀᴛɪɴ: Non, c'est lui.

Lᴇ ᴘᴏᴍᴘɪᴇʀ: Ne vous énervez pas. Racontez-moi ça, Madame Smith.

Mme Sᴍɪᴛʜ: Eh bien, voilà... On se disputait parce que mon mari disait
20　que lorsqu'on entend sonner à la porte, il y a toujours quelqu'un.

M. Mᴀʀᴛɪɴ: La chose est plausible.

Mme Sᴍɪᴛʜ: Et moi, je disais que chaque fois que l'on sonne, c'est qu'il n'y
a personne.

Mme Mᴀʀᴛɪɴ: La chose peut paraître étrange.

25　Mme Sᴍɪᴛʜ: Mais elle est prouvée, non point° par des démonstrations　　　not
théoriques, mais par des faits.

M. Sᴍɪᴛʜ: C'est faux, puisque le pompier est là. Il a sonné, j'ai ouvert, il
était là.

Mme Mᴀʀᴛɪɴ: Quand?

30　M. Mᴀʀᴛɪɴ: Mais tout de suite.

Mme Sᴍɪᴛʜ: Oui, mais ce n'est qu'après avoir entendu sonner une quatrième fois que l'on a trouvé quelqu'un.[3] Et la quatrième fois ne
compte pas.

Mme Mᴀʀᴛɪɴ: Toujours. Il n'y a que les trois premières° qui comptent.　　　**les trois...** the first three

35　M. Sᴍɪᴛʜ: Monsieur le Capitaine, laissez-moi vous poser, à mon tour,
quelques questions.

---

[2]**Les mêmes:** les mêmes personnages que dans la scène précédente—M. et Mme Smith, M.
et Mme Martin.
[3]**ce n'est ... quelqu'un** It's only after hearing the bell ring a fourth time that we found
somebody.

LE POMPIER: Allez-y.°   Go ahead.

M. SMITH: Quand j'ai ouvert et que° je vous ai vu, c'était bien vous qui   when
aviez sonné?

40 LE POMPIER: Oui, c'était moi.

M. SMITH: Mais quand on a ouvert, on ne vous a pas vu.

LE POMPIER: C'est parce que je me suis caché... pour rire.

Mme SMITH: Ne riez pas, Monsieur le Capitaine. L'affaire est trop triste.

M. MARTIN: En somme, nous ne savons toujours pas si, lorsqu'on sonne à
45 la porte, il y a quelqu'un ou non!

MME SMITH: Jamais personne.

M. SMITH: Toujours quelqu'un.

LE POMPIER: Je vais vous mettre d'accord. Vous avez un peu raison tous
les deux. Lorsqu'on sonne à la porte, des fois il y a quelqu'un,
50 d'autres fois il n'y a personne.

M. MARTIN: Ça me paraît logique.

Mme SMITH: Et qu'est-ce qu'il y a pour votre service,° Monsieur le   Et... How can I help
Capitaine?   you?

LE POMPIER: Eh bien, voilà. Est-ce qu'il y a le feu chez vous?

55 Mme SMITH: Pourquoi nous demandez-vous ça?

LE POMPIER: C'est parce que... excusez-moi, j'ai l'ordre d'éteindre tous les
incendies dans la ville.

Mme MARTIN: Tous?

LE POMPIER: Oui, tous.

60 Mme SMITH (*confuse*): Je ne sais pas... je ne crois pas, voulez-vous que   voulez-vous... do you
j'aille voir?°   want me to go and
see? / sniffling /
M. SMITH (*reniflant*°): Il ne doit rien y avoir. Ça ne sent pas le roussi.   **Vous...** (*cond.*) You
would not have
LE POMPIER (*désolé*): Rien du tout? Vous n'auriez pas° un petit feu de
cheminée, quelque chose qui brûle dans le grenier ou dans la cave?
65 Un petit début d'incendie, au moins?

Mme SMITH: Ecoutez, je ne veux pas vous faire de la peine, mais je pense
qu'il n'y a rien chez nous pour le moment. Je vous promets de vous
avertir dès qu'il y aura quelque chose.°   **dès...** as soon as something happens /
LE POMPIER: N'y manquez pas,° vous me rendriez service.°   **N'y...** Be sure to do
so / **vous...** (*cond.*)
70 Mme SMITH: C'est promis.   you would be doing
me a favor
LE POMPIER (*aux époux Martin*): Et chez vous, ça ne brûle pas non plus?

Mme MARTIN: Non, malheureusement.

M. MARTIN (*au Pompier*): Les affaires vont plutôt mal,° en ce moment!   **Les affaires...** Things are
going rather badly /
LE POMPIER: Très mal. Il n'y a presque rien, quelques bricoles,° une che-   unimportant things /
75 minée, une grange.° Rien de sérieux. Ça ne rapporte pas.   barn

M. SMITH: Rien ne va. C'est partout pareil. Le commerce, l'agriculture,
cette année c'est comme pour le feu,° ça ne marche pas.   **c'est...** it's like with the
fire / wheat
M. MARTIN: Pas de blé,° pas de feu.

LE POMPIER: Pas d'inondation non plus.

80 Mme SMITH: Mais il y a du sucre.

Questions sur la lecture

1. Qui sont les personnages de cette scène? Pourquoi est-ce que Mme Smith est fâchée?
2. Résumez le sujet de la querelle. Que disait M. Smith? Que disait Mme Smith?
3. Pourquoi est-ce qu'on n'a pas vu le pompier quand on a ouvert la porte?
4. Quelle est l'explication du pompier, pour mettre M. Smith et Mme Smith d'accord?
5. Quel ordre a le pompier? Comment sait-on qu'il n'y a pas le feu chez M. Smith?
6. Les affaires vont plutôt mal pour le pompier. Qu'est-ce qui ne marche pas? De quoi se plaint-il? Est-ce que la comparaison avec le monde des affaires est logique?
7. De quelle catastrophe est-ce que le pompier s'occupe?
8. L'humour noir consiste à dire des choses amusantes sur des situations macabres. Résumez les exemples d'humour noir que contient ce texte.

Questions personnelles

1. Comment un incendie peut-il se produire? Avez-vous jamais, par accident, causé un incendie? Si oui, comment le feu a-t-il pris et comment l'avez-vous éteint? Sinon, quelles précautions prenez-vous pour éviter un incendie?
2. Est-ce que vous vous disputez quelquefois avec vos amis ou votre famille, seulement pour le plaisir de vous disputer? Sur des sujets sérieux (la politique, la religion)? ou sur des sujets moins sérieux? Est-ce que vous vous fâchez pendant la discussion ou non?
3. Pour la fête de «Halloween», les enfants — et les grandes personnes— exorcisent leurs terreurs en se déguisant en monstres, sorcières, fantômes (*ghosts*). C'est souvent une forme d'humour noir. Décrivez le costume le plus effrayant. Connaissez-vous d'autres exemples d'humour noir ou absurde dans la littérature? le cinéma? les arts?
4. Trouvez des exemples de phrases stéréotypées, qu'on emploie dans une conversation banale.

La négation

La négation en français est toujours en deux parties — **ne** et un autre mot. Il faut employer **ne** dans tous les cas.

Il **ne** fume **pas,** il **ne** boit **jamais,** il n'a **aucun** vice.

Formes

Voici la liste des expressions négatives les plus courantes.

ne ... pas, ne ... point	négation simple
ne ... personne	négation de **quelqu'un, tous**
ne ... rien	négation de **quelque chose, tout**
ne ... jamais	négation de **quelquefois, toujours** (*always*)
ne ... plus	négation de **encore, toujours** (*still*)
ne ... pas encore	négation de **déjà**
ne ... aucun	
ne ... pas un	négation de **un**, ou **tous les**
ne ... nul	
ne ... guère	négation de **beaucoup, très**
ne ... ni ... ni	négation de **et ... et, ou ... ou**

Emplois

1 **ne ... pas / ne ... point** (*not*)

a. Ces deux négations ont le même sens. **Ne ... pas** est l'expression la plus courante. **Ne ... point** est employée dans la langue littéraire.

b. La négation **ne ... pas** entoure le verbe à la forme simple. A un temps composé, la négation entoure l'auxiliaire. Le participe passé est placé après **pas.**

Je **ne** comprends **pas.**   Je **n'**ai **pas** compris.

A l'infinitif **ne** et **pas** ne sont pas séparés.

Il est désolé de **ne pas** comprendre.
Vous avez honte de **ne pas** avoir répondu.

Remarque: Dans la langue littéraire on peut dire: de **n'**avoir **pas** répondu.

c. Dans la langue littéraire on emploie **ne** sans **pas**, avec les verbes suivants: **oser, savoir, cesser, pouvoir.**

Je **ne sais** s'ils viendront.   Il **ne cesse** de pleuvoir.
Elle **n'ose** parler.   Vous **ne pouvez** comprendre.

d. Dans la langue courante on trouve **pas** sans **ne.**

J'ai **pas** faim.   Ils ont **pas** compris.

Remarque: Quand il y a des pronoms objets, **ne** précède tous ces pronoms.

Je **ne** leur en ai pas parlé.

2 **ne ... personne** (*nobody, anybody*)

- **a.** **Personne** est la négation de **quelqu'un, tout le monde. Personne** a plusieurs fonctions.

Sujet	**Personne** ne lui fait peur.
Objet direct	Nous n'entendons **personne.**
Objet indirect	Elle ne parle **à personne.**
Objet de prép.	Tu ne sors **avec personne.**

- **b.** A un temps composé, **personne** est placé après le participe passé.

  Vous **n'**avez rencontré **personne.**

  A l'infinitif **ne** et **personne** sont séparés.

  Je suis triste de **ne** voir **personne.**

- **c.** **Personne,** sans **ne,** peut être employé dans une réponse elliptique et après la préposition **sans.**

  Qui a téléphoné? —**Personne.**
  Elle va au café seule, **sans personne.**

Attention! On ne combine pas **pas** et **personne.**

3 **ne ... rien** (*nothing, anything*)

- **a.** **Rien** est la négation de **quelque chose, tout. Rien** a plusieurs fonctions:

Sujet	**Rien** ne l'intéresse.
Objet direct	Elle ne mange **rien.**
Objet de prép.	Vous ne pensez **à rien.**

- **b.** Aux temps composés, **ne ... rien** entoure l'auxiliaire. Le participe passé se place après **rien.**

  Vous **n'**avez **rien** compris.

  A l'infinitif, **ne** et **rien** ne sont pas séparés.

  Je suis triste de **ne rien** entendre.

- **c.** **Rien,** sans **ne,** peut être employé dans une réponse elliptique et après la préposition **sans.**

  Qu'est-ce que vous avez dit? —**Rien!**
  Il est sorti **sans rien** dire.

- **d.** Quand **rien** est suivi d'un adjectif, au passé on a le choix entre deux constructions:

  Je **n'**ai **rien** vu **d'**intéressant.   Je **n'**ai vu **rien d'**intéressant.

Attention! On ne combine pas **pas** et **rien.**

4 **ne ... jamais** (*never*)

- **a.** **Jamais** est la négation de **quelquefois, une fois, toujours** (*always*), **souvent. Jamais** est un adverbe (il n'est ni sujet, ni objet).

b. **Ne ... jamais** entoure le verbe aux temps simples, l'auxiliaire aux temps composés.

Il **ne** mange **jamais** de tripes.   Il **n'**a **jamais** mangé de tripes.

A l'infinitif, **ne** et **jamais** ne sont pas séparés.

Je suis triste de **ne jamais** voyager.

c. **Jamais,** sans **ne,** peut se trouver dans une réponse elliptique et après la préposition **sans.**

Est-ce qu'elle a trompé son mari? —**Jamais.**
Ils ont vécu ensemble trente ans **sans jamais** s'ennuyer.

Jamais, sans **ne,** a le sens positif de *ever.*

Avez-vous **jamais** vu une si jolie femme?

d. Si **jamais** commence la phrase, on emploie **ne** devant le verbe. Il n'y a pas d'inversion du sujet et du verbe comme en anglais.

Jamais le printemps **n'**avait été plus chaud.

5 **ne ... plus** (*no more, no longer*)

a. **Ne ... plus** est la négation de **encore, toujours** (*still*).

Je **ne** veux **plus** de gâteaux.   Elle **ne** sourit **plus.**

b. **Ne ... plus** entoure le verbe aux temps simples, et l'auxiliaire aux temps composés.

Tu **ne** comprends **plus.**   Vous **n'**avez **plus** dormi après cinq heures?

A l'infinitif, **ne** et **plus** ne sont pas séparés.

Claude est heureux de **ne plus** fumer.

Remarque: La négation de **aussi** est **non plus ne ... pas.**

Elle aussi conduit vite?   Elle **non plus ne** conduit **pas** vite.

6 **ne ... pas encore** (*not yet*)

a. C'est la négation de **déjà.**

Il **n'**a **pas encore** l'âge de conduire.

b. **Ne ... pas encore** entoure le verbe aux temps simples; aux temps composés on place **pas encore** entre l'auxiliaire et le participe passé.

Il **n'**a **pas encore** appris à conduire.

A l'infinitif, **ne pas encore** ne sont pas séparés.

Je suis surpris de **ne pas encore** avoir reçu sa lettre.

c. On emploie **pas encore,** sans **ne,** dans une réponse elliptique.

Tu es prêt? —**Pas encore.**

7 **ne ... aucun(e), ne ... pas un** (*not one, not one single*)

a. Ces expressions sont la négation de **un, des, les, tous les, quelques, plusieurs.**

b. Ces deux expressions entourent le verbe aux temps simples. Aux temps composés, **aucun** est placé après le participe. **Pas** et **un** sont séparés et entourent le participe passé. Avec **aucun**, on n'emploie pas d'article.

Elle **n'**a **aucun** ami.   Elle **n'**a **pas un** seul ami.
Je **n'**ai vu **aucun** bon film.   Je **n'**ai **pas** vu **un** bon film.

c. **Aucun** peut être adjectif ou pronom. Son féminin est **aucune**. Si **aucun** est pronom, il est accompagné de **en**, sauf s'il est sujet.

Il **n'**y a **aucune** raison de se faire du souci. (*adj.*)
Il **n'**y **en** a **aucune**. (*pronom objet, avec* **en**)
Aucun de mes amis **ne** me comprend. (*pronom sujet, sans* **en**)
Aucun ne me comprend. (*pronom sujet, pas* **en**)

d. On emploie **aucun** seul dans une réponse elliptique, ou avec la préposition **sans**.

Tu as des devoirs à faire? —**Aucun.**   L'avion a atterri **sans aucun** problème.

8 **ne ... nul / nulle** (*fém.*) (*not one, not one single*)

a. Cette expression est surtout employée dans la langue littéraire, un peu pompeuse, comme pronom ou adjectif.

Nul n'est prophète en son pays.   Je **n'**ai **nulle** envie de vous voir.

b. Dans la langue courante, **nul** apparaît dans l'expression **ne ... nulle part**, contraire de **quelque part, partout**. A un temps composé, **nulle part** est placé après le participe passé.

J'ai cherché mon portefeuille et je **ne** l'ai trouvé **nulle part**.

9 **ne ... guère** (*not . . . too, not . . . much or many*)

C'est la négation de **très, beaucoup**. C'est une expression de langue littéraire et on peut la remplacer par **pas très, pas beaucoup**.

Elle **n'**est **guère** patiente avec ses enfants.   Vous **n'**avez **guère** de courage.

Dans la langue courante, on emploie souvent la négation **ne ... pas ... grand-chose**, qui signifie **pas beaucoup de choses**.

Elle **ne** mange **pas grand-chose**.   Je **n'**ai **pas** compris **grand-chose**.
Il **ne** pensait **pas** à **grand-chose**.   Tu **n'**as **pas** besoin de **grand-chose**.

Remarque: **Pas grand-chose** est l'objet direct du verbe. On emploie cette expression avec un verbe qui a un objet direct (**manger, entendre, comprendre, voir**), un objet indirect (**penser à**) ou un objet de préposition (**avoir besoin de**).

10 **ne ... ni ... ni** (*neither . . . nor*)

a. C'est la négation de **ou ... ou, et ... et**. On peut trouver cette expression avec:

Des sujets	**Ni** Pierre **ni** Paul **ne** lui parlent.
Des objets directs	Il **n'**aime **ni** les oranges **ni** les bananes.
Des objets indirects	Il **ne** parle **ni** à Pierre **ni** à Paul.

b. L'article partitif disparaît après **ni.**

Il boit **du** thé et **du** café.   Il **ne** boit **ni** thé **ni** café.

c. L'article défini reste après **ni.**

Il aime **le** thé et **le** café.   Il **n**'aime **ni le** thé **ni le** café.

d. *Neither do I* se traduit **moi non plus** ou **ni moi non plus.**

■ *Tableau-résumé:*
Place des mots négatifs les plus courants

aux temps simples	*aux temps composés*	*à l'infinitif*
		Je suis désolé(e):
je **ne** vois **pas**	je **n**'ai **pas** vu	de **ne pas** voir
je **ne** voyais **rien**	je **n**'avais **rien** vu	de **ne rien** voir
je **ne** vois **jamais**	je **n**'ai **jamais** vu	de **ne jamais** voir
je **ne** vois **plus**	je **n**'ai **plus** vu	de **ne plus** voir
je **ne** voyais **personne**	je **n**'avais vu **personne**	de **ne** voir **personne**
je **ne** vois **aucun**...	je **n**'ai vu **aucun**...	de **ne** voir **aucun**...
je **ne** vois **rien** de...	je **n**'ai vu **rien** de...	de **ne** voir **rien** de...
	je **n**'ai **rien** vu de...	de **ne rien** voir de...

Exercices ....

A. Refaites les phrases suivantes en mettant les mots en italique à la forme négative.

1. Rachel et sa mère se disputent *toujours.*
2. Vous confondez *tout.*
3. Le pompier *a éteint* l'incendie chez les Martin.
4. Elles rencontrent *quelqu'un* dans la rue.
5. Mon ami est sorti sans emporter *quelque chose.*
6. Qui vous a prévenue? —*Quelqu'un.*
7. Nous nous sommes revus *une fois.*
8. Je suis content *d'avoir pris* cette assurance.
9. Vous avez entendu? —*Oui, tout.*
10. Il est *déjà* arrivé.
11. Elle veut *encore* du chocolat.
12. Nous avons tort de *toujours* nous énerver.
13. *Vous aussi* vous avez entendu sonner?
14. Ils ont *beaucoup de* vieilles choses dans leur grenier.
15. Il y a eu *une seule* inondation.

B. Vous êtes très déprimé(e); vous voyez tout en noir. Répondez à vos amis en employant la négation entre parenthèses.

1. Avez-vous des amis?   (aucun)
2. Allez-vous quelque part ce week-end?   (nulle part)

     3. Etes-vous pressé(e) de partir?   (guère)
     4. Ecrivez-vous à votre famille?   (jamais)
     5. Faites-vous un voyage en Italie ou en Espagne cet été?   (ni ... ni)
     6. Voyez-vous quelque chose d'intéressant dans ce livre?   (pas grand-chose)
     7. Fumez-vous?   (ne plus)
     8. Avez-vous consulté un psychiatre?   (pas encore)
     9. Une thérapie peut peut-être vous soulager?   (aucun)
    10. Etes-vous sûr(e) de comprendre?   (rien)
    11. Pouvons-nous vous aider?   (guère)
    12. Avez-vous des enfants, des relations dans la région?   (ni ... ni)
    13. Sortez-vous?   (plus)
    14. Lisez-vous le journal?   (ne aucun)

Négations combinées

Voici les combinaisons possibles entre **personne, rien, jamais, aucun, plus.**

rien personne	**Ne** dites **rien** à **personne.** *Don't say anything to anybody.*
jamais personne	Il **ne** voit **jamais personne.** *He never sees anybody.*
jamais rien	Il **ne** mange **jamais rien.** *He never eats anything.*
plus rien	Je **ne** dis **plus rien.** *I no longer say anything.*
plus personne	Je **ne** vois **plus personne.** *I don't see anyone anymore.*
jamais aucun	Il **n'**a **jamais aucun** ami. *He never has a friend.*
jamais plus **plus jamais**	Je **ne** vous vois **jamais plus.** Je **ne** vous vois **plus jamais.** *I never see you anymore.*
jamais plus rien	Elle **ne** dit **jamais plus rien.** *She doesn't say anything anymore.*
jamais plus personne	Je **ne** vois **jamais plus personne.** *I no longer see anyone.*
jamais plus aucun	Je **ne** vois **jamais plus aucun** ami. *I no longer see any friends.*
jamais plus rien ... personne	Je **ne** vais **jamais plus rien** dire à **personne.** *I shall never say anything to anyone again.*

Exercice ....

C. Refaites les phrases suivantes avec le vocabulaire et les négations suggérées.

1. Marius est une personne très discrète. Il / dire / rien / personne.
2. Comme les chameaux qui traversent le désert, elle / boire / rien / jamais.
3. Tu es vraiment perdu. Tu / comprendre / plus / rien.
4. La guerre a séparé les deux amis. Ils / se voir / jamais / plus.
5. Autrefois, tu m'aidais à faire le ménage. Maintenant tu / faire / jamais / plus / rien.
6. Christine a changé d'attitude. Elle / téléphoner / jamais / personne / plus.
7. Arrêtez de parler! Vous / écouter / jamais / personne.
8. Ces parents ont eu de la chance avec leurs enfants. Ils / avoir des problèmes / jamais / aucun.
9. Josette a perdu tout ce qu'elle avait. Elle / donner / jamais / plus / rien / personne.
10. Gabriel a appris qu'il était diabétique. Après cela, il / manger un bonbon / jamais / plus / aucun.

Formules à retenir

....

 quelqu'un, personne, quelque chose, rien + de + adjectif

Quand ces quatre expressions sont employées avec un adjectif, il faut avoir **de** entre l'expression et l'adjectif. L'adjectif est toujours au masculin.

C'est **quelqu'un de fort.**   Vous dites **quelque chose de vrai.**

Je n'ai rencontré **personne d'intéressant.**   Elle n'a acheté **rien de cher.**

Remarque: Quand une **personne,** une **chose** sont employés comme noms, on n'ajoute pas **de,** et l'adjectif est au féminin.

Voilà une personne intéressant**e.**   Elle achète des choses chèr**es.**

Exercices ....

D. Répétez chaque adjectif avec **quelqu'un de, personne de, une personne.**

1. sportif   3. charmant   5. intelligent
2. courageux   4. fort   6. chic

E. Répétez chaque adjectif avec **quelque chose de, une chose, rien de.**

1. positif   2. important   3. gris   4. évident   5. douteux

2 ▶ **ne ... que / seulement** (*only*)

Ne ... que n'est pas une négation. C'est une expression de restriction. Elle entoure le verbe simple ou le verbe composé. On garde l'article complet.

Je **ne** bois **que** de l'eau.   Je **n'**ai lu **qu'**une page.

a. *Only* se traduit par **ne ... que** ou **seulement** dans les cas suivants:

◆ quand il modifie un nom objet direct.

I like only milk.   Je **n'**aime **que** le lait.
Je **n'**aime **que** le lait.
J'aime **seulement** le lait.

◆ quand il modifie un objet indirect.

He talks only to Pierre.   Il **ne** parle **qu'** à Pierre.
Il parle **seulement** à Pierre.

◆ quand il modifie un objet de préposition.

She sleeps only with tranquilizers.   Elle **ne** dort **qu'**avec des tranquillisants.
Elle dort **seulement** avec des tranquillisants.

◆ quand il modifie un infinitif objet avec **à** ou **de**.

He thinks only of having fun.   Il **ne** pense **qu'**à s'amuser.
Il pense **seulement** à s'amuser.

I ask you only to read this.   Je **ne** vous demande **que** de lire cela.
Je vous demande **seulement** de lire cela.

◆ quand il modifie un groupe de mots qui commence par une conjonction autre que la conjonction **que**.

She sings only if one begs her to.   Elle **ne** chante **que** si on la supplie.
Elle chante **seulement** si on la supplie.

b. *Only* se traduit par **seulement** dans les cas suivants (**ne ... que** est impossible):

◆ si la conjonction est **que**.

I want you only to be a little more brave.   Je voudrais **seulement** que tu sois un peu
plus courageux.

◆ avec un sujet sans verbe dans une phrase elliptique.

Qui a compris?—**Seulement** Pierre.

c. *Only* se traduit par **seul** (**seule**) avec un sujet dans une phrase complète. **Seul** peut être placé avant ou après le nom.

Seul Gérard (*ou* Gérard **seul**) a compris.   **Seule** Jeanne (*ou* Jeanne **seule**) est venue.

Exercice

F. Faites des phrases avec le vocabulaire suggéré, et les groupes restrictifs: **ne ... que, seulement** ou **seul**.

Modèle: Le docteur lui défend de boire de l'alcool. Il / boire / l'eau.
*Il **ne** boit **que** de l'eau.*

1. Julie déteste presque tous les légumes. Elle / manger / des carottes.
2. Nous ignorons les autres langues. Nous / parler / français.

3. Véronique déteste les bars enfumés (*smoky bars*). Elle / danser / quand le bal est en plein air.
4. Mes grands-parents souffrent de la chaleur. Ils / se promener / le soir.
5. Des étrangers ne peuvent pas comprendre. Des amis / pouvoir écrire une telle lettre.
6. Mes cousins ne prennent pas l'apéritif pendant la semaine. Ils / prendre l'apéritif / le dimanche.
7. Ce chien est très timide. Il / obéir / à son maître.
8. Le patron a mis tous les employés à la porte?—Non, Jacques.
9. Aucun pays n'avait les moyens d'aider la France et l'Angleterre à gagner la guerre. Les Américains / pouvoir les aider.
10. Je vous demande peu de choses. Je vous demande / de me rendre ce service.
11. Ces personnes ont eu de la chance. Elles / perdre / des choses sans valeur dans l'incendie.
12. Les amateurs de cigare n'allument pas leur cigare avec un briquet. Ils / allumer un cigare / avec une allumette.

3 ▶ n'avoir qu'à / il n'y a qu'à

L'expression **n'avoir qu'à** + un infinitif s'emploie avec un sujet personnel.

> Tu **n**'as **qu'à** demander à Fanny.   *All you need to do is ask Fanny.*

Avec un sujet impersonnel, **il n'y a qu'à** signifie *the only* (ou *the best*) *thing to do is . . .*

> **Il n'y a qu'à** appeler la police.   *The only* (ou *the best*) *thing to do is to call the police.*

Dans la conversation familière, **tu n'as qu'à** est souvent contracté et prononcé **t'as qu'à** /taka/; **il n'y a qu'à** est contracté et prononcé **y a qu'à** /jaka/.

Exercice

G. Dites avec l'expression **n'avoir qu'à** ou **il n'y a qu'à** ce que ces personnes devraient faire (*ought to do*). Suivez le modèle.

Modèle: Tu as faim? (manger)
       *Tu **n**'as **qu'à** manger.*

1. Vous avez soif?   (boire un grand verre d'eau)
2. Ces étudiants sont fatigués de prendre l'autobus?   (aller à bicyclette)
3. Ils toussent.   (arrêter de fumer)
4. Cette jeune fille se trouve trop grosse?   (manger moins de gâteaux)
5. Tu veux me parler demain?   (téléphoner de bonne heure)
6. Il y a un incendie?   (appeler les pompiers)
7. Le directeur n'est pas content de sa secrétaire.   (la renvoyer)

4 ▶ il s'agit de (*it is about*)

a.   Cette expression est toujours impersonnelle. Si en anglais on a un nom sujet pour *is about*, en français il faut utiliser **dans** + le nom devant le verbe impersonnel.

Dans cette histoire, **il s'agit d'**un
pompier qui éteint un incendie.

This story is about a firefighter who extinguishes a fire.

b. La question se formule ainsi: **De quoi s'agit-il?** (*What is it about?*)

5 Expressions avec **rien**

Ça ne fait rien ⎫ **Ce n'est rien.** ⎭	*It does not matter.*
C'est tout ou rien.	*It's all or nothing.*
C'est trois fois rien.	*It's of no importance.*
(Je vous remercie.) —**De rien!**	*Don't mention it!*
Rien à faire!	*Nothing doing! Nothing can be done about it!*
Bon(ne) à rien	*Good-for-nothing*

Exercice

H. Dites en français:

1. This scene is about two couples who are arguing. 2. What is this novel about? 3. It is about war and peace. 4. This book is about travels in Europe. 5. It does not matter. 6. It's of no importance.

Synthèse

Applications

I. Tout va mal. Certains jours, tout va mal. Utilisez des négations dans les phrases suivantes.

Modèle: Je me suis levée tôt.
Je **ne** me suis **pas** levée tôt.

1. J'avais faim. Je voulais manger quelque chose.
2. Il y avait encore du café. Il y avait du lait et des céréales.
3. J'avais envie d'aller au marché.
4. Il faisait beau.
5. Quelqu'un m'a téléphoné pour sortir.
6. J'ai toujours envie de travailler le dimanche.
7. Tout marchait bien.

Continuez à dire, avec des négations, ce qui n'allait pas (voiture, démarrer, essence, garage ouvert, etc.).

II. Excuses. Une de vos amies vous écrit une lettre avec des excuses exagérées. Commencez les phrases par: **Je suis désolée, je suis navrée.**

Modèle: Je ne t'ai pas vu(e) hier.
            *Je suis désolée de **ne pas t'avoir vu(e)** hier.*

1. Je ne t'ai pas parlé.   2. Je n'ai reçu aucun message de toi.   3. Je n'ai rien compris à nos projets.   4. Je n'ai pas encore rencontré tes parents.   5. Je n'ai vu personne.   6. Je ne suis pas allée à notre rendez-vous.   7. Je ne te vois plus.   8. Je n'ai jamais eu de chance.

A votre tour, dites pourquoi vous êtes désolé(e).

III. Restrictions et interdictions. Dites ce que ces personnes ne font pas et les restrictions qu'elles sont obligées d'observer.

Modèle: Patrick est végétarien.   (manger de la viande, manger des légumes)
            *Patrick est végétarien; il **ne** mange **pas** de viande, il **ne** mange **que** des légumes.*

1. Marie a de l'asthme.   (fumer; respirer à la montagne)
2. Gabriel déteste le froid.   (vouloir vivre à Paris; être heureux à la Martinique)
3. Pendant la guerre, les Français   (pouvoir acheter ce qu'ils voulaient; manger des rutabagas).
4. Avant un examen nous   (sortir; dormir cinq heures par nuit).
5. Ce millionnaire est difficile.   (prendre le train; voyager dans son avion personnel)
6. Jeanine est amoureuse.   (dormir; penser à son petit ami)

Quelles restrictions et interdictions avez-vous dans votre vie (allergies; restrictions imposées par vos parents, etc.)?

IV. Autre façon de parler. Expliquez la personnalité de Franck, en employant le verbe entre parenthèses et une négation.

Modèle: Franck est courageux.   (avoir peur)
            Franck est courageux; il n'a peur de rien.

1. Franck est timide.   (parler à)
2. Il ne lit pas beaucoup.   (s'intéresser à)
3. Il reste toujours chez lui.   (avoir envie de sortir)
4. Il est égoïste.   (donner quelque chose à)
5. Au milieu d'un groupe de jeunes gens, il est silencieux.   (avoir quelque chose à dire)
6. Le soir, il est souvent seul.   (connaître quelqu'un avec qui sortir)
7. Il ne sort pas le week-end.   (assister à des boums, à des événements sportifs)
8. Il est plutôt menteur.   (dire toujours la vérité)
9. Je lui conseille d'aller voir un psychiatre.   (désirer changer)

Conversations

1. **Les restrictions.** Comparez avec vos camarades ce que vous pouvez faire dans votre famille et ce que vous ne pouvez pas faire.

Modèle: VOUS: Moi, je peux sortir tous les soirs si je veux et...
            LUI (ELLE): Moi, je ne peux sortir que le samedi soir, mais...

2. **Interdictions et permissions.** En France, on défend aux gens de marcher sur les pelouses dans les jardins publics ou dans les parcs, de conduire une voiture avant l'âge de 18 ans, alors qu'aux Etats-Unis et au Canada, ces actions sont admises. En revanche, en France, on permet aux jeunes de moins de 18 ans de boire de l'alcool dans un café, dans un restaurant ou d'en acheter dans un magasin; on peut cueillir des fleurs sauvages, on peut emmener son chien dans un restaurant, mais ces mêmes actions sont sévèrement interdites aux Etats-Unis et au Canada. Discutez ces interdictions ou ces permissions avec un(e) camarade et donnez votre opinion.

3. **L'environnement.** Si on ne fait pas de réformes, bientôt sur la planète Terre il n'y aura plus de forêts, l'air sera pollué, beaucoup d'espèces végétales et animales n'existeront plus. Discutez en classe des négligences humaines qui peuvent conduire à cette catastrophe.

Modèle: Les gens ne recyclent pas encore les produits... Ils ne respectent plus...

4. **Catastrophes naturelles.** Pouvez-vous parler d'autres catastrophes naturelles: inondation? éruption volcanique? tremblement de terre? cyclone (*m.*)? Dans quelles parties du pays et du monde ont-elles lieu? Dans quelles circonstances? Décrivez ce qui se passe et comment les gens réagissent. Est-ce qu'ils paniquent, s'entraident?

Traduction

1. Mme MARTIN: Our neighbors' children are having a fight again.
2. M. MARTIN: I don't hear anything.
3. Mme MARTIN: I hear them. I think they are in the attic.
4. M. MARTIN: No, I don't think [so]. I think they are in the cellar.
5. Mme MARTIN: Their parents are never home . . . There is never anybody to watch (**surveiller**) them.
6. M. MARTIN: The Joneses are not very rich. They don't have enough money to pay for a baby-sitter (**un[e] baby-sitter**).
7. Mme MARTIN: I smell something [*it smells of something*] burning. I am sure they have been playing with matches.
8. M. MARTIN: You are imagining things. I don't smell anything. It must be your roast burning in the oven.
9. Mme MARTIN: Look! Don't you see the smoke rising from the roof?
10. M. MARTIN: No! It looks more like a cloud.
11. Mme MARTIN: We must notify the firefighters right away!
12. M. MARTIN: It's nothing serious and this is none of your business.
13. Mme MARTIN: I hear someone ringing the doorbell.
14. M. MARTIN: (*goes and opens the door*). It's the firefighters. They are coming to extinguish the fire that is burning in our kitchen!

Rédactions

1. **Optimiste ou négatif?** Imaginez un dialogue entre deux amis qui discutent de leurs études, de leur vie familiale, de leurs distractions, de leurs projets d'avenir. L'un est très optimiste et positif: il s'intéresse à tout, étudie plusieurs sujets, a de bons rapports avec sa famille, pratique plusieurs sports, espère voyager dans le monde, se marier, avoir une famille à lui. L'autre est pessimiste et négatif: il n'a aucun intérêt à ses études, il ne finit rien de ce qu'il commence, il est fâché avec sa famille, il est hypocondriaque et pas sportif, refuse de voyager, etc.

2. **Un incendie.** Vous avez été témoin d'un incendie. Un agent d'assurances vous pose des questions. Vous racontez la scène en détail — la première fumée; l'alarme; l'arrivée des pompiers; les actions des pompiers; l'arrivée de l'ambulance; la détresse des victimes; les causes de l'incendie.

Chapitre 10

L'interrogation

Vocabulaire

administrer un questionnaire to conduct a survey

alcoolisé(e) alcoholic (*drink*)

aspirateur (*m.*) vacuum cleaner

banlieue (*f.*) suburb

boisson (*f.*) drink, beverage

cadre (*m.*) executive

conserves (*f. pl.*) canned goods

consister à to consist of

déchirer to tear

en boîte(s) canned

enquête (*f.*) survey

en sachet(s) powdered

être pour ou contre to be for or against

être pressé(e) to be in a hurry

-express (*suffixe*) quick

faire confiance à to trust

faire tenir (*les cheveux*) to hold a set, the curl (*of one's hair*)

jardinage (*m.*) gardening

lessive (*f.*) laundry, wash; detergent

linge (*m.*) linens; laundry

loisir (*m.*) leisure time, activity

matelas (*m.*) mattress

métier (*m.*) job

-minute (*suffixe*) quick

moutarde (*f.*) mustard

onctueux (onctueuse) oily and smooth

ongles (*m. pl.*) nails (*of fingers, toes*)

papeterie (*f.*) stationery, stationery store

parfum (*m.*) perfume; flavor

pâtes (*f. pl.*) noodles; pasta

prêt(e) ready

purée (de pommes de terre) (*f.*) mashed potatoes

repassage (*m.*) ironing

repasser to iron

rideau (*m.*) drape, curtain

salir to make dirty

sécher to dry

selon according to

sondage (*m.*) poll

sous-vêtements (*m. pl.*) underwear

teindre to dye

tousser to cough

tout(e) fait(e) instant, ready-to-use

toux (*f.*) cough

transports (*m. pl.*) **en commun** public transportation

Vocabulaire supplémentaire

abonnement (*m.*) subscription

affiche (*f.*) poster

agence (*f.*) **publicitaire** advertising agency

brochure (*f.*) pamphlet

campagne (*f.*) **publicitaire** campaign

catalogue (*m.*) catalogue

couplet (*m.*) **publicitaire** jingle

dépliant (*m.*) leaflet

échantillon (*m.*) sample

goût (*m.*) taste

lancer un produit to launch a product

mode (*f.*) fashion

panneau (*m.*) billboard

petites annonces (*f. pl.*) classified ads

promotion (*f.*) special offer

prospectus (*m. or f.*) handout leaflet

publicitaire, publiciste (*m.*) adman

réclame (*f.*) special offer

slogan (*m.*) slogan

spécimen (*m.*) complimentary copy or item

spot (*m.*) **publicitaire** short message

vanter un produit to praise, speak highly of a product

*E*nquêtes-minute

Georges Pérec (1936–1982) est né à Paris. Il a fait ses études à Paris et
en Tunisie. Il s'intéresse aux problèmes de l'écriture°. Son livre *Les Choses*   writing
est une histoire des années 60. Les deux personnages, Jérôme et Sylvie, ne
peuvent pas échapper° aux tentations et aux exigences° de la société de   avoid / demands
consommation. Petit à petit, les choses envahissent leur vie, surtout les
objets de consommation courante°. Remarquez comme Georges Pérec   daily
aime faire de longues listes d'objets et des inventaires.

Préparation à la lecture

En France, les classes se terminent généralement à 11 h 30 le matin et à
4 h 30 l'après-midi. Beaucoup de parents viennent attendre leurs enfants à
la sortie de l'école pour les ramener à la maison. C'est à ce moment que les
enquêteurs peuvent rencontrer les parents et leur poser des questions
pour faire leurs sondages. Ils vont aussi dans les HLM: littéralement des
habitations à loyer modéré, c'est-à-dire à bon marché. Ce sont généralement des immeubles destinés à la classe populaire, des groupes d'appartements de construction peu élégante où vivent des familles qui ont
beaucoup d'enfants, des immigrés, et des couples qui ont des ressources
limitées.

Les sondages portent sur des produits destinés à rendre la vie plus
simple et la cuisine plus rapide: la purée toute faite, les produits en
sachets, en boîtes, en tube. La cuisine devient ainsi très facile; on fait un
geste (le geste d'ajouter un peu d'eau ou d'ouvrir une boîte de conserve)
et hop! voilà le dîner prêt!

La chicorée est une plante dont on fait griller les racines pour la
mélanger au café. Elle donne au café un goût amer° que beaucoup de   bitter
Français apprécient.

Jérôme avait vingt-quatre ans, Sylvie en avait vingt-deux. Ils étaient tous
deux psychosociologues. Ce travail, qui n'était pas exactement un métier,
ni même une profession, consistait à interviewer des gens, selon diverses
techniques, sur des sujets variés. Il s'agissait, la plupart du temps, d'aller
5   dans les jardins publics, à la sortie des écoles, ou dans les HLM de banlieue, demander à des mères de famille si elles avaient remarqué quelque
publicité récente, et ce qu'elles en pensaient. Ces sondages-express,
appelés testings ou enquêtes-minute, étaient payés cent francs. Ils
passèrent quelques mois à administrer des questionnaires. Puis il se
10   trouva° un directeur d'agence qui, pressé par le temps,° leur fit confiance: il... there happened to
ils partirent en province, un magnétophone sous le bras.   be / **pressé...** pressed
for time

Et pendant quatre ans, peut-être plus, ils explorèrent, interviewèrent, analysèrent. Pourquoi les aspirateurs-traîneaux° se vendent-ils si mal? Que pense-t-on, dans les milieux de modeste extraction,° de la chicorée?
15 Aime-t-on la purée toute faite, et pourquoi? Parce qu'elle est légère? Parce qu'elle est onctueuse? Parce qu'elle est si facile à faire: un geste et hop? Trouve-t-on vraiment que les voitures d'enfant° sont chères? N'est-on pas toujours prêt à faire un sacrifice pour le confort des petits? Comment votera la Française? Aime-t-on le fromage en tube? Est-on pour ou contre
20 les transports en commun? A quoi fait-on d'abord attention en mangeant un yaourt: à la couleur? à la consistance? au goût? au parfum naturel? Lisez-vous beaucoup, un peu, pas du tout? Allez-vous au restaurant? Que pense-t-on, franchement, de la retraite des vieux? Que pense la jeunesse? Que pensent les cadres? Que pense la femme de trente ans? Que pensez-
25 vous des vacances? Où passez-vous vos vacances? Aimez-vous les plats surgelés? Combien pensez-vous que ça coûte, un briquet° comme ça? Quelles qualités demandez-vous à votre matelas? Pouvez-vous me décrire un homme qui aime les pâtes? Que pensez-vous de votre machine à laver? Est-ce que vous en êtes satisfaite? Est-ce qu'elle ne mousse° pas trop? Est-
30 ce qu'elle lave bien? Est-ce qu'elle déchire le linge? Est-ce qu'elle sèche le linge? Est-ce que vous préféreriez° une machine à laver qui sécherait° votre linge aussi?

Il y eut la lessive, le linge qui sèche, le repassage. Le gaz, l'électricité, le téléphone. Les enfants. Les vêtements et les sous-vêtements. La
35 moutarde. Les soupes en sachets, les soupes en boîtes. Les cheveux: comment les laver, comment les teindre, comment les faire tenir, comment les faire briller. Les étudiants, les ongles, les sirops pour la toux, les machines à écrire, les engrais°, les tracteurs, les loisirs, les cadeaux, la papeterie, le blanc°, la politique, les autoroutes, les boissons alcoolisées, les eaux
40 minérales, les fromages et les conserves, les lampes et les rideaux, les assurances, le jardinage.

Rien de ce qui était humain ne leur fut étranger.

Glosses (right margin):
- aspirateurs-traîneaux° vacuum cleaners that one pulls along / **les milieux...** in the lower classes
- voitures... baby carriages
- briquet° cigarette lighter
- mousse° foams
- préféreriez° would prefer / sécherait° would dry
- engrais° fertilizers
- blanc° linen

Questions sur la lecture

1. Quel âge avait Jérôme? Quel âge avait Sylvie?
2. Quel travail faisaient-ils?
3. En quoi consistait ce travail?
4. A quel type de public posaient-ils des questions?
5. Qui leur fit confiance et pourquoi?
6. Combien de temps passèrent-ils à administrer des questionnaires?
7. Que demandaient-ils aux mères de famille?
8. En général, à quels domaines appartenaient les questions?

Questions personnelles

1. Pensez-vous que certaines questions de ces sondages peuvent s'adresser à un public américain ou canadien? Lesquelles? Quelles questions de ces sondages vous paraissent typiquement françaises et plutôt bizarres pour un public américain ou canadien?
2. Quelles questions de ces sondages vous semblent dater? Essayez de trouver des sujets de sondages plus appropriés à la vie de notre époque.
3. Aimez-vous répondre à des interviews? Pourquoi ou pourquoi pas?

L'interrogation

Généralités

Il y a plusieurs points à considérer quand on pose une question.

1 Une question peut porter sur l'action exprimée par le verbe ou bien sur le sujet, sur l'objet direct ou sur les circonstances de l'action.

Vient-elle?	La question concerne l'action de **venir.**
Qui est venu?	La question concerne le sujet.
Que dit-elle?	La question concerne l'objet de **dire.**
Où allez-vous?	La question concerne l'endroit où on va.

2 Dans une question, on a quelquefois un mot interrogatif; ce mot peut être un pronom, un adjectif ou un adverbe.

> **Qui** est venu? (*pronom*)
> **Quelle** heure est-il? (*adjectif*)
> **Pourquoi** pleures-tu? (*adverbe*)

3 L'inversion de l'ordre des mots (sujet et verbe) caractérise une phrase interrogative. Il y a deux sortes d'inversions.

    a. L'inversion peut être simple.

du nom:	Où travaille ton père?	(*verbe + nom sujet*)
du pronom:	Comment voyagez-vous?	(*verbe + pronom sujet*)

b. L'inversion peut être double:[1] nom sujet + verbe + pronom sujet.

Ses **parents** travaillent-**ils** tous les deux?   **Sylvie** pose-t-**elle** beaucoup de questions?

L'interrogation sur le verbe

La voix

On change l'intonation de la phrase. L'ordre des mots ne change pas. On ajoute un point d'interrogation. La réponse attendue est affirmative ou négative.

Il a bien travaillé.   Il a bien travaillé?

Vous partez demain.   Vous partez demain?

Est-ce que

On commence une phrase par **est-ce que**. L'ordre des mots ne change pas. On ajoute un point d'interrogation. L'intonation suit le schéma suivant.

Vous avez compris.   **Est-ce que** vous avez compris?

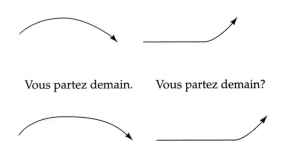

L'inversion

1 Le sujet est un pronom. On a l'inversion simple.

Pour tous les temps simples, on place le pronom sujet après le verbe, avec un trait d'union (*hyphen*). L'intonation est montante.

Etes-**vous** content?   Viendront-**ils?**

---

[1]*Double* signifie qu'il y a deux sujets: le nom et le pronom qui répète le nom.

a. Pour tous les temps composés, on place le pronom sujet après l'auxiliaire. Le participe passé est placé après le pronom.

Sont-**ils** partis?   Avez-**vous** voyagé?

b. A la forme négative, **ne ... pas (ne ... plus, ne ... jamais)** entourent le verbe au temps simple et l'auxiliaire du verbe composé.

N'êtes-vous **pas** content?   **Ne** sont-ils **jamais** sortis?

2 Le sujet est un nom. On a l'inversion double.

a. Aux temps simples, le nom sujet reste placé devant le verbe, et il est répété par un pronom après le verbe.

Ce jeune homme court-**il** tous les jours?

b. Aux temps composés, le nom sujet reste placé devant l'auxiliaire, et il est répété par un pronom placé entre l'auxiliaire et le participe passé.

Le courrier est-**il** arrivé?

Remarques:

◆ Si le verbe se termine par une voyelle ou un **e** muet, on met un **-t-** (euphonique) devant **il** ou **elle.**

Parle-**t**-il anglais?   Sera-**t**-elle à l'heure?   A-**t**-il eu peur?

◆ Pour les verbes pronominaux, le pronom réfléchi reste placé devant le verbe simple ou l'auxiliaire. (Voir page 240.)

Se souvient-il?   **S'**est-il souvenu?   Votre ami **s'**est-il perdu?

◆ A la première personne du singulier du présent, quatre verbes seulement sont employés avec l'inversion: **avoir, être, pouvoir, savoir.**

avoir **ai-je**   pouvoir **puis-je**   être **suis-je**   savoir **sais-je**

Pour les autres verbes, on utilise **est-ce que.**

◆ **N'est-ce pas?** sert à demander une approbation. C'est la traduction de: *do you? doesn't he? did he? have they?* etc.

Remarque: Quand l'interrogation porte sur le verbe et quand la question est affirmative, la réponse ne peut être que **oui** on **non.** Si la question est négative, **Oui** est remplacé par **Si!**

N'avez-vous pas peur de la pollution? —**Si!**

Exercice

A. Mettez les phrases suivantes à la forme interrogative avec l'inversion du sujet.

1. Les mères de famille ont remarqué les publicités récentes. 2. Ils étaient tous deux psychosociologues. 3. Ce travail n'était pas vraiment lucratif. 4. On aime le fromage en tube. 5. Vous aimeriez, Madame, manger tous les jours de la soupe en boîte. 6. On n'est pas toujours prêt à prendre sa retraite. 7. Les yaourts sont bons pour la santé. 8. Le directeur les a bien payés.

L'interrogation par mot interrogatif

L'adjectif interrogatif: *quel*, *quelle*, *quels*, *quelles*

L'adjectif interrogatif est toujours accompagné d'un nom; il s'accorde en genre et en nombre avec ce nom. Quand il y a une préposition, la préposition précède le groupe.

Quelles fleurs préférez-vous?   A **quel** étudiant parlez-vous?
Quel étudiant n'a pas compris?

L'adjectif interrogatif et le nom sont parfois séparés par **être**.

Quels sont **les meilleurs yaourts?**

Pronoms interrogatifs d'identité

On pose une question sur l'identité d'une personne ou d'une chose. Les pronoms sont différents selon leur fonction grammaticale (sujet, objet ou objet d'une préposition). On a des formes courtes et des formes longues.

1 Formes courtes

	personnes	choses
sujet	qui	—
objet direct	qui	que
objet de prép.	à qui	à quoi
	de qui	de quoi
	avec qui	avec quoi

a.   Personnes — **qui.**   Quand on pose une question sur l'identité d'une personne, on a le pronom interrogatif **qui** dans tous les cas.

Qui a téléphoné? —**Pierre** a téléphoné. (*sujet*)
Qui avez-vous vu? —J'ai vu **Pierre.** (*objet direct*)
De qui parlez-vous? —Je parle **de Pierre.** (*objet de prép.*)

b.   Choses — **que, quoi.**   Quand on pose une question sur l'identité d'une chose, il n'y a pas de forme courte pour le sujet. L'objet direct est **que.** L'objet de la préposition est **quoi.**

Que faites-vous? —Je fais un **gâteau.** (*objet direct*)
Avec quoi écrivez-vous? —J'écris **avec un stylo.** (*objet de prép.*)
De quoi parlez-vous? —Je parle **de la guerre.** (*objet de prép.*)

2 Emploi des formes courtes

a.   Si **de** est une partie de l'article partitif (**de l'**, **de la** ou **du**), le nom est un objet direct partitif et répond à la question **que.**

Je bois **de** l'eau.   **Que** buvez-vous?

b. Pour l'objet de la préposition, la préposition est toujours le premier mot de la phrase interrogative.

Avez quoi ... ?   **Chez qui ... ?**

c. Après **qui** et **quoi,** l'inversion est simple pour le pronom sujet, double pour le nom sujet.

De qui parlez-**vous?**   Avec quoi **cet enfant** écrit-**il?**

d. Après **que,** on a l'inversion simple du nom sujet.

Que fait **Marie?**   Que dit **le professeur?**

e. *Whose . . . is?* peut se traduire de deux façons. Quand on exprime la parenté ou les relations entre personnes, on emploie **de qui** + **être.**

Whose brother is he?   **De qui est**-il le frère?

Quand on exprime la possession d'une chose, on emploie **à qui** + **être.**

Whose book is this?   **A qui est** ce livre?

3 Formes longues

	personnes	*choses*
sujet	**qui est-ce qui**	**qu'est-ce qui**
objet direct	**qui est-ce que**	**qu'est-ce que**
objet de prép.	**à qui est-ce que**	**à quoi est-ce que**
	de qui est-ce que	**de quoi est-ce que**

a. Personnes — **qui est-ce qui, qui est-ce que.**   On ajoute **est-ce qui** après **qui** (la forme courte du sujet), **est-ce que** après **qui** (la forme courte de l'objet direct et de l'objet de préposition).

Qui est-ce qui a téléphoné?
Qui est-ce que vous avez vu?
Avec qui est-ce que Marie a parlé?

b. Choses — **qu'est-ce qui, qu'est-ce que.**   On ajoute **est-ce qui** après **que** (**qu'**) pour obtenir la forme longue du sujet.

Qu'est-ce qui arrive? —Un accident.

On ajoute **est-ce que** après **que** (la forme courte de l'objet direct) et après **quoi** (la forme courte de l'objet de préposition).

Qu'est-ce que vous voyez? —Le ciel.
De quoi est-ce qu'ils ont parlé? —De la température.

4 Emplois des formes longues

a. Il n'y a jamais d'inversion avec les pronoms à formes longues.
b. **Qu'est-ce qui** est la seule forme de pronom sujet pour les choses.

■ *Tableau-résumé:*
Pronoms interrogatifs d'identité

	personnes	*choses*
sujet	*who* **Qui** vient? **Qui est-ce qui** vient?	*what* **Qu'est-ce qui** se passe?
objet direct	*whom* **Qui** voyez-vous? **Qui est-ce que** vous voyez?	*what* **Que** voyez-vous? **Qu'est-ce que** vous voyez?
objet de prép.	*with whom* **Avec qui** parlez-vous? **Avec qui est-ce que** vous parlez?	*with what* **Avec quoi** mangez-vous? **Avec quoi est-ce que** vous mangez?

Exercices

B. Mettez la forme correcte de l'adjectif interrogatif dans les phrases suivantes.

1. _____ qualités demandez-vous à un matelas?
2. _____ autoroute prend-on pour sortir de Paris?
3. _____ tracteur est-ce que ce fermier va choisir?
4. _____ est la différence entre ces deux shampooings?
5. _____ livres avez-vous lus récemment?
6. A _____ papeteries achetez-vous votre papier à lettres?
7. De _____ magnétophone se servent-ils?
8. _____ loisirs est-ce qu'on recommande aux retraités?

C. Posez des questions sur les groupes de mots en italique.

Modèle: Ils mangent *de la moutarde en tube.*
　　　　　Que mangent-ils?

1. Sylvie va faire *une enquête.* 2. *Jérôme* préférerait une machine à laver. 3. Elle a envie *d'un aspirateur-traîneau.* 4. Quand il mange du yaourt, il fait attention *au parfum.* 5. Vous aimez *les soupes en boîtes.* 6. Ils ont administré un questionnaire *aux mères de famille.* 7. Nous faisons la purée *avec des pommes de terre.* 8. Tu penses *à la retraite des vieux.* 9. Mireille promène *son bébé* dans une voiture d'enfant. 10. Le directeur a allumé son cigare *avec un briquet.*

D. Mettez dans l'espace vide le pronom interrogatif, forme longue, qui convient. Le groupe entre parenthèses vous indique la fonction du pronom.

Modèle: _____ vous lisez?   (un roman policier)
　　　　　Qu'est-ce que vous lisez?

1. _____ on soigne la grippe?   (avec de l'aspirine, du repos, des jus de fruits)
2. _____ vous fait tousser?   (la fumée)

3. _____ Jérôme pose des questions? (aux mères à la sortie des écoles)
4. _____ cette machine sèche? (le linge)
5. _____ achète des plats surgelés? (les gens qui n'aiment pas faire la cuisine)
6. _____ Sylvie a interrogé? (ses camarades de bureau)
7. _____ se sert de ces produits? (surtout les habitants de la campagne)
8. _____ le médecin vous a défendu de boire? (des boissons alcoolisées)

E. Mettez dans l'espace vide le pronom interrogatif qui convient, forme longue ou courte.

Modèle: _____ a téléphoné? (Pierre)
       Qui *a téléphoné?*

1. _____ vous aimez? (les gens intelligents)
2. _____ il recevait? (des colles)
3. _____ fait-il confiance? (au directeur)
4. _____ fait votre père? (il est sociologue)
5. _____ s'occupait son frère? (d'électronique)
6. _____ votre mère s'occupe? (de ses enfants)
7. _____ lui a fait peur? (le tremblement de terre)
8. _____ aviez-vous besoin? (de plus de loisirs)

Pronoms interrogatifs de choix

Pour choisir une personne, une chose dans un groupe, on emploie le pronom **lequel, laquelle** (*which one?*).

> Vous avez lu tous les poèmes de Victor Hugo: **lequel** préférez-vous?

1 On accorde le pronom avec le nom qu'il représente.

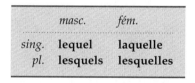

	masc.	*fém.*
sing.	**lequel**	**laquelle**
pl.	**lesquels**	**lesquelles**

> Ils ont quatre fils; **lesquels** sont mariés?
> Voici des oranges: **laquelle** voulez-vous manger?
> Je vais lui acheter des fleurs: **lesquelles** coûtent le moins cher?

2 On contracte les prépositions **de** et **à** avec **le** et **les** de **lequel, lesquels, lesquelles**. Le résultat est **duquel, desquels, desquelles; auquel, auxquels, auxquelles**.

Attention: **De laquelle** et **à laquelle** ne sont pas contractés.

> Ils parlent des champions russes: **desquels** parlent-ils?
> Tu penses à un ancien amour: **auquel** penses-tu?
> Vous parlez à une amie: **à laquelle** parlez-vous?

3 On fait l'inversion après **lequel, laquelle,** etc., quand ils sont objets directs ou objets de pré-position. Pour éviter l'inversion, on peut employer **est-ce que.**

> Je lui ai offert deux autos: **laquelle** conduit-elle?
>   **laquelle est-ce qu'**elle conduit?

Exercices

F. Mettez la forme correcte de **lequel** dans les espaces vides.

1. _____ de vos enfants est le plus affectueux? 2. Parmi toutes les marques de lessive, _____ achetez-vous? 3. Moi, j'aime les sous-vêtements confortables. Et vous, _____ portez-vous? 4. De tous les sirops pour la toux, _____ est-ce que votre docteur recommande? 5. Voilà de jolies lampes. _____ allez-vous acheter? 6. Ils ont contacté plusieurs compagnies d'assurance. _____ offre le meilleur contrat? 7. Vous vous êtes trompé de route? _____ cherchez-vous? 8. _____ de ces parfums vient de Paris?

G. Dans les phrases suivantes mettez la forme correcte de **lequel** (**de laquelle, duquel, desquels, desquelles, à laquelle, auquel, auxquels, auxquelles**). Ajoutez «est-ce que» si c'est nécessaire.

1. On produit des centaines d'engrais. _____ se sert ce fermier? 2. Vous avez plusieurs oncles. _____ vous pensez le plus souvent? 3. _____ de ces soupes en sachets a-t-on envie? 4. _____ de ces mères de famille les enquêteurs ont-ils parlé? 5. Elle écrit à tous ses enfants. _____ ne reçoit-elle jamais de nouvelles? 6. Parmi les transports en commun, _____ a-t-on le plus besoin? 7. Beaucoup de catastrophes nous menacent; _____ avez-vous surtout peur? 8. Voici deux plats de pâtes; _____ tu as ajouté du beurre?

Comment traduire which *ou* what?

Parce que *which* ou *what* peuvent se traduire différemment en français, il faut les analyser correctement. Est-ce que *which* ou *what* sont adjectifs ou pronoms, sujets, objets directs, etc.? Comparez les phrases suivantes:

What is going on? **Qu'est-ce qui** se passe?	(*pronom sujet*)
What are you doing tonight? **Qu'est-ce que** vous faites ce soir?	(*pronom objet direct*)
What time is it? **Quelle** heure est-il?	(*adjectif*)
What is the difference? **Quelle** est la différence?	(*adjectif*)
Which book did you read? **Quel** livre avez-vous lu?	(*adjectif*)
Which one do you prefer? **Lequel** préférez-vous?	(*pronom de choix*)

Questions idiomatiques

Il y a plusieurs questions formées avec **qu'est-ce que** ou **que**.

1 Qu'est-ce que c'est que ... ?

Quand on pose une question sur un mot qu'on ne comprend pas ou pour obtenir une définition, on emploie **Qu'est-ce que c'est que**.

> **Qu'est-ce que c'est que** l'existentialisme?

2 Que + avoir / Qu'est-ce que + avoir

Que (ou **qu'est-ce que**) + **avoir** traduit l'expression *What is the matter with . . . ?*

> **Qu'est-ce que tu as?**
> **Qu'avez-vous?** } *What is the matter with you?*

> **Qu'est-ce qu'il y a?** *What is the matter?*

3 Que + devenir / Qu'est-ce que + devenir

Que (ou **qu'est-ce que**) + **devenir** se traduit de la façon suivante:

Présent	
Qu'est-ce que vous devenez?	{*What are you (have you been) up to?*
	{*What's becoming of you?*
Passé	
Qu'est devenue sa mère?	*What has become of his mother?*
Futur	
Que deviendras-tu?	*What will become of you?*

Remarque: Le nom ou le pronom qui est l'objet de *to become of* en anglais est le sujet du verbe **devenir** en français.

Exercice

H. Complétez les phrases suivantes avec un équivalent du mot anglais *what*.

1. _____ fait briller vos cheveux?
2. _____ dites-vous?
3. _____ pousse dans votre jardin?
4. _____ est la différence entre ces deux lessives?
5. _____ il y a?
6. _____ avez-vous?
7. _____ est devenu cet ancien président?
8. _____ films avez-vous vus récemment?
9. _____ c'est qu'un briquet?
10. _____ heure est-il?
11. _____ sorte de pâtes achetez-vous?
12. _____ vous ennuie?

Les adverbes interrogatifs

Les adverbes interrogatifs sont **où, quand, comment, combien, pourquoi.**

1 Avec **où, quand, comment, combien,** si la phrase est composée simplement d'un verbe et d'un sujet, on a l'inversion simple du nom: adverbe + verbe + nom sujet.

> **Où** sont mes papiers? **Comment** dorment les chevaux?
> **Quand** commence le film? **Combien** gagne ton frère?

2 Avec **pourquoi** on ne peut pas avoir l'inversion simple du nom; il faut employer l'inversion double. On peut avoir l'inversion simple du pronom.

> **Pourquoi** vos **enfants** crient-**ils?** **Pourquoi** pleure-t-**il?**

3 Si **où, quand, comment, combien** et **pourquoi** commencent une phrase du type «nom sujet + verbe + objet direct», il faut employer l'inversion double.

> **Où** le **professeur** a-t-**il** mis ses papiers?
> **Pourquoi** les **enfants** mâchent-**ils** du chewing-gum?

Remarque: Dans la conversation, très souvent le mot interrogatif (excepté **qui** sujet, **qu'est-ce qui** et **qu'est-ce que**) se place à la fin de la phrase.

> Vous êtes resté **combien de temps?** Ils partent **quand?**
> Il est parti **à quelle heure?** Ça coûte **combien?**
> Cet instrument, ça sert **à quoi?**

Exercice

I. Faites des questions avec l'adverbe et le vocabulaire donnés. N'employez pas **est-ce que.** Mettez les phrases au temps indiqué.

1. Comment / lancer un produit / on / ? (présent)
2. Quand Jérôme / administrer un questionnaire / aux fermiers? (passé composé)
3. Où / se trouver / le prospectus? (imparfait)
4. Combien / coûter / les abonnements? (présent)
5. Pourquoi / le vendeur / ne pas vous donner un échantillon? (passé composé)
6. Quand / commencer / la campagne publicitaire? (passé composé)
7. Comment / Sylvie / faire marcher son caméscope? (présent)
8. Pourquoi / les centres commerciaux / ne pas lancer ce produit? (plus-que-parfait)

Formules à retenir

 penser à / Que pensez-vous de ... ?

L'expression **penser à** signifie *to think of, about.*

> Je **pense à** mes amis, à mes vacances, à mon travail.

La phrase interrogative **Que pensez-vous de ... ?** signifie **Quelle est votre opinion sur ce sujet?** La réponse à cette question est: **Je pense *que*...**

> **Que pensez-vous *des*** aspirateurs-traîneaux?   —Je **pense** *qu'*ils sont très pratiques.

Exercice

J. Traduisez les phrases suivantes.

1. What are you thinking about?
2. I am thinking about the lost dog.
3. What do you think of this survey?
4. I think it is interesting.

2 Les dimensions

Voici plusieurs façons d'exprimer les dimensions.

a. La longueur et la largeur

Question: **Combien** mesure cette pièce?
Quelles sont les dimensions de cette pièce?

Réponse: Cette pièce a (*ou* fait) six mètres **de long,** trois mètres **de large** et quatre mètres **de haut.**
Cette pièce a (*ou* fait) six mètres **de longueur,** trois mètres **de largeur** et quatre mètres **de hauteur.**

b. La profondeur et l'épaisseur

Question: **Quelle** est la profondeur de cette rivière?
Quelle est l'épaisseur de ce mur?

Réponse: Cette rivière **a une profondeur de** deux mètres.
Cette rivière **est profonde de** deux mètres.
Ce mur **a une épaisseur de** cinquante centimètres.
Ce mur **est épais de** cinquante centimètres.

c. La distance

Question: Paris, **c'est à quelle distance de** Marseille?
Paris, **c'est à combien** (de kilomètres) **de** Marseille?
Quelle est la distance de Paris à Marseille?
Combien y a-t-il de Paris à Marseille?
Il y a combien de Paris à Marseille?

Réponse: Paris, **c'est à** 800 kilomètres de Marseille.
Il y a 800 kilomètres de Paris à Marseille.

Exercices

K. Donnez les dimensions (questions et réponses) de votre chambre, de la salle de classe, des fenêtres et des portes de la classe, de votre livre de français, de votre voiture. Si vous ne connaissez pas la dimension exacte, devinez.

L. Donnez la distance de votre ville à la capitale de l'état voisin ou la province voisine, de Paris à Londres, de Paris à New York, de Paris à Montréal, de Paris à Ottawa.

3 ▶ Les mesures

a. Voici quelques mesures du système métrique:

> 1 mètre = environ 1 *yard* (exactement 1 *yard* + 3.3 *inches*)
> 1 mètre = 100 centimètres; 1 centimètre = 0.39 *inch*
> 1 kilomètre = 1.000 mètres = 0.6213 *mile*
> 1 kilo(gramme) = 1.000 grammes = 2.2 *pounds*

b. On mesure:

la taille	*height; waist*
la taille de son bras	*arm*
la taille de sa cuisse	*thigh*
la taille de ses mollets	*calf*
son tour de poitrine	*chest*
son tour de hanche	*hips*
son tour de cou	*neck*
son tour de tête	*head (hat) size*

c. On parle de **taille** pour les vêtements, de **pointure** pour les chaussures et les gants.

Exercice

M. Combien mesurez-vous? Combien pesez-vous? Consultez le tableau ci-dessous. Quelle taille de vêtements portez-vous quand vous achetez un pantalon? un manteau? des chaussures? une chemise? Quelle est la taille idéale pour un homme? pour une femme?

Table de comparaison des tailles

Femmes

Robes, chemisiers (blouses) et tricots (sweaters)

F	36	38	40	42	44
E.U.	8	10	12	14	16

Bas (hose) et collants (panty-hose)

F	1	2	3	4	5
E.U.	$8\frac{1}{2}$	9	$9\frac{1}{2}$	10	$10\frac{1}{2}$

Chaussures (shoes)

F	35	36	37	38	39
E.U.	5	6	7	8	9

Hommes						
Chemises (shirts)						
F.	36	37	38	39	40	41
E.U.	14	14.5	15	15.5	16	16.5
Tricots (sweaters)						
F	36	38	40	42	44	46
E.U.	46	48	51	54	56	59
Costumes (suits)						
F	36	38	40	42	44	46
E.U.	35	36	37	38	39	40
Chaussures (shoes)						
F	39	40	41	42	43	44
E.U.	6	7	7.5	8.5	9	10

4 ▶ L'approximation

On exprime l'approximation de deux façons:

a. par la terminaison **-aine** après certains nombres

une huitaine (de jours)	*about eight (days); about a week*
une dizaine (d'années)	*about ten (years)*
une quinzaine	*about fifteen; about two weeks*
une vingtaine	*about twenty*
une trentaine	*about thirty*
une quarantaine	*about forty*
une cinquantaine	*about fifty*
une soixantaine	*about sixty*
une centaine	*about one hundred*

Attention: Une douzaine d'œufs signifie exactement douze.

b. avec les expressions suivantes:

environ	*about, around*
un peu moins de	*a little less than*
un peu plus de	*a little more than*
près de, dans les	*around, approximately*

Elle a **environ** cinquante ans. *She is **about** fifty years old.*
Cela coûte **dans les** mille francs. *It costs **around** 1,000 francs.*

Exercice

N. Utilisez des expressions d'approximation dans les phrases suivantes.

1. Mon père a quarante ans. 2. Nous resterons à Paris huit jours. 3. Il y avait cent personnes à cette réunion. 4. Il y a trente kilomètres de Paris à Versailles. 5. Douze œufs coûtent vingt francs. 6. Elle a habité quinze ans en Afrique.

Synthèse

Applications

I. **Un petit curieux.** Sylvie est sortie hier soir avec un jeune homme particulièrement intéressant. Un de ses amis lui pose des questions indiscrètes. D'après les réponses suivantes écrivez les questions de ce petit curieux.

1. C'est Jérôme qui m'a présentée à ce jeune homme.
2. Il est né à Dakar.
3. Il fait des études de médecine.
4. Ses parents lui paient ses études.
5. Oui, il travaille aussi dans un restaurant.
6. Il fait du vélo et du tennis.
7. Il est passé me chercher hier soir vers sept heures.
8. Nous sommes allés manger au restaurant et ensuite nous sommes allés au cinéma.
9. Non, nous avons pris le métro.
10. Il m'a raccompagnée vers onze heures.
11. Oui, s'il me retéléphone.
12. Cela ne te regarde pas. Tu es trop curieux.

II. **Stage à l'étranger.** Vous faites partie d'un groupe d'étudiants qui va passer un mois dans une ville de France pour suivre des cours à l'université. Vous posez des questions à votre accompagnateur (accompagnatrice) (*group leader*) sur les points suivants:

1. *Vos cours:* l'endroit où ils ont lieu; le nombre d'heures de cours par semaine; le sujet des cours; les enquêtes;[2] etc.
2. *Le professeur:* son âge, sa personnalité, sa méthode d'enseignement, son apparence physique.
3. *Le logement:* l'endroit où il se trouve, ce qu'il y a dans votre chambre, la personne qui s'occupe du ménage, le prix du loyer, payer le téléphone, l'eau, l'électricité, le chauffage.
4. *Les repas:* l'endroit où on les prend, la qualité, ce qu'on mange, les heures, qui les prépare.

---

[2]**enquêtes** In some French-language courses abroad, students are required to conduct interviews with the merchants in the town or city where they are living.

5. *La ville:* ses dimensions et sa population, les monuments historiques qui sont dans le voisinage, la vie économique.

A votre tour, trouvez cinq questions sur des sujets variés (distractions, sports, cinés, discos, musées, etc.).

III. Une enquête sur un accident. Il y a eu un accident dans la rue. Un agent de police pose des questions aux témoins pour savoir:

1. l'heure de l'accident.
2. qui est responsable.
3. quel conducteur est coupable d'inattention.
4. si quelqu'un a vu toute la scène.
5. ce que les personnes présentes ont vu.

Continuez l'enquête et utilisez votre imagination.

IV. Préparatifs d'enquête. Avant leur départ en province, Jérôme et Sylvie posent des questions au directeur de l'agence. Aidez-les à préparer leur questionnaire. Ils veulent être sûrs:

1. de ce qu'il faut qu'ils demandent aux mères de famille.
2. dans quelles villes ils doivent aller.
3. combien de temps ils doivent rester dans chaque endroit.

Continuez et écrivez au moins neuf questions.

Conversations

1. **La pub.** La télévision, les journaux et les revues sont envahis par la publicité. Quelles publicités attirent votre attention? Quelles publicités vous amusent, vous irritent, vous laissent indifférent(e)? Etes-vous influencé(e) dans vos choix et vos achats (*purchases*) par certaines publicités? Vantez les qualités d'un produit. Lancez une campagne publicitaire.

2. **Enquêtes personnelles.** Quelles sont les dix questions les plus importantes que vous voulez poser à une personne que vous désirez bien connaître? Quelles sont les dix questions les plus importantes qu'on doit poser à un futur président ou à un futur premier ministre?

3. **Chez le coiffeur, chez la coiffeuse.** Allez-vous chez le coiffeur (la coiffeuse)? Qu'est-ce qu'on vous fait?

le salon de coiffure (*beauty shop*)
se faire couper les cheveux (*to get a haircut*)
les cheveux longs, courts, frisés (*curly*), raides (*straight*)
une mise en plis (*set*)
la décoloration (*rinse*)
un shampooing (*shampoo*)
la coiffure (*hairstyle*)

pousser (*to grow*)
une permanente (*perm*)
la teinture (*color*)
le bigoudi (*roller*)
un séchoir, un sèche-cheveux (*dryer*)

Traduction

Miss Etoile, I am Caroline, from the magazine *Rock Chic*. Would you please answer some questions for our readers?

1. First of all, at what time do you wake up?
2. Never before noon.
3. What do you eat for breakfast: cereal, toasts?
4. I eat cereal and I drink juice.
5. What brand of cereal, and what kinds of juice?
6. I do not want to advertise them.
7. Are you for or against diet(s)?
8. I do not need to go on a diet (**suivre un régime**); I exercise enough when I sing and dance.
9. Do you dye your hair?
10. My hair has its natural color, green and purple, as you can see.
11. Who is your hairdresser?
12. That is a secret.
13. What are your plans for the near future (**avenir**)?
14. To sing, to dance, to dance, to sing.
15. What do you think of Madonna?
16. Who is *she* (**elle, celle-là**)?
17. Are you in love at the moment? If so, whom do you love? What's his name? Isn't it your hairdresser?
18. That is none of your business. I must go. I am in a hurry.

Rédactions

1. **Questionnaire.**   Ecrivez le questionnaire de l'enquête de Jérôme et Sylvie, en vous inspirant du vocabulaire du dernier paragraphe du texte, page 192: *Il y eut la lessive ...*

    Modèle: De quelle marque de lessive vous servez-vous? Pourquoi cette lessive vous semble-t-elle meilleure? etc.

2. **Vos lectures.**   Faites une liste de questions pour conduire une enquête sur les goûts de lecture de vos camarades—les livres, les revues qu'ils préfèrent. Combien préfèrent les livres de science-fiction? les romans? les policiers (*detective stories*)? les biographies? les bandes dessinées (*comic strips*)? Combien ne lisent pas souvent, à part les livres scolaires, et préfèrent la télé? etc.

Chapitre 11

Les pronoms personnels

Vocabulaire

à bord on board
au bout de at the end of
se blesser to injure oneself
cœur (*m.*) heart
école (*f.*) **communale** public school
empêcher to prevent
équipage (*m.*) crew
exprès specially; on purpose
faire plaisir à to please
fantôme (*m.*) ghost
folie (*f.*) craziness
fou (folle) crazy
garder to keep
imbécile (*m., f.*) dummy (*stupid person*)
matelot (*m.*) sailor
mettre en quarantaine to (put in) quarantine
peine (*f.*) sorrow, grief

peste (*f.*) plague
plus tard later
plus tôt sooner
point (*m.*) deck of a ship
pourtant yet
préserver to protect
puisque since
ravi(e) delighted
remuer to move
se rendre compte de to realize
squelette (*m.*) skeleton
tous les jours every day
tout va bien everything is fine
toute la journée all day long
tristesse (*f.*) sadness
voilier (*m.*) sailing ship; sailboat

Vocabulaire supplémentaire

Le courrier—la poste

aux bons soins de care of (c/o)
boîte (*f.*) **postale** P.O. box
bureau (*m.*) **de poste** post office
cabine (*f.*) booth
carte (*f.*) **postale** postcard
ci-joint herewith, enclosed
code (*m.*) **postal** zip code
colis (*m.*) parcel
coller to stick
courrier (*m.*) mail
destinataire (*m.* ou *f.*) addressee
enveloppe (*f.*) envelope
expéditeur (*m.*), **expéditrice** (*f.*) sender
facteur (*m.*), **factrice** (*f.*) mail carrier
faire suivre forward

mandat (*m.*) money order
poste (*f.*) **restante** general delivery
poster to post, to mail

Les sentiments (feelings)

avoir de la peine to be sad
avoir de la peine à faire une chose to have a
    hard time doing something
avoir du chagrin to be grieved, distressed
avoir le cafard to feel gloomy
avoir le cœur gros to be very sad
déprimé(e) depressed
faire exprès to do on purpose
joyeux (joyeuse) happy
se mettre en colère to get mad

La lettre de Marius

Marcel Pagnol (1895–1974) est né à Marseille. Il a écrit des pièces de théâtre, des souvenirs d'enfance, des scénarios de films. Les trois pièces de sa trilogie, *Marius, Fanny, César,* ont d'abord été des films français, puis un film américain. Les personnages de cette scène sont des gens du Midi; ils ont un accent spécial et une façon de parler souvent franche, directe et pleine de vie.

Préparation à la lecture

Dans cet extrait de *Fanny,* César, le père de Marius, vient de recevoir une lettre de son fils. Marius est parti à l'aventure sur un voilier, sans savoir que Fanny, qui l'aime, est enceinte°. Fanny a dû se marier avec Panisse, un homme plus âgé, pour avoir un enfant légitime.

    Ni Marius ni César ne sont très instruits. Marius n'a pas l'habitude d'écrire alors il emploie des formules compliquées. César ne sait pas lire. C'est Fanny qui lui lit la lettre. Comme les personnes du Midi, César emploie des expressions locales: «Coquin de sort!°», «Té!°». Il adore exagérer: Marius écrit qu'on a mis son bateau en quarantaine parce qu'on a cru qu'un matelot avait la peste. De cette supposition, César fait une certitude: Marius nage dans la peste. Il est dans la peste jusqu'au cou.°

pregnant

I'll be darned! / Well,
  now!

jusqu'au... up to his neck

FANNY (*elle lit*): «Mon cher papa, pardonne-moi, mon cher papa, la peine
    que j'ai pu te faire: je sais bien comme tu dois être triste depuis que je
    suis parti, et je pense à toi tous les soirs... »
CÉSAR (*il parle au chapeau de paille*[1]): Bon. Il pense à moi tous les soirs,
5   mais moi, grand imbécile, je pense à toi toute la journée! Enfin°,
    continue.
FANNY: «Pour dire de t'expliquer toute la chose et de quelle façon j'avais
    cette envie, je ne saurais pas te l'écrire.[2] Mais tu n'as qu'à demander
    à Fanny: elle a connu toute ma folie.»
10 CÉSAR (*il parle au chapeau*): Folie, c'est le mot. Ça me fait plaisir de voir
    que tu te rends compte!
FANNY: «Maintenant, laisse-moi te raconter ma vie... Quand je suis parti
    on m'avait mis aide-cuisinier°.»

Anyway

on... they had appointed
  me cook's helper

----

[1] **il parle au chapeau de paille** To hide his emotion, César talks to Marius' straw hat, which is hanging in a corner.

[2] **Pour dire ... l'écrire** I don't know how to begin to explain the whole affair and how I got this desire (to go away).

15   CÉSAR: Aide-cuisinier! Ils ont dû bien manger sur ce bateau! Au bout
              d'un mois il n'y aura plus que° des squelettes à bord. Ça va être le   il... (*fut.*) there will be
              bateau-fantôme...   only

      FANNY: «Mais au bout de quelques jours, ils m'ont remplacé par un autre
              homme de l'équipage qui s'était blessé à la jambe en tombant dans la
              cale°, et moi, j'ai pris sa place sur le pont.»   ship's hold

20   CÉSAR: Bon. Maintenant, attention, ça va devenir terrible!

      FANNY: «Je ne t'ai pas écrit plus tôt parce que, en arrivant à Port-Saïd,[3]
              nous avons eu de gros ennuis. Comme un matelot de bord était mort
              d'une sale maladie, les autorités ont cru que peut-être c'était la peste,
              et on nous a mis en quarantaine.»

25   CÉSAR (*exorbité*°): La Peste! Tu entends, la peste! Coquin de sort! La peste   (eyes) bulging
              sur son bateau! Et dire que° quand un de ses camarades de l'école   Et... When I think that
              communale attrapait les oreillons°, je gardais M. Marius à la maison   the mumps
              pendant un mois, pour le préserver! Et maintenant il s'en va nager
              dans la peste! De la peste jusqu'au cou!

30   FANNY: Mais il ne l'a pas eue, lui, puisqu'il vous écrit.

      CÉSAR: Il ne l'a pas eue, mais il a bien failli l'avoir!° Continue, il y a   il... he almost got it
              quelque chose pour toi un peu plus loin°...   un peu... a little further

      FANNY: «Enfin, tout ça va très bien et j'espère que ma lettre te trouvera°   (*fut.*) will find / de... in
              de même,° ainsi que Fanny.»   the same condition

35   CÉSAR (*affectueux*): Ainsi que Fanny! Tu vois qu'il pense toujours à toi.

      FANNY: «Donne-moi un peu des nouvelles de sa santé et de son mariage
              avec ce brave homme de Panisse. Elle sera° sûrement très heureuse   (*fut.*) will be
              avec lui, dis-le-lui bien° de ma part.»   dis... be sure to tell her
                                                                                             that
      CÉSAR: Tu vois, dis-le-lui bien de ma part. Tu vois, il pense à toi.

40   FANNY: «Ecris-moi à mon nom: bord de la *Malaisie.* A Aden.[4] Nous y
              serons° le 15 septembre. Je t'embrasse de tout cœur. Ton fils Marius.»   (*fut.*) will be

      CÉSAR (*avec émotion*): Ton fils, Marius.

      FANNY: En dessous,° il y a: «Ne te fais pas de mauvais sang,° je suis   En... Underneath /
              heureux comme un poisson dans l'eau.»   Ne... Don't worry

45   CÉSAR: Eh! oui, il est heureux... Il nous a laissés tous les deux et pourtant
              il est ravi... (*Fanny pleure. César se rapproche d'elle.*) Que veux-tu,° ma   Que... What do you
              petite Fanny, il est comme ça°... et puis, il faut se rendre compte qu'il   expect / il... that's
              ne doit pas avoir beaucoup de temps pour écrire, et puis sur un   how he is
              bateau, c'est difficile; ça remue tout le temps, tu comprends...

50   Evidemment, il aurait pu° mettre quelque chose de plus affectueux°   il... (*cond. past*) he could
              pour moi—et surtout pour toi... Mais peut-être que juste au moment   have / affectionate

---

[3]**Port-Saïd** an Egyptian port on the Mediterranean
[4]**bord de ... Aden** aboard the *Malaisie* (the name of the ship) in Aden, a port in the Red Sea

où° il allait écrire une longue phrase exprès pour toi, une phrase bien
sentimentale, peut-être qu'à ce moment-là, on est venu l'appeler
pour mesurer l'océanographique? Moi, c'est comme ça que je me
l'explique... Et puis, c'est la première lettre... Il y en aura° d'autres!
Té, maintenant nous allons lui répondre.

juste... just at the time

(fut.) There will be

Questions sur la lecture

1. Comment est-ce que Marius a fait de la peine à son père?
2. Marius dit à son père: «... je pense à toi tous les soirs.» César dit:
   «... mais moi, grand imbécile, je pense à toi toute la journée.» Quelle
   est la différence? Qu'est-ce que la phrase de César exprime?
3. Marius était aide-cuisinier. Quelle opinion a César sur les talents de
   cuisinier de son fils?
4. Pourquoi est-ce que le bateau a été mis en quarantaine?
5. Quelles inquiétudes a César? Quel type de père était César quand
   Marius était enfant? Comment le savez-vous?
6. Les gens du Midi, particulièrement de Marseille, ont la réputation
   d'exagérer. En ce qui concerne la peste, comment est-ce que César
   exagère?
7. La lettre de Marius n'est pas très affectueuse. De qui est-ce que Marius
   parle surtout? Comment expliquez-vous cela?
8. Pourquoi est-ce que Fanny pleure?
9. Quelles excuses est-ce que César donne à son fils pour expliquer
   pourquoi il n'a pas parlé plus affectueusement de Fanny?
10. Que vont faire César et Fanny?

Questions personnelles

1. Que pensez-vous de Marius? Il dit qu'il est «heureux comme un poisson dans l'eau». Est-il sincère? A-t-il des regrets? A votre avis,
   pourquoi a-t-il abandonné Fanny?
2. Que pensez-vous du chagrin de Fanny? Quelles raisons a-t-elle
   d'avoir de la peine?
3. Est-ce que c'est difficile d'écrire des lettres? Aimez-vous écrire des lettres? Sinon, pourquoi pas? Quel plaisir reçoit-on, fait-on, quand on
   échange des lettres?
4. Quelle est votre réaction quand vous avez de la peine: est-ce que vous
   pleurez? est-ce que vous riez? parlez fort? chantez? vous mettez en
   colère?
5. Avez-vous tendance à exagérer? Connaissez-vous des personnes qui
   exagèrent? Pouvez-vous raconter une histoire «marseillaise»?

Les pronoms personnels

Formes

Le pronom personnel remplace un nom de personne ou un nom de chose.

Jean voit **le professeur.**	Il **le** voit.
Vous aimez **les oranges?**	Vous **les** aimez?

La forme du pronom est déterminée par la fonction du nom qu'il remplace.

Sujet:	**Les étudiants** sont étonnés.	**Ils** sont étonnés.
Objet direct:	Tu comprends **la question?**	Tu **la** comprends?
*Objet indirect (prép. **à**):*	Vous parlez **à Robert.**	Vous **lui** parlez.
Objet de prép:	Elle habite **chez ses parents.**	Elle habite **chez eux.**

sujet	objet direct	objet indirect	objet de préposition (pronoms disjoints ou toniques)	pronoms-adverbes
je	me, m'	me, m'	moi	y
tu	te, t'	te, t'	toi	en
il	le, l'	lui	lui	
elle	la, l'	lui	elle	
nous	nous	nous	nous	
vous	vous	vous	vous	
ils	les	leur	eux	
elles	les	leur	elles	
on	se, s'	se, s'	soi	

Remarques:
◆ Les pronoms **y** et **en**, qui sont à l'origine des adverbes de lieu, ont des emplois spéciaux.
◆ Pour le pronom réfléchi **se, s'**, voir page 239.
◆ Pour le pronom réfléchi **soi**, voir page 239.

Emplois

Les pronoms sujets

Les pronoms sujets sont **je, tu, il, elle, nous, vous, ils, elles, on.**

1 **Il** représente une personne masculine, un animal mâle ou une chose masculine.

Marius écrit une lettre.	**Il** écrit une lettre.
Le bateau quitte le port.	**Il** quitte le port.

2 **Ils** est employé pour le masculin pluriel.

Les matelots sont occupés.	**Ils** sont occupés.
Les ports se trouvent sur la Méditerranée.	**Ils** se trouvent sur la Méditerranée.

3 **Elle** représente une personne féminine, un animal femelle ou une chose féminine.

La jeune fille est indépendante.	**Elle** est indépendante.
La peste est terrible.	**Elle** est terrible.

4 **Elles** est employé pour le féminin pluriel.

Les femmes des matelots s'ennuient.	**Elles** s'ennuient.
Les nouvelles sont bonnes.	**Elles** sont bonnes.

5 Pour **on,** voir page 33.

Les pronoms objets directs

Les pronoms objets directs sont **me, m'; te, t'; le, l'; la, l'; nous; vous; les.** Ils se placent *devant* le verbe.

1 **Le** (*him, it*) remplace un nom objet direct masculin, qui représente une personne, un animal ou une chose, déterminé par un article défini.

La (*her, it*) remplace un nom objet direct féminin, qui représente une personne, un animal ou une chose, déterminé par un article défini.

L' est l'élision de **le** ou **la** devant un verbe qui commence par une voyelle ou un **h** muet.

Je vois **le tableau.**	Je **le** vois, je l'admire.
Il préfère **la musique.**	Il **la** préfère, il l'aime.

Les (*them*) est la forme du pluriel pour le masculin et pour le féminin.

Marius aime **les voyages.**	Il **les aime.**
César lit **les lettres.**	Il **les** lit.

Remarques:

◆ A la place de l'article défini, le mot qui précède le nom peut être un adjectif possessif ou un adjectif démonstratif.

Elle étudie **ses** leçons.	Elle **les** étudie.
Tu aimes **ce** livre?	Tu l'aimes?

◆ **Le** remplace aussi toute une proposition (*clause*) ou un adjectif.

Je vais dire **que tu as lu la lettre.**	Je vais **le** dire.
Tu es **heureux?**	Tu l'es?

◆ Le pronom peut remplacer un seul nom ou un groupe de mots (*phrase*) qui représente une seule personne ou un seul objet.

Je rencontre **le directeur.**	Je **le** rencontre.
Je rencontre **le directeur de la compagnie aérienne.**	Je **le** rencontre.

Il a perdu **ses clés.**   Il **les** a perdues.
Il a perdu **les clés de la voiture de Jacques.**   Il **les** a perdues.

◆ Le pronom objet direct suivi de **voici** ou **voilà** interprète:

Here I am! There they are!   **Me** *voici!* **Les** *voilà!*

◆ L'ordre des mots à la forme négative est le suivant:

| sujet + **ne** + pronom + verbe + **pas** |

Je **ne** les aime **pas.**   Vous **ne** l'avez **pas** vu?

2 Certains verbes qui se construisent avec une préposition en anglais ont un *objet direct* en français.

to look at:	**regarder**	Je regarde **la mer.**
		Je **la** regarde.
to look for:	**chercher**	Tu cherches **tes clés?**
		Tu **les** cherches?
to listen to:	**écouter**	Vous écoutez **le concert.**
		Vous **l'**écoutez.
to wait for:	**attendre**	Elle **m'**attend.
to ask for:	**demander**	Nous demandons **l'heure.**
		Nous **la** demandons.

Exercice

A. Refaites les phrases suivantes. Employez un pronom objet direct à la place des mots en italique. Attention à l'accord du participe passé.

Modèle: Je regarde *le voilier* / *tu* / *mes enfants.*
Je **le** *regarde.*   Je **te** *regarde.*   Je **les** *regarde.*

1. Elle lit *la lettre* / *les cartes* / *le journal.*
2. Fanny a connu *Marius* / *je* / *nous.*
3. Ils ont remplacé *le matelot blessé* / *la directrice* / *les voyageurs.*
4. Je ne comprends pas *ce problème* / *cette histoire* / *ces enfants.*
5. Il a perdu *sa clé* / *son chien* / *ses notes de cours.*
6. Elles prenaient *l'avion* / *le bateau* / *la route.*
7. Il attend *ses lettres* / *tu* / *vous.*
8. Les matelots lavent *le pont* / *la cuisine* / *les cabines.*
9. Je cherce *l'ouvre-boîtes* / *les verres bleus* / *la casserole.*
10. Nous regardons *l'émission sportive* / *le documentaire* / *les danseurs.*

Les pronoms objets indirects et y

On a un objet indirect si le verbe a la construction suivante: verbe + **à** + nom. Les pronoms objets indirects sont **me, m', te, t', lui, nous, vous, leur** et **y.** Ils se placent *devant* le verbe.

1 Tous ces pronoms objets indirects, sauf **y**, remplacent seulement des noms de personnes ou d'animaux qui ont la fonction d'objet indirect.

a. **Lui** (*to him, to her*) remplace un nom masculin ou féminin singulier.

Vous obéissez **à votre père?**	Vous **lui** obéissez?
Je parle **à Francine.**	Je **lui** parle.

b. **Leur** (*to them*) remplace un nom masculin ou féminin pluriel.

Tu réponds **à tes parents.**	Tu **leur** réponds.
Elle n'écrit pas **à ses amies.**	Elle ne **leur** écrit pas.

Voici d'autres verbes qui sont construits avec un objet indirect.

appartenir à (*to belong*)	Ce livre **m'appartient.**	*This book **belongs to me.***
demander à (*to ask*)	Tu demandes à ta mère quelle heure il est. Tu **lui demandes** quelle heure il est.	*You ask your mother what time it is.* *You **ask her** what time it is.*
dire à (*to tell*)	Elle dit à Jean-Paul de venir. Elle **lui dit** de venir.	*She tells Jean-Paul to come.* *She **tells him** to come.*
écrire à (*to write*)	Tu écris à tes cousines. Tu **leur écris.**	*You write to your cousins.* *You **write to them.***
obéir à (*to obey*)	Il obéit à ses parents. Il **leur obéit.**	*He obeys his parents.* *He **obeys them.***
plaire à (*to please*)	Mon cadeau **vous plaît?**	*My present **pleases you?***
répondre à (*to answer*)	Je réponds au professeur. Je **lui réponds.**	*I answer the professor.* *I **answer him** (**or her**).*
ressembler à (*to look like*)	Ton frère **te ressemble.**	*Your brother **looks like you.***
téléphoner à (*to telephone*)	Elle téléphone à sa tante. Elle **lui téléphone.**	*She telephones her aunt.* *She **telephones her.***

2 Souvent le verbe a deux objets: l'objet direct qui représente une chose, l'objet indirect qui représente une personne.

Marius écrit **une lettre à son père.**

Vous envoyez **un télégramme à vos parents.**

Voici d'autres verbes qui sont construits avec un objet direct et un objet indirect.

acheter (*to buy*)	Nous achetons une voiture à notre fils. Nous **lui achetons** une voiture.	*We buy a car for our son.* *We **buy him** a car.*
demander (*to ask*)	Je demande l'heure à la vendeuse. Je **lui demande** l'heure.	*I ask the salesperson what time it is.* *I **ask her** the time.*
donner (*to give*)	Je donne le journal à mon voisin. Je **lui donne** le journal.	*I give my neighbor the newspaper.* *I **give him** the newspaper.*
emprunter (*to borrow*)	Elle a emprunté mille francs à sa sœur. Elle **lui a emprunté** mille francs.	*She borrowed one thousand francs from her sister.* *She **borrowed** one thousand francs **from her.***
expliquer (*to explain*)	Le professeur de ski explique sa méthode aux enfants. Le professeur de ski **leur explique** sa méthode.	*The ski instructor explains his method to the children.* *The ski instructor **explains** his method **to them.***
prêter (*to lend*)	Tu prêtes ta voiture à ta sœur? Tu **lui prêtes** ta voiture?	*You lend your car to your sister?* *You **lend her** your car?*
raconter (*to tell*)	Elle **me raconte** sa vie.	*She **tells me** her life story.*
rendre (*to give back,* *to return*)	Je rends à Pierre l'argent qu'il m'a prêté. Je **lui rends** l'argent qu'il m'a prêté.	*I give back to Pierre the money he lent me.* *I **give him** back the money he lent me.*
vendre (*to sell*)	Il a vendu sa moto à son cousin. Il **lui a vendu** sa moto.	*He sold his motorcycle to his cousin.* *He **sold him** his motorcycle.*

Pour l'emploi de deux pronoms ensemble, voir page 224.

3 **Y** est souvent adverbe, mais peut aussi être pronom objet indirect.

   a.   Comme adverbe, **y** remplace des noms de lieu avec **à, sur, dans, chez,** etc.

> Le bateau de Marius est **à Aden.**   Il **y** est.
> Vous restez **chez vous** ce soir?   —Oui, j'**y** reste.

   b.   Comme pronom, **y** s'emploie pour remplacer des objets indirects qui représentent une chose, un objet inanimé.

> On répond **à une question.**   On **y** répond.
> Les matelots obéissent **au règlement.**   Ils **y** obéissent.

Attention: Quelques verbes suivis de **à** ont une construction spéciale. Ils n'utilisent pas le pronom objet indirect, mais le pronom disjoint (voir p. 220).

Exercice

B. Refaites les phrases suivantes en remplaçant l'expression en italique par un pronom objet indirect ou **y**.

> *Modèles:* J'écris une lettre *à ma mère* / *à ton frère* / (tu)
> *Je **lui** écris une lettre.*
> *Je **lui** écris une lettre.*
> *Je **t'**écris une lettre.*

1. Marius fait de la peine *à sa sœur* / *à son père* / (je)
2. Il envoie un paquet *à ses parents* / (vous) / (tu)
3. Fanny lit la lettre *à César* / (nous) / *à son amie Maria*
4. Les cadeaux font plaisir *aux enfants* / (nous) / (je)
5. Le jeune homme ne raconte pas ses voyages *à son père* / *à sa cousine* / (je)
6. Vous répondez *à la question* / *au gendarme* / *à ma lettre*
7. Tu ne désobéis pas *à tes parents* / *au règlement* / *à tes principes*

Les pronoms disjoints

Les pronoms disjoints sont **moi, toi, lui, elle, nous, vous, eux, elles.** On utilise ces pronoms seulement pour remplacer les noms de personnes ou d'animaux.

1 L'emploi le plus courant des pronoms disjoints est après une préposition; le groupe préposition + pronom disjoint est placé *après* le verbe.

> Est-ce que ça vous intéresse de travailler **pour ces gens?**
> Caroline est venue **chez moi.**
>
> Est-ce que ça vous intéresse de travailler **pour eux?**

2 Avec certains verbes qui sont suivis de la préposition **à** + nom de personne, on ne peut pas employer les pronoms objets indirects devant le verbe. On répète la préposition **à** après le verbe et on emploie les pronoms disjoints.

> Il pense **à moi, à toi, à vous.**
>
> Je pense **à mon frère.**   Je pense **à lui.**
> Elle s'adresse **à ses parents.**   Elle s'adresse **à eux.**
> Je m'intéresse **à Suzanne.**   Je m'intéresse **à elle.**

Attention: Si le nom représente une chose ou un objet inanimé, on emploie **y**.

> Je fais attention **à ma santé.**   J'**y** fais attention.

Voici des verbes qui ont cette construction:

aller à	to go to	s'adresser à	to address oneself to
courir à	to run to	s'habituer à	to get used to
être à	to belong to	s'intéresser à	to be interested in
être habitué à	to be used to	se fier à	to trust
faire attention à	to pay attention to	songer à	to dream, to think about
penser à	to think of	tenir à	to value
rêver à	to dream of	venir à	to come to

■ *Tableau-résumé*

verbes	*noms de personnes*		*noms de choses*
obéir à, répondre à, etc.	*pronom objet indirect* me, te, lui nous, vous, leur	+ *verbe*	y + *verbe*
penser à, tenir à, etc.		*pronom disjoint* moi, toi	y + *verbe*
	verbe + **à** +	lui, elle nous, vous eux, elles	

3 On emploie aussi les pronoms disjoints pour renforcer les pronoms sujets. On place le pronom disjoint au début de la phrase, devant le pronom sujet ou à la fin de la phrase.

> **Moi,** je ris, et **lui,** il pleure.
> Tu vas partir en vacances, **toi?**
> **Lui et moi,** nous sommes de grands amis.

Le pronom sujet disparaît et le pronom disjoint a la fonction de sujet dans les cas suivants:

a. avec plusieurs sujets

> **Lui et moi** avons fait un voyage ensemble.

b. dans l'expression **c'est ... qui**

> **C'est lui** qui fait la cuisine, **c'est moi** qui fais la vaisselle.

c. dans une réponse elliptique, sans verbe, et avec les adverbes **aussi** et **non plus**

> Qui a parlé?   —**Moi, pas elle.**
> J'ai le mal de mer.   —**Moi aussi.**
> Elle n'a plus faim.   —**Lui non plus.**

d. avec **ni ... ni**

> **Ni lui ni elle** ne parlent français.

e. dans une comparaison (voir p. 155)

> Vous parlez **plus** fort **que lui.**

4 On emploie les pronoms disjoints pour insister sur les pronoms objets directs ou indirects. On peut employer l'expression d'insistance **c'est ... que.** Pour insister sur l'objet indirect, on répète **à** devant le pronom objet disjoint.

Objet direct	*Objet indirect*
Personne ne **m'**aime, **moi.**	Je te parle, **à toi,** pas **à elle.**
C'est **toi** que je regarde.	C'est **à lui** que je pense.
Qui cherches-tu? **Eux,** pas **elles.**	A qui téléphones-tu? **A lui.**
Je ne trouve ni **lui,** ni **elle.**	Il n'obéit ni **à vous,** ni **à moi.**

Remarque: Il existe une autre forme de pronom disjoint: **soi.** Ce pronom s'emploie quand le sujet du verbe est un pronom indéfini, comme **on, chacun** (*each one*). Pour renforcer le sujet, on emploie la forme **soi-même; soi** s'emploie aussi après une préposition, ou dans une comparaison.

On peut le faire **soi-même.**
On est bien **chez soi.** Chacun **pour soi.**
On a souvent besoin d'un **plus petit que soi.**

Exercices

C. Refaites les phrases suivantes avec des pronoms disjoints, à la place des expressions en italique.

1. Il vient s'asseoir à côté *de Suzanne / de Pierre / de* (*je*).
2. Ils se disputent à propos *des enfants / de* (*vous*) / *de* (*nous*).
3. Nous n'habitons plus *chez nos parents / chez* (*nous*) / *chez Mme Voisin.*
4. Il ne peut pas vivre *sans Marie / sans Julie et Pauline / sans* (*tu*).
5. Quand vous courez, restez *derrière* (*je*) / *derrière Robert / derrière les autres coureurs.*
6. Fanny s'est sacrifiée *pour sa mère / pour ses parents / pour* (*tu*).

D. Incorporez les pronoms suggérés dans les phrases suivantes.

Modèles: Tu parles / je /.   Elle pense / je /.
           *Tu **me** parles.*   *Elle pense **à moi.***

1. Je m'adresse / tu /. Je téléphone / tu /.
2. Je prête mon auto / ils /. J'écris / ils /. Je me fie / ils /.
3. Son fiancé tient / elle /. Il écrit / elle /. Il pense / elle /. Il téléphone / elle / tous les jours.
4. Cette bicyclette est / je /. Cette bicyclette appartient / je /. Julia a prêté cette bicyclette / je /.
5. Votre enfant ressemble / vous /. Votre enfant tient / vous /. Votre enfant répond / vous / gentiment.
6. Le professeur s'intéresse / tu /. Le professeur ne parle pas / nous /. Le professeur / dit d'aller au tableau / nous /.

E. Refaites les phrases suivantes en remplaçant le groupe en italique par un pronom indirect, un pronom disjoint ou **y.**

Modèle: Marius pense *à son voyage.*
          Il **y** *pense.*

1. Je parle *à Suzanne.*
2. Ma cousine tient beaucoup *à ses grands-parents.*
3. Le commandant du bateau réfléchit *au problème.*
4. Marcel ne s'intéresse pas *aux mathématiques.*
5. Est-ce que vous vous fiez *à cette personne?*
6. Votre tableau ressemble *à un dessin de Picasso.*
7. Je prête mon voilier *à mes amis.*
8. Elle ne s'habitue pas *à ses nouveaux voisins.*
9. Ce château appartient *à la princesse.*
10. Fanny pense *à Marius* tous les jours.

F. Dans les phrases suivantes, mettez le pronom qui convient dans l'espace vide. Dans certaines phrases le pronom anglais vous indique la personne.

1. _____ , j'écris à mon père tous les jours; et _____ , est-ce que tu écris à ton père aussi souvent que _____?
2. Les enfants n'ont pas de soucis, _____. _____ s'amusent pendant que les parents travaillent. _____ , je trouve ça normal. Et _____ , qu'en pensez-_____?
3. C'est _____ qui étudions le plus. —Pas du tout. Ni (*you*) _____ ni (*he*) _____ n'étudiez autant que (*I*) _____.
4. Ces femmes sont fatiguées de rester à la maison, _____. Elles désirent accompagner leurs maris, qui, _____ , font des voyages, sortent, jouent au tennis.
5. Tu fais des économies, _____? —Oui, j'en fais. Ma sœur, _____ , n'en fait pas. Elle est plus dépensière que _____ (*I*).
6. Tu es fatigué? —(*I*) _____ aussi.
7. Nous n'avons pas d'argent. (*They*) _____ non plus.
8. Ma chère Isabelle, c'est _____ que j'aime, c'est _____ que je pense quand je suis en voyage, c'est _____ qui me rends heureux, c'est _____ qui avons de la chance.
9. Cet enfant est terrible. Il ne respecte ni son père ni sa mère; il n'obéit ni à _____ ni à _____.

Le pronom en

En est le pronom qui remplace **de** + nom de chose ou **de** + infinitif. **En** précède immédiatement les verbes.

J'ai besoin **de chaussures.**	*I need some shoes.*
J'**en** ai besoin.	*I need **some**.*
J'ai l'intention **de voyager.**	*I intend to travel.*
J'**en** ai l'intention.	*I intend **to do so**.*

Remarque: **En** remplace **du** ou **des** + nom: (1) article partitif, (2) article indéfini pluriel ou (3) article contracté.

(1) Tu veux **du café?**   Tu **en** veux?
(2) Elle achète **des pommes.**   Elle **en** achète.
(3) Il se sert **du tire-bouchon.** Il s'**en** sert.

1 On emploie **en** après les verbes suivis de **de.** Voici une liste de verbes courants:

s'approcher de (*to approach*)   profiter de (*to take advantage of*)
se passer de (*to do without*)   se souvenir de (*to remember*)
se servir de (*to use*)   prendre soin de (*to take care of*)
parler de (*to talk about*)   s'occuper de (*to deal with*)

On emploie aussi **en** avec les expressions formées avec **avoir** et avec **être** suivi d'un adjectif.

◆ **Avoir**

avoir besoin de   avoir l'habitude de (*to be used to*)
avoir peur de   avoir l'intention de (*to intend to*)
avoir envie de

J'ai besoin **de vanille** pour cette recette.   *I need vanilla for this recipe.*
J'**en** ai besoin.   *I need some.*

◆ **Etre**

être heureux de   être triste de   être ravi de (*to be delighted about*)

Elle était triste **de son départ.**   *She was sad about his departure.*
Elle **en** était triste.   *She was sad about it.*

Nous sommes heureux **de parler** français.   *We're happy to speak French.*
Nous **en** sommes heureux.   *We're happy about it.*

2 Quand ces verbes et ces expressions sont suivis d'un nom de *personne,* on a le choix de pronom: **de lui, d'elle, d'eux, d'elles** ou **en.** Si le nom représente une personne précise, on emploie le *pronom disjoint.* Si le nom est indéterminé (*indefinite*), on emploie **en.**

Je me souviens **de Marie.**   Je me souviens **d'elle.**
On a toujours besoin **d'amis.**   On **en** a toujours besoin.

3 **En** remplace **de** + nom après une expression de quantité comme **beaucoup de, assez de, trop de.** On répète l'expression de quantité après le verbe.

Tu as acheté **beaucoup de fruits.**   Tu **en** as acheté **beaucoup.**
Il boit **trop de lait.**   Il **en** boit **trop.**

En remplace aussi un nom qui suit un adjectif de quantité (**plusieurs, certains**) ou un nombre, sans **de.** Dans ce cas, on répète **plusieurs, certains** et on répète le nombre.

Il a écrit **plusieurs poèmes.**   Il **en** a écrit **plusieurs.**
Vous avez **une voiture?**   Vous **en** avez **une?**
Il prend **trois morceaux** de sucre.   Il **en** prend **trois.**

A la forme négative, **un** et **une** disparaissent. Les autres nombres sont répétés. Comparez ces phrases positives et négatives:

Ils ont acheté **un bateau.**   Ils **en** ont acheté **un.**
                                             Ils **n'en** ont pas acheté.

Nous commandons **cinq Cocas.**   Nous **en** commandons **cinq.**
                                             Nous **n'en** commandons **pas cinq.**

Exercice

G. Refaites les phrases suivantes avec **de lui, d'elle, d'eux, d'elles** ou **en** à la place du groupe en italique.

Modèle: Tu as mangé trois *gâteaux.*
             *Tu **en** as mangé trois.*

1. Maurice a fait *de la peine* à son père.
2. Ce matelot attrapait beaucoup *de maladies.*
3. Ce jeune homme n'a pas besoin *de ses parents.*
4. Vous trouvez toujours mille *excuses.*
5. Tu as pris *des vitamines*?
6. Je ne me souviens pas *de cet écrivain.*
7. Célia s'occupe *de vieilles personnes.*
8. Il faut quatre sortes *de poissons* pour faire une bouillabaisse.
9. Pendant leurs vacances, ils ont fait plusieurs *excursions.*
10. J'ai peur *des moustiques.*

Les pronoms ensemble

L'ordre habituel de tous les pronoms *devant* le verbe est le suivant:

sujet (**ne**)	me te nous vous	le la les	lui leur	y	en	*verbe* (**pas**)

Voici les combinaisons possibles.

objet indirect	*objet direct*	
me te nous vous	le + la les	Il **me le** dit. Je **te la** donne. Nous **vous les** envoyons.

objet direct	*objet indirect*	
le la les $\Big\}$	lui + leur	Je **le lui** explique. Il **la leur** donne. Nous **les leur** envoyons.

objet indirect		
m' t' nous vous lui leur $\Big\}$	+ en	Il **m'en** donne. Elle **vous en** envoie. Je **lui en** parle. Il **leur en** apprend.

objet direct		
m' t' nous vous l' les $\Big\}$	+y	Vous **m'y** invitez. Ils **nous y** envoient. Elle **les y** expédie.
y	+ en	Il **y en** a. (On appelle cette règle *the donkey's rule*, à cause du son «hi-han».)

Remarque: Les combinaisons **me, te, nous, vous** (*obj. dir.*) avec **lui, leur** (*obj. ind.*) sont impossibles. Avec le verbe **présenter** (une personne à une autre personne), on peut dire:

> Je **vous la** présente.   (**vous** = *obj. ind.*)

mais il faut dire:

> Il **me** présente **à eux.**   Présentez-**nous à elle.**

Exercices

H. Refaites les phrases suivantes avec des pronoms personnels à la place des groupes en italique.

> *Modèle:* Fanny lit *la lettre à César.*
> *Elle **la lui** lit.*

1. Je donne *mon numéro de téléphone à Jacques.*   2. Le professeur *m'*explique *la difficulté.*
3. Elle ne dit pas *la vérité* (*truth*) *à sa mère.*   4. Vous donnez *votre adresse à des inconnus?*
5. Il rend *ses livres à Marianne.*   6. Le touriste demande *la clé au réceptionniste de l'hôtel.*
7. Le garçon apporte *l'addition aux clients.*   8. La serveuse *nous* apporte *le plateau de fromage.*   9. Votre père *vous* prête *sa voiture?* 10. Nous *te* demandons *ce service* (*favor*).

I. Refaites les phrases suivantes avec des pronoms personnels + **y** à la place des groupes en italique. Faites l'accord du participe passé si nécessaire.

> *Modèle:*   J'expédie *les paquets en Amérique.*
> *Je **les y** expédie.*

1. Ces parents envoient *leur fils au meilleur collège.*   2. Nous invitons *nos cousins à notre mariage.*   3. Je n'ai pas vu *Georges à la bibliothèque.*   4. Tu as rencontré *ces gens au Club Méd!*   5. Tu ajoutes *assez de sel dans la soupe.*   6. Vous mettez *un peu de curry dans la salade?*   7. On trouve *de bonnes affaires dans ce magasin.*   8. J'ai mis *les lettres à la boîte aux lettres.*

J. Refaites les phrases suivantes avec des pronoms personnels + **en** à la place des groupes en italique.

> *Modèles:*   Vous envoyez *des nouvelles à vos parents?*
> *Vous **leur en** envoyez?*

1. Tu *m'*achètes *une voiture* pour mon anniversaire?   2. Ces personnes riches donnent *des vêtements aux pauvres.*   3. J'emprunte *un peu d'argent à ma tante.*   4. Elle envoyait *des paquets de provisions aux prisonniers.*   5. Il ne sert pas *de vin à ses invités.*   6. Le garçon apporte *de la soupe au client.*   7. Mes parents ne *m'*ont pas donné *de cadeau pour mon anniversaire.*   8. Il *nous* a montré *des photos de son voyage à Aden.*

L'ordre des pronoms à l'impératif

1 A l'impératif affirmatif, les pronoms suivent le verbe comme en anglais. On met un trait d'union entre les pronoms.

	O.D.	O.I.				
		moi (m')				
	le	toi (t')	y	en	Dites-**le-lui.**	Vas-**y.**
verbe +	la	lui			Envoyez-**la-nous.**	Donnez-**m'en.**
	les	leur			Racontez-**la** moi.	Occupez-**vous-en.**
		nous				
		vous				

Remarques:

◆ Les pronoms **me** et **te** deviennent **moi** et **toi,** sauf quand ils sont suivis de **en: m'en, t'en.**

◆ On utilise rarement la combinaison O.D. + **y** pour des raisons de sonorité (*sound*). On utilise **là** ou **cela** à la place de **y.**

Mettez-les **là.**	*Put them **there.***
Assieds-toi **là.**	*Sit **there.***
Intéresse-toi **à cela.**	*Get interested **in that.***
Habitue-toi **à cela.**	*Get used **to that.***

2 Pour l'impératif négatif, il faut suivre l'ordre habituel des pronoms comme dans le présent négatif et supprimer le pronom sujet.

Vous **ne** lui en donnez **pas.**   **Ne** lui en donnez **pas.**

L'ordre des pronoms objets avec l'infinitif

3 Si le verbe est suivi d'un infinitif, le pronom objet de l'infinitif se place entre le verbe principal et l'infinitif, excepté avec les verbes **faire, laisser** et les verbes de perception (voir p. 263).

Je vais lire **cette histoire.**   Je vais **la** lire.
Je veux voir **ce film.**   Je veux **le** voir.
Je peux manger **du poisson.**   Je peux **en** manger.

MAIS:

Tu fais sortir **les chiens.**   Tu **les** fais sortir.

Exercices

K. Refaites les phrases suivantes avec des pronoms à la place des groupes en italique. Puis mettez ces phrases à l'impératif affirmatif, et à l'impératif négatif.

Modèle: Tu *me* donnes *le livre.*   *Tu **me le** donnes.*
*Donne-**le-moi.***   *Ne **me le** donne pas.*

1. Vous *m'*achetez *un cadeau.*   2. Tu *lui* expliques *la leçon.*   3. Nous envoyons *des chocolats à Michelle.*   4. Tu lis *la lettre à ta grand-mère.*   5. Vous rendez *les affaires à votre frère.*   6. Vous *me* faites *de la monnaie (change).*   7. Tu mets *tes pieds sur la pelouse.*   8. Nous préparons *une surprise à nos parents.*

L. Refaites les phrases suivantes avec des pronoms personnels à la place des groupes en italique.

Modèle: Je vais *vous* montrer *mes films.*
*Je vais **vous les** montrer.*

1. Le professeur de piano va féliciter *la petite fille.*   2. Est-ce que vous savez jouer *du violon?*   3. Elle va apprendre *le latin.*   4. Elle a peur de manger *des pâtisseries.*   5. Il voudrait acheter *un bateau.*   6. Vous voulez inviter *la jeune fille américaine?*   7. Tu peux *me* donner *cette permission.*   8. Nous n'avons pas oublié de téléphoner *à Suzanne.*   9. Nous allons faire *un voyage.*   10. Je ne peux pas *te* prêter *d'argent.*

Formules à retenir

1 ▶ Expressions idiomatiques avec les pronoms **en** et **y**

En et **y** apparaissent dans plusieurs expressions idiomatiques courantes.

a. **en**

◆ **en être** (*to be at a point in a story, in a book*)

Où **en sommes-nous?**

◆ **en avoir assez** (ou **marre**) (*to be fed up* [*with*])

J'**en ai assez** de cette situation.

◆ **en vouloir à quelqu'un** (*to bear a grudge*)

J'**en veux** à mon professeur, je lui **en veux.**

◆ **s'en aller** (*to go away*)

On s'**en va?**

◆ **s'en ficher** (*not to care*)

Elle **s'en fiche.**   *She couldn't care less.*

◆ **ne pas s'en faire** (*not to worry*)

Elle **ne s'en fait pas.**   *She doesn't worry.*

b. **y**

◆ **y être** (*to be ready*)

Vous **y êtes?**
Ça **y est.**   *That's it.*

◆ **y en avoir**

Il **y en a.**   *There is (are) some.*

◆ **y aller** (*to go ahead*)

On **y va?**
Allons-y.   *Let's go.*

◆ **s'y connaître** (*to know about something, to be an expert*)

Je **m'y connais.**

◆ **s'y faire** (*to get used to something*)

Cette situation? Je **m'y fais.**

◆ **s'y prendre** (*to go about something*)

Il répare sa voiture. Il sait **s'y prendre.**

Exercice

M. Choisissez dans la liste suivante l'expression idiomatique qui correspond aux définitions suivantes ou aux situations suggérées.

Je vous en veux.	Tu t'en fiches.	J'en ai marre.
Elle s'y connaît.	Tu t'y fais.	Allons-y!
Il en a assez.	Tu t'y prends bien.	Elle ne s'en fait pas.

1. Je suis en train de lire un livre très long, *La vie de Mathusalem*. Je ne vais pas le finir.
2. Tu es très habile à réparer ta maison.
3. Josette vend des tableaux. Elle a une connaissance très étendue de la peinture.
4. Je suis fâché. Vous ne m'avez pas écrit pendant vos vacances. Je ne veux plus vous parler.
5. Tu as l'air indifférent. Tu ne te fais pas de soucis.
6. Il est fatigué de travailler tous les dimanches.
7. Tu t'habitues à ton travail?
8. Nous partons!

2 ▶ **faillir** + infinitif

On l'utilise de cette façon: on conjugue le verbe **faillir** au passé composé, puis on ajoute l'infinitif du verbe principal. Cette expression signifie **presque.**

Elle **a failli tomber.**	Elle **est** *presque* **tombée.**
J'**ai failli répondre.**	J'ai *presque* **répondu.**
Vous **avez failli avoir** un accident.	Vous **avez** *presque* **eu** un accident.

Exercice

N. Refaites les phrases suivantes avec le verbe **faillir.**

1. Ils ont presque tout perdu dans un incendie. 2. Elle a presque fait le tour du monde. 3. Les Allemands ont presque gagné la Deuxième Guerre mondiale. 4. Le champion est presque arrivé le dernier au marathon! 5. La tornade a presque touché la ville.

3 ▶ Formules de lettres

a. Au commencement d'une lettre, on emploie les formules suivantes:

◆ pour une personne connue

Cher Monsieur,   Chère Madame,   Chère Mademoiselle,

On ne dit jamais «Cher Monsieur Dupont» avec le nom de la personne.

◆ pour une personne inconnue et dans une lettre d'affaires

Monsieur,   Madame,

On ne dit pas «cher». On peut aussi indiquer le titre.

Monsieur le Ministre,   Madame la Présidente,

b. A la fin d'une lettre on emploie des formules différentes suivant (*according to*) les degrés d'affection:

◆ amour violent

Mon amour, je t'embrasse passionnément.   Ma chérie, je te serre contre mon cœur.

On ne dit jamais «Amour»!

◆ ami(e) intime

Je t'embrasse affectueusement.   Baisers affectueux.   Bises.   Bisous.

◆ ami(e) moins intime

Pensées amicales.   Pensées affectueuses.   Amicalement.

ami(e) beaucoup moins intime

Bien cordialement.   Bien sincèrement.   Amical souvenir.

◆ dans une lettre d'affaires

Si vous ne connaissez pas la personne:

Avec mes sentiments distingués.
Avec ma considération distinguée.

Si vous connaissez la personne:

Avec mes meilleurs sentiments.
(Avec) mes cordiales salutations.

◆ dans une lettre officielle

Veuillez agréer, cher Monsieur (chère Madame)
(*jamais le nom de la personne*), l'assurance   } = *Sincerely yours,*
de mes sentiments distingués.

Synthèse

Applications

I. **Un beau voyage.** Vous rentrez de voyage. Une amie est impatiente de savoir ce que vous avez fait. Elle vous pose des questions. Vous répondez avec des pronoms.

   Modèle: Tu vas **me** raconter **ton voyage?**
   　　　　　　 *Oui, je vais **te le** raconter.*

   1. Tu as pris le bateau?
   2. Tu n'as pas pris l'avion?
   3. Tu as visité beaucoup de pays?
   4. Tu as acheté des souvenirs?
   5. Tu m'as rapporté un cadeau?
   6. Tu vas mettre ces masques africains sur tes murs?
   7. Tu as rapporté ces objets d'art?
   8. Tu as pris des photos?
   9. Tu as rencontré des personnes intéressantes?
   10. Tu as noté leur adresse?
   11. Tu vas revoir ces personnes?
   12. Tu vas retourner dans ces pays?

II. **Un enfant modèle.** Quelles sont les qualités de cet enfant? Répétez les phrases suivantes avec des pronoms à la place des groupes en italique. Suivez le modèle.

   Modèle: Cet enfant n'a pas *de problèmes.*
   　　　　　　 Il n'en a pas.

1. Il n'a pas eu *toutes les maladies infantiles*.   2. Il obéit *à ses parents*. Il accepte *leur autorité*.   3. Il n'a pas besoin de voir *un psy*.   4. Il ne se moque jamais *de ses parents*.   5. Il respecte *ses parents*; il respecte *sa grand-mère*.   6. Il fait attention *à ce qu'on lui dit*.   7. Il fait *ses devoirs*.   8. Il ne fait pas *de peine à sa mère*.   9. Est-ce que cet enfant est *réel*?   10. Je ne crois pas *qu'il existe*.

III. Un enfant capricieux. Donnez les réponses de l'enfant aux suggestions qu'on lui fait: il dit oui, puis il dit non. Employez des pronoms et des impératifs.

> *Modèle:*   Voilà **du pain.** —Oui, donne ... / Non, ...
> *Oui, donne m'en. Non, ne m'en donne pas.*

1. Tu veux de l'eau? —Oui, apporte ... / Non, ...
2. Préfères-tu un Coca? —Oui, donne ... / Non, ...
3. Si on allait au cinéma? —D'accord, ... / Non, ...
4. Tu as envie de regarder un film à la télé? —Oui, ... / Non, ...
5. Veux-tu aller faire du shopping? —Oui, ... / Non, ...
6. Je vais te montrer mes photos. —Oui, ... / Non, ...

IV. Un bon médecin. Que fait-il? Employez des pronoms à la place des groupes en italique.

1. Il ordonne *du repos à un malade surmené* (*overworked*).   2. Il envoie *une mère fatiguée à la campagne*.   3. Il prescrit *des calmants à un nerveux*.   4. Il envoie *une personne déprimée chez le meilleur psy de la ville*.   5. Il recommande *un régime à une personne trop grosse*.   6. Il donne *des fortifiants* (*vitamin supplements*) *à une personne sans énergie*.   7. Il défend *à un cardiaque* de boire *de l'alcool*.   8. Il félicite *le jeune sportif qui n'a pas de problèmes de santé*.

V. De bons conseils. Vous donnez des conseils à un ami qui prépare son voyage. Refaites les phrases avec des pronoms à la place des groupes en italique.

1. Tu dois prendre *ton billet*.   2. Tu dois réserver *ta place*.   3. Tu vas faire *ta valise*.   4. Tu vas emporter *des vêtements pratiques*?   5. Tu veux mettre *ton chat à l'hôtel pour chats*?   6. Tu veux fermer *le compteur d'électricité* (*electric meter*)?   7. Tu peux me prêter *ta voiture*.   8. Tu peux me laisser *les clés de ton appartement*.

VI. Identification. Refaites les phrases suivantes en remplaçant les pronoms par des noms ou des expressions.

1. Je la lui ai donnée.
2. Il n'en avait pas acheté.
3. Allons-y.
4. Vous en aviez discuté avec elle.
5. Y êtes-vous allé?
6. Tu n'es pas plus malin qu'eux.
7. Il n'y en a pas.
8. Tu en avais visité beaucoup avec elles.
9. Je vais le lui dire.
10. Racontez-la-nous.

Conversations

1. Voyage en bateau. Avez-vous fait un voyage en bateau? Sinon, rêvez-vous d'en faire un? Imaginez un voyage sur un voilier (pour une course [*race*]), sur un cargo (*freighter*) ou sur un paquebot de luxe (*liner*). Comparez les plaisirs et les désavantages des voyages en mer sur ces bateaux différents.

cabine (*f.*) cabin
canot (*m.*) **de sauvetage** lifeboat
capitaine (*m.*) ⎫
commandant (*m.*) ⎭ captain

commissaire (*m.*) purser
croisière (*f.*) cruise
mal (*m.*) **de mer** seasickness
passerelle (*f.*) gangway

2. **Voyage par avion.** Préférez-vous voyager par avion? Pourquoi? Avez-vous peur? De quoi? Voici les différentes étapes (*steps*) d'un voyage par avion:

◆ **une ligne aérienne:** prendre son billet, réserver sa place
◆ **une agence de voyage:** un charter, le passeport, les devises (*foreign currency*), les chèques de voyage (*traveler's checks*)
◆ **le douanier, la douanière:** passer la douane (*customs*)
◆ **le départ:** la carte d'embarquement (*boarding pass*), l'hôtesse de l'air, le steward, attacher sa ceinture, éteindre sa cigarette, le plateau-repas (*meal served on tray*), décoller (*to take off*), atterrir (*to land*), la piste d'envol (*runway*)

3. **Les professions.** Donnez les professions des différentes personnes de votre famille et décrivez leurs activités principales.

> *Modèles:*   *Mon père est comptable. Il s'occupe de chiffres, de nombres; il calcule toute la journée.*
>
> *Ma mère est journaliste. Elle interroge les gens; elle écrit des articles dans une revue.*

accountant **comptable**
architect **architecte**
businessman, businesswoman **homme d'affaires, femme d'affaires**
cashier **caissier, caissière**
civil servant **fonctionnaire**
computer programmer **programmeur, programmeuse**
contractor **entrepreneur, entrepreneuse**
cook **cuisinier, cuisinière**
decorator **décorateur, décoratrice**
director **directeur, directrice**
editor **rédacteur, rédactrice**
employee **employé, employée**
farmer **cultivateur, cultivatrice; agriculteur, agricultrice**

foreman **contremaître**
housewife **femme au foyer**
insurance agent **agent d'assurances**
lawyer **avocat, avocate**
librarian **bibliothécaire**
mail carrier **facteur, factrice**
manager **gérant, gérante**
mechanic **mécanicien, mécanicienne**
nurse **infirmier, infirmière**
postal worker **postier, postière**
full-time **à plein temps, à temps complet**
on shift **à temps posté**
part-time **à mi-temps, à temps partiel**

Traduction

1. ANNE: Sylvie, I feel like having a picnic at the beach. I really feel like it. Let's pack (**préparer**) some food and go [there].
2. SYLVIE: No, I don't feel like it. I don't like to eat sand with my sandwiches or find some in my glass.

3. ANNE: There is hardly any wind today; in fact, there is none at all, and if you are careful [about it], it is possible to eat without finding sand in your food.

4. SYLVIE: All right, then, let's go. What are we going to take? We need plates, forks, knives, a tablecloth . . .

5. ANNE: We don't need all that; for a picnic, we have fingers, let's use them. Let's take cheese, fruits, cookies. Let's take a lot of them.

6. SYLVIE: And for drinks, wine! I am putting a bottle in our basket (**panier**). And ice cubes? I always use them in . . .

7. ANNE: You are getting on my nerves (**agacer**). Are you doing it on purpose? I see Thierry who is waving at me (**faire signe**). Thierry, I feel like having a picnic . . .

Rédactions

1. **Lettre d'affaires.** Vous voulez devenir steward ou hôtesse de l'air pour une compagnie aérienne française. Vous écrivez une demande de poste.

2. **Lettre d'excuses.** Vous avez oublié de souhaiter son anniversaire à votre grand-mère. Vous lui écrivez pour vous excuser et vous faire pardonner de lui avoir fait de la peine.

3. **Lettre d'amour.** Vous êtes loin de votre petit ami (ou de votre petite amie) et vous ne pouvez pas lui téléphoner. Vous lui écrivez pour exprimer vos sentiments de solitude, de manque, d'anxiété, d'abandon, et votre inquiétude en ce qui concerne sa fidélité.

Chapitre 12

Le verbe pronominal

Vocabulaire

battre to hit
braver to challenge
convenable convenient; suitable
correction (*f.*) thrashing
coup (*m.*) blow
coup (*m.*) **d'œil** glance
Donnez-vous la peine de... Be kind enough to . . .
s'échapper to escape
en dépit de in spite of
extorquer to extort
frapper to hit

fuir to flee
galette (*f.*) flat cake
geste (*m.*) action; gesture
gifle (*f.*) slap
haïr to hate
honte (*f.*) shame
rattraper to catch again
se répandre to spread
saisi(e) grabbed
vengé(e) avenged
se verser to pour for oneself
voilà du joli it's disgraceful

Vocabulaire supplémentaire

L'école — le lycée

cantine (*f.*) cafeteria
censeur (*m.*) vice-principal
cour (*f.*) school yard
directeur (*m.*), **directrice** (*f.*) principal
école (*f.*) **élémentaire** elementary school
école (*f.*) **maternelle** kindergarten
emploi (*m.*) **du temps** schedule
étude (*f.*) study hall
instituteur (*m.*), **institutrice** (*f.*) elementary school teacher
maître (*m.*), **maîtresse** (*f.*) elementary school teacher
matière (*f.*) subject matter
pion (*m.*), **pionne** (*f.*) student paid to supervise school children
préau (*m.*) covered school yard

professeur (*m.*) high school, university teacher, professor
récréation (*f.*) recess
surveillant (*m.*) **général**, **surveillante** (*f.*) **générale** supervisor

Brimades et châtiments

brimade (*f.*) hazing; bullying
brimer to haze; to tease
châtiment (*m.*) **corporel** corporal punishment
faire la leçon to teach a lesson; to reprimand
fessée (*f.*) spanking
persécuteur (*m.*) bully
retenue (*f.*) detention
tyranniser to bully
vengeance (*f.*) revenge
se venger to avenge oneself

Une bonne correction

Camara Laye (1928–1980) est né en Haute Guinée, un pays d'Afrique centrale qui a longtemps été sous la domination de la France. Il a fait des études supérieures en France tout en travaillant aux usines d'automobiles Simca. Il est rentré dans son pays au moment de l'indépendance (1958). Très vite, il est tombé en désaccord avec le régime et est allé vivre au Sénégal jusqu'à sa mort. *L'Enfant noir* est une autobiographie.

Préparation à la lecture

Camara Laye décrit la vie quotidienne dans un village guinéen, les traditions et les coutumes de son pays. A l'école du village, les «grands» tyrannisent les «petits», les battent, leur prennent leur nourriture et leur argent. Un jour, un des «petits», Kouyaté, fatigué de ces brimades, se confie à son père, et ils invitent un des «grands», Himourana, pour dîner, sous le prétexte qu'on va lui faire des compliments. Himourana arrive à la «concession» de la famille de Kouyaté: c'est un groupe de cases° entouré d'un mur avec une porte qu'on peut verrouiller°. On fait la cuisine dans la cour° dans des marmites° où le repas cuit.

Comme les habitants de Haute Guinée sont des musulmans°, ils jurent par Allah.

°simple houses
°lock / courtyard
°pots
°Moslems

Le père de Kouyaté vint ouvrir en personne et puis, quand Himourana fut à l'intérieur, il verrouilla très soigneusement la porte.

—Donnez-vous la peine de prendre place dans la cour, dit-il. La famille entière vous attend.

5 Himourana, après un coup d'œil sur les marmites, qui lui parurent lourdes de promesses et de succulence°, fut° s'asseoir parmi la famille et se rengorgea° à l'idée des compliments qu'on allait lui adresser. Mais alors Kouyaté se leva brusquement et pointa le doigt sur lui.

—Père, dit-il, voici le grand qui ne cesse de me frapper et de m'extor-
10 quer nourriture et argent.

—Eh bien! eh bien! voilà du joli, dit le père de Kouyaté. C'est bien vrai au moins ce que tu me dis là?

—Par Allah! dit Kouyaté.

—C'est donc vrai, dit le père.

15 Et il se tourna vers Himourana:

—Mon petit monsieur, voici venue l'heure, je crois, de vous expliquer. Auriez-vous° quelque chose à alléguer?° Alors faites vite: je n'ai que peu de temps à vous donner.

°= choses délicieuses /
°= alla / put on airs

°(cond.) would you have / = produire comme excuse

[*Himourana essaie de s'échapper, mais on le rattrape.*]

—A présent, mon bonhomme, dit le père de Kouyaté, écoute bien ce que je vais te dire; mets-le-toi dans la tête une fois pour toutes: je n'envoie pas mon fils à l'école pour que tu en fasses° ton esclave!

subjunctive of **faire**

Et à l'instant, Himourana se vit saisi par les pieds et les bras, soulevé de terre et maintenu à hauteur convenable, en dépit de ses cris, tandis que le père de Kouyaté lui travaillait méthodiquement les reins avec sa chicotte.° Après quoi on le laissa aller avec sa courte honte et son derrière en feu.

lui... gave him a good whipping

Le lendemain, à l'école, l'histoire de la correction de Himourana se répandit comme une traînée de poudre°. Exactement, elle fit scandale. Cela était si différent de ce qui s'était pratiqué jusque-là, qu'on n'arrivait point à l'admettre, et alors même qu'°on se sentait comme vengé par le geste du père de Kouyaté. Les grands des deux dernières années, eux, se réunirent et décidèrent que Kouyaté ainsi que sa sœur Mariama seraient mis° en quarantaine,[1] et ils nous imposèrent° d'infliger à notre petit compagnon la même quarantaine; cependant ils se gardèrent de° toucher à Kouyaté ou à sa sœur.

comme... like fire

alors... even though

(cond.) would be put / forced / **ils...** they took care not to

A midi, je m'avançai vers Kouyaté, décidé à braver la défense des grands.

—Fais attention, dit Kouyaté; ils sont capables de te battre.

—Je me moque d'eux!° dis-je.

Je... I don't care about them! / offered

J'avais des oranges pour mon repas de midi, et je les lui tendis°.

—Merci, dit-il, mais va-t'en: j'ai peur pour toi.

Je n'eus pas le temps de répondre: j'apercevais plusieurs grands qui se dirigeaient vers nous, et je balançai° un instant, ne sachant° trop s'il fallait les fuir ou les braver; et puis je décidai de les braver: n'avais-je pas déjà commencé de le faire? Mais soudain je sentis ma tête tournoyer° sous les gifles, et je pris mes jambes à mon cou.° Je ne m'arrêtai qu'au bout de la cour et je me mis à pleurer, de colère autant que de douleur. Quand je me calmai un peu, je vis Fanta[2] près de moi.

= **hésitai** / not knowing

= **tourner**

je... I ran as fast as I could

—Que viens-tu faire ici? dis-je.

—Je t'ai apporté une galette, dit-elle.

Je la pris et la mangeai sans presque me rendre compte de ce que je mangeais. Je me levai et allai boire, et me versai par la même occasion un peu d'eau sur le visage. Puis je revins m'asseoir.

—Oh! je les hais! dis-je. Tu ne peux pas savoir comme je les hais! Ecoute: je vais quitter cette école. Je vais me hâter° de grandir, et puis je reviendrai° et je rendrai° cent coups pour un que j'ai reçu!

= **me dépêcher**

(fut.) will come back / *(fut.)* will give back

---

[1]Quand on met une personne en quarantaine, au sens figuré, on ne lui parle pas.

[2]**Fanta:** la petite amie de Camara

Questions sur la lecture

1. Le père de Kouyaté appelle d'abord Himourana «Mon petit monsieur» et lui dit «vous»; ensuite il dit «mon bonhomme» et lui dit «tu». Comment expliquez-vous ce changement?
2. Pourquoi est-ce que Himourana a honte, quand on le laisse partir?
3. Qu'est-ce que l'action du père de Kouyaté a vengé?
4. Les grands ont décidé de mettre Kouyaté en quarantaine. Comment est-ce que Camara brave la défense des grands?
5. Quel est le résultat de cette action? Qu'est-ce qui arrive à Camara?
6. Que fait Fanta? Que donne-t-elle à Camara et pourquoi?
7. Pourquoi est-ce que Camara ne se rend pas compte de ce qu'il mange? Quelles sont les actions qui soulignent son émotion?
8. Quelle est la décision finale de Camara? Que va-t-il faire?

Questions personnelles

1. Que pensez-vous de la correction donnée à Himourana? Est-elle méritée? Peut-on imaginer une correction semblable dans votre pays?
2. Avez-vous jamais reçu une fessée? Dans quelles circonstances? Quelle a été votre réaction?
3. Pensez-vous que c'est une bonne idée qu'un père se charge de punir un autre enfant que son propre fils?
4. Avez-vous jamais été mis(e) en quarantaine? Avez-vous jamais mis quelqu'un en quarantaine? Si oui, racontez les circonstances.
5. Que pensez-vous de Camara, quand il brave l'interdiction de parler à Kouyaté? Avez-vous jamais bravé une interdiction? Si oui, dans quelles circonstances et avec quel résultat? Sinon, pourquoi pas?

Le verbe pronominal

Formes

1 On appelle un verbe *pronominal* parce qu'il est conjugué avec deux pronoms: le pronom sujet et un pronom qui répète le sujet (le pronom réfléchi).

    a. A la première personne (**je, nous**) et à la deuxième personne (**tu, vous**) on a toujours les deux pronoms: sujet + objet.

        je **me** lave   tu **te** dépêches

        nous **nous** levons   vous **vous** aimez

b. A la troisième personne, le sujet peut être un nom ou un pronom (**il, elle, ils, elles, on**); le pronom répété est toujours **se.**

Jean **se** promène.	Il **se** promène.
Antoinette **s'**amuse.	Elle **s'**amuse.
Les enfants **se** battent.	Ils **se** battent.
Les amies **se** téléphonent.	Elles **se** téléphonent.
	On **se** souvient.

2 A l'infinitif, le pronom est **se** quand on donne simplement l'infinitif du verbe.

Conjuguez le verbe **s'***aimer* au présent.

Si l'infinitif du verbe pronominal suit un verbe conjugué, le pronom qui accompagne l'infinitif correspond au sujet.

Je ne peux pas **me** rappeler.	Nous allons **nous** rencontrer?
Tu vas **te** dépêcher?	Vous voulez **vous** marier.
Il essaie de **se** lever.	Ils décident de **se** séparer.

Exercice

A. Mettez les verbes entre parenthèses au présent.

1. Les enfants (se venger). 2. Vous (se calmer). 3. Nous (se diriger) vers la maison. 4. Elle (s'en aller). 5. Tu (se lever). 6. Ils (se réunir). 7. Je (se rendre compte) de ces choses. 8. La nouvelle (se répandre). 9. Vous (se moquer). 10. Il (s'échapper). 11. Je veux (s'asseoir).

Place des pronoms aux temps simples

1 A la forme négative, **ne** est placé entre les deux pronoms.

Je **ne** me rappelle **pas**.   Nous **ne** nous promenons **pas**.

2 A l'impératif négatif, le pronom sujet est supprimé.

Ne te fatigue **pas**.   **Ne** nous battons **pas**.   **Ne** vous inquiétez **pas**.

3 A l'impératif affirmatif, le pronom réfléchi est placé après le verbe. A la deuxième personne du singulier, ce pronom est **toi** (forme tonique ou disjointe).

Dépêchons-**nous**.   Amusez-**vous**.   Rappelle-**toi**.

4 Si le verbe pronominal est accompagné d'un autre pronom, le pronom réfléchi est placé avant l'autre pronom.

Je **m'**achète **ces chaussures.**	Je **me les** achète.
Il **s'**intéresse **à la musique.**	Il **s'y** intéresse.

A l'impératif affirmatif, l'ordre est le suivant:

$$\left.\begin{array}{l}\textbf{le}\\\textbf{la}\\\textbf{les}\end{array}\right\} + \text{pronoms réfléchis}$$

$$\text{pronoms réfléchis} + \left\{\begin{array}{l}\textbf{y}\\\textbf{en}\end{array}\right.$$

Brossez-vous **les dents.**
Achète-toi **des vêtements chauds.**

Brossez-**les-vous.**
Achète-**t'en.**

5 Forme interrogative

On place le pronom sujet après le verbe. Le pronom répété est le premier mot du groupe. La formule est:

$$\boxed{\text{pronom répété} + \text{verbe au temps simple} + \text{pronom sujet}}$$

Te regardes-tu?   **Se** lavera-t-il?   **Vous** amusez-vous?

Remarque: Il n'y a pas de forme interrogative à la première personne du singulier du présent. On emploie **est-ce que.**

6 Forme interrogative-négative

La négation entoure tout le groupe. La formule est:

$$\boxed{\textbf{ne} + \text{pronom répété} + \text{verbe au temps simple} + \text{pronom sujet} + \textbf{pas}}$$

Ne te fatigues-tu **pas?**   **Ne** vous aimiez-vous **pas?**

Exercices

B. Mettez les phrases suivantes à l'impératif affirmatif, puis à l'impératif négatif. Remplacez les noms par des pronoms.

Modèle: Tu t'amuses.   *Amuse-toi.*   *Ne t'amuse pas.*

1. Tu t'habilles. 2. Nous nous reposons. 3. Vous vous dépêchez. 4. Tu t'inquiètes. 5. Nous nous promenons. 6. Vous vous asseyez. 7. Tu t'achètes la bicyclette bleue. 8. Vous vous coupez les cheveux. 9. Nous nous envoyons des nouvelles. 10. Tu te rappelles cette histoire.

C. Mettez les phrases suivantes à la forme négative, à la forme interrogative, puis à la forme interrogative-négative.

Modèle: Ils se souviennent.   *Se souviennent-ils?*
             Ils ne se souviennent pas.   *Ne se souviennent-ils pas?*

1. Vous vous entendez.
2. Nous nous aimons.
3. Elles se parlent.
4. Tu te rappelles.
5. Elle s'amuse.
6. Il se repose.

7. Vous vous rendez compte.   9. Tu t'échappes.
8. Nous nous baignons.   10. Elle se trompe.

Place des pronoms aux temps composés

1 Forme affirmative

Au passé composé et aux autres temps composés, l'auxiliaire est toujours **être**.

> Je me **suis** promené. (*passé composé*)   Tu t'**étais** regardé. (*plus-que-parfait*)

2 Forme négative

Ne se place entre les deux pronoms, **pas** après l'auxiliaire. La formule est:

> sujet + **ne** + pronom répété + auxiliaire + **pas** + participe passé

> Je **ne** me suis **pas** lavé.   Tu **ne** t'étais **pas** rasé.

3 Forme interrogative

Le pronom sujet se place immédiatement après l'auxiliaire. Le premier mot est le pronom répété, le dernier est le participe passé. La formule est:

> pronom répété + auxiliaire + pronom sujet + participe passé

> **T'es-tu** amusé?   **Vous** étiez-**vous** perdus?

4 Forme négative-interrogative

La négation entoure le groupe pronom + auxiliaire. La formule est:

> **ne** + pronom répété + auxiliaire + pronom sujet + **pas** + participe passé

> **Ne** vous êtes-vous **pas** ennuyés?   **Ne** s'étaient-ils **pas** connus?

Exercice

D. Refaites les phrases suivantes au passé composé, au passé composé négatif, au passé composé interrogatif, puis au passé composé interrogatif-négatif.

> *Modèle:* Tu t'amuses.   *Tu t'es amusé.   Tu ne t'es pas amusé.*
> *T'es-tu amusé?   Ne t'es-tu pas amusé?*

1. Vous vous aimez.   3. Elle s'explique.
2. Ils se reconnaissent.   4. Il se met en colère.

Sens

1 Il y a beaucoup de verbes pronominaux en français. Certains sont réfléchis (*reflexive*) et sont faciles à reconnaître car le sujet fait l'action sur lui-même.

Vous **vous** lavez.	*You wash **yourself**.*
Tu **te** parles quand tu es seule?	*Do you talk to **yourself** when you're alone?*

Voici des verbes réfléchis communs; ces verbes gardent le même sens que les verbes non réfléchis.

couper	to cut	**se couper**	to cut oneself
raser	to shave	**se raser**	to shave oneself
lever	to raise	**se lever**	to get up, to arise
coucher	to put to bed	**se coucher**	to go to bed
habiller	to dress	**s'habiller**	to get dressed
déshabiller	to undress	**se déshabiller**	to get undressed

Remarque: On emploie l'article défini devant les parties du corps quand on utilise les verbes réfléchis comme **se laver, se brosser** (*to brush*) (voir p. 338).

Laurent s'est brossé **les** dents, puis il s'est lavé **la** figure.	*Laurent brushed **his** teeth, then he washed **his** face.*

2 Certains des verbes pronominaux sont réciproques (*reciprocal*): deux sujets font une action l'un sur l'autre (*on each other*) ou plusieurs sujets font une action sur d'autres personnes. Les pronoms se traduisent *each other, one another.*

Ils **s'aiment.**	*They **love each other**.*
Est-ce que vous **vous connaissez?**	*Do you **know each other**?*
Ma cousine et moi nous ne **nous téléphonons** plus.	*My cousin and I no longer **telephone each other**.*

Voici des verbes réciproques communs; beaucoup de ces verbes gardent le même sens que les verbes non réciproques. Les verbes réciproques sont toujours au pluriel.

aimer	to love	**s'aimer**	to love each other
battre	to beat	**se battre**	to have a fight
écrire	to write	**s'écrire**	to write each other
embrasser	to kiss	**s'embrasser**	to kiss each other
marier	to marry off someone	**se marier**	to get married
quitter	to leave	**se quitter**	to leave each other
rencontrer	to meet	**se rencontrer**	to meet each other
téléphoner	to telephone	**se téléphoner**	to telephone each other
voir	to see	**se voir**	to see each other

Remarque: **On se = Nous nous.**

L'année dernière **on se** voyait tous les jours.   *Last year **we** saw **each other** every day.*

3 La majorité des verbes pronominaux n'ont ni sens réfléchi ni sens réciproque.

a. Certains ont le sens passif (voir p. 406).

Ce journal **ne se vend pas** ici.   *This paper **is not sold** here.*
Cela **ne se fait pas.**   *That **is not done.***

Voici des verbes pronominaux de ce type:

s'accorder	s'appeler	se comprendre
se conjuguer	se dire	s'employer
se faire	se manger	se placer
se traduire	se trouver	se voir

Remarque: Ces verbes sont souvent employés au présent.

b. Quelques verbes pronominaux existent aussi sous la forme non-pronominale et ils ont un sens différent.

Je **passe** devant le magasin.   *I **walk** by the store.*
Qu'est-ce qui **se passe?**   *What **is happening?***

J'**entends** la musique.   *I **hear** the music.*
Ils ne **s'entendent** pas.   *They don't **get along.***

Voici des verbes pronominaux de ce type:

aller	to go	**s'en aller**	to go away, to depart
attendre	to wait	**s'attendre à**	to expect
apercevoir	to see vaguely	**s'apercevoir**	to realize
demander	to ask	**se demander**	to wonder
douter	to doubt	**se douter**	to suspect
entendre	to hear	**s'entendre**	to get along
passer	to go by	**se passer**	to happen
servir	to serve	**se servir de**	to use
tromper	to deceive	**se tromper**	to be mistaken

c. Quelques verbes pronominaux n'existent pas sous la forme simple; ils n'existent que sous la forme pronominale.

L'oiseau **s'envole.**   *The bird **flies away.***
Le voleur **s'enfuit.**   *The thief **runs away.***

Voici des verbes pronominaux de ce type:

se dépêcher	to hurry	**s'enfuir**	to run away
s'envoler	to fly away	**s'évanouir**	to faint
se méfier	to distrust	**se moquer**	to make fun
se souvenir	to remember	**se taire**	to keep silent

Remarque: Les verbes **se rappeler** et **se souvenir** ont le même sens. **Se rappeler** est suivi de l'objet direct. **Se souvenir** est suivi de **de** + nom.

Tu te rappelles **la correction?**   Tu te **la** rappelles?

Je me souviens **de l'histoire.**   Je m'**en** souviens.

Exercices

E. Dans les phrases suivantes, mettez les verbes entre parenthèses au temps qui convient. Dites s'ils ont un sens réfléchi ou réciproque.

1. Tous les matins je (se réveiller, se lever, se préparer).
2. Hier soir, Jean-Paul (se déshabiller, ne pas se laver, se coucher).
3. Josée et Michel (s'aimer, s'embrasser beaucoup, se téléphoner tous les jours).
4. Quand nous étions jeunes, nous (s'acheter des bonbons et des gâteaux, se promettre de suivre un régime, ne pas se laver les dents tous les jours!).
5. Vous (s'écrire tous les jours, se rencontrer régulièrement, ne jamais se battre).
6. Nous (se rencontrer dans un bal, se voir plusieurs fois, se marier au bout d'un mois!).
7. Marie-Claire (se maquiller, s'habiller élégamment, se plaire).

F. Complétez les phrases suivantes avec un des verbes de la liste, verbe simple ou verbe pronominal. Attention au temps!

Modèle: Aller / s'en aller: Je _____ à Paris; je _____ pour un mois.
            *Je **vais** à Paris; je m'**en vais** pour un mois.*

entendre / s'entendre	douter / se douter	rappeler / se rappeler
tromper / se tromper	demander / se demander	trouver / se trouver
passer / se passer	attendre / s'attendre	manger / se manger
servir / se servir	apercevoir / s'apercevoir	

1. Tu _____ la musique? Tu _____ bien avec tes parents?
2. Nous _____ l'autobus depuis une heure. Nous ne _____ (imparfait) à un si long retard.
3. Tout _____ , tout lasse, tout casse! Cette histoire _____ en Afrique.
4. Les naufragés _____ (passé composé) un bateau. Ils _____ qu'ils n'allaient pas mourir!
5. Marie _____ (imparfait) quelle heure il était. Elle _____ (passé composé) l'heure à un passant.
6. Est-ce que les frites _____ avec les doigts. —Non, chez moi, on ne _____ pas les frites avec les doigts.

7. Je suis venu vous voir lundi au lieu de mardi. Je _____ de jour! Cet homme est infidèle: il _____ sa femme.

8. Est-ce que vous _____ (passé composé) le médicament que vous cherchiez? —Non, ce médicament ne _____ pas en pharmacie.

9. Ma mère sait que je lui raconte des histoires. Elle _____ que je mens. Maintenant elle _____ de ma sincérité.

10. Mes amis ne _____ pas de leur salle à manger en été. Ils _____ leurs repas dans le jardin.

11. (*Au téléphone*) Je suis pressé, je vous _____ dans dix minutes. (*Plus tard*) Je ne _____ pas que je dois téléphoner à mon ami.

G. Remplacez les groupes en italique par un verbe pronominal au temps qui convient.

1. L'oiseau *a pris son vol.* Il _____.
2. Claudine a appris la mauvaise nouvelle et elle *a perdu conscience.* Elle _____.
3. *Allez un peu plus vite!* _____!
4. Les étudiants *arrêtent de parler.* Ils _____.
5. Je *n'ai pas confiance* en cet homme. Je _____ de lui.
6. Mon frère *fait* toujours *des plaisanteries* (*jokes*) à mon sujet. Il _____ de moi.
7. Le voleur a ouvert la porte de la prison et il *a pris la fuite.* Il _____.
8. *J'ai une bonne mémoire.* Je _____ de toute mon enfance.

Accord du participe passé

1 Pour les verbes réfléchis ou réciproques, on suit la règle de l'accord avec l'auxiliaire **avoir** (voir p. 47). Le participe passé s'accorde avec l'objet direct placé avant le verbe.

a. Quand **se** (**me, te, nous, vous**) est objet direct, il y a un accord avec ce pronom, qui représente aussi le sujet.

Elle **s'**est vu**e**.   Nous **nous** sommes aimé**s**.

b. Quand **se** (**me, te, nous, vous**) est objet indirect, il n'y a pas d'accord.

Ils **se** sont téléphon**é**.   Vous **vous** êtes parl**é**.
Elle **s'**est achet**é** des chapeaux bizarres.   Nous **nous** sommes lav**é** les mains.

Remarque: Le pronom réfléchi des verbes suivants est toujours objet indirect: au participe passé il n'y a pas d'accord avec le sujet.

s'acheter	se donner	s'offrir	se plaire	se sourire
se dire	s'écrire	se parler	se promettre	se téléphoner

c. Quand **se** (**me, te, nous, vous**) est objet indirect et quand le verbe a un objet direct placé devant lui, le participe passé s'accorde avec cet objet direct.

O.I.   O.D.

Bernard **s'**est acheté **une voiture** de sport.

MAIS:

O.D. O.I.

Tu as vu **la voiture** de sport **qu'**il **s'**est achet**ée**?

2 Pour les verbes qui n'ont ni le sens réfléchi ni le sens réciproque, on accorde le participe passé avec le sujet.

> Les **tableaux** de Picasso se sont **vendus** pour des millions.
> **Fanta** s'est **souvenue** de la vengeance de Camara.
> **Vous** ne vous êtes **aperçus** de rien?

Exercices

H. Mettez les phrases suivantes au passé composé.

1. Elle se lave les cheveux. 2. Vous vous téléphonez? 3. Ils se voient, ils se disent bonjour, ils se parlent, ils se souviennent, ils se plaisent et ils se marient. 4. Marie-France, tu te brosses les dents? 5. Les deux jeunes gens se sourient. 6. Elles se promettent de s'écrire.

I. Mettez les phrases suivantes au passé composé. Faites attention à l'accord du participe passé.

1. Les deux amies se connaissent pendant un voyage, se revoient à Paris, puis se disputent et se fâchent.
2. Mes frères et moi, nous allons à la plage en été: nous nous allongeons au soleil, nous nous promenons au bord de la mer, nous nous baignons, nous nous amusons.
3. Fanta s'ennuie à la soirée: elle s'impatiente, elle s'énerve, elle se sent furieuse d'avoir accepté l'invitation.

J. Mettez les verbes entre parenthèses dans les phrases suivantes au passé composé et accordez le participe passé si c'est nécessaire.

1. Il ne m'a pas montré la chaîne stéréo qu'(il s'achète).
2. Kouyaté n'a pas oublié les promesses qu'(ils se font).
3. La bague que (tu m'offres) doit coûter cher.
4. Ils vont regretter les injures (*insults*) qu'(ils se disent).
5. (Elle s'offre) des livres rares.
6. Elle a donné aux pauvres tous les vêtements qu'(elle s'achète).
7. Les petites filles (se tiennent) la main.
8. Les lettres que (nous nous envoyons) ne sont pas arrivées.

Formules à retenir

1 **tout**

a. **Tout** (*adjectif*) signifie *all, the whole*. Ses formes sont:

	masc.	*fém.*
sing.	**tout**	**toute**
pl.	**tous**	**toutes**

Il s'emploie devant le nom et un déterminant.

tout l'or **toute** la famille
tous mes amis **toutes** ces pièces

Remarques:

◆ **Tout,** avec un nom singulier sans déterminant, signifie *any, every, each.*

tout homme **toute** jeune fille

◆ **Tout ce qui, tout ce que** signifient *everything* (voir p. 358).

b. **Tout** (**toute, tous, toutes**) peut être pronom. Dans ce cas, le **-s** de **tous** est prononcé /tus/.

Il a fait les exercices de la page 8. —Quoi, **tous?**

On place le pronom entre l'auxiliaire et le participe passé, au temps composé.

Il a **tout** mangé. Je les ai **tous** vus.

c. **Tout** peut être adverbe. Il signifie **très.**

Himourana est **tout** étonné.

Il est invariable au masculin, mais il s'accorde au féminin.[3]

Les **tout** petits enfants. Elle est **toute** petite.
La maison est **toute** entourée d'arbres.

d. Expressions idiomatiques avec **tout.**

tout à fait	*completely*	à toute allure	*at full speed*
tout de suite	*right away*	tout à l'heure	*in a moment; a moment ago*
tout à coup	*suddenly*	en tout cas	*in any case*

Exercices

K. Répétez avec la forme correcte de **tout.** Le professeur dit à ses élèves:

1. Finissez la lecture. 2. Faites vos devoirs. 3. Gilles, efface le tableau. 4. Rangeons les bureaux. 5. Josiane, rapporte les livres à la bibliothèque. 6. Mettez la salle de classe en ordre. 7. Ne restez pas dehors pendant la récréation. 8. Ne parlez pas pendant l'étude.

---

[3]Une règle ancienne spécifiait que **tout** adverbe ne s'accordait pas devant une voyelle ou un **h** muet, au féminin. Dans un effort de simplification de l'orthographe de la langue française, un arrêt ministériel du 17 juillet 1977 a rendu cette règle périmée (*obsolete*).

L. Complétez les phrases suivantes avec la forme correcte de **tout.**

1. Il comprend *toute la leçon.* Il l'a _____ comprise. 2. Vous embrassez *tous vos amis?* —Oui, _____. 3. Dans la maison, elle fait _____ elle-même. 4. J'ai lu *toutes ces nouvelles.* _____ m'intéressent.

M. Répétez avec **tout** adverbe.

1. Ils sont heureux. 2. Elles sont contentes. 3. Vous êtes bronzé. 4. Elle est énervée. 5. Tu es fatigué. 6. Tu es blanche. 7. Le ciel est bleu. 8. La mer est verte.

2 Expressions avec **coup**

Le mot **coup** entre dans la composition de beaucoup d'expressions courantes; en voici un petit nombre:

d'un seul coup	*all at once*	se donner un coup	*to comb one's*
tout à coup	*suddenly*	de peigne	*hair quickly*
un coup d'œil	*a glance, a peek*	un coup de soleil	*sunburn*
un coup de main	*a [helping] hand*	un coup de tonnerre	*thunder clap*
boire un coup (*fam.*)	*to have a drink*	un coup de foudre	*love at first sight*
un coup de tête	*action on impulse*	avoir un coup de	*to be taken by . . .*
un coup de téléphone,	*a phone call*	cœur pour...	
de fil			

Exercice

N. Traduisez les phrases suivantes. Utilisez une expression avec **coup.**

1. He gave me a phone call. 2. All of a sudden, I heard a clap of thunder. 3. You are red: you have a sunburn. 4. The child glanced at the orange. 5. Let's have a drink. 6. They met and got married the same day: it was love at first sight. 7. This package is heavy: come and help me. 8. In the morning, I comb my hair quickly.

Synthèse

Applications

I. **Une bonne amie.** Fanta essaie d'aider Camara à se calmer. Mettez les verbes entre parenthèses au temps ou mode qui convient.

Je (se rendre compte) que tu es en colère. (se calmer)! (se verser) de l'eau sur le visage! (s'arrêter) de pleurer! (ne pas se mettre) cette idée de vengeance dans la tête! (ne pas s'en aller)! Est-ce que tu (se sentir) mieux? (se rappeler) que je suis ton amie! Je ne peux pas (s'imaginer) la vie dans cette école sans toi. (se jurer: nous) de rester toujours amis!

II. **Action appropriée.** Dites ce que ces personnes font dans les situations indiquées.

   Modèle: Christine est fatiguée: (se reposer / se détendre / s'asseoir)
   Christine est fatiguée: elle se repose, elle se détend, elle s'assied.

   1. Jules et Jim sont des ennemis: (se haïr / se disputer / se battre / mais se réconcilier / s'embrasser).
   2. Vous arrivez à la plage: (se déshabiller / se mettre en maillot de bain / s'allonger / se couvrir de crème solaire).
   3. Nous avons faim: (se précipiter vers le frigidaire / se gaver [*to stuff oneself*] de chips / se faire une omelette).
   4. Tu vas faire des courses dans un magasin de vêtements: (se regarder dans les glaces / s'admirer / s'acheter plusieurs jeans / se laisser convaincre par la vendeuse).

III. **Une histoire d'amour.** Où est-ce que les deux amoureux se sont rencontrés? Qu'est-ce qu'ils se sont dit quand ils se sont vus? (se parler / se donner rendez-vous / se promener / se plaire / se jurer qu'ils allaient s'aimer toujours / se fiancer / se marier / se disputer / se séparer / se revoir / se réconcilier)

IV. **Où est-ce que ça se passe?** Faites des phrases avec le vocabulaire suggéré pour dire où se passent les activités des diverses personnes. Variez les temps.

   Modèle: *Je me baigne à la piscine.*

Je	se promener	devant les exercices
Nicole	se brosser les dents	dans un magasin
nous	se faire un sandwich	dans la salle de bains
mes camarades de classe	se faire couper les cheveux	dans la forêt
Cédric	s'amuser	chez le coiffeur
les conducteurs	s'ennuyer	dans la cuisine
tu	s'acheter un pull	sur l'autoroute
vous	s'impatienter	au concert
les deux amies	se sentir frustré	à la surprise-partie

Conversations

1. **Châtiments corporels.** Que pensez-vous des châtiments corporels? Connaissez-vous des pays, des cultures où ils sont acceptés, où ils ne le sont pas?

2. **Brimades.** Les brimades existaient-elles dans votre école? Que faisait-on pour les empêcher?

3. **Vengeance.** Que pensez-vous de la vengeance et du principe: «Œil pour œil, dent pour dent»?

4. **Case ou maison?** Comment est la maison du village africain de notre histoire? Comment sont les maisons dans la ville ou la région où vous vivez? Comment est la maison de vos rêves? Qu'est-ce qui, à votre avis, est essentiel au confort? Quelles sont les choses indispensables pour rendre une maison agréable?

une case rustique   l'eau courante (*running water*)
une maison de bois (*wooden*)   le chauffage (*heating*)
de pierre (*made of stone*)   les fenêtres
de béton (*concrete*)   la ville
un gratte-ciel (*skyscraper*)   la campagne

Traduction

1. When Camara left (**passé simple**) the village school where his classmates had treated him so badly, he promised himself he would come back in order to get revenge. 2. He went away to high school and then to the University in Paris. 3. All that time, he remembered how his classmates mocked him and how they all fought. 4. He got [it] into his head (**se mettre dans la tête**) to become a famous writer, and he succeeded. 5. Finally, one day, he came back to his village. 6. His former classmates had not escaped as he had. 7. They had remained farmers (**cultivateurs**) and shopkeepers (**petits commerçants**). 8. When they all gathered to greet Camara, they all rose to show their respect and Camara moved forward to accept their compliments. 9. He realized that they were not making fun of him. 10. He no longer thought of taking revenge.

Rédaction

1. **Expérience personnelle.** De quoi vous souvenez-vous particulièrement quand vous étiez enfant? A quoi vous intéressiez-vous? De quoi vous occupiez-vous? Dans quelles circonstances vous êtes-vous amusé, ou ennuyé? Vous êtes-vous blessé une fois, ou vous êtes-vous fait mal? Vous sentiez-vous heureux ou malheureux, généralement? Vous entendiez-vous mieux avec les enfants plus jeunes ou plus âgés?

2. **Proverbe africain.** Un proverbe africain dit qu'«il faut tout un village pour faire un enfant». Donnez des arguments pour ou contre.

Chapitre 13

L'infinitif

Vocabulaire

affaires (*f. pl.*) things
arracher to pull from, to grab
associé (*m.*), **associée** (*f.*) business partner
au hasard at random
autocollant (*m.*) sticker
avis (*m.*) opinion
avoir l'esprit clair to have a clear mind
banlieue (*f.*) suburb
bloc (*m.*) note pad
bougie (*f.*) candle
cahier (*m.*) **de textes** assignment notebook
cartable (*m.*) school bag
chaussette (*f.*) sock
colle (*f.*) punishment; glue
coller to stick
commode (*f.*) chest of drawers
contenu (*m.*) contents
coussin (*m.*) pillow
craquer to give up, to crack up
d'autant plus all the more
dégoûter to make (someone) tired of, to disgust
désordre (*m.*) mess
entasser to stuff
esprit (*m.*) mind
femme (*f.*) **de ménage** cleaning lady, housekeeper

hautement highly
illisible unreadable
jupe (*f.*) skirt
malgré in spite of
maquillage (*m.*) makeup
méprisé(e) scorned
panier (*m.*) **à linge** clothes hamper
pavillon (*m.*) **de banlieue** suburban house
pull (*m.*) sweater
propre clean
psycho-pédiatre (*m., f.*) child psychologist
quasi nearly
quotidiennement daily
ramasser to pick up
récompense (*f.*) reward
recouvrir to cover totally
se refuser à to refuse absolutely
restes (*m. pl.*) leftovers
salière (*f.*) salt shaker
spectacle (*m.*) show
suspendre to hang
tant que as long as; while
tiroir (*m.*) drawer
veille (*f.*) **au soir** the evening before

Vocabulaire supplémentaire

Les dangers qui menacent les jeunes—l'alcool—la cigarette—la drogue

brigade (*f.*) **des stupéfiants** drug squad
campagne (*f.*) **anti-tabac** anti-smoking campaign
se défoncer to get high, stoned
dépendance (*f.*) addiction
se doper to take stimulants
se droguer to take drugs
s'éclater to have a ball, to get one's kicks
être accro to have a habit, an addiction
intoxiqué(e) drug addicted
ivre intoxicated
ivresse (*f.*) drunkenness, intoxication
mordu(e) (de **mordre**) addicted to a sport

ne plus pouvoir se passer de to be addicted to
revendeur (*m.*), **revendeuse** (*f.*) peddler, pusher
sida (*m.*) AIDS
stupéfiant (*m.*) drug, narcotic
stupéfiant(e) (*adj.*) astounding
toxicomane (*m.* or *f.*) drug addict
trafiquant (*m.*), **trafiquante** (*f.*) runner (drug)
usage (*m.*) **de la drogue** drug taking

Possessions des jeunes

baladeur (*m.*) Walkman
jeux (*m. pl.*) **vidéo** video games
ordinateur (*m.*) computer
planche (*f.*) **à roulettes** skateboard
portable (*m.*) laptop computer

Le lever de Prunelle

Nicole de Buron (1935–   ) est née à Paris. Elle a été journaliste avant de commencer à écrire des romans. Elle a aussi écrit des scripts pour la télévision. Une de ses œuvres, «Les Saintes Chéries», est devenue un feuilleton très populaire. Dans «Dix Jours de rêve» elle raconte les aventures d'une mère de famille qui, fatiguée de la vie quotidienne et des corvées ménagères, part en vacances dans une île tropicale.

Préparation à la lecture

Nicole de Buron utilise les mots **vous, votre** à la place de **elle, son, sa,** pour parler des actions et des pensées de la mère de Prunelle. Cela permet au lecteur de s'identifier avec ce personnage. Nous assistons d'abord au «lever» de Prunelle. Ces expressions (le «lever», le «coucher») sont utilisées quand on parle du soleil qui se lève° et se couche°, ou de la cérémonie qui entourait le roi Louis XIV (le Roi-Soleil) quand il se levait° ou se couchait°. Prunelle est évidemment comparée à une étoile, une princesse.

    Les adolescentes françaises s'habillent avec des jeans, de préférence délavés° et des sweat-shirts portant mentions.° On ne dit pas «vêtements», on dit «fringues». Les futes°, les baskets° sont à la mode. On ne prend pas le temps de faire sa toilette le matin, de ramasser ou de ranger ses affaires qui «gisent[1]» par terre, de plier ou de suspendre ses vêtements dans l'armoire (qui n'a pas de porte), parce que c'est plus pratique. On porte ses livres et ses cahiers dans une musette°.

     rises / sets
     got up
     went to bed

     faded / **portant...** with inscriptions / leggings / hightops

     army bag

C'est l'heure du lever de votre enfant bien-aimée, élevée dans le cocon de luxe de votre charmant pavillon de banlieue...

    Prunelle se lève, hagarde, et, sans se soucier de la moindre toilette, saute dans un jean et un immense sweat-shirt noir portant la mention *J'aime dormir en classe* qu'elle arrache propres de l'armoire. En même temps
5 que deux jupes et trois pulls qui tombent par terre. Et y restent.[2] Ses vêtements d'hier gisent, eux, sous le lavabo. Prunelle chérie se refuse à porter les mêmes «fringues» deux jours de suite,° malgré vos protestations. Elle remet un jean identiquement délavé et un sweat-shirt également trop
10 grand (mais, hier, mauve électrique et portant la mention *Née pour ne rien faire*).

     in a row

---

[1]**gisent** are lying like the dead (from the verb **gésir,** which is used mainly in the expression **ci-gît... :** here lies . . .)

[2]Nicole de Buron écrit dans un style de journaliste, avec des phrases incomplètes et des ellipses (voir p. 132, note 2).

Vous décidez régulièrement de *ne pas* ranger les affaires de Prunelle. Et d'interdire à la femme de ménage de le faire. D'éminents° psycho-pédiatres vous ont assuré que c'était le seul moyen de dégoûter votre ado-
15 lescente de son propre désordre. On voit bien qu'ils n'ont jamais rencontré Prunelle. En quarante-huit heures, le spectacle devient grandiose. Pantalons dits «futes», chaussettes sales, pots de yaourts vides, coussins (portant la mention *Love*), produits de maquillage de toutes sortes, votre salière (?), restes de bougies, livres de classe et cahiers, robe indienne, bas-
20 kets dépareillés° recouvrent le sol. Les tiroirs, tous ouverts, laissent échap-per leur contenu. L'armoire sans porte fait comprendre que plier et suspendre sont des activités magnifiquement méprisées par votre petite chérie.

Au bout d'un moment, la femme de ménage craque (le chien lui-
25 même, frappé d'effroi,° refuse d'entrer dans la pièce). En cachette, elle net-toie et remet tout en place. Superbe, Prunelle ne s'aperçoit de rien.

Ce matin, en marmonnant° elle ramasse au hasard cahiers et livres de classe qu'elle jette dans une musette kaki recouverte d'autocollants: «Je vais craquer» ... «Dur-Dur» ... «C'est la panique!»[3]
30 Vous n'avez jamais pu obtenir de votre adolescente adorée qu'elle pré-pare son «cartable» (comme vous dites dans votre jargon maternel) la veille au soir, tandis qu'elle a l'esprit assez clair — en principe — pour se reporter° à un cahier de textes — quasi illisible. Non. Votre Prunelle préfère entasser dans la fameuse musette — alors qu'elle dort encore
35 debout — tout ce qui lui tombe sous la main, c'est-à-dire n'importe quoi,° y compris° votre salière (?). Et se voir infliger presque quotidiennement une colle pour oubli° d'un cahier, d'un livre, ou d'un devoir. Vous n'avez jamais osé demander au psychologue de l'école à quoi correspondait cette roulette scolaire quotidienne.

40 *La mère de famille part en vacances seule. Elle établit pour elle-même une liste de choses à faire et colle des papiers de recommandations pour sa famille partout dans la maison.*

Avant de partir, vous devez absolument:

◆ Etablir de longues notes pour Suzanne (votre associée).
45 ◆ Emplir° chez vous le réfrigérateur, le congélateur et les placards à pleins bords.°

Puis vous collez des papiers:

◆ Dans la salle de bains: «Merci de ne pas jeter le linge par terre, comme d'habitude, mais de le mettre dans le panier... »

---

[3]**Je vais ... panique!** "I'm cracking up!" ... "Life's a drag." ... "Panic has set in!"

Right margin glosses:

distinguished

unmatched

frappé... panic-stricken

en... mumbling

se... to refer

n'importe... no matter what it is / **y...** including / **pour...** for forgetting

Fill
à... to the brim

50 ◆ Dans la chambre de Prunelle: «Merci de porter tes jeans au moins deux jours de suite et de ne pas les enfouir° ensuite sous ton lit ou derrière ta commode. Merci de les déposer° dans le panier à linge de la salle de bains (voir salle de bains).»

bury
drop in

◆ A côté du téléphone: «Merci de bien vouloir noter sur ce bloc les
55 appels téléphoniques pour moi. Récompense.»

◆ Sur le frigidaire: «Ne pas oublier de rentrer le lait, le beurre, le jambon.»

◆ Sur le placard à provisions: «Pour le chien, tant que la première boîte de pâtée n'est pas terminée, ne pas ouvrir toutes les autres.»

Questions sur la lecture

1. Où habitent Prunelle et sa famille? Quel type de maison occupent-elles?
2. Est-ce que Prunelle fait sa toilette le matin? Est-ce typique? Quels vêtements est-ce qu'elle porte? Quel commentaire pouvez-vous faire sur les inscriptions des sweat-shirts?
3. Qu'est-ce qu'il y a par terre, sur le tapis? Pourquoi est-ce qu'il y a tout ce désordre? Est-ce typique?
4. Que conseille le psy? Quel est le meilleur moyen de dégoûter les adolescents du désordre?
5. Parmi les objets qui recouvrent le sol de la chambre de la jeune fille, lesquels sont inhabituels?
6. Quelles activités méprise Prunelle?
7. Que fait la femme de ménage et quel est le résultat de ses efforts? Pourquoi est-ce que le chien refuse d'entrer dans la chambre?
8. Pourquoi est-ce que Prunelle reçoit des colles? Que veut dire l'auteur lorsqu'elle parle de «roulette scolaire»?
9. Est-ce que cette mère de famille est distraite, désordonnée (*untidy*) ou organisée? Est-elle prévoyante (*foresighted*), généreuse ou insouciante (*unconcerned*)?
10. Quel souci principal a cette mère de famille quand elle colle des petits papiers dans la salle de bain, dans la chambre de Prunelle?
11. Pourquoi est-ce que la mère promet une récompense?

Questions personnelles

1. Etes-vous ordonné(e) ou désordonné(e)? Rangez-vous votre chambre régulièrement? Qu'est-ce qu'il y a dans votre chambre?
2. Portez-vous des tee-shirts avec des inscriptions? Lesquelles? D'où viennent ces tee-shirts? de vacances? d'un concert?
3. Vous reconnaissez-vous dans la description de Prunelle? Reconnaissez-vous une jeune sœur, un jeune frère? Les «ados» (adolescents) français vous paraissent-ils différents des ados américains ou

canadiens, ou semblables? Vos parents se plaignent-ils de vous? De quoi se plaignent-ils?
4. Etes-vous d'accord avec le conseil du psy?
5. Est-ce que les méthodes «recommandations et récompenses» qu'emploie la mère vous semblent efficaces?

L'infinitif

Formes

En français, contrairement à l'anglais, quand on donne l'infinitif d'un verbe, on n'emploie pas de préposition: **aller** (*to go*), **venir** (*to come*).

L'infinitif: présent / passé

L'infinitif a deux temps.

le présent:	**manger**	**boire**	**aller**	**venir**
le passé:	**avoir mangé**	**avoir bu**	**être allé**	**être venu**

1 L'infinitif présent est caractérisé par sa terminaison.

-er	pour les verbes du 1er groupe	**donner**
-ir	pour les verbes du 2ème groupe et pour certains verbes irréguliers	**finir** **dormir**
-re	pour les verbes du 3ème groupe et pour certains verbes irréguliers	**vendre** **dire**
-oir	pour certains verbes irréguliers	**pouvoir**

2 L'infinitif passé se forme avec l'auxiliaire **avoir** ou **être** à l'infinitif: le participe passé suit les mêmes règles d'accord qu'au passé composé (voir p. 47).

Je suis content **d'avoir vu** cette pièce.
Ces gens sont sympathiques: je suis ravi de *les* **avoir rencontrés**.

3 L'infinitif présent d'un verbe pronominal contient un pronom personnel qui se décline. On met ce pronom devant l'infinitif (voir p. 239).

je vais **me reposer**	nous allons **nous reposer**
tu vas **te reposer**	vous allez **vous reposer**
il va **se reposer**	ils vont **se reposer**
elle va **se reposer**	elles vont **se reposer**

4 L'infinitif passé d'un verbe pronominal contient aussi le pronom personnel. Le participe s'accorde avec le pronom (voir p. 47).

> Après **m'être reposé(e), je** travaille.
> Après **t'être reposé(e), tu** travailles.
> Après **s'être reposé, il** travaille.
> Après **s'être reposée, elle** travaille.
> Après **nous être reposés(es), nous** travaillons.
> Après **vous être reposé(e)(s), vous** travaillez.
> Après **s'être reposés, ils** travaillent.
> Après **s'être reposées, elles** travaillent.

L'infinitif négatif

1 Les négations suivantes ne sont pas séparées devant l'infinitif présent ou l'infinitif passé: **ne pas, ne plus, ne jamais, ne rien, ne pas encore.**

> Sur le sweat-shirt de Prunelle, on lit: «Née pour **ne rien** faire».
> Cette maman est sûre de **ne jamais** avoir tort.
> Ils ont honte de **ne rien** avoir acheté[4] pour l'anniversaire de leurs amis.

2 Les négations de **ne ... personne, ne ... aucun** entourent l'infinitif présent ou l'infinitif passé.

> Les enfants sont surpris de **ne** voir **personne,** de **n'**entendre **aucun** bruit.
> Ce promeneur est ravi de **n'**avoir rencontré **personne** dans le parc.

Exercices

A. Refaites les phrases suivantes avec le verbe **refuser de** au temps qui convient et l'infinitif présent, en suivant le modèle.

> *Modèle:*   Je passe mes vacances à Paris.
>   *Je **refuse de passer** mes vacances à Paris.*

1. Il vient à 8 heures. 2. Vous dormiez dehors. 3. Tu te rappelles les mauvais moments de ton enfance? 4. Ils vont à l'université. 5. Nous croyons à cette théorie. 6. Vous vous êtes reposés l'après-midi. 7. Elle écrit à ses grands-parents. 8. Elle rejoignit ses amis au théâtre. 9. Je suivais six cours par semaine. 10. Il a attendu l'autobus une demi-heure. 11. Les jeunes gens font la guerre. 12. Jean-Claude prit des vacances en hiver. 13. Vous avez entendu mes explications. 14. Nous sommes déprimés. 15. Vous voyez les problèmes. 16. Elles ont une femme de ménage. 17. Ils obéissaient à la loi.

B. Refaites les phrases suivantes avec **être content de** et l'infinitif passé, en suivant le modèle.

> *Modèle:*   Je passe mes vacances à Paris.
>   *Je **suis content d'avoir passé** mes vacances à Paris.*

---

[4]**N'avoir rien acheté** est possible, mais littéraire.

1. Elle vient seule à la soirée. 2. Vous pouvez faire ce travail. 3. Tu réussis à ton examen. 4. Je dors si longtemps. 5. Nous prenons un cours de russe. 6. Elle voit ses vieux amis. 7. Tu vas au musée des Beaux-Arts? 8. Vous vous écrivez? 9. Je me souviens d'emporter un bon manteau. 10. J'ai des billets pour l'Opéra. 11. Nous sommes reçus à l'Elysée. 12. Tu bois ce vin délicieux.

C. Refaites les phrases suivantes. Mettez les infinitifs à la forme négative avec la négation indiquée entre parenthèses.

> *Modèle:* Claire préfère sortir avec Guy. (pas)
> *Claire préfère **ne pas** sortir avec Guy.*

1. Patrick est triste d'aller au mariage de sa cousine. (pas)
2. Tu es sûr d'avoir vu ce film? (jamais)
3. Paulette est fière de faire une faute à ses exercices. (aucun)
4. Raoul essaie d'oublier quelque chose au marché. (rien)
5. Les pompiers décident d'éteindre l'incendie. (pas)
6. Je décide de me promener seule. (plus)
7. Ces deux amies promettent de se disputer. (jamais)
8. Vous vous plaignez d'avoir raison? (pas)
9. Mes amis regrettent d'avoir parlé à quelqu'un pendant la soirée. (personne)
10. Je regrette de vous avoir écrit. (pas encore)

Emplois

On utilise l'infinitif plus souvent en français qu'en anglais. Souvent, l'infinitif en français est traduit par le *gerund* en anglais.

> Elle met son manteau avant de **sortir**.   *She puts on her coat before **going out**.*

L'infinitif seul

1 Employé seul (sans préposition), l'infinitif peut être sujet ou objet direct.

> *Sujet*
> **Se lever** tôt, c'est pénible.   ***Getting up** early is painful.*
> **Ranger** ma chambre, ça me fatigue!   ***Straightening up** my room makes me tired.*
>
> *Objet*
> Nous aimons **marcher** sur la plage en hiver.   *We like **walking** (or **to walk**) along the beach in winter.*

Remarque: On utilise **c'est** ou **ça** pour renforcer le sujet.

2 On utilise l'infinitif, à la place de l'impératif, dans les recettes de cuisine, les prescriptions pharmaceutiques, les modes d'emploi d'un appareil, les recommandations (*instructions*).

> **Faire sauter** les oignons et **ajouter** du vin blanc.
> **Agiter** ce médicament avant l'emploi.
> **Ne pas oublier** de rentrer le lait dans le frigidaire.

3 On utilise l'infinitif seul, comme objet direct, après un certain nombre de verbes courants: des verbes de mouvement, des verbes de volonté et de nécessité, des verbes d'opinion et de préférence. Si l'infinitif a un objet qui est un pronom personnel, ce pronom se place devant l'infinitif.

a. Verbes de mouvement

aller	descendre	monter	sortir
courir	entrer	partir	venir

Gérard **est parti** voir sa mère. Il **est parti la** voir.
Gisèle **sort chercher** des allumettes. Elle **sort en** chercher.

b. Verbes de volonté et de nécessité

désirer	espérer	il faut
devoir	vouloir	il vaut mieux

Voulez-vous partager ce morceau de gâteau? **Voulez**-vous **le** partager?
Il vaut mieux ne pas aller au cinéma ce soir. **Il vaut mieux** ne pas **y** aller.

c. Verbes d'opinion et de préférence

aimer	croire	oser	préférer
aimer mieux	détester	penser	savoir

Nous **aimons mieux** rester chez nous. Nous **aimons mieux y** rester.
Gabrielle **déteste** écrire des lettres. Gabrielle **déteste en** écrire.

Exercices

D. Refaites les phrases suivantes avec un infinitif sujet, en suivant le modèle.

Modèle: On voyage / enrichir l'esprit.
   ***Voyager**, ça enrichit l'esprit.*

1. On mange du chocolat / ça fait grossir. 2. On va à un restaurant italien / ça vous fait plaisir? 3. On travaille à mi-temps / c'est possible. 4. On trouve le meilleur candidat / ce n'est pas facile. 5. Ils restent debout trop longtemps / ça les fatigue. 6. On attend un ami qui est en retard / c'est irritant. 7. Vous écoutez des cassettes / ça vous amuse. 8. On lit ce gros livre en un jour / ce n'est pas possible. 9. Nous attachons notre ceinture de sécurité / c'est obligatoire. 10. Tu rencontres Marius / ça te plairait?

E. Combinez les groupes suivants en mettant le deuxième verbe à l'infinitif.

Modèle: Vous voulez / vous conduisez votre fille à l'école?
   *Vous voulez **conduire** votre fille à l'école?*

1. J'aime / je dors.
2. Tu préfères / tu te lèves tard?
3. Ils pensent / ils partent en vacances demain.
4. Elle n'ose pas / elle discute avec sa mère.
5. Nous aimons mieux / nous restons ici.
6. Ses parents doivent / ils achètent un micro-ordinateur.
7. Ses cousins espèrent / ils vont à la Martinique cet hiver.
8. Ils partent / ils font un voyage au Népal.
9. Antoinette a couru / elle a embrassé sa grand-mère.
10. Montez / prenez un verre avec nous.
11. Il vaut mieux / ne te décourage pas.
12. Savez-vous / vous vous servez d'une machine à photocopier?

L'infinitif précédé de à ou de de

Certains verbes sont suivis de la préposition **à**, d'autres verbes sont suivis de la préposition **de**. Il n'y a pas de règle pour déterminer l'emploi de **à** ou de **de**. Consultez l'appendice ou le dictionnaire.

1 L'infinitif peut être précédé d'un verbe + **à**. Le verbe principal peut indiquer un effort, une direction, une aspiration. Voici quelques verbes courants (voir p. 471 pour une liste plus longue).

aider à	to help	**servir à**	to be of use in, for
apprendre à	to learn how to	**songer à**	to think about
réussir à	to succeed in	**tenir à**	to insist on
chercher à	to seek to, to try to	**s'amuser à**	to have fun
se mettre à	to begin	**se préparer à**	to get ready to

2 L'infinitif peut être précédé d'un verbe + **de**. Un grand nombre de verbes pronominaux se trouvent dans ce groupe. Voici quelques verbes courants (voir p. 471 pour une liste plus longue).

avoir peur (honte, envie) de	to be afraid of, to (to be ashamed of, to; to want to)		
être obligé de	to be required to	**essayer de**	to try to
finir de	to finish	**oublier de**	to forget to
promettre de	to promise to	**refuser de**	to refuse to
s'arrêter de	to stop	**se contenter de**	to be content with
se dépêcher de	to hurry to	**s'excuser de**	to apologize for

3 Certains verbes ont les deux constructions et changent de sens.

se décider à	**décider de**
(to make up one's mind to)	*(to decide to)*
Il avait peur, mais il **s'est décidé** à plonger.	Nous avons **décidé d'**acheter une maison.

demander à	**demander** (à quelqu'un) **de**
(*to ask permission to*)	(*to ask* [*someone*] *to*)
Il **demande à** sortir.	Il **vous demande de** sortir.

Remarque: Les verbes **commencer** et **finir** ont deux constructions, avec **à** ou **de** et avec **par.** Leur sens change.

Il **commence à** pleuvoir.	J'ai **commencé par** faire mes maths.
It's ***starting to*** *rain.*	I ***started with*** *my math homework.*
Elle **a fini de** pleurer.	Elle **a fini par** comprendre.
She is ***through*** *crying.*	She ***finally*** *understood.*

4 Si l'infinitif a un objet direct ou indirect qui est un pronom, ce pronom est placé entre la préposition et l'infinitif.

Il a peur de parler **au professeur.**	Il a peur de **lui** parler.
Nous avons réussi à finir nos **devoirs.**	Nous avons réussi à **les** finir.
J'ai oublié d'acheter **du pain.**	J'ai oublié d'**en** acheter.

Remarque: Dans ce cas, on ne contracte jamais **à le, de le, à les, de les** parce que **le, les** sont des *pronoms.*

5 L'infinitif qui suit le verbe **être** et un adjectif peut être précédé de **à** ou de **de.**

a. **à**   Le sujet du verbe **être** est un nom (ou un pronom qui remplace ce nom), ou **ce** qui remplace une phrase, une idée déjà exprimée. Dans ce cas, l'infinitif ne peut pas avoir d'objet direct: il a un *sens passif.* On emploie **à.**

La leçon est **difficile à comprendre.**	Elle est **difficile à comprendre.**
The lesson is ***difficult to understand.***	It is ***difficult to understand.***
Marie ne s'est jamais mariée.	C'est **difficile à comprendre.**
Marie has never gotten married.	It's ***difficult to understand*** (why).

> sujet   + **être** + adjectif + **à** + infinitif
> (nom, pronom ou **ce**)

b. **de**   Le sujet du verbe **être** n'est jamais un nom. Le sujet est **il** impersonnel ou **ce** (**ce** est plus fréquent que **il** [voir p. 374]). Dans ce cas, l'infinitif peut avoir un objet direct: il a un *sens actif.* L'infinitif seul (ou l'infinitif + son objet direct) est le véritable sujet du verbe **être.** On emploie **de.**

C'est important de se reposer.	*It's important to rest.*
Il est (c'est) difficile de dormir le jour.	*It's difficult to sleep during the day.*
Il est (c'est) difficile de comprendre cette leçon.	*It's difficult to understand this lesson.*
Il est important d'étudier vos verbes.	*It's important to study your verbs.*

> sujet   + **être** + adjectif + **de** + infinitif
> (**il** impersonnel ou **ce**)

6 L'infinitif qui suit un nom peut être précédé de **à** ou de **de.**

a. **à**   On emploie **à** si en anglais la construction signifie *something that must be done to the preceding noun.*

une maison **à peindre**	*a house to paint*
un livre **à lire**	*a book to read*
une chanson **à chanter**	*a song to sing*
un film **à voir**	*a film to see*

b. **de**   On emploie **de** si l'équivalent en anglais est *of* + la forme *-ing* du verbe.

la pensée **de revenir**	*the thought of coming back*
la façon **de parler**	*the manner of speaking*
l'idée **de partir**	*the idea of going*
la nécessité **de lire**	*the necessity of reading*

On trouve souvent **de** avec les expressions de temps.

le temps **de travailler**	*the time to work*
le moment **de partir**	*the time to go*
l'heure **de dormir**	*the time to sleep*

L'infinitif avec d'autres prépositions

On emploie l'infinitif après les autres prépositions courantes. Souvent on utilise la forme *-ing* du verbe anglais pour traduire l'infinitif.

avant de	⎫	*before*	⎫	
sans	⎬ **dormir**	*without*	⎬ *sleeping*	
au lieu de	⎭	*instead of*	⎭	

Pour dormir, il prend des pilules.   ***In order to sleep,** he takes pills.*
Sans dire un mot, elle est sortie.   ***Without saying** a word, she left.*

Remarques:

◆ **Après** est suivi uniquement de l'infinitif passé.

  Après avoir bien **dîné,** ils ont fumé un cigare.   ***After having dined,** well, they smoked cigars.*
  Après être partis, ils ont regretté ne pas être   ***After they left,** they were sorry they had not*
  restés.   *stayed.*

◆ La préposition **en** est suivie de la forme verbale en **-ant.** C'est le gérondif (voir p. 419). **En** n'est jamais suivi de l'infinitif.

  Il chante toujours **en travaill***ant.*   *He always sings **while working.***

Exercices ....

F. Refaites les phrases suivantes avec les verbes indiqués. Suivez le modèle.

Modèle: Tu **vas faire** la sieste.   Il **refuse**
    Il ***refuse de faire*** la sieste.

1. J'aime dormir tard le dimanche matin.
   Essayez / Elle ne réussit pas / Tu n'es pas obligé / Je tiens

2. Vous pouvez attraper une colle.
   Elle ne cherche pas / Tu n'as pas honte / Vous risquez / Je refuse / Nous ne tenons pas
3. Je ne sais pas me servir d'un ordinateur.
   Avez-vous essayé? / Tu as appris / Nous nous amusons / Je décide / Il songe
4. Il faut vous acheter des fringues.
   Elle se décide / Nous oublions / Je promets / Il va m'aider / Ils ne tiennent pas
5. Je suis obligé de travailler dans un restaurant.
   Elle s'est arrêtée / Tu t'es mis / Vous refusez / Il a décidé / Je préfère

G. Dans les phrases suivantes, mettez la préposition qui convient: **à** ou **de**.

1. J'ai une maison _____ vendre. 2. Je n'aime pas sa façon _____ parler. 3. Avez-vous le temps _____ lire? 4. Ce livre est difficile _____ lire. 5. C'est impossible _____ lire quand il y a du bruit. 6. L'arabe et le chinois sont des langues difficiles _____ apprendre. 7. Ce n'est pas agréable _____ travailler dans une usine. 8. Tu n'es pas facile _____ convaincre. 9. C'est toujours pénible _____ entendre le bruit des voitures. 10. Le macramé? Ce n'est pas difficile _____ faire. 11. Il suffit _____ savoir faire des nœuds. 12. Vos dessins sont très jolis _____ regarder, mais trop chers _____ acheter. 13. C'est bon _____ boire quand on a soif. 14. Ce n'est pas recommandé _____ boire quand on a chaud. 15. La bière fraîche est bonne _____ boire. 16. Avez-vous le temps _____ regarder la télévision? 17. Non, d'ailleurs il n'y a pas beaucoup d'émissions intéressantes _____ regarder. 18. Dans cet immeuble, il y a trois appartements _____ louer. 19. C'est difficile _____ louer quelque chose quand on ne connaît pas le quartier. 20. Je n'ai pas encore eu l'occasion _____ voir *Mourir d'aimer*. C'est un film _____ voir.

H. Dans les phrases suivantes, mettez la préposition qui convient dans l'espace vide.

1. Camille va au café après son travail _____ rentrer chez lui.   (pour, sans, au lieu de)
2. Josyane a écrit sa composition _____ faire de fautes.   (avant de, sans, pour)
3. Les enfants se lavent les mains _____ se mettre à table.   (après, au lieu de, avant de)
4. Jacques fait du jogging _____ rester en bonne santé.   (au lieu de, sans, pour)
5. Ils quittent le restaurant _____ avoir payé l'addition.   (pour, en, après)

Faire + infinitif

Cette construction signifie *to have something done, to make or to force someone to do something.*

Ses parents **font construire** une maison.
Le fermier **fait travailler** ses enfants.

Le nom qui suit l'infinitif peut être l'objet direct (on construit **une maison**) ou le sujet de l'infinitif (**les enfants** travaillent).

1 Dans cette construction, l'infinitif suit immédiatement le verbe **faire**. Les pronoms qui remplacent l'objet direct ou le sujet de l'infinitif ont la forme du pronom personnel objet direct et se placent devant le verbe **faire**.

La maison? Ses parents **la** font construire à la campagne.
Les enfants? Le fermier **les** fait travailler.

Attention!

◆ A l'impératif, les pronoms se placent entre **faire** et l'infinitif.

> Faites-**la** construire. Fais-**les** travailler.

◆ Le pronom personnel de la première personne et de la deuxième personne du singulier est le pronom disjoint.

> Tu **me** fais rire. Fais-**moi** rire!
>
> Tu **te** fais couper les cheveux. Fais-**toi** couper les cheveux!

2 Quelquefois, l'infinitif a un nom sujet et un nom objet direct. Dans ce cas, l'infinitif suit immédiatement le verbe **faire**. L'objet direct est placé après l'infinitif. Le sujet de l'infinitif devient «complément d'agent» accompagné de **à** ou de **par**.

> **Les enfants** (manger) des carottes.
>
> **Le secrétaire** (taper) le livre.

Françoise fait manger des carottes **à ses enfants**.	*Françoise makes **her children** eat carrots.*
La romancière fait taper son livre **par son secrétaire**.	*The novelist has **her secretary** type her book.*

La construction avec **à** signifie: Françoise a *l'autorité, le pouvoir* de faire manger des carottes à ses enfants.

La construction avec **par** signifie: Le secrétaire tape le roman pour la romancière, *à sa place*.

3 Les pronoms **lui** et **leur** remplacent **à** + nom ou **par** + nom. Ils précèdent le verbe **faire**. On peut aussi avoir les pronoms **me, te, nous, vous** comme agents.

> Françoise **leur** fait manger des carottes.
>
> La romancière **lui** fait taper son roman.
>
> Il **me** fait ramasser toutes ses affaires.

Dans le cas où on a plusieurs pronoms, l'ordre des pronoms est normal (voir p. 224).

> Françoise **leur en** fait manger.
>
> La romancière **le lui** fait taper.
>
> Il **me les** fait ramasser.

Constructions possibles de **faire** avec l'infinitif:

faire + infinitif + OD +	**à** **au** **aux** **par** + nom de l'agent

Remarques:

◆ Si l'infinitif après **faire** est un verbe pronominal, **se** peut être supprimé.

> Je **fais (se) promener** les chiens.

◆ Les groupes **faire faire** (*to have someone do*) ou **se faire faire** (*to have something done for yourself*) sont fréquents.

> Je **fais faire** mon ménage par une femme de ménage.
> Elle **s'est fait faire** une perruque avec ses propres cheveux.

◆ Au passé composé, le participe passé **fait**, suivi d'un infinitif, ne s'accorde jamais.

> Je les ai **fait** entrer.

Exercices

I. Faites deux phrases avec les groupes suivants et le verbe **faire**. Suivez les modèles.

> *Modèles:* Le professeur / les étudiants travaillent.
> *Le professeur **fait travailler les étudiants**.*
> *Il **les fait travailler**.*
>
> Ses cousins / on a réparé leur voiture.
> *Ses cousins **ont fait réparer leur voiture**.*
> *Ils **l'ont fait réparer**.*

1. La pluie / les touristes sont partis.
2. Le commissaire de police / on n'arrête pas le voleur.
3. Le clown / les enfants riaient.
4. La tempête / on a fermé les écoles.
5. La directrice / on renvoie cet employé.

J. Combinez les groupes suivants avec le verbe **faire,** en suivant le modèle. (Attention au temps!)

> *Modèle:* Le froid / tu trembles.
> *Le froid **te fait trembler**.*

1. Ce film / elles ont pleuré.
2. Le jogging / vous avez maigri.
3. Le pain français / je grossissais.
4. Leurs récits de voyage / vous rêvez.
5. Cette mauvaise expérience / je réfléchis.

K. Refaites les phrases suivantes avec des pronoms, d'abord à l'impératif affirmatif, puis à l'impératif négatif.

> *Modèle:* Tu fais rire la petite fille.
> ***Fais-la** rire.*
> *Ne **la fais** pas rire.*

1. Nous faisons cuire les haricots. 2. Tu fais sauter les oignons. 3. Vous faites laver votre voiture. 4. Nous faisons chauffer le beurre. 5. Vous faites brûler ma côtelette.

L. Combinez les groupes suivants d'abord avec **faire** et la formule **à** + agent ou **par** + agent, puis en utilisant des pronoms. Suivez le modèle.

Modèle: Le patron / la secrétaire tape son courrier.
            *Le patron fait taper son courrier **par la secrétaire**.*
            *Il **le lui** fait taper.*

1. La tante / le bébé prend un bain.
2. La vieille dame / la bonne ne lave pas la vaisselle.
3. Cette maman / ses enfants mangent des épinards.
4. Ce monsieur / un domestique cire (*shines*) ses chaussures.
5. Ma sœur / la meilleure vétérinaire soigne son chien.

Laisser + infinitif, verbe de perception + infinitif

1 Le verbe **laisser** et les verbes de perception comme **regarder, entendre, écouter, sentir** ont aussi une construction avec l'infinitif, mais cette construction est moins stricte que la construction infinitive avec le verbe **faire**. Après **laisser, regarder,** etc., on peut placer le nom sujet de l'infinitif *avant* ou *après* le verbe, si l'infinitif n'a pas de complément.

Je laisse **le chien** sortir.   *ou*   Je laisse sortir **le chien**.
Tu regardes **les enfants** jouer.   *ou*   Tu regardes jouer **les enfants**.

Attention: Si l'infinitif a un complément, l'ordre des mots est normal.

> **laisser**   + sujet de l'infinitif + infinitif + complément
>   *ou*
> verbe de perception

Je laisse les enfants jouer **au parc**.

2 Quand les noms sont remplacés par des pronoms, ces pronoms sont placés avant **laisser** (ou le verbe de perception). Quand il y a deux pronoms, on peut aussi utiliser **lui, leur** comme dans la construction avec **faire**.

Je laisse **le chien** sortir. ⎫
Je laisse sortir **le chien**. ⎭   Je **le** laisse sortir.

Je laisse le **chien** manger ma **côtelette**.   ⎧ Je **le** laisse **la** manger.
                                                  ⎨   *ou*
                                                  ⎩ Je **la lui** laisse manger.

3 Pour les formes négatives et impératives, ces verbes ont la même construction que **faire**.

Il **n'a pas** laissé jouer les enfants.

Remarque: Au passé composé, le participe passé (**laissé, entendu, regardé**) suivi d'un infinitif ne s'accorde pas.[5]

---

[5]Nouvelle règle de l'arrêt ministériel du 17 juillet 1977 pour la simplification de la langue française.

Comparez: Il les a laiss**és** seuls.

Il les a laiss**é** regarder la télé.

Exercices

M. Faites des phrases en suivant le modèle avec les groupes suggérés.

Modèle: Je laisse / les voitures passent.

Je ***laisse passer*** *les voitures.*

Je ***laisse*** *les voitures* ***passer.***

1. Christiane ne laisse pas / sa fille vit dans le désordre.
2. Il a senti / la colère montait.
3. Je regarde / le soleil se lève.
4. Nous regardons / les touristes descendent du car.
5. Tu ne laisses pas / le chien dort avec toi?

N. Faites des phrases avec les verbes suggérés; ensuite remplacez les noms par des pronoms.

Modèle: Elle laisse / son mari va au marché.

Elle ***laisse son mari aller*** *au marché.*

Elle ***le laisse aller*** *au marché.*

1. Elles ont entendu / les enfants crient dans le jardin.
2. Tu as vu / les ballerines font des exercices?
3. Vous laissez / je lis la lettre de votre mère.
4. Nous écoutons / M. Rubinstein joue cette sonate.

Formules à retenir

 trop ... pour / assez ... pour

a. L'expression **trop ... pour** signifie *too (much) to.* On emploie **trop** avec un verbe, un adjectif ou un adverbe. On emploie **trop de** avec un nom.

Il a **trop bu pour** pouvoir conduire.	*He **drank too much to** be able to drive.*
Elle **est trop malade pour** venir en classe.	*She is **too sick to** come to class.*
Vous **êtes parti trop tard pour** arriver à l'heure.	*You left **too late to** arrive on time.*
Il a **trop de travail pour** sortir.	*He has **too much work to** go out.*

b. L'expression **assez ... pour** signifie *enough to.* On emploie **assez** avec un verbe, un adjectif ou un adverbe. On emploie **assez de** avec un nom.

Vous avez **assez travaillé pour** pouvoir vous reposer.	*You have **worked enough to** (be able to) rest.*

Prunelle n'a pas l'esprit **assez clair pour** emporter tous ses livres.	*Prunelle does not have a mind **clear enough to** take all her books.*
Il ne court pas **assez vite pour** gagner la course.	*He's not running **fast enough to** win the race.*
Ils ont **assez d'argent pour** faire un voyage en Europe.	*They have **enough money** to take a trip to Europe.*

Exercice

O. Faites des phrases avec **trop ... pour** et **assez ... pour** et le vocabulaire indiqué.

trop ... pour

1. Jacques est paresseux / il range sa chambre.
2. Le chien a peur / il rentre au salon.
3. Il fait chaud / rester au soleil.
4. J'ai des devoirs / je sors ce soir.

assez ... pour

5. Je n'ai pas d'appétit / je mange tout le gâteau.
6. Cette jeune fille a du talent / elle joue dans une pièce.
7. La femme de ménage n'est pas payée / elle fait ce travail.
8. Le psy a du temps / il reçoit la mère de Prunelle.

2 Prépositions et adverbes communs

Pour remplacer une préposition et un nom, on peut employer un adverbe qui correspond à la préposition.

Le chat monte **sur** la table.	Il monte **dessus.**
Quand il fait froid, nous préférons être **dans** la maison. **Hors de** la maison, on gèle (*freeze*).	Nous préférons être **dedans. Dehors,** on gèle.

Voici une liste des prépositions communes et des adverbes correspondants.

prépositions		*adverbes*
sur	on	**dessus**
au-dessus de	above	**au-dessus**
sous	under	**dessous**
au-dessous de	underneath	**au-dessous**
dans	in, inside of	**dedans**
hors de	out of, outside of	**dehors**

Exercice

P. Dans les phrases suivantes mettez la préposition ou l'adverbe qui convient: **sous, dessous, dessus, sur, au-dessus de, au-dessus, hors de, dehors,** etc.

1. Mets tes paquets _____ cette chaise. Mais le chat est couché _____ ! 2. _____ la table, il y a un tapis. Mets ton sac _____ . 3. Allons jouer au jardin! Non, il fait froid _____ .

Jeanne d'Arc a chassé les Anglais _____ France.   4. L'enfant est malade; il doit rester _____ sa chambre; il n'aime pas rester _____ .   5. Mon appartement est situé _____ une boulangerie: les odeurs montent. _____ , il y a une terrasse.   6. La solution des mots croisés est _____ la grille (*grid*). Quand vous cherchez les réponses, ne regardez pas _____ .

Synthèse

Applications

I.   Conseils du psy.   La mère de Prunelle va chez le psy pour lui parler de sa fille. Ecrivez leur conversation. Combinez un verbe de la colonne de gauche avec un verbe de la colonne de droite.

> *Modèle:*   La mère dit: Ma fille   oublier de   elle prend ses livres
> *La mère dit: Ma fille **oublie de prendre** ses livres.*

1.   La mère dit: Ma fille   négliger de   elle lit des B.D. (bandes dessinées)
                                   se plaire à   elle mange des yaourts dans sa chambre
                                   se mettre à   elle écoute de la musique rap
                                   s'amuser à   elle ramasse ses affaires

2.   Le psy répond: Demandez à votre fille   elle sort tous les soirs
                       Promettez-lui   elle lit des livres intéressants
                       Obligez-la   elle va à un concert de musique classique
                       Invitez-la   elle fait son cartable la veille
                       Défendez-lui   vous l'envoyez en vacances si elle n'a pas
                                                     de colle

II.   La meilleure chose à faire.   Que conseillez-vous à ces personnes qui ont des problèmes? Faites des phrases en suivant le modèle.

> *Modèle:*   un athlète qui prend des dopants   (arrêter / se droguer)
> *Arrêtez de vous droguer!*

1.   un monsieur de 50 ans qui est trop gros   (essayer / maigrir)
2.   une dame qui a de l'asthme   (éviter / fumer)
3.   une jeune fille qui va passer un examen   (ne pas oublier / prendre des vitamines)
4.   quelqu'un qui va prendre l'avion   (se dépêcher / aller à l'aéroport)
5.   un ami qui ne trouve pas de travail   (continuer / chercher)
6.   quelqu'un qui se plaint tout le temps   (cesser / se plaindre)

A votre tour, avez-vous des conseils à donner à quelqu'un de votre entourage?   (à vos parents, à votre prof, à votre psy)

III. Tout seul ou avec l'aide d'un spécialiste? Certaines personnes savent tout faire; d'autres se font aider par des spécialistes.

Modèle: Daniel règle (*tunes*) sa voiture lui-même; moi / un mécanicien
                Moi, je fais régler ma voiture par un mécanicien.

1.   Robert plante des fleurs; vous / un jardinier
2.   Marie-Claire nettoie sa maison; Chantal / une femme de ménage
3.   Ma mère faisait ses robes; moi / une couturière
4.   Vous repeignez votre maison; nous / un peintre
5.   Suzie coupe les cheveux de ses enfants; Gabrielle / un coiffeur

Faites-vous faire certaines choses par quelqu'un d'autre? (vos devoirs, vos repas, le ménage dans votre chambre, etc.)

IV. Parents trop tolérants. Certains parents laissent leurs enfants faire ce qu'ils veulent. Refaites les phrases en suivant le modèle.

Modèle: Ils laissent / Leurs enfants sortent tous les soirs.
                *Ils **les laissent sortir** tous les soirs.*

Ils laissent...

1.   Leurs enfants mangent dans leur chambre.
2.   Ils empruntent leur voiture.
3.   Ils amènent leurs copains à toute heure à la maison.
4.   Ils mettent du désordre dans toute la maison.
5.   Ils font du bruit toute la nuit.
6.   Ils vident le réfrigérateur.
7.   Ils se servent du téléphone à toute heure.

Que laissez-vous d'autres personnes faire? (votre sœur ou votre frère, un ou une ami(e), votre chien, etc.)

Conversations

1.   **Les sports.** Quels sont les sports favoris parmi les jeunes? Comment est-ce qu'on pratique ces sports?

   ◆   **le tennis:** une raquette et des balles, un court, un filet (*net*), taper sur la balle
   ◆   **le ski:** la neige, une station (*resort*), un remonte-pente (*lift*), des skis, des bâtons (*poles*)
   ◆   **le bateau à voile:** faire du bateau à voile, une voile (*sail*)
   ◆   **la planche à voile:** (*windsurfing*): une planche (*board*)
   ◆   **le foot** (*soccer*): un ballon (*ball*), donner un coup de pied (*to kick*), donner un coup de tête (*to kick with the head*), un goal ou un but (*goal*), un goal ou un gardien de but (*goalie*), un match (*game*), un arbitre (*umpire*), marquer un but
   ◆   **le basket** (*basketball*): un ballon (*ball*), le panier (*basket*)
   ◆   **la bicyclette:** le Tour de France, un vélo de course (*racing bike*), un vélo tout terrain (*mountain bike*)

2. **Les vêtements.** Quels vêtements portez-vous dans les différentes circonstances de la vie? Pour aller à l'école? En été? En hiver? Pour aller travailler? Pour faire du sport? Pour aller à une soirée élégante? A la maison pour vous reposer?

- ◆ **les vêtements de femme:** des sous-vêtements (*m.*) (*underwear*), une robe (*dress*), une jupe (*skirt*), un chemisier, un pull, un sweater, un tricot, une veste (*jacket*), un manteau (*coat*), un imper (*raincoat*), un anorak (*ski jacket*), un tee-shirt, un short, un maillot de bain, une chemise de nuit, un pyjama, une robe de chambre, une robe du soir, un survêtement (*sweat suit*), des chaussures (*f.*) à talons hauts, des chaussures à talons plats, des chaussures de tennis, des baskets (*f.*)
- ◆ **les vêtements d'homme:** une chemise (*shirt*), un blouson (*windbreaker*), un pantalon, des chaussettes (*f.*) (*socks*), un costume (*suit*), une cravate (*tie*), un veston (*suit or sport jacket*), un gilet (*vest*), un smoking (*tuxedo*), un habit, un polo (*knit shirt*), des chaussures de tennis, des baskets, une ceinture (*belt*), un chapeau, des bretelles (*suspenders*)
- ◆ être habillé de (*to be dressed in*), «habillé» (*dressed elegantly*), la tenue de ville, la tenue de soirée, s'habiller «décontracté»

3. **Façons de vivre.** Comparez la façon de vivre de vos parents quand ils avaient votre âge et votre propre style de vie. Qu'est-ce qui a changé? (vêtements, goûts, nourriture, valeurs, sorties, tentations, dangers)

Traduction

1. During her mother's absence, Prunelle decided to give her a surprise.   2. She began by picking up all the clothes that lay on the floor; she folded them and hung them in the armoire.   3. She tidied the drawers of her dresser and spent a long time finding all her shoes and socks.   4. In the kitchen, she did not forget to put the milk, the butter, and the ham back in the refrigerator after eating.   5. She tried to remember to look into her assignment notebook before packing her bag and to take the right **(bon)** books with her to school.   6. When her mother came back, she was delighted and gave Prunelle several rewards. Easy to understand!

Rédaction

1. **Recommandations.** Vous allez prêter votre chambre (ou votre appartement) à un ami (une amie) pendant votre absence. Vous mettez des petits papiers partout pour lui recommander de faire attention à vos objets personnels. Ecrivez au moins 15 petits papiers que vous allez coller sur le frigidaire, sur votre électrophone (*record player*), dans la salle de bain, sur votre lit, etc.

2. **De bons parents.** Donnez des conseils sur la façon d'élever les enfants. Quels principes recommandez-vous? Que conseillez-vous d'éviter? Pourquoi? Que faut-il faire pour que les enfants échappent aux dangers de la vie moderne? Expliquez votre opinion.

Chapitre 14

Le futur

Vocabulaire

accrocher to hang
à deux together (*as a couple*)
alliance (*f.*) wedding band
avoir de la chance to be lucky
banal(e) ordinary
bâtir to build
chemin (*m.*) path
cracher to spit out
décrocher to take down
dessiner to draw; to give shape to
effacer to erase

épargner to spare
espérance (*f.*) hope
hasard (*m.*) fate, chance
lever to raise
n'importe où anywhere
pareil(le) alike
place (*f.*) town square
pont (*m.*) bridge
quelque part somewhere
taille (*f.*) waist
voile (*f.*) sail

Vocabulaire supplémentaire

L'amour

adorer to adore, worship
s'amouracher de quelqu'un to fall in love with someone
avoir le béguin pour quelqu'un to have a crush on someone
aventure (*f.*) affair
dispute (*f.*) quarrel, argument
se disputer to have a fight
draguer to chase
être amoureux (-euse) de quelqu'un to be in love with someone
faire la cour à quelqu'un to court, to woo
fiançailles (*f. pl.*) engagement
fiancé, fiancée fiancé, betrothed

flirter to flirt
fou (folle) de crazy for
histoire (*f.*) affair
idylle (*f.*) romance
lune (*f.*) **de miel** honeymoon
mordu(e) hooked
petit ami, petite amie boyfriend, girlfriend
romance (*f.*) love song
rompre to break off
rupture (*f.*) breaking off (of an engagement)
sentimental(e) romantic, sentimental
tomber amoureux (-euse) de quelqu'un to fall in love with someone
vivre d'amour et d'eau fraîche to live on love alone

À deux

Jacques Brel (1929–1978) est né à Bruxelles, capitale de la Belgique. Connu du public surtout comme chanteur populaire, il a été aussi un grand poète et un compositeur. Dans ses chansons, il dénonce les valeurs

hypocrites de son milieu bourgeois («Les Bourgeois»). Il est lui-même parfois misogyne («Les Filles»), violemment anticlérical («Les Bigotes») et
antimilitariste («Au suivant»). Toutefois, il laisse paraître un cœur tendre
et sensible, quand il décrit sa province, la Flandre («Le plat pays»), la
douleur causée par un amour contrarié («Ne me quitte pas») et l'incroy-
able dynamisme qui naît d'un amour partagé («A deux»). Jacques
Brel n'est pas seulement un chanteur. Il a été aussi acteur, metteur en
scène, pilote de son avion personnel, navigateur solitaire de son voilier.
Frappé jeune encore par la maladie, il a passé ses dernières années à
parcourir les îles de la Polynésie française, en particulier les îles Mar-
quises. Il est mort épuisé par le travail, après une vie passionnée et pleine
d'excès.

Préparation à la lecture

Les chansons de Jacques Brel sont des poèmes parfois obscurs. Dans le
poème «A deux», qui est inédit, et n'est jamais devenu un «tube» (c'est-à-
dire une chanson à succès que tout le monde chante), Jacques Brel utilise
des ellipses et des images qui ont besoin d'être clarifiées.

Les voiles dont il parle (ligne 5) sont les voiles du bateau sur lequel les
amants navigueront, poussés vers le jour, la lumière.

Plus loin (lignes 9–10), il utilise l'image poétique de Saturne, planète
qui a un anneau°; en décrochant Saturne du ciel, le poète transforme cet   ring
anneau en «alliance».

La vie, qui leur donne leur amour, les a épargnés (lignes 11–12), c'est-
à-dire qu'elle ne les a pas fait souffrir. Ils vont croquer° la vie comme on   bite into
croque une pomme et n'auront pas besoin de la cracher (comme on crache
un mauvais fruit).

Voici une interprétation possible des lignes 19–20: si les amants pro-
jettent leur amour sur l'humanité entière,° s'ils éclaboussent° leur amour   **l'humanité...** the whole
sur elle, tout le monde sera guéri. L'amour donnera aux deux amants le   human race / splash
désir d'aimer toute l'humanité, d'aider les autres et d'étonner le monde
entier.

Lignes 21–24: L'amour donnera à l'homme qui parle la force de
soulever le monde et de ne jamais se sentir vaincu, humilié. Chaque matin
sera le début d'une aventure.

Lignes 31–33: A deux, ils prouveront au monde que les histoires
d'amour, qui paraissent souvent naïves, peuvent devenir vraies.

En France, on crie «bis°» pour qu'un chanteur exécute de nouveau la   **= encore**
même chanson. On siffle° pour indiquer qu'on n'est pas content, qu'on   whistle, hiss
n'aime pas le spectacle.

«Ma mie» est une forme du vieux français: «ma amie» pour «mon
amie» en langue moderne.

Toi
Toi et moi (bis)
A deux, nous bâtirons des cathédrales
Pour y célébrer nos amours
5   Nous y accrocherons les voiles
Qui nous pousseront vers le jour°.   daylight

A deux nous offrirons la lune°   = l'impossible
Aux hommes qui n'ont pas de chance
Et j'irai décrocher Saturne
10   Nous en ferons nos alliances
Et nous remercierons la vie
D'avoir voulu nous épargner
Nous pourrons la croquer ma mie
Sans jamais devoir la cracher.

15   A deux nous jetterons sur les rivières
Des ponts faits de notre amitié

Pour tous les hommes de la terre
Afin qu'on puisse° les aimer   afin... (*subj.*) so that one
Et de guérir à la ronde   can
20   Tu éclabousseras l'humanité
Moi je pourrai lever le monde
Avant que le monde m'ait couché°   avant... (subj. passé)
Nous partirons chaque matin   before the world forces
A l'aventure d'une journée   me to lie down
25   Nous avons la vie dans nos mains
Mais il nous faut la dessiner.

A deux nous tracerons dessus° la terre   = sur
Des chemins pavés de soleil
Nous effacerons les frontières
30   Car tous les enfants sont pareils
Et les histoires que l'on raconte
Qui font qu'on semble des niais°   qui... which make us
A deux nous prouverons au monde   appear stupid
Qu'on peut les faire devenir vraies.
35   Nos cœurs seront pleins d'espérance
Nos chants seront des chants d'amour

Car à deux nous aurons la chance
De croire qu'on en° a chaque jour.   = de la chance

40 A deux nous bâtirons des cathédrales
Pour y célébrer nos amours.

Questions sur la lecture

1. Que célèbre-t-on d'habitude dans les cathédrales? Pourquoi Jacques Brel choisit-il de construire une cathédrale pour y célébrer l'amour? Quelle importance donne-t-il à l'amour?
2. Relevez les verbes et les expressions qui montrent le dynamisme que l'amour fait naître chez le couple.
3. Quelles images, quelles actions démontrent que l'amour dont rêve Jacques Brel va lui donner une force immense?
4. Cet amour ne sera pas égoïste. Quelles actions humanitaires est-ce que l'amour va conduire les amoureux à accomplir?
5. Qu'est-ce que Jacques Brel veut prouver au monde?
6. Exprimez d'une autre façon les lignes 37 et 38.
7. Comment peut-on décrire l'amour dont rêve Jacques Brel? Est-il romantique? réaliste? pratique? Justifiez votre réponse.

Un jour tu verras...

Charles Aznavour (1924–   ) est d'origine arménienne, mais il a vécu presque toute sa vie en France. Lui aussi, comme Jacques Brel, compose les paroles et la musique de ses chansons, qu'il chante d'une voix souvent critiquée pour sa douceur. C'est le Frank Sinatra français. Il a aussi été acteur de cinéma de talent. L'amour, la séparation et la tristesse sont les thèmes dominants de ses chansons.

Un jour tu verras,
On se rencontrera
Quelque part, n'importe où
Guidés par le hasard.

5 Nous nous regarderons
Et nous nous sourirons
Et la main dans la main
Par les rues nous irons.

Le temps passe si vite
10 Le soir cachera bien
Nos cœurs, ces deux voleurs
Qui cachent leur bonheur.

Puis nous arriverons
Sur une place grise
15 Il y aura un bal
Très pauvre et très banal.

Puis je t'inviterai
Ta taille je prendrai
On dansera tranquilles
20 Loin des gens de la ville.

Un jour tu verras,
On se rencontrera
Quelque part, n'importe où
Guidés par le hasard.

25 Nous nous regarderons
Et nous nous sourirons
Et la main dans la main
Par les rues nous irons.

Questions sur la lecture

1. Quelles conditions faut-il à ce couple pour que l'amour se développe?
2. Jacques Brel parle de la chance; Charles Aznavour parle du hasard. Quelle est la différence?
3. «Nous nous regarderons et nous nous sourirons.» Comment s'appelle ce phénomène?
4. A quoi fait penser la scène suivante: un couple qui danse dans un bal? Quelles sont les conditions de leur bonheur?

Questions personnelles

1. Que pensez-vous du coup de foudre? Y croyez-vous? L'avez-vous éprouvé? Racontez votre expérience. Espérez-vous l'éprouver un jour?
2. Cette forme d'amour peut-elle conduire à une entente durable ou est-elle souvent suivie de rupture? Justifiez votre réponse.
3. Comparez les deux poèmes dans ce chapitre et les poèmes de Jacques Prévert dans le deuxième chapitre. Quelles sont les ressemblances et les différences dans les idées et la conception que les trois hommes se font de l'amour?
4. La conception de l'amour décrite dans ces deux poèmes vous paraît-elle moderne? ancienne? réaliste? pratique? dépassée? Avez-vous une idée personnelle de l'amour? Laquelle?

Le futur simple

Formes

1 La majorité des futurs ont une formation régulière. On prend l'infinitif du verbe et on ajoute les terminaisons **-ai, -as, -a, -ons, -ez, -ont** qui sont identiques au verbe **avoir** (excepté **avons** et **avez**).

finir	-ai	je **finirai**
dormir	-as	tu **dormiras**
chanter	-a	il **chantera**
choisir	-ons	nous **choisirons**
sortir	-ez	vous **sortirez**
commencer	-ont	ils **commenceront**

2 Pour les verbes en **-dre** et **-re,** le **-e** de l'infinitif tombe.

prendre	je **prendrai**
suivre	tu **suivras**

Remarques:
- Il y a toujours le son /R/ au futur: /Re/, /Ra/, /Rɔ̃/.
- Les verbes en **-ir** (2ème groupe et certains verbes irréguliers) ne posent pas de problèmes de prononciation.
- Les verbes en **-er** (1er groupe) ont des problèmes de prononciation. Par exemple: **don/ne/rai.** On écrit *trois* syllabes; on prononce *deux* syllabes /don-Re/; mais on écrit et on prononce trois syllabes dans les verbes comme **parlerai** et **montrerai.**[1]

3 Certains verbes ont des changements orthographiques au futur.

employer →	j'**emploierai**	appeler →	j'**appellerai**
acheter →	j'**achèterai**	jeter →	je **jetterai**

Remarques:
- **Payer** a deux formes: **paierai** ou **payerai**.
- **Envoyer** est irrégulier: **enverrai**.
- **Préférer:** l'accent ne change pas: je **préférerai**.

---

[1]Ce problème de prononciation est expliqué dans le *Cahier,* au Chapitre 14, et est accompagné d'exercices.

4 **avoir / être**

avoir		être	
j'**aurai**	nous **aurons**	je **serai**	nous **serons**
tu **auras**	vous **aurez**	tu **seras**	vous **serez**
il, elle **aura**	ils, elles **auront**	il, elle **sera**	ils, elles **seront**

5 Plusieurs verbes irréguliers ont un futur irrégulier.

aller	j'**irai**		
courir	je **courrai** /RR/	tenir	je **tiendrai**
mourir	je **mourrai** /RR/	venir	je **viendrai**
apercevoir	j'**apercevrai**	vouloir	je **voudrai**
recevoir	je **recevrai**	voir	je **verrai** /R/
devoir	je **devrai**	savoir	je **saurai**
pouvoir	je **pourrai** /R/		
s'asseoir	je **m'assiérai** *ou*		
	je **m'assoirai**		
faire	je **ferai**		
il faut	il **faudra**	ça vaut	ça **vaudra**
il pleut	il **pleuvra**		

Remarque: Le double **r** est parfois prononcé /R/, parfois /RR/.

Exercices

A. Ecrivez les phrases suivantes en mettant les verbes au futur simple.

1. D'abord, Véronique et Jérôme (finir leurs études, ensuite se fiancer, se marier).
2. Après notre mariage, nous (aller à la banque, demander un prêt, acheter un terrain, faire construire une maison).
3. Au magasin, j'(essayer plusieurs manteaux, en choisir un, payer à la caisse, l'emporter).
4. Avant de te lancer sur la route, tu (étudier le code de la route, passer ton permis et, après, conduire ma voiture).
5. Gabrielle a reçu beaucoup de cadeaux pour son diplôme: elle (écrire des lettres de remerciements, mettre des timbres sur les enveloppes, poster ses lettres sans tarder [*without delay*].
6. Conseils du patron à son secrétaire: Vous (ne pas répondre au téléphone, écouter les messages, m'appeler à ce numéro).

B. Continuez les phrases suivantes en répétant les verbes au futur simple.

1. Aujourd'hui, il fait beau, il ne pleut pas, j'ai envie de sortir. Mais demain aussi, ...
2. En ce moment, vous êtes sûr de vous, vous savez votre leçon, vous pouvez répondre aux questions. Mais le jour de l'examen, est-ce que...
3. En général, ces enfants sont étourdis (*scatterbrained*): ils se trompent de bus, ils s'aperçoivent de leur erreur, ils reviennent à leur point de départ. Demain aussi, sans doute, ...
4. Tu es déprimé. Il faut te distraire. D'habitude, tu loues une vidéo, tu t'assieds dans un bon fauteuil, tu vois un bon film. Ce soir aussi, ...
5. Dans mon imagination, mon amour et moi, on se rencontre, on se reconnaît, on vit ensemble. Dans l'avenir, j'en suis sûr, on...
6. Ce père économe (*thrifty*) dit à ses enfants: Vous devez travailler, il faut économiser, rien ne vient facilement dans la vie. Pour réussir, ...

Emplois

1 On emploie le futur pour indiquer qu'une action va arriver (*is going to happen*).

Un jour tu **verras,** on **se rencontrera...**

Remarque: On emploie fréquemment **aller** + l'infinitif pour exprimer une action future proche (*in the immediate future*).

Je **vais suivre** un cours pour apprendre à réparer ma voiture.

2 Expressions adverbiales utiles pour le futur.

Après	after, afterwards
bientôt	soon
dans une semaine, huit jours, un mois, un an	in a week, a month, a year
demain	tomorrow
ensuite	next, then
la semaine, le mois, l'année prochain(e)	next week, month, year
plus tard	later
tout à l'heure	later
un jour	some day

3 On emploie le futur en français après les conjonctions de temps si le verbe principal est au futur ou à l'impératif (avec une idée d'action future). Voici quelques conjonctions de temps:

quand	} when	**aussitôt que**	} as soon as
lorsque		**dès que**	
tant que	as long as, since	**aussi longtemps que**	as long as

Dès qu'il **arrivera,** nous nous **mettrons** à table.

As soon as he arrives, we shall sit down to dinner.

Quand vous **aurez** le temps, **téléphonez**-moi.

When you have time, give me a call.

Attention: En anglais on emploie le présent dans le groupe subordonné.

4 On emploie le futur après **si** qui signifie *whether* quand on exprime une idée future (voir p. 338).

> Je me demande **si** elles **s'amuseront** à ce match.
> Savez-vous **si** vous **prendrez** des vacances d'hiver?

5 On emploie le *présent*, pas le futur, après **si** exprimant une condition.

> **S'il fait** beau, nous irons à la plage.

6 Traduction de *will*

a. Avant de traduire *will*, il faut déterminer si c'est l'auxiliaire du futur ou une conjugaison du verbe **vouloir.**

Will you stay long in Paris?	**Resterez-vous** longtemps à Paris? (*un futur*)
Will you please stay here?	**Voulez-vous** rester ici, s'il vous plaît? (*une prière, une requête*)
Yes, I will.	Oui, **je veux** bien.
No, I won't.	Non, **je ne veux pas.**

b. Quand *will* indique en anglais une action habituelle, il se traduit en français par un présent.

*This man **will** often **go** several days without eating.*	Cet homme **reste** souvent plusieurs jours sans manger.

Exercices

C. Répétez les phrases suivantes en mettant le verbe principal au futur. Attention au temps qui suit la conjonction!

1. Quand tu veux me voir, tu viens. 2. Si tu vas à Paris, tu ne vois que des musées? 3. S'il ne se soigne pas, il meurt. 4. Quand ils entendent la cloche, ils courent. 5. Il faut prendre un parapluie quand il pleut. 6. Vous rencontrez mon frère ce soir? 7. Aussitôt qu'il se réveille, il prend son petit déjeuner. 8. Je me demande s'ils bâtissent une nouvelle maison. 9. Dès que la sonnerie retentit, nous quittons le magasin. 10. Tant qu'il fait froid, nous restons bien au chaud à la maison.

D. Traduisez les phrases suivantes.

1. When we meet on the village square, we will dance.
2. If there is no wind, how will we be able to sail (**faire de la voile**)?
3. Will you please lend me your Jacques Brel record? —Yes, I will.
4. Will Charles and his girlfriend get married?
5. Whales (**Les baleines**) will often swim close to the shore (**le rivage**).
6. I wonder if we will be lucky in (**à**) the lottery.
7. Mother, will you please buy me this sweatshirt? —OK, I shall.

Le futur antérieur

Formes

1 Le futur antérieur est le temps composé du futur. On prend l'auxiliaire **avoir** ou **être** au futur et on ajoute le participe passé.

verbes avec **avoir**		*verbes avec* **être**
j'**aurai donné**	je **serai arrivé(e)**	je me **serai lavé(e)**
tu **auras pris**	tu **seras parti(e)**	tu te **seras réveillé(e)**
il, elle **aura vu**	il, elle **sera venu(e)**	il, elle se **sera dépêché(e)**
nous **aurons connu**	nous **serons allés(ées)**	nous nous **serons rencontrés(ées)**
vous **aurez choisi**	vous **serez descendu(e)(s)**	vous vous **serez vu(e)(s)**
ils, elles **auront parlé**	ils, elles **seront montés(ées)**	ils, elles se **seront aimés(ées)**

Elle **aura oublié.**   *She will have forgotten.*

2 On forme le futur antérieur interrogatif et le futur antérieur négatif comme les autres temps composés.

Auront-ils oublié de venir?   Non, ils **n'auront pas fait** une chose aussi stupide.

3 On accorde le participe passé dans les mêmes conditions que le participe passé du passé composé (voir p. 47).

Mettez au frigidaire les fruits **que** vous n'aurez pas mang**és.**
Je ne pense pas qu'elles se seront rencontr**ées.**
Elles **se** seront téléphon**é.**

Exercice

E. Conjuguez les verbes entre parenthèses au futur antérieur pour exprimer ce qu'on aura accompli en l'an 2015.

1. J'(apprendre) le français.
2. Nous (réfléchir) aux problèmes de l'environnement.
3. Vous (faire) un voyage interplanétaire.
4. Ils (avoir) des enfants.
5. Tu (écrire) un livre.
6. Vous (rencontrer) le président des Etats-Unis.
7. Je (répondre) à mes questions.
8. Elles (visiter) les parcs nationaux.
9. Tu (inventer) des robots ménagers.
10. Ils (trouver) un vaccin contre le cancer.

11. On (découvrir) une pilule magique pour faire maigrir.
12. Et vous, qu'(accomplir) vous? (répondez à la question)

Emplois

1 Employé seul, le futur antérieur exprime l'idée qu'une action sera terminée dans le futur.

> **J'aurai fini** mes exercices à 4 h.   *I **shall have finished** my exercises at 4 o'clock.*

2 Le futur antérieur souligne la probabilité d'une action passée.

> Jean-Paul n'est pas encore arrivé?   *Jean-Paul has not yet arrived?*
> Il **aura manqué** son train.   *He **must have missed** his train.*
> (Il **a probablement manqué** son train.)   *(He **probably missed** his train.)*

3 On trouve le futur antérieur avec le sens d'une action terminée, après **si** qui signifie *whether* (mais jamais après **si** exprimant une condition).

> **Si** (*whether*)
> Je me demande **si** j'**aurai** fini à cinq heures.
>
> **Si** (*if*)
> **Si** j'**ai fini** à cinq heures, j'irai au cinéma.

4 L'emploi le plus fréquent du futur antérieur est après les conjonctions **quand, après que, lorsque, aussitôt que, dès que** pour indiquer qu'une action future sera terminée avant une autre action future. Le verbe principal est au futur simple.

> Quand j'**aurai terminé** mon travail, je **sortirai**.   *When I **finish (have finished)** my work, I **shall go** out.*
>
> Une fois que vous **aurez compris** cette difficulté, nous **continuerons.**   *Once you **have understood** this difficulty, we **shall continue.***

■ *Tableau-résumé*
Constructions avec quand, après que, aussitôt que, dès que

Quand + *passé composé*	*présent*
Quand j'**ai gagné** de l'argent,	je le **mets** à la banque.
Quand + *plus-que-parfait*	*imparfait*
Quand j'**avais gagné** de l'argent,	je le **mettais** à la banque.
Quand + *futur antérieur*	*futur*
Quand j'**aurai gagné** de l'argent,	je le **mettrai** à la banque.

Remarque: L'auxiliaire du verbe avec **quand** est conjugué au même temps que le verbe principal.

Exercices

F. Mettez les verbes entre parenthèses au futur antérieur et indiquez le sens de votre phrase: action terminée dans le futur ou probabilité.

1. L'oiseau s'est envolé: quelqu'un (oublier) de fermer sa cage.
2. Dans dix ans, nous ne serons plus des adolescents: nous (grandir); nous (devenir) des grandes personnes; nous (se marier) peut-être.
3. Vous n'avez pas reçu la lettre de votre mère? Elle (oublier) de la mettre à la poste.
4. Dans dix ans, l'Irlande (trouver) la paix; les groupes qui se battent (se réconcilier).
5. Je ne trouve plus mes clés: est-ce que je les (laisser) au supermarché?
6. Dépêchez-vous! Vous rêvez! Vous (ne pas finir) votre examen à l'heure.

G. Construisez des phrases en suivant le modèle.

Modèle: Lorsque vous / prendre des vacances / vous / se sentir reposé.
*Lorsque vous **aurez pris** des vacances, vous vous sentirez reposé.*

1. Quand le bébé / dormir / il / être plus calme.
2. Une fois que tu / poser la question / tu / ne pas l'oublier.
3. Le public / applaudir / aussitôt que / le chanteur / terminer sa chanson.
4. Le bateau / partir / lorsque les passagers / embarquer.
5. Après que nous / recevoir notre chèque / nous / aller dans les magasins faire des courses.
6. Dès que l'arbitre / donner le signal / le match / commencer.
7. Quand Gisèle / gagner à la loterie / qu'est-ce qu'elle / faire de son argent?
8. Une fois que les savants / trouver un remède contre le sida / le monde entier / se réjouir (*to rejoice*).

H. Construisez deux phrases avec le vocabulaire indiqué en suivant le modèle.

Modèle: (tu) m'obéir / je / être satisfait (si / quand)
*Si tu m'**obéis,** je serai satisfait.*
*Quand tu m'**auras obéi,** je serai satisfait.*

1. (tu) réussir à cet examen / tu / pouvoir se reposer (si / aussitôt que)
2. (elle) recevoir ma lettre / elle / envoyer une réponse rapide (si / dès que)
3. (vous) voir Paris / vous / ne l'oublier jamais (si / une fois que)
4. (les étudiants) répéter cette leçon vingt fois / la savoir peut-être (si / après que)

Formules à retenir

 donc / alors / aussi

Ces trois mots expriment la même idée de conséquence (*so, therefore*).

a. On place **donc** après le verbe ou l'auxiliaire.

Claude et Charlotte viennent de se rencontrer; ils sont **donc** complètement amoureux.

Remarque: Dans la formule «Je pense, donc je suis», **donc** est placé devant le groupe verbal et il a une valeur de déduction mathématique.

b. **Alors** donne une idée de temps à la conséquence (*so, then*). On place **alors** au commencement de la phrase. C'est la formule la plus couramment employée.

Ces deux jeunes gens ont envie de partir à l'aventure; **alors** ils vont bâtir un voilier.

c. Après **aussi** (*thus, consequently*), placé au début de la phrase, le sujet est inversé; c'est une formule de la langue écrite.

Les deux amants s'adorent; **aussi rêvent-ils** d'étendre leur amour à toute l'humanité.

d. **Aussi** qui signifie *also* n'est jamais placé en première position; il est placé après le nom sujet, après le pronom disjoint ou après le verbe. Le sujet n'est pas inversé.

Tu fais tes devoirs sur un ordinateur? Mon frère **aussi** en a un.
Tu es fatigué? Moi **aussi**.
Ils ont visité l'Europe; ils ont **aussi** voyagé en Afrique.

On peut employer **et aussi** au début d'un groupe.

Ils ont visité l'Europe, **et aussi** l'Afrique.

Exercice

I. Dans les phrases suivantes, placez **donc, alors** ou **aussi**.

1. Elle sort tous les soirs; son travail est _____ devenu mauvais. 2. Les vacances approchent; _____ les enfants sont-ils très énervés. 3. Il pleut tous les jours; _____ je reste à la maison et je lis. 4. La récolte est mauvaise; les prix vont _____ augmenter. 5. Son mari regarde les autres femmes; _____ elle est jalouse. 6. Jeanne rentre de Hawaii; _____ est-elle toute bronzée.

2 ➤ **en / dans** + les expressions de temps

a. **En** exprime le temps, la durée qu'il faut ou qu'il a fallu pour accomplir une action.

Il a écrit sa rédaction **en** dix minutes.   *He wrote his essay **in** ten minutes.*

b. **Dans** exprime le début d'une action future.

Ils partiront **dans** dix minutes.   *They will leave ten minutes **from now**.*

Exercice

J. Mettez **en** ou **dans** dans les phrases suivantes.

1. Le docteur a dit à son malade de revenir le voir _____ deux semaines. 2. _____ deux semaines, j'ai pris six kilos. 3. Ils visiteront toute l'Europe _____ quinze jours? 4. _____ quatre jours nous partirons pour l'Europe. 5. Elle a appris tout le poème _____ cinq minutes. 6. La cloche va sonner _____ cinq minutes.

Les citations (*quotations*)

Si on rapporte un dialogue direct, la phrase qui présente la citation peut avoir deux formes.

a. Si la phrase précède la citation, l'ordre des mots est normal: sujet + verbe.

Prunelle demande: «Qui a vu mes baskets?»

b. Si la phrase suit la citation ou est insérée dans la citation, l'ordre des mots est: verbe + sujet.

«Qui a vu mes baskets?» **demande Prunelle.**

«J'aimerais bien savoir, **dit-elle,** où sont mes baskets.»

Exercice

K. Refaites les phrases suivantes en commençant par la citation.

1. Marion dit à Jacques: «J'aimerais bien aller au bal ce soir.» 2. Jacques pense: «Et moi qui déteste danser!» 3. La jeune fille demande: «Tu vas me répondre ou pas?» 4. Le jeune homme soupire: «Je n'ai vraiment pas de chance.»

Synthèse

Applications

I. A chacun son tour. Dans cette famille, chacun fait les corvées ménagères à son tour. Dites ce que chaque personne fera.

1. Jean-Paul dit: Cette semaine, c'est moi qui vide les poubelles, lave la voiture, donne à manger au chat, nettoie la cage du canari, passe l'aspirateur, mets le linge dans la machine à laver. La semaine prochaine c'est Monique qui videra...

2. Depuis des années, c'est ma mère qui fait les courses, prépare les repas, tond la pelouse (*mows the lawn*), paie les factures (*bills*), répare ce qui est cassé. A partir d'aujourd'hui, c'est toi qui...

II. Excuses probables. Vous avez rendez-vous avec un de vos amis pour jouer au tennis. Il n'est pas au rendez-vous. Vous vous dites: **Il aura oublié.** Dites quelles autres excuses sont possibles au futur antérieur.

1. Il s'est trompé de jour.
2. Sa mère lui a trouvé quelque chose à faire.
3. Il a eu un accident.
4. Il s'est cassé un bras.

5. Son père l'a obligé à rester à la maison pour faire son travail.
6. Il a trouvé un autre partenaire.

A votre tour, trouvez trois excuses à un ami qui a oublié votre rendez-vous.

III. **L'avenir de nos enfants.** Des parents pessimistes se désolent du mariage de leurs enfants. Faites des phrases avec six verbes au futur, par exemple: **ne pas avoir assez d'argent, le mariage ne pas durer, rencontrer des difficultés, ne pas savoir,** etc.

Des parents optimistes se réjouissent du mariage de leurs enfants. Faites six phrases au futur avec des verbes comme **être heureux, avoir des petits enfants, construire une maison,** etc.

IV. **Promesses électorales.** Imaginez les promesses que fait un candidat aux élections pour gagner des votes.

Modèle: «*Si je suis élu, je donnerai de l'argent aux écoles. Quand je serai maire, etc. ...* »

Suggestions:

la ville devenir plus propre	faire pousser des fleurs dans les squares
ouvrir des crèches (*daycare centers*)	créer des abris pour les sans-logis (*homeless*)
construire une maison de retraite	réduire les impôts
bâtir un pont	améliorer la circulation
agrandir la bibliothèque	vous voir une amélioration manifeste (*obvious,*
les taxes diminuer	*evident*) du niveau de vie

A votre tour, imaginez des changements pour une amélioration du niveau de vie de votre ville.

Conversations

1. **Le Jour de l'An.** Quelles résolutions faites-vous? Comparez vos résolutions avec celles d'un(e) camarade.

2. **Jouez à la cartomancienne** (*fortune-teller*). Un(e) camarade joue le rôle d'un personnage célèbre de l'histoire du monde qui, encore jeune, désire connaître son avenir. Vous jouez le rôle de la cartomancienne. La cartomancienne peut se tromper.

   Modèle: Marie-Antoinette, à dix ans: Est-ce que je me marierai un jour?
   La cartomancienne: Oui, vous vous marierez avec un roi; vous serez reine.
   Marie-Antoinette: Est-ce que je serai une reine populaire? etc.

3. **Voyage en France.** Vous préparez un voyage en France; quelles provinces françaises visiterez-vous? Par quel moyen voyagerez-vous? Qu'est-ce que vous chercherez dans chaque province?

   ◆   **la Bretagne:**   les crêpes, le cidre, les alignements de Carnac (*Stonehenge-like stones*), le tombeau de Châteaubriand à Saint-Malo, Combourg, la côte sauvage (*rugged, rocky shoreline*), la plage

◆ **la Normandie:**   la falaise (*cliff*), les plages du débarquement (*WW II landing beaches*), le camembert, Deauville, les grands hôtels de luxe, Honfleur, la ville des peintres
◆ **la Provence:**   les villages perchés sur les hauteurs, les villes fortifiées, la lavande, le vin rosé, la bouillabaisse (*fish soup*)
◆ **la Côte d'Azur:**   un vacancier (*vacationer*), les plages, les calanques (*coves*), le Casino
◆ **le Pays Basque:**   les Pyrénées, le pic (*peak*), la pelote basque (*jai alai*), le torrent, le jambon de Bayonne (*ham*), le foie gras (*goose liver*)
◆ **la Bourgogne:**   les vignobles (*vineyards*), la moutarde de Dijon, les escargots
◆ **Paris et l'Ile de France:**   la Seine, le bateau-mouche, la péniche (*barge*), la maison de couture (Yves Saint Laurent, Chanel), les monuments, le parfum

Traduction

1. Serge, when will you write your grandparents?
2. I will write them tomorrow, when I have time.
3. Serge, when will you clean your room?
4. I will talk to the cleaning lady tomorrow, when she comes.
5. Serge, when will you send a check to the (car) insurance company?
6. I will send one next week, when I have money.
7. Serge, when will you go to the library and return the books that you borrowed?
8. I'll go [and] return them tomorrow, when I go to town.
9. Serge, when will you telephone Sabine and ask her if she will come to the dance with you?
10. I will call her tonight, if I remember.

But later . . . the grandparents will be dead. The cleaning woman will crack up and never come back. The insurance company will cancel (**supprimer**) the insurance. The librarian will have Serge pay a fine (**payer une amende**). Sabine will go to the dance with Adrien.

Rédactions

1. **Poème d'amour.** Ecrivez un poème d'amour sur le modèle du poème de Charles Aznavour «Un jour tu verras... » ou créez quelques belles images qui décrivent l'amour, à la manière de Jacques Brel.

2. **Visions d'avenir.** Comment voyez-vous votre vie dans dix ans? dans vingt ans? Quels objectifs aurez-vous atteints? Quels progrès aurez-vous faits? Comment sera votre entourage, la société dans laquelle vous vivrez? Avez-vous une vue optimiste ou pessimiste de votre avenir?

Chapitre 15

Le conditionnel

Vocabulaire

agiter to shake
argot (*m.*) slang
se battre to fight
chagrin (*m.*) sorrow
se comporter to behave
conseiller advise
déranger to disturb
s'éloigner to go away
se fabriquer to make for oneself

faire l'école buissonnière to play hooky
gant (*m.*) glove
inquiétude (*f.*) worry, anxiety
lutter to fight
partager to share
pin (*m.*) pine (tree)
solitaire lonely
unique (enfant) only (child)

Vocabulaire supplémentaire

La famille

aîné(e) older, oldest
aîné (*m.*) **aînée** (*f.*) older (oldest) child
beau-frère (*m.*) stepbrother; brother-in-law
beau-père (*m.*) stepfather, father-in-law
belle-mère (*f.*) stepmother, mother-in-law
belle-sœur (*f.*) stepsister, sister-in-law
célibataire single
demi-frère (*m.*) half brother
demi-sœur (*f.*) half sister
enfants (*m., f. pl.*) **de mêmes parents** siblings
jumeaux (*m.*), **jumelles** (*f.*) twins

Révolution, troubles sociaux social problems

agitation (*f.*) **sociale** social unrest
barricade (*f.*) barricade
contester to contest
C.R.S. (*m. pl.*) national guards
défilé (*m.*) march, parade

défiler to march
discours (*m.*) speech
graffiti (*m.*) graffiti
grève (*f.*) strike
interdire une manifestation to forbid a rally
manif / manifestation (*f.*) rally, demonstration
manifestant (*m.*), **manifestante** (*f.*) protestor
se mettre en grève to go on strike
militant(e) (*f.*) militant
militer to campaign, to be a militant
protester to protest
protestataire (*m. et f.*) protester
remettre to postpone
réprimer une manifestation to repress, to put down a demonstration
revendications (*f. pl.*) demands
revendiquer to demand
supprimer to cancel
syndicat (*m.*) union

Mon frère

Maxime Le Forestier (1935–   ) est un chanteur contemporain qui compose et chante ses propres chansons. Il a eu beaucoup de succès dans les années soixante; ses chansons reflètent l'atmosphère de cette époque: l'attitude rebelle des jeunes au moment de la révolution de 68,[1] leur attirance vers les Etats-Unis, l'Inde, la boisson et la drogue, et leurs protestations contre l'autorité établie.

Préparation à la lecture

L'école buissonnière était à l'origine une école clandestine qui se tenait dehors, dans les champs, dans les buissons°. «Faire l'école buissonnière» veut dire maintenant se promener au lieu d'aller en classe et, par extension, ne pas aller travailler.

    Dans cette chanson, Maxime Le Forestier décrit l'adolescence typique d'un jeune Français des années soixante: beaucoup de jeunes se révoltaient, buvaient, seuls ou en groupe (c'est encore une forme de révolte); ils recevaient des «claques°» de leurs parents quand ils n'obéissaient pas. C'était aussi une époque de rébellion contre la société; les jeunes gens élevaient des barricades avec des voitures, des meubles; ils lançaient des pavés° aux policiers qui les battaient à coups de matraque.° Le Forestier rêve qu'il aurait vécu ces expériences avec son frère, s'il en avait eu un.

(glosses in right margin:)
bushes

slaps

cobblestones / blows
  with billy clubs

T oi, le frère que je n'ai jamais eu
Sais-tu si tu avais vécu
Ce que nous aurions fait ensemble
Un an après moi tu serais né
5 Alors on se s'rait° plus quittés
Comme deux amis qui se ressemblent
On aurait appris l'argot par cœur
J'aurais été ton professeur
A mon école buissonnière
10 Sûr qu'°un jour on se serait battus
Pour peu qu'alors on ait connu
Ensemble la même première[2]

(glosses in right margin:)
= serait

= c'est sûr qu'

Refrain

Mais tu n'es pas là, à qui la faute?
Pas à mon père
15 Pas à ma mère
Tu aurais pu chanter cela

---

[1]En mai 68, la France entière a été immobilisée par des grèves générales: les étudiants, les ouvriers, les fonctionnaires se sont unis pour réclamer des réformes importantes, une modernisation du système. Après des combats violents, le Président, le général de Gaulle, a cédé, et peu après, s'est retiré de la vie politique.
[2]**Pour peu qu'...** If we had ever had the same first girlfriend

Toi, le frère que je n'ai jamais eu
Si tu savais ce que j'ai bu
De mes chagrins en solitaire
20 Si tu ne m'avais pas fait faux bond°   **fait...** let down
Tu aurais fini mes chansons
Je t'aurais appris à en faire
Si la vie s'était comportée mieux
Elle aurait divisé en deux
25 Les paires de gants, les paires de claques
Elle aurait sûrement partagé
Les mots d'amour et les pavés
Les filles et les coups de matraque

Refrain

Toi, le frère que je n'ai jamais eu
30 Je suis moins seul de t'avoir fait
Pour un instant pour une fille
Je t'ai dérangé, tu me pardonnes
Ici quand tout vous abandonne
On se fabrique une famille

Questions sur la lecture

1. Quelle famille est-ce que Maxime Le Forestier se fabrique?
2. Quel type de relation est-ce qu'il imagine avec son frère? Quelle langue parlent-ils? A quelle occasion se battent-ils? Quelles choses partagent-ils?
3. Pourquoi est-ce que Maxime Le Forestier se fabrique une famille?

Questions personnelles

1. Avez-vous des frères ou des sœurs? Partagez-vous des vêtements? des possessions? des secrets? des punitions? des aventures?
2. Selon vous, quels sont les avantages d'avoir des frères ou des sœurs? d'être un enfant unique?
3. Décrivez le frère idéal ou la sœur idéale.
4. Si vous avez un frère ou une sœur, vous disputez-vous quelquefois? A quelles occasions? Avez-vous une relation harmonieuse?
5. Faites-vous quelquefois, ou avez-vous fait l'école buissonnière? Dans quelles circonstances?
6. Que pensez-vous des manifestations d'étudiants? Y a-t-il d'autres manières de faire des revendications?

Ce que disait le vent

René Bazin (1853–1932) est un romancier français qui a été membre de l'Académie française; il dépeint des personnages simples, vivant à la campagne, attachés aux traditions. Dans un de ses livres, *La Terre qui meurt*, il déplore l'exode qui pousse les jeunes gens à abandonner la terre pour aller vivre et travailler à la ville. Dans un autre livre, *Les Oberlé*, il décrit les conflits d'une famille d'Alsace-Lorraine, province qui fut à l'époque déchirée par la guerre et passa successivement de la France à l'Allemagne, puis redevint française en 1919.

L'enfant écoutait et voici ce que disait le vent dans les arbres: «Je suis le vent qui n'a pas de route, et je vais par le monde. Si tu venais, enfant, nous partirions joyeusement. Je te montrerais l'espace, pour lequel tu es né comme moi, tu vivrais parmi les choses toujours nouvelles... » Le petit dit
5   à sa mère: «Je voudrais partir. —Pour quel pays? —Pour tous les pays. —Qui te l'a conseillé? —Le vent qui agite les pins!»

La mère ne dit rien; seulement dans son inquiétude de voir l'unique enfant[3] s'éloigner, elle crut qu'elle pourrait lutter avec le vent qui parle. Elle donna l'ordre de couper le bouquet de pins.

Questions sur la lecture

1. Qu'est-ce que le vent suggère à l'enfant?
2. Pourquoi est-ce que la mère est inquiète?
3. Qu'est-ce qu'elle espère supprimer quand elle fait couper le bouquet de pins?
4. Est-ce que ce conte (*story*) a un sens symbolique? Lequel?

Questions personnelles

1. Est-ce que le désir de cet enfant vous paraît normal? Que pensez-vous de l'action de la mère? Quel va être le résultat de son action?
2. Est-ce que le bruit du vent dans les arbres vous fait rêver? A quoi?
3. Quels autres sons et quelles images vous inspirent des rêveries? Le bruit des vagues au bord de la mer? la vue des nuages dans le ciel? le bruit de l'eau d'un torrent? Qu'imaginez-vous?

---

[3] **l'unique enfant** L'adjectif précède le nom: c'est une tournure littéraire. Dans la conversation on dit: «C'est un fils, une fille unique.»

Le conditionnel présent

Formes

1 La majorité des verbes ont un conditionnel régulier. On prend l'infinitif et on ajoute les mêmes terminaisons que pour l'imparfait.

finir	**-ais**	je **finirais**
dormir	**-ais**	tu **dormirais**
chanter	**-ait**	il **chanterait**
choisir	**-ions**	nous **choisirions**
sortir	**-iez**	vous **sortiriez**
commencer	**-aient**	ils **commenceraient**

2 Pour les verbes en **-re,** le **-e** final de l'infinitif tombe.

prendre	je **prendrais**
suivre	je **suivrais**

Remarque: Les problèmes de prononciation sont les mêmes que pour le futur.

donn∉rais: On prononce deux syllabes /dɔn-ʀɛ/.

parlerait, montrerait: On prononce trois syllabes /paʀləʀɛ/, mɔ̃tʀəʀɛ/.

3 Les verbes comme **employer, jeter,** etc., qui ont des changements orthographiques au futur, ont les mêmes changements au conditionnel (voir p. 278).

4 avoir / être

avoir		être	
j'**aurais**	nous **aurions**	je **serais**	nous **serions**
tu **aurais**	vous **auriez**	tu **serais**	vous **seriez**
il, elle **aurait**	ils, elles **auraient**	il, elle **serait**	ils, elles **seraient**

5 Les futurs irréguliers donnent des conditionnels irréguliers.

aller	j'**irais**	tenir	je **tiendrais**
courir	je **courrais** /ʀʀ/	venir	je **viendrais**
mourir	je **mourrais** /ʀʀ/	vouloir	je **voudrais**
apercevoir	j'**apercevrais**	voir	je **verrais** /ʀ/
recevoir	je **recevrais**	savoir	je **saurais**
devoir	je **devrais**		

pouvoir	je **pourrais** /R/		
s'asseoir	je **m'assiérais** *ou*		
	je **m'assoirais**		
faire	je **ferais**		
il faut	il **faudrait**	ça vaut	ça **vaudrait**
il pleut	il **pleuvrait**		

Remarques:

◆ Le double **r** est parfois prononcé /R/, parfois /RR/.

◆ La différence de prononciation entre les futurs (j'**irai**, je **serai**, etc.) et les conditionnels (j'**irais**, je **serais**, etc.) n'est pas très grande. C'est l'emploi des deux temps qui permet de les distinguer.

> Demain j'**irai** au marché.
> Si j'avais de l'argent, j'**irais** à Hawaii.

Exercices

A. Dans les phrases suivantes, mettez les verbes entre parenthèses au conditionnel.

Modèle: Si j'avais des vacances, je (pars) au Mexique.
           *Si j'avais des vacances, je **partirais** au Mexique.*

1. Si j'étais riche, je (paie mes dettes, donne de l'argent à tous mes amis).
2. Si Marie-Claire avait le choix, elle (écoute de la musique, ne regarde pas la télé).
3. Si nous avions des examens, nous (étudions, ne sortons pas tous les soirs).
4. Si tu avais des vacances, tu (pars tout de suite, ne restes pas chez toi).
5. Si vous étiez moins paresseux, vous (vous réveillez tôt le matin, vous précipitez vers votre bureau).
6. Si Christophe mangeait moins de bonbons, il (ne grossit pas, a un corps d'athlète).
7. Si mes parents savaient que je n'ai pas de bonnes notes, ils (me punissent, m'empêchent de sortir).
8. Si j'étais mécontent de ma voiture, je (la vends, en achète une autre).
9. Si tu gagnais à la loterie, qu'est-ce que (tu dis, tu fais)?
10. S'il pleuvait, nous (n'allons pas nous promener, rentrons directement chez nous).

B. On peut toujours rêver. Chacun peut rêver et exprimer ce qu'il ferait s'il était une autre personne ou vivait dans d'autres conditions.

Modèle: J'aimerais vivre en France. Je (parler français tout le temps).
           *Je **parlerais** français tout le temps.*

1. Jean-Paul aimerait être acteur. Il (vivre à Hollywood, obtenir un grand rôle, devenir célèbre).
2. Claudine aimerait être chanteuse. Elle (se produire dans des cabarets, faire la concurrence à Madonna, avoir une vie de star).

Si ___ IM ___ condl.
means if. ___ whether.
___ IMP si ___ condi

3. Thomas et Gérard aimeraient suivre des cours de cuisine. Ils (ouvrir un restaurant, apprendre des recettes délicieuses, pouvoir se régaler).

4. Nous aimerions avoir un magasin de vêtements. Nous (vendre des jeans haute couture, faire des affaires, être toujours bien habillés).

5. Sylvie aimerait être un peu plus intelligente. Elle (ne pas avoir à répéter cent fois les mêmes leçons, comprendre tout tout de suite, savoir répondre à tout).

6. Vous aimeriez être un grand sportif. Vous (s'inscrire aux jeux Olympiques, courir dans des compétitions internationales, recevoir des médailles).

7. J'aimerais faire de la politique. Je (devoir faire des études spéciales, pouvoir être secrétaire général d'un grand parti, combattre les injustices du monde).

8. Tu aimerais devenir agriculteur. Tu (choisir un pays fertile, s'installer dans une ferme, acquérir du bon matériel).

9. Nous aimerions faire du volontariat. Nous (s'engager avec les Médecins sans frontières, aller dans des pays où il y a la guerre, s'occuper des blessés et des malades).

10. Mes grands-mères aimeraient prendre des pilules d'immortalité. Elles (pouvoir rester jeunes et belles, ne pas tomber malades, ne pas mourir).

Emplois

1 L'emploi le plus courant du conditionnel est dans un système avec **si**. On a généralement deux parties: la condition (le groupe avec **si**) et la conclusion (le verbe au conditionnel).

> **Si** tu voulais, tu **pourrais** voyager avec moi.   *If you wished, you **could** travel with me.*

Le temps du verbe qui suit **si** est *l'imparfait.* Le verbe principal est au conditionnel présent. Dans cette construction, on n'emploie jamais le conditionnel après **si.** Cette construction est souvent employée pour exprimer un rêve d'avenir, un projet réalisable dans le futur.

> **Si** un jour je devenais riche, je **ferais** le tour   *If one day I became rich, I **would take** a trip*
> du monde.   *around the world.*

Elle exprime aussi qu'une action est impossible, irréalisable au moment où on parle.

> **Si** nous étions à Paris, nous **irions** aux   *If we were in Paris, we **would go** to the Champs-*
> Champs-Elysées après le cours.   *Elysées after the class.*

2 Après la conjonction **que**, après **si** qui signifie *whether*, on emploie le conditionnel présent avec un verbe principal au passé. Dans ce cas, la proposition qui commence par **que** ou **si** est toujours en 2ème position (voir discours indirect, p. 391). Le conditionnel a une valeur de «futur dans le passé».

> Cette mère a cru **qu'**elle **pourrait** retenir son enfant.
> Les enfants se demandaient **si** leurs parents **rentreraient** tard.

Remarque: Contractez **si il** en **s'il**; ne contractez pas **si elle.**

3 Le conditionnel présent des verbes **pouvoir, vouloir, aimer** indique une volonté atténuée, ajoute une nuance de politesse.

Pourriez-vous fermer la porte?   *Could you close the door?*
J'aimerais bien avoir trois enfants.   *I would like to have three children.*

Exercices

C. Mettez les verbes entre parenthèses au temps qui convient, imparfait ou conditionnel.

Modèle: Si tu (venir), je (être) content.
   *Si tu **venais**, je **serais** content.*

1. Si tu (être) riche, que (faire)-tu de ton argent?
2. Si vous (aller) en Europe, quels pays (visiter)-vous?
3. Si nous (avoir) le choix, nous (préférer) vivre près d'une forêt.
4. Si Renée (recevoir) une boîte de chocolats pour son anniversaire, elle la (partager) avec sa sœur.
5. Si vos amis vous (déranger) toujours dans votre travail, est-ce que vous leur (pardonner)?
6. Si cette mère (se comporter) de façon plus intelligente, elle (ne pas donner) l'ordre de couper les arbres.

D. Faites des phrases de condition avec le vocabulaire suggéré: **si**, l'imparfait et le conditionnel.

1. Maxime / ranger sa chambre / sa mère / le féliciter.
2. Les jeans / ne pas exister / comment s'habiller / les jeunes?
3. Le vent / vous inviter à le suivre / que faire / vous?
4. Jacques / avoir un frère / il / ne pas se battre avec lui.
5. Je / posséder deux paires de gants / je / en donner une à ma sœur.
6. Si nous / se sentir solitaires / nous / nous fabriquer une famille.

E. Refaites les phrases suivantes en mettant le verbe principal à l'imparfait. Suivez le modèle.

Modèle: Je sais que tu réussiras.
   *Je **savais** que tu **réussirais**.*

1. Les parents ne savent pas s'ils auront un garçon ou une fille.
2. L'enfant rêve qu'il voyagera jusqu'au bout du monde.
3. Le professeur se demande si les élèves feront l'école buissonnière.
4. Les deux frères jurent qu'ils ne se quitteront plus.

F. Répétez au conditionnel ce que disent ces personnes quand elles veulent être polies.

1. Tu peux faire un effort. 2. Voulez-vous me prêter votre voiture? 3. Nous aimons écouter cette chanson encore une fois. 4. Pouvez-vous nous expliquer ces mots d'argot? 5. Il aime se fabriquer une famille.

Le conditionnel passé

Formes

1 On conjugue l'auxiliaire **avoir** ou **être** au conditionnel présent et on ajoute le participe passé.

verbes avec **avoir**		*verbes avec* **être**
j'**aurais donné**	je **serais arrivé(e)**	je **me serais promené(e)**
tu **aurais pris**	tu **serais parti(e)**	tu **te serais lavé(e)**
il, elle **aurait vu**	il, elle **serait venu(e)**	il, elle **se serait rasé(e)**
nous **aurions connu**	nous **serions allés(ées)**	nous **nous serions rencontrés(ées)**
vous **auriez choisi**	vous **seriez descendu(e)(s)**	vous **vous seriez vu(e)(s)**
ils, elles **auraient parlé**	ils, elles **seraient montés(ées)**	ils, elles **se seraient aimés(ées)**

2 On forme le conditionnel passé interrogatif et négatif comme les autres temps passés.

Si tu avais eu un autre frère, **aurais**-tu **été** content?
Bien sûr, et on ne **se serait** jamais **battus.**

Exercice

G. En mettant les verbes entre parenthèses au conditionnel passé, dites ce que chacun aurait fait.

1. Si j'avais été Cléopâtre, je (se faire refaire le nez, interdire les miroirs, abdiquer).
2. Si tu avais été Napoléon Bonaparte, tu (devenir empereur d'Europe, ne pas divorcer d'avec Joséphine, ne pas vendre la Louisiane).
3. Si vous aviez été Noé, vous (apprendre à nager, choisir une plus grande arche, emmener un vétérinaire).
4. Si on avait eu une troisième guerre mondiale, on (aller habiter dans le désert, construire un abri nucléaire, se révolter).
5. Si Robinson Crusoé avait manqué de courage, il (perdre la raison, se suicider, vivre comme une bête).
6. Si les enfants avaient gouverné le pays, ils (abolir l'école, vouloir des parcs d'amusement, ne pas faire payer le cinéma).

Emplois

Si exprimant une condition

1 L'emploi le plus fréquent du conditionnel est dans une construction avec **si.**

Si tu avais trop travaillé, tu **serais tombé** malade.   *If you had worked too hard, you **would have become** sick.*

Le temps du verbe qui suit **si** est le *plus-que-parfait* quand le verbe principal est au conditionnel passé. Dans ce cas, on n'emploie jamais le conditionnel passé après **si**. Cette construction exprime l'idée qu'une action, un souhait ou une situation n'ont pas été réalisés. Souvent elle indique un regret.

> **Si** j'avais su, je ne **serais** pas **venu**.   *If I had known, I **wouldn't have come**.*
>
> **Si** la mère du petit garçon avait été intelligente,   *If the boy's mother had been smart, she*
> elle n'**aurait** pas **coupé** les arbres.   ***wouldn't have cut** the trees.*

■ *Tableau-résumé*
*Constructions avec **si** de condition*

	Si +	verbe principal	signification
1.	**Si** + *présent*	*présent* ou *futur* ou *impératif*	*certitude*
	Si tu **veux** un ami,	je t'en **trouverai** un.	
2.	**Si** + *imparfait*	*conditionnel présent*	*action future possible, action*
	Si tu **voulais**,	tu **pourrais** essayer.	*présente impossible*
3.	**Si** + *plus-que-parfait*	*conditionnel passé*	*action passée impossible*
	Si j'**avais su**,	j'**aurais commencé** plus tôt.	

Remarque: On peut avoir des combinaisons entre la construction 3 et la construction 2. Dans ce cas, l'action principale (**pourrions, serais**) est un résultat présent de la condition passée.

> Si tu **avais fini** à 4 h, nous **pourrions** sortir.   *If you **had finished** by four o'clock, we **could** go*
>   *out.*
>
> Si j'**avais écouté** vos conseils, je **ne serais pas**   *If I **had listened** to your advice, I **would not be***
> malade.   *sick.*

2 Après la conjonction **que** ou après **si** qui signifie *whether*, le verbe est au conditionnel passé quand le verbe principal est lui-même au passé. Le conditionnel a une valeur de futur antérieur du passé.

> Je croyais que vous **auriez terminé** plus tôt.   *I thought you **would have finished** sooner.*
> Il se demandait s'il **aurait fini** avant minuit.   *He was wondering whether he **would have***
>   ***finished** before midnight.*

Remarque: Dans ce cas, la proposition qui commence par **si** est toujours en 2ᵉᵐᵉ position.

Exercices

H. Faites des phrases avec le vocabulaire suggéré, en suivant le modèle.

> *Modèle:* Si je (avoir) de la chance, je (réussir) à mon examen.
> *Si j'**avais eu** de la chance, j'**aurais réussi** à mon examen.*

1. Si tu (travailler), tu (avoir) une meilleure note.
2. Si elle (manquer) l'autobus, elle (arriver) en retard.
3. Si Maxime (avoir) un frère, ils (faire) beaucoup de choses ensemble.

4. Si la mère de René (être) intelligente, elle (parler) à son fils de ses rêves.
5. Si ma sœur (naître) un an après moi, nous (devenir) inséparables.
6. Est-ce que ces deux garçons (se battre), s'ils (aimer) la même fille?
7. Si tu (ne pas se sentir) solitaire, tu (ne pas commencer) à boire.
8. Si vous me (parler) argot, je (ne rien comprendre).

I. Refaites les phrases suivantes en commençant par un imparfait.

> *Modèle:* Je me demande si vous **aurez fini** à l'heure.
> *Je **me demandais** si vous **auriez fini** à l'heure.*

1. Je pense qu'il aura mal compris mes indications. 2. Il ne sait pas si la conférence aura intéressé le public. 3. Tu penses qu'il se sera perdu? 4. Nous sommes sûrs que l'avion aura pris du retard.

Emplois stylistiques du conditionnel

Il existe des emplois moins courants du conditionnel présent et du conditionnel passé, qui ont une valeur stylistique.

1 Dans le style des journaux et de la radio, le conditionnel marque un fait douteux, annonce une nouvelle dont on n'est pas encore sûr.

Une avalanche **aurait dévasté** un village de montagne.	*An avalanche **may have devastated** a mountain village.*
Il y **aurait** 250 morts.	*There **could have been** (as many as) 250 deaths.*

2 Les enfants qui jouent et imaginent une situation disent:

Je **serais** le roi, tu **aurais** un cheval.	*I **would be** the king, you **would have** a horse.*
Il y **aurait eu** une guerre, on se **serait perdus** dans la forêt...	*There **would have been** a war, we **would have been lost** in the forest . . .*

Remarque: **Si** + imparfait ou plus-que-parfait s'emploie dans une phrase incomplète pour exprimer:

◆ *un souhait:* **Si** seulement il **faisait** moins de vent!
◆ *une suggestion:* **Si** nous **allions** à la disco?
◆ *un reproche, un regret:* **Si** seulement tu m'**avais écouté!**

Le souhait et la suggestion sont exprimés par *l'imparfait;* le reproche, le regret sont exprimés par le *plus-que-parfait.*

Exercices

J. Mettez les phrases suivantes au conditionnel présent ou au conditionnel passé.

1. Un typhon a ravagé les îles Philippines. Il y a des milliers de disparus. 2. Le prince Rainier a annoncé le mariage prochain de son fils Albert avec une jeune fille de la haute société américaine. 3. Le chef d'état américain et le chef d'état russe ont signé un accord; le désarmement commence bientôt.

K. Mettez au conditionnel cette conversation entre deux enfants qui jouent.

1. —Moi, je suis la princesse. Toi, tu es mon serviteur.
2. —Non, je suis aussi un prince.
3. —Un méchant roi m'a enlevée et veut m'épouser.
4. —Je viens à ton secours, je te délivre et on se marie.

Traduction de **would, could, should**

1 *would* = action passée / action future

Action passée

a. Si l'action est habituelle et signifie *used to*, le verbe principal (en anglais le verbe qui suit *would*) se traduit en français par un imparfait.

*Every day we **would** go to the beach.*   Tous les jours nous **allions** à la plage.

b. Si le verbe est une action achevée, on emploie le passé composé du verbe **vouloir**.

*I asked him to shut the door, and he **would not** do it.*   Je lui ai demandé de fermer la porte et il **n'a pas voulu** le faire.

c. Si le verbe est descriptif et indique un état mental, on emploie l'imparfait de **vouloir**.

*He **wouldn't** do it [but finally I convinced him].*   Il ne **voulait** pas le faire.

Action future

a. On emploie le conditionnel du verbe principal (en anglais, le verbe qui suit *would*) si une condition n'est pas exprimée, mais si on peut la rétablir mentalement.

Would you go to Paris [if you had the money]?   **Iriez-vous** à Paris?

b. On emploie le conditionnel du verbe **vouloir** si *would* exprime une requête polie.

Would you please shut the door?   **Voudriez-vous** fermer la porte?

2 *could* = **pouvoir** (action passée / action future)

Action passée

a. Quand *could* se réfère à un passé, on emploie le passé composé de **pouvoir** si l'action est unique, finale.

*He **couldn't** do it.*   Il **n'a pas pu** le faire.

b. On emploie l'imparfait de **pouvoir** si l'action est descriptive et interrompue.

*He **couldn't** do it, but I helped him.*   Il **ne pouvait pas** le faire, mais je l'ai aidé.

Action future

Quand *could* se réfère à un futur, on emploie le conditionnel du verbe **pouvoir**.

Could you come tomorrow?   **Pourriez**-vous venir demain?

3 *should* = **devoir** (*ought to*)

Quand *should* signifie *ought to,* on emploie le conditionnel du verbe **devoir.**

Conditionnel présent
He **should** work.   Il **devrait** travailler. (*C'est un conseil.*)
Conditionnel passé
He **should have** worked.   Il **aurait dû** travailler. (*C'est une critique, un reproche.*)

Exercices

L. Traduisez les phrases suivantes.

1. When I was young, my family and I (**nous**) would travel every year. 2. If you had the choice, would you go to London or Paris? 3. I asked my friend to come to the movies with us, but he would not. 4. When I lived in France, I would not go to the supermarket. 5. If I lived in France, I would buy French bread every day. 6. She would not jump into the water, so I pushed her. 7. Would you please make a reservation for me? 8. Would you go to Tahiti if you had enough money?

M. Traduisez les phrases suivantes.

1. Could you write your name here? 2. Since he could not do this exercise, I did it for him. 3. Several times, she tried to stand (**se tenir debout**) on skis, but she could not. 4. Couldn't you borrow some money from the bank, in order to buy a house? 5. We could not meet (**se rencontrer**) in Paris during our trip. 6. The movie star could not understand why she had to (**devoir**) be on time.

N. Refaites les phrases suivantes avec le verbe **devoir** pour exprimer d'abord un conseil, puis un reproche. Suivez le modèle.

Modèle: Partage ces bonbons avec ton frère.
            *Tu **devrais** partager ces bonbons avec ton frère.*
            *Tu **aurais dû** partager ces bonbons avec ton frère.*

1. Va voir ce film. 2. Ne restez pas dehors si tard. 3. Nous nous revoyons plus tôt. 4. Ils n'adoptent pas ce chien malade.

Formules à retenir

 aimer mieux au conditionnel

a. Cette expression signifie *would rather, would rather have.*

Conditionnel présent
J'**aimerais mieux** vous voir demain.   *I'd **rather** see you tomorrow.*

Conditionnel passé

J'**aurais mieux aimé** prendre le train.   *I'd **rather have** taken the train.*

b. Si on veut exprimer sa préférence entre deux choix, on continue la deuxième partie de la phrase avec **que de, plutôt que de, au lieu de** et l'infinitif.

J'aimerais mieux vous voir demain **que d**'attendre la semaine prochaine.

J'aurais mieux aimé prendre le train **plutôt que d**'aller en voiture avec ce mauvais chauffeur.

Exercice

O. Faites des phrases avec **aimer mieux** au conditionnel présent ou au conditionnel passé et le vocabulaire suggéré.

1. Gisèle / aller à la piscine / rester à la bibliothèque.
2. Les deux frères / écrire des chansons / étudier les maths.
3. Est-ce que tu / recevoir des coups de matraque / obéir aux ordres de la police?

2 ▶ **ferais mieux de** + infinitif

Le verbe **faire** au conditionnel présent ou au conditionnel passé suivi de **mieux de** signifie *I (you, she, we, etc.) had better.* Dans la deuxième partie de la phrase, on emploie **que de, plutôt que de, au lieu de.**

Vous feriez mieux de travailler $\left\{ \begin{array}{l} \textbf{que de} \\ \textbf{plutôt que de} \\ \textbf{au lieu de} \end{array} \right\}$ regarder la télé.

Tu as mal à la tête? Tu **aurais mieux fait de** rester à l'ombre **au lieu de** marcher au soleil.

Exercice

P. Faites des phrases qui expriment un conseil avec l'expression **faire mieux** au conditionnel présent ou au conditionnel passé et le vocabulaire suggéré.

1. Elle / étudier ses leçons / bavarder au téléphone.
2. Il / ne pas se marier / fonder une famille si jeune.
3. Le président / consulter ses ministres / recommander cette loi.
4. Ce jeune homme / passer la nuit chez ses amis / conduire sa voiture après avoir bu.

Synthèse

Applications

I. **Alternatives.** Avec le vocabulaire suggéré, dites ce que ces personnes feraient ou ne feraient pas dans certaines circonstances.

Modèle: Il y a un incendie chez les Smith.   (je / appeler les pompiers, parler longuement au téléphone avec Mme Smith)
*S'il y avait un incendie chez les Smith, j'**appellerais** les pompiers, je ne **parlerais**
pas longuement au téléphone avec Mme Smith.*

1. Jacqueline a un examen demain.   (elle / se coucher tôt ce soir, sortir avec des
copains)
2. Patrice trouve un portefeuille (*wallet*) dans la rue.   (il / le rapporter à la police, le
garder pour lui)
3. Tu vois un hold-up.   (tu / poursuivre le voleur, faire semblant de ne rien voir)
4. Un ami vous demande de l'argent.   (vous / lui en prêter, lui conseiller de trouver
un job)

II. Certitudes ou ignorances.   Est-ce que ces personnes savaient ou ne savaient pas qu'elles
feraient certaines choses?

Modèle: Christophe Colomb / découvrir l'Amérique
*Christophe Colomb ne savait pas qu'il **découvrirait** l'Amérique.*

1. Pasteur / inventer un vaccin si important
2. Les Alliés / gagner la guerre
3. Jeanne d'Arc / le roi lui donner une armée
4. Marilyn / devenir une actrice célèbre
5. Camus / obtenir le prix Nobel
6. Van Gogh / sa peinture se vendre si cher

A votre tour, dites ce que les personnes suivantes ne savaient pas: Picasso, Einstein,
Amelia Earhart.

III. Mieux que toi.   Un ami vous dit plus tard ce qu'il aurait fait à votre place dans certaines
circonstances. Qu'est-ce qu'il dit?

Modèle: Votre avion a eu du retard. (prendre un avion d'Air France)
*Moi, à ta place j'**aurais** pris un avion d'Air France.*

1. Vous avez perdu votre argent en voyage.   (acheter des chèques de voyage)
2. Une de vos valises vous manque.   (voyager avec un seul bagage de cabine)
3. Vous avez eu le mal de l'air.   (prendre de la «dramamine»)
4. Vous avez attrapé la maladie des touristes au Mexique.   (boire seulement de l'eau
minérale)
5. La voiture de marque étrangère que vous avez louée ne marchait pas bien.   (louer une
voiture de marque américaine)

Donnez d'autres exemples.

IV. Conséquences heureuses ou malheureuses.   Une action passée peut avoir des
conséquences présentes variées.

Modèle: Si tu (ne pas avoir autant mangé), tu (ne pas avoir d'indigestion aujourd'hui).
*Si tu n'**avais** pas **autant mangé**, tu n'**aurais** pas d'indigestion aujourd'hui.*

1. Si Richard (travailler dans sa jeunesse), il (être un retraité riche).
2. Si Josyane (ne pas avoir un accident de voiture), elle (ne pas être à l'hôpital le jour de son anniversaire).
3. Si tu (ne pas se marier si jeune), tu (profiter plus de la vie en ce moment) parce que tu (ne pas avoir tous ces enfants à élever).
4. Si vous (finir vos corvées ménagères assez tôt), nous (pouvoir aller au cinéma).

A votre tour, trouvez des conséquences présentes d'actions passées.

Conversations

1. **Manif.** Avez-vous jamais participé à une manifestation? Quelles étaient les revendications? Avez-vous vu au cinéma, à la télévision, des scènes montrant des défilés, des démonstrations pacifiques ou violentes? Quelles impressions vous ont laissées ces expériences, ou ces scènes? Connaissez-vous des événements historiques marqués par la brutalité des répressions, des manifestations populaires célèbres? Décrivez-en un. Aurait-on pu l'éviter? Si vous deviez organiser une manifestation, pourquoi ou contre quoi manifesteriez-vous? Que mettriez-vous sur les pancartes?

2. **Pouvoirs surnaturels.** Si vous aviez des pouvoirs surnaturels, que feriez-vous? Comment utiliseriez-vous votre pouvoir? Est-ce que vous feriez des actions altruistes et généreuses ou des actions égoïstes?

sauver des personnes en danger	faire pleuvoir, etc.
arrêter les guerres	voler beaucoup d'argent
arrêter les catastrophes naturelles	vivre comme un roi ou une reine, etc.
éteindre les incendies	

3. **Une journée d'école buissonnière.** Si vous décidiez un jour de faire l'école buissonnière, comment passeriez-vous votre journée?

dormir toute la journée	aller au bord de la mer
faire du shopping	lire un livre, etc.
marcher dans un parc	

Traduction

1. Charles was an only child and always felt lonely. 2. He wondered how it (**sa vie**) would be if he had a younger brother, and dreamed of what they would do together. 3. They would climb trees, they would fight, they would forgive each other and share their candy. 4. "Whose fault (is it) if I don't have a brother?" he was wondering. 5. A friend talked to his parents and advised them to have another child. 6. "Charles would be happier if you had a larger family." 7. They decided that they would ask Charles his opinion. 8. "Charles, what would you say if we gave you a younger brother?" 9. "What? Do you realize that if there were a baby in this house, we would not be able to sleep because he would cry, he would disturb everyone? 10. No, thanks! I would rather remain an only child."

Rédactions

1. **Qui j'aimerais être?** Donnez libre cours à votre fantaisie: imaginez que vous êtes un personnage historique, une personnalité du monde politique, un acteur ou une actrice, un écrivain, une femme célèbre. Décrivez votre vie, vos actions, vos pensées.

2. **Un autre pays, une autre époque.** Dites ce que vous auriez fait si vous aviez vécu dans un autre pays, à une autre époque.

Chapitre 16

Le subjonctif

Vocabulaire

ainsi thus
ainsi soit-il amen
âne (*m.*) donkey
aussitôt immediately
caisse (*f.*) box
couler to flow
créer to create
de plus moreover
douceur (*f.*) softness, sweetness
se droguer to take drugs
s'emparer de to seize
enlever to take away
enterrer to bury
faire des grimaces to make faces
faire une piqûre to give an injection
interviewer to interview

jardin (*m.*) yard
laid(e) ugly
larmes (*f. pl.*) tears
loge (*f.*) actor's dressing room
lourd(e) heavy
mélancolie (*f.*) melancholy, gloom
prendre au sérieux to take seriously
prière (*f.*) prayer
rejoindre to join
renoncer à to give up
route (*f.*) road
seringue (*f.*) syringe
singe (*m.*) monkey
songer à to think of
terrain (*m.*) plot (*of land*)

Vocabulaire supplémentaire

La religion

s'agenouiller to kneel
à genoux on one's knees
Bible (*f.*) Bible
communier to receive communion
se confesser to confess
croyant(e) believer
couvent (*m.*) convent
Ecritures (*f. pl.*) Scriptures
exaucer to grant (a wish, a prayer)
faire sa prière to say one's prayer
messe (*f.*) mass
prier to pray
vœu (*m.*) wish

La Crèche Christmas crib

ange (*m.*) angel
berger (*m.*) shepherd
boulanger (*m.*) baker
bœuf (*m.*) ox
enfant (*m.*) **Jésus** child Jesus
étoile (*f.*) star
fileuse (*f.*) spinner
Joseph Joseph
lavandière (*f.*) washerwoman
Marie (la Vierge) Mary (the Virgin)
meunier (*m.*) miller
Nativité (*f.*) Nativity
paille (*f.*) straw
Rois (*m. pl.*) **mages** Wise Men, Magi
santon (*m.*) ornamental figure from Provence

Prières dans l'Arche

Carmen Bernos de Gasztold est l'auteur d'un livre de poèmes pour enfants, *Prières dans l'Arche°*, publié en 1955, d'où sont extraits les deux poèmes suivants. Il nous a été impossible de trouver des renseignements sur la vie de l'auteur.

Ark

Préparation à la lecture

Quand on prie, on s'adresse à Dieu. La formule traditionnelle est: «Mon Dieu, faites que... » et le verbe qui suit est au subjonctif. On appelle Dieu «Seigneur», et on Lui parle à la deuxième personne du pluriel en utilisant toujours une majuscule, par exemple: le clown de «Votre création».

L'âne est un animal qu'on utilise beaucoup dans les pays méditer-ranéens — l'Italie, la Grèce, l'Egypte et les pays de l'Afrique du Nord — parce qu'il est robuste et résistant. Il est souvent battu et maltraité; il porte des fardeaux° plus gros que lui. Comme il n'y a pas beaucoup d'herbe verte dans ces pays, il mange ce qu'il trouve, même des chardons°.

loads
thistles

Noël est la fête la plus importante en France, pays de majorité catholique. On y célèbre Noël les 24 et 25 décembre depuis plus de 1500 ans. Au Moyen-Age déjà, les Français décorent leur maison avec une crèche que l'on orne avec des figurines en terre cuite (les santons) représentant la sainte famille: Joseph, Marie, l'enfant Jésus et des visiteurs célèbres — les anges, les bergers et les Rois mages. Des animaux, le bœuf et l'âne, réchauffent° de leur présence et de leur haleine° l'enfant Jésus.

warm up / breath

La crèche fut inventée par saint François d'Assise au début du XIIIe siècle et se répandit partout en Europe. Dans de nombreuses régions de France on ne place l'enfant Jésus dans la crèche que le 24 décembre au soir, le moment de sa naissance. En Provence, aux santons traditionnels de la crèche s'ajoutent des figurines qui représentent les différentes activités de la communauté. On y voit des meuniers, des boulangers, etc. Le soir de Noël on célèbre le réveillon°, un repas spécial délicieux, composé des meilleurs mets français. On y consomme des huîtres, des escargots, du homard, des pâtés, de l'oie aux marrons°, du champagne, des vins fins comme boisson et, comme dessert, on sert la traditionnelle bûche de Noël.° En Provence, le repas se termine par les 13 fameux desserts com-posés surtout de fruits secs et de noix.

Christmas Eve dinner

oie... chestnut stuffed goose

bûche... log-shaped pastry

Depuis le début du siècle dernier, à la crèche est venue s'ajouter la présence du sapin de Noël magnifiquement décoré d'ornements. On trouve des sapins de Noël même dans la rue devant les magasins.

La nuit de Noël, beaucoup de Français se rendent à la messe de minuit où on chante des cantiques. Souvent des personnages vivants jouent

l'histoire de la nativité dans le chœur de l'église. La veille de Noël, beaucoup d'enfants écrivent au Père Noël et alignent devant la cheminée leurs
chaussures en espérant y trouver cadeaux et friandises° le lendemain.   goodies
Noël reste en France la fête religieuse et familiale la plus célébrée.

Prière du petit âne

Mon Dieu, qui m'avez créé
pour que je marche sur la route
toujours,
et que je porte de lourds fardeaux
5 toujours,
et que je sois battu,
toujours!
Donnez-moi beaucoup de courage et de
douceur.
10 Faites qu'un jour on me comprenne
et que je n'aie plus envie de pleurer,
parce que je m'exprime mal°   **parce que...** because I
et qu'on se moque de moi.   make strange sounds
Faites que je trouve un beau chardon
15 et qu'on me laisse le temps de le cueillir°.   pick
Faites que je rejoigne un jour
mon petit frère de la Crèche.
                  Ainsi soit-il!

Prière du singe

Mon Dieu
pourquoi m'avez-Vous fait si laid?
A cause de ce ridicule visage,
l'humour veut que je° fasse des grimaces.   **l'humour...** my funny
5 Serai-je toujours   disposition forces me
le clown de Votre création?   to
Qui m'enlèvera cette mélancolie du cœur?
Ne permettrez-Vous pas, un jour,
que quelqu'un me prenne au sérieux?
10 Seigneur.
                  Ainsi soit-il!

Questions sur la lecture

1. Pourquoi faut-il que l'âne ait de la douceur et du courage?
2. L'âne n'a pas le temps de cueillir les chardons. Que doit-il faire?

3. Pourquoi est-ce que l'âne veut rejoindre son petit frère de la Crèche? Que représente ce lieu pour lui?

4. Pourquoi est-ce que le singe est mélancolique? Que faut-il qu'il fasse pour montrer de l'humour?

5. Pourquoi est-ce qu'on ne prend pas un clown, un singe au sérieux?

Questions personnelles

1. Connaissez-vous d'autres animaux qui sont maltraités dans la vie courante? Que peut-on faire pour empêcher que ces animaux soient battus, torturés?

2. Que pensez-vous des zoos? Est-ce juste d'enfermer des animaux qui ont l'habitude d'un environnement différent, d'espace et de liberté?

3. Les deux prières interprètent les pensées de deux animaux. Croyez-vous que les animaux peuvent penser, même sans mots?

4. Imaginez la prière de votre animal favori.

La mort de Moulouk

Jean Marais (1913–   ) est né à Paris. Très jeune, il a été découvert par l'écrivain-poète-cinéaste Jean Cocteau (1889–1963), qui est devenu son meilleur ami. Jean Marais est une des vedettes favorites des Français, au cinéma et au théâtre. C'est aussi un artiste, un peintre, un sculpteur. Il a joué dans des films qui sont devenus des classiques: *La Belle et la Bête, Orphée, l'Eternel Retour.* Son chien Moulouk, qui était un compagnon inséparable, apparaît dans plusieurs de ses films.

Préparation à la lecture

Dans cet extrait de son livre, *Histoire de ma vie,* Jean Marais décrit le triste événement de la mort de son chien et sa douleur intense.

On voit aussi comment les acteurs et les chanteurs sont souvent la proie° des journalistes. Ils deviennent alors plus conscients de leurs actions et ont peur qu'on les interprète mal. Ils doivent cacher leurs vrais sentiments, leurs vrais motifs.   *prey*

M oulouk va mourir.

Il faut que j'aille dans ma loge. Le vétérinaire m'y rejoint. C'est de l'asthme cardiaque. Pendant deux ans, je ne sortirai plus sans du solu-camphre°, une seringue, de l'éther, du coton. Moulouk a des syncopes°.   *camphor solution / fainting spells / Où...*

5 Où qu'il se trouve,° je fais une piqûre. Une fois dans le métro la boîte tombe, la seringue, l'éther et le reste s'éparpillent°. Les gens me regardent avec désapprobation. Ils croient sûrement que je me drogue.   *Wherever he is / scatter*

Je peux de moins en moins emmener Moulouk dans mes promenades.
Je songe à acheter une voiture d'enfant pour l'emmener avec moi.
J'imagine alors les reporters, les journaux qui s'empareraient de cette idée.
J'y renonce. Il faut un jardin à Moulouk; j'en cherche un; je trouve un ter-
rain à Marnes-la-Coquette.[1] On établit° les plans° d'une maison, dont° on   draws up / architectural plans / of which
commence aussitôt la construction. Moulouk mourra avant que la maison
soit finie.

Un matin, il demande à sortir: on lui ouvre, et il meurt dehors. Toute
la matinée, je m'occupe d'une caisse de chêne°, d'une caisse en fer gal-   oak / galvanized (rust-proof)
vanisée° dans laquelle je mettrai la caisse de chêne pour qu'il n'y ait pas
d'infiltration d'eau. Je l'enterre. Jean[2] devait venir déjeuner. Le voilà. Il ne
me demande pas de nouvelles de Moulouk. De mon côté,° «Moulouk est   **De...** For my part
mort» ne peut pas sortir de ma bouche.

Huit jours plus tard, Jean revient déjeuner. Il me demande cette fois
des nouvelles de mon ami. Je lui dis qu'il est mort la dernière fois qu'il est
venu. Jean a de la peine que je n'aie rien dit.

Je cache à tout le monde sa mort. J'ai peur qu'on m'interviewe à ce
sujet. Que dire? De plus, si j'en parlais je ne pourrais pas empêcher les
larmes de couler. Et puis, n'est-ce pas un peu ridicule de parler de
Moulouk comme je parlerais d'un être humain?° Comme de mon meilleur   **être...** human being
ami? Non, je mens. C'est Jean, mon meilleur ami.

Questions sur la lecture

1. Qu'est-ce que Jean Marais emporte avec lui, pour faire des piqûres à
   Moulouk? Pourquoi est-ce que les gens croient que Jean se drogue?
2. Que diraient les reporters si un homme promenait son chien dans une
   voiture d'enfant?
3. Pourquoi est-ce que Jean Marais ne dit pas à son ami Jean Cocteau que
   Moulouk est mort? Quelle est la réaction de Jean Cocteau huit jours
   plus tard?
4. Jean Marais cache à tout le monde la mort de son chien. De quoi a-t-il
   peur?
5. Enumérez les preuves d'amour que Jean Marais a données à son chien.
6. Malgré cet amour, qui considère-t-il comme son meilleur ami?

Questions personnelles

1. Avez-vous jamais perdu un animal dans un accident, à cause de la
   maladie ou de la vieillesse? Qu'avez-vous éprouvé?

---

[1]**Marnes-la-Coquette** a pretty town in the suburbs of Paris
[2]**Jean** Jean Cocteau

2. Pensez-vous qu'un chien ou un autre animal puisse être un aussi bon ami qu'un être humain? Est-ce que la mort d'un animal familier peut causer autant de peine que la mort d'une personne proche?

3. Est-ce que vous mentez quelquefois pour ne pas faire de peine à un ami? Pouvez-vous raconter un épisode où vous avez menti?

Le présent du subjonctif

L'indicatif et le subjonctif sont des modes. L'indicatif est le mode des actions réelles. Il décrit les faits (*facts*). Le subjonctif est le mode des actions souhaitées, possibles, douteuses. En français, on emploie souvent le subjonctif: il est surtout utilisé dans les propositions subordonnées (*dependent clauses*). C'est le verbe principal ou la conjonction qui détermine si on a un subjonctif dans la proposition subordonnée.

> Il faut qu'il **vienne.**   Je me prépare avant qu'il **vienne.**
> Je veux qu'il **vienne.**   Il est possible qu'il **vienne.**
> Je regrette qu'il **vienne.**   Je doute qu'il **vienne.**

En anglais, l'emploi du subjonctif est plus rare.

> *I wish I **were** in France.*
> *The students ask that the teacher **speak** slowly.*
> *It is essential that you **be** attentive.*

Il y a quatre temps au subjonctif. Dans la langue courante, on emploie le présent et le passé. Dans la langue littéraire, on emploie aussi l'imparfait et le plus-que-parfait (voir p. 477). Il n'y a pas de futur au subjonctif. C'est le présent du subjonctif qui donne l'idée du futur.

> Je doute qu'ils **deviennent** des amis.   *I doubt that they **will become** friends.*

Formes

Subjonctif régulier

La majorité des verbes ont un subjonctif régulier. On forme le subjonctif avec la 3ème personne du pluriel du présent. On enlève la terminaison **-ent** pour obtenir le «radical» (*root*) et on ajoute les terminaisons suivantes: **-e, -es, -e, -ions, -iez, -ent.**

1 Verbes réguliers

     a. Verbes du 1er groupe

         regarder   ils regardent   **regard-**

     b. Verbes du 2ème groupe

         finir   ils finissent   **finiss-**

c. Verbes du 3ème groupe

entendre   ils entendent   **entend-**

regarder	finir	entendre
regard-	**finiss-**	**entend-**
que je regard**e**	finiss**e**	entend**e**
que tu regard**es**	finiss**es**	entend**es**
qu'il, elle regard**e**	finiss**e**	entend**e**
que nous regard**ions**	finiss**ions**	entend**ions**
que vous regard**iez**	finiss**iez**	entend**iez**
qu'ils, elles regard**ent**	finiss**ent**	entend**ent**

Remarques:

◆ Pour les verbes du 1er groupe, les trois personnes du singulier et la 3ème personne du pluriel sont identiques à l'indicatif présent.

◆ Pour les verbes du 2ème et du 3ème groupes, la 3ème personne du pluriel est identique à l'indicatif présent.

◆ Pour les trois groupes de verbes, les formes **nous** et **vous** sont identiques à l'imparfait.

◆ Les verbes qui ont des changements orthographiques sont conjugués comme les verbes réguliers. Les formes pour **je, tu, il, ils** sont identiques à l'indicatif présent. Les formes pour **nous** et **vous** sont identiques à l'imparfait.

commencer	que je **commence**	que nous **commencions**
voyager	que je **voyage**	que nous **voyagions**
payer	que je **paie**	que nous **payions**
acheter	que j'**achète**	que nous **achetions**

préférer	que je **préfère**	que nous **préférions**
appeler	que j'**appelle**	que nous **appelions**
jeter	que je **jette**	que nous **jetions**

2 Verbes irréguliers

a. La majorité des verbes irréguliers ont un subjonctif régulier.

dormir	que je **dorme**	que nous **dormions**
partir	que je **parte**	que nous **partions**
dire	que je **dise**	que nous **disions**
mettre	que je **mette**	que nous **mettions**

b. Les verbes suivants en **-ir, -oir** et **-re** qui sont irréguliers à l'indicatif présent ont deux radicaux au subjonctif présent: on utilise le radical de la 3ème personne du pluriel du présent pour **je, tu, il, ils** et l'imparfait pour **nous** et **vous.**

mourir	que je **meure**	que nous **mourions**
tenir	que je **tienne**	que nous **tenions**
venir	que je **vienne**	que nous **venions**
apercevoir	que j'**aperçoive**	que nous **apercevions**
devoir	que je **doive**	que nous **devions**
recevoir	que je **reçoive**	que nous **recevions**
boire	que je **boive**	que nous **buvions**
prendre	que je **prenne**	que nous **prenions**

c. Les verbes **croire, rire** et **voir** ont **-yi-** ou deux **-i-** aux personnes **nous** et **vous.**

croire	que je **croie**	que nous **croyions**
voir	que je **voie**	que nous **voyions**
rire	que je **rie**	que nous **riions**

Exercices

A. Refaites les phrases suivantes. Remplacez **Je vois** par **Il faut**, et mettez le verbe au subjonctif.

Je vois...

1. que tu choisis un bon vétérinaire.
2. qu'elle emmène mon chien au jardin.
3. que vous communiquez mieux avec vos parents.
4. que nous trouvons le temps de nous amuser.
5. qu'ils attendent patiemment la fin de la semaine.
6. qu'elle déménage bientôt.
7. que vous jetez vos vieilles boîtes de conserve.
8. qu'elle maigrit.
9. que vous renoncez à ce projet ridicule.
10. que nous songeons à faire nos prières.

B. Refaites les phrases suivantes. Remplacez **Je vois** par **Il faut** et mettez le verbe au subjonctif.

Je vois...

1. que tu pars plus tôt.
2. que le chien meurt sans souffrir.
3. que le chauffeur du car conduit plus lentement.

4. que vous me prenez au sérieux.
5. que tu viens voir souvent tes grands-parents.
6. que vous reconnaissez cet acteur dans la foule.
7. que nous mentons aux reporters.
8. que Jean construit une caisse plus solide.
9. que cette petite fille boit plus de lait.
10. que vous lisez la biographie de Jean Cocteau.

Subjonctif irrégulier

1 avoir / être

	avoir		*être*	
que j'**aie**	que nous **ayons**	que je **sois**	que nous **soyons**
que tu **aies**	que vous **ayez**	que tu **sois**	que vous **soyez**
qu'il, elle **ait**	qu'ils, elles **aient**	qu'il, elle **soit**	qu'ils, elles **soient**

Attention: **Ait** et **soit** sont les seuls subjonctifs qui ne sont pas terminés par un **-e.**

2 Les verbes du tableau suivant sont irréguliers au subjonctif. **Faire, pouvoir** et **savoir** ont un seul radical. **Aller** et **vouloir** ont deux radicaux.

faire	que je **fasse**	que nous **fassions**
pouvoir	que je **puisse**	que nous **puissions**
savoir	que je **sache**	que nous **sachions**
aller	que j'**aille**	que nous **allions**
vouloir	que je **veuille**	que nous **voulions**
		que vous **vouliez**[3]

3 Verbes impersonnels

falloir	qu'il **faille**
plaire	qu'il **plaise**
pleuvoir	qu'il **pleuve**
valoir	qu'il **vaille**

Exercice

C. Refaites les phrases suivantes. Remplacez **je vois** par **il faut** et mettez le verbe au subjonctif.

---

[3]**Veuillez** est l'impératif.

Je vois...

1. que tu fais un effort.
2. qu'il peut comprendre.
3. que vous n'allez pas souvent au supermarché.
4. qu'elle veut nous accompagner.
5. que nous avons du courage.
6. que vous êtes à l'heure à la cérémonie.
7. qu'il pleut beaucoup.
8. que tu es patient.
9. que je sais ma leçon parfaitement.
10. que nous allons plus vite.
11. que j'ai de la chance à la loterie.
12. qu'ils sont raisonnables.

Emplois

On rencontre quatre emplois courants du subjonctif:

◆ Le subjonctif après certains verbes de volonté, de nécessité, de sentiment, de doute
◆ Le subjonctif après certaines conjonctions
◆ Le subjonctif seul
◆ Le subjonctif après un pronom relatif (voir p. 359).

Règles générales

1 Les verbes qui expriment une volonté, une préférence, une nécessité, une émotion, un sentiment, un doute, une possibilité sont toujours suivis de **que** et du subjonctif, lorsque le verbe principal et le verbe subordonné ont des sujets différents.

Jean est triste **que** son chien **soit** malade.
Vous désirez **que** nous **allions** visiter le cimetière du Père Lachaise?

2 Si le sujet du verbe principal est le même que le sujet du verbe subordonné, on a une construction avec l'infinitif.

Jean est triste de **voir** son chien malade.
Vous désirez **visiter** le cimetière du Père Lachaise?

3 Si le verbe principal est un verbe impersonnel, il faut que le sujet du verbe subordonné représente un nom ou un pronom précis. Sinon on a une construction avec un infinitif.

Il faut que Jean **construise** une caisse.
Il faut **enterrer** Moulouk.

Remarque: Pour l'emploi de **de** ou **à** devant l'infinitif, ou l'emploi de l'infinitif seul, voir p. 260.

Les verbes de volonté et de préférence

1 Voici quelques verbes de volonté et de préférence (Pour une liste plus longue, voir p. 473):

aimer mieux	to prefer	**souhaiter**	to wish
demander	to ask	**vouloir**	to want
désirer	to desire	**vouloir bien**	to be willing, to accept
proposer	to suggest		

Jean **désire** que son chien **guérisse.**   *Jean **wants** his dog **to recover.***
Le petit garçon **souhaite** que ses parents le   *The little boy **wishes** that his parents*
comprennent.   ***understood** him.*

2 Le verbe **vouloir**

La construction du verbe **vouloir** (*to want*) est différente dans les deux langues.

◆ En anglais on a: *I want you to* + infinitif.
◆ En français on dit: **Je veux que vous** + subjonctif.

*I want you **to listen** to me.*   Je veux que vous m'**écoutiez.**
*They want us **to go away.***   Ils veulent que nous **partions.**

Les verbes impersonnels de nécessité et d'opinion

1 Voici quelques verbes impersonnels de nécessité et d'opinion (voir aussi p. 474):

il faut	**il est bon**	**il vaut mieux** (*it is better*)
il est nécessaire	**il est essentiel**	**il est juste** (*fair*)
il est indispensable[4] (*essential*)	**c'est inutile**	**c'est normal**

Il **vaut mieux** que vous **fassiez** une piqûre à votre animal.

2 **Avoir besoin** (*to need*) est une expression courante qui n'est pas impersonnelle.

J'**ai besoin** que tu me **rendes** un service.

Les verbes de sentiment et d'émotion

Voici quelques-uns de ces verbes (voir aussi p. 473):

être content	to be happy	**être ravi**	to be delighted
être ennuyé	to be sorry	**être surpris**	to be surprised
être étonné	to be surprised	**être triste**	to be sad
être fâché	to be upset	**regretter**	to regret
être fier	to be proud	**avoir honte**	to be ashamed
être heureux	to be happy	**avoir peur**	to be afraid
être malheureux	to be unhappy	**c'est dommage**	it's too bad

---

[4]Dans la langue parlée, on dit souvent **c'est** à la place de **il est.**

Jean **est triste** que son chien **soit** malade.
Je **suis désolé** que vous ne **puissiez** pas nous accompagner au cinéma.
Mes amis **ont peur** que leur maison **perde** de la valeur.

Les verbes de doute et de possibilité

1 Voici une liste de ces verbes:

douter	**il se peut**
il est douteux	**il semble** (*it seems*)
il est impossible	
il est possible	**nier** (*to deny*)

Je **doute** que votre chien **guérisse.**

2 Le verbe **attendre**

Les verbes **attendre que** (*to wait*) et **s'attendre à ce que** (*to expect*), qui n'expriment pas un doute, sont cependant construits avec un subjonctif.

J'**attends** que les enfants **fassent** leur prière.
Vous **vous attendez** à ce qu'il **pleuve.**

Subjonctif ou indicatif?

Les verbes qui expriment une opinion, une déclaration, une certitude, et le verbe **espérer** (*to hope*) sont suivis de l'indicatif quand ils sont à la forme affirmative.

Voici une liste de ces verbes:

penser	**dire**	**être sûr, certain**
croire	**admettre**	**c'est évident**
trouver	**déclarer**	**il est probable**

Je **pense qu'**il **va** pleuvoir.
Il **dit que** ses enfants **sont** des génies.
Vous **êtes sûrs que** nous **avons** raison.
On **espère que** la situation **changera.**

Mais si ces verbes sont à la forme négative ou interrogative, ils expriment un doute; alors, on peut avoir le subjonctif. Cependant l'indicatif est toujours possible. C'est une différence de qualité de la langue. Langue soignée, élégante, écrite? on a le *subjonctif.* Langue simple, parlée? on a l'*indicatif.*

Je **ne pense pas** qu'il **pleuve.**   (ou qu'il **va pleuvoir**)
Il **ne dit pas** que ses enfants **soient** des génies.   (ou **sont**)
Etes-vous sûrs que nous **ayons** raison?   (ou **avons**)

■ *Tableau-résumé:*
Emploi de l'indicatif ou du subjonctif

Indicatif		*Subjonctif*	
opinion / certitude		*volonté*	
Je **crois** Je **dis** J'**affirme** } qu'il **vient.** qu'il **viendra**		Je **désire** Je **veux** Je **souhaite** } qu'il **vienne.**	
J'**espère** qu'il **vient.** ← qu'il **viendra**		EXCEPTION	
		nécessité	
		Il faut qu'il **vienne.**	
		sentiment / émotion	
		J'ai **peur** Je suis **heureux** } qu'il **vienne.** Je suis **triste**	
		doute, incertitude	
		Je **doute** } qu'il **vienne.** Je **nie**	
doute, incertitude			
langue courante		*langue soignée*	
Je ne **crois** pas **Pensez**-vous } qu'il **viendra.** **Espérez**-vous		Je ne **crois** pas **Pensez**-vous } qu'il **vienne.** **Espérez**-vous	

Exercices

D. Faites des phrases avec les groupes donnés en suivant le modèle.

Modèle: Il veut / nous **travaillons** avec lui.
*Il veut que nous **travaillions** avec lui.*

1.   Acceptez-vous / votre fille sort tous les soirs?
2.   Il aime mieux / nous fumons dans le salon.
3.   Ils défendent / tu bois du whisky.
4.   Le président souhaite / le peuple français est d'accord.
5.   La loi n'admet pas / on met des affiches sur ces murs.
6.   Les jeunes mariés souhaitent / il fait beau pendant leur lune de miel.
7.   Certaines personnes suggèrent / on met les animaux des zoos en liberté.
8.   Le professeur désire / les étudiants savent bien leurs conjugaisons.

E.   Faites des phrases avec les groupes donnés en suivant le modèle.

Modèle: Il est important / tu fais ton travail.
Il est important que tu **fasses** ton travail.

1. Il faut / tu prends ton billet d'avion en avance.
2. Il est nécessaire / tu suis un cours d'informatique.
3. C'est essentiel / elle apprend à conduire.
4. Il est inutile / vous emportez des pulls pour aller à la Martinique.
5. C'est nécessaire / il pleut en cette saison.
6. Nous n'avons pas besoin / nos amis nous font des cadeaux.
7. Il est indispensable / tu lis *La Peste,* par Albert Camus.
8. Elle a toujours besoin / on lui fait des compliments.

F.   Faites des phrases avec les groupes donnés en suivant le modèle.

Modèle: J'ai de la peine / vous ne dites rien.
J'ai de la peine que vous ne **disiez** rien.

1. Je me réjouis / vous réussissez dans votre carrière.
2. C'est dommage / tu ne comprends pas.
3. Je suis content / nous allons au concert ensemble.
4. Maryse a peur / son fils a un accident.
5. Ulysse est étonné / son chien le reconnaît.

G.   Faites des phrases avec les groupes donnés en suivant le modèle.

Modèle: Je doute / il vient.
Je doute qu'il **vienne.**

1. Il est impossible / ils sont à Paris pour le 14 juillet.
2. Tu es sûr / c'est ton meilleur ami?
3. Nous espérons / elle va passer de bonnes vacances.
4. Attendez / nous partons.
5. Il est certain / nous nous aimons.
6. Il est douteux / cet animal guérit.
7. Il est probable / le mariage a lieu à la Madeleine.
8. Il se peut / nous allons en Australie cet hiver.

Le subjonctif après certaines conjonctions

1 Voici les principales conjonctions suivies du subjonctif (les autres conjonctions sont expliquées au chapitre 23):

à condition que	provided	**bien que**	although	**pour que**	in order that
à moins que	unless	**de peur que**	for fear that	**pourvu que**	provided
avant que	before	**jusqu'à ce que**	until	**sans que**	without

2 Pour certaines de ces conjonctions, le subjonctif est logique parce que l'action qui suit n'a pas encore eu lieu, n'est pas encore réalisée **(jusqu'à ce que, avant que, pourvu que, pour que, sans que)** ou contient une émotion **(de peur que).**

> Nous allons vous expliquer cette règle **jusqu'à ce que** vous la **compreniez.**
> Les enfants sont sortis du salon **sans que** je m'en **aperçoive.**
> Mets deux timbres sur ta lettre **de peur qu'**elle (ne) **soit** trop lourde.

3 On emploie le subjonctif avec les conjonctions **avant que, pour que, de peur que, sans que** quand on a deux sujets différents dans la proposition principale et dans la proposition subordonnée. Si les sujets des deux propositions représentent la même personne, on emploie une préposition et un infinitif.

avant que → avant de	de peur que → de peur de
pour que → pour	sans que → sans

> Je me prépare **avant que** nous **sortions.**   *I get ready **before we go out.***
> Je me prépare **avant de sortir.**   *I get ready **before going out.***
>
> Je prends mon parapluie **de peur qu'**il **pleuve.**   *I take my umbrella **for fear it will rain.***
> Je prends mon manteau **de peur d'avoir froid.**   *I take my coat **for fear of being cold.***
>
> Il travaille **pour que** sa famille **puisse** vivre.   *He works **so that** his family **can** live.*
> Il travaille **pour faire vivre** sa famille.   *He works **to enable** his family **to live.***
>
> Il est sorti **sans que** je le **voie.**   *He left **without my seeing** him.*
> Il est sorti **sans faire** de bruit.   *He left **without making** any noise.*

Exercice

H. Combinez les phrases suivantes avec la conjonction suggérée.

> *Modèle:* Nous allons faire un pique-nique demain / il ne pleut pas.   (pourvu que)
> *Nous allons faire un pique-nique demain **pourvu qu'**il ne **pleuve** pas.*

1. L'étudiant quitte la salle de classe / le professeur le voit.   (sans que)
2. Je téléphone à cette compagnie / j'ai une réponse.   (jusqu'à ce que)
3. Il va chez le meilleur vétérinaire / son chien reçoit les meilleurs soins.   (pour que)
4. La femme de ménage va nettoyer votre maison / vous la payez bien.   (pourvu que)
5. Ils veulent se marier tout de suite / ils ne peuvent pas le faire avant le mois de juin. (bien que)
6. Emportons des couvertures (*blankets*) à la plage / il fait froid.   (de peur que)
7. La police arrive / le cambrioleur peut s'échapper.   (avant que)
8. Nous allons faire une excursion / la voiture veut bien démarrer.   (à condition que)

Le subjonctif seul

1 Le subjonctif seul est rare. On le trouve dans des phrases toutes faites comme:

> **Vive** le roi!   *Long **live** the King!*
> Ainsi **soit**-il!   *So **be** it! or Amen!*

ou bien pour exprimer l'impératif à la 3ème personne du singulier et du pluriel.

Qu'elles **aillent** se promener!	*Let them go take a walk!*
Qu'il **fasse** ce qu'il veut!	*Let him do what he wants.*

2 Voici des expressions courantes contenant le subjonctif:

Que Dieu vous entende!	*May God hear you!*
Que Dieu vous bénisse!	*(May God) bless you!*
Soit!	*All right!*
Ainsi soit-il!	*Amen! or So be it!*
Advienne que pourra!	*Come [Happen] what may!*
Sauve qui peut!	*Run for your life!*
Coûte que coûte!	*At all costs!*
Grand bien vous fasse!	*A lot of good that will do you!*
Qu'il pleuve ou qu'il vente...	*Rain or shine . . .*

Exercice

I. Employez une des formules ci-dessus comme réaction à la phrase donnée, pour compléter la phrase ou pour remplacer la partie de la phrase en italique.

Modèle: Je fume, je bois et je ne suis pas de régime!
Grand bien vous fasse!

1. La reine d'Angleterre arrive en Australie.
2. Nous allons faire une promenade à la campagne *par tous les temps* (*in all kinds of weather*).
3. Ils font un voyage en bateau. Le bateau coule (*sinks*).
4. Si seulement les hommes pouvaient arrêter de faire la guerre! *J'espère que Dieu entend notre prière!*
5. Cette jeune fille travaille jour et nuit pour aller passer un an en France. Elle va réussir...
6. C'est la fin de ma prière.
7. «Atchoum!» J'éternue (*sneeze*)!
8. J'ai fait le maximum de révisions en préparation de mon examen. Je suis fataliste. *On verra bien ce qui arrivera.*

Le passé du subjonctif

Formes

Le passé du subjonctif est régulier pour tous les verbes. On prend le passé composé de l'indicatif et on met l'auxiliaire **avoir** ou **être** au subjonctif.

verbes avec **avoir**		*verbes avec* **être**	
que j'**aie parlé**	que je **sois allé(e)**	que je **me sois lavé(e)**	
que tu **aies vu**	que tu **sois venu(e)**	que tu **te sois réveillé(e)**	
qu'il, elle **ait pris**	qu'il, elle **soit parti(e)**	qu'il, elle **se soit rasé(e)**	
que nous **ayons fini**	que nous **soyons montés(ées)**	que nous **nous soyons vus(es)**	
que vous **ayez entendu**	que vous **soyez descendu(e)(s)**	que vous **vous soyez regardé(e)(s)**	
qu'ils, elles **aient ouvert**	qu'ils, elles **soient entrés(ées)**	qu'ils, elles **se soient reconnus(es)**	

Remarques:
◆ Le passé du subjonctif du verbe **avoir** est: **que j'aie eu, qu'il ait eu,** etc.
◆ Le passé du subjonctif du verbe **être** est: **que j'aie été, qu'il ait été,** etc.

Exercices

J. Refaites les phrases suivantes avec **Je suis content que.**

1. Vous n'avez pas dormi en classe. 2. Nous sommes allés faire des courses ensemble. 3. Elle est restée dîner avec nous hier soir. 4. Il a trouvé une bonne situation. 5. Ils n'ont pas perdu la tête. 6. Elles sont sorties. 7. Tu as eu une bonne note. 8. Elle n'est pas tombée dans la rue. 9. Vous êtes rentré tôt. 10. Ils n'ont pas oublié notre rendez-vous.

K. Faites des phrases avec les groupes donnés en suivant le modèle. Employez le passé du subjonctif.

Modèle: Je suis surpris / vous ne voyez pas Maurice au concert.
*Je suis surpris que vous **n'ayez pas vu** Maurice au concert.*

1. Je regrette / vous n'aimez pas ce film.
2. Il attend / nous finissons.
3. Elle n'est pas sûre / son mari songe à acheter du pain.
4. C'est dommage / il ne vérifie pas les plans de sa maison.
5. C'est bizarre / on lui fait une piqûre.
6. Il est possible / ils se trompent de jour pour notre rendez-vous.
7. Je suis content / vous n'oubliez pas mon anniversaire.
8. Elle doute / tu fais ce travail tout seul.

Emplois

Le subjonctif passé indique qu'une action s'est passée *avant* l'action du verbe principal même si le verbe principal est au passé.

Tu es content: je t'**ai donné** un autre chien.	Tu es content que je t'**aie donné** un autre chien.
Elle avait peur: son ami **avait oublié** leur rendez-vous.	Elle avait peur que son ami **ait oublié** leur rendez-vous.

Concordance des temps

1 Dans la langue parlée et dans la langue écrite simple, on emploie le subjonctif présent et le subjonctif passé.

a. Le subjonctif présent s'emploie pour indiquer que l'action du verbe subordonné a lieu en même temps ou après l'action du verbe principal, même si le verbe principal est au passé.

Je **suis** content:
{ tu **prends** des vacances.
tu **vas prendre** des vacances.
tu **prendras** des vacances.

Je **suis** content que tu **prennes** des vacances.

Jean **était** content: son ami
{ lui **rendait** visite.
allait lui rendre visite.

Jean **était** content que son ami lui **rende** visite.

b. Le subjonctif passé s'emploie comme indiqué à la page 324.

2 Dans la langue écrite littéraire, on a deux autres temps: le subjonctif imparfait et le subjonctif plus-que-parfait (voir p. 477).

Exercice

L. Combinez les phrases suivantes. Employez le subjonctif présent ou le subjonctif passé.

1. Je suis surpris / vous n'avez pas entendu la nouvelle.
2. Les reporters étaient contents / Jean répondait à toutes leurs questions.
3. Le président n'est pas sûr / son discours a été très clair.
4. Elle attendait / nous sortons.
5. Tu regrettes / les oiseaux sont partis?
6. Nos parents ont été contents / nous leur avons écrit pendant nos vacances.
7. C'est possible / Carmen a perdu notre numéro de téléphone.
8. Ils ont été étonnés / nous sommes arrivés à l'heure.
9. Ça vous a plu / vos amis se souviennent de votre anniversaire?
10. J'ai eu peur / il ne fait pas beau pour notre pique-nique.

Formules à retenir

1 ▶ **il faut**

a. **il faut** + infinitif

L'expression **il faut** + infinitif s'emploie pour exprimer l'obligation, sans spécifier le sujet: *it is necessary to, one must.*

Il faut travailler pour vivre.   ***One must*** *work to make a living.*

◆ Si on parle à une personne en particulier, cette expression signifie: *you must, you have to.*

Si tu veux réussir, **il faut** travailler plus.　*If you want to succeed, **you must** work harder.*

◆ A la forme négative, **il ne faut pas** signifie *one (you) should not, one (you) must not.*

Il ne faut pas vous (ou **se**) décourager.　*You (or one) **must not** become discouraged.*

◆ *You don't have to* se traduit: **Vous n'avez pas besoin de.**

You don't have to bring a present.　Vous n'avez pas besoin d'apporter un cadeau.

◆ Au passé, *you didn't have to* se traduit: **Vous n'auriez pas dû / Il ne fallait pas.**

You didn't have to come.　**Vous n'auriez pas dû / Il ne fallait pas** venir.

b. Il faut + nom ou pronom.

Le nom qui suit **il faut** est précédé de l'article indéfini ou partitif. Le nom de la personne est *objet indirect* et précédé de **à.** La forme du pronom de la personne est *objet indirect.*

> Il faut **du** temps, **de la** patience.
> Il faut **un** jardin **à Moulouk.**
> Il **me (nous, lui, leur)** faut **de** l'argent.

c. L'expression **il me faut** + infinitif est archaïque et est souvent remplacée par **il faut que** + subjonctif.

> **Il me faut aller** en ville.　**Il faut que j'aille** en ville.

Exercice

M. Traduisez les phrases suivantes avec **il faut.**

1. You must not cry.　2. They need a big yard.　3. I have to read this book.　4. You need time.　5. We must not forget.　6. One must not lose one's head.　7. It is necessary to be patient.　8. This family needs a new house.　9. You have to get up early.　10. One must do it.

2 Verbes à double construction

Les verbes **demander** (*to ask*), **empêcher** (*to prevent*), **permettre** (*to permit*), **défendre** (*to forbid*) et **interdire** (*to forbid*) peuvent être suivis de deux constructions différentes.

a. avec **que** + subjonctif

> Je **demande** qu'on **fasse** moins de bruit.
> Vous **permettez** que je **sorte** une minute?
> Elle **défend** que les étudiants **se moquent** d'elle.

b. avec **de** + infinitif

> Je **demande** aux étudiants **de faire** moins de bruit.
> Elle **empêche** ses enfants **de sortir** tard le soir.
> Tu **permets** à ton chien **de dormir** dans ton lit?

Remarques:
◆ **Empêcher** est suivi d'un nom *objet direct.*
◆ **Demander, permettre, défendre, interdire** sont suivis d'un nom *objet indirect.*

Exercice

N. Refaites les phrases suivantes avec les deux constructions: le subjonctif et l'infinitif.

Modèles: Je défends / vous parlez anglais en classe.
*Je **défends** que vous **parliez** anglais en classe.*
*Je vous **défends de parler** anglais en classe.*

1. Elle permet / son chien court dans le jardin.
2. Tu empêches / tes enfants se battent.
3. L'acteur interdit / les reporters le photographient.
4. Nous demandons au clown / il fait des grimaces.
5. Le bon sens ne permet pas / on met un chien dans une voiture d'enfant.

 # Synthèse

Applications

I. Obligations. Que faut-il que ces personnes fassent? Suivez le modèle.

Modèle: Le père célibataire / élever son enfant seul.
Il faut qu'il élève son enfant seul.

1. Le père célibataire / faire manger le bébé / le changer / le conduire chez la nourrice / se lever la nuit quand le bébé pleure / se souvenir d'acheter du lait.
2. La grande sœur / aider ses petits frères / leur lire des histoires / les sortir au parc / leur faire un goûter.
3. La secrétaire parfaite / écrire des lettres pour le patron / connaître ses habitudes / répondre au téléphone / mettre ses dossiers en ordre / être aimable et sourire toujours.

II. Emotions appropriées. A certaines situations correspondent certaines réactions émotionnelles. Faites des phrases avec un verbe de la colonne de gauche et un groupe de la colonne de droite.

Les parents...

1. sont contents   a. leur fils Marc a cassé leur stéréo.
2. sont désolés   b. Jean-Marie leur écrit.
3. sont furieux   c. Monique reçoit son diplôme d'avocate.
4. sont fiers   d. leurs enfants se droguent.
5. sont surpris   e. leurs enfants font des bêtises.
6. regrettent   f. leurs enfants ont oublié leur anniversaire de mariage.
7. ont peur   g. Julie a eu un accident.
8. sont émus   h. on leur fait des compliments.

Dites de quoi vos parents sont contents, sont surpris, sont furieux, ont peur, etc.

III. Croyances et doutes. Dites ce que certaines personnes croient et ce dont (*what*) les autres doutent. Suivez le modèle.

Modèle: Les guerres / disparaître
   *Les uns **croient** que les guerres **vont disparaître.***
   *Les autres **doutent** que les guerres **disparaissent.***

1. La vie sur la terre / devenir facile pour tous.
2. Les hommes politiques / être honnêtes.
3. Tout le monde / pouvoir manger à sa faim (*satisfy one's hunger*).
4. La pollution / être contrôlée.
5. Chacun / avoir une chance de réussir.

A votre tour, que croyez-vous, que doutez-vous?

IV. Prières. Exprimez les prières que vous faites (ou que d'autres personnes font) dans certaines circonstances. Commencez par: «Mon Dieu, faites que... »

1. Vous, avant un examen: les questions sont faciles / je comprends ce qu'on me demande / je n'oublie pas de relire / le professeur est de bonne humeur quand il corrigera / je réussis.
2. Une personne craintive va chez le dentiste: cela ne fait pas trop mal / le dentiste me fait une piqûre / je n'ai pas besoin de revenir / la séance finit vite.
3. Un jeune homme timide avant une interview: ce patron me reçoit bien / mon apparence lui plaît / j'ai toutes les qualités pour le job / je suis plein d'assurance.

Quelle prière faites-vous avant un événement spécial?

V. Chez le docteur. Votre cousin a des problèmes de santé. Le docteur lui fait certaines recommandations et lui défend certaines choses. Avec les verbes de la colonne de gauche et les groupes de droite, faites des phrases.

1.	Il faut que	a.	vous avez de l'asthme cardiaque.
2.	Il est évident	b.	vous faites de l'exercice.
3.	Je recommande	c.	vous buvez du vin.
4.	Il ne faut pas que	d.	vous allez guérir.
5.	Il est regrettable	e.	vous mangez des légumes et des fruits.
6.	Il est bon	f.	vous avez toujours faim.
7.	Je suggère aussi	g.	vous vous couchez tôt.
8.	Je suis certain	h.	vous fumez.

Quelles recommandations vous fait le docteur? Que vous défend-il?

Conversations

1. **Après la mort, que se passe-t-il?** Différents pays ont des rites et coutumes différents à la suite de la mort de quelqu'un. Que savez-vous de ces coutumes? Qu'en pensez-vous?

l'enterrement	la Toussaint (*All Saints' Day*)
la sépulture (*funeral*)	le chrysanthème
l'incinération (*cremation*)	le veuf (*widower*)

    le cimetière   la veuve (*widow*)
    la tombe (*grave*)   l'orphelin(e) (*orphan*)
    le monument funéraire   porter le deuil (*to wear mourning clothes*)
    une couronne (*wreath*)   être en deuil (*to be in mourning*)
    le 2 novembre (*Memorial Day*)

2. **Prédictions.** Historiquement, les gens ont toujours accueilli les fins de millénaires avec appréhension comme un signe de la fin des temps. A la manière de Nostradamus, faites des prédictions sur les changements possibles et les dangers qui pourraient menacer notre monde.

3. **La religion.** Quelles religions vous sont familières? Comment les pratique-t-on? Quelles sont leurs caractéristiques? Où les personnes qui pratiquent une religion particulière font-elles leurs dévotions (*worship*)? Quelles sont les fêtes spéciales de ces religions et comment ces fêtes sont-elles célébrées?

    ◆ **un catholique:** une église, le pape, un curé, Noël, Pâques, un couvent, une religieuse [une sœur], un prêtre, un moine (*monk*)
    ◆ **un protestant:** un temple, un pasteur, Noël, Pâques
    ◆ **un musulman:** une mosquée, un imam, la Mecque, le ramadan, le muezzin, le prophète, le Coran
    ◆ **un bouddhiste:** un temple, un bonze (un prêtre bouddhiste), la méditation
    ◆ **un juif:** une synagogue, un rabbin, Hanoukka, la Pâque
    ◆ **les sans-religion:** un athée, un agnostique, un non-croyant, un non-pratiquant, l'athéisme

Traduction

1. I am afraid my cat Ali is ill. It is obvious he is not hungry. 2. It's not normal that he sleeps all day. I must take him to the vet. 3. I need to put him in a box so that he cannot escape during the trip (**en chemin**). 4. Before I say hello, the vet says: "It is obvious this animal is sick. I must give him a shot. 5. It is important that you give him a lot of milk and meat, and I also recommend that he exercise. 6. It is too bad you did not come last week. It is possible that he will get better, but I am not sure he will live long, unless you pray a lot." 7. I begin to pray: "Lord, let Ali recover. I promise I will not smoke until my dear friend is saved (**sauvé**). Amen." 8. The morning after, I notice that Ali is doing better. I am happy that my prayer has been answered. 9. Mostly, I am delighted I did not have to stop smoking more than a day.

Rédactions

1. **Recommandations.** Ecrivez les recommandations très strictes que des parents font à leur fille qui va vivre dans une autre ville, pour aller à l'université. Toutes leurs phrases commencent par: **Il faut que, Il ne faut pas que, Nous préférons que, Nous ne défendons pas que, mais nous ne permettons pas que.**

2. **Fêtes et religions.** Quelle est votre fête religieuse préférée? Décrivez les rites principaux de votre religion.

Chapitre 17

Le possessif

Vocabulaire

affectueux (affectueuse) affectionate
aimable friendly
amateur (*m.*) **d'art** art lover
antiquaire (*m., f.*) antique dealer
au fond de at the back of
avoir lieu to take place
cadeau (*m.*) gift
confus(e) embarrassed
cuir (*m.*) leather
défiler to walk in file
désagréable unpleasant
époux (*m.*), **épouse** (*f.*) spouse
gâté(e) spoiled
goutte (*f.*) drop
marié (*m.*) groom
mariée (*f.*) bride
masse (*f.*) heap
mélanger to mix
merveille (*f.*) marvel
mouchoir (*m.*) handkerchief
murmurer to whisper

œuvre (*f.*) **d'art** work of art
oser to dare
parcourir to travel through
pareil(le) such (a), similar
parvenir to succeed
se payer la tête de quelqu'un to pull someone's leg
poli(e) polite
politesse (*f.*) courtesy
présenter to introduce
ravissant(e) extremely beautiful
reconnaissant(e) grateful
rejoindre to meet
remerciement (*m.*) thanks, thank-you
semblable similar
se sentir mal to feel ill
serrer to clench, to squeeze
service (*m.*) favor
suer to sweat
tel(le) such (a)
tour (*m.*) turn

Vocabulaire supplémentaire

Le mariage

alliance (*f.*) wedding ring
anniversaire (*m.*) **de mariage** (wedding)
   anniversary
autel (*m.*) altar
bague (*f.*) **de fiançailles** engagement ring
bénédiction (*f.*) **nuptiale** marriage ceremony
cérémonieux (cérémonieuse) formal,
   ceremonious (*speech, greeting, person, etc.*)
de cérémonie formal, ceremonial (*uniform, etc.*)
demoiselle (*f.*) **d'honneur** maid of honor
se faire (se laisser) enlever pour se marier to
   elope
faire-part (*m.*) announcement
garçon (*m.*) **d'honneur** best man
lune (*f.*) **de miel** honeymoon
noces (*f. pl.*) **d'argent (d'or, de diamant)** 25th
   (50th, 60th) anniversary
sans cérémonie informal

La liste de mariage

appareils (*m. pl.*) **ménagers** appliances
   aspirateur (*m.*) vacuum cleaner
   fer (*m.*) **à repasser** iron
   four (*m.*) **à micro-ondes** microwave oven
   mixeur (*m.*) blender, juicer
   planche (*f.*) **à repasser** ironing board
   robot (*m.*) **ménager de cuisine** food processor
bibelot (*m.*) trinket, knickknack
couverts (*m. pl.*) cutlery
   en argent of silver
   en inox of stainless steel
couverture (*f.*) bed cover, blanket
draps (*m. pl.*) sheets
linge (*m.*) **de table, de maison** linen
nappe (*f.*) tablecloth
service (*m.*) **de table** set of dishes
serviette (*f.*) **de table** napkin
   de toilette towel

Le cadeau de mariage

Michelle Maurois (1924–   ) est la fille de l'académicien André Maurois (1885–1967). Elle écrit des livres et est en train de composer une saga familiale. Elle a reçu plusieurs prix littéraires, parmi lesquels un prix du roman de l'Académie française.

Préparation à la lecture

En France, avant que l'usage du téléphone et des répondeurs devienne si important, on se rendait visite sans prévenir. Si la personne qu'on désirait rencontrer était absente, on laissait sa carte de visite — une carte personnelle avec son nom et son adresse, souvent assez grande pour contenir un message. On utilise encore ces cartes pour accompagner un cadeau ou pour envoyer ses vœux de Nouvel An. Elles sont, petit à petit, remplacées par des cartes imprimées pour des occasions spéciales.

Il n'y a pas en France d'événement correspondant à une *«bridal shower»*. On apporte son cadeau le jour du mariage ou on l'envoie avant la cérémonie. Les cadeaux sont exposés à la sacristie° de l'église ou à l'endroit où a lieu le repas de mariage. La «corbeille» de la mariée est l'ensemble des cadeaux faits personnellement à la mariée et des cadeaux de grande valeur.   vestry

A Paris, beaucoup de mariages élégants, de familles riches, ont lieu dans certaines églises des quartiers dits «chic». La Madeleine, dans le quartier de l'Opéra, est l'une de ces églises.

François Boucher (1703–1770) est un grand artiste rococo et un décorateur spécialement connu pour ses miniatures et ses peintures délicates de scènes pastorales ou mythologiques.

M. et Mme Martin-Leduc sont invités au mariage de la fille de M. et Mme La Madière, un «grand» mariage. M. et Mme Martin-Leduc sont riches mais aussi un peu «radins°»; pour faire des économies, au lieu d'acheter un cadeau, ils cherchent dans un placard et trouvent une petite boîte, une bonbonnière°, avec une jolie miniature peinte sur le dessus, qui appartenait à une vieille tante.   stingy

candy box

Monsieur Martin-Leduc partit pour son bureau et quand il revint le soir, il trouva une lettre qui avait été déposée° dans l'après-midi: delivered

«Cher ami,

Je veux ajouter mes remerciements à ceux de ma fille,° mais je suis confus que vous ayez fait à ces enfants un tel cadeau, et j'ai scrupule à le   à... to my daughter's

5

leur laisser accepter.° Soyez sûr que je me souviendrai d'une pareille générosité et avec encore toute ma reconnaissance, recevez, ainsi que Madame Martin-Leduc, nos très affectueux souvenirs.

Yves La Madière»

10 —Sapristi,° dit Monsieur Martin-Leduc, en passant° la main dans° ses cheveux, crois-tu qu'il se paye notre tête?

—Je ne pense pas qu'il oserait, dit sa femme. Ils sont peut-être simplement polis.

—C'est plus que de la politesse!

15 —Elle était gentille°, cette petite boîte, dit Madame Martin-Leduc, elle leur a peut-être fait plaisir...

—Non. Je pense, dit Monsieur Martin-Leduc, que La Madière veut être aimable; il doit avoir besoin d'un service.

—J'ai une idée, dit sa femme, ils ont peut-être mélangé les cartes...
20 peut-être qu'on a mis notre carte avec quelque chose de très bien.°

—Oui, Rose, tu dois avoir raison; je n'y avais pas pensé. C'est parfait, dit Monsieur Martin-Leduc.

La cérémonie eut lieu le samedi à la Madeleine. Ce fut magnifique: il y avait la plus belle musique, les plus jolies fleurs. La mariée était ravis-
25 sante, bref°, c'était un grand mariage.

Madame Martin-Leduc ... attendait avec son mari pour défiler à la sacristie. Il y avait des centaines de gens. Quand arriva le tour de Monsieur et Madame Martin-Leduc, Madame La Madière ouvrit ses bras:

—Ah! chers amis, dit-elle, comment vous remercier d'avoir gâté ainsi
30 ces chers petits!

Et la jeune épouse présenta son mari:

—Chéri, ce sont Monsieur et Madame Martin-Leduc qui nous ont fait ce si beau cadeau!

—Bien peu de chose°... Heureux que cela vous plaise... parvint à arti-
35 culer Monsieur Martin-Leduc.

Ils sortirent les dents serrées: Monsieur Martin-Leduc suait à grosses gouttes.°

—Ils ont sûrement changé les cartes, dit-il, ils n'oseraient pas se moquer de nous comme cela...

40 —Nous allons admirer les cadeaux d'abord, dit Madame Martin-Leduc.

—Je ne serais pas fâché° de voir le nôtre, dit son mari...

Il y avait une masse de cadeaux: des lampes, des vases, des services à porto,° soigneusement rangés dans les boîtes entrebâillées° et accompa-
45 gnés de cartes de visite.

—Nous ne retrouverons jamais notre bonbonnière là-dedans,° dit Madame Martin-Leduc. Allons toujours° voir la corbeille de la mariée.

Glossary (right margin):

j'ai... I hesitate to let them accept it

Good grief / **en...** running / through

pretty

quelque... some high-priced item

in short

Bien... Practically nothing

à... heavily

Je... (*cond.*) I would not mind

services... sets of port wine glasses / half-open

in there

at least

Sur une table, au fond de la pièce, étaient disposés les bijoux... Au milieu, à côté du collier de perles, il y avait la bonbonnière de Monsieur et Madame Martin-Leduc, dans sa boîte de cuir rouge, avec leur carte de visite.

—Qu'en penses-tu, Rose? demanda Monsieur Martin-Leduc...

Ils furent rejoints à ce moment-là par le frère de Monsieur La Madière, grand amateur d'œuvres d'art.

—Ah mes amis! leur dit-il, comme vous avez gâté ma nièce: cette miniature de Boucher qu'on a montée° en bonbonnière est une des plus belles qu'il m'ait été donné de voir. On n'en connaît que deux ou trois au monde. J'ai moi-même une collection de miniatures de cette époque, mais aucune ne peut se comparer à celle-ci°. C'est une pièce unique. Je me demande comment vous avez pu découvrir une semblable merveille. Je parcours depuis vingt ans les antiquaires d'Europe et n'ai rien vu de tel...

—Euh! C'est-à-dire... bredouilla° Monsieur Martin-Leduc, je suis content que cela leur ait fait plaisir...

—Plaisir! reprit Monsieur La Madière, vous pouvez être sûr que cela leur a fait plaisir! Je donnerais toute ma collection pour ce trésor... Mais Madame, vous ne vous sentez pas bien...

Madame Martin-Leduc était tombée lourdement sur une chaise et portait son mouchoir à ses lèvres.

—C'est la chaleur, l'émotion, les fleurs.

(marginal glosses:) qu'on... set into   this one   stammered

Questions sur la lecture

1. Pourquoi est-ce que le père de la jeune fille qui se marie écrit qu'il hésite à laisser ses enfants accepter ce cadeau? Comment était le cadeau, aux yeux de M. et Mme Martin-Leduc? Comment apparaissent les remerciements du père?
2. M. Martin-Leduc pense que M. La Madière veut être aimable. Quelle intention est-ce qu'il lui attribue?
3. Mme Martin-Leduc suggère la possibilité d'une erreur. Laquelle?
4. Quelles autres personnes font des remerciements exagérés pour le cadeau?
5. M. et Mme Martin-Leduc commencent à être troublés. Quels sont les signes de leur inquiétude?
6. Ils vont voir les cadeaux. Pourquoi est-ce qu'ils pensent qu'ils ne vont pas trouver leur bonbonnière? Où est-ce qu'on a placé leur cadeau? Est-ce qu'on s'est trompé de carte?
7. Le frère de M. La Madière donne la solution du mystère. Qui a peint la miniature sur la bonbonnière? Est-ce que ce peintre est célèbre? Est-ce que la bonbonnière a de la valeur? Pourquoi?
8. Quelle est la réaction de Mme Martin-Leduc? Pourquoi est-ce qu'elle a cette réaction? Quelle raison est-ce qu'elle donne? Quelle est en fait (*in fact*) la vraie raison?
9. Résumez l'histoire. Quelle est la leçon de cette histoire?

Questions personnelles

1. Aimez-vous faire des cadeaux? A quelles personnes faites-vous des cadeaux? Quels cadeaux offrez-vous à vos amis pour certaines circonstances?
2. Aimez-vous recevoir des cadeaux? Quels cadeaux vous font plaisir? Quels cadeaux vous déçoivent?
3. Que pensez-vous des cadeaux dont on se débarrasse, c'est-à-dire un objet que quelqu'un a reçu, n'aime pas et essaie de redonner à une autre personne? Décrivez un cadeau de ce genre.

L'adjectif possessif

Formes

L'adjectif possessif est un mot qui précède le nom comme un article. Voici les formes de l'adjectif possessif.

	masc.	fém.	pluriel	
je	**mon**	**ma**	**mes**	*my*
tu	**ton**	**ta**	**tes**	*your* (fam.)
il, elle	**son**	**sa**	**ses**	*his, her, its*
nous	**notre**	**notre**	**nos**	*our*
vous	**votre**	**votre**	**vos**	*your*
ils, elles	**leur**	**leur**	**leurs**	*their*

1 Les formes **mon, ton, son** correspondent à l'article défini **le** et à l'article élidé **l'** (*m.* ou *f.*). C'est ce qui explique l'emploi de **mon, ton, son** devant un nom féminin qui commence par une voyelle ou un *h* muet.

mon cadeau	(**ton, son** cadeau)
mon époux	(**ton, son** époux)
mon amie	(**ton, son** amie)
mon habitude	(**ton, son** habitude)

2 Les formes **ma, ta, sa** correspondent à l'article **la.**

ma bonbonnière	**ta** femme	**sa** politesse

3 Les formes **mes, tes, ses** correspondent à l'article **les.**

mes parents	**tes** papiers	**ses** photos

Emplois

1 On accorde **son, sa, ses** avec l'objet possédé (le nom qui suit). Le genre du possesseur n'est pas important.

> Dans **sa** chambre (**la** chambre), Bernard a **son** micro-ordinateur (**le** micro-ordinateur), **sa** calculette (**la** calculette), **ses** cassettes (**les** cassettes). Rosine aussi a **son** micro-ordinateur, **sa** calculette et **ses** cassettes dans **sa** chambre.

2 On emploie **notre, votre, leur** avec un nom singulier, masculin ou féminin, et **nos, vos, leurs** avec un nom pluriel, masculin ou féminin.

> | | | |
> |---|---|---|
> | **notre** cadeau | **notre** carte | **nos** frères et **nos** sœurs |
> | **votre** mariage | **votre** politesse | **vos** oncles et **vos** tantes |
> | **leur** appartement | **leur** maison | **leurs** pieds et **leurs** mains |

Attention: **Leur** (*adjectif possessif*) s'accorde en nombre; **leur** (*pronom personnel*) est invariable.

3 **Son, sa, ses, leur, leurs** peuvent avoir comme possesseurs des noms de choses; c'est la traduction de *its, their.*

> J'aime Paris, **ses** vieilles maisons, **son** atmosphère...
> Enlevez ces fleurs; **leur** parfum me donne mal à la tête.

4 On répète l'adjectif possessif devant chaque nom.

> **Mon** père et **mon** frère sont partis à la chasse.

Exception: Dans la langue administrative, parfois on ne répète pas l'adjectif.

> Ecrivez **vos** noms, prénoms et adresse.

5 Quand il y a un doute sur le genre du possesseur à la 3ème personne du singulier ou du pluriel, pour clarifier on peut employer la préposition **à** + un pronom disjoint (**à lui, à elle, à eux, à elles**) après le nom.

> Félix serait heureux de revoir **Stéphanie** avant **son** départ.
> (Le départ de **Félix?** —**Son** départ **à lui.**)
> (Le départ de **Stéphanie?** —**Son** départ **à elle.**)

A la 1ère ou à la 2ème personne du singulier ou du pluriel (**je, tu, nous, vous**) cette construction sert à insister sur le possesseur (**à moi, à toi, à nous, à vous**): en anglais on aurait des italiques, ou on insisterait avec la voix.

> Tu as **ton** téléphone **à toi?**   *You have **your** telephone?*

On peut aussi ajouter l'adjectif **propre** (*own*) entre le possessif et le nom; **propre** renvoie alors à la personne ou la chose qui fait l'action.

> Valérie a dit à son mari de s'occuper de **ses** affaires, de **ses propres** affaires (*his own*).
> Chaque fleur a **sa** propre odeur.

6 L'adjectif **leur** s'emploie quand plusieurs personnes ou choses ont une possession en commun.

> Ces enfants adorent **leur** père.   Ces entreprises ont **leur** syndicat.

Leur indique aussi que chaque personne ou chose du groupe possède un objet.

> Dans cet autobus, tous les hommes fumaient **leur** pipe. (Chaque homme a **une** pipe.)
> Ils gagnent **leur** vie et préparent **leur** avenir. (Chacun a **une** vie, **un** avenir.)
> Tous les partis politiques ont **leur** secrétaire. (Chaque parti a **un[e]** secrétaire.)

7 Si le sujet est un mot indéfini comme **on, tout le monde, quelqu'un, chacun,** le possessif est **son, sa, ses.**

> **Tout le monde** doit gagner **sa** vie pour élever **ses** enfants.

Exercices

A. Dans les phrases suivantes, remplacez l'article en italique par l'adjectif possessif qui correspond au sujet du verbe.

> *Modèle:*   J'ai apporté *le* cadeau.
> J'ai apporté **mon** *cadeau.*

1. Les invités ont envoyé *les* cartes. 2. Elle parle à *la* mère. 3. Je mets toujours *les* lettres à cette poste. 4. M'as-tu donné *l'*adresse? 5. Yves a cassé *le* vase. 6. *Au* mariage, vous avez eu de la musique? 7. Les époux remercient *la* famille. 8. Nous allons voir *les* cadeaux. 9. Vous avez apporté *les* photos? 10. Tu ne viens pas? *L'*auto est en panne? Prends *la* bicyclette. 11. Ces gens sont trop aimables. *La* politesse est excessive.

B. Refaites les phrases suivantes et employez le pronom tonique (**à moi, à toi, à lui, à elle, à nous, à vous, à eux, à elles**) après l'expression en italique.

> *Modèle:*   J'ai *mon appartement.*
> J'ai **mon** *appartement* **à moi.**

1. C'est *ton livre?* 2. *Mes parents* sont généreux. 3. Vous avez *votre auto?* 4. *Leurs enfants* vivent à la maison. 5. Nathalie? *Son mariage* a eu lieu à la Madeleine. 6. François? *Son mariage* a eu lieu à Notre-Dame. 7. Dans *notre église,* la sacristie est trop petite pour une réception. 8. C'est *sa famille* (la famille de Gérard) qui a offert aux jeunes mariés leur voyage de noces. 9. *Mon mariage* n'a pas eu lieu à l'église.

C. Dans les phrases suivantes, mettez l'adjectif possessif qui convient.

1. Avez-vous visité Marseille? —Oui, je me rappelle _____ vieux port, _____ gare, _____ vieux quartiers pittoresques, _____ animation. 2. Je visite toujours les musées d'une ville. _____ œuvres d'art m'intéressent. 3. A ce mariage, tout le monde avait apporté _____ cadeaux à l'avance et envoyé _____ félicitations par la poste. 4. Chacun garde les photos de _____ mariage dans _____ album. 5. Quelqu'un vous a téléphoné pour vous envoyer _____ souvenir et exprimer _____ reconnaissance pour le service que vous lui avez rendu. —Qui est cette personne? —On n'a pas donné _____ nom. 6. Ma tante et _____ oncle ne viendront pas à notre mariage civil. _____ cousins et _____ cousines assisteront aux deux cérémonies. 7. Jacqueline a _____ compte en banque. _____ mari n'est pas macho. 8. Tout le monde doit travailler pour gagner _____ vie.

Emploi de l'article pour l'adjectif possessif

1 On emploie l'article défini (**le, la, les**) à la place d'un adjectif possessif (**mon, ta, ses, notre,** etc.) avec certains verbes qui indiquent que l'action du possesseur est faite **sur son propre corps**; il n'y a pas de doute sur le possesseur. Ces verbes peuvent être **lever, baisser, ouvrir, fermer, hausser** (*shrug*), etc., ou des verbes pronominaux comme **se laver, se brosser, se maquiller, se raser, se casser,** etc.

Levez **la** main! (*votre*)	Je me lave **les** pieds. (*mes*)
Nous avons baissé **la** tête. (*notre*)	Tu te brosses **les** dents? (*tes*)
Ils ont ouvert **les** yeux. (*leurs*)	Elle s'est cassé **la** jambe. (*sa*)
Ferme **la** bouche! (*ta*)	

Mais si l'objet possédé est accompagné d'un adjectif qualificatif, il faut employer l'adjectif possessif.

Elle a baissé **ses grands** yeux.   Ferme **ta jolie** bouche!   Tu as rasé **ta belle** barbe **rousse!**

Seuls les adjectifs **droit** et **gauche** font exception. On emploie l'article devant un nom accompagné de **droit** ou **gauche**.

Levez **la** main **gauche.**   Elle s'est cassé **le** bras **droit.**

2 On emploie un article défini à la place de l'adjectif possessif quand l'action sur une partie du corps est faite par une autre personne, et on ajoute un pronom personnel objet indirect (**me, te, nous, vous, lui, leur**) devant le verbe.

Gisèle est affreuse (*looks awful*); sa sœur **lui** a coupé **les** cheveux.

Je me suis blessé; le docteur **m'**a bandé **la** main.

Dans ce cas aussi, si le nom est accompagné d'un adjectif (autre que **droit** ou **gauche**), on garde l'adjectif possessif.

Sa sœur **lui** a coupé **ses** longs cheveux.   Le docteur **m'**a bandé **ma** main blessée.

3 On emploie l'article à la place de l'adjectif possessif devant le nom d'une partie du corps avec les expressions suivantes: **avoir mal à, avoir froid à, avoir chaud à, faire mal à, faire** ou **donner chaud** ou **froid à.**

Attention: La contraction **à + le = au; à + les = aux.**

Il n'a pas froid **aux** pieds.   Cela me fait mal **au** cœur.   Tu as mal **à la** tête?

Mais si le nom est accompagné d'un adjectif (autre que **droit** ou **gauche**), on garde l'adjectif possessif. Comparez ces deux phrases:

Tu as mal à **ton petit** cœur?

J'ai chaud **au** pied **droit** et froid **au** pied **gauche.**

4 On emploie l'article défini à la place de l'adjectif possessif dans un complément descriptif formé d'un nom et d'un adjectif ou d'un nom et d'un complément de lieu, quand ce complément est placé après un nom ou un verbe, et est séparé de ce nom ou de ce verbe par une virgule (*comma*).

Le professeur, **les** mains dans **les** poches, marchait dans la classe.
Les élèves rêvaient, **les** yeux au plafond.
Ils sortirent, **les** dents serrées.

Comparez les exemples ci-dessus avec les exemples suivants (ce n'est pas un complément descriptif et il n'y a pas de virgule).

Le professeur a mis **ses** mains dans **ses** poches.
Elle a ouvert **ses** yeux pleins de larmes.

Cette règle s'applique aussi aux vêtements.

Il est entré, **le** chapeau sur **la** tête.

MAIS:

Il a mis **son** chapeau sur **sa** tête.

5 Dans beaucoup d'expressions idiomatiques, l'article a une valeur de possessif.

(se) donner la main	to hold hands	**perdre la mémoire**	to lose one's memory
perdre la tête	to lose one's head	**perdre la voix**	to lose one's voice
perdre la vie	to lose one's life	**(se) serrer la main**	to shake hands
perdre la vue	to lose one's eyesight		

■ *Tableau-résumé:*
Emploi de l'article pour le possessif

L'article	*L'adjectif possessif*
verbes + partie du corps Levez **les** yeux!	*partie du corps + adjectif* Elle a levé **ses grands** yeux. MAIS: Levez **la** main droite, puis **la** gauche.
pronom objet indirect + verbe + partie du corps Le docteur **lui** a bandé **la** main.	Sa sœur **lui** a coupé **ses** beaux cheveux. MAIS: Le docteur **lui** a bandé **la** main gauche.
avoir froid (chaud, mal) + à + *partie du corps* **J'ai mal à la** tête.	**J'ai froid à mes** petits pieds. MAIS: **J'ai froid au** pied gauche.
complément descriptif **les** mains dans **les** poches *expression idiomatique* donner **la** main	

Remarque: Rappelez-vous! Avec le verbe **avoir** + une partie du corps et un adjectif descriptif, on emploie l'article défini en français, alors qu'il n'y a pas d'article en anglais.

Elle a **les** yeux bleus.   *She has blue eyes.*

Exercices

D. Dans les phrases suivantes, mettez l'article ou l'adjectif possessif qui convient.

1. En classe, levez _____ main avant de répondre. 2. Jérôme s'est cassé _____ bras droit pendant une partie de foot. Mais _____ bras gauche est en bon état. 3. Tu as vu Sophie? _____ mère lui a fait couper _____ cheveux. 4. Sophie a pleuré quand elle a dû faire couper _____ beaux cheveux blonds. 5. Le docteur m'a ausculté. Il m'a dit: «Ouvrez _____ bouche. Fermez _____ yeux. Baissez _____ tête.» 6. Jean-Paul n'a rien dit. Il a haussé _____ épaules. 7. Il a _____ épaules larges. Il porte son enfant sur _____ épaules.

E. Dans les phrases suivantes, mettez l'article ou l'adjectif possessif qui convient.

1. A table un monsieur bien élevé ne doit pas garder _____ chapeau sur _____ tête.
2. Les beaux-parents (*in-laws*) se sont serré _____ main. 3. Les invités sont allés voir les cadeaux, _____ dents serrées, _____ cœur battant. 4. Tu as mal à _____ main droite. —Oui, je suis obligé d'écrire de _____ main gauche. 5. L'acteur James Dean est mort très jeune. Il a perdu _____ vie dans un accident de voiture. 6. L'encens dans les églises me donne mal à _____ tête. 7. En France, la mariée coupe _____ voile ([*m.*] *veil*) et en donne un morceau à tous les invités. 8. La jeune mariée, _____ visage recouvert par un voile, s'est avancée vers l'autel.

Le pronom possessif

Formes

Le pronom possessif est un mot qui remplace un nom précédé d'un adjectif possessif. Il est formé de deux mots, l'article **le, la, les** et un autre mot, **mien, tienne, siens,** etc. Voici les formes du pronom possessif qui correspondent aux pronoms sujets et aux adjectifs possessifs.

Pronom sujet	Adjectif			Pronom		
	genre	*sing.*	*pluriel*	*sing.*	*pluriel*	
je	*masc.*	mon	mes	**le mien**	**les miens**	mine
	fém.	ma		**la mienne**	**les miennes**	
tu	*masc.*	ton	tes	**le tien**	**les tiens**	yours
	fém.	ta		**la tienne**	**les tiennes**	
il, elle	*masc.*	son	ses	**le sien**	**les siens**	his, hers
	fém.	sa		**la sienne**	**les siennes**	
nous	*masc.*	notre	nos	**le nôtre**	**les nôtres**	ours
	fém.	notre		**la nôtre**		
vous	*masc.*	votre	vos	**le vôtre**	**les vôtres**	yours
	fém.	votre		**la vôtre**		
ils, elles	*masc.*	leur	leurs	**le leur**	**les leurs**	theirs
	fém.	leur		**la leur**		

Remarques:

◆ Il y a un accent circonflexe sur le **ô** de **le nôtre, la nôtre, les nôtres, le vôtre,** etc. Le **ô** est fermé /o/. L'adjectif **votre, notre,** n'a pas d'accent circonflexe; le **o** est ouvert /ɔ/.

    Notre prononciation est meilleure que **la vôtre.**

◆ Dans **la leur, leur** est invariable.

Emplois

Les pronoms possessifs s'accordent avec les noms qu'ils remplacent.

1 **Le mien, le tien, le sien, le nôtre, le vôtre, le leur** remplacent un nom masculin singulier.

    J'admire les cadeaux: **le vôtre** et **le nôtre** sont dans la corbeille. Jeannine a oublié **le sien.**

2 **La mienne, la tienne, la sienne, la nôtre, la vôtre, la leur** remplacent un nom féminin singulier.

    J'ai fait ma communion; il n'a pas fait **la sienne.** Ils feront **la leur** ce printemps.

3 **Les miens, les tiens,** etc., remplacent un nom masculin pluriel.

    Est-ce que vous préférez ses parents ou **les nôtres? Les leurs** sont plus libéraux que **les miens.**

4 **Les miennes, les tiennes,** etc., remplacent un nom féminin pluriel.

    Vos vacances sont plus longues que **les miennes.**

5 **Le sien** (*his, hers*) représente un objet **masculin** possédé par un homme ou par une femme; **la sienne** (*his, hers*) représente un objet **féminin** possédé par un homme ou par une femme.

    Annie a déménagé dans **mon appartement; le sien** n'avait pas de téléphone.
    Daniel est jaloux de **mon auto; la sienne** est toujours en réparation.

6 Les articles **le, les** qui composent les pronoms possessifs se contractent avec les prépositions **à** et **de.** On obtient:

> **au mien, aux vôtres, au tien,** etc. (**à + le, à + les**)
> **du mien, du nôtre, des leurs,** etc. (**de + le, de + les**)

    Je m'occupe de mes affaires et vous **des vôtres.**

Au féminin, **à la, de la** ne se contractent pas: **à la mienne, à la vôtre, de la sienne, de la leur.**

    Tu penses à ta mère, et moi **à la mienne.**
    Nous parlons de notre lune de miel, et eux **de la leur.**

Exercice

F. Remplacez les groupes entre parenthèses par un pronom possessif.

1. Ses enfants et (mes enfants) vont à la même école. 2. Il a perdu son chien l'année où j'ai perdu (mon chien). 3. Mes parents et (vos parents) vont faire un voyage ensemble. 4. Occupez-vous de vos affaires et non (de ses affaires). 5. Qui est le meilleur: votre docteur ou (leur docteur)? 6. Je pense à mon mari, pas (à votre mari). 7. Joséphine

nous a donné des nouvelles de ses cousins et (de nos cousins).   8. Mon explication est plus logique que (ton explication).   9. Ton frère et (son frère) ont fait des études de médecine.   10. Je m'embête dans ma famille autant que vous vous embêtez dans (votre famille).   11. Elle parle de ses maladies et ils parlent (de leurs maladies).   12. Il dit: «A votre santé!» et je réponds («A votre santé!»).

Formules à retenir

1 ➤   Expressions idiomatiques avec le possessif

    a. Les pronoms **les miens, les tiens, les vôtres,** etc. (au masculin pluriel) ont le sens spécial de **ma famille, mes parents, tes parents, vos parents.**

        Il est rentré de voyage et il est revenu vivre   *He returned from his trip and he came back*
            près **des siens.**   *to live near **his family.***
        Mon bon souvenir **aux vôtres.**   *My regards **to your family.***

    b. L'expression . . . *is mine* (*yours, his*) peut se traduire de deux façons.

       ◆ **est + à + moi** (*pronom disjoint*): Dans ce cas on répond à la question *Whose . . . is . . . ?* Une personne identifie un objet et nomme son possesseur.

             A qui est ce livre? —Il **est à moi.**

       ◆ **C'est + le mien** (*pronom possessif*): Dans ce cas on répond à la question: *Is this yours?* On distingue deux ou plusieurs objets presque identiques, et on en reconnaît un.

             Est-ce **le vôtre?** —Oui, c'est **le mien.**

      Remarque: *To belong to* se dit **appartenir à.**

         Ce livre **m'appartient.**

    c. *A friend of mine, a friend of yours.* Ces deux expressions se traduisent ainsi:

        un **de mes amis**   un ami **à moi**   un **de vos amis**   un ami **à vous**

Exercice

  G. Dans les phrases suivantes, traduisez les expressions en italique.

    1. Cette Française aime retourner dans son pays et passer des vacances parmi *her family.*

    2. Vous avez vu ce cadeau magnifique dans la corbeille de la mariée? —*It's not mine.*

    3. La grande maison blanche sur la colline, *does it belong to you?* —*Yes, it is mine.*

    4. *A friend of mine* a été le témoin de la princesse de Monaco à son mariage.

    5. Cet acteur célèbre est *a friend of yours?*

    6. A la fin d'une lettre polie, qu'est-ce que vous écrivez? —*My regards to your family.*

2 Les matières

a. **En quoi est... ?**

Quand on veut savoir en quelle matière un objet est fait, on utilise la formule suivante:

> **En + quoi + être + le nom?**

Dans la question **En quoi est...** et dans la réponse avec le verbe **être,** seule la préposition **en** est possible.

En quoi est votre pull? —Il est **en laine.**	*"What is your sweater **made of?**" "It is made of wool."*
En quoi est le sac de Renée? —Il est **en plastique.**	*"What is Renée's purse **made of?**" "It is made of plastic."*

b. **En coton / de coton**

Pour décrire la matière d'un objet sans verbe, comme complément descriptif, on peut utiliser deux formules:

> nom de l'objet + **en** + nom de matière
> nom de l'objet + **de** + nom de matière

Après le nom de l'objet, on a le choix entre **en** et **de.** La différence entre **en** et **de** n'est pas très importante.

Jacques achète un tee-shirt | **en coton.** / **de coton.**   Marlyse porte un chemisier | **en soie.** / **de soie.**

c. **Noms de matières**

◆ **Les tissus des vêtements** (*clothing material*)

le coton	l'acrylique	le synthétique	la fourrure (*fur*)
la laine	la soie	le nylon	

◆ **Les bijoux**

l'argent (*silver*)	l'or (*gold*)	le diamant
la perle	l'ivoire	le jade
le rubis		la turquoise

◆ **Les chaussures**

le cuir	le caoutchouc (*rubber*)
la fourrure	le daim (*suede*)

◆ **Les maisons**

la brique	le ciment (*cement*)	le plâtre
le bois (*wood*)	la pierre (*stone*)	la tuile (*tile*)
le béton (*concrete*)	le verre (*glass*)	le stuc

◆ **Les autres objets**

l'acier (*steel*)   l'aluminium   le fer (*iron*)
le zinc   le plastique

Exercice

H. Répondez aux questions suivantes.

1. Quels tissus préférez-vous pour les vêtements? En quoi sont les vêtements que vous portez en été? en hiver? En quoi sont les vêtements que vous portez aujourd'hui?
2. Avez-vous une montre? des bijoux? En quoi sont-ils?
3. Les maisons de différents pays sont faites de matériaux différents. Dans les villes, le béton, la brique; à la campagne, dans les pays nordiques, à la montagne, le bois. En quoi sont faites les maisons dans votre région? En quoi est faite votre maison, et les objets familiers qui vous entourent?

Synthèse

Applications

I. Qu'est-ce que Marie-Josée a dans son sac? Employez l'adjectif possessif devant chaque nom.

un porte-monnaie   un chéquier
un carnet d'adresses   des clés
une trousse de maquillage (*make-up kit*)   une brosse à cheveux
un stylo   une calculette
des cartes de crédit   un paquet de Kleenex
des bonbons

Qu'est-ce que vous avez dans votre sac, dans vos poches, dans votre sacoche?

II. Françoise et Christophe partent en vacances à Tahiti.

1. Qu'est-ce qu'ils emportent dans leurs valises? Répétez les mots avec un adjectif possessif.

un drap de bain (*beach towel*)   une rabane (*mat*)
les bikinis   un appareil photo
des lunettes de soleil   un équipement de plongée
la crème solaire   les chapeaux en toile

Qu'est-ce que vous mettez dans votre valise?

2. Qu'est-ce que Françoise laisse?

le chien à la belle-mère   le chat chez la voisine
les enfants chez les parents   la perruche à la concierge

3. Qu'est-ce que Christophe donne?

l'adresse aux amis   le numéro de téléphone de l'hôtel à l'associé
la voiture au garagiste   les vêtements à nettoyer

III. Toujours plus. Josette a toujours besoin de surpasser tout le monde. Employez des pronoms possessifs en suivant le modèle.

Modèle: MARION: Moi, j'ai des skis excellents.
            JOSETTE: *Et moi, **les miens** sont encore meilleurs.*

1. MARION: J'aime beaucoup ma voiture.
    JOSETTE: _____ va plus vite.
2. MARION: J'ai fait mes devoirs en deux heures.
    JOSETTE: Et moi, j'ai fait _____ en une demi-heure.
3. MARION: Je suis contente de ma composition.
    JOSETTE: J'ai toujours une meilleure note que toi à _____.
4. MARION: J'ai 100 francs d'économies dans mon compte en banque (*bank account*).
    JOSETTE: J'ai 200 francs dans _____.
5. MARION: Mes amis m'ont fait un cadeau pour mon anniversaire.
    JOSETTE: _____ m'ont fait plusieurs cadeaux.
6. MARION: J'ai réussi à mon examen la troisième fois.
    JOSETTE: Moi, j'ai réussi _____ la première fois.

IV. Affection ou réserve? Dites ce que font ou ne font pas ces personnes. Suivez le modèle.

Modèle: Jeannette embrasse toujours ses enfants. Marcelle n'embrasse jamais _____.
            *Marcelle n'embrasse jamais **les siens**.*

1. Pierre écrit à ses parents. Eric n'écrit pas _____.
2. Guy pense à sa grand-mère. Nous ne sommes pas attentifs _____.
3. Jacqueline téléphone à sa vieille cousine. Vous ne téléphonez pas _____.
4. Alain parle de son enfance. Tu ne parles pas _____.
5. Je n'oublie pas mon père pour son anniversaire. Marie oublie _____.
6. Tu achètes des cadeaux à tes parents pour Noël. Mes cousins n'achètent rien _____.

Conversations

1. **Cérémonies.** Quelles sont les différentes cérémonies aux différentes étapes de la vie?

    ◆ **le baptême:** le parrain (*godfather*), la marraine (*godmother*), le filleul (*godson*), la filleule (*goddaughter*), baptiser, la dragée[1]
    ◆ **la première communion** ou **la bar-mitsva**
    ◆ **les fiançailles:** le fiancé, la fiancée, la bague, le solitaire (*diamond ring*)

---

[1]This type of candy (sugar-coated almonds) is traditionally distributed at baptisms and weddings.

◆ **le mariage civil ou religieux:** le maire (en France), le juge (aux Etats-Unis), le témoin (*witness*), la bénédiction nuptiale, le pasteur, le curé

◆ **l'anniversaire de mariage:** les noces d'argent, d'or, de diamant, de papier (un an), de fer (six ans)

2. **Cadeaux de mariage.** Discutez avec vos camarades les cadeaux «traditionnels» que l'on fait à un jeune couple qui va se marier. Ensuite trouvez des idées de cadeaux originaux, fantaisistes. Essayez de trouver des idées de cadeaux que l'on fabrique soi-même, qui ne coûtent pas beaucoup d'argent mais demandent de l'imagination et un peu d'effort. Quels cadeaux faites-vous à des personnes qui ont tout?

3. **Comment se marier?** Que préféreriez-vous—une grande cérémonie de mariage ou une cérémonie simple? Trouvez des exemples de situations inhabituelles, par exemple: dans une montgolfière (*balloon*), sous la mer en costume de plongée, etc.

Traduction

1. My friends Christelle and Julien are going to get married on Saturday. 2. Their wedding is taking place at Notre-Dame. 3. I am their maid of honor. 4. I am going with my brother to the antique shop dealer to look for a personalized gift. 5. I am sure they have already received beautiful presents. 6. Mine must look different. 7. I see vases, lamps, dishes, glasses . . . Not my style. 8. My brother is unhappy: "I am getting a headache. Make up your mind. I am losing my mind (**tête**)." 9. Finally, in a second-hand store, I find the perfect object: an old book; its title is *How to Find the Perfect Gift for One's Friends*. 10. I am sure that mine are going to be grateful! 11. But on the wedding day, instead of thanking me, Julien says: "Hey, are you pulling my leg?"

Rédaction

1. **Mariage sans façons.** Racontez un mariage simple, sans cérémonie, comme il y en a à notre époque. Quels cadeaux pratiques font les invités? Où a lieu le mariage? Comment sont habillés le marié et la mariée? Qu'est-ce qui se passe après la cérémonie? Où partent les jeunes mariés?

2. **Catastrophes.** Racontez un mariage où tout se passe mal, et où les catastrophes s'accumulent.

Chapitre 18

Les pronoms relatifs

Vocabulaire

à la veille de shortly before
à l'époque in those days
approcher to come in contact with
au lendemain de shortly after
avoir du goût to have taste
avoir le goût de to taste like; to have a taste for
avoir un amour fou pour to be madly in
    love with
avoir une mémoire de fer to have a fantastic
    memory
côtelette (*f.*) **d'agneau** lamb chop
couturier (*m.*) head of a fashion house
couturière (*f.*) seamstress
cuisinière (*f.*) female cook
droit (*m.*) right; law
drôle de strange
dur(e) tough, hard
élever la voix to raise one's voice
s'endetter to go into debt
être à la charge de to be financially depen-
    dent on

faciliter to make easy
faire du droit to go to law school
faire médecine to go to medical school
femme (*f.*) **de chambre** maid
force (*f.*) strength
gouvernante (*f.*) nanny
interne (*m., f.*) boarder (*in a school*)
jouer un rôle to play a part
maison (*f.*) **de couture** fashion house
mettre en pension to send to boarding school
se nourrir de to eat (*specific foods*)
pension (*f.*) boarding school; tuition in a
    boarding school
poser des problèmes to cause problems
propriété (*f.*) ownership; estate
se résoudre à to bring oneself to (*do something*)
sténodactylo (*f., m.*) stenographer-typist
supporter to stand, bear, tolerate
tomber malade to become sick
valeur (*f.*) worth
voilà pour so much for

....

Vocabulaire supplémentaire

Propriété / location

agence (*f.*) **immobilière** real estate agency
à louer for rent
à vendre for sale
hypothèque (*f.*) mortgage
locataire (*m., f.*) tenant; roomer
location (*f.*) rental
louer to rent
loyer (*m.*) rent
propriétaire (*m., f.*) landlord, landlady
sous-louer to sublet

Finances / argent

avoir les moyens to afford
caisse (*f.*) **d'épargne** savings bank

économiser, épargner to save money
engager to hire
faire vivre to support (financially)
mettre de l'argent de côté to save money
salaire (*m.*) salary; wages

Expressions familières concernant l'argent

l'argent (*m.*): **le fric** (*m.*), **l'oseille** (*f.*) money
être fauché(e) to be broke
jeter l'argent par la fenêtre to throw money
    down the drain
panier (*m.*) **percé** spendthrift
se serrer la ceinture to tighten one's belt

*U*ne enfance bizarre

Françoise Giroud (1920–   ) a débuté comme sténodactylo, script-girl, assistante de plusieurs réalisateurs de films. Ecrivaine de talent, elle a composé des chansons, des scénarios de films, des interviews avec des personnalités parisiennes et un essai sur la jeunesse: «La Nouvelle Vague». Devenue journaliste, elle a dirigé la rédaction de la revue *Elle* et en 1953 elle a contribué à la fondation de *L'Express*. Elle fait preuve de° beaucoup de sens critique, de finesse, d'humour, et ses jugements politiques sont équilibrés et humains. Elle a été un moment Ministre à la Condition féminine[1] et a fait beaucoup pour aider les femmes à prendre conscience de leurs droits. Cet extrait de *Si je mens*—autobiographie, mémoires—est une interview.

fait... shows

Préparation à la lecture

En France, très jeunes, les étudiants lisent des pièces de Corneille et récitent par cœur des scènes entières. *Le Cid* est la pièce la plus célèbre de cet écrivain du XVIIe siècle: elle est en vers et décrit les actions de jeunes gens remarquables par leur sens du devoir, de l'honneur, et par les qualités de leur «âme bien née».[2] Dans la famille de Françoise, on répétait des passages de cette pièce que l'on considérait comme un catéchisme (que les enfants répètent à l'église).

Parmi les choix qui se présentent aux étudiants qui veulent faire des études supérieures, il y a les Grandes Ecoles, qui ont été créées par Napoléon. On y entre par concours; la sélection est sévère. On y fait des études financées par l'Etat. Ces études sont spécialisées: en humanités et littérature (Ecole Normale Supérieure qui se trouve à Sèvres pour les femmes, rue d'Ulm à Paris pour les hommes), en politique et administration (Ecole Nationale d'Administration ou ENA), en mathématiques (Ecole Polytechnique appelée familièrement l'X), etc. Ces écoles préparent une élite intellectuelle, et la plupart des membres du gouvernement sortent d'une de ces écoles.

---

[1] Ministry responsible for improving the status and living conditions of women.
[2] Le vers de Corneille dont il est question est le suivant: « **... mais aux âmes bien nées, / la valeur n'attend pas le nombre des années.**» (*Well-born people show their qualities early in life.*)

—Quel genre d'enfance avez-vous eu?

—Le genre bizarre.

—Bizarre? Pourquoi?

—Ce n'est pas facile à expliquer... Mon père a été essentiellement une
absence, une légende. Une absence d'abord à cause de la guerre, puis
d'une mission aux Etats-Unis dont il a été chargé par le gouvernement
français, ensuite d'une maladie que l'on ne savait pas soigner à l'époque et
dont il est mort. Cette maladie a duré des années pendant lesquelles je ne
l'ai jamais vu. J'ai eu pour lui un amour fou. On parlait de lui, à la maison,
comme d'un héros qui avait tout sacrifié à la France, ce qui paraissait
d'ailleurs la moindre des choses qu'il y avait à faire pour une âme bien
née... Une âme bien née, où est-ce déjà?... Dans Corneille... C'est un vers de
Corneille que ma mère me récitait quand j'avais quatre, cinq ans... «Aux
âmes bien nées la valeur n'attend pas le nombre des années.» Drôle de
catéchisme...

Ma mère a été... la mère comme tout le monde en voudrait une. Belle,
gaie, tendre, moqueuse°. Avec une force intérieure irréductible°.
Souveraine°, vraiment. Elle a joué un rôle considérable non seulement
dans ma vie, ce qui est normal, mais dans celle° de tous les gens qui l'ont
approchée, et jusque dans° le grand âge... Quoi encore? J'ai eu une grand-
mère arrogante et dure, qui ne se nourrissait que de côtelettes d'agneau,
jouait au bridge et mobilisait une personne pour lui brosser les cheveux
pendant une heure chaque après-midi. J'ai eu aussi une gouvernante
anglaise, jusqu'à cinq ou six ans, qui m'a enseigné qu'on ne doit jamais
élever la voix, parler de soi et aborder° des sujets personnels, ce qui ne va
pas faciliter notre conversation.

Enfin, j'ai vu se désintégrer l'univers de mon enfance, après la mort de
mon père. Tout a été vendu, petit à petit. Les choses disparaissaient. Les
bibelots°, les tapis, le piano. Un Bechstein[3] de concert, avec lequel j'avais
une relation très affectueuse. C'est peut-être pour cela que je n'ai aucun
goût de la propriété... Disparus aussi la gouvernante, bien sûr, la femme de
chambre, la cuisinière, un étage de l'appartement qui en avait deux, les
bijoux, l'argenterie...

Ma mère qui savait tout faire, c'est-à-dire rien, a dilapidé les lam-
beaux° d'un héritage dans quelques-unes de ces entreprises extrava-
gantes° de «dame qui a eu des malheurs°»...

La propriété transformée en hôtel, où l'on ne se résout pas à faire
payer les clients... La maison de couture où l'on commence par s'endetter
pour l'installation°... Sur les dettes, j'en connais un bout.°

(marginal glosses)

teasing / unyielding
Regal
= la vie
jusque... even until

touch

knickknacks

dilapidé... squandered
what was left / entre-
prises... fantastic
undertakings / finan-
cial problems

start-up costs / j'en... I
know them well

---

[3]**Bechstein**   a brand of piano

40 Ma sœur et moi, nous avons été mises en pension. Une pension qui était toujours payée avec retard naturellement. La situation de la petite fille interne dans un établissement° bien-pensant ° dont la pension n'est pas payée, cela vous en apprend. J'ai appris et pour toujours.

    Ma sœur en est tombée malade. Moi, j'ai trouvé assez vite la seule
45 manière de supporter cela. C'était d'être première. Première en tout et avec insolence. «Petite effrontée°», disait la directrice. Mais j'avais une mémoire de fer. Alors les études ne me posaient pas de problèmes. De ce côté-là° les choses m'ont été faciles. Pour rien d'ailleurs... Je me racontais que je ferais du droit... ou l'Ecole de Sèvres... Ou peut-être médecine... Mais sept ans
50 d'études... Huit même, après le premier bac. A la charge de qui? Alors, à la veille de mes quinze ans, un jour un peu plus sombre que les autres, j'ai compris que tout cela était du domaine du rêve, que ma mère s'enfonçait° chaque jour davantage et que je n'avais qu'une chose à faire: travailler. Gagner ma vie. Apporter de l'argent à la maison au lieu d'en coûter. Je l'ai
55 fait. Voilà pour l'enfance.

school / right thinking = catholic

insolent

De... *As far as studies were concerned*

was getting into deeper trouble

Questions sur la lecture

1. Expliquez pourquoi le père de Françoise Giroud a été absent pendant son enfance. Où était-il? De quoi est-il mort?
2. Pourquoi le considérait-on comme un héros? Quelle valeur est devenue importante pour Françoise Giroud?
3. Décrivez la mère de Françoise. Comment a-t-elle joué un rôle important? Selon vous, que veut dire la phrase: «Ma mère, qui savait tout faire, c'est-à-dire rien.»?
4. Est-ce que Françoise a admiré sa grand-mère? Comment pouvez-vous définir sa personnalité?
5. Que lui a appris la gouvernante anglaise? Qu'en pensez-vous?
6. Quels sont les détails (objets, style de l'appartement, style de vie) qui indiquent que la famille avait été riche et est devenue pauvre?
7. Quels sont les différents moyens par lesquels la mère a essayé de gagner de l'argent? Comment savez-vous qu'elle n'a pas réussi? Selon vous, qu'aurait-elle pu faire pour éviter les dettes?
8. A quel genre d'école sont allées Françoise et sa sœur? Pourquoi est-ce que la pension était payée avec retard?
9. A quelles études est-ce que Françoise rêvait? Pourquoi est-ce qu'elle a dû y renoncer? A quel âge est-ce qu'elle a décidé de gagner de l'argent et pourquoi?
10. Quelle influence est-ce que l'enfance de Françoise Giroud a eu sur elle et quel en a été le résultat? Qui est-ce qu'elle a voulu remplacer dans la famille? D'après ce que vous savez de sa carrière, est-ce qu'elle a réussi?

Questions personnelles

1. Etes-vous à la charge de vos parents? Travaillez-vous pour payer vos études? Faites-vous vivre quelqu'un de votre famille?
2. Avez-vous jamais été en pension? Si oui, quels sont les avantages et les inconvénients de la vie de pension? Sinon, pouvez-vous les imaginer?
3. Que pensez-vous de l'enfance de Françoise Giroud? Est-ce qu'il y a eu, de même, un événement dans votre enfance qui vous a beaucoup influencé, par exemple, la mort d'un parent, la perte ou le gain de beaucoup d'argent, un déménagement?

Les pronoms relatifs

Un pronom relatif est un mot de liaison placé entre deux groupes de mots pour faire une phrase plus longue, sans répéter un nom.

> Donnez-moi **le livre. Le livre** est sur la table.
> Donnez-moi **le livre qui** est sur la table.

◆ Le mot **livre** dans la 2ème phrase s'appelle *l'antécédent*.
◆ Les principaux pronoms relatifs sont: **qui, que, dont, lequel.**
◆ Le pronom relatif est généralement placé immédiatement après son antécédent.
◆ En français, le pronom relatif est toujours exprimé; il ne disparaît pas comme parfois en anglais: *the book* [*that*] *I bought.*

Formes

Le pronom relatif est le même pour les personnes et pour les choses, sauf pour l'objet de la préposition.

	personnes	*choses*
sujet	**qui**	**qui**
objet direct	**que, qu'**	**que, qu'**
objet de **de**	**dont**	**dont**
objet de prép.	[avec] **qui**	[avec] **lequel, laquelle,**
	[avec] **lequel, laquelle, lesquels, lesquelles**	**lesquels, lesquelles**

Emplois

Le pronom relatif, comme le nom qu'il remplace, a différentes fonctions: il est sujet, objet direct, objet de la préposition **de,** objet d'une autre préposition.

1 **Qui** (*sujet*): *who, which, that*

Qui est le pronom relatif sujet. Il remplace un nom de personne ou un nom de chose. **Qui** ne s'élide jamais.

> Françoise adorait son père, **qui** fut absent pendant son enfance.
> Il avait fait des voyages **qui** l'avaient enrichi.

2 **Que, qu'** (*objet direct*): *whom, which, that*

Que est le pronom relatif objet direct. Il remplace un nom de personne ou un nom de chose. **Que** s'élide en **qu'** devant une voyelle ou un **h** muet.

> La jeune fille parlait de sa grand-mère, **qu'**elle n'aimait pas beaucoup.
> Ils ont vendu les bibelots **que** nous préférions.

Remarque: Avec **que**, le participe passé du verbe qui suit s'accorde avec l'antécédent.

> Je connais bien **la sténodactylo que** le directeur a engagé**e**.

3 Souvent, les deux groupes (la proposition [*clause*] principale et la proposition subordonnée relative) s'ajoutent l'un à l'autre. La proposition relative suit immédiatement l'antécédent.

> Gisèle a fait un voyage **qui** l'a intéressée.
> *Le Monde* est un journal **que** les intellectuels lisent.

Quelquefois, la proposition relative est insérée (*inserted*) dans la principale.

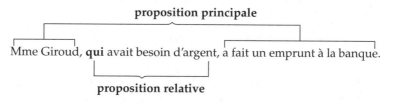

proposition principale

Mme Giroud, **qui** avait besoin d'argent, a fait un emprunt à la banque.

proposition relative

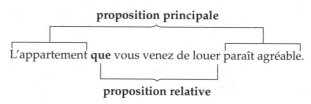

proposition principale

L'appartement **que** vous venez de louer paraît agréable.

proposition relative

4 **Dont** (*objet de* **de**): *whose, of whom, of which*

a. **Dont** remplace **de** + un nom. **Dont** est placé immédiatement après l'antécédent. L'ordre des mots est toujours:

> **dont** + sujet + verbe + complément du verbe ou adjectif

> J'ai plusieurs amis **dont** les enfants s'intéressent aux ordinateurs.   (**dont = de mes amis**)
> Ils vont envoyer leur fille à l'école **dont** je leur ai parlé.   (**dont = de l'école**)

b. **Dont** exprime une relation de possession

François, **dont** le piano a été vendu, étudie maintenant la guitare.   (**dont = de Françoise**)

ou une relation de parenté.

J'ai un cousin **dont** le fils veut être matelot sur un voilier!   (**dont = de mon cousin**)

c. **Dont** est employé avec un verbe construit avec **de** (**avoir besoin de, se servir de, avoir peur de, avoir envie de, manquer de,** etc.).

On achète souvent des choses **dont** on a envie et **dont** on n'a pas vraiment besoin.
(**dont = des choses**)

d. **Dont** est employé avec un adjectif construit avec **de** (**être content de, fier de, amoureux de, dégoûté de,** etc.).

Les étudiants écrivent des rédactions **dont** ils sont fiers et **dont** le professeur n'est pas toujours satisfait.   (**dont = des rédactions**)

e. La proposition relative qui commence par **dont** peut s'ajouter à la proposition principale ou s'insérer dans la proposition principale.

Nous avons un micro-ordinateur **dont** nous ne nous servons pas.
Daniel, **dont** le père était sportif, faisait du ski avec lui.

Exercices

A. Combinez les phrases suivantes. Mettez le pronom relatif qui convient: **qui** ou **que** (**qu'**).

Modèles: J'écris souvent à **mon grand-père. Mon grand-père** habite à la campagne.
*J'écris souvent à mon grand-père, **qui** habite à la campagne.*

Elle téléphone à **son ami.** Elle ne voit pas souvent **son ami.**
*Elle téléphone à son ami, **qu'**elle ne voit pas souvent.*

1. Tout le monde aimait sa mère. Sa mère était tendre et moqueuse.
2. Son père est mort d'une maladie. Personne ne savait soigner cette maladie, à l'époque.
3. Elle regrette le piano. On a vendu le piano.
4. On a renvoyé la gouvernante. La gouvernante n'enseignait rien aux enfants.
5. Ses parents n'ont pas d'argent pour la pension. Il faut payer la pension.
6. C'est Paul qui a fait cuire la côtelette d'agneau? J'ai mangé la côtelette.
7. Le chien a l'air d'avoir faim. Vous avez trouvé le chien.
8. Le monsieur est un agent d'assurances. Le monsieur vous a téléphoné.

B. Combinez les phrases suivantes avec **dont.**

Modèle: Vous avez fait **un travail.** Vous pouvez être fier **de ce travail.**
*Vous avez fait un travail **dont** vous pouvez être fier.*

1. Françoise ne voyait pas souvent son père. On parlait de son père comme d'un héros.
2. Il était parti pour une mission. Le gouvernement l'avait chargé de cette mission.

3. Ces personnes ont eu des malheurs. Elles ne veulent pas se souvenir de ces malheurs.
4. Françoise n'a pas fait les études. Elle rêvait de ces études.
5. Les côtelettes ne la rendaient pas malade. La grand-mère se nourrissait de côtelettes.
6. La brosse est très dure. Elle se sert de la brosse pour se brosser les cheveux.
7. Vous avez de la chance; vous réussissez toutes les choses. Vous vous occupez de ces choses.
8. J'aimerais bien acheter les bibelots. J'ai envie de ces bibelots.

5 **Lequel** (*objet de préposition*)

a. **Lequel** s'emploie après une préposition; il remplace un nom de personne ou un nom de chose. Il a les mêmes formes que le pronom interrogatif de choix.

	masc.	fém.
sing.	**lequel**	**laquelle**
pl.	**lesquels**	**lesquelles**

Mes amis ont une fille **pour laquelle** ils ont tout sacrifié.
Suzanne a un piano **sur lequel** elle fait des gammes (*scales*) tous les jours.

Voici des prépositions courantes qui précèdent ces pronoms:

dans	pour	**parmi** (*among*)
avec	entre	**selon** (*according to*)
chez	par (*by, through*)	**d'après** (*according to*)

Remarque: Si l'antécédent est un nom de personne, on peut avoir **qui: avec qui, chez qui, sans qui.** (*Exception:* la préposition **parmi**; il faut dire **parmi lesquels.**)

Elle a épousé un jeune homme **avec qui (lequel)** elle avait suivi des cours de biologie.
A l'université, j'avais des amis **parmi lesquels** il y avait beaucoup d'étrangers.

b. **Auquel, auxquels:** contractions avec **à**

Si la préposition est **à,** on a les contractions suivantes: **auquel, auxquels, auxquelles.** Au féminin singulier, il n'y a pas de contraction: **à laquelle.**

Elle a des parents **auxquels** elle n'écrit jamais.
Voilà une solution **à laquelle** je n'avais pas pensé.

c. **Duquel, desquels:** contractions avec **de**

Si la préposition est longue et composée avec **de** (**au sujet de, à propos de,** etc.), on a les contractions suivantes: **duquel, desquels, desquelles.** Au féminin singulier, il n'y a pas de contraction: **de laquelle.**

C'est une question **à propos de laquelle** nous ne sommes pas d'accord.

Si l'antécédent est un nom de personne, on peut employer **de qui** à la place de **duquel,** etc.

> Gabrielle avait un parrain, **à la charge de qui** ses parents l'ont laissée.

Attention: Avec les prépositions longues, il ne faut jamais employer **dont.**

> C'est agréable d'avoir des enfants **au sujet desquels** on ne se fait pas de soucis.
> L'Elysée est une grande propriété **à l'intérieur de laquelle** il y a des jardins magnifiques.

Voici des prépositions longues suivies de **de:**

au-dessus de	above	**en face de**	opposite
au-dessous de	below	**au sujet de**	about
au milieu de	in the middle of	**à l'intérieur de**	inside
à propos de	about	**à l'extérieur de**	outside
autour de	around	**à la charge de**	in the care of

d.   Lequel comme sujet.

On emploie **lequel, laquelle,** etc. comme sujets, dans un style littéraire, dans une phrase où il y a un doute sur l'antécédent, ou quand il y a plusieurs autres **qui.**

> Le propriétaire a renvoyé le chèque au locataire, **lequel** a dû payer un loyer plus élevé.
> Françoise a présenté sa mère à la directrice, **laquelle** n'a pas été très polie.

6   Où (*adverbe*): *where, in which, on which, etc.*

a.   Où remplace **dans lequel, sur laquelle,** etc.

> Je ne trouve pas le magasin **où** elle a acheté cet objet d'art.

b.   D'où (*from where, from which*) remplace **duquel, de laquelle,** etc.

> Connaissez-vous la ville **d'où** il vient?

c.   Par où (*through which*) remplace **par lequel, par laquelle,** etc.

> Il a des photos des pays **par où** il est passé pendant son voyage.

d.   Où signifie *when* dans les expressions suivantes:

> le jour **où,** l'année **où,** etc.   *the day **when,** the year **when,** etc.*

Remarque: Souvent, après un pronom relatif, on a l'inversion simple du nom sujet. L'ordre est: pronom relatif + verbe + nom sujet.

> Elle a vendu le bijou **que** lui **avait donné son ami.**
> Voilà la pension de famille **où vivaient les étudiants.**

Exercices ....

C.   Mettez dans l'espace indiqué le pronom relatif qui convient: qui, ou lequel, laquelle, lesquels, lesquelles.

> *Modèle:*   Françoise rêvait de son père pour _____ elle avait de l'admiration.
> *Françoise rêvait de son père pour **lequel** (ou **qui**) elle avait de l'admiration.*

1. Les arbres sous _____ nous avons pique-niqué sont remplis d'oiseaux.
2. Mon cousin a une propriété derrière _____ il fait pousser des kiwis.
3. Tu as un professeur devant _____ tu es paralysé de peur?
4. A la pension, j'avais des camarades parmi _____ je me suis fait des amis pour la vie.
5. Céline a travaillé dans une maison de couture toute une année, pendant _____ elle a beaucoup appris.
6. Stéphanie avait plusieurs cousines avec _____ elle passait ses vacances.

D. Mettez **à qui,** ou **auquel, auxquels, auxquelles, à laquelle** dans l'espace indiqué.

Modèle: La maison de couture _____ j'ai envoyé une demande d'emploi ne m'a pas répondu.

*La maison de couture **à laquelle** j'ai envoyé une demande d'emploi ne m'a pas répondu.*

1. Sa mère avait des difficultés _____ elle ne savait pas faire face.
2. Le bureau _____ je me suis adressé était fermé.
3. Les amis _____ vous écrivez tous les jours ont de la chance.
4. Ce jeune homme s'est rebellé contre son père, _____ il refusait d'obéir.
5. Ma sœur a beaucoup de bibelots _____ elle tient énormément.
6. La jeune fille _____ Gérard a donné une bague n'a pas envie de se marier.

E. Combinez les phrases suivantes avec la préposition en italique + **qui** ou la forme de **lequel** qui convient.

Modèle: Le locataire a parlé au propriétaire de son loyer. Il n'est pas d'accord *au sujet de* son loyer.

*Le locataire a parlé au propriétaire de son loyer **au sujet duquel** il n'est pas d'accord.*

1. Suzanne a quitté ses parents. Elle ne voulait plus être *à la charge de* ses parents.
2. Ils ont loué un appartement. L'autoroute passait *à côté de* l'appartement.
3. Ma mère a ouvert une agence immobilière (*real estate agency*). *En face de* cette agence, il y a un marchand de glaces.
4. Josée et Michel sont partis pour faire le tour du monde. *En vue de* ce tour du monde ils avaient fait des préparatifs pendant des mois.
5. Dans cet ancien cratère il y a un lac. *Au milieu du* lac, on peut voir une île.
6. Cet acteur s'est fait construire un château. *A l'extérieur du* château, il y a une réserve d'animaux sauvages (*game preserve*).

F. Combinez les phrases suivantes. Utilisez **où, par où, d'où.**

Modèle: Elle a porté ses dessins à la maison de couture. Elle les a laissés **à la maison de couture** pendant deux semaines.

*Elle a porté ses dessins à la maison de couture **où** elle les a laissés pendant deux semaines.*

1. Elle n'aimait pas la pension. Elle a été interne dans cette pension.
2. J'ai vu beaucoup d'hôtels dans cette rue. Je suis passée par la rue.
3. On a revendu le piano au magasin. Il venait de ce magasin.

4. Je vais m'adresser à l'agence immobilière. Vous avez trouvé votre appartement à cette agence.
5. Nous n'allons pas nous arrêter dans les pays. Vous êtes passés par ces pays.
6. Tu n'as jamais visité la province? Je viens de cette province.
7. Les amoureux célèbrent toujours le jour. Ils se sont rencontrés ce jour.

Le pronom relatif sans antécédent

Quand le pronom relatif n'a pas de nom antécédent, on a les formes suivantes:

sujet	**ce qui**	what, that which
objet direct	**ce que**	what, that which
objet de **de**	**ce dont**	what, that of which, about which
objet de prép.	**ce à quoi,**	what, that to which, with which, without which
	avec quoi,	
	sans quoi	

1 **Ce qui** est sujet; il représente une phrase entière qui précède ou annonce une idée exprimée plus loin et qui est parfois introduite par **c'est** ou **ce sont**.

Ma mère m'a influencée, **ce qui** est normal.   *My mother influenced me, **which** is normal.*
Ce qui me plaît, c'est son accent.   ***What** I like is her accent.*

2 **Ce que** est objet direct; il signifie **la chose que, les choses que** (*what, that which*).

Je ne comprends pas **ce que** vous dites.   *I do not understand **what** you say.*
Ce que je voudrais faire, c'est voyager.   ***What** I would like to do is to travel.*

3 **Ce dont** est objet de **de** et signifie **la chose dont, les choses dont** (*what, that of which*).

Je lui ai donné **ce dont** elle avait envie.   *I gave her **what** (**that of which**) she wanted.*
Ce dont j'ai besoin, c'est de dormir.   ***What** (**that of which**) I need is to sleep.*

4 **(Ce) à quoi, avec quoi, sans quoi** sont objets de préposition; ils signifient **la chose à laquelle, avec laquelle, sans laquelle,** etc. Il faut ajouter **ce** au début d'une phrase.

Je ne sais pas **avec quoi** elle vit.   *I don't know **what** she lives on.*
Ce à quoi je rêve en hiver, c'est une île du Pacifique.   ***What** I dream of in winter is an island in the Pacific.*

5 **tout ce qui, tout ce que, tout ce dont** = *everything*

Je ne comprends pas **tout ce qu'**elle dit.   Il m'a donné **tout ce dont** j'avais besoin.

6 **de quoi**

Le relatif **de quoi** se trouve dans les expressions suivantes: **avoir de quoi payer, vivre, manger** (*to have enough to pay, live, eat*), **donner de quoi manger** (*to give something to eat*).

Dans certains pays, les gens n'ont pas **de quoi manger.**
Quelques étudiants n'ont pas **de quoi payer** leur loyer.

Remarque: On entend souvent, en réponse à «Merci», l'expression «Il n'y a pas de quoi». Cela n'est pas recommandé. Il vaut mieux dire «De rien» ou «Je vous en prie».

Exercices

G. Complétez les phrases suivantes avec le pronom qui convient: **ce qui, ce que, ce dont.**

1. La mère de Françoise a joué un rôle important dans la vie de sa fille, _____ est normal.
2. Cet étudiant est très arrogant, _____ je ne supporte pas.
3. Françoise savait très bien _____ elle voulait.
4. Elle n'a pas compris _____ il est question.
5. _____ me plaît dans notre appartement, ce sont les deux étages.
6. On n'a pas dit à la grand-mère _____ était arrivé.
7. La femme de chambre ne fait pas _____ je lui dis.
8. _____ vous avez besoin, c'est de gagner votre vie.
9. Elle a eu une gouvernante anglaise, _____ est un signe de richesse.
10. _____ m'inquiète, c'est l'avenir de ma fille.

H. Dans les phrases suivantes, mettez le pronom qui convient: **à quoi, sans quoi, avec quoi,** etc.

1. Il a acheté trop de vêtements; il n'a plus _____ payer son loyer!
2. Je me demande _____ vous avez préparé ce plat.
3. Son mari ne lui dit jamais _____ il pense.
4. Envoyez-moi des cartes postales de votre voyage; _____, nous ne serons plus amis.

Le subjonctif après un pronom relatif

1 On trouve parfois le subjonctif après un relatif (voir p. 317). Il faut que la proposition principale contienne:

a. **le seul, le premier, le dernier, le plus, le moins, le meilleur** (une expression qui indique la singularité, la supériorité).

> Pierre est **le seul** étudiant **que** je **voie** tous les jours à la bibliothèque.

b. **je cherche...** (quelque chose qui n'existe peut-être pas).

> **Je cherche** une personne **qui sache** parfaitement la grammaire française.

c. une expression négative de doute ou une expression interrogative.

> **Il n'y a pas** une personne au monde **à qui** il **puisse** se confier.
> **Y a-t-il** quelqu'un ici **qui connaisse** le fonctionnement de cette machine?

2 Quelquefois on a le choix entre le subjonctif et l'indicatif.

a. Le subjonctif indique une émotion, un doute, le sentiment que la chose qu'on cherche n'existe pas.

> Elle **cherche** une bonne **qui puisse** vivre à la maison.

b. L'indicatif indique un fait réel; la chose qu'on cherche existe.

> La police **cherche** un enfant **qui a disparu** depuis six mois.

Exercices

I. Faites des phrases avec un pronom relatif et le vocabulaire suggéré.

Modèle: Gagarine / le premier homme / voler dans une fusée (*rocket*) autour de la terre.
*Gagarine est le premier homme **qui ait volé** dans une fusée autour de la terre.*

1. Christophe Colomb / premier navigateur / découvrir / l'Amérique.
2. Le 15 avril / le dernier jour / on / pouvoir payer ses impôts.
3. Madame Curie / la première savante / on / donner deux prix Nobel.
4. Est-ce que Marilyn / la seule actrice / se suicider?
5. La Suisse / le seul pays / ne pas faire la guerre.
6. Est-ce que ce champagne / le vin le moins cher / tu / trouver dans ce magasin?

J. Faites des phrases avec un pronom relatif. Commencez chaque phrase par (1) **Je connais**; (2) **Je cherche**. Mettez le verbe qui suit au mode qui convient, indicatif ou subjonctif.

Modèle: une femme de ménage / faire la cuisine.
***Je connais** une femme de ménage **qui fait** la cuisine.*
***Je cherche** une femme de ménage **qui fasse** la cuisine.*

1. un chanteur / vouloir donner un gala de charité.
2. des enfants / obéir à leurs parents.
3. un banquier / avoir de l'argent à nous prêter.
4. un mécanicien / être consciencieux.
5. une psychologue / pouvoir te conseiller.
6. une amie / prendre le temps de m'écouter.

Formules à retenir

 pendant / pour

Les prépositions **pendant** et **pour** signifient *for* devant une expression de durée.

a. **Pendant** signifie *for, during* et s'emploie quand l'action est passée et achevée,

> Le docteur a attendu ses honoraires (*payment*) **pendant** six mois.

ou quand l'action est au présent,

> Sa grand-mère se brosse les cheveux **pendant** une heure tous les jours.

ou quand l'action est au futur.

> Elle restera en pension **pendant** trois ans.

Remarque: On peut omettre **pendant** devant une expression de durée qui contient un nombre, ou les expressions «**toute la journée, toute la nuit**», etc.

Il a dormi une heure.   Ils voyageront deux semaines.

b. **Pour** signifie *for* (*a period of time to come* or *in the future*) et s'emploie généralement après les verbes **partir, s'en aller, sortir, venir,** etc.

Tu pars **pour** trois jours.
Ils s'en vont **pour** deux semaines.

ou quand au verbe s'ajoute une idée d'intention, de but, de possibilité.

Son père est parti **pour** deux ans en mission aux Etats-Unis.
Nos locataires s'en vont à Tahiti **pour** trois mois et désirent sous-louer leur appartement.

Remarque: **Pour** ne peut pas être omis.

Exercice

K. Mettez la préposition, **pendant** ou **pour,** ou mettez X dans l'espace vide.

1. Après son accident, Paul est resté à l'hôpital _____ trente-quatre jours. 2. Elle va avoir une opération. Elle entre à la clinique _____ deux jours seulement. 3. L'année prochaine je resterai dans une pension de famille _____ trois semaines. 4. Le couturier est parti _____ deux semaines en Chine pour montrer sa collection. 5. Tous les jours j'attends l'autobus _____ un quart d'heure au moins. 6. _____ mon absence, mon propriétaire a changé la serrure (*lock*) de mon appartement. 7. Avez-vous fait des provisions de champagne _____ la soirée du 31 décembre? 8. Josyane a écouté la radio _____ toute la nuit. 9. Sa gouvernante lui lisait des vers de Corneille _____ une heure tous les jours. 10. Mes cousins viendront nous voir _____ le week-end dans notre nouvelle propriété.

2 ▶ quelque, quelques, quelqu'un, quelques-uns, quelques-unes

a. **Quelque, quelques** sont adjectifs: ils accompagnent un nom.

Le singulier **quelque** signifie **un certain.** On le trouve dans des expressions courantes: **quelque chose, quelquefois, quelque part, quelque temps.**

Le pluriel **quelques** signifie **un petit nombre, plusieurs.**

Nous avons **quelques** minutes pour écouter vos malheurs.

b. **Quelqu'un** est un pronom. Il signifie une personne indéterminée; la forme du féminin est rare et peu employée. L'adjectif qui suit **quelqu'un** est au masculin et accompagné de **de.**

Ils ont rencontré **quelqu'un d'important** [= **une personne importante**].

c. **Quelques-uns** et **quelques-unes** sont des pronoms; ils signifient un petit nombre de personnes (hommes ou femmes) ou d'objets.

Je vais vous présenter mes amis. **Quelques-uns** parlent français.
Beaucoup d'Américaines sont sportives. **Quelques-unes** pratiquent plusieurs sports.

Exercice

L. Complétez les phrases avec les mots suivants: **quelque chose, quelque temps, quelque part, quelqu'un, quelques-uns, quelques-unes.**

1. Hier, ils ont lu pendant _____ . 2. Où ai-je mis mon stylo? Je l'ai perdu _____ . 3. Ils ne comprennent rien à ce film. Et toi, tu comprends _____ ? 4. Elle a rencontré _____ de fascinant à la soirée. 5. Tous mes amis sont bilingues. _____ parlent même trois langues. 6. J'ai beaucoup de fleurs dans mon jardin. Cueillez-en _____ . 7. Pour faire vivre sa famille, ce monsieur a fait beaucoup d'emprunts. Il en a remboursé _____ . 8. Beaucoup de bonnes en France sont portugaises. _____ ont du mal à s'adapter. 9. Pour _____ , nous allons nous passer de lave-vaisselle. 10. As-tu vu mes clés _____ ? —Non.

3 ▶ chaque, chacun, chacune

a. **Chaque** est adjectif, féminin ou masculin. Il n'y a pas de pluriel.

> **chaque** enfant   **chaque** après-midi   **chaque** fleur

b. **Chacun** est un pronom masculin singulier (*each one*). **Chacune** est un pronom féminin singulier. Il n'y a pas de pluriel. Avec **chacun, chacune,** on doit employer le possessif **son, sa, ses** et le pronom **soi** (voir p. 337).

> **Chacun** pour **soi** et Dieu pour tous.
> Les petites filles jouaient. **Chacune** avait **sa** poupée.

Exercice

M. Complétez les phrases suivantes avec **chaque, chacun, chacune.**

1. _____ soir, ils font une promenade dans le parc. 2. Tous leurs enfants sont mariés. _____ a sa propre maison. 3. Mes filles ont eu _____ un bébé cette année. 4. Pour Noël, _____ enfant reçoit des cadeaux. 5. Les petites filles jouaient dans la neige. _____ avait sa luge (*sled*). 6. _____ doit se préoccuper de son avenir. 7. _____ employé dans cette usine reçoit un bon salaire. 8. _____ paie une cotisation (*contribution*) pour la retraite. 9. _____ année, il faut penser à payer ses impôts. 10. Cette grand-mère est généreuse. Elle fait un cadeau à _____ de ses petits-enfants.

Synthèse

Applications

I. **Votre appartement.** Décrivez votre appartement à l'aide de pronoms relatifs.

> *Modèle:*   C'est un appartement...
> Il nous plaît beaucoup.
> *C'est un appartement **qui** nous plaît beaucoup.*

C'est un appartement...

1. Nous l'avons cherché pendant longtemps.
2. Il est situé dans une rue calme.
3. Nous sommes très contents de cet appartement.
4. Le balcon de cet appartement donne sur un jardin charmant.
5. Dans cet appartement il y a des tapis et même des bibelots.
6. Le loyer de cet appartement est raisonnable.
7. Nous espérons vivre longtemps dans cet appartement.

II. Une famille intéressante.   Stéphanie vous parle des différentes personnes de sa famille. Employez des pronoms relatifs.

1. Elle nous parle de son père. Il a beaucoup voyagé. Elle ne le voyait pas souvent. Elle l'imaginait comme un héros. Elle rêvait de lui.
2. Elle nous parle de sa mère. Sa mère avait beaucoup de talents. Stéphanie l'admirait beaucoup. Elle sortait le dimanche avec sa mère, au théâtre, dans les musées.
3. Elle nous parle de son frère. Il ne faisait rien. Il racontait des histoires. A cause de ces histoires il était puni.
4. Elle nous parle de son cousin Marius. Il est parti sur un voilier pour faire le tour du monde. Marius était plutôt délicat. Toute la famille s'inquiétait à propos de la santé de Marius.
5. Elle nous parle de sa grand-mère. Sa grand-mère avait une belle propriété. Elle a perdu cette propriété parce qu'elle n'avait pas le sens des affaires.
6. Elle nous parle de sa tante. Sa tante a gagné le gros lot à la loterie; grâce à ce gros lot, elle est partie à l'étranger; elle vit encore à l'étranger.

A votre tour, parlez d'un membre intéressant de votre famille, en employant beaucoup de pronoms relatifs.

III. Votre pays de rêve.   Décrivez-le à l'aide de pronoms relatifs.

Modèle: C'est un pays...
　　　　　　Il est situé dans un climat chaud.
　　　　　　*C'est un pays **qui** est situé dans un climat chaud.*

C'est un pays...

1. Je rêve de ce pays tous les jours.
2. Dans ce pays, le soleil brille toute l'année.
3. Ce pays est rempli de fleurs et d'oiseaux.
4. Les habitants de ce pays sont amicaux.
5. Le gouvernement de ce pays est pacifiste.
6. Dans ce pays, on n'a pas besoin de travailler.
7. Je cherche ce pays sur la carte du monde.
8. Ce pays n'existe pas.

IV. Définitions.   Définissez les lieux, les personnes ou les expressions suivants.

>   *Modèle:*   La tour Eiffel. C'est un monument qui ... que ... dont ...
>   *La tour Eiffel, c'est un monument qui se trouve à Paris, que je n'ai pas encore visité,*
>   *dont tout le monde parle.*

1. La Californie, c'est une région qui ... où ... dont ...   2. Gérard Depardieu, c'est un acteur qui ... avec qui ... dont ...   3. Paris, c'est une ville qui ... que ... où ...   4. Les expériences nucléaires, c'est un sujet dont ... sur lequel ... que ...   5. Les Grandes Ecoles, c'est une institution que ... dont ... grâce à laquelle ...   6. Une agence immobilière, c'est un bureau où ... qui ... dont ...   7. Une caisse d'épargne, c'est un endroit que ... dont ... qui ...   8. Une hypothèque, c'est un document qui ... que ... par lequel ...

Conversations

1. **Comment vivent les personnes «riches et célèbres»?** L'argent rend les personnes riches quelquefois ridicules, excentriques et outrées (exagérées) dans leurs goûts, leurs désirs, leur façon de vivre (*lifestyle*). Connaissez-vous des détails de richesse exagérée et extravagante? Quel genre de personnes reçoivent un salaire disproportionné en fonction de leur travail? Comment vivent ces personnes?

les acteurs de cinéma ou de télé	certains écrivains	les vedettes du sport
une propriété immense	des serviteurs	plusieurs voitures
des bateaux	des avions	des voyages

2. **Le bonheur** Pensez-vous que l'argent fait le bonheur? Expliquez.

3. **La pauvreté** A votre avis, pourquoi est-ce que certaines personnes sont pauvres? Comment peut-on survivre quand on est pauvre? Comment peut-on sortir de sa condition quand on est pauvre?

le chômage (*unemployment*)	les mauvais placements (*investments*)
la paresse (*laziness*)	la malchance (*bad luck*)
faire banqueroute (*to go bankrupt*)	une allocation familiale (*government subsidy to*
une allocation de chômage	*families*)
(*unemployment compensation*)	

Traduction

1. Gilbert, are you happy with the apartment you live in?
2. Not really. There are lots of problems that bother me. The apartment I rent is small, noisy, and located near a train station and a factory that pollute the air I breathe.
3. I am looking for a room that is larger, quieter, and in an area where I would not have allergies. Do you know of a place that you could recommend? It is important for my studies that I find a place where I can move soon. I cannot concentrate on my work, which annoys my teachers.

4. As a matter of fact (**justement**), I have a friend whose parents own a large house for students. They are looking for tenants. The rooms I have seen are large and light (**clair**). The house is located near a park where there are lots of trees. Everything you want and need.
5. But will I be able to afford the rent (**avoir les moyens de payer**)?
6. The amount (**la somme**) they are asking is reasonable. I will talk to them about you.
7. You are a real friend. Thank you for your help, which I will always remember.

Rédaction

1. **Mon enfance.** Racontez votre enfance. Décrivez les membres de votre famille qui ont joué un rôle important dans votre vie. Ajoutez des détails—vrais ou inventés—sur la situation financière de vos parents et des membres de votre famille. Employez beaucoup de pronoms relatifs.

2. **Placements financiers.** Vous héritez d'une petite fortune. Vous allez à la banque pour discuter de vos placements financiers avec un conseiller. Imaginez le dialogue.

Chapitre 19

Les démonstratifs

Vocabulaire

accueil (*m.*) welcome
accueillir to welcome
aggraver to make worse
s'attendre à to expect
atterrir to land
bénéfique beneficent
billet (*m.*) **de banque** banknote
blesser to wound
bonheur (*m.*) good luck; happiness
chance (*f.*) (good) luck
commettre une erreur to make a mistake
conjurer to ward off, avert
couper le chemin à qqn to cross someone's path
croisement (*m.*) crossroad, crossing
croiser to cross
destin (*m.*) destiny
de suite in a row
faire sauter to flip (a pancake)
fêter to celebrate
fortune (*f.*) luck
gratter to scratch
inoffensif (inoffensive) harmless
lancer to throw

maladresse (*f.*) clumsiness
malchance (*f.*) bad luck
maléfice (*m.*) evil spell
maléfique foreboding, ominous
malheur (*m.*) bad luck
manche (*m.*) handle
mauvais sort (*m.*) evil spell
néfaste harmful; deadly
par hasard by chance
pièce (*f.*) coin
pierre (*f.*) stone
poêle (*f.*) frying pan
porter malheur to bring bad luck
pouvoir (*m.*) power
présage (*m.*) omen
propriétaire (*m., f.*) owner
rattraper to catch
repousser to repel, push away
sort (*m.*) fate
sous la main handy
tache (*f.*) spot
tout de suite right away
valable valid

Vocabulaire supplémentaire

La chance

cartomancien (*m.*), **cartomancienne** (*f.*) fortune-teller (card reader)
casser un miroir to break a mirror
être treize à table to be the thirteenth guest at dinner
fer (*m.*) **à cheval** horseshoe
médaille (*f.*) medal
muguet (*m.*) lily of the valley
passer sous une échelle to walk under a ladder
patte (*f.*) **de lapin** rabbit's foot

porte-bonheur (*m.*) good luck charm
renverser la salière to tip over the salt shaker
toucher du bois to knock on wood
trèfle (*m.*) **à quatre feuilles** four-leaf clover
voyance (*f.*) clairvoyance
voyant (*m.*), **voyante** (*f.*) fortune-teller

Divers

manche (*f.*) sleeve
poêle (*m.*) stove

Quelques conseils pour avoir de la chance

Jean-Luc Caradeau et Cécile Donner sont tous deux journalistes. Jean-Luc Caradeau a pratiqué l'hypnose dès l'âge de seize ans, ainsi que la magie, la parapsychologie et la télépathie. Cécile Donner est passionnée depuis son enfance par les sciences occultes, la médecine naturelle° et la voyance.

holistic

Préparation à la lecture

Dans leur ouvrage, *Guide pratique de la chance,* les auteurs donnent une liste, classée par ordre alphabétique, des présages qui sont présents dans la vie quotidienne. La façon de faire sauter une crêpe ou la rencontre avec un chat noir peuvent avoir une influence néfaste ou heureuse. Ce livre explique les signes et donne les façons d'annuler les mauvais présages et de conjurer le sort. Ceux qui suivront ces conseils pourront forcer la chance et devenir maîtres de leur destin.

La Chandeleur° est à l'origine une fête chrétienne: la fête de la présentation de l'Enfant Jésus au Temple et de la purification de la Vierge. Cette fête est ainsi nommée parce que les personnes présentes portent des chandelles°, des bougies°.

Candlemas

candles

Dans toute la France, on célèbre la Chandeleur en faisant des crêpes; c'était, autrefois, un dessert très économique pour les pauvres, car il se compose de farine, d'œufs, de lait ou d'eau et d'un peu d'huile. On garnit ensuite les crêpes de beurre et de sucre, de confiture et parfois de rhum. On fait sauter les crêpes en famille ou avec des amis et tout le monde rit si quelqu'un manque la crêpe et ne la retourne pas correctement. La coutume de tenir la poêle avec de l'argent dans la main, pour être sûr d'être riche toute l'année, est encore courante.

Chandeleur: Il faut la fêter

Fêtez-la tous les ans pour avoir de la chance.
La crêpe faite le jour de la Chandeleur (le 2 février), et seulement ce jour-là, est douée de pouvoirs° particuliers.

est... = a des pouvoirs

Pour favoriser votre fortune, faites sauter une crêpe en tenant, en même temps que le manche de la poêle et dans la même main, une pièce d'or. Si vous n'avez pas de pièce d'or, un gros billet ou un gros chèque à votre nom feront l'affaire.°

5

feront... will do the job

Si vous n'avez sous la main ni gros chèque, ni billet, ni pièce d'or, rassurez-vous. Faites sauter sept crêpes de suite. L'effet pour l'année en cours° sera le même.

l'année... the current year

Des incidents possibles

10   1. Vous manquez la crêpe: vous la lancez bien en l'air, mais vous ne la rattrapez pas avec la poêle et elle atterrit sur le sol de la cuisine. Cette maladresse vous promet de graves problèmes financiers durant° l'année à venir.

    `= pendant`

15   2. Vous avez lancé la crêpe trop fort et au lieu de retomber dans la poêle, elle atterrit sur un meuble (buffet ou élément de cuisine). Cela vous promet non de l'argent, mais du bonheur toute l'année.

Notre conseil

Ceux qui n'auront pas réussi à retourner correctement une crêpe le jour de la Chandeleur doivent conjurer le sort en portant sur eux une pièce tordue° et une pièce percée°.

    `twisted / pierced`

Chat noir

Une rencontre désagréable: Un croisement dangereux

20   Croiser un chat noir porte malheur. Plusieurs cas sont possibles, avec des degrés de gravité différents:

Premier cas: Le chat noir se dirige vers vous et vous croise sans couper votre chemin. Ce n'est pas un bon présage, mais le chat noir ne vous porte pas vraiment malheur. Vous n'aurez seulement pas ou peu de chance

25   aujourd'hui.

Deuxième cas: Le chat noir coupe votre chemin en marchant de votre gauche vers votre droite. C'est un mauvais présage. Vous aurez de la malchance.

Troisième cas: Le chat noir coupe votre chemin en allant de votre droite

30   vers votre gauche. C'est un très mauvais présage. Il peut, dans la journée, vous arriver des choses graves.

Quatrième cas: Si vous blessez ou tuez un chat noir en conduisant votre voiture, attendez-vous aux pires catastrophes.

Une erreur à ne pas commettre

Ne jetez pas de pierre au chat noir. Cette manœuvre° ne ferait qu'aggraver

    `action`

35   le maléfice.

Il est dangereux: adoptez-le!

Tout ceci, bien sûr, s'applique aux chats noirs que vous croisez hors de votre maison car, si vous êtes l'heureux propriétaire d'un chat noir, vous possédez un puissant protecteur. Le chat noir, en raison de° sa couleur, absorbe les maléfices qui frappent la demeure° où il vit, et les restitue° à

    `en... because of`
    `frappent... strike the residence / returns`

40   l'extérieur, ce qui explique qu'il porte malheur à ceux dont il croise le chemin par hasard. Si un chat noir vient miauler ou gratter à votre porte ou à votre fenêtre pour vous réclamer asile° ou nourriture, accueillez-le avec joie. Il vient vous signifier la fin d'une période de malchance, ou un regain de chance.° Si vous le repoussez, cela vous portera malheur. Et là,

    `réclamer... ask for shelter`
    `un... more luck`

45   on ne peut conjurer le maléfice. Ces présages et ces conseils sont valables uniquement pour les chats entièrement noirs. La moindre tache blanche sur le pelage° de l'animal le rend inoffensif.

    `fur`

Questions sur la lecture

1. Quel jour célèbre-t-on la Chandeleur? Que représente cette fête, à l'origine? Quelle action, ce jour-là, est douée de pouvoirs particuliers?
2. Que faut-il faire pour favoriser la fortune en faisant des crêpes?
3. Qu'est-ce qui peut remplacer une pièce d'or?
4. Si on n'a ni pièce d'or, ni billet, ni gros chèque, que faut-il faire pour avoir de la chance?
5. Qu'est-ce qui arrive, si la crêpe atterrit sur le sol? sur un meuble?
6. Comment conjurer le sort, si on n'arrive pas à retourner la crêpe correctement?
7. En général, croiser un chat noir amène quelle conséquence?
8. Dans quel cas est-ce que croiser un chat noir peut procurer les pires catastrophes?
9. Que faire d'un chat noir s'il gratte à votre porte?
10. Quelle sorte de chats sont inoffensifs?

Questions personnelles

1. Aimez-vous les crêpes? En faites-vous quelquefois? A quelle occasion?
2. Que pensez-vous de la coutume de célébrer la Chandeleur et de tenir une pièce dans la main pendant qu'on fait sauter une crêpe?
3. Changez-vous de trottoir° si vous rencontrez un chat noir?   sidewalk
4. Etes-vous superstitieux (superstitieuse)? Si oui, de quoi? Si non, pourquoi pas?
5. Dans votre culture et votre région, y a-t-il des superstitions? Décrivez-les.

L'adjectif démonstratif

Il se place devant le nom comme un article. Il sert à montrer.

Formes

Voici les formes de l'adjectif démonstratif.

	masc.	fém.	
sing.	ce, cet	cette	this, that
pl.	ces	ces	these, those

Emplois

1 **Ce.** On emploie **ce** au masculin singulier devant un nom à consonne initiale ou **h** aspiré initial.

　　　ce paquet　　　**ce** Hongrois

2 **Cet.** On emploie **cet** au masculin singulier devant un nom à voyelle initiale ou **h** muet initial. Le **t** est prononcé.

　　　cet enfant　　　**cet** homme

3 **Cette.** On emploie **cette** devant tous les noms féminins singuliers.

　　　cette dame　　　**cette** idée　　　**cette** halte　　　**cette** horreur

4 **Ces.** On emploie **ces** devant tous les noms pluriels, masculins ou féminins.[1]

　　　ces paquets　　　**ces** Hongrois　　　**ces** horreurs
　　　ces hommes　　　**ces** dames　　　**ces** enfants
　　　ces haltes　　　**ces** idées

5 Pour opposer deux personnes ou deux choses—l'une proche, l'autre éloignée—on ajoute **-ci** ou **-là** après le nom.

　　　ce livre**-ci** = *this book **here***
　　　ce livre**-là** = *that book **there***

Souvent, **-ci** ou **-là** n'indiquent pas la proximité ou l'éloignement mais opposent simplement deux noms distincts.

　　　Qu'est-ce que vous préférez: **ce** tableau**-ci** ou **ce** tableau**-là**?

Remarques:

◆　Quand deux personnes ou deux objets ne sont pas opposés, on emploie seulement **ce** sans **-ci** ou **-là**. **Ce** livre = ***this*** book ou ***that*** book.

◆　Voici trois expressions idiomatiques courantes.

　　　ce matin = *this morning*
　　　ce soir = *tonight*
　　　cette année-là = *that year*

Exercice

A. Refaites les phrases suivantes en remplaçant l'article en italique par un adjectif démonstratif.

1. *Le* croisement est dangereux. 2. *L'*action est bénéfique. 3. *Les* billets de banque sont faux. 4. Prenez *la* pièce dans votre main gauche. 5. *Les* chats noirs portent malheur. 6. *Le* poêle nous donne une bonne chaleur. 7. Le manche de *la* poêle est lourd. 8. *Le* présage est néfaste. 9. Je préfère *l'*élément de cuisine. 10. Ne repoussez pas *l'*animal.

---

[1]Le **-s** de **ces** est prononcé /z/ devant une voyelle ou un **h** muet. Il n'est pas prononcé devant une consonne ou un **h** aspiré.

Le pronom démonstratif

Le pronom démonstratif remplace un nom accompagné d'un adjectif démonstratif. Il s'accorde en genre et en nombre avec le nom qu'il remplace.

Formes

Il y a une forme simple et une forme composée.

Forme simple			*Forme composée*	
	masc.	*fém.*	*masc.*	*fém.*
sing.	celui	celle	celui-ci	celle-ci
			celui-là	celle-là
pl.	ceux	celles	ceux-ci	celles-ci
			ceux-là	celles-là

> *Remarques:*
> ◆ Les formes du pronom démonstratif sont comparables aux formes des pronoms disjoints.
>
> > **celui / lui   celle / elle   ceux / eux   celles / elles**
>
> ◆ L'*adjectif* a une seule forme au pluriel: **ces.** Le *pronom* a deux formes au pluriel: **ceux** (*m.*) et **celles** (*f.*).

Emplois

1 La forme composée **celui-ci, celle-ci / celui-là, celle-là**

a. On emploie la forme composée du masculin et du féminin pour opposer deux objets distincts quand on doit faire un choix,

> Quelle robe vais-je mettre ce soir? 〔 Cette robe-ci ou cette robe-là?
> **Celle-ci** ou **celle-là?**

ou pour décrire les qualités respectives de deux personnes, de deux objets différents.

> Ces deux livres ont des qualités, mais **celui-ci** est plus intéressant que **celui-là.**

b. Cette forme traduit aussi *the latter* (**celui-ci, celle-ci**) et *the former* (**celui-là, celle-là**).

> Pierre et son père se ressemblent beaucoup, mais **celui-ci** a les cheveux blancs, tandis que **celui-là** est blond.

2 La forme simple **celui, celle, ceux, celles**

On emploie la forme simple du pronom démonstratif principalement dans deux cas.

a. Avec un pronom relatif

celui qui	*the one who (that)*
celle que	*the one whom (that)*
ceux dont	*those of whom (of which)*
celles à qui	*those to whom (to which)*
celles avec lesquelles	*those with whom (with which)*

Un chat noir porte-t-il malheur à tous **ceux qu'**il rencontre?

b. Avec la préposition **de**

celui de } *the one of, that of* **ceux de** } *the ones of, those of*
celle de **celles de**

J'ai mes livres et **ceux de** Bernard. *I have my books and **Bernard's.***
Ma grand-mère et **celle de** Jeanne ont le *My grandmother and **Jeanne's** are the same*
même âge. *age.*

C'est la traduction du cas possessif anglais: *Bernard's, Jeanne's.*

Exercices

B. Refaites les phrases suivantes en remplaçant les expressions en italique par des pronoms démonstratifs.

Modèle: Ce chat-là est plus caressant que *ce chat-ci.*
*Ce chat-là est plus caressant que **celui-ci.***

1. Ces crêpes-ci sont parfumées à l'orange. *Ces crêpes-là* sont parfumées au rhum. 2. J'aime mieux ce buffet-ci que *ce buffet-là.* 3. Ces présages-là sont bénéfiques. *Ces présages-ci* sont maléfiques. 4. Ces appartements-ci sont plus vastes que *ces appartements-là.* 5. Ces boîtes-là sont moins pleines que *ces boîtes-ci.* 6. Cet enfant-ci est aussi maladroit que *cet enfant-là.* 7. Cette fête-ci et *cette fête-là* sont très populaires. 8. Il faut accueillir ces animaux-ci et *ces animaux-là.*

C. Complétez les phrases suivantes avec la forme simple du pronom démonstratif: **celui, celle, ceux, celles.**

1. Mes cousins ne savaient pas s'ils prendraient leur voiture ou _____ de leurs parents.
2. Nous comparons les avantages de la vie à Paris à _____ de la vie à la campagne.
3. Ce chat n'est pas _____ qui a croisé mon chemin.
4. Cette crêpe est minuscule. _____ que tu as mangée était énorme.
5. Cet ouvrage parle de chance. _____ qui le lira y trouvera une liste de signes bénéfiques et maléfiques.
6. J'ai perdu les clés de ma maison et _____ de ma voiture.
7. Je tenais beaucoup à ce miroir. C'est _____ que ma grand-tante m'a laissé en héritage.
8. Les conseils que je vous donne sont _____ que m'a donnés la voyante.

La forme neutre du pronom: *ce, ceci, cela* (this, that)

Il existe une forme de pronom démonstratif qui n'est ni masculin, ni féminin. C'est la forme neutre **ce**. **Ce** est la forme simple: combiné avec **-ci** et **-là** ce pronom devient **ceci, cela**. Dans la langue familière, **cela** est contracté en **ça**.

Remarque: Il n'y a pas d'accent sur **cela** ni sur **ça**.

1 **Ce.** La forme **ce** apparaît dans **c'est, ce qui, ce dont**, etc.

2 **Ceci** désigne un objet proche et **cela** un objet éloigné que l'on montre du doigt.

> Aide-moi à laver la vaisselle: je laverai **ceci**, et tu laveras **cela**.

3 **Ceci** annonce une phrase qui suit. **Cela** (**ça**) rappelle une phrase qui précède.

> Ecoutez bien **ceci:** je commence à m'énerver!
> Venez à minuit: **cela** ne me dérangera pas.

4 Avec **cela** on emploie un verbe autre qu'**être**. Si le verbe est **être**, on a **ce** ou **c'**.

> Venez à minuit: **c'est** important.   **Ce** n'est pas grave.

Exceptions: Dans les expressions **cela m'est égal, cela m'est indifférent,** on emploie **cela** avec le verbe **être**.

Exercice

D. Complétez les phrases suivantes avec la forme correcte du pronom neutre: **ce, cela, ça, ceci.**

1. La réussite, _____ est une question de chance. 2. Une rencontre désagréable, _____ peut changer votre humeur 3. Les chats ont _____ de bien: ils se lavent eux-mêmes. 4. Faire sauter une crêpe pour qu'elle retombe dans la poêle, _____ demande de l'adresse. 5. Est-ce que tout _____ va encore recommencer? 6. _____ qui m'inquiète, _____ est mon absence d'énergie. 7. _____ vous fatigue de lire le journal tous les jours? 8. Notre quartier a _____ d'agréable: il a beaucoup de jardins. 9. Si vous repoussez un chat noir, _____ vous portera malheur. 10. Ne faites pas de crêpes pour la Chandeleur: _____ m'est égal.

C'est / il est, elle est (it is)

1 Si on peut poser la question **Qu'est-ce que c'est?**, la réponse est **c'est un (une, le, la)**, ou **c'est des (ce sont des)**.

> On montre un livre: —**Qu'est-ce que c'est?**
> —**C'est un** livre.
> On montre des livres: —**Qu'est-ce que c'est?**
> —**C'est des** livres. **Ce sont des** livres.

2 Si on peut poser les questions **Où est-il?, Où est-elle?, Comment est-il?, Comment est-elle?,** la réponse est **il est, elle est.**

> On cherche un livre: —**Où est-il?**
> —**Il est** sur la table.

Remarque: On reprend dans la réponse les deux derniers mots de la question.

Qu'est-ce que **c'est?** —**C'est un...**   Où **est-il?** —**Il est...**

Comment **est-elle?** —**Elle est...**

3 Avec un adjectif, **c'est** est plus courant que **il est.** L'adjectif qui suit est toujours masculin singulier. **C'est** rappelle ce qui précède. **Il est** annonce un groupe qui suit.

Il est évident que vous avez raison. (**C'est** *est possible.*)
Vous avez raison: **c'est** évident. (**Il est** *est impossible.*)

Remarques:

◆ Si le véritable sujet du verbe **être** est un infinitif, on a **il est** ou **c'est** quand l'infinitif suit.

Il est dangereux de **faire du ski** seul.
C'est dangereux de **faire du ski** seul.

◆ On a **c'est** (jamais **il est**) quand l'infinitif précède.

Vous aimez **faire du ski?** —Oui, **c'est** amusant, mais **c'est** dangereux.

◆ Il y a une attraction de l'adjectif démonstratif qui suit.

C'est triste et beau, **cette** histoire.

Cette construction-ci est plus courante que la construction suivante:

Elle est triste et belle, **cette** histoire.

4 On emploie **c'est** ou **il est** avec les expressions de temps.

Comparez les phrases suivantes:

Il est	*C'est*
Il est l'heure.	**C'est** l'heure.
Quelle heure **est-il?**	Quel jour **est-ce?**
Il est midi.	**C'est** aujourd'hui mardi.
Il est tôt.	**C'est** tôt.
Il est tard. (*remarque dans l'absolu*)	Deux heures du matin, **c'est** tard pour aller
Il est temps de partir.	se coucher.

5 Pour l'emploi de **c'est** ou **il est, elle est** avec des noms de profession, de religion et de nationalité, voir p. 142.

Exercice

E. Mettez la forme qui convient dans les phrases suivantes: **ce, cela** ou **il.**

1. _____ est toujours difficile de choisir _____ qu'on veut faire dans la vie. 2. _____ est indispensable d'avoir une pièce d'or dans la main quand on fait sauter une crêpe. 3. Notre appartement est assez grand, mais _____ n'est pas confortable. 4. _____ est mercredi aujourd'hui. —Quelle chance! Pour moi, _____ est le meilleur jour de la semaine. 5. On dîne à dix heures du soir dans cette famille: _____ est tard pour les

enfants qui vont à l'école le lendemain.   6. Quelle heure est-il? —Onze heures. _____ est tard, je vais me coucher.   7. _____ est temps que vous vous aperceviez de vos erreurs.   8. _____ est complètement idiot, cette politique du président.   9. Passer sous une échelle, _____ est toujours un risque.   10. Pierre est malchanceux. _____ est dommage!

Formules à retenir

 manquer (*to miss, to lack*)

Le verbe **manquer** a plusieurs constructions et des sens différents.

a.   **Manquer** + objet direct signifie *to miss* (*a train, a bus, a plane, a class, an event*).

> Philippe **manque** toujours les cours de chimie.
> Hier, j'**ai manqué** un excellent programme sur la Russie.

b.   **Manquer** + **de** + nom sans article signifie *to lack*.

> Vos parents **manquent-ils** d'intérêt pour les sports?
> Cet enfant terrible **manquait** de discipline.
> Ton gâteau **ne manque pas** de sucre?

Remarque: **ne manquer de rien** = *to have everything*

c.   **Manquer** + **à** + nom a plusieurs sens: *to fail; to break one's word; to miss* (*someone*).

Ce jeune homme **a manqué à** sa promesse de travailler mieux.	*This young man **failed** to keep his promise to work better.*
Il **a manqué à** sa parole de ne plus tricher.	*He **broke** his word not to cheat any more.*
Vous me **manquez.** Elle **manque à** ses parents.	*I **miss** you. Her parents **miss** her.*

Remarque: Vous **me manquez** = *I **miss** you.* L'ordre en français est inverse de l'ordre en anglais.

d.   **Il manque** (*verbe impersonnel*) + objet indirect signifie *to be missing, to be short.*

La caissière était inquiète: **il lui manquait** trente francs.	*The cashier was worried: **she was missing** thirty francs.*
Je ne peux pas acheter cette chaîne, parce qu'il **me manque** cent dollars.	*I can't buy this stereo because **I'm short** one hundred dollars.*

Exercice

F.   Traduisez les groupes en italique.

1. Claire *missed her French class* hier.   2. Quand j'ai lavé la vaisselle, *I lack energy* pour laver le sol de la cuisine.   3. Le père de Marie *lacked ambition*.   4. Cette bonne élève *did*

not fail to keep her promises.   5. Quand elle est allée vivre aux Etats-Unis, *she missed her parents.*   6. Qu'est-ce qu'on achète pour Noël à *somebody who has everything?*   7. *She broke her promise to stop smoking.*   8. *I miss my friends.*   9. Le directeur de la banque a dit à l'employé: *"We are short $5,000."*   10. *I am always short one hundred francs* à la fin du mois.   11. Le frère de Rosette *was always missing* les cours de maths.   12. J'ai essayé le jean, *but there were two buttons missing.*   13. Quand Juliette était à Paris, elle écrivait à René: *I miss you.*   14. Hier, *I missed the bus,* et je suis arrivé en retard.   15. Quand le père de Laurent est arrivé à la caisse, *he was short fifty francs* pour payer les commissions.

2 Verbes de mouvement

Plusieurs verbes de mouvement en anglais ont une traduction française différente s'ils sont employés avec un complément de destination indiquant l'endroit où on va, un adverbe, un complément de lieu descriptif ou seuls.

	Vers une destination	*Adverbe, complément descriptif, ou verbe seul*
to fly	**aller en avion** Je **vais** à Paris **en avion**.	**voler** L'avion **vole** à 6.000 mètres.
to sail	**aller en bateau** Vous **allez** en Europe **en bateau**?	**naviguer** Le voilier **navigue** sur la mer.
to ride a bike	**aller à bicyclette (à vélo)** Je **vais** en ville **à bicyclette**.	**rouler, faire du vélo** Ne **roule** pas trop vite. Le dimanche, j'aime **faire du vélo**.
a horse	**aller à cheval** Le cow-boy **est allé** au rodéo **à cheval**.	**faire du cheval** Ils **font du cheval** au Bois de Boulogne.
to ski	**aller à skis** Autrefois, les petits Canadiens **allaient** à l'école **à skis**.	**skier, faire du ski** Ce champion **skie** vite. Elle **fait du ski** dans les Alpes.
to swim	**traverser à la nage** Il **a traversé** la Seine **à la nage**.	**nager** Vous **nagez** bien.

Exercice

G. Traduisez les phrases suivantes.

1. In the Alps, some children ski to school.   2. They do not ski fast, but they like skiing.   3. Did you fly to Europe?   4. No, we went by boat.   5. This young athlete swam across the river.   6. In the country, one can ride a horse.   7. If you ride your bike to school, ride carefully.   8. This new plane flies fast.

Synthèse

Applications

I. **Esprit de contradiction.** Stéphanie et son fiancé vont faire des courses pour meubler leur futur appartement. Chaque fois que Vincent choisit quelque chose, Stéphanie n'est pas d'accord. Imaginez leur conversation à propos des objets suivants.

Modèle: VINCENT: Moi, j'aime bien cette chambre à coucher.
            STÉPHANIE: *Moi, je préfère **celle-là.***

1. le réfrigérateur
2. les chaises
3. la machine à laver
4. le buffet
5. les éléments de cuisine
6. la table de salle à manger
7. le divan
8. les fauteuils
9. la commode
10. l'aspirateur
11. les lampes
12. l'ouvre-boîte

II. **Indécision.** Josyane va acheter des vêtements. La vendeuse lui montre ce qu'elle a. Josyane lui fait tout sortir.

Modèle: Voulez-vous essayer...
            ce manteau / qui est sur le mannequin
            *Oui, je veux essayer **celui-ci, celui-là,** et aussi **celui** qui est sur le mannequin.*

Voulez-vous essayer...

1. les chaussures / qui sont dans cette boîte
2. la robe / qui est dans la vitrine
3. les pulls / qui sont sur les étagères
4. le pantalon / que je vois sur cette dame
5. la chemise de nuit / que j'ai vue dans le journal
6. la jupe / que vous portez
7. le jean / que cette jeune fille est en train d'acheter

III. **Jalousie.** Votre cousin est jaloux de tout. Il a envie de tout ce qu'il n'a pas.

Modèle: Je n'aime pas... ma voiture / la voiture de Patrice
            *Je n'aime pas ma voiture. Je préfère **celle** de Patrice.*

Je n'aime pas...

1. mon vélo / le vélo de Marguerite
2. mes parents / les parents de Josée
3. ma chaîne stéréo / la chaîne de Victoire
4. mes skis / les skis de Robert
5. mes cassettes / les cassettes d'Alain
6. mon appartement / l'appartement de Jacqueline
7. ma vie / la vie de n'importe quelle autre personne

IV. Produits publicitaires. Suivez le modèle. Faites des phrases avec un nom de la colonne de gauche et un groupe de la colonne de droite. Utilisez des pronoms relatifs.

Modèle: Achetez... le cadeau / vous aimez quelqu'un
  *Achetez **ce** cadeau pour **celui** (ou **celle**) **que** vous aimez.*

Achetez...

1.	le produit amaigrissant	a.	la femme adore la vitesse
2.	la voiture	b.	l'homme aime la lecture
3.	les boules quiès (*earplugs*)	c.	des gens sont gourmands
4.	les chocolats	d.	les enfants de cette femme font du bruit
5.	le parfum Dior	e.	vous trouvez cet homme gros
6.	les livres	f.	les goûts de ces femmes sont raffinés

Conversations

1. Prémonitions. Avez-vous eu des expériences de don de seconde vue, de prémonition, de prophéties qui se sont réalisées? Connaissez-vous des personnes qui ont eu de telles expériences? Donnez des exemples. Expliquez ou demandez à un (une) camarade ce que c'est que la télépathie, la parapsychologie.

avoir le don de seconde vue	le vaudou
lire dans les cartes	l'exorcisme
lire dans les lignes de la main (*palm reading*)	jeter un sort
lire dans la boule de cristal	prédire l'avenir
lire le marc de café (*coffee grounds*) ou les feuilles de thé	

2. Votre horoscope. Quel est votre signe du zodiaque? Connaissez-vous les caractéristiques de votre signe? Est-ce que vous pensez que la description de ce signe correspond à votre personnalité? Lisez-vous (régulièrement, souvent, jamais) votre horoscope? Quelle importance lui attribuez-vous?

le Capricorne	le Verseau (*Aquarius*)	les Poissons (*Pisces*)
le Bélier (*Ares*)	le Taureau (*Taurus*)	les Gémeaux (*Gemini*)
le Cancer	le Lion (*Leo*)	la Vierge
la Balance (*Libra*)	le Scorpion	le Sagittaire

3. Jeux de hasard. Quels sont les différents jeux de hasard (*games of chance*) dans la liste donnée ci-dessous? Décrivez ceux que vous connaissez. Quels jeux de société (*parlor games*) préférez-vous?

le casino	jouer (*to gamble*)	les jeux de cartes:
la roulette	gagner	la belote
le croupier	les jeux télévisés	le bridge
les machines (*f. pl.*) à	loto (*bingo*)	le roi de cœur (*hearts*)
sous (*slot machines*)	la loterie	le poker
le tapis vert		

Traduction

1. Cécile had a premonition yesterday. 2. First, she woke up and got up on her (**du**) left foot, which brings bad luck. 3. When she ate breakfast, she spilled the salt. 4. She looked at her calendar and saw it was Friday the thirteenth. 5. She immediately realized those were bad omens. 6. Then she left the house and a black cat crossed her path from left to right. 7. All day, she was expecting other signs of bad luck. 8. She was very careful and did not walk under a ladder. 9. Finally, she walked through the park and found a four-leaf clover. 10. She understood she was lucky, after all.

Rédaction

1. **Superstitions.** Croyez-vous à l'influence de certaines actions sur votre chance? Etes-vous superstitieux (superstitieuse)? un peu? pas trop? beaucoup? pas du tout? Donnez des exemples de croyances populaires dans votre entourage (*among your friends*), de pratiques pour conjurer le sort dans certaines sociétés (*cultures*).

2. **Jeux de hasard.** Que pensez-vous des jeux de hasard? Selon vous, sont-ils utiles ou néfastes dans la société? Expliquez.

Chapitre 20

Le discours indirect

Vocabulaire

à cause de because of
allée (*f.*) path
A table! Dinner is ready!
avancer to go forward
boule (*f.*) bowling ball
carrefour (*m.*) crossroads, intersection
comptable (*m., f.*) accountant
crier après to shout at, scold
cru(e) raw
cuit(e) cooked
du tout at all
embouteillage (*m.*) traffic jam
en vitesse in a hurry; in a jiffy
éviter to avoid
indications (*f. pl.*) directions
maison (*f.*) **de campagne** country house, week-
    end house
se mettre en colère to get angry
mûr(e) ripe
pancarte (*f.*) sign

pelouse (*f.*) lawn
potager (*m.*) vegetable garden
rater to miss; to fail
rattraper son chemin to find one's way again
recevoir to greet
rentrer to go back home
rigoler (*fam.*) to laugh; to joke
rigolo(te) (*fam.*) funny
rôti (*m.*) **(de bœuf)** roast (beef)
route (*f.*) **en terre** dirt road
sage good; wise
station-service (*f.*) gas station
tablier (*m.*) apron
tarder to delay
tôt early
tourner to make a turn
tout droit straight ahead
travaux (*m. pl.*) road repairs, roadwork
vert(e) green; unripe

....

Vocabulaire supplémentaire

Au restaurant

le beurre est **rance** (*rancid*), **pas frais** (*old*), **mou**
    (*melting*)
la crème **a tourné** (*turned sour*), est **aigre** (*sour*)
le fromage est **à point** (*just right*), **coule** (*is over-*
    ripe), **pue** (*stinks*)
les fruits sont **à point** (*just ripe*), **blets** (*overripe,*
    soft), **pas mûrs, trop mûrs, verts**
les légumes sont **à point** (*just right*), **trop cuits,**
    pas assez cuits

le pain est **brûlé** (*burnt*), **croustillant** (*crusty*),
    frais (*fresh baked*), **rassis** (*stale*)
le vin est **aigre** (*sour*), c'est **de la piquette** (*cheap*
    wine)
le steak est **à point** (*medium*), **brûlé** (*overdone*),
    dur, c'est **de la semelle** (*tough*), **tendre**
    (*tender*), **saignant** (*rare*)

Un beau dimanche à la campagne

René Goscinny (1926–1977) est né à Paris et a vécu plusieurs années en Argentine. Il a fait divers métiers avant d'être journaliste. Il est le père du célèbre Astérix (personnage de bande dessinée) et a collaboré à un journal de jeunes: *Pilote.* Les aventures du Petit Nicolas, illustrées par son ami Sempé, le dessinateur de bandes humoristiques, amusent les enfants et les grandes personnes depuis 1954.

Préparation à la lecture

Dans l'extrait suivant, le narrateur, le petit Nicolas, est âgé de huit ou dix ans. Il utilise des expressions de la langue populaire enfantine, ou de la langue familière courante dont voici des exemples: à la question «Que fait ton père?», un enfant répond: «Il fait le comptable» au lieu de «Il est comptable». Dans la langue populaire on dit aussi plus couramment «rigolo» qu' «amusant» et «en vitesse» que «vite».

Nicolas et ses parents sont invités à un déjeuner, un dimanche, chez des amis qui ont une maison à la campagne. Dans un repas français, le hors-d'œuvre est le premier plat; un *hors d'œuvre* aux Etats-Unis est un *appetizer* (on dit «amuse-gueule»°).

Après le déjeuner, les deux jeunes garçons vont dans le jardin jouer à la pétanque. Ce jeu, à l'origine, vient du sud de la France, mais il est maintenant populaire dans tout le pays. C'est un jeu de boules semblable aux *bocci balls.* M. Bongrain recommande aux deux enfants de ne pas jouer sur l'herbe. Dans les jardins publics, en France, on voit souvent un panneau° qui dit: «Interdit de marcher sur la pelouse».

mouth teaser

sign

Nous sommes invités à passer le dimanche dans la nouvelle maison de campagne de M. Bongrain. M. Bongrain fait le comptable dans le bureau où travaille Papa, et il paraît qu'il a un petit garçon qui a mon âge, qui est très gentil et qui s'appelle Corentin.

5 Moi, j'étais bien content, parce que j'aime beaucoup aller à la campagne et Papa nous a expliqué que ça ne faisait pas longtemps[1] que M. Bongrain avait acheté sa maison, et qu'il lui avait dit que ce n'était pas loin de la ville. M. Bongrain avait donné tous les détails à Papa par téléphone, et Papa a inscrit° sur un papier et il paraît que c'est très facile d'y aller.
10 C'est tout droit, on tourne à gauche au premier feu rouge, on passe sous le pont de chemin de fer, ensuite c'est encore tout droit jusqu'au carrefour, où il faut prendre à gauche, et puis encore à gauche, jusqu'à une grande ferme

= écrit

---
[1]ça... longtemps = il n'y avait pas longtemps

blanche, et puis on tourne à droite par une petite route en terre, et là c'est
tout droit et à gauche après la station-service.

15   On est partis, Papa, Maman et moi, assez tôt le matin dans la voiture,
et Papa chantait, et puis il s'est arrêté de chanter à cause de toutes les
autres voitures qu'il y avait sur la route. On ne pouvait plus avancer. Et
puis Papa a raté le feu rouge où il devait tourner, mais il a dit que ce
n'était pas grave, qu'il rattraperait son chemin au carrefour suivant. Au
20   carrefour suivant, ils faisaient des tas de° travaux et ils avaient mis une   = beaucoup de
pancarte où c'était écrit: «Détour»; et nous nous sommes perdus; et Papa a
crié après Maman en lui disant qu'elle lui lisait mal les indications qu'il y
avait sur le papier; et Papa a demandé son chemin à des tas de gens qui ne
savaient pas; et nous sommes arrivés chez M. Bongrain presque à l'heure
25   du déjeuner, et nous avons cessé de nous disputer.

M. Bongrain est venu nous recevoir à la porte de son jardin.

... Papa lui a dit que nous nous étions perdus, et M. Bongrain a eu l'air
tout étonné.

—Comment as-tu fait ton compte?° il a demandé.[2] C'est tout droit... Et   fait... did you manage
30   puis Mme Bongrain est arrivée, elle a enlevé son tablier et elle a dit:

—A table!

M. Bongrain était tout fier pour le hors-d'œuvre, parce qu'il nous a
expliqué que les tomates venaient de son potager, et Papa a rigolé et il a dit
qu'elles étaient venues un peu plus tôt, les tomates,[3] parce qu'elles étaient
35   encore toutes vertes. M. Bongrain a répondu que peut-être, en effet, elles
n'étaient pas encore tout à fait mûres, mais qu'elles avaient un autre goût
que celles que l'on trouve sur le marché. Moi, ce que j'ai bien aimé, c'est les
sardines.

Et puis Mme Bongrain a apporté le rôti, qui était rigolo, parce que
40   dehors il était tout noir, mais dedans c'était comme s'il n'était pas cuit du
tout.

—Moi je n'en veux pas, a dit Corentin. Je n'aime pas la viande crue!

M. Bongrain lui a fait les gros yeux° et lui a dit de finir ses tomates en   fait... glared
vitesse et de manger sa viande comme tout le monde, s'il ne voulait pas
45   être puni...

Après le déjeuner, on s'est assis dans le salon... Moi, j'ai demandé à
Corentin si on ne pouvait pas aller jouer dehors où il y avait plein de soleil.
Corentin a regardé son Papa, et M. Bongrain a dit:

—Mais bien sûr les enfants.° Ce que je vous demande, c'est de ne pas   les... kids
50   jouer sur les pelouses, mais sur les allées. Amusez-vous bien, et soyez
sages.

---

[2]**il a demandé** In spoken language there is no inversion; in written language one would say **a-t-il demandé.**

[3]**elles... tomates** In conversational French, one frequently starts a sentence with a pronoun subject representing a noun
that is repeated at the end of the sentence: «**Elles sont toutes vertes, vos tomates.**»

Corentin et moi, nous sommes sortis, et Corentin m'a dit qu'on allait jouer à la pétanque. On a joué dans l'allée; il y en avait une seule et pas très large. (*Mais une boule va dans la pelouse et M. Bongrain se met en colère; il punit Corentin et l'envoie dans sa chambre jusqu'au soir.*)

Nous ne sommes pas restés très longtemps, parce que Papa a dit qu'il préférait partir de bonne heure pour éviter les embouteillages. M. Bongrain a dit que c'était sage, en effet, qu'ils n'allaient pas tarder à rentrer eux-mêmes...

M. et Mme Bongrain nous ont accompagnés jusqu'à la voiture; Papa et Maman leur ont dit qu'ils avaient passé une journée qu'ils n'oublieraient pas.

Questions sur la lecture

1. Où est-ce que Nicolas et ses parents sont invités à passer le dimanche?
2. Qui est M. Bongrain?
3. Pourquoi Nicolas est-il content?
4. Où est située la maison de M. Bongrain? Comment y arrive-t-on? Pensez-vous que c'est vraiment tout droit?
5. Pourquoi la famille de Nicolas s'est-elle perdue? Pourquoi y a-t-il beaucoup de voitures? Pourquoi le père a-t-il crié? Après qui crie-t-il? Pourquoi?
6. Qu'est-ce qu'ils ont mangé comme hors-d'œuvre? De quoi M. Bongrain est-il fier? Pourquoi? Quelle remarque a fait le papa de Nicolas à propos des tomates? Que pensez-vous de cette remarque? Quel sentiment est-ce qu'elle implique de la part du papa de Nicolas (et des Français en général)?
7. Qu'est-ce que Nicolas a préféré? Que pensez-vous de son goût?
8. Mme Bongrain a fait cuire son rôti dans un four à bois (*wood stove*). Comment est le rôti? Pourquoi est-ce que Corentin n'en veut pas?
9. Expliquez: M. Bongrain «lui fait les gros yeux». Trouvez d'autres exemples de l'attitude du père envers son fils. Est-ce traditionnel ou exceptionnel?
10. Pourquoi le père de Nicolas veut-il rentrer tôt? Pensez-vous qu'ils ont vraiment passé un beau dimanche? Pourquoi ou pourquoi pas?

Questions personnelles

1. Vous êtes-vous jamais perdu(e) en voiture, dans une ville, dans un quartier qui ne vous était pas familier? A qui avez-vous demandé votre chemin? Comment avez-vous retrouvé votre chemin?
2. Avez-vous préparé un repas ou assisté à un repas où tout était raté, mauvais? Racontez cette catastrophe culinaire.
3. Lorsqu'on vous offre quelque chose à manger que vous n'aimez pas, qu'est-ce que vous dites? Qu'est-ce que vous faites?

4. Trouvez-vous que les situations et les rapports familiaux dans «Un beau dimanche à la campagne» sont typiquement français ou qu'ils sont typiques des familles en général? Est-ce que ces gens vous rappellent votre famille? Pourquoi ou pourquoi pas?

Le discours indirect

Dans un discours direct, on dit quelque chose ou on pose une question directement.

> Corentin dit: «Je n'aime pas la viande crue!»
> Le professeur a demandé: «Est-ce que vous comprenez?»

Dans un discours indirect, on rapporte indirectement les paroles d'une ou de plusieurs personnes ou on pose indirectement une question. Il n'y a pas de guillemets (*quotation marks*), pas de point d'interrogation. Pour marquer l'intonation la voix descend à la fin de la phrase.

> Corentin dit qu'il n'aime pas la viande crue.
> Le professeur a demandé si vous compreniez.

On peut avoir des phrases avec **que** et des phrases avec des mots interrogatifs. Certains changements se produisent quand on passe du discours direct au discours indirect.

Phrases avec *que*

1 La majorité des verbes qui rapportent le discours sont suivis de **que** + l'indicatif.

ajouter	to add	**expliquer**	to explain
affirmer	to affirm	**ignorer**	not to know
annoncer	to announce	**observer**	to observe
assurer	to guarantee	**promettre**	to promise
avouer	to confess	**remarquer**	to remark, note
constater	to observe	**répondre**	to answer
crier	to shout	**savoir**	to know
déclarer	declare	**se rendre compte**	to realize
dire	to say		

> Papa **dit que ce n'est pas** grave.
> Je lui **explique que je ne suis jamais allé** à la campagne.
> Papa **crie que Maman lit mal** les explications.

Remarques:

◆ Si le verbe principal est au présent, le verbe subordonné reste au même temps que dans le discours direct.

◆ Les réponses «**oui**» et «**non**» deviennent … **que oui,** … **que non** dans le discours indirect.

Je dis **que oui.**   *I say yes.*
Je réponds **que non.**   *My answer is no.*

2 Quelques verbes sont suivis de **que** + le subjonctif (voir p. 326).

proposer **suggérer**	to suggest	**dire** **demander**	to tell to ask	(*expressing an order*)

Ils **proposent** que nous **allions** à leur maison de campagne.
Je **dis** aux enfants qu'ils **fassent** moins de bruit.
Le professeur **demande** que les étudiants **finissent** ce chapitre.

Exercice

A. Faites des phrases en employant le discours indirect avec le vocabulaire suggéré. Mettez le premier verbe au présent.

Modèle: Le commissaire / déclarer / il / aller faire une enquête.
*Le commissaire déclare **qu'il va** faire une enquête.*

1. Les baigneurs / crier / l'eau / être froide.
2. Le professeur / constater / Julien / dormir.
3. J' / savoir / ce chemin / conduire à votre maison de campagne.
4. Nous / leur expliquer / ils / avoir tort.
5. Mme Bongrain / annoncer / le dîner / être prêt.
6. Le papa de Corentin / suggérer / les enfants / aller jouer dehors.
7. Le président de l'université / demander / ce professeur / faire des recherches.
8. Les voyageurs / admettre / ils / être fatigués.
9. Je / proposer / nous / jouer à la pétanque.
10. La marchande / nous assurer / ses tomates / être mûres.

Phrases avec un mot interrogatif

Après certains verbes, on a un mot interrogatif, mais il y a des changements dans la forme de certains mots et dans l'ordre des mots (inversion du sujet). Il n'y a jamais de subjonctif après un mot interrogatif.

1 Questions portant sur le verbe.

Quand la question porte sur le verbe (avec la voix, l'inversion du verbe ou **est-ce que**), on emploie **si** (*whether*) dans le discours indirect. Voici des verbes qui sont suivis de **si.**

demander	dire	savoir / ne pas savoir	être sûr
se demander	ignorer	décider	remarquer

Dis-moi. Ton père chante? ⎫
Ton père chante-t-il? ⎬ Dis-moi **si** ton père chante.
Est-ce que ton père chante? ⎭

Remarque: Il est possible d'avoir un futur après **si** qui signifie *whether*. Un futur est impossible après **si** de condition (voir p. 281).

J'aurai du travail? ⎫
Aurai-je du travail? ⎬ Je ne sais pas **si** j'aurai du travail.
Est-ce que j'aurai du travail? ⎭

2 Pronoms interrogatifs d'identité

a. Pour les *personnes*, on emploie **qui** dans tous les cas.

Je me demande **qui** a téléphoné. (*sujet*)
Tu ne sais pas **qui** tu aimes. (*objet direct*)
Nous ignorons **avec qui** elle sort. (*objet de prép.*)

Remarque: Dans la langue courante on peut avoir la forme longue, mais ce n'est pas recommandé.

Je voudrais savoir **qui est-ce qui** a téléphoné.
Tu lui dis **qui est-ce que** tu aimes.
Vous cherchez à savoir **avec qui est-ce qu'**elle sort.

b. Pour les *choses*, on emploie le pronom sujet **ce qui** ou le pronom objet direct **ce que**. Le pronom objet de préposition est **quoi**.

Je ne comprends pas **ce qui** se passe. (*sujet*)
Dites-nous **ce que** vous faites. (*objet direct*)
Je me demande **avec quoi** elle se coiffe. (*objet de prép.*)

Remarques:
◆ **Ce qui, ce que** sont les deux derniers mots de la forme longue: **qu'est-ce qui, qu'est-ce que.**
◆ Dans la langue courante on peut avoir la forme longue, mais ce n'est pas recommandé.

J'ignore **qu'est-ce qui** se passe.
Elle sait **qu'est-ce que** vous faites.
Je me demande **avec quoi est-ce qu'**elle se coiffe.

3 Les autres mots interrogatifs

Les pronoms de choix (**lequel, laquelle**), les adjectifs (**quel, quels**) et les adverbes (**où, quand, comment, pourquoi, combien**) ne changent pas.

J'ignore **laquelle** de ses deux voitures elle va prendre.
Je sais **quelle** heure il est.
Je me demande **pourquoi** vous pleurez.

Exercices ....

  B. Faites des phrases au style indirect en suivant le modèle.

     Modèle: Je te demande: «Est-ce que tu viens?»
              *Je te demande **si** tu viens.*

    1. L'enfant demande à son père: «Est-ce que je peux jouer dehors?»
    2. Le chanteur se demande: «Est-ce que ma voix est assez forte?»
    3. Les élèves ignorent. Le professeur a-t-il corrigé les examens?
    4. Dites-nous. Avez-vous assez d'argent pour vos vacances?
    5. Ils ne savent pas. Retourneront-ils en France bientôt?
    6. Demandez-lui. A-t-il trouvé facilement le chemin?
    7. Avez-vous décidé? Allez-vous vous marier?
    8. Nous ne sommes pas sûrs. Est-ce que nous devons tourner à droite ou à gauche?

  C. Refaites les phrases suivantes en employant le discours indirect avec le verbe ou le groupe de mots entre parenthèses.

     Modèle: Qu'est-ce qui fait ce bruit?   (Il se demande)
              *Il se demande **ce qui** fait ce bruit.*

    1. Qu'est-ce qui est arrivé? (Nous ignorons)
    2. Qu'est-ce que vous faites ce soir? (Dites-nous)
    3. A qui avez-vous écrit? (Sait-il?)
    4. Avec quoi est-ce que vous faites ce plat? (Expliquez-moi)
    5. Qui est-ce qui a tout compris? (Je voudrais savoir)
    6. Que mangent les moustiques? (Le professeur de sciences demande)
    7. Quelle marque de sardines achetez-vous? (Dites-moi)
    8. De tous les travaux ménagers, lequel est-ce qu'elle déteste le plus? (Demandez à votre mère)
    9. Pourquoi les Bongrain sont-ils partis si tôt? (Je ne sais pas)
   10. Quand vos tomates seront-elles mûres? (Savez-vous?)

4 Place du sujet dans le discours indirect

  a. Le pronom sujet n'est jamais placé après le verbe.

Discours direct	*Discours indirect*
verbe + pronom sujet	*pronom sujet + verbe*
Quand **viendrez-vous?**	Dites-moi quand **vous viendrez.**

  b. Le nom sujet peut être placé après le verbe (ou avant le verbe), si le verbe n'a pas d'objet direct.

Discours direct	Discours indirect
verbe + nom sujet ou *nom sujet + verbe + pronom sujet*	*verbe + nom sujet* ou *nom sujet + verbe*
Combien { **gagne** ta mère? / ta mère **gagne-t-elle?** }	Dis-moi { combien **gagne ta mère.** / combien **ta mère gagne.** }

c. Le nom sujet ne peut jamais être placé après le verbe dans les conditions suivantes:

◆ Si le verbe a un objet direct.

sujet   O.D.

Où ton **père** a-t-il acheté sa **voiture?**

sujet   O.D.

Je voudrais savoir où ton **père** a acheté sa **voiture.**

◆ Avec les mots interrogatifs suivants: **qui** (*O.D.*) et **pourquoi.**

| **Qui** Marie va-t-elle épouser? | Je sais **qui** Marie va épouser. |
| **Pourquoi** Jacques pleure-t-il? | Je sais **pourquoi** Jacques pleure. |

Exercice

D. Refaites chaque phrase en employant le discours indirect avec le verbe ou le groupe de mots entre parenthèses. Donnez les deux constructions possibles si la place du sujet peut varier.

Modèle: Où habitent les Bongrain? (Je ne sais pas)
*Je ne sais pas où **habitent les Bongrain.***
*Je ne sais pas où **les Bongrain habitent.***

1. Quand tes parents arriveront-ils? (Tu vas nous dire)
2. A quoi jouent les enfants? (Je me demande)
3. Où le président ira-t-il en vacances? (Le reporter cherche à savoir)
4. Comment les électeurs voteront-ils? (Les ministres ignorent)
5. Pourquoi ce magasin est-il fermé? (Je ne comprends pas)
6. Combien Claire a-t-elle payé ces chaussures? (Sais-tu)
7. Lequel de ces deux desserts va-t-elle prendre? (Son mari lui demande)
8. A quelle heure le cours commence-t-il? (Nous voudrions savoir)

Changements

1 Quand on passe du discours direct au discours indirect, souvent les pronoms personnels et les adjectifs possessifs changent, comme en anglais.

| Renée déclare: «**Je** vais au concert avec **mon** amie.» | Renée déclare **qu'elle** va au concert avec **son** amie. |

2 Quand on passe du discours direct au discours indirect, il se produit des changements dans les temps des verbes et dans les adverbes,[4] comme en anglais.

a. Si le verbe principal est au passé, les temps changent de la façon suivante:

Discours direct	**Discours indirect**
L'*imparfait*	reste *imparfait.*
Il **faisait** beau.	Il a dit qu'il **faisait** beau.
Le *présent*	devient *imparfait.*
Il **fait** beau.	Il a dit qu'il **faisait** beau.
Le *passé composé*	devient *plus-que-parfait.*
Il **a fait** beau.	Elle a dit qu'il **avait fait** beau.
Le *futur*	devient *conditionnel présent.*
Il **fera** beau.	Elle a dit qu'il **ferait** beau.
Le *futur antérieur*	devient *conditionnel passé.*
Il **aura fini** à deux heures.	Elle a dit qu'il **aurait fini** à deux heures.

b. A l'impératif, il y a les changements suivants:

Discours direct	**Discours indirect**
L'*impératif* (tu ou vous)	devient *infinitif.*
Arrête la voiture.	Elle lui a demandé d'**arrêter** la voiture.
L'*impératif* (nous)	devient *subjonctif présent.*
Allons au cinéma.	Elle a suggéré qu'ils **aillent** au cinéma.

c. Le subjonctif reste subjonctif.

Il m'a dit: «Je veux que tu **viennes**.»   Il m'a dit qu'il voulait que je **vienne**.

Exercice

E. Faites des phrases en employant le discours indirect. Suivez le modèle.

Modèle: J'ai demandé: «Il pleut?»
            *J'ai demandé **s'il pleuvait.***

1. J'ai demandé à Corentin: «Tu viens dans le jardin?»
2. M. Bongrain nous a dit: «Ne jouez pas sur la pelouse.»
3. Le petit garçon a demandé à son papa: «Est-ce qu'on peut se servir de tes boules?»
4. Le père a répondu: «Oui, mais il faut que vous fassiez attention.»
5. Corentin a suggéré: «Allons derrière le garage, et jouons dans l'allée.»

---

[4]Voir l'appendice, p. 480.

6. L'enfant a promis à son père: «Nous serons sages, nous ferons bien attention.»
7. Il m'a demandé: «Tu as déjà joué à la pétanque?»
8. J'ai voulu savoir: «Qu'est-ce que tu dis? Tu te moques de moi?»
9. Je lui ai affirmé: «J'ai gagné plusieurs concours.»
10. Après la partie, j'ai dû admettre: «Corentin a gagné.»

Formules à retenir

 avoir l'air / sembler / paraître

Ces trois verbes ont le même sens: *to look, seem, appear.* Ils se construisent avec un adjectif

       Elle **a l'air** triste.   Elle **semble** triste.   Elle **paraît** triste.

ou avec un infinitif.

       Vous **avez l'air** de dormir.   Vous **semblez** dormir.   Vous **paraissez** dormir.

Remarques:

◆ Quand **avoir l'air** est suivi d'un infinitif, il faut ajouter **de.**
◆ **Il paraît que** est suivi de l'indicatif. Cette expression signifie: *It seems = The rumor is, I heard.*

       Il paraît qu'ils **vont** se marier.

◆ **Il semble que** (*It seems, but it's doubtful*) est suivi du subjonctif.

       Il semble que le président **ait regagné** des voix.

◆ **Il me semble, il lui semble, il vous semble** sont suivis de l'indicatif et signifient **je crois, il** ou **elle croit, vous croyez.**

       Il me semble que vous **avez maigri.**

Exercice

F.   Traduisez les phrases suivantes en français.

1. It seems the Socialists lost the elections.   2. They do not seem very happy. (*Faites cette phrase de trois façons.*)   3. It seems to me they have a chance to win.   4. I heard they will try again in four years.   5. Are you listening? You look as though you are sleeping.   6. I heard that you bought a new car.   7. It seems you did not understand this problem.

 faire semblant / prétendre

Faire semblant signifie *to pretend* et se construit avec **de** + l'infinitif.

       Vous **faites semblant de travailler,** mais vous rêvez.

Prétendre signifie *to claim* et se construit avec **que** + le verbe conjugué.

Elle **prétend qu'**elle ne l'**oubliera** jamais.

Exercice

G. Traduisez les phrases suivantes en français.

1. She is pretending to listen, but she is sleeping. 2. They claim they visited all of Europe in a week. 3. Do not pretend you are crying. 4. You claim you do not have any money!

3 ▶ Prépositions et adverbes communs (*suite*)

Voici d'autres prépositions courantes et des adverbes qui correspondent.

prépositions		*adverbes*
en haut de	on top of	**en haut**
en bas de	at the bottom of	**en bas**
à côté de, près de	beside, near	**à côté, près**
loin de	far	**loin**
autour de	around	**autour**
au milieu de	in the middle of	**au milieu**
au-delà de	beyond	**au-delà**
en face de	facing, in front of	**en face**

Exercice

H. Dans les phrases suivantes, mettez la préposition ou l'adverbe qui convient: **en haut de, en haut, en bas de, en bas,** etc.

1. Il y a un grand mur _____ des jardins de l'Elysée. Nous avons un petit jardin; _____ , il n'y a pas de clôture (*fence*).

2. _____ l'arbre, il y avait des pommes; j'ai grimpé _____ pour les ramasser et je suis tombée.

3. Maurice est assis _____ un étudiant qui dort pendant la classe. Bien sûr, _____ , il y a un radiateur.

4. _____ la rivière il y a un courant très fort. Il est préférable de nager sur les bords, pas _____ .

5. Nous avons rendez-vous _____ l'église. Vous trouverez facilement. La gare se trouve de l'autre côté de la rue, juste _____ .

6. Si vous voulez voyager _____ Zagora, il faut prendre une jeep ou un chameau (*camel*), parce qu'_____ , c'est le désert.

7. Cette jeune fille n'aime pas vivre _____ ses parents. Elle n'est pas indépendante. Moi, quand je suis _____ , je me débrouille.

8. _____ l'escalier il y a une porte. La cave est _____ .

Synthèse

Applications

I.   Une enquête.   Des cambrioleurs ont été arrêtés alors qu'ils étaient en train de percer (*drill a hole into*) un mur pour pénétrer dans le sous-sol d'une banque. L'inspecteur de police les interroge. Il leur pose plusieurs questions. Mettez ces questions au discours indirect.

Il leur demande...

1.   Comment avez-vous préparé votre vol?
2.   Aviez-vous un plan de la banque?
3.   De quoi vous êtes-vous servis pour percer le mur?
4.   Est-ce que vous aviez des complices (*accomplices*)?
5.   Combien de temps avez-vous mis pour arriver jusqu'au coffre (*safe*)?
6.   Qu'est-ce qu'il y avait dans le coffre?
7.   Qui est-ce qui a sonné l'alarme?
8.   Que pensez-vous de l'idée de passer dix ans en prison?

II.   Répète, s'il te plaît!   Vous faites une visite à votre grand-oncle qui est un peu dur d'oreille (*hard of hearing*); vous lui racontez votre dernier voyage de vacances et il vous fait tout répéter. Suivez le modèle.

Modèle: aller à Tahiti
             Qu'est-ce que tu dis?
             Je te dis que je suis allé à Tahiti.

1.   rester au club Med
2.   faire de la plongée
3.   apprendre à faire de la planche à voile
4.   manger du poisson tous les jours
5.   visiter le musée Gauguin
6.   s'amuser énormément
7.   te rapporter ce beau coquillage

III.   Conseils du docteur.   Votre vieille tante a des ennuis de santé. Elle est allée voir le médecin et raconte à votre mère sa visite.

Modèle: Le docteur m'a demandé: «Est-ce que vous mangez beaucoup de pâtisseries?»
             *Le docteur m'a demandé **si je mangeais** beaucoup de pâtisseries.*

1.   Le docteur m'a dit: «Vous devez manger moins de viande.»
2.   Le docteur m'a demandé: «Est-ce que vous êtes sédentaire?»
3.   Le docteur a suggéré: «Faites un peu de marche tous les jours.»
4.   Le docteur a voulu savoir: «Combien de médicaments avez-vous pris la semaine dernière?»
5.   Le docteur m'a assuré: «Vous n'avez pas besoin de dormir tant.»

6. Le docteur a déclaré: «Je crois que vous allez vivre cent ans.»
7. Le docteur m'a conseillé: «Faites un petit voyage.»
8. Le docteur m'a affirmé: «Cela vous fera du bien.»

IV. Où déjeuner?   M. et Mme Mallet font un voyage en voiture. Ils cherchent un restaurant pour déjeuner. Récrivez leur conversation au discours direct, sous forme de dialogue.

1. Mme Mallet a dit qu'elle avait faim. 2. Elle a demandé à son mari de chercher un restaurant. 3. M. Mallet lui a dit de regarder elle-même sur la carte; il lui a demandé s'il y avait un village bientôt. 4. Elle a répondu qu'elle croyait que oui, mais qu'elle n'en était pas sûre. 5. Elle a ajouté qu'elle avait vu un grand panneau publicitaire. 6. M. Mallet lui a demandé ce qu'il y avait sur ce panneau. 7. Elle a répondu qu'elle avait vu La Bonne Auberge à 12 km. 8. Alors M. Mallet a suggéré qu'ils s'arrêtent à cette Bonne Auberge. 9. Mme Mallet a dit qu'elle voulait bien qu'on y prenne un repas, pourvu que ce soit bon. 10. M. Mallet a répondu qu'elle était trop difficile et que dans ces conditions, on se passerait de déjeuner.

Conversations

1. **La vie à la ville ou la vie à la campagne?**   Aimez-vous la vie à la ville?

    ◆ **les avantages:**   les distractions, le théâtre, le musée, l'exposition (*exhibit*), les magasins, la vie culturelle et artistique, la commodité (*convenience*), être sur place (*to be on location*), les soins médicaux

    ◆ **les désavantages:**   la nuisance, le bruit, la circulation, la pollution par la fumée des usines ou les produits chimiques (*chemicals*), le crime, les mauvais quartiers (*bad neighborhoods*), les transports en commun (*commuting*), la drogue, la promiscuité

    Préférez-vous la vie à la campagne?

    ◆ **les avantages:**   le grand air (*fresh air*), le silence, le calme, la verdure (*green spaces*), les produits frais, les légumes, les animaux qu'on élève—la poule (*hen*), le lapin (*rabbit*), l'espace

    ◆ **les désavantages:**   l'absence de vie culturelle, l'isolement (*isolation*), la solitude, l'ennui (*boredom*)

2. **Les onomatopées.**   Les bruits de la vie dans un HLM. Vous avez passé une mauvaise nuit. Vous expliquez à un camarade les bruits qui vous ont tenu éveillé.

Aïe!	on se fait mal
Atchoum!	quelqu'un éternue (*sneezes*)
Bla-bla-bla	quelqu'un parle trop
Bing!	un coup de poing
Boum!	quelque chose explose
Brrr!	on a froid
Chut!	Taisez-vous!
Ding dong!	le bruit de la sonnette de la porte d'entrée
Dring!	la sonnerie du téléphone
Flic-floc	le bruit de la pluie

Glou-glou	le bruit de l'eau qui coule, ou du vin qui sort de la bouteille
Miaou	un chat miaule
Ouah, ouah	un chien aboie
Ouin-ouin	une personne pleure
Paf!	le bruit d'une gifle (*slap*)
Pimpon	le bruit de la voiture des pompiers
Psst!	on veut attirer l'attention de quelqu'un
Vroum	le bruit d'une voiture
ZZZZ	quelqu'un dort

3. **La B.D.** (bande dessinée [*strip cartoon*]). Lisez-vous des bandes dessinées? Pourquoi ou pourquoi pas? Si oui, quelle est votre B.D. favorite? Quels sont vos albums favoris? Racontez les gags qui vous font rire, et comparez vos lectures avec celles d'un copain.

album (*m.*) *album*
bulle (*f.*) *balloon*
dessinateur (*m.*) dessinatrice *cartoonist*

gag (*m.*) *gag*
illustré (*m.*) *comic*
scénariste (*m., f.*) *scriptwriter*

Astérix, Gaston la Gaffe, Lucky Luke, Spirou, Tintin.

Traduction

1. Last Sunday, Dad, Mom, and I went to spend the day at M. Bongrain's new weekend house. 2. Dad had called M. Bongrain to ask him how to get to his house. 3. M. Bongrain told Dad that it was really easy; he told him to take the first street to the right, then to turn left at the first light. 4. Then he told him that at the crossroad there was some roadwork but that after that it was straight ahead. 5. Of course, we got lost, because Dad missed the turn at the stoplight. 6. Dad screamed at Mom and told her she was reading poorly the directions he had written on the paper. 7. We stopped and asked a man if he knew where M. Bongrain's weekend house was. 8. Finally, we arrived after lunch at M. Bongrain's. 9. They had eaten everything, but Mme Bongrain said she had sardines.

Rédactions

1. **Une dispute.** Ecrivez un dialogue au discours indirect entre un monsieur et sa femme qui se disputent sur un des problèmes suivants: comment aller à la maison de campagne de leurs amis et retrouver leur chemin après s'être perdus; ou bien comment choisir entre deux styles de vie différents: la vie à la ville ou la vie à la campagne.

Le mari dit que...
La femme répond que...
Le mari reprend que…
Le femme assure que...
etc.

2. **Témoignage.** Vous avez été, malgré vous, témoin d'une agression (meurtre, vol à main armée, cambriolege) et vous avez entendu la conversation entre la victime et son agresseur. La police arrive et vous relatez, en employant le discours indirect, les événements auxquels vous avez assisté.

Chapitre 21

Le passif

Vocabulaire

s'apitoyer sur to pity, to feel compassion for
atteindre to reach
aveugle blind
commerçant (*m.*) **de traite** slave trader
cordelette (*f.*) thin cord
cour (*f.*) yard, court
couverture (*f.*) blanket
déposer to put down
destituer (d'une fonction) to dismiss, to remove (from office)
dévisager to stare at, to look hard at
disperser to scatter
dissimuler to hide
douillet(te) cosy; easy, soft
effrayé(e) frightened
s'éloigner to move away
enfer (*m.*) hell

envelopper to wrap
épaule (*f.*) shoulder
estrade (*f.*) platform
foule (*f.*) crowd
il fait jour it is becoming light
lien (*m.*) rope
ligoter to tie up
livrer (à) to hand over (to)
mépriser to despise
négrier (*m.*) slave trader
prêter attention to pay attention
prise (*f.*) capture
reprendre conscience to regain consciousness
reprendre son souffle to catch one's breath
sourd(e) deaf
supplier to beg
vaincu(e) defeated

Vocabulaire supplémentaire

Les groupes ethniques, régionaux

Asiatiques (*m. pl.*) Asian people
gens (*m. pl.*) **du Nord, du Sud** Northerners, Southerners
Latins (*m. pl.*) Latin people

Le caractère

démonstratif demonstrative
renfermé withdrawn
sombre somber

voir la vie en rose to see life through rose-colored glasses
voir tout en noir to look on the dark side

Les sentiments (*m. pl.*) feelings

communiquer to communicate
se confier to confide
exubérance (*f.*) exuberance
joie (*f.*) **de vivre** joy in life
pudeur (*f.*) **des sentiments** reserve

*E*sclaves d'Afrique

Maryse Condé (1945–   ), romancière, est née à la Guadeloupe et a vécu longtemps en Afrique. Professeur de littérature négro-africaine à l'université de Paris IV (la Sorbonne), elle est aussi productrice à Radio France Internationale. Elle a écrit plusieurs récits et des essais sur la civilisation africaine.

Préparation à la lecture

Le roman *Ségou,* d'où sont extraits les passages suivants, est l'histoire d'un royaume, situé entre Bamakou et Tombouctou, autrefois florissant. Maryse Condé raconte la conquête de ce pays animiste[1] par l'islam et les malheurs causés par ce choc historique dans la famille de Dousika Traoré, un noble de la tribu bambara. Traoré est le «diamou», c'est-à-dire le nom de cette famille. Leur «totem» est la «grue couronnée°».   crowned crane

    Naba est un des fils de Dousika. Un jour, au cours d'une chasse au lion, armé d'un arc et de flèches placées dans un carquois,° le jeune homme s'éloigne de son groupe; il est capturé par des «chiens fous dans la brousse°»; c'est ainsi qu'on appelle, en langage bambara, les kidnappeurs d'enfants.

   un arc... a bow and arrows in a quiver

   chiens... wild dogs in the bush

L'histoire de Naba

   ... **N**aba n'était pas loin. A peine à quelques heures de marche.

    Une dizaine de «chiens fous dans la brousse» l'avaient capturé alors qu'il s'était éloigné de ses compagnons. Ces «chiens fous... » préféraient s'attaquer aux enfants, aisément effrayés, faciles à dissimuler dans un
5 grand sac, puis à transporter jusqu'aux marchés d'esclaves où ils étaient échangés contre une petite fortune. Naba était déjà trop fort puisqu'il avait près de seize ans.

    Mais il était là, désarmé, car il avait déposé assez loin de lui son arc et son carquois. Il atteignait l'âge où les prises étaient fort appréciées des
10 commerçants de traite. Il était visiblement soigné, bien nourri. La tentation avait été trop forte... Ils avaient endormi Naba, lui avaient solidement ligoté les membres avec des cordelettes... et l'ayant enveloppé d'une couverture, l'avaient jeté en travers de leurs montures.°

   l'avaient... had thrown him across the backs of their horses / = **fermée**

    Quand Naba reprit conscience, il se trouva donc dans une case dont la
15 porte était obturée° par des troncs d'arbre. A la couleur de l'air qui filtrait, il réalisa qu'il allait bientôt faire jour. A côté de lui, endormis à même la terre,° trois enfants de six ou huit ans, ligotés de la même manière que lui.

   à... next to the ground

---

[1]Les animistes croient que chaque chose a une âme (*soul*) semblable à l'âme humaine.

Jusqu'à une époque récente, la concession[2] de Dousika avait été pour lui et les autres enfants un univers douillet, sourd à tous les bruits du monde: guerre, captivité, commerce de traite. ... La première brèche° dans ce mur de bonheur avait été causée par la conversion à l'islam de Tiékoro[3] et le départ du grand frère bien-aimé. A présent, brusquement, Naba découvrait la peur, l'horreur, le mal aveugle. Il avait souvent vu des captifs dans les cours de la concession paternelle... , mais il ne leur avait jamais prêté attention. Il ne s'était jamais apitoyé sur eux, puisqu'ils appartenaient à un peuple de vaincus qui n'était pas le sien. Allait-il connaître le même sort? Dépouillé° de son identité, livré à un maître, cultivant ses terres, méprisé de tous? Il tenta° de s'asseoir. Ses liens l'en empêchèrent. Alors il se mit à pleurer comme l'enfant qu'il était encore.

[Plus tard, Naba est devenu esclave au fort de Gorée, une ville fortifiée d'Afrique Centrale. Il était jardinier dans une grande plantation. Comme il avait été baptisé et profitait d'une certaine liberté, il visitait souvent la prison des négriers dans laquelle les nouveaux captifs étaient enfermés, en attendant d'être achetés ou expédiés ailleurs. Il leur donnait des oranges.

Voici maintenant l'histoire de Romana, qui recoupe° celle de Naba.

Romana est une ancienne princesse de la tribu yoruba. Elle aussi a été capturée, est passée par le fort de Gorée, puis, après de multiples et pénibles aventures, a rencontré un jeune esclave Malobali (rebaptisé Samuel) à qui elle raconte son histoire. Malobali ressemble étrangement à Naba.]

L'histoire de Romana

Je suis née à Oyo, dans le plus puissant des royaumes yorubas. Mon père avait d'importantes fonctions à la cour puisqu'il était un arokin,[4] chargé des récitations des généalogies royales. Nous habitions dans l'enceinte° du palais. Puis un jour, victime des querelles, des intrigues d'ennemis, mon père a été destitué de ses fonctions. Notre famille a été dispersée. Je ne sais pas ce que sont devenus mes frères, mes sœurs. Moi, j'ai été vendue à des négriers et emmenée au fort de Gorée. Peux-tu imaginer la douleur d'être séparée de ses parents, arrachée à une vie de luxe et de bien-être? J'avais alors treize ans à peine, j'étais une enfant. Alors dans ce fort abominable, parmi ces créatures promises comme moi à l'enfer, je ne cessais de pleurer. Je souhaitais mourir et je serais certainement arrivée à mes fins° quand un homme est apparu. Il était grand, fort. Il portait à l'épaule un sac d'oranges. Il m'en a offert une et c'était comme si le soleil qui, depuis des semaines, refusait pour moi de se lever, réapparaissait dans le ciel.

Marginal glosses:
- hole
- Stripped
- = essaya
- matches up with
- dans... within the walls
- je serais... I would have succeeded

---

[2]Pour **case** et **concession,** voir Chapitre 12, p. 236.

[3]Tiékoro est le frère aîné de Naba.

[4]**arokin** un sorcier africain

«Pour moi, pour me protéger, cet homme a fait l'effroyable
traversée.[5]...

«Puis nous sommes arrivés dans une grande ville sur la côte du Brésil.
Peux-tu imaginer ce que c'est que d'être vendue? La foule qui vous dévisage autour de l'estrade, les groupes de nègres blottis° les uns contre les   huddled
autres, l'examen des muscles, des dents, des parties sexuelles, le marteau
du commissaire-priseur!° Hélas! Naba et moi, nous avons été séparés...   le marteau... the auction-
eer's hammer
    —Naba, tu dis Naba?
    —Laisse-moi continuer. Après, après, je répondrai à tes questions. J'ai
été achetée par Manoel da Cunha qui m'a emmenée sur sa fazenda[6] tandis
que Naba s'en allait vers le nord... Et c'est là que mon véritable calvaire° a   martyrdom, agony
commencé... Et un jour, Naba est réapparu. Dans la cuisine, au moment où
je servais le repas et sans un mot, il m'a serrée contre lui...

Comme elle reprenait son souffle, Malobali la supplia:
«Parle-moi de cet homme, Romana... Tu l'appelles Naba?
    —Oui, il faut que je t'en parle... C'était comme toi un Bambara de
Ségou. Son diamou était Traoré. Son totem était la «grue couronnée». Il
n'avait pas quinze ans qu'°il avait tué son premier lion... Mais un jour, des   il n'avait... he was barely
fifteen when
«chiens fous dans la brousse» l'avaient capturé et vendu... Et quand je l'ai
vu entrer dans ma maison... j'ai cru que Dieu dans son insondable bonté°   dans son... in His infinite
kindness
me le rendait. J'allais tomber à genoux pour le remercier. Hélas! je me suis
aperçue de mon erreur... Car il faut que je continue mon histoire. Ils l'ont
tué, Samuel, ils l'ont tué!
    —Ils ont tué mon frère?
    —Ton frère?
    —Mon frère, c'était mon frère. L'histoire que tu racontes est celle de
ma famille.»

Questions sur la lecture

1. Que faisaient les «chiens fous» quand ils avaient capturé un enfant, et
   que devenait cet enfant?
2. Pourquoi est-ce que Naba était une prise exceptionnelle?
3. Quel type de vie a eu Naba avant sa capture? Comment ce bonheur
   a-t-il cessé?
4. Pourquoi ne s'est-il jamais apitoyé sur le sort des captifs qu'il voyait
   chez son père?
5. Quel type de vie a eu Romana?
6. Pour quelles raisons est-ce que son père a été destitué?
7. Qui est l'homme qui l'a accompagnée au Brésil pour la protéger?
   Comment les deux jeunes gens se sont-ils rencontrés?

---

[5]la traversée (*crossing*) de l'océan Atlantique, pour aller d'Afrique au Brésil
[6]une ferme au Brésil

8. Qu'est-ce qui est arrivé à Naba et à Romana après leur arrivée au Brésil? Pourquoi ont-ils été séparés?
9. Comment Malobali (Samuel) reconnaît-il son frère Naba dans l'histoire de Romana?
10. Quel a été le sort final de Naba?

Questions personnelles

1. Est-ce normal qu'un enfant soit insensible à la vue de certains malheurs qui lui sont étrangers? Pouvez-vous trouver des exemples de situations semblables autour de vous?
2. Pouvez-vous déceler dans votre personnalité des traits de caractère, des goûts, des tendances positives et dignes d'admiration qui viennent de votre héritage ethnique?
3. Pouvez-vous vous rappeler un événement de votre vie qui a marqué le moment où vous êtes sorti du narcissisme de l'enfance, de l'univers douillet familial, pour prendre conscience de la misère du monde et éprouver de la compassion?

Le passif

Le passif est une forme verbale utilisée quand on veut montrer que le sujet est en train de subir l'action (*receive the action*) plutôt que de faire l'action. Quand on passe d'une construction active à une construction passive, l'ordre des mots, la forme du verbe changent de la façon suivante: le sujet de la phrase active devient l'agent de la phrase passive; l'objet direct de la phrase active devient le sujet de la phrase passive; le verbe devient composé et conjugué avec le verbe **être.**

Comparez les phrases suivantes:

Un chien **mord** un enfant.	*A dog **bites** a child.*
Un enfant **est mordu** par un chien.	*A child **is bitten** by a dog.*

1 Le sujet **chien** est devenu l'agent **par un chien.**

2 L'objet direct **enfant** est devenu le sujet.

3 Le verbe **mord** est devenu **est mordu** (forme composée, auxiliaire **être**).

Formes

On conjugue l'auxiliaire **être** au temps désiré et on ajoute le participe passé.

1 Voici le présent et le passé composé passifs du verbe **obliger.**

je **suis obligé(e)** (*I am obliged*)	j'**ai été obligé(e)** (*I have been, was obliged*)
tu **es obligé(e)**	tu **as été obligé(e)**
il, elle **est obligé(e)**	il, elle **a été obligé(e)**
nous **sommes obligés(ées)**	nous **avons été obligés(ées)**
vous **êtes obligé(e)(s)**	vous **avez été obligé(e)(s)**
ils, elles **sont obligés(ées)**	ils, elles **ont été obligés(ées)**

2 Voici les autres temps.

infinitif prés.:	**être obligé**	*infinitif passé:*	**avoir été obligé**
imparfait:	j'**étais obligé**	*plus-que-parfait:*	j'**avais été obligé**
futur:	je **serai obligé**	*futur antérieur:*	j'**aurai été obligé**
cond. prés.:	je **serais obligé**	*cond. passé:*	j'**aurais été obligé**
subj. prés.:	que je **sois obligé**	*subj. passé:*	que j'**aie été obligé**
passé simple:	je **fus obligé**		

Remarques:
◆ Aux temps composés du passif, il y a toujours trois mots pour le verbe.
◆ Le participe passé s'accorde avec le sujet; **été** reste invariable.

3 A la forme négative, la négation entoure l'auxiliaire du verbe **être**. A la forme interrogative, l'ordre des mots est le même que pour la forme interrogative des verbes actifs aux temps composés.

Son père **a-t-il été blessé?**   Non, il **n'a pas** été blessé.

Exercice

A. Mettez les phrases suivantes à la forme passive, en suivant le modèle.

Modèle: On découvre l'Amérique.
L'Amérique est découverte.

1. On a chassé les envahisseurs (*invaders*).
2. On a ligoté le cambrioleur.
3. On nous appelait au téléphone.
4. On te menacera de perdre ton permis.
5. On me met à la porte.
6. On les a séparés de leur famille.
7. On la vendra comme esclave.
8. Naba dit: «On m'a capturé pendant la chasse au lion.»
9. On les avait frappés pendant le voyage.
10. Les précautions? On les prenait soigneusement.
11. On détruisit la tribu.
12. Il est important qu'on ne me surprenne pas.

13. On a fait des projets d'évasion.
14. On destituera le père de ses fonctions.
15. On poursuivait les enfants dans la jungle.
16. Sur l'estrade, on vous dévisage.
17. On sauvait les animaux de l'incendie.
18. On nous appréciait pour nos qualités.
19. On bat le lion pour qu'il entre dans la cage.
20. On avait vaincu l'ennemi.

Emplois

La forme passive du verbe s'emploie dans certaines conditions décrites ci-dessous. On préfère souvent employer une construction active pour éviter le passif.

1 Seul un verbe transitif (suivi d'un objet direct) peut être mis au passif. L'objet direct devient le sujet du verbe passif.

o.d.	sujet
On fabrique une **voiture.**	Une **voiture** est fabriquée.

2 Un verbe intransitif (qui n'a pas d'objet direct) ne peut pas être mis au passif.

Tu **réponds** *à Marc.*   Vous n'**obéissez** pas *à vos parents.*

La forme passive est impossible: **Marc, vos parents** sont des *objets indirects* et un objet indirect ne peut pas devenir sujet d'un verbe passif.

3 Les verbes **dire, demander, promettre, défendre, interdire,** qui sont à la fois transitifs et intransitifs, suivent la règle suivante:

◆ Ils peuvent être mis au passif quand ils ont un objet direct à la forme active.

On **dit** un **poème.**   Un **poème est dit.**
Elle **promet** une **récompense.**   Une **récompense est promise.**
Le docteur **interdit** la **cigarette** à son malade.   La **cigarette** lui **est interdite.**

◆ Ils ne peuvent pas être mis au passif quand on emploie comme sujet un ancien objet indirect. Dans ce cas, au lieu d'employer le passif, on emploie une tournure avec **on.**

... dire à Paul de venir (*Paul was told*)   *On* a dit à **Paul** de venir.
... promettre aux enfants une surprise (*The children were promised*)   *On* a promis une surprise **aux enfants.**
... interdire aux immigrants de voter (*The immigrants were forbidden*)   *On* interdit **aux immigrants** de voter.

4 Le complément d'agent avec **par** ou **de**

On peut trouver les prépositions **par** ou **de** devant le complément d'agent.

L'enfant a été mordu **par** un chien.   Ce professeur est aimé **de** ses élèves.

Par est toujours possible devant l'agent du verbe passif; **de** n'est pas toujours possible.

> *On peut dire:*
> Ce professeur est aimé **de** ses élèves ou **par** ses élèves.

> *Il faut dire:*
> Pierre a été mordu **par** un chien.

Voici les nuances de sens entre **par** et **de.**

par	de
◆ **par** s'emploie avec des verbes qui indiquent une action physique:	◆ **de** s'emploie avec des verbes qui indiquent un sentiment, une émotion:
La voiture est tirée **par** un cheval.	Ce professeur est aimé **de** ses étudiants.
◆ **par** s'emploie avec des verbes pris au sens propre, concret:	◆ **de** s'emploie avec des verbes pris au sens figuré, souvent sans article:
L'explorateur a été dévoré **par** un lion.	Il est dévoré **de** chagrin.
◆ **par** s'emploie avec un nom déterminé:	◆ **de** s'emploie avec un nom seul, sans article:
La place est encombrée **par** les habitants du village.	La place est encombrée **d'**habitants.
	◆ **de** est la construction habituelle de certains verbes qui indiquent une quantité: **être rempli de, être entouré de, être couvert de, être orné de, être décoré de**

5 Faux passif / vrai passif

a. Souvent le passif est simplement le résultat d'une action passée. C'est le verbe **être** (conjugué au temps désiré) et un participe passé qui a une valeur d'adjectif. L'agent n'est pas exprimé. C'est le faux passif.

> Je **suis fatigué.**   La porte **était fermée.**

b. Le vrai passif exprime *une action en train de se produire.* Il y a généralement un agent exprimé ou sous-entendu.

Comparez les phrases suivantes:

Faux passif (résultat)	*Vrai passif (action)*
La porte **est fermée.**	Tous les soirs la porte de la banque **est fermée par un gardien.**
Ma voiture **est réparée.**	Ma voiture **a été réparée par le meilleur mécanicien.**
Le dîner **est servi.**	Tous les jours le dîner **est servi par la bonne.**
L'ennemi **est battu.**	Cette pauvre femme **est battue par son mari.**

c. Souvent, même si le verbe exprime un vrai passif, l'agent n'est pas exprimé; l'identité de cet agent est évidente ou imprécise. Cet emploi est fréquent au passé composé, au plus-que-parfait ou au futur.

Le président **a été élu.** (*L'identité est évidente: par les électeurs.*)
Les routes **seront construites.** (*L'identité est imprécise.*)

6 Comment éviter le passif?

A part le faux passif, qui est très courant, le vrai passif est plus rare en français qu'en anglais.

a. On préfère souvent en français une phrase à la voix active, quand un passif est possible en anglais.

Ses amis l'**admirent** beaucoup.   *He is much **admired** by his friends.*

b. Le pronom indéfini **on** est utilisé souvent comme sujet d'un verbe actif. Dans ce cas, **on** représente une ou des personnes indéfinies.

Au Québec **on parle** français.   *In Quebec, French **is spoken.***
On n'a pas encore trouvé de remède contre   *A cure for the common cold **has not yet been**
le rhume banal.   ***found.***

c. On peut employer un verbe pronominal de sens passif (voir p. 243).

Ça **ne se fait pas;** ça **ne se dit pas.**   *This **is not done;** that **is not said.***

Exercices

B. Mettez les phrases suivantes au passif. Employez **de** ou **par** devant l'agent.

1. Un kidnappeur a volé l'enfant. 2. Autrefois, de nombreux poissons remplissaient la mer. 3. L'inquiétude dévorait cette mère anxieuse. 4. Des jardins superbes entourent la maison. 5. Un gangster armé avait attaqué la banque. 6. L'extinction menace plusieurs espèces d'animaux et de plantes. 7. Des passants encombraient la rue. 8. Les lions ont dévoré quelques moutons. 9. En hiver une neige épaisse couvrira les montagnes. 10. Pendant cette nuit de camping, les moustiques nous ont piqués. 11. Des marchands envoyèrent des Africains comme esclaves en Amérique. 12. Les bombardements détruisirent beaucoup de villes en France.

C. Transformez les phrases suivantes avec un verbe pronominal ou avec **on.**

1. Il a été opéré hier. 2. Elle a été trouvée assassinée. 3. Les timbres sont aussi vendus dans des bureaux de tabac. 4. Le dîner est servi à huit heures. 5. Ce poisson est mangé froid. 6. La question a été posée à Paul. 7. Ils ont été aperçus dans un bar. 8. Notre-Dame est à Paris. 9. Une piqûre lui a été faite. 10. Cette chose n'est jamais dite. 11. Au passé composé, les verbes pronominaux sont conjugués avec l'auxiliaire *être.* 12. Au Sénégal, les habitants parlent français.

Formules à retenir

1 **entendre dire que / entendre parler de / avoir des nouvelles de**

a. Ces trois expressions sont la traduction de *to hear.* On utilise **entendre dire que** pour traduire *to hear that.*

I heard that Elisabeth is going to have a baby.	J'ai **entendu dire** qu'Elisabeth va avoir un bébé.

b. On utilise **entendre parler de** pour traduire *to hear about, to hear of.*

*I never **heard of** this company.*	Je n'ai jamais **entendu parler de** cette compagnie.

c. *To hear from someone* se dit **avoir des nouvelles de quelqu'un.**

*Did you **hear from** Jerome?*	Avez-vous eu **des nouvelles de** Jérôme?
*Did you **hear from** him after his trip to Japan?*	Avez-vous eu **de ses nouvelles** après son voyage au Japon?

Exercice

D. Mettez la forme correcte du verbe—**entendre dire que, entendre parler de, avoir des nouvelles de**—dans les phrases suivantes.

1. Tu (**passé composé**) _____ l'esclavage des Brésiliens noirs?
2. Nous (**passé composé négatif**) _____ nos amis du Mali depuis longtemps.
3. On (**présent**) _____ la princesse Caroline toutes les semaines dans les revues françaises.
4. Je (**présent**) _____ elle s'occupe beaucoup d'œuvres de charité.
5. Vous (**passé composé négatif**) _____ ce roman de Maryse Condé?
6. Ils (**futur**) _____ du directeur de l'école, quand il aura examiné leur dossier.

2 ▶ c'est pourquoi

C'est pourquoi signifie *That's why, that's the reason.* On peut dire aussi **C'est la raison pour laquelle, c'est pour cette raison que.**

> Les recherches de ce savant sont importantes pour le monde entier; **c'est pourquoi** (ou **c'est la raison pour laquelle,** ou **c'est pour cette raison qu'**) il a reçu le prix Nobel.

Attention: On ne dit jamais **c'est la raison pourquoi.**

Exercice

E. Combinez chaque phrase de la colonne de gauche avec celle de la colonne de droite qui correspond en utilisant la formule **c'est pourquoi** ou **c'est la raison pour laquelle.**

1. Naba a donné une orange à la jeune captive.
2. Naba a été baptisé.
3. Naba a l'air bien soigné et bien nourri.
4. Romana a rencontré un homme qui ressemblait à Naba.

a. Il a le droit de visiter les prisons d'esclaves.
b. Les voleurs d'enfants pensent qu'ils le vendront cher.
c. Elle lui raconte l'histoire de sa vie.
d. Elle est tombée amoureuse de lui.

3 ▶ il reste / il me reste

Le verbe impersonnel **il reste** signifie *there is . . . left.* **Il me reste** signifie *I have . . . left.* Dans cette dernière expression, **me** est objet indirect: Il **lui** reste = *he or she has left.* **Il ne reste plus de...** signifie *there is no more . . . left.*

A cause de la pollution, **il reste** peu de poissons dans certains océans.
Il me reste du travail à faire.
Il ne vous **reste plus d'**argent.

Exercice

F. Répétez les phrases suivantes avec **il reste** ou **il + me, te, lui, nous + reste.**

Modèle: Il n'y a plus de lait dans le frigidaire.
    Il ne reste plus de lait.

1. Les lions n'existent presque plus dans cette région de brousse.
2. J'ai cinq cents dollars à la banque.
3. Nous avons seulement une semaine de cours avant les vacances.
4. Jacques Cousteau n'a plus beaucoup d'océans à explorer.
5. Il y a encore des tigres blancs dans certaines régions de l'Inde.

Synthèse

Applications

I. **Comment fonctionne la République française?** Faites des phrases avec le vocabulaire suivant en mettant les verbes au passif.

1. La constitution / préparer (**passé composé**) / une commission spéciale.
2. Le président / élire / les citoyens au suffrage universel.
3. Les candidats / présenter / les différents partis.
4. L'Assemblée législative / former / des élections tous les quatre ans.
5. Chaque cabinet / diriger / un ministre.
6. Les ministres / nommer / le Président.
7. Les lois / préparer / les membres du Sénat.
8. Les lois / discuter et voter ou rejeter / la Chambre des députés.

Sur le même modèle, dites comment fonctionne le gouvernement de votre pays.

II. **Un camping désastreux.** Récrivez le texte suivant et mettez les phrases entre parenthèses au passif.

1. Nous sommes partis pour camper. (D'abord, la circulation nous a retardés.) Nous sommes arrivés tard. (Les gens remplissaient le terrain de camping. On avait attribué [*given*] notre place à un autre groupe.)
2. Nous avons dû camper dans un endroit près des poubelles. (Les odeurs nous ont dérangés.)
3. (Pendant la nuit, les moustiques nous ont dévorés.)
4. (Puis la pluie nous a inondés.)
5. (Un grand coup de vent a renversé notre tente.)

6. Le matin, nous n'avons pas pu nous laver. (Les gens encombraient les toilettes. Quelqu'un avait cassé les robinets.)
7. Nous n'avons pas pu manger. (Les ours [*bears*] avaient mangé nos provisions.)
8. Nous sommes rentrés, très déçus. (Tous ces incidents nous ont découragés.)

Ajoutez trois autres désastres, en employant la forme passive.

III. Un monde utopique. Les phrases suivantes sont au passif. Mettez-les à la forme active pour dire ce qui se passera dans l'avenir.

1. Des voyages dans l'espace seront organisés.
2. Les gens seront guéris du cancer et du sida par un vaccin.
3. Toutes les espèces animales et végétales qui sont en voie de disparition seront protégées.
4. La misère des peuples sous-développés sera diminuée.
5. Les conflits entre les peuples seront contrôlés par une armée internationale.
6. Des routes où il n'y aura plus d'accidents seront construites.
7. L'arrivée de toutes les catastrophes naturelles sera prédite par une machine spéciale.
8. Dans les maisons, la cuisine et le ménage seront faits par des robots.
9. Les impôts des pauvres seront payés par les riches.
10. La faim dans le monde sera éliminée.

Conversations

1. **Disparition d'enfants.** Les vols d'enfants deviennent de plus en plus fréquents. Dans quelles circonstances les enfants sont-ils volés? Quels sont les motifs des kidnappeurs? Que réclament-ils? Comment les enfants sont-ils retrouvés, quelquefois?

    kidnapper / les recherches / un indice (*clue*) / la rançon

2. **Esclavage.** Y a-t-il des formes d'esclavage dans la société moderne? (Les enfants qui sont forcés de travailler [en Inde, en Afrique, en Asie]; les femmes qui restent à la maison...)

3. **La chasse.** Que pensez-vous de la chasse? Y a-t-il une différence entre la chasse pour se nourrir et la chasse considérée comme un sport ou faite pour le commerce (ivoire, fourrure)? La chasse n'est-elle pas surtout, pour ceux qui la pratiquent, une façon d'assouvir (*satisfy*) leurs instincts cruels? Ne pensez-vous pas que les animaux aient aussi des droits? Lesquels?

braconnier (*m.*) (*poacher*)	chien (*m.*) de chasse (*hound*)
cartouche (*f.*) (*cartridge*)	fusil (*m.*) (*rifle*)
chasse à courre (*fox or deer hunting*)	gibier (*m.*) (*game*)
chasse gardée (*private hunting ground*)	lapin (*m.*) (*rabbit*)
chasseur (*m.*) (*hunter*)	meute (*f.*) (*pack of hounds*)
chevreuil (*m.*) (*deer*)	safari (*m.*)

Traduction

1. One day while he was hunting, the young prince was captured by thieves from another tribe. 2. He was tied up and transported to a slave market. 3. There he was sold for a small fortune because he appeared well cared for and fed. 4. Later he was sent to a plantation where he was promoted (**promouvoir**) to gardener. 5. He had been baptized and given (*use* **on**) the

name of Jean-Christophe.   6. One day, while he was visiting the prison of black slaves, he met a young princess who, too, had been kidnapped and sold.   7. Together they were sent to Brazil where they were shown at a slave market, separated, and sold to different farmers. 8. Eventually, they found each other again and were given their freedom.

Rédaction

1. **L'esclavage aux Etats-Unis.** Que savez-vous sur l'histoire de l'esclavage et sur ses résultats aux Etat-Unis?

2. **Le sort des animaux dans les zoos.** Selon vous, peut-on dire que les zoos sont des camps de concentration pour animaux? Expliquez.

Chapitre 22

Les participes

Vocabulaire

s'accroupir to crouch
arête (*f.*) ridge
atterrissage (*m.*) landing
bordé(e) lined
bruissement (*m.*) rustle
cabri (*m.*) kid (goat's baby)
cabriole (*f.*) caper
chaloupe (*f.*) launch
ému(e) moved
empreinte (*f.*) print, mark
s'engager (here) to enter
environner to surround
éprouver un besoin to have a need
éprouver une impression to have a feeling
gambade (*f.*) frolick
grisé(e) intoxicated
guetter to look for (as for a prey)
hublot (*m.*) round window (in a ship or a plane)

humecter to dampen
humer to smell
malgré in spite of
marmonner to mutter
mouette (*f.*) seagull
pépier to chirp
pesanteur (*f.*) gravity
planer to glide
pousser une exclamation to exclaim
rayonner to radiate
rectiligne straight
se recueillir to collect oneself
règne (*m.*) kingdom
rétrofusée (*f.*) retrorocket
scaphandre (*m.*) space suit
survoler to fly over
tourmenté(e) tortured
vaisseau (*m.*) **(spatial)** (space)ship

Vocabulaire supplémentaire

Science fiction

androïde (*m.*) android
anthropomorphe anthropomorphous
darwinisme (*m.*) darwinism
extraterrestre (*m.*) extraterrestrial
fantastique (*adj.* or *noun, m.*) fantastic
galaxie (*f.*) galaxy
interstellaire interstellar
lunaire lunar
machine (*f.*) **à explorer le temps** time machine
mutant (*m.*) mutant
Martien (*m.*) Martian
merveilleux (*m.*) marvelous
roman (*m.*) **d'anticipation** science fiction
   (events dealing only with the future)
satellite (*m.*) satellite
télépathie (*f.*) telepathy

Termes géographiques

aride dry
baie (*f.*) bay
campagnard(e) countrylike
chaîne (*f.*) **de montagnes** mountain range

col (*m.*) pass
colline (*f.*) hill
contrée (*f.*) region
désert (*m.*) desert
désolé(e) desolate
falaise (*f.*) cliff
fertile fertile
fleuve (*m.*) river (that flows into the sea)
glacier (*m.*) glacier
golfe (*m.*) gulf
habité(e) inhabited
île (*f.*) island
lac (*m.*) lake
littoral (*m.*) coast line
océan (*m.*) ocean
plage (*f.*) beach
presqu'île (*f.*) peninsula
rive (*f.*) river bank
rivière (*f.*) river (that goes to a larger river)
urbain(e) urban
vallée (*f.*) valley
volcan (*m.*) volcano

Une planète-sœur

Pierre Boulle est né en 1912 à Avignon où il a passé sa jeunesse. Il a fait des études scientifiques à Paris et a reçu un diplôme d'ingénieur.

Infatigable voyageur, il est devenu planteur en Malaisie puis a mené en Extrême-Orient une vie d'aventure qui forme la matière de son œuvre de romancier. Pendant la Seconde Guerre mondiale, il s'est battu en Indochine et en Birmanie après l'invasion japonaise. Ses expériences de guerre lui ont inspiré plusieurs de ses romans, en particulier *Le Pont de la rivière Kwaï* (1959) dont le film a connu un grand succès. Presque tous les romans de l'auteur sont empreints° de romantisme héroïque.   tinged with

Après le roman d'aventure, Boulle s'est lancé dans la science-fiction avec la publication de *La Planète des singes* (1963), récit qui est vite devenu célèbre à travers le monde, grâce à son interprétation au cinéma. Ce roman a les caractéristiques d'un conte philosophique et moralisateur et exprime l'angoisse et les tensions créées par la guerre froide. Son pessimisme à l'égard de l'humanité est évident.

Préparation à la lecture

Sur la planète Soror, en l'an 2500 de notre ère, les humains ont dégénéré et perdu leur rôle de maîtres du monde au profit d'une race de singes qui, sans avoir fait de grands progrès scientifiques depuis le déclin de la race humaine, règne pacifiquement sur Soror et la gère° avec sagesse.   manages

Le passage suivant est situé au début du roman. Avant la découverte surprenante d'une race de singes avancée, trois Terriens arrivent en vue de Soror dans le système de Bételgeuse: Ulysse Mérou, jeune journaliste brillant; le professeur Antelle, savant renommé et chef de l'expédition; son jeune assistant Arthur Levain et Hector leur chimpanzé, survolent la planète pour la première fois.

L'atterrissage

La planète était habitée. Nous survolions une ville; une ville assez grande, d'où rayonnaient des routes bordées d'arbres, sur lesquelles circulaient des véhicules. J'eus le temps d'en distinguer l'architecture générale: de larges rues; des maisons blanches, avec de longues arêtes rectilignes. Mais 5 nous devions atterrir bien loin de là. Notre course nous entraîna d'abord au-dessus de champs cultivés, puis d'une forêt épaisse, de teinte rousse, qui rappelait notre jungle équatoriale. Nous étions maintenant à très basse altitude. Nous aperçûmes une clairière d'assez grandes dimensions, qui occupait le sommet d'un plateau, alors que le relief environnant était assez 10 tourmenté. Notre chef décida de tenter l'aventure et donna ses derniers ordres aux robots. Un système de rétrofusées entra en action. Nous fûmes immobilisés quelques instants au-dessus de la clairière, comme une mouette guettant un poisson.

Ensuite, deux ans après avoir quitté notre Terre, nous descendîmes très doucement et nous nous posâmes sans heurt au centre du plateau, sur une herbe verte qui rappelait celle de nos prairies normandes.

Premier contact avec la planète

Nous restâmes un assez long moment immobiles et silencieux, après avoir pris contact avec le sol. Peut-être cette attitude paraîtra-t-elle surprenante, mais nous éprouvions le besoin de nous recueillir et de concentrer notre énergie. Nous étions plongés dans une aventure mille fois plus extraordinaire que celle des premiers navigateurs terrestres… Nous sortîmes enfin de notre rêve.

Ayant revêtu nos scaphandres, nous ouvrîmes avec précaution un hublot de la chaloupe… Nous sortîmes de la chaloupe, accompagnés d'Hector. Le professeur Antelle tint d'abord à analyser l'atmosphère d'une manière précise. Le résultat fut encourageant: l'air avait la même composition que celui de la Terre, malgré quelques différences dans la proportion des gaz rares. Il devait être parfaitement respirable. Cependant, par excès de prudence, nous tentâmes d'abord l'épreuve sur notre chimpanzé. Débarrassé de son costume, le singe parut fort heureux et nullement incommodé. Il était comme grisé de se retrouver libre, sur le sol. Après quelques gambades, il se mit à courir vers la forêt, sauta sur un arbre et continua ses cabrioles dans les branches. Il s'éloigna bientôt et disparut, malgré nos gestes et nos appels.

Alors, ôtant nous-mêmes nos scaphandres, nous pûmes nous parler librement. Nous fûmes impressionnés par le son de notre voix, et c'est avec timidité que nous nous hasardâmes à faire quelques pas, sans nous éloigner de la chaloupe.

Il n'est pas douteux que nous étions sur une sœur jumelle de notre Terre. La vie existait. Le règne végétal était même particulièrement vigoureux. Certains de ces arbres devaient dépasser quarante mètres de hauteur. Le règne animal ne tarda pas à nous apparaître sous la forme de gros oiseaux noirs, planant dans le ciel comme des vautours, et d'autres plus petits, assez semblables à des perruches qui se poursuivaient en pépiant. D'après ce que nous avions vu avant l'atterrissage, nous savions qu'une civilisation existait aussi. Des êtres raisonnables—nous n'osions pas encore dire des hommes—avaient modelé la face de la planète. Autour de nous, pourtant, la forêt paraissait inhabitée. Cela n'avait rien de surprenant: tombant au hasard dans quelque coin de la jungle asiatique, nous eussions éprouvé° la même impression de solitude.

conditionnel passé =
nous aurions éprouvé

Avant toute initiative, il nous parut urgent de donner un nom à la planète. Nous la baptisâmes Soror, en raison de sa ressemblance avec notre Terre.

Une découverte surprenante

Décidant de faire sans plus tarder une première reconnaissance, nous nous
engageâmes dans la forêt, suivant une sorte de piste naturelle. Arthur
Levain et moi-même étions munis de carabines… Nous nous sentions
légers et marchions allégrement, non que° la pesanteur fût° plus faible que
sur la Terre—là aussi il y avait analogie totale—mais le contraste avec la
forte gravité du vaisseau nous incitait à sauter comme des cabris.

Nous progressions en file indienne, appelant parfois Hector, toujours
sans succès, quand le jeune Levain, qui marchait en tête, s'arrêta et nous fit
signe d'écouter. Un bruissement, comme de l'eau qui coule, s'entendait à
quelque distance. Nous avançâmes dans cette direction et le bruit se
précisa.

C'était une cascade. En la découvrant, nous fûmes tous trois émus par
la beauté du site que nous offrait Soror…

La vue de cette eau était si tentante que la même envie nous saisit,
Levain et moi. La chaleur était maintenant très forte. Nous quittâmes nos
vêtements, prêts à piquer une tête dans le lac. Mais le professeur Antelle
nous fit comprendre que l'on doit agir avec un peu plus de prudence
quand on vient seulement d'aborder le système de Bételgeuse. Ce liquide
n'était peut-être pas de l'eau et pouvait fort bien être pernicieux. Il s'ap-
procha du bord, s'accroupit, l'examina, puis le toucha du doigt avec précaution. Finalement, il en prit un peu dans le creux de sa main, le huma et
en humecta le bout de sa langue.

«Cela ne peut être que de l'eau», marmonna-t-il.

Il se penchait de nouveau pour plonger la main dans le lac, quand
nous le vîmes s'immobiliser. Il poussa une exclamation et tendit le doigt
vers la trace qu'il venait de découvrir sur le sable. J'éprouvai, je crois, la
plus violente émotion de mon existence. Là, sous les rayons ardents de
Bételgeuse qui envahissait le ciel au-dessus de nos têtes comme un énorme
ballon rouge, bien visible, admirablement dessinée sur une petite bande
de sable humide, apparaissait l'empreinte d'un pied humain.

> not that / **subjonctif imparfait de *être***

Questions sur la lecture

1. Comment les astronautes savent-ils que la planète est habitée?
   Décrivez ce qu'ils voient.
2. Pourquoi doivent-ils atterrir loin de la ville?
3. Quels sont les éléments du paysage qui leur rappellent la Terre?
4. Par quels moyens la chaloupe fait-elle son atterrissage? Que pensez-
   vous de ce procédé?
5. Pourquoi les astronautes restent-ils «un long moment immobiles et
   silencieux»? En quoi leur aventure est-elle plus extraordinaire que
   celle des premiers navigateurs terrestres?

6. Quelles précautions prennent-ils avant de faire leurs premiers pas sur la planète? Quel détail prouve que l'air est respirable?

7. Quels sont les signes qui indiquent qu'une civilisation existe sur la planète? Quelle première impression éprouvent-ils? Est-ce surprenant?

8. Que veut dire le nom de la planète?

9. Comment se manifestent: a. la prudence des explorateurs, b. leur enthousiasme?

10. Quelle première découverte font-ils et quelle est leur réaction?

11. Pourquoi la découverte de l'empreinte du pied humain est-elle si émouvante?

Questions personnelles

1. Décrivez le relief de la région où vous habitez. Votre ville est-elle sur un plateau, dans une plaine, à la montagne? Y a-t-il des forêts, une rivière, des champs, etc.? Quels aspects de ce relief vous paraissent spectaculaires, attachants, grandioses, menaçants, déplaisants?

2. Lisez-vous des romans de science-fiction? Lesquels? Visionnez-vous des films de science-fiction? Lesquels? Si non, pourquoi pas? Si oui, quels thèmes vous intéressent le plus? Quelle satisfaction vous apportent cette lecture, ces films?

3. Quand on pourra voyager facilement sur d'autres planètes, aimerez-vous faire un voyage interplanétaire? Pourquoi ou pourquoi pas?

4. Quels sont les navigateurs terrestres et interplanétaires que vous admirez le plus? Pouvez-vous les nommer et raconter brièvement leurs exploits?

Les participes

On groupe sous le nom de participes des formes verbales variées: certaines ont une valeur d'adjectifs, d'autres ont une valeur de verbes avec un présent, un passé, un actif et un passif.

Formes

	présent	*passé*	*parfait*
actif	**parlant**	**parlé**	**ayant parlé** **étant arrivé**
passif	**étant fini**	**fini**	**ayant été fini**

1 Le participe présent

Le participe présent actif se forme sur la première personne du pluriel du présent du verbe (nous **parl / ons**). On enlève la terminaison **-ons** et on ajoute la terminaison **-ant.**

donner:	nous **donn** / ons	**donnant**
finir:	nous **finiss** / ons	**finissant**
sortir:	nous **sort** / ons	**sortant**
prendre:	nous **pren** / ons	**prenant**

a. Seuls les verbes en **-cer** et **-ger** ont des changements orthographiques.

-cer → çant   **-ger → -geant**

commencer   **commençant**   manger   **mangeant**

b. Pour les verbes pronominaux, le pronom réfléchi se met à la personne qui convient au sujet.

sing.	(je) **me** promenant	(tu) **te** promenant	(il/elle) **se** promenant
pl.	(nous) **nous** promenant	(vous) **vous** promenant	(ils/elles) **se** promenant

c. Il y a trois verbes qui ont un participe présent irrégulier.

être	**étant**	MAIS:	nous **sommes**
avoir	**ayant**	MAIS:	nous **avons**
savoir	**sachant**	MAIS:	nous **savons**

2 Le participe passé

Les formes du participe passé sont présentées dans le Chapitre 2 (voir p. 42).

3 Le participe parfait actif est le «passé composé» du participe.

Il est formé avec le participe présent de l'auxiliaire **avoir** ou **être** + un participe passé.

a. **ayant** + le participe passé pour les verbes qui se conjuguent avec **avoir**

ayant vu	*having seen*
ayant appris	*having learned*
ayant dormi	*having slept*

b. **étant** + le participe passé pour les verbes qui se conjuguent avec **être**

étant allé	*having gone*
étant venu	*having come*
étant sorti	*having gone out*
s'étant levé	*having gotten up*
nous étant rencontrés	*having met*

4 Le participe passif

Le participe passif a une forme simple: le participe passé, et deux formes composées—le présent et le parfait—formées avec l'auxiliaire **être,** comme tous les passifs.

présent:	étant fini, étant perdu, étant compris *being finished, being lost, being understood*
passé:	fini, perdu, compris *finished, lost, understood*
parfait:	ayant été fini, ayant été perdu, ayant été compris *having been finished, having been lost, having been understood*

Remarques:
 ◆ Le participe passé s'accorde dans les mêmes conditions que le verbe passif (voir p. 403).
 ◆ Les verbes pronominaux n'ont pas de passif.

5 La formation négative du participe

Au présent, **ne** et **pas** entourent le participe. Aux temps passés et au passif, **ne** et **pas** entourent l'auxiliaire.

ne donnant **pas**   **ne** se souvenant **pas**
n'ayant **pas** vu   n'étant **pas** allé   **ne** s'étant **pas** promené
n'étant **pas** fini   n'ayant **pas** été perdu

Exercices

A. Dans les groupes suivants, mettez les verbes au participe présent.

Les explorateurs... 1. survoler la ville 2. atterrir sur la planète 3. courir dans la forêt 4. dormir près de la cascade 5. apercevoir une clairière 6. ne pas comprendre la langue des animaux 7. se mettre à chanter 8. connaître l'astrologie 9. avancer dans la jungle 10. nager dans la rivière 11. ne pas savoir où ils sont 12. se sentir légers 13. appeler Hector 14. découvrir l'Amérique 15. vivre sur la Terre 16. vouloir sortir de la chaloupe 17. baptiser la planète 18. être très émus 19. ne pas perdre le nord 20. s'accroupir près de l'eau

B. Dans les groupes suivants, mettez les verbes au participe parfait.

Les femmes astronautes... 1. voir les étoiles 2. savoir calculer l'altitude 3. ne pas finir de s'étonner 4. devenir impatientes 5. appeler le singe 6. aller chercher cet animal 7. commencer à s'inquiéter 8. faire les premiers pas sur la planète 9. ne pas pouvoir respirer 10. sortir de la chaloupe 11. revêtir leur scaphandre 12. recevoir un message 13. boire un peu d'eau 14. se rendre compte de leur chance 15. voyager sur Mars 16. ne pas vivre à la ville 17. se poser sans heurt 18. tenir à sortir les premières 19. se recueillir un moment 20. apercevoir des maisons

C. Dans les groupes suivants, mettez les verbes au participe passif, présent et parfait.

Modèle: la clé (perdre)
        *la clé **étant perdue** / la clé **ayant été perdue***

1. la planète (habiter) 2. un terrain d'atterrissage (apercevoir) 3. la leçon (ne pas comprendre) 4. le hublot (ouvrir) 5. la conviction (acquérir) 6. le journal (lire) 7. la lettre (ne pas écrire) 8. l'exploration (permettre) 9. le singe (ne pas incommoder) 10. les astronautes (plonger)

Emplois

Dans la langue courante, parlée ou écrite, on emploie le participe présent sous la forme du *gérondif*. On emploie aussi le participe présent et le participe passé sous la forme de l'*adjectif verbal*.

Dans la langue écrite, mais jamais dans la conversation, on emploie les autres participes.

Emplois dans la langue courante

1 Le gérondif = **en ——ant**

en pleurant   **en** riant

Attention: En anglais, la préposition varie: *in, by, with, while*; en français, c'est toujours **en.**

Le gérondif représente une action faite par le sujet du verbe principal, mais la terminaison **-ant** ne s'accorde pas. Le gérondif peut être suivi d'un complément.

Françoise est une petite fille bien élevée: elle ne parle pas **en mangeant.**	*Françoise is a well-behaved little girl: she doesn't speak **while eating.***
Je l'ai rencontré **en traversant** la rue.	*I met him **while crossing** the street.*

a. Le gérondif exprime l'idée que deux actions sont faites en même temps par la même personne.

Il parle **en mangeant** (il parle et il mange).   *He talks **while eating.***

b. Il décrit la manière ou le moyen de faire une chose.

Il a ouvert la porte **en donnant** des coups de pied.   *He opened the door **by kicking** (it).*

c. Il implique une condition nécessaire avant l'action principale.

En travaillant mieux, tu pourrais avoir de bonnes notes.	*By working better, you could get good grades.*
(**Si tu travaillais** mieux...)	(*If you worked better . . .*)

d. Souvent le gérondif est précédé de **tout. Tout** renforce l'idée que deux actions ont lieu en même temps, et quelquefois s'opposent.

Tout en sautant comme des cabris, les explorateurs avançaient.

Exercice

D. Refaites les phrases suivantes avec un gérondif.

1. Les explorateurs marchent et observent le relief en même temps. 2. Est-ce que vous fumez quand vous mangez? 3. Nous voyons des vautours et des perruches quand

nous nous promenons dans la forêt.   4. On découvre des choses merveilleuses quand on voyage d'une planète à l'autre.   5. Ils ont pu s'offrir un voyage à la lune; ils ont fait des économies pendant dix ans.   6. Tu réussirais plus facilement dans tes études si tu te concentrais un peu plus.   7. L'actrice a répondu aux questions indiscrètes; elle a souri en même temps.   8. Hector a manifesté son bonheur: il a fait des cabrioles.   9. Est-ce que ces enfants deviendront plus sages quand ils grandiront?   10. Quand nous découvrîmes la cascade, nous fûmes très émus.

2 L'adjectif verbal

Il peut avoir la forme du participe présent ou celle du participe passé. Il s'accorde avec le nom qu'il accompagne, comme un adjectif.

> Régine est une femme **charmante.**
> Le singe, **débarrassé** de son costume, faisait des pirouettes.

Emplois dans la langue écrite

1 Le participe présent

Le participe présent s'emploie uniquement (*only*) dans la langue écrite. Il ne s'accorde pas. Il a plusieurs sens.

a. Il correspond à une proposition relative.

> Ma mère, **croyant** que j'allais m'évanouir, m'a donné un verre d'eau.
> (Ma mère, **qui croyait...**)

> *My mother, **thinking I** was going to faint, gave me a glass of water.*
> (*My mother, **who thought. . .***)

b. Il indique un sens de causalité.

> **Etant** très riche, ce monsieur n'avait pas besoin de travailler.
> (**Comme il était...**)

> ***Being** very rich, this gentleman did not need to work.*
> (***Since he was. . .***)

c. Il indique que deux actions sont successives.

> **Prenant** son chapeau, il sortit.
> (Il **prit** son chapeau et il **sortit.**)

> ***Taking** his hat, he left.*
> (*He **took** his hat and he **left.***)

■ *Tableau-résumé*
Différences entre le participe présent et l'adjectif verbal

Le participe présent	L'adjectif verbal
C'est un verbe.	*C'est un adjectif.*
• il indique une action	• il exprime une qualité, un état durable
• il ne s'accorde pas	• il s'accorde
• il peut avoir un objet direct	• il n'a pas d'objet direct

• à la forme négative on dit:
   ne croyant pas
	• à la forme négative on dit:
	   pas charmant(e) ou **peu charmant(e)**

Le participe présent	L'adjectif verbal
• l'adverbe suit: croyant **toujours** • l'orthographe des mots suivants varie: **négligeant** **fatiguant** **différant** **convainquant**	• l'adverbe précède: elle est **toujours** charmante **négligent** **fatigant** **différent** **convaincant**
Convainquant sa mère de lui donner de l'argent, elle a pu aller au cinéma.	Votre histoire n'est pas **convaincante**.

Exercice

E. Dans les phrases suivantes, mettez le verbe entre parenthèses à la forme qui convient: participe présent, gérondif ou adjectif verbal.

1. (Sortir) sa carabine de la chaloupe, le professeur prit la tête de l'expédition.
2. (Sortir) de la fusée, les astronautes ont pu respirer un air frais. 3. (Trembler) d'émotion, le Terrien s'est approché du Martien. 4. Le vieux chien se tenait à peine sur ses jambes (trembler). 5. Nous avons lu (trembler) le message trouvé dans la bouteille. 6. Les chevaux font le tour du corral (courir). 7. Dans la langue canadienne (courir) il y a beaucoup de mots anglais. 8. Je ne croyais pas vous déranger (frapper) à la porte. 9. Il y a entre ces planètes une ressemblance (frapper). 10. (Frapper) dans ses mains, le professeur Levain a essayé de faire revenir le singe. 11. Denis a remis le lait au réfrigérateur, (négliger) de fermer la porte. 12. Cette femme de ménage est très (négliger).

2 Le participe parfait

Le participe parfait s'emploie dans les mêmes conditions que le participe présent, mais il ajoute l'idée que l'action a été achevée avant l'action du verbe principal.

Cette pauvre femme, **ayant eu** beaucoup d'ennuis, était devenue très sombre.	*This poor woman, **having had** many problems, had become very gloomy.* *(. . . **because she had had** . . .)*
S'étant levée, elle sortit.	***Having gotten up,** she left.* *(After she got up . . .)*

3 Le participe passé

Souvent, dans des phrases elliptiques, le participe parfait est réduit au participe passé, après un nom ou après une expression comme **sitôt, une fois.**

Sitôt levée, elle va faire une promenade.	*As soon as she is up, she'll go for a walk.*
Une fois arrivés, nous nous reposerons.	*Once there (**Once arrived**), we will rest.*

Remarque: Dans ce cas, le participe passé s'accorde avec le nom ou le pronom qu'il accompagne.

4 La proposition participe

C'est une construction de langue écrite et littéraire, qui remplace couramment une proposition subordonnée avec une conjonction. Elle est formée d'un nom sujet accompagné d'un participe (présent, parfait, passé ou passif). Le nom ne doit pas avoir d'autre fonction dans le reste de la phrase.

Ses enfants partant le lendemain en vacances, M. Dupont décida de les accompagner. (**Comme ses enfants partaient...**)	*His children leaving the next day for a vacation, Mr. Dupont decided to go along.* (*Since his children were leaving. . .*)
Un soir, **une panne l'ayant surpris sur la route,** il dut dormir dans sa voiture. (Un soir, **comme une panne l'avait surpris...**)	*One evening, **a breakdown having surprised him on the road,** he was forced to sleep in his car.* (*One evening, **since a breakdown had surprised him . . .***)
La tempête terminée, nous sortirons faire une promenade. (**Quand la tempête sera terminée...**)	*The storm (being) over, we shall go out for a walk.* (*When the storm is over . . .*)

Exercice

F. Refaites les phrases suivantes avec des propositions participes.

1. Comme ma porte d'entrée était fermée, je suis passé par la fenêtre. 2. Quand son examen a été terminé, le médecin a fait son diagnostic. 3. Comme les enfants sont très bruyants, on les envoie dans leur chambre. 4. Une fois que les fêtes de Noël seront passées, je me mettrai au régime. 5. Les jeunes gens ôtèrent leur scaphandre, et la petite troupe commença sa reconnaissance des lieux. 6. La pesanteur leur paraissait plus faible que sur la Terre, ils s'amusaient à sauter comme des cabris. 7. Quand leur exploration fut terminée, ils piquèrent une tête dans le lac. 8. Après que plusieurs heures furent passées, ils se sentirent fatigués.

Problèmes de traduction

1 *-ing* = le présent ou l'imparfait d'un verbe ou de l'expression **être en train de** + infinitif

I *am reading.*	He *was reading.*
Je **lis.**	Il **lisait.**
Je **suis en train de lire.**	Il **était en train de lire.**

2 *-ing* = un infinitif

La forme *-ing* du verbe anglais qui suit un autre verbe ou une préposition doit se traduire en français par l'infinitif (voir p. 262).

*I like **reading.***	J'aime **lire.**
*You enjoy **sleeping.***	Tu as du plaisir à **dormir.**
*Instead of **playing** . . .*	Au lieu de **jouer...**

3 *-ing* = un nom

Un grand nombre de mots anglais en *-ing* se traduisent par des noms quand ils sont employés après les verbes **aimer, faire, préférer,** etc., ou quand ils sont sujets.

hiking **la marche**	Il fait de la **marche.**
swimming **la nage**	J'aime la **nage.**
skiing **le ski**	Vous préférez le **ski** ou la **luge?**
sledding **la luge**	
cross-country skiing **le ski de fond**	**Le ski de fond** redevient populaire.

4 Certains participes exprimant une position (*sitting, leaning, bending, kneeling, rising*) se traduisent par un participe passé si la position est déjà prise: **assis, appuyé, penché, agenouillé, levé.** Ils se traduisent par un participe présent ou un gérondif si le mouvement est en train de s'effectuer: **s'asseyant, s'appuyant, se penchant, s'agenouillant, se levant.**

Seated on a small chair, the little girl ate her soup.	**Assise** sur une petite chaise, la petite fille mangeait sa soupe.
Sitting on a chair, he started to cough.	**S'asseyant** sur une chaise, il commença à tousser.

Standing se dit **debout** (invariable) si on décrit une position déjà prise et **se levant** si on décrit le mouvement.

Standing up, he started talking.	**Se levant,** il commença à parler.
Standing on a chair, she tries to open the cupboard.	**Debout** sur une chaise, elle essaie d'ouvrir le placard.

Exercice

G. Traduisez les phrases suivantes.

1. I like skiing. 2. The astronauts enjoy walking. 3. Instead of trying, let's relax. 4. We dream while sleeping. 5. Without writing, she remembers everything. 6. Swimming is fun. 7. By working, you will succeed. 8. You prefer waiting? 9. Sitting on the grass, the little girl was crying. 10. Leaning against the window of the spaceship, the explorer observes the galaxy. 11. The musicians are not standing; they are sitting on chairs. 12. Kneeling in front of the queen, the knight (**chevalier**) bent his head. 13. Hiking is becoming a popular exercise. 14. Standing up suddenly, I knocked over the chair. 15. Leaning over the balcony of our apartment, we see a beautiful view of Paris.

Formules à retenir

 se mettre

Avec le verbe **se mettre,** on forme plusieurs expressions idiomatiques. En voici quelques-unes.

se mettre...

à l'eau	to jump in the water	au régime	to start a diet
à genoux	to kneel	en colère	to get mad
au lit	to go to bed	en route	to start walking
à table	to sit at the table	en marche	to start walking *or* working (*car*)
au travail	to start working		
s'y mettre	to get started		

Exercice

H. Mettez **se mettre** avec la formule qui convient dans les phrases suivantes.

1. A l'église, avant de faire une prière, on _____.
2. Nous faisons une randonnée: nous prenons un pique-nique, de l'eau et nous _____.
3. Tu te fâches souvent? Tu _____ ?
4. Il est paresseux. Il n'arrive pas à _____.
5. Le dîner est prêt! Les enfants, lavez-vous les mains et _____!
6. Je ne veux pas me baigner. Il fait trop froid pour _____.
7. Robert est trop gros. Il devrait _____.
8. Il faut vraiment que vous commenciez ce projet. Il faut que vous _____.
9. Je suis très fatiguée. J'ai mal à la tête et au cœur. Je vais _____ et appeler le docteur.

2 ▶ **n'importe lequel, n'importe quel / n'importe qui, quoi, où, comment, quand**

Ces expressions sont formées de mots indéfinis; elles s'emploient de la façon suivante:

a. **N'importe lequel** (*any one*) est un pronom; il désigne une personne ou une chose que l'on ne veut pas choisir.

> Quel journal voulez-vous? —**N'importe lequel.**

b. **N'importe quel** (*any*) est un adjectif, il accompagne un nom.

> Elle a acheté **n'importe quel** journal.

c. **N'importe qui** (*just anybody, anyone at all*) désigne une personne; ce pronom peut être sujet, objet direct ou objet de préposition.

N'importe qui vous le dira.	*Anybody will tell you that.*
Ce chien aime **n'importe qui.**	*This dog loves just anybody.*
Je n'obéis pas à **n'importe qui.**	*I don't obey just anyone.*
Elle sort avec **n'importe qui.**	*She goes out with just anybody.*

d. **N'importe quoi** (*just anything, anything at all*) désigne une chose. Ce pronom peut être sujet, objet direct ou objet de préposition.

N'importe quoi lui fera plaisir.	*Anything at all will please her.*
Tu bois **n'importe quoi.**	*You drink anything at all.*
Nous parlons de **n'importe quoi.**	*We talk of anything.*

e. **N'importe où, comment, quand** sont des expressions adverbiales; elles signifient *no matter where, how, when.* On ne peut pas commencer une phrase avec une de ces expressions. (Pour la traduction de *No matter who, which, where*, etc., au début de la phrase complexe, voir p. 446.)

> Je dors bien **n'importe où, n'importe comment, n'importe quand.**

Attention: On ne peut pas combiner **n'importe** avec **pourquoi** ou **combien.**

Exercice

I. Mettez la forme qui convient dans les phrases suivantes: **n'importe qui, quoi, lequel,** etc.

1. Les enfants mangent _____; ils ne choisissent pas leur nourriture. 2. Dans quelle chambre préférez-vous dormir? —Dans _____. Je n'ai pas de préférence. 3. Je lirai _____ livre si vous le choisissez. 4. Elle s'habille _____; elle n'a pas de goût. 5. _____ peut faire ce travail. —Oui, _____ idiot peut le faire. 6. J'ai tellement envie de faire un voyage sur une autre planète que je partirais _____, _____. 7. Mon chat dort sur la table, sur le tapis, sur mon lit; il dort _____. 8. Elle est trop sensible; _____ lui fait de la peine.

Synthèse

Applications

I. **Circonstances.** Dans quelles circonstances ces actions ont-elles été accomplies? Utilisez des gérondifs.

> *Modèle:* Pierre s'est cassé la jambe. / Il **est tombé** dans l'escalier.
> *Pierre s'est cassé la jambe **en tombant** dans l'escalier.*

1. Marguerite a eu un accident. / Elle conduisait trop vite.
2. Patrice a perdu ses clés. / Il revenait du lycée.
3. Jacqueline a beaucoup maigri. / Elle a fait de l'exercice tous les jours.
4. Robert a gagné au loto. / Il a pris un billet chaque semaine.
5. Vous vous êtes rencontrés. / Vous alliez à l'opéra?
6. Nous avons trouvé cette maison. / Nous avons regardé les petites annonces dans le journal.
7. Ils ont pris cette décision. / Ils ont hésité.
8. Tu as appris le français. / Tu as écouté des cassettes?
9. Les robots ont commencé l'atterrissage. / Ils ont fait fonctionner un système de rétrofusées.
10. Ils sont sortis. / Ils ont ouvert le hublot.

II. Vacances idéales. Décrivez les qualités de l'endroit où vous désirez passer vos vacances en remplaçant les groupes en italique par des adjectifs verbaux.

> *Modèle:*   Je veux trouver un endroit *où je puisse me reposer.*
> *Je veux trouver un endroit* **reposant.**

1. Je suis fatigué par une vie *qui me déprime.* 2. J'aimerais trouver un décor *qui me charme* avec des personnes *qui ne fassent pas de bruit.* 3. S'il y a des enfants à cet hôtel, j'aimerais *qu'ils obéissent* (qu'ils soient _____). 4. J'aimerais aussi participer à des excursions *qui m'intéressent,* et avoir des activités *qui me distraient.* 5. Je ne cherche pas une atmosphère *qui m'enivre* (intoxicate), ni *qui me passionne,* simplement une situation *qui me calme et me relaxe.*

III. Une chose à la fois. Ecrivez, avec des propositions participes, ce que vous ferez ou ce que feront d'autres personnes une fois que vous aurez ou qu'elles auront terminé une première action.

> *Modèle:*   Une fois que j'**aurai terminé** mes études, je chercherai du travail.
> *Une fois* **mes études terminées,** *je chercherai du travail.*

1. Une fois qu'on aura voté le budget, le gouvernement distribuera l'argent.
2. Dès que l'automne arrive, les oiseaux migrateurs s'envolent vers les pays chauds.
3. Sitôt que le morceau a été joué, les musiciens rangent leurs instruments dans leurs étuis.
4. Sitôt que le film a commencé, les enfants réclament du popcorn.
5. Une fois que les examens étaient passés, nous prenions des vacances.
6. Dès que l'air de la planète a été analysé, les explorateurs peuvent sortir de la fusée.
7. Une fois que vous aurez exploré la forêt, vous n'aurez plus ce sentiment de solitude.
8. Aussitôt qu'ils furent tombés d'accord sur la ressemblance de la planète avec la Terre, ils la baptisèrent Soror.

IV. Difficultés d'argent. Gérard a des difficultés d'argent. Décrivez ce qui cause ses ennuis. Utilisez des participes.

> *Modèle:*   Il a acheté trop de vêtements / il n'a plus d'argent.
> **Ayant acheté** *trop de vêtements, il n'a plus d'argent.*

1. Il ne sait pas établir un budget / il n'a jamais assez d'argent.
2. Il est désorganisé / il ne pense pas aux dépenses importantes.
3. Il n'a pas prévu certaines dépenses / il doit emprunter de l'argent.
4. Il a perdu son chéquier / il ne peut pas écrire de chèques.
5. Il ne sait pas bien compter / il n'arrive pas à payer ses factures (*bills*).
6. Il ne s'est pas soucié de noter ses dépenses / il ne peut pas remplir sa déclaration d'impôts.
7. Il est trop généreux avec ses amis / il ne garde rien pour lui.
8. Il n'a pas une profession très lucrative / il ne gagne pas assez.

Conversations

1. **Circonlocutions.** Quand on ne connaît pas le nom exact d'un objet, on peut utiliser des expressions pour le décrire, expliquer sa fonction. Voici quelques expressions utiles.

◆ Pour remplacer le mot: un truc, un machin, une chose.
◆ Pour indiquer son emploi: Ça sert à... , c'est fait pour... , on s'en sert pour... ,
◆ Pour indiquer les circonstances de son usage: On s'en sert en...
◆ Pour indiquer en quelle matière l'objet est fait: Il est en...
◆ Pour le comparer à un autre objet: Ça ressemble à... , c'est une espèce de... , c'est comme une sorte de...

Exemple: le téléphone: C'est un truc de forme oblongue, qu'on tient à la main: on parle à un bout, on écoute à l'autre bout; ça sert à communiquer à distance; on entend la voix d'une personne qu'on ne voit pas.

A votre tour, expliquez en utilisant la circonlocution ce que sont les objets suivants: un ordinateur, une voiture, une fusée, la télévision, un réfrigérateur, le métro, un robot, un avion.

2. **Utilité de la recherche spatiale.** Discutez en groupe du sujet suivant: Faut-il se préoccuper et dépenser de l'argent pour la découverte et la conquête de l'espace quand tant de misères affligent le monde?

3. **A propos de la science-fiction.** Répondez aux questions suivantes: Qu'est-ce que la science-fiction? Nommez et décrivez quelques thèmes importants que l'on peut trouver dans un récit de science-fiction. Quels stéréotypes doit-on éviter? Pourquoi les récits de science-fiction sont-ils souvent utilisés dans les bandes dessinées (*cartoons*)? A quel public s'adressent surtout les romans de science-fiction? A votre avis, pourquoi?

Traduction

After discovering the human footprint, the astronauts were very impressed and moved. They got rid of their space suits, and they started exploring the surroundings. They entered the forest, and at the same time they were calling the chimp, who had escaped. Looking for signs of human life, they were walking one behind the other. They saw birds, gliding like vultures, trees rising higher than forty meters. But little by little, they discovered discouraging things: empty bottles on the ground, dirty papers, and milk cartons. This planet indeed was ressembling the Earth. They returned to the spaceship, cussing (**jurer**) and muttering. After conferring with one another, they decided to leave and look for another, more civilized planet.

Rédactions

1. **La suite.** Imaginez la suite de l'histoire.

2. **La Terre en l'an 2500.** A la manière de Jules Verne, imaginez ce que sera la Terre dans 500 ans, en l'an 2500.

3. **Science-fiction.** La science-fiction est, par définition, le merveilleux de la science et reflète les préoccupations, les angoisses d'une civilisation en déclin. Quelles sont les menaces qui, selon vous, pèsent sur notre planète?

Chapitre 23

La phrase complexe

*L*a phrase complexe

Définitions

Une phrase est un groupe de mots autour d'un verbe conjugué (c'est-à-dire un verbe qui n'est ni un infinitif ni un participe). *Une phrase simple* se compose d'un seul verbe conjugué, ou de plusieurs verbes, reliés entre eux par une virgule ou par une conjonction de coordination: **et, mais, donc.** Généralement, il n'y a pas de subjonctif dans une phrase simple.

Il **a bu** son café **et** il **a allumé** une cigarette, **mais** il ne m'**a** pas **parlé.**

Une phrase complexe se compose d'au moins deux verbes conjugués. Les deux verbes sont reliés par un mot de subordination. Le verbe qui est seul s'appelle le verbe principal. Le verbe qui est annoncé par un mot de subordination s'appelle le verbe subordonné. Le verbe principal peut être à l'indicatif ou au conditionnel—jamais au subjonctif. Le verbe subordonné peut être à l'indicatif, au conditionnel ou au subjonctif.

Le mot de subordination peut être:

1 Un pronom relatif: **qui, que.** Le subjonctif est rare dans les propositions relatives (voir p. 359).

2 Un mot interrogatif: **qui, ce que, comment, pourquoi** (voir p. 388). Les verbes qui suivent les mots interrogatifs ne sont jamais au subjonctif.

3 Une conjonction.

a. La conjonction **que** introduit un verbe subordonné qui complète l'idée du verbe principal. Le verbe subordonné se met à l'indicatif après certains verbes tels que **penser que, croire que.** Il est au subjonctif après les verbes principaux tels que **vouloir que, douter que** (voir p. 318).

b. D'autres conjonctions de subordination expriment une circonstance:

   ◆ *le temps:* Quand l'action principale se produit-elle?
   ◆ *la cause:* Pourquoi l'action principale se produit-elle?
   ◆ *la conséquence:* Quel est le résultat de l'action principale?
   ◆ *la condition:* Dans quelles conditions l'action principale se produit-elle?
   ◆ *le but:* Dans quel but l'action principale se produit-elle?
   ◆ *l'opposition:* Malgré quelles circonstances l'action principale se produit-elle?

La liste complète de ces conjonctions est: **comme, quand, si,** ou une expression formée avec **que** (**avant que, pour que, bien que,** etc. excepté **est-ce que** ou **ne ... que**).

Plusieurs conjonctions ont déjà été étudiées dans les chapitres précédents. Ce chapitre complète l'étude de la phrase complexe en groupant les conjonctions d'après leur sens et en spécifiant l'emploi du subjonctif ou de l'indicatif. Pour les conjonctions suivies du subjonctif, ce chapitre présente à la fin de chaque section l'alternative de constructions simples qui ne nécessitent pas l'emploi du subjonctif: soit des prépositions suivies d'un nom ou d'un infinitif, soit des conjonctions suivies de l'indicatif, soit, dans la langue écrite, l'emploi d'une proposition participe.

Remarque: Il y a une règle générale importante en ce qui concerne les conjonctions (**que** et certaines conjonctions de subordination) suivies du subjonctif: Il faut avoir un sujet différent pour le verbe principal et le verbe subordonné. Si le sujet des deux verbes est le même, on emploie une construction simple avec un infinitif.

Conjonctions de temps

Les conjonctions de temps sont très nombreuses. Pour les classer, il faut considérer si l'action principale a lieu *avant*, *pendant* ou *après* l'action subordonnée.

Si elle a lieu *avant*, l'action subordonnée est au subjonctif. Si elle a lieu *pendant* ou *après*, l'action subordonnée est à l'indicatif, mais il y a des problèmes de temps.

Avant *Subjonctif*	**Pendant** *Indicatif*	**Après** *Indicatif*
avant que	pendant que	après que
en attendant que	alors que	quand
jusqu'à ce que	tandis que	lorsque
	lorsque	aussitôt que
	quand	dès que
	tant que	une fois que
	aussi longtemps que	à peine ... que
	comme	
	à mesure que	
	en même temps que	
	chaque fois que	
	depuis que	

Conjonctions suivies du subjonctif

L'action principale a lieu **avant** l'action subordonnée.

1 **avant que** (*before*)

> Laurent et son père sortent du magasin **avant que** la caissière **s'aperçoive** de son erreur.
> Gisèle lit tout un livre **avant de s'endormir.**

Remarque: Après **avant que,** on peut avoir **ne** explétif devant le verbe. L'emploi de **ne** n'est pas obligatoire (voir l'Appendice B, p. 476).

> Faites vacciner votre chien **avant qu'**il *ne* soit trop tard.

2 **en attendant que** (*while waiting for, to*)

> Jacques lit le journal **en attendant que** le café **soit** prêt.
> Philippe lit le journal **en attendant d'entrer** dans le cabinet du dentiste.

3 **jusqu'à ce que** (*until*)

Avec cette conjonction on peut avoir le même sujet pour le verbe principal et le verbe subordonné.

> Nicolas répète son poème **jusqu'à ce qu'**il le **sache.**

Quand l'action principale et l'action subordonnée sont faites par la même personne, on peut employer la préposition **jusqu'à** + l'infinitif. Cette construction n'est pas très fréquente.

> Laurent a travaillé **jusqu'à tomber** de fatigue.

Jusqu'au moment où a la même signification que **jusqu'à ce que,** mais se construit avec l'indicatif.

> Prunelle restera au soleil **jusqu'au moment où** elle **sera** complètement déshydratée.

Remarque: *Not until* se traduit **pas avant que.**

> Ne partez **pas avant que** je sois prête!

Conjonctions suivies de l'indicatif

L'action principale et l'action subordonnée ont lieu **en même temps.**

1 **pendant que** / **alors que** / **tandis que** (*while*)

Alors que et **tandis que** (prononcé /tãdikə/) ont parfois un sens d'opposition dans le temps (*whereas*).

> Il mange de la viande **tandis que** nous nous **nourrissons** de légumes.

2 **lorsque** / **quand** (*when*)

Lorsque a le même sens que **quand. Quand** est plus employé dans la conversation.

> **Lorsque** (**Quand**) Sylvie et Jérôme **sont rentrés** de province, ils ont donné leur rapport au directeur.

3 **tant que** / **aussi longtemps que** (*as long as*)

Ces conjonctions s'emploient de la même facon, souvent avec un futur.

> **Tant que**
> **Aussi longtemps que** } je **vivrai,** je me rappellerai ce voyage extraordinaire.

4 **comme** (*as, just as*)

Avec le sens de *as, just as,* **comme** est toujours suivi de l'imparfait. Le verbe principal est à l'imparfait, au passé composé ou au passé simple.

> **Comme** je **sortais** de chez moi, le facteur est arrivé avec un paquet.

5 **à mesure que** (*as*)

C'est une conjonction courante. Elle signifie que deux actions progressent ou changent en même temps dans la même proportion ou en sens inverse.

A mesure que Daniel **grandissait,** il devenait plus indépendant.

6 **en même temps que** (*at the same time*) / **chaque fois que** (*each time*)

En même temps que le chat noir **croisait** son chemin, Jean-Louis est passé sous une échelle.
Chaque fois que Gisèle **quitte** la Tunisie, elle pleure.

7 **depuis que** (*since*)

Depuis que Camara **a** un diplôme de la Sorbonne, ses camarades ne se moquent plus de lui.

Remarque Quand *since* a un sens de cause, on le traduit par **puisque** ou par **comme** (voir p. 435).

L'action principale a lieu **après** l'action subordonnée.

1 **après que, quand, lorsque** (*after*) / **aussitôt que, dès que** (*as soon as*) / **une fois que** (*once*)

Avec ces conjonctions, l'emploi des temps suit la règle de concordance suivante: le verbe principal est à un temps simple qui correspond au temps composé du verbe subordonné. Cette concordance est très stricte. L'auxiliaire du verbe subordonné et le verbe principal sont au même temps.

Après que le chat **est parti,** les souris **dansent.**
sera parti,   danseront.
était parti,   dansaient.

Remarques:
◆ Si le verbe principal est au passé composé, le verbe subordonné est au passé surcomposé (voir l'Appendice B, p. 475).

Après que le chat **a été parti,** les souris **ont dansé.**

◆ Si le verbe principal est au passé simple, le verbe subordonné est au passé antérieur (voir p. 476).

Après que le chat **fut parti,** les souris **dansèrent.**

2 **à peine ... que** (*hardly . . . when*)

a. Avec **à peine,** il y a deux constructions possibles.

◆ **A peine** est le premier mot de la proposition subordonnée et on a l'inversion du verbe; **que** commence la proposition principale.

A peine étions-nous sortis **qu'il** a commencé à pleuvoir.

Remarque: On a l'inversion simple du sujet si le sujet est un pronom. On a l'inversion double si le sujet est un nom.

A peine les enfants étaient-ils sortis **qu'il** a commencé à pleuvoir.

◆ On peut aussi placer **à peine** après l'auxiliaire du verbe subordonné. Dans ce cas on ne fait pas l'inversion du sujet.

Nous étions **à peine** sortis **qu'**il a commencé à pleuvoir.

b. Avec cette conjonction, on n'a pas la concordance des temps employée avec **après que, aussitôt que,** etc.

$$\boxed{\textbf{à peine} + \text{plus-que-parfait} \quad \textbf{que} + \left\{ \begin{array}{l} \text{passé composé} \\ \text{passé simple} \\ \text{imparfait} \end{array} \right.}$$

A peine **étions-nous sortis** *qu'*il $\left\{ \begin{array}{l} \textbf{a commencé} \\ \textbf{commença} \\ \textbf{commençait} \end{array} \right\}$ à pleuvoir.

c. La proposition subordonnée précède toujours la proposition principale.

Constructions simples de temps

1 La préposition **à** avec un nom peut remplacer une proposition avec **quand.**

quand il arriva → **à** son arrivée
quand il partit → **à** son départ

2 Les prépositions **avant, après, depuis, jusqu'à** + nom peuvent remplacer les conjonctions et verbes subordonnés quand le sujet des deux verbes est le même.

Après son départ, j'ai été faire une promenade.
Jusqu'à sa mort il a travaillé dur.

3 Les prépositions **avant de, après, en attendant de** + l'infinitif peuvent remplacer les conjonctions et verbes subordonnés quand le sujet des deux verbes est le même.

Avant de regarder, il mit ses lunettes.
Après avoir enlevé son chapeau, il nous tendit la main.

4 La proposition participe est aussi une construction simple, mais elle appartient à la langue écrite (voir p. 422).

Une fois les informations terminées, nous passons à table.

Exercices

A. Combinez les phrases suivantes en utilisant une de ces conjonctions: **jusqu'à ce que, en attendant que, avant que.**

1. Il faut profiter de la vie. Il est trop tard.
2. Nous mangeons des biscuits salés. La soupe refroidit.
3. Je vais répéter ce poème. Je le sais.
4. Les ouvriers protesteront et feront la grève. On fait de nouvelles lois.
5. Vous ne pouvez pas écrire. Le professeur vous le dit.
6. Elle rêve de plage, de soleil. L'hiver finit.

B. Faites des phrases avec le vocabulaire suggéré et les conjonctions suivantes: **alors que, chaque fois que, tant que, à mesure que, comme.**

1. Pendant mon enfance, nous (rester) tout l'été en ville / les autres enfants (aller) à la mer.
2. Le jeune époux a dit à sa femme: / «Je (vivre), je (t'aimer).»
3. Nous (aller) partir en voyage / nous (recevoir) une mauvaise nouvelle.
4. Les troupes allemandes (reculer) en Normandie / les Alliés (avancer).
5. Tu (avoir envie) de sortir / ta mère (ne pas être) contente.
6. Agnès (aller) se coucher / son mari (arriver) avec des invités.
7. Le singe (faire) des grimaces / l'enfant (rire).
8. Moulouk (devenir) plus malade / Jean (se désespérer).

C. Refaites les phrases suivantes en changeant les temps des verbes. Mettez le verbe principal au présent, à l'imparfait, au futur; et le verbe subordonné au temps qui convient.

> *Modèle:* Quand le chat (partir), les souris (danser).
> *Quand le chat **est parti**, les souris **dansent**.*
> *Quand le chat **était parti**, les souris **dansaient**.*
> *Quand le chat **sera parti**, les souris **danseront**.*

1. Aussitôt que le député (finir) son discours, tout le monde (applaudir).
2. Une fois que les élections (avoir) lieu, un nouveau président (diriger) le pays.
3. Dès que Gabrielle et sa mère (entrer) dans la pharmacie, une cliente (arriver) pour consulter le médecin.
4. Après que la chaloupe (atterrir), les explorateurs (mettre) leur scaphandre.
5. Dès que Daniel (revenir) de voyage, il (s'acheter) des chaussures.

D. Transformez les groupes en italique en constructions simples.

1. Nous avons tous applaudi *quand il est arrivé.* 2. *Avant que vous partiez,* je veux vous voir. 3. *Une fois que cette loi sera votée,* le salaire des femmes sera égal à celui des hommes. 4. *Quand il dit ces mots,* je ne pus m'empêcher de rire. 5. *Comme nous avions terminé notre conversation,* nous sommes allés boire un verre. 6. *Une fois que tu auras écrit ta composition,* tu pourras regarder la télé. 7. Les mariés bavardent, *en attendant qu'ils ouvrent leurs cadeaux.* 8. *Quand son bébé sera né,* elle prendra une gouvernante. (**la naissance** = *birth*)

E. Faites des phrases avec le vocabulaire suggéré et la conjonction **à peine ... que.** Variez la place de **à peine:** au début de la phrase ou après l'auxiliaire du verbe.

1. Laurent et son père (sortir) du supermarché / ils (voir) un gendarme sur le trottoir.
2. Gabrielle et sa mère (arriver) à la pharmacie / M. Nault (sortir).
3. Jean (entrer) dans le wagon du métro / Moulouk (tomber).
4. L'accident (avoir lieu) / l'agent de police (arriver).

Conjonctions de cause

La cause et la conséquence sont inséparables. Comparez les phrases suivantes:

Vous avez mauvaise mine. / Vous fumez trop.

Vous avez mauvaise mine est le résultat, la conséquence. **Vous fumez trop** est la raison, la cause. On peut exprimer la cause ou la conséquence par une conjonction de subordination.

Cause: Vous avez mauvaise mine **parce que** vous fumez trop.

Conséquence: Vous fumez **tellement que** vous avez mauvaise mine.

Pour exprimer une *cause* on a plusieurs conjonctions. La plupart sont suivies de l'indicatif. Deux sont suivies du subjonctif.

indicatif	*subjonctif*
parce que	soit que ... soit que
puisque	ce n'est pas que ... mais
comme	
du moment que	
étant donné que	
sous prétexte que	
maintenant que	
si ... c'est que	

Conjonctions suivies de l'indicatif

1 **parce que** (*because*)

Cette conjonction exprime la cause simple. Attention à la différence entre la construction de **parce que** + verbe et la construction de **à cause de** + nom.

Daniel s'est rasé la tête { **parce que** c'est la mode.
{ **à cause de** la mode.

2 **puisque / comme** (*since*)

Ces conjonctions expriment des causes qui sont évidentes pour la personne qui parle. On les place généralement au début de la phrase.

Puisque nous passons par Montréal, allons rendre visite au cousin Jules!

Comme Prunelle n'avait pas consulté son cahier de textes, elle avait oublié un livre important.

Remarques:

◆ *Since* qui indique le temps se dit **depuis que** (voir p. 432).

Depuis que Claire ne fume plus, elle court plus vite et plus longtemps.

◆ **Comme** qui indique le temps s'emploie seulement avec l'imparfait (voir p. 431).

3 **du moment que** (*since*)

Cette conjonction a le même sens que **puisque.**

> **Du moment que** votre mère vous a donné la permission de conduire sa voiture, je ne peux rien dire.

Attention: **Du moment que** n'exprime pas le temps.

4 **étant donné que** (*since*)

Cette conjonction s'emploie dans une langue oratoire ou mathématique.

> **Etant donné que** A + B = C, C est plus grand que A ou B.

5 **sous prétexte que** (*under the pretext that*)

Cette conjonction indique un prétexte, une cause prétendue.

> M. Bongrain conduit sa voiture à 120 km à l'heure, **sous prétexte qu'**il ne veut pas arriver en retard. (En réalité, il aime conduire vite.)

Sous prétexte de est la préposition qui correspond à cette conjonction. Elle est suivie d'un infinitif.

> **Sous prétexte de** travailler, il s'enferme dans sa chambre.

6 **maintenant que** (*since . . . now*)

Cette conjonction combine une idée de cause et une idée de temps.

> **Maintenant que** vous avez dix-huit ans, vous pouvez voter.

7 **si ... c'est que** (*if . . . it is because*)

Cette expression met la conséquence en évidence, avec **si** au commencement de la phrase.

> **Si** Maxime se sent seul, **c'est qu'**il n'a pas de frère.

Conjonctions suivies du subjonctif

1 **soit que ... soit que** (*whether . . . or / because . . . because*)

Cette conjonction est suivie du subjonctif.

> Les nappes de ce restaurant ne sont jamais bien blanches, **soit que** la blanchisserie **se serve** d'une lessive de mauvaise qualité, **soit que** leur machine **ne marche pas** bien.

Dans la langue courante on peut remplacer **soit que ... soit que** par **soit parce que ... soit parce que** avec l'indicatif.

> Les nappes de ce restaurant ne sont jamais bien blanches, **soit parce que** la blanchisserie **se sert** d'une lessive de mauvaise qualité, **soit parce que** leur machine **ne marche pas** bien.

2 **ce n'est pas que ... mais** (*it is not . . . but*)

Cette conjonction est en deux parties. On emploie le subjonctif après **ce n'est pas que** et l'indicatif après **mais.**

> **Ce n'est pas que** ce restaurant **soit** mauvais, **mais** il y **a** vraiment trop de bruit.

Constructions simples de cause

1 **à cause de** + nom est la construction la plus courante.

2 **sous prétexte de** + l'infinitif

3 **grâce à** (*thanks to*), **de** (*of, from*), **à force de** (*by dint of, owing to*) + nom

Frédéric a pu faire des études **grâce à** ses parents.
Tu vas mourir **de** froid si tu voyages à plat ventre sur un wagon en hiver.
A force d'obstination, Gisèle a obtenu son diplôme d'avocate.

Remarque: Il n'y a pas d'article devant le nom qui suit **à force de** et **de**.

4 **à force de** + l'infinitif

A force de supplier son père, Camara est allé faire des études en France.

5 **tant / tellement** (*because . . . so much*)

Ces adverbes signifient **parce que ... beaucoup**. On les place devant le deuxième verbe, après une virgule.

Vous allez grossir, **tellement** vous mangez de bonbons.
(... **parce que** vous mangez **beaucoup** de bonbons.)

Exercices

F. Dans les phrases suivantes, mettez la conjonction de cause qui vous paraît la plus logique: **parce que, puisque, comme, maintenant que, si ... c'est que.**

1. Vous êtes tellement impatient, partez avant nous. 2. Elle est mariée, elle n'a plus le temps de sortir avec ses amies. 3. Elle a demandé le divorce, il la battait. 4. Nous avions quelques économies, nous avons acheté une télé en couleurs. 5. Tu hésites à répondre, tu as quelque chose à cacher. 6. (Le docteur a dit à Catherine): vous êtes en vacances, il faut vous reposer. 7. Tout le monde se moque de cette dame, elle porte des chapeaux ridicules. 8. Cette jeune fille adore les pulls avec des perles, c'est la mode.

G. Faites des phrases avec **soit que ... soit que** ou **ce n'est pas que ... mais** et le vocabulaire suggéré.

soit que ... soit que
1. Jean-Pierre a échoué à son examen: il n'a pas assez travaillé; il ne peut pas se concentrer.
2. Prunelle va recevoir une colle: elle ne fait pas ses devoirs; elle a oublié ses livres.

ce n'est pas que ... mais
3. Nous manquons d'enthousiasme; il fait vraiment trop chaud pour sortir.
4. Cette pièce est mauvaise; les acteurs sont des amateurs.

H. Faites des phrases avec **à cause de, grâce à, à force de, de, sous prétexte de.**

1. Les Français ont perdu leurs colonies.   (une mauvaise politique)
2. Cette actrice a eu l'Oscar.   (l'influence de son producteur)

3.   Ils sont morts.   (la faim)
4.   Il a terminé ses études.   (la volonté)
5.   Les enfants ont quitté la table.   ([ils ont dit qu']ils allaient jouer au jardin [mais c'était pour fumer])
6.   Cet écrivain pourra écrire son livre.   (son nouveau micro-ordinateur)
7.   Vous tremblez?   (le froid ou l'appréhension)
8.   Jérôme a mal à la gorge.   (crier)

I.   Faites des phrases avec **tant** ou **tellement** et le vocabulaire suggéré.

Modèle: Elle me fatigue. Elle parle.
                   *Elle me fatigue, **tellement** elle parle.*

1.   Tous les poissons meurent. La rivière est (très) polluée.
2.   Cette chanteuse a l'air vulgaire. Elle se maquille (trop).
3.   Vous vous détruisez la santé. Vous aimez (trop) manger.
4.   Nous ne vous comprenons pas. Vous parlez (trop) bas.
5.   Je ne l'ai pas reconnue. Elle a grandi (vite).
6.   Le vieux monsieur est venu bavarder avec son voisin. Il s'ennuyait (beaucoup).

Conjonctions de conséquence

La majorité des conjonctions de conséquence sont suivies de l'indicatif. Deux sont suivies du subjonctif.

indicatif	*subjonctif*
tant ... que	assez ... pour que
si ... que	trop ... pour que
tellement ... que	
tel ... que	
de sorte que	
de manière que	
de façon que	
si bien que	
au point que	

Conjonctions suivies de l'indicatif

1 **tant ... que** / **si ... que** / **tellement ... que** (*so . . . that, so much . . . that*)

Ces conjonctions expriment un degré dans la conséquence.

a.   On emploie **tant** avec un verbe ou un nom précédé de **de.**

Ce jeune homme a **tant** bu **qu'**il refuse de conduire sa voiture.
Fanny a **tant de** chagrin **qu'**elle ne peut plus lire la lettre de Marius.

b. On emploie **si** avec un adjectif ou un adverbe.

> Il faisait **si** chaud cet été **que** nous n'avions plus d'énergie pour travailler.
> Vous conduisez **si** vite **que** vous aurez un accident un de ces jours.

c. On peut employer **tellement** à la place de **tant** ou de **si** dans tous ces cas, mais on évite la rencontre de **tellement** avec un autre adverbe en **-ment** pour des raisons d'euphonie (par exemple: **tellement rapidement**).

> Ce jeune homme a **tellement** bu **qu'**il refuse de conduire sa voiture.
> Fanny a **tellement de** chagrin **qu'**elle ne peut plus lire la lettre de Marius.
> Il faisait **tellement** chaud cet été **que** nous n'avions plus d'énergie pour travailler.
> Vous conduisez **tellement** vite **que** vous aurez un accident un de ces jours.

d. On emploie **tellement** devant une expression qui contient une préposition et un nom.

> J'étais **tellement** en colère **que** je tremblais.

2   **un tel ... que** / **une telle ... que** (*such a . . . that*); **de tels ... que** / **de telles ... que** (*such . . . that*)

Ces conjonctions s'emploient avec un nom. Elles signifient **un si grand, une si grande, de si grands, de si grandes.**

> Le président a **une telle** résistance **qu'**il n'est jamais fatigué.
> Ils ont fait **de telles** dépenses pendant leur voyage **qu'**ils n'ont plus d'argent.

3   **de sorte que** / **de manière que** / **de façon que** (*so that*)

Ces trois conjonctions ont la même signification; elles s'emploient surtout dans la langue écrite; elles ont deux constructions.

a. Suivies de l'indicatif, elles expriment la conséquence.

> Le professeur parle $\left\{ \begin{array}{l} \textbf{de sorte qu'} \\ \textbf{de manière qu'} \\ \textbf{de façon qu'} \end{array} \right\}$ on l'**entend** bien.

b. Suivies du subjonctif, elles indiquent un but (voir p. 444).

> Parlez fort **de sorte qu'**on vous **entende.**

4   **faire en sorte que** (*to manage so that*)

Cette expression contient toujours le verbe **faire** et est toujours suivie du subjonctif.

> **Faites en sorte que** tous les invités **soient présentés** aux mariés.

5   **si bien ... que** / **au point ... que** (*so that*)

Si bien ... que et **au point ... que** signifient *so that* et sont suivis de l'indicatif.

> Il a plu tout l'été **si bien que** nous **n'avons pas pu** nous baigner.
> Josée s'est sentie malade **au point (à tel point) qu'**elle **a dû** rentrer chez elle.

Conjonctions suivies du subjonctif

assez ... pour que / **trop ... pour que** (*enough to; too much, too many to*)

Ces deux conjonctions doivent s'employer avec deux sujets différents.

Vous avez **assez** d'argent **pour que** *nous* allions tous au cinéma.
Il y a **trop** de moustiques dehors **pour que** *nous* dînions au jardin.

Si le verbe principal et le verbe subordonné ont le même sujet, on emploie les prépositions **assez ... pour** et **trop ... pour** avec l'infinitif.

Vous avez **assez** d'argent **pour** faire un voyage.
Daniel a **trop** peur des moustiques **pour** dîner dehors.

Constructions simples de conséquence

1 **faire en sorte de** + l'infinitif

Ils **ont fait en sorte de** se rencontrer à Paris.

2 **assez ... pour** et **trop ... pour** + l'infinitif

3 **alors, donc** et **aussi** (*so, therefore*) + l'indicatif

Le sens et l'emploi de ces expressions sont étudiés à la page 284.

Remarque: On emploie **alors** au début de la proposition et **donc** après le verbe.

François se couche tard, **alors** il ne peut pas se lever le matin.
Ces gens n'ont pas d'enfants; ils peuvent **donc** voyager quand ils veulent.

4 **par conséquent** (*consequently, therefore*), **c'est pourquoi, c'est la raison pour laquelle** (*that's why*) + l'indicatif

a. **Par conséquent** s'emploie dans un raisonnement mathématique, logique.

San Francisco se trouve sur une faille (*fault*), **par conséquent on peut** s'attendre à un tremblement de terre.

b. **C'est pourquoi** et **c'est la raison pour laquelle** sont plus employées couramment.

Cet écrivain a appris à se servir d'un micro-ordinateur, **c'est pourquoi il a terminé** son livre si vite.

Exercices

J. Faites des phrases avec **tant ... que, si ... que, tellement ... que** et le vocabulaire suggéré.

1. Les parents de Françoise sont pauvres. Ils ne peuvent pas payer sa pension.
2. Mme Martin se trompe souvent de chemin quand elle vient me voir; je lui ai acheté une carte.
3. Les tomates de M. Bongrain étaient vertes. Elles n'avaient pas de goût.
4. Je me suis ennuyé à cette soirée; je me suis endormi dans un fauteuil.
5. La chambre de Prunelle est en désordre; le chien refuse d'y entrer.
6. Il y a des provisions dans le frigidaire; on ne peut plus fermer la porte.
7. Vous êtes effrayé de rencontrer un chat noir; vous ne sortez pas?
8. Nous avons mangé des crêpes; nous n'avons plus faim.

K. Faites des phrases avec **assez ... pour que** et **trop ... pour que** et le vocabulaire suggéré.

1. Ces gens sont ennuyeux. Nous les invitons de nouveau.
2. Je vous écris souvent. Vous me répondez au moins une fois.
3. Cette amie t'a rendu des services. Tu lui fais plaisir, cette fois.
4. Agnès est fatiguée. La visite de ses amis la réjouit.
5. Jérôme et Sylvie posent des questions. Leur enquête est intéressante.
6. Gabrielle donne des renseignements sur son enfance. Son cousin se souvient d'elle.
7. La mère de Françoise a fait des dettes. Ses filles peuvent aller à une pension chic.

Conjonctions de condition

La conjonction de condition la plus courante est **si.** Il y a d'autres conjonctions qui expriment des nuances de sens variées (en anglais *under the condition, on condition, supposing that, provided*, etc.).

En français, la majorité des conjonctions de condition sont suivies du subjonctif, mais il y en a une qui demande le conditionnel.

Indicatif	Subjonctif		Conditionnel
si	à condition que	à moins que	au cas où
	à supposer que	soit que ... soit que	
	pourvu que	que ... que	

Conjonction suivie de l'indicatif

si

Cette conjonction a été étudiée en détail au Chapitre 15. **Si** est suivi de l'indicatif. Le verbe principal est au conditionnel.

Si tu te **trouvais** dans un embouteillage, est-ce que tu t'**énerverais**?

Conjonctions suivies du subjonctif

1 **à condition que** (*on condition that*)

Je ferai le ménage **à condition que** tu **fasses** le dîner.

Si le verbe principal et le verbe subordonné ont le même sujet, on peut avoir **à condition de** + l'infinitif.

J'irai voir ce musée **à condition d'avoir** le temps.

2 **à supposer que** (*supposing that*)

Cette conjonction a une autre forme: **en supposant que.**

Nos cousins achèteront une maison, **à supposer que** (**en supposant que**) la banque leur **fasse** un prêt.

3 **pourvu que** (*provided that*)

J'aime Noël **pourvu qu**'il y **ait** de la neige.

Pourvu que + le subjonctif, sans verbe principal, s'emploie dans une exclamation (*If only . . . !*).

Pourvu qu'il **fasse** beau dimanche!

4 **à moins que** (*unless*)

Elle fait son marché le samedi **à moins que** le frigidaire **soit** vide avant.

Avec cette conjonction, dans la langue littéraire, on emploie **ne** explétif (voir l'Appendice B, p. 476).

Ils sortent tous les dimanches **à moins qu**'il **ne** pleuve.

A moins de + un infinitif s'emploie si le verbe principal et le verbe subordonné ont le même sujet.

Elle aura toujours des problèmes, **à moins de se faire soigner.**

5 **(soit) que** ... **(soit) que** ... (*whether . . . or*)

Elle court deux kilomètres par jour, **(soit) qu**'il **pleuve** ou **(soit) qu**'il **fasse** froid.

On évite d'employer **soit qu'il soit** pour des raisons d'euphonie.

Remarque: Cette conjonction peut aussi avoir le sens de la cause (voir p. 436).

Conjonctions suivies du conditionnel

1 **au cas où** (*in case* [*that*])
Cette conjonction s'emploie avec le conditionnel.

Vous allez en Europe en automne? Emportez des vêtements chauds **au cas où** il **ferait** froid.

2 **des fois que** (*in case* [*that*])
Dans la conversation, **des fois que** (avec un conditionnel) remplace souvent **au cas où.**

Prenez un maillot de bain **des fois qu**'il y **aurait** une piscine à ce motel.

Constructions simples de condition

1 **à condition de** et **à moins de** + l'infinitif

Tu sortiras ce soir **à condition de rentrer** tôt.

2 **en cas de** + nom

En cas d'interruption de courant, on recommande d'avoir une lampe de poche et des piles.

3 On peut avoir deux verbes au conditionnel qui se suivent.

J'aurais de l'argent, je ne **travaillerais** plus.
(Si j'**avais** de l'argent, je ne **travaillerais** plus.)

Exercices ....

L. Faites des phrases avec les groupes indiqués et une des conjonctions suivantes: **à condition que, à supposer que, pourvu que, à moins que, au cas où.**

1. Nous achèterons cette voiture. Le prix n'est pas trop élevé.
2. J'emporterai des tas de livres pour mon week-end. Je m'ennuie avec les gens qui m'invitent.
3. Cette jeune femme veut bien faire la cuisine. Son mari fait le marché.
4. Le frère de Gisèle n'aura pas de colle. Il va à l'école tous les jours.
5. Vous avez croisé un chat noir. Pensez-vous que votre avenir va changer?
6. Le capitaine des pompiers vient chez les Smith. Un incendie s'est déclaré.
7. Daniel va bientôt rentrer de son voyage en Mauritanie. Il est resté plus longtemps en Afrique pour visiter le Sénégal.
8. Nicolas ne peut jamais s'endormir. Sa grand-mère vient lui chanter une chanson.
9. La maman de Gabrielle se réjouit de revoir son cousin. Il ne l'a pas oubliée.
10. Nos invités arriveront à l'heure. Ils se sont perdus.

M. Combinez les phrases suivantes avec une des expressions suivantes: **si, à condition de, à moins de,** ou deux conditionnels.

1. Vous avez de l'argent.   Vous le placez à la banque?
2. Ils changeront de métier.   Ils auront une occasion.
3. Nous ne sortons pas.   Nous sommes invités.
4. J'avais quelque chose à vendre.   J'ai mis une annonce dans le journal.
5. Le docteur Nault restera dans sa pharmacie.   Il a une cliente pour son cabinet de médecin.
6. Les médecins ne peuvent pas obliger l'équipage à rester en quarantaine.   Les médecins prouvent qu'il y a la peste sur le bateau.

Conjonctions de but

Le but est un résultat qu'on souhaite obtenir ou éviter. Toutes les conjonctions de but sont suivies du subjonctif.

afin que	de sorte que	de peur que
pour que	de manière que	de crainte que
	de façon que	

Conjonctions suivies du subjonctif

1 **afin que / pour que** (*in order that*)

Ces deux conjonctions ont le même sens. **Afin que** appartient à la langue littéraire. **Pour que** est plus courant.

Napoléon institua le blocus continental **afin que** l'Angleterre **soit** isolée de l'Europe.

Si le verbe principal et le verbe subordonné ont le même sujet, on a les prépositions **afin de** et **pour** + l'infinitif.

> Elle prend des somnifères **afin de** mieux **dormir.**
> Elle prend des somnifères **pour** mieux **dormir.**

2 **de sorte que** (*so that*)

De sorte que avec le subjonctif exprime le but à atteindre.

> Parlez plus fort **de sorte qu'**on **puisse** vous   *Speak louder **so that** one **can** hear you at the back*
> entendre du fond de la salle.   *of the hall.*

La préposition qui correspond à **de sorte que** est **en sorte de,** que l'on emploie exclusivement avec le verbe **faire.** Elle est suivie d'un infinitif.

> **Faites en sorte d'**arriver à l'heure.   ***Try to** arrive on time.*

3 **de manière que, de façon que** (*so that*)

Ces conjonctions ont le même sens que **de sorte que.** Elles s'emploient surtout dans la langue écrite.

> Elle a travaillé toute la nuit **de manière que** (**de façon que**) sa rédaction **soit** parfaite.

Si le verbe principal et le verbe subordonné ont le même sujet, on emploie les prépositions **de manière à, de façon à** + l'infinitif.

> Elle a travaillé toute la nuit **de manière à finir** sa rédaction.

> *Remarque:* **De sorte que, de manière que, de façon que** + l'indicatif ont un sens de conséquence (voir p. 439).

4 **de peur que, de crainte que** (*for fear that*)

On peut employer **ne** explétif après ces deux conjonctions. Dans le cas où le verbe principal et le verbe subordonné ont le même sujet, on emploie les prépositions **de peur de** et **de crainte de** + l'infinitif.

> Elle ne veut plus vivre dans ce quartier, **de peur que** (**de crainte que**) son appartement **ne** soit
> cambriolé par des voleurs.
> Nous nous sommes fait vacciner **de peur d'attraper** la grippe.

Constructions simples de but

1 **pour, afin de** + l'infinitif

2 **faire en sorte de** + l'infinitif

3 **de manière à, de façon à** + l'infinitif

4 **de peur de, de crainte de** + l'infinitif

5 Deux prépositions de but qui n'ont pas de conjonctions correspondantes: **dans l'intention de** (*with the intention of*) + l'infinitif et **en vue de** (*for the purpose of*) + nom.

> Ils font des économies **dans l'intention de faire** un voyage.
> ... **en vue d'une expédition** au pôle Sud.

Exercices

N. Faites des phrases avec les conjonctions suivantes: **afin que, pour que, de sorte que, de peur que, de crainte que.**

1. Les rois ont beaucoup d'enfants. La dynastie ne s'éteint pas.
2. Ces parents gagnent de l'argent. Leurs enfants pourront le dépenser.
3. Ils ont engagé un détective. Leur fils est kidnappé.
4. Je vais rentrer mes géraniums. Le froid les fait mourir.
5. Allumez l'électricité. Je vous verrai mieux.
6. Je vais te donner des indications. Tu pourras trouver ma maison plus facilement.
7. Mme Martin va examiner la corbeille de la mariée. On a oublié d'exposer son cadeau.
8. Je vais repeindre ma maison. Le bois ne pourrit pas (*rot*) après le mauvais temps.
9. Faites les choses nécessaires! Tout sera prêt avant la cérémonie.
10. Ils ont mis des rideaux épais dans leur chambre. La lumière du jour ne peut pas les réveiller.

O. Refaites les phrases suivantes en employant une préposition de but + l'infinitif.

1. Elle suit un régime. Elle maigrira.
2. Jean et son frère ont acheté un terrain. Ils feront construire.
3. Marius prépare son bateau. Il va faire une course autour du monde.
4. Vous faites du jogging. Vous participez au marathon de Boston.
5. Nous ferons beaucoup de crêpes. Nous aurons de la chance toute l'année prochaine.
6. Arrivez de bonne heure. Profitez d'une bonne journée à la campagne.
7. Andrée emporte des médicaments en Afrique. Elle a peur d'être malade.
8. Ce jeune homme va à la bibliothèque tous les jours. Il va rencontrer la jeune fille qu'il aime.
9. Vous allez porter une ceinture spéciale. Vous craignez de perdre votre argent.

Conjonctions d'opposition

L'opposition est une conséquence illogique, en contradiction avec la cause.
Si on dit:

> Je suis malade; je reste au lit.

on exprime un rapport de *cause-conséquence*.

Mais, si on dit:

> Je suis malade; je viens en classe.

on exprime une *opposition*.

La plupart des conjonctions d'opposition sont suivies du subjonctif. Trois sont suivies du conditionnel et une de l'indicatif. Attention: toutes ces conjonctions ont un sens proche (*although, even though, however, whatever,* etc.).

Indicatif	*Subjonctif*		*Conditionnel*
même si	quoique	tout ... que	quand même
	bien que	si ... que	quand bien même
	quoi que	encore que	alors même que
	où que	quel que	
	pour ... que	quelque ... que	

Conjonction suivie de l'indicatif

1 **même si** (*even though, even if*)

Même si s'emploie comme **si**.

> **Même s'**il ne **fait** pas beau, nous ferons une randonnée.

Conjonctions suivies du subjonctif

1 **quoique** / **bien que** (*although*)

Ces deux conjonctions ont le même sens et le même emploi.

> **Quoique** je **sois** malade, je viens à l'université.
> **Bien que** je **sois** malade...

Remarques:

◆ **Quoique** est un seul mot, **bien** et **que** sont séparés. Le sujet des deux verbes peut représenter la même personne.

◆ Souvent après **quoique** et **bien que** le verbe **être** et son sujet sont éliminés et on a la construction:

> **quoique** + adjectif
> **bien que** + adjectif

> **Quoique malade,** elle vient à l'école.

◆ Dans la langue courante, on emploie **quoique** avec l'indicatif ou le conditionnel.

> M. et Mme Bongrain sont contents de leur nouvelle maison, **quoiqu'**il leur **faudra** du temps pour s'installer.

2 **quoi que** en *deux* mots (*whatever*)

Il ne faut pas le confondre avec **quoique** (*although*).

> **Quoi que** tu **fasses, quoi que** tu **dises,** j'irai   *Whatever you do, whatever you say . . .*
> où je veux aller.

3 **où que** (*wherever*)

> **Où que** vous **alliez,** j'irai avec vous.   *Wherever you go . . .*

4 **pour ... que** / **tout** ... **que** / **si ... que** (*however* + adj.)

Ces trois expressions entourent un adjectif.

> **Pour grands que** soient les rois, ils ne sont que des hommes.
> **Toute riche qu'**elle soit, elle est restée simple.
> **Si vieux que** soit mon père, il fait son jardin.

Si ... que a une construction spéciale. On peut supprimer **que** et faire l'inversion du pronom sujet.

> **Si** vieux **soit-il,** il fait son jardin.

Remarques:

◆ Avec **tout ... que,** l'indicatif est possible.

> **Tout** fatigué **que** vous **êtes,** vous continuez à travailler comme un fou.

◆ A la place de **si ... que,** on a quelquefois **aussi ... que.**

> **Aussi** riche **qu'**on **soit,** on a souvent des problèmes.

5 **encore que** (*even though, although*)

Encore que s'emploie avec le subjonctif ou l'indicatif.

> Ma grand-mère est en excellente santé **encore qu'**elle ne **soit** plus très jeune.
> ... **encore qu'**elle n'**est** plus très jeune.

6 **quel que soit** (*however, whatever*)

Cette conjonction appartient à la langue littéraire. **Quel** est un adjectif; il s'accorde avec le nom. Le verbe est toujours **être.** Le dernier mot est un nom.

> **quel** (adjectif) + **que** + **être** + nom

> **Quel que soit mon état de santé,** je viens à   *Whatever my state of health may be . . .*
>   l'université.
> **Quelles que soient les difficultés,** il fera ce travail.

7 **quelque ... que** (*however* + adj.)

Cette conjonction est construite comme **pour ... que, tout ... que, si ... que** avec un adjectif.

> **Quelque fragile que** soit cette statue, elle ne se cassera pas.

Dans une langue littéraire, **quelque** s'emploie avec un nom. Dans ce cas, il s'accorde.

> **Quelques difficultés** que vous rencontriez, vous les surmonterez.

Conjonctions suivies du conditionnel

1 **quand même, quand bien même, alors même que** (*even though*)

Ces conjonctions sont suivies du conditionnel.

> **Quand bien même** vous **essaieriez** de partir plus tôt, vous serez en retard.

Constructions simples d'opposition

1 **quoique** ou **bien que** + adjectif

2 **malgré** + nom

> **Malgré** les mauvaises **critiques,** cette romancière a reçu le prix Goncourt.

3 **avoir beau** + l'infinitif

> Cette romancière **a eu beau recevoir** de mauvaises critiques, elle a reçu le prix Goncourt.

4 Des conjonctions de coordination: **et, mais**

On peut renforcer **et** ou **mais** avec **quand même,** placé immédiatement après le verbe.

> Je suis malade, **et** (**mais**) je viens **quand**   *I'm sick, **but** I'm coming to do my work **any-***
> **même** faire mon travail.   *way.*

5 Des adverbes d'opposition: **pourtant, cependant**

> Il pourrait se permettre de prendre des vacances, **pourtant** il ne manque pas une journée de travail.

Exercices

P.   Faites des phrases au subjonctif ou au conditionnel avec le vocabulaire suggéré et les conjonctions **quoique, tout ... que, si ... que, quel que, quand bien même, alors même que.**

1. Romana est une princesse, elle a été vendue comme esclave.   2. Leurs opinions / ces gens sont très tolérants.   3. Tes devoirs sont importants, tu devrais aussi te distraire.
4. Le film est long, je resterai jusqu'à la fin.   5. Ma sœur me supplie de venir, je n'irai pas la voir.   6. On annonce une tempête, cela est incertain.   7. Vincent est millionnaire, Paulette ne veut pas se marier avec lui.   8. La décision du président / les députés voteront en faveur de cette loi.

Q.   Récrivez chaque groupe suivant avec **bien que, malgré, avoir beau, et ... quand même.**

1. Suzanne a envie de chocolats, elle n'en mangera pas.   2. Gérard fait des efforts, il ne réussit pas à courir plus vite.   3. Vous êtes fatigué, vous vous couchez tard.

Répétition d'une conjonction

Dans une phrase complexe longue, au lieu de répéter la conjonction, on emploie **que.** Si la conjonction prend le subjonctif, on a le subjonctif après **que.**

> Elles ont mangé **jusqu'à ce que** les provisions **soient** épuisées et **que** le frigidaire **soit** vide.

Si la conjonction prend l'indicatif, on emploie l'indicatif après **que.**

> **Quand** le soleil **se couche** et **que** la lumière **change,** ce paysage devient magnifique.

Pour répéter la conjonction **si,** on emploie **que** suivi du subjonctif.

> **Si** vous me téléphonez et **que** vous n'**ayez** pas de réponse, essayez encore.

■ Tableau-résumé
Emploi des conjonctions et constructions simples

	temps	cause	conséquence	condition	but	opposition
subjonctif	°avant que °en attendant que jusqu'à ce que	soit que ... soit que ... ce n'est pas que ... mais	°assez ... pour que °trop ... pour que	à condition que à moins que pourvu que soit que ... soit que ... etc.	°afin que °pour que °de sorte que °de peur que etc.	quoique bien que pour ... que tout ... que si ... que etc.
indicatif	°après que pendant que etc.	parce que puisque comme etc.	tant ... que si ... que tellement ... que de sorte ... que etc.	si		même si etc.
conditionnel				au cas où		quand bien quand bien même alors même que
constructions simples	à + nom avant + nom avant de + inf. après + nom après + inf. passé jusqu'à + nom etc.	à cause de tant tellement etc.	assez ... pour + inf. trop ... pour + inf. alors donc etc.	à condition de à moins de etc.	pour afin de de peur de + inf. dans l'intention de en vue de etc.	quoique + adj. malgré + nom avoir beau et mais pourtant etc.

°Attention aux deux sujets.

Appendice A

La conjugaison du verbe

Conjugaisons régulières / avoir, être

Infinitif et Participes	Indicatif		
	présent	*imparfait*	*passé simple*
1. verbes en **-er** **parler** (*to speak*) parlant parlé	je parle	je parlais	je parlai
	tu parles	tu parlais	tu parlas
	il/elle/on parle	il/elle/on parlait	il/elle/on parla
	nous parlons	nous parlions	nous parlâmes
	vous parlez	vous parliez	vous parlâtes
	ils/elles parlent	ils/elles parlaient	ils/elles parlèrent
	passé composé	*plus-que-parfait*	
	j'ai parlé	j'avais parlé	
	présent	*imparfait*	*passé simple*
2. verbes en **-ir** **finir** (*to finish*) finissant fini	je finis	je finissais	je finis
	tu finis	tu finissais	tu finis
	il/elle/on finit	il/elle/on finissait	il/elle/on finit
	nous finissons	nous finissions	nous finîmes
	vous finissez	vous finissiez	vous finîtes
	ils/elles finissent	ils/elles finissaient	ils/elles finirent
	passé composé	*plus-que-parfait*	
	j'ai fini	j'avais fini	
	présent	*imparfait*	*passé simple*
3. verbes en **-re** **perdre** (*to lose*) perdant perdu	je perds	je perdais	je perdis
	tu perds	tu perdais	tu perdis
	il/elle/on perd	il/elle/on perdait	il/elle/on perdit
	nous perdons	nous perdions	nous perdîmes
	vous perdez	vous perdiez	vous perdîtes
	ils/elles perdent	ils/elles perdaient	ils/elles perdirent
	passé composé	*plus-que-parfait*	
	j'ai perdu	j'avais perdu	

	Conditionnel	*Impératif*	*Subjonctif*
futur	*présent*		*présent*
je parlerai	je parlerais		que je parle
tu parleras	tu parlerais	parle	que tu parles
il/elle/on parlera	il/elle/on parlerait		qu'il/elle/on parle
nous parlerons	nous parlerions	parlons	que nous parlions
vous parlerez	vous parleriez	parlez	que vous parliez
ils/elles parleront	ils/elles parleraient		qu'ils/elles parlent
futur antérieur	*passé*		*passé*
j'aurai parlé	j'aurais parlé		que j'aie parlé
futur	*présent*		*présent*
je finirai	je finirais		que je finisse
tu finiras	tu finirais	finis	que tu finisses
il/elle/on finira	il/elle/on finirait		qu'il/elle/on finisse
nous finirons	nous finirions	finissons	que nous finissions
vous finirez	vous finiriez	finissez	que vous finissiez
ils/elles finiront	ils/elles finiraient		qu'ils/elles finissent
futur antérieur	*passé*		*passé*
j'aurai fini	j'aurais fini		que j'aie fini
futur	*présent*		*présent*
je perdrai	je perdrais		que je perde
tu perdras	tu perdrais	perds	que tu perdes
il/elle/on perdra	il/elle/on perdrait		qu'il/elle/on perde
nous perdrons	nous perdrions	perdons	que nous perdions
vous perdrez	vous perdriez	perdez	que vous perdiez
ils/elles perdront	ils/elles perdraient		qu'ils/elles perdent
futur antérieur	*passé*		*passé*
j'aurai perdu	j'aurais perdu		que j'aie perdu

Infinitif et Participes	*Indicatif*		

	présent	*imparfait*	*passé simple*

4. verbe
pronominal
se laver
(*to wash*
oneself)
  se lavant
  lavé
	je me lave
	tu te laves
	il/elle/on se lave
	nous nous lavons
	vous vous lavez
	ils/elles se lavent
		je me lavais
		tu te lavais
		il/elle/on se lavait
		nous nous lavions
		vous vous laviez
		ils/elles se lavaient
			je me lavai
			tu te lavas
			il/elle/on se lava
			nous nous lavâmes
			vous vous lavâtes
			ils/elles se lavèrent

	passé composé je me suis lavé(e)	*plus-que-parfait* je m'étais lavé(e)	

	présent	*imparfait*	*passé simple*

5. verbe passif
être aimé
(*to be loved*)
  étant aimé
  ayant été
  aimé
	je suis aimé(e)	j'étais aimé(e)	je fus aimé(e)

	passé composé j'ai été aimé(e)	*plus-que-parfait* j'avais été aimé(e)	

	présent	*imparfait*	*passé simple*

6. **avoir**
(*to have*)
  ayant
  eu
	j'ai
	tu as
	il/elle/on a
	nous avons
	vous avez
	ils/elles ont
		j'avais
		tu avais
		il/elle/on avait
		nous avions
		vous aviez
		ils/elles avaient
			j'eus
			tu eus
			il/elle/on eut
			nous eûmes
			vous eûtes
			ils/elles eurent

	passé composé j'ai eu	*plus-que-parfait* j'avais eu	

	présent	*imparfait*	*passé simple*

7. **être**
(*to be*)
  étant
  été
	je suis
	tu es
	il/elle/on est
	nous sommes
	vous êtes
	ils/elles sont
		j'étais
		tu étais
		il/elle/on était
		nous étions
		vous étiez
		ils/elles étaient
			je fus
			tu fus
			il/elle/on fut
			nous fûmes
			vous fûtes
			ils/elles furent

	passé composé j'ai été	*plus-que-parfait* j'avais été	

	Conditionnel	*Impératif*	*Subjonctif*
futur	*présent*		*présent*
je me laverai	je me laverais		que je me lave
tu te laveras	tu te laverais	lave-toi	que tu te laves
il/elle/on se lavera	il/elle/on se laverait		qu'il/elle/on se lave
nous nous laverons	nous nous laverions	lavons-nous	que nous nous lavions
vous vous laverez	vous vous laveriez	lavez-vous	que vous vous laviez
ils/elles se laveront	ils/elles se laveraient		qu'ils/elles se lavent
futur antérieur	*passé*		*passé*
je me serai lavé(e)	je me serais lavé(e)		que je me sois lavé(e)
futur	*présent*		*présent*
je serai aimé(e)	je serais aimé(e)		que je sois aimé(e)
		sois aimé(e)	
		soyons aimé(es)	
		soyez aimé(e)(s)	
futur antérieur	*passé*		*passé*
j'aurai été aimé(e)	j'aurais été aimé(e)		que j'aie été aimé(e)
futur	*présent*		*présent*
j'aurai	j'aurais		que j'aie
tu auras	tu aurais	aie	que tu aies
il/elle/on aura	il/elle/on aurait		qu'il/elle/on ait
nous aurons	nous aurions	ayons	que nous ayons
vous aurez	vous auriez	ayez	que vous ayez
ils/elles auront	ils/elles auraient		qu'ils/elles aient
futur antérieur	*passé*		*passé*
j'aurai eu	j'aurais eu		que j'aie eu
futur	*présent*		*présent*
je serai	je serais		que je sois
tu seras	tu serais	sois	que tu sois
il/elle/on sera	il/elle/on serait		qu'il/elle/on soit
nous serons	nous serions	soyons	nous que soyons
vous serez	vous seriez	soyez	vous que soyez
ils/elles seront	ils/elles seraient		qu'ils/elles soient
futur antérieur	*passé*		*passé*
j'aurai été	j'aurais été		que j'aie été
tu auras été	tu aurais été		que tu aies été
il/elle/on aura été	il/elle/on aurait été		qu'il/elle/on ait été
nous aurons été	nous aurions été		que nous ayons été
vous aurez été	vous auriez été		que vous ayez été
ils/elles auront été	ils/elles auraient été		qu'ils/elles aient été

Conjugaisons irrégulières

Infinitif et Participes	*Indicatif*		
	présent	*imparfait*	*passé simple*
1. **aller**	je vais	j'allais	j'allai
(*to go*)	tu vas	tu allais	tu allas
allant	il/elle/on va	il/elle/on allait	il/elle/on alla
allé	nous allons	nous allions	nous allâmes
	vous allez	vous alliez	vous allâtes
	ils/elles vont	ils/elles allaient	ils/elles allèrent
2a. **s'asseoir (s'assoir)**	je m'assieds	je m'asseyais	je m'assis
(*to sit*)	tu t'assieds	tu t'asseyais	tu t'assis
asseyant	il/elle/on s'assied	il/elle/on s'asseyait	il/elle/on s'assit
assis	nous nous asseyons	nous nous asseyions	nous nous assîmes
	vous vous asseyez	vous vous asseyiez	vous vous assîtes
	ils/elles s'asseyent	ils/elles s'asseyaient	ils/elles s'assirent
2b. **s'assoir (s'asseoir)**	je m'assois	je m'assoyais	
	tu t'assois	tu t'assoyais	
assoyant	il/elle/on s'assoit	il/elle/on s'assoyait	
	nous nous assoyons	nous nous assoyions	
	vous vous assoyez	vous vous assoyiez	
	ils/elles s'assoient	ils/elles s'assoyaient	
3. **battre**	je bats	je battais	je battis
(*to beat*)	tu bats	tu battais	tu battis
battant	il/elle/on bat	il/elle/on battait	il/elle/on battit
battu	nous battons	nous battions	nous battîmes
	vous battez	vous battiez	vous battîtes
	ils/elles battent	ils/elles battaient	ils/elles battirent
4. **boire**	je bois	je buvais	je bus
(*to drink*)	tu bois	tu buvais	tu bus
buvant	il/elle/on boit	il/elle/on buvait	il/elle/on but
bu	nous buvons	nous buvions	nous bûmes
	vous buvez	vous buviez	vous bûtes
	ils/elles boivent	ils/elles buvaient	ils/elles burent
5. **conduire**	je conduis	je conduisais	je conduisis
(*to lead*)	tu conduis	tu conduisais	tu conduisis
conduisant	il/elle/on conduit	il/elle/on conduisait	il/elle/on conduisit
conduit	nous conduisons	nous conduisions	nous conduisîmes
et composés	vous conduisez	vous conduisiez	vous conduisîtes
	ils/elles conduisent	ils/elles conduisaient	ils/elles conduisirent

		Conditionnel	*Impératif*	*Subjonctif*
passé composé	*futur*	*présent*		*présent*
je suis allé(e)	j'irai	j'irais		que j'aille
	tu iras	tu irais	va	que tu ailles
	il/elle/on ira	il/elle/on irait		qu'il/elle/on aille
	nous irons	nous irions	allons	que nous allions
	vous irez	vous iriez	allez	que vous alliez
	ils/elles iront	ils/elles iraient		qu'ils/elles aillent
je me suis assis(e)	je m'assiérai	je m'assiérais		que je m'asseye
	tu t'assiéras	tu t'assiérais	assieds-toi	que tu t'asseyes
	il/elle/on s'assiéra	il/elle/on s'assiérait		qu'il/elle/on s'asseye
	nous nous assiérons	nous nous assiérions	asseyons-nous	que nous nous asseyions
	vous vous assiérez	vous vous assiériez	asseyez-vous	que vous vous asseyiez
	ils/elles s'assiéront	ils/elles s'assiéraient		qu'ils/elles s'asseyent
	je m'assoirai	je m'assoirais		que je m'assoie
	tu t'assoiras	tu t'assoirais	assois-toi	que tu t'assoies
	il/elle/on s'assoira	il/elle/on s'assoirait		qu'il/elle/on s'assoie
	nous nous assoirons	nous nous assoirions	assoyons-nous	que nous nous assoyions
	vous vous assoirez	vous vous assoiriez	assoyez-vous	que vous vous assoyiez
	ils s'assoiront	ils/elles s'assoiraient		qu'ils/elles s'assoient
j'ai battu	je battrai	je battrais		que je batte
	tu battras	tu battrais	bats	que tu battes
	il/elle/on battra	il/elle/on battrait		qu'il/elle/on batte
	nous battrons	nous battrions	battons	que nous battions
	vous battrez	vous battriez	battez	que vous battiez
	ils/elles battront	ils/elles battraient		qu'ils/elles battent
j'ai bu	je boirai	je boirais		que je boive
	tu boiras	tu boirais	bois	que tu boives
	il/elle/on boira	il/elle/on boirait		qu'il/elle/on boive
	nous boirons	nous boirions	buvons	que nous buvions
	vous boirez	vous boiriez	buvez	que vous buviez
	ils/elles boiront	ils/elles boiraient		qu'ils/elles boivent
j'ai conduit	je conduirai	je conduirais		que je conduise
	tu conduiras	tu conduirais	conduis	que tu conduises
	il/elle/on conduira	il/elle/on conduirait		qu'il/elle/on conduise
	nous conduirons	nous conduirions	conduisons	que nous conduisions
	vous conduirez	vous conduiriez	conduisèz	que vous conduisiez
	ils/elles conduiront	ils/elles conduiraient		qu'ils/elles conduisent

Infinitif et Participes	Indicatif		
	présent	*imparfait*	*passé simple*
6. **connaître** (*to be acquainted*) connaissant connu et composés	je connais tu connais il/elle/on connaît nous connaissons vous connaissez ils/elles connaissent	je connaissais tu connaissais il/elle/on connaissait nous connaissions vous connaissiez ils/elles connaissaient	je connus tu connus il/elle/on connut nous connûmes vous connûtes il/elles connurent
7. **courir** (*to run*) courant couru	je cours tu cours il/elle/on court nous courons vous courez ils/elles courent	je courais tu courais il/elle/on courait nous courions vous couriez ils/elles couraient	je courus tu courus il/elle/on courut nous courûmes vous courûtes ils/elles coururent
8. **craindre** (*to fear*) craignant craint joindre	je crains tu crains il/elle/on craint nous craignons vous craignez ils/elles craignent	je craignais tu craignais il/elle/on craignait nous craignions vous craigniez ils/elles craignaient	je craignis tu craignis il/elle/on craignit nous craignîmes vous craignîtes ils/elles craignirent
9. **croire** (*to believe*) croyant cru	je crois tu crois il/elle/on croit nous croyons vous croyez ils/elles croient	je croyais tu croyais il/elle/on croyait nous croyions vous croyiez ils/elles croyaient	je crus tu crus il/elle/on crut nous crûmes vous crûtes ils/elles crurent
10. **cueillir** (*to pick*) cueillant cueilli et composés	je cueille tu cueilles il/elle/on cueille nous cueillons vous cueillez ils/elles cueillent	je cueillais tu cueillais il/elle/on cueillait nous cueillions vous cueilliez ils/elles cueillaient	je cueillis tu cueillis il/elle/on cueillit nous cueillîmes vous cueillîtes ils/elles cueillirent
11. **devoir** (*to owe,* *to have to*) devant dû, due	je dois tu dois il/elle/on doit nous devons vous devez ils/elles doivent	je devais tu devais il/elle/on devait nous devions vous deviez ils/elles devaient	je dus tu dus il/elle/on dût nous dûmes vous dûtes ils/elles durent

		Conditionnel	*Impératif*	*Subjonctif*
passé composé	*futur*	*présent*		*présent*
j'ai connu	je connaîtrai	je connaîtrais		que je connaisse
	tu connaîtras	tu connaîtrais	connais	que tu connaisses
	il/elle/on connaîtra	il/elle/on connaitrait		qu'il/elle/on connaisse
	nous connaîtrons	nous connaîtrions	connaissons	que nous connaissions
	vous connaîtrez	vous connaîtriez	connaissez	que vous connaissiez
	ils/elles connaîtront	ils/elles connaitraient		qu'ils/elles connaissent
j'ai couru	je courrai	je courrais		que je coure
	tu courras	tu courrais	cours	que tu coures
	il/elle/on courra	il/elle/on courrait		qu'il/elle/on coure
	nous courrons	nous courrions	courons	que nous courions
	vous courrez	vous courriez	courez	que vous couriez
	ils/elles courront	ils/elles courraient		qu'ils/elles courent
j'ai craint	je craindrai	je craindrais		que je craigne
	tu craindras	tu craindrais	crains	que tu craignes
	ils/elle/on craindra	ils/elle/on craindrait		qu'il/elle/on craigne
	nous craindrons	nous craindrions	craignons	que nous craignions
	vous craindrez	vous craindriez	craignez	que vous craigniez
	ils/elles craindront	ils/elles craindraient		qu'ils/elles craignent
j'ai cru	je croirai	je croirais		que je croie
	tu croiras	tu croirais	crois	que tu croies
	il/elle/on croira	il/elle/on croirait		qu'il/elle/on croie
	nous croirons	nous croirions	croyons	que nous croyions
	vous croirez	vous croiriez	croyez	que vous croyiez
	ils/elles croiront	ils/elles croiraient		qu'ils/elles croient
j'ai cueilli	je cueillerai	je cueillerais		que je cueille
	tu cueilleras	tu cueillerais	cueille	que tu cueilles
	il/elle/on cueillera	il/elle/on cueillerait		qu'il/elle/on cueille
	nous cueillerons	nous cueillerions	cueillons	que nous cueillions
	vous cueillerez	vous cueilleriez	cueillez	que vous cueilliez
	ils/elles cueilleront	ils/elles cueilleraient		qu'ils/elles cueillent
j'ai dû	je devrai	je devrais		que je doive
	tu devras	tu devrais		que tu doives
	il/elle/on devra	il/elle/on devrait		qu'il/elle/on doive
	nous devrons	nous devrions		que nous devions
	vous devrez	vous devriez		que vous deviez
	ils/elles devront	ils/elles devraient		qu'ils/elles doivent

Infinitif et Participes	Indicatif		
	présent	*imparfait*	*passé simple*
12. dire	je dis	je disais	je dis
(*to say, to tell*)	tu dis	tu disais	tu dis
disant	il/elle/on dit	il/elle/on disait	il/elle/on dit
dit	nous disons	nous disions	nous dîmes
	vous dites	vous disiez	vous dîtes
et composés	ils/elles disent	ils/elles disaient	ils/elles dirent
13. dormir	je dors	je dormais	je dormis
(*to sleep*)	tu dors	tu dormais	tu dormis
dormant	il/elle/on dort	il/elle/on dormait	il/elle/on dormit
dormi	nous dormons	nous dormions	nous dormîmes
	vous dormez	vous dormiez	vous dormîtes
s'endormir	ils/elles dorment	ils/elles dormaient	ils/elles dormirent
14. écrire	j'écris	j'écrivais	j'écrivis
(*to write*)	tu écris	tu écrivais	tu écrivis
écrivant	il/elle/on écrit	il/elle/on écrivait	il/elle/on écrivit
écrit	nous écrivons	nous écrivions	nous écrivîmes
	vous écrivez	vous écriviez	vous écrivîtes
et composés	ils/elles écrivent	ils/elles écrivaient	ils/elles écrivirent
15. faire	je fais	je faisais	je fis
(*to do, to make*)	tu fais	tu faisais	tu fis
faisant	il/elle/on fait	il/elle/on faisait	il/elle/on fit
fait	nous faisons	nous faisions	nous fîmes
	vous faites	vous faisiez	vous fîtes
et composés	ils/elles font	ils/elles faisaient	ils/elles firent
16. falloir	il faut	il fallait	il fallut
(*to be necessary*)			
fallu			
17. fuir	je fuis	je fuyais	je fuis
(*to flee*)	tu fuis	tu fuyais	tu fuis
fuyant	il/elle/on fuit	il/elle/on fuyait	il/elle/on fuit
fui	nous fuyons	nous fuyions	nous fuîmes
	vous fuyez	vous fuyiez	vous fuîtes
s'enfuir	ils/elles fuient	ils/elles fuyaient	ils/elles fuirent
18. lire	je lis	je lisais	je lus
(*to read*)	tu lis	tu lisais	tu lus
lisant	il/elle/on lit	il/elle/on lisait	il/elle/on lut
lu	nous lisons	nous lisions	nous lûmes
	vous lisez	vous lisiez	vous lûtes
élire	ils/elles lisent	ils/elles lisaient	ils/elles lurent

		Conditionnel	*Impératif*	*Subjonctif*
passé composé	*futur*	*présent*		*présent*
j'ai dit	je dirai	je dirais		que je dise
	tu diras	tu dirais	dis	que tu dises
	il/elle/on dira	il/elle/on dirait		qu'il/elle/on dise
	nous dirons	nous dirions	disons	que nous disions
	vous direz	vous diriez	dites	que vous disiez
	ils/elles diront	ils/elles diraient		qu'ils/elles disent
j'ai dormi	je dormirai	je dormirais		que je dorme
	tu dormiras	tu dormirais	dors	que tu dormes
	il/elle/on dormira	il/elle/on dormirait		qu'il/elle/on dorme
	nous dormirons	nous dormirions	dormons	que nous dormions
	vous dormirez	vous dormiriez	dormez	que vous dormiez
	ils/elles dormiront	ils/elles dormiraient		qu'ils/elles dorment
j'ai écrit	j'écrirai	j'écrirais		que j'écrive
	tu écriras	tu écrirais	écris	que tu écrives
	il/elle/on écrira	il/elle/on écrirait		qu'il/elle/on écrive
	nous écrirons	nous écririons	écrivons	que nous écrivions
	vous écrirez	vous écririez	écrivez	que vous écriviez
	ils/elles écriront	ils/elles écriraient		qu'ils/elles écrivent
j'ai fait	je ferai	je ferais		que je fasse
	tu feras	tu ferais	fais	que tu fasses
	il/elle/on fera	il/elle/on ferait		qu'il/elle/on fasse
	nous ferons	nous ferions	faisons	que nous fassions
	vous ferez	vous feriez	faites	que vous fassiez
	ils/elles feront	ils/elles feraient		qu'ils/elles fassent
il a fallu	il faudra	il faudrait		qu'il faille
j'ai fui	je fuirai	je fuirais		que je fuie
	tu fuiras	tu fuirais	fuis	que tu fuies
	il/elle/on fuira	il/elle/on fuirait		qu'il/elle/on fuie
	nous fuirons	nous fuirions	fuyons	que nous fuyions
	vous fuirez	vous fuiriez	fuyez	que vous fuyiez
	ils/elles fuiront	ils/elles fuiraient		qu'ils/elles fuient
j'ai lu	je lirai	je lirais		que je lise
	tu liras	tu lirais	lis	que tu lises
	il/elle/on lira	il/elle/on lirait		qu'il/elle/on lise
	nous lirons	nous lirions	lisons	que nous lisions
	vous lirez	vous liriez	lisez	que vous lisiez
	ils/elles liront	ils/elles liraient		qu'ils/elles lisent

Infinitif et Participes	*Indicatif*		
	présent	*imparfait*	*passé simple*
19. **mentir**	je mens	je mentais	je mentis
(*to lie*)	tu mens	tu mentais	tu mentis
mentant	il/elle/on ment	il/elle/on mentait	il/elle/on mentit
menti	nous mentons	nous mentions	nous mentîmes
	vous mentez	vous mentiez	vous mentîtes
sentir	ils/elles mentent	ils/elles mentaient	ils/elles mentirent
20. **mettre**	je mets	je mettais	je mis
(*to put*)	tu mets	tu mettais	tu mis
mettant	il/elle/on met	il/elle/on mettait	il/elle/on mit
mis	nous mettons	nous mettions	nous mîmes
	vous mettez	vous mettiez	vous mîtes
et composés	ils/elles mettent	ils/elles mettaient	ils/elles mirent
21. **mourir**	je meurs	je mourais	je mourus
(*to die*)	tu meurs	tu mourais	tu mourus
mourant	ils/elle/on meurt	il/elle/on mourait	il/elle/on mourut
mort	nous mourons	nous mourions	nous mourûmes
	vous mourez	vous mouriez	vous mourûtes
	ils/elles meurent	ils/elles mouraient	il/elles moururent
22. **naître**	je nais	je naissais	je naquis
(*to be born*)	tu nais	tu naissais	tu naquîmes
naissant	il/elle/on naît	il/elle/on naissait	il/elle/on naquit
né	nous naissons	nous naissions	nous naquîmes
	vous naissez	vous naissiez	vous naquîtes
	ils/elles naissent	ils/elles naissaient	ils/elles naquirent
23. **ouvrir**	j'ouvre	j'ouvrais	j'ouvris
(*to open*)	tu ouvres	tu ouvrais	tu ouvris
ouvrant	il/elle/on ouvre	il/elle/on ouvrait	il/elle/on ouvrit
ouvert	nous ouvrons	nous ouvrions	nous ouvrîmes
offrir, couvrir,	vous ouvrez	vous ouvriez	vous ouvrîtes
souffrir	ils/elles ouvrent	ils/elles ouvraient	ils/elles ouvrirent
24. **partir**	je pars	je partais	je partis
(*to leave*)	tu pars	tu partais	tu partis
partant	il/elle/on part	il/elle/on partait	il/elle/on partit
parti	nous partons	nous partions	nous partîmes
	vous partez	vous partiez	vous partîtes
et composés	ils/elles partent	ils/elles partaient	ils/elles partirent

		Conditionnel	*Impératif*	*Subjonctif*
passé composé	*futur*	*présent*		*présent*
j'ai menti	je mentirai	je mentirais		que je mente
	tu mentiras	tu mentirais	mens	que tu mentes
	il/elle/on mentira	il/elle/on mentirait		qu'il/elle/on mente
	nous mentirons	nous mentirions	mentons	que nous mentions
	vous mentirez	vous mentiriez	mentez	que vous mentiez
	ils/elles mentiront	ils/elles/mentiraient		qu'ils/elles mentent
j'ai mis	je mettrai	je mettrais		que je mette
	tu mettras	tu mettrais	mets	que tu mettes
	il/elle/on mettra	il/elle/on mettrait		qu'il/elle/on mette
	nous mettrons	nous mettrions	mettons	que nous mettions
	vous mettrez	vous mettriez	mettez	que vous mettiez
	ils/elles mettront	ils/elles mettraient		qu'ils/elles mettent
je suis mort(e)	je mourrai	je mourrais		que je meure
	tu mourras	tu mourrais	meurs	que tu meures
	il/elle/on mourra	il/elle/on mourrait		qu'il/elle/on meure
	nous mourrons	nous mourrions	mourons	que nous mourions
	vous mourrez	vous mourriez	mourez	que vous mouriez
	ils/elles mourront	ils/elles mourraient		qu'ils/elles meurent
je suis né(e)	je naîtrai	je naîtrais		que je naisse
	tu naîtras	tu naîtras	nais	que tu naisses
	il/elle/on naîtra	il/elle/on naîtrait		qu'il/elle/on naisse
	nous naîtrons	nous naîtrions	naissons	que nous naissions
	vous naîtrez	vous naîtriez	naissez	que vous naissiez
	ils/elles naîtront	ils/elles naîtraient		qu'ils/elles naissent
j'ai ouvert	j'ouvrirai	j'ouvrirais		que j'ouvre
	tu ouvriras	tu ouvrirais	ouvre	que tu ouvres
	il/elle/on ouvrira	il/elle/on ouvrirait		qu'il/elle/on ouvre
	nous ouvrirons	nous ouvririons	ouvrons	que nous ouvrions
	vous ouvriez	vous ouvririez	ouvrez	que vous ouvriez
	ils/elles ouvriront	ils/elles ouvriraient		qu'ils/elles ouvrent
je suis parti(e)	je partirai	je partirais		que je parte
	tu partiras	tu partirais	pars	que tu partes
	il/elle/on partira	il/elle/on partirait		qu'il/elle/on parte
	nous partirons	nous partirions	partons	que nous partions
	vous partirez	vous partiriez	partez	que vous partiez
	ils/elles partiront	ils/elles partiraient		qu'ils/elles partent

Infinitif et Participes	*Indicatif*		
	présent	*imparfait*	*passé simple*
25. **peindre**	je peins	je peignais	je peignis
(*to paint*)	tu peins	tu peignais	tu peignis
peignant	il/elle/on peint	il/elle/on peignait	il/elle/on peignit
peint	nous peignons	nous peignions	nous peignîmes
	vous peignez	vous peigniez	vous peignîtes
	ils/elles peignent	ils/elles peignaient	ils/elles peignirent
26. **plaire**	je plais	je plaisais	je plus
(*to please*)	tu plais	tu plaisais	tu plus
plaisant	il/elle/on plaît	il/elle/on plaisait	il/elle/on plut
plu	nous plaisons	nous plaisions	nous plûmes
	vous plaisez	vous plaisiez	vous plûtes
et composés	ils/elles plaisent	ils/elles plaisaient	ils/elles plurent
27. **pleuvoir**	il pleut	il pleuvait	il plut
(*to rain*)			
pleuvant			
plu			
28. **pouvoir**	je peux, puis	je pouvais	je pus
(*to be able*)	tu peux	tu pouvais	tu pus
pouvant	il/elle/on peut	il/elle/on pouvait	il/elle/on put
pu	nous pouvons	nous pouvions	nous pûmes
	vous pouvez	vous pouviez	vous pûtes
	ils/elles peuvent	ils/elles pouvaient	ils/elles purent
29. **prendre**	je prends	je prenais	je pris
(*to take*)	tu prends	tu prenais	tu pris
prenant	il/elle/on prend	il/elle/on prenait	il/elle/on prit
pris	nous prenons	nous prenions	nous prîmes
	vous prenez	vous preniez	vous prîtes
et composés	ils/elles prennent	ils/elles prenaient	ils/elles prirent
30. **recevoir**	je reçois	je recevais	je reçus
(*to receive*)	tu reçois	tu recevais	tu reçus
recevant	il/elle/on reçoit	il/elle/on recevait	il/elle/on reçut
reçu	nous recevons	nous recevions	nous reçûmes
	vous recevez	vous receviez	vous reçûtes
et composés	ils/elles reçoivent	ils/elles recevaient	ils/elles reçurent

		Conditionnel	*Impératif*	*Subjonctif*
passé composé	*futur*	*présent*		*présent*
j'ai peint	je peindrai	je peindrais		que je peigne
	tu peindras	tu peindrais	peins	que tu peignes
	il/elle/on peindra	il/elle/on peindrait		qu'il/elle/on peigne
	nous peindrons	nous peindrions	peignons	que nous peignions
	vous peindrez	vous peindriez	peignez	que vous peigniez
	ils/elles peindront	ils/elles peindraient		qu'ils/elles peignent
j'ai plu	je plairai	je plairais		que je plaise
	tu plairas	tu plairais	plais	que tu plaises
	il/elle/on plaira	il/elle/on plairait		qu'il/elle/on plaise
	nous plairons	nous plairions	plaisons	que nous plaisions
	vous plairez	vous plairiez	plaisez	que vous plaisiez
	ils/elles plairont	ils/elles plairaient		qu'ils/elles plaisent
il a plu	il pleuvra	il pleuvrait		il pleuve
j'ai pu	je pourrai	je pourrais		que je puisse
	tu pourras	tu pourrais		que tu puisses
	il/elle/on pourra	il/elle/on pourrait		qu'il/elle/on puisse
	nous pourrons	nous pourrions		que nous puissions
	vous pourrez	vous pourriez		que vous puissiez
	ils/elles pourront	ils/elles pourraient		qu'ils/elles puissent
j'ai pris	je prendrai	je prendrais		que je prenne
	tu prendras	tu prendrais	prends	que tu prennes
	il/elle/on prendra	il/elle/on prendrait		qu'il/elle/on prenne
	nous prendrons	nous prendrions	prenons	que nous prenions
	vous prendrez	vous prendriez	prenez	que vous preniez
	ils/elles prendront	ils/elles prendraient		qu'ils/elles prennent
j'ai reçu	je recevrai	je recevrais		que je reçoive
	tu recevras	tu recevrais	reçois	que tu reçoives
	il/elle/on recevra	il/elle/on recevrait		qu'il/elle/on reçoive
	nous recevrons	nous recevrions	recevons	que nous recevions
	vous recevrez	vous recevriez	recevez	que vous receviez
	ils/elles recevront	ils/elles recevraient		qu'ils/elles reçoivent

Infinitif et Participes	*Indicatif*		
	présent	*imparfait*	*passé simple*
31. **rire** (*to laugh*) 　riant 　ri 　sourire	je ris tu ris il/elle/on rit nous rions vous riez ils/elles rient	je riais tu riais il/elle/on riait nous riions vous riiez ils/elles riaient	je ris tu ris il/elle/on rit nous rîmes vous rîtes ils/elles rirent
32. **savoir** (*to know*) 　sachant 　su	je sais tu sais il/elle/on sait nous savons vous savez ils/elles savent	je savais tu savais il/elle/on savait nous savions vous saviez ils/elles savaient	je sus tu sus il/elle/on sut nous sûmes vous sûtes ils/elles surent
33. **suivre** (*to follow*) 　suivant 　suivi 　et composés	je suis tu suis il/elle/on suit nous suivons vous suivez ils/elles suivent	je suivais tu suivais il/elle/on suivait nous suivions vous suiviez ils/elles suivaient	je suivis tu suivis il/elle/on suivit nous suivîmes vous suivîtes ils/elles suivirent
34. **tenir** (*to hold, to keep*) 　tenant 　tenu	je tiens tu tiens il/elle/on tient nous tenons vous tenez ils/elles tiennent	je tenais tu tenais il/elle/on tenait nous tenions vous teniez ils/elles tenaient	je tins tu tins il/elle/on tint nous tînmes vous tîntes ils/elles tinrent
35. **vaincre** (*to conquer*) 　vainquant 　vaincu 　et composés	je vaincs tu vaincs il/elle/on vainc nous vainquons vous vainquez ils/elles vainquent	je vainquais tu vainquais il/elle/on vainquait nous vainquions vous vainquiez ils/elles vainquaient	je vainquis tu vainquis il/elle/on vainquit nous vainquîmes vous vainquîtes ils/elles vainquirent
36. **valoir** (*to be worth*) 　valant 　valu	je vaux tu vaux il/elle/on vaut nous valons vous valez ils/elles valent	je valais tu valais il/elle/on valait nous valions vous valiez ils/elles valaient	je valus tu valus il/elle/on valut nous valûmes vous valûtes ils/elles valurent

		Conditionnel	Impératif	Subjonctif
passé composé	*futur*	*présent*		*présent*
j'ai ri	je rirai	je rirais		que je rie
	tu riras	tu rirais	ris	que tu ries
	il/elle/on rira	il/elle/on rirait		qu'il/elle/on rie
	nous rirons	nous ririons	rions	que nous riions
	vous rirez	vous ririez	riez	que vous riiez
	ils/elles riront	ils/elles riraient		qu'ils/elles rient
j'ai su	je saurai	je saurais		que je sache
	tu sauras	tu saurais	sache	que tu saches
	il/elle/on saura	il/elle/on saurait		qu'il/elle/on sache
	nous saurons	nous saurions	sachons	que nous sachions
	vous saurez	vous sauriez	sachez	que vous sachiez
	ils/elles sauront	ils/elles sauraient		qu'ils/elles sachent
j'ai suivi	je suivrai	je suivrais		que je suive
	tu suivras	tu suivrais	suis	que tu suives
	il/elle/on suivra	il/elle/on suivrait		qu'il/elle/on suive
	nous suivrons	nous suivrions	suivons	que nous suivions
	vous suivrez	vous suivriez	suivez	que vous suiviez
	ils/elles suivront	ils/elles suivraient		qu'ils/elles suivent
j'ai tenu	je tiendrai	je tiendrais		que je tienne
	tu tiendras	tu tiendrais	tiens	que tu tiennes
	il/elle/on tiendra	il/elle/on tiendrait		qu'il/elle/on tienne
	nous tiendrons	nous tiendrions	tenons	que nous tenions
	vous tiendrez	vous tiendriez	tenez	que vous teniez
	ils/elles tiendront	ils/elles tiendraient		qu'ils/elles tiennent
j'ai vaincu	je vaincrai	je vaincrais		que je vainque
	tu vaincras	tu vaincrais	vaincs	que tu vainques
	il/elle/on vaincra	il/elle/on vaincrait		qu'il/elle/on vainque
	nous vaincrons	nous vaincrions	vainquons	que nous vainquions
	vous vaincrez	vous vaincriez	vainquez	que vous vainquiez
	ils/elles vaincront	ils/elles vaincraient		qu'ils/elles vainquent
il a valu	il vaudra	il vaudrait		qu'il vaille

Infinitif et Participes	Indicatif		
	présent	*imparfait*	*passé simple*
37. **venir**	je viens	je venais	je vins
(*to come*)	tu viens	tu venais	tu vins
venant	il/elle/on vient	il/elle/on venait	il/elle/on vint
venu	nous venons	nous venions	nous vînmes
	vous venez	vous veniez	vous vîntes
et composés	ils/elles viennent	ils/elles venaient	ils/elles vinrent
38. **vivre**	je vis	je vivais	je vécus
(*to live*)	tu vis	tu vivais	tu vécus
vivant	il/elle/on vit	il/elle/on vivait	il/elle/on vécut
vécu	nous vivons	nous vivions	nous vécûmes
	vous vivez	vous viviez	vous vécûtes
survivre	ils/elles vivent	ils/elles vivaient	ils/elles vécurent
39. **voir**	je vois	je voyais	je vis
(*to see*)	tu vois	tu voyais	tu vis
voyant	il/elle/on voit	il/elle/on voyait	il/elle/on vit
vu	nous voyons	nous voyions	nous vîmes
	vous voyez	vous voyiez	vous vîtes
revoir, prévoir	ils/elles voient	ils/elles voyaient	ils/elles virent
40. **vouloir**	je veux	je voulais	je voulus
(*to wish, to want*)	tu veux	tu voulais	tu voulus
voulant	il/elle/on veut	il/elle/on voulait	il/elle/on voulut
voulu	nous voulons	nous voulions	nous voulûmes
	vous voulez	vous vouliez	vous voulûtes
	ils/elles veulent	ils/elles voulaient	ils/elles voulurent

		Conditionnel	Impératif	Subjonctif
passé composé	*futur*	*présent*		*présent*
je suis venu(e)	je viendrai	je viendrais		que je vienne
	tu viendras	tu viendrais	viens	que tu viennes
	il/elle/on viendra	il/elle/on viendrait		qu'il/elle/on vienne
	nous viendrons	nous viendrions	venons	que nous venions
	vous viendrez	vous viendriez	venez	que vous veniez
	ils/elles viendront	ils/elles viendraient		qu'ils/elles viennent
j'ai vécu	je vivrai	je vivrais		que je vive
	tu vivras	tu vivrais	vis	que tu vives
	il/elle/on vivra	il/elle/on vivrait		qu'il/elle/on vive
	nous vivrons	vous vivrions	vivons	que nous vivions
	vous vivrez	vous vivriez	vivez	que vous viviez
	ils/elles vivront	ils/elles vivraient		qu'ils/elles vivent
j'ai vu	je verrai	je verrais		que je voie
	tu verras	tu verrais	vois	que tu voies
	il/elle/on verra	il/elle/on verrait		qu'il/elle/on voie
	nous verrons	nous verrions	voyons	que nous voyions
	vous verrez	vous verriez	voyez	que vous voyiez
	ils/elles verront	ils/elles verraient		qu'ils/elles voient
j'ai voulu	je voudrai	je voudrais		que je veuille
	tu voudras	tu voudrais	veuille	que tu veuilles
	il/elle/on voudra	il/elle/on voudrait		qu'il/elle/on veuille
	nous voudrons	nous voudrions		que nous voulions
	vous voudrez	vous voudriez	veuillez	que vous vouliez
	ils/elles voudront	ils/elles voudraient		qu'ils/elles veuillent

Changements orthographiques dans certains verbes

1 Verbes en **-cer**. Type: **commencer**

Le **c** se change en **ç** devant **a** et **o**.

présent	*imparfait*	*passé simple*
je commence	je commençais	je commençai
tu commences	tu commençais	tu commenças
il commence	il commençait	il commença
nous commençons	nous commencions	nous commençâmes
vous commencez	vous commenciez	vous commençâtes
ils commencent	ils commençaient	ils commencèrent

impératif: commence, commençons, commencez
participe présent: commençant
participe passé: commencé

Autres verbes qui suivent ce modèle:

déplacer	*to move*	menacer	*to threaten*
effacer	*to erase*	placer	*to place*
forcer	*to force*	remplacer	*to replace*
lancer	*to throw*	renoncer	*to give up*

2 Verbes en **-ger**. Type: **changer**

On ajoute un **e** après le **g** devant **a** et **o**.

présent	*imparfait*	*passé simple*
je change	je changeais	je changeai
tu changes	tu changeais	tu changeas
il change	il changeait	il changea
nous changeons	nous changions	nous changeâmes
vous changez	vous changiez	vous changeâtes
ils changent	ils changeaient	ils changèrent

impératif: change, changeons, changez
participe présent: changeant
participe passé: changé

Autres verbes qui suivent ce modèle:

arranger	*to arrange*	mélanger	*to mix*
décourager	*to discourage*	négliger	*to neglect*
déménager	*to move out*	obliger	*to oblige*
diriger	*to direct*	partager	*to share*
encourager	*to encourage*	plonger	*to dive*
longer	*to go along*	protéger	*to protect*
manger	*to eat*	voyager	*to travel*

3 Verbes en **e** + consonne + **er**. Type: **lever**

Ces verbes ont un accent grave sur le **e** qui précède la consonne quand la dernière syllabe est un **e** muet:

indicatif présent		*subjonctif présent*	
je lève[1]	nous levons	que je lève	que nous levions
tu lèves	vous levez	que tu lèves	que vous leviez
il lève	ils lèvent	qu'il lève	qu'ils lèvent

futur: je lèverai ...
conditionnel présent: je lèverais ...
impératif: lève, levons, levez
participe présent: levant
participe passé: levé

Autres verbes qui suivent ce modèle:

acheter	*to buy*	mener[2]	*to lead*
achever	*to finish*	peser	*to weigh*
geler	*to freeze*		

4 Verbes en **é** + consonne + **er** dont le **é** devient **è** à l'occasion. Type: **préférer**

Le **é** qui précède la consonne devient **è** quand la dernière syllabe est un **e** muet (mais on garde l'accent aigu (**é**) au futur et au conditionnel).

indicatif présent	*subjonctif présent*
je préfère (tu, il ...)	que je préfère (tu, il ...)
nous préférons (vous ...)	que nous préférions (vous ...)
ils préfèrent	qu'ils préfèrent

futur: je préférerai ...
conditionnel présent: je préférerais ...
impératif: préfère, préférons, préférez

Autres verbes qui suivent ce modèle:

céder	*to yield*	interpréter	*to interpret*
compléter	*to complete*	libérer	*to liberate*
espérer	*to hope*	répéter	*to repeat*
exagérer	*to exaggerate*	révéler	*to reveal*
gérer	*to manage*	suggérer	*to suggest*

5 Verbes en **e** + **l** + **er** qui ont deux **l** à l'occasion. Type: **appeler**

indicatif présent		*subjonctif présent*	
j'appelle	nous appelons	que j'appelle	que nous appelions
tu appelles	vous appelez	que tu appelles	que vous appeliez
il appelle	ils appellent	qu'il appelle	qu'ils appellent

---

[1] les composés de **lever: enlever, élever, relever,** etc.
[2] les composés de **mener: amener, emmener, promener,** etc.

futur: j'appellerai ... (deux **l** partout)
conditionnel présent: j'appellerais ...
impératif: appelle, appelons, appelez
participe présent: appelant
participe passé: appelé

Autres verbes qui suivent ce modèle:

chanceler	*to stagger*	ficeler	*to tie up*
épeler	*to spell*	renouveler	*to renew*

6 Verbes en **e** + **t** + **er** qui ont deux **t** à l'occasion. Type: **jeter**

On a **e** + **tt** + **e** quand la syllabe qui suit est un **e** muet.

indicatif présent		*subjonctif présent*	
je jette[3]	nous jetons	que je jette	que nous jetions
tu jettes	vous jetez	que tu jettes	que vous jetiez
il jette	ils jettent	qu'il jette	qu'ils jettent

futur: je jetterai ... (deux **t** partout)
conditionnel présent: je jetterais ...
impératif: jette, jetons, jetez
participe présent: jetant
participe passé: jeté

Autres verbes qui suivent ce modèle:

empaqueter	*to wrap up*	feuilleter	*to leaf through*

7 Verbes en **-yer.** Type: **employer**

Les verbes en **-yer** changent le **y** en **i** quand la syllabe qui suit est un **e** muet. Le verbe **payer** a les deux formes: **payerai, paierai.**

indicatif présent		*subjonctif présent*	
j'emploie	nous employons	que j'emploie	que nous employions
tu emploies	vous employez	que tu emploies	que vous employiez
il emploie	ils emploient	qu'il emploie	qu'ils emploient

futur: j'emploierai ... (avec **i** partout)
conditionnel présent: j'emploierais ...
impératif: emploie, employons, employez
participe présent: employant
participe passé: employé

Autres verbes qui suivent ce modèle:

balayer	*to sweep*	essuyer	*to wipe*
bégayer	*to stutter*	nettoyer	*to clean*
envoyer[4]	*to send*	tutoyer	*to say* **tu** *to*
essayer	*to try*	vouvoyer	*to say* **vous** *to*

---

[3] les composés de jeter: rejeter, projeter, etc.

[4] Le futur est irrégulier: **enverrai.**

Constructions des verbes suivis d'un infinitif

Verbes suivis de à + infinitif

aimer à	to like to	inviter à	to invite
s'amuser à	to have fun	se mettre à	to begin
apprendre à	to learn, to teach	obliger à	to oblige
avoir à	to have to	s'occuper à	to busy oneself in
avoir du plaisir à	to enjoy	parvenir à	to succeed in
chercher à	to seek to	se plaire à	to take pleasure in
commencer à	to begin	se préparer à	to prepare
consentir à	to consent	provoquer à	to provoke
consister à	to consist of	recommencer à	to begin again
continuer à	to continue	renoncer à	to give up
se décider à	to decide	se résigner à	to resign oneself
employer à	to use	se résoudre à	to resolve
enseigner à	to teach	réussir à	to succeed
s'exercer à	to practice	servir à	to serve
se fatiguer à	to wear oneself out	songer à	to think about
forcer à	to force	tarder à	to delay in
s'habituer à	to become accustomed	tenir à	to be anxious
hésiter à	to hesitate	travailler à	to work to

Verbes suivis de de + infinitif

achever de	to finish	éviter de	to avoid
s'arrêter de	to stop	s'excuser de	to apologize
avertir de	to warn	finir de	to finish
cesser de	to cease, stop	forcer de	to force
choisir de	to choose	interdire de	to forbid
commander de	to order	jurer de	to swear
conseiller de	to advise	manquer de	to fail
se contenter de	to be happy with	menacer de	to threaten
convaincre de	to convince	mériter de	to deserve
craindre de	to fear	négliger de	to neglect
crier de	to shout	obtenir de	to obtain
décider de	to decide	offrir de	to offer
défendre de	to forbid	ordonner de	to command
demander de	to ask	oublier de	to forget
se dépêcher de	to hurry	pardonner de	to pardon for
dire de	to tell	parler de	to talk about
écrire de	to write	permettre de	to permit
efforcer de	to make an effort	persuader de	to persuade
empêcher de	to prevent from	prendre garde de	to be careful not to
essayer de	to try to	prendre soin de	to take care

se presser de	*to hurry*	remercier de	*to thank for*
prier de	*to ask*	reprocher de	*to reproach*
promettre de	*to promise*	risquer de	*to run the risk of*
proposer de	*to suggest*	soupçonner de	*to suspect*
refuser de	*to refuse*	se souvenir de	*to remember*
regretter de	*to regret*	tâcher de	*to try to*

Verbes suivis de l'infinitif sans préposition

aimer	*to like*	paraître	*to appear*
aimer mieux	*to prefer*	penser	*to think*
aller	*to be going to*	pouvoir	*to be able*
compter	*to expect*	préférer	*to prefer*
croire	*to believe*	prétendre	*to claim*
descendre	*to go downstairs*	regarder	*to watch*
désirer	*to want*	rentrer	*to return home*
détester	*to hate*	retourner	*to go back*
devoir	*to be obliged*	revenir	*to come back*
écouter	*to listen*	savoir	*to know how to*
entendre	*to hear*	sembler	*to seem*
envoyer	*to send*	sentir	*to feel*
espérer	*to hope*	souhaiter	*to wish*
faire	*to cause*	il vaut mieux	*it is preferable*
il faut	*it is necessary*	venir	*to come in order to*
laisser	*to allow*	voir	*to see*
oser	*to dare*	vouloir	*to want*

Verbes et expressions suivis de l'indicatif ou du subjonctif

Indicatif

Verbes personnels

admettre	*to admit*	croire	*to believe*
affirmer	*to assert*	déclarer	*to declare*
s'apercevoir	*to realize*	écrire	*to write*
apprendre	*to learn*	entendre dire	*to hear*
assurer	*to assure*	espérer	*to hope*
avouer	*to confess*	estimer	*to consider*
comprendre	*to understand*	être d'avis	*to be of the opinion*
convenir	*to agree*	imaginer	*to imagine*
crier	*to shout*	s'imaginer	*to fancy*

juger	*to judge*	se rendre compte	*to realize*
jurer	*to swear*	savoir	*to know*
nier	*to deny*	sentir	*to feel*
parier	*to bet*	songer	*to dream, think*
présumer	*to presume*	soutenir	*to maintain*
prétendre	*to claim*	se souvenir	*to remember*
promettre	*to promise*	supposer	*to suppose*
reconnaître	*to recognize*	téléphoner	*to phone*
remarquer	*to notice*	voir	*to see*

Verbes impersonnels

il est certain	*it is sure*	il est vrai	*it is true*
il est clair	*it is clear*	il est vraisemblable	*it is likely*
il est évident	*it is obvious*	il me semble	*it seems to me*
il est probable	*it is probable*	il paraît	*it appears*
il est sûr	*it is sure*	il résulte	*it follows*

Expressions

bien sûr que	*of course*	probablement que	*probably*
heureusement que	*fortunately*	sans doute que	*maybe*
peut-être que	*perhaps*	sûrement que	*surely*

Subjonctif

Verbes personnels

aimer mieux	*to prefer (would rather)*	être fâché	*to be mad*
attendre	*to wait*	être heureux	*to be happy*
s'attendre à ce que	*to expect*	être ravi	*to be delighted*
avoir honte	*to be ashamed*	être triste	*to be sad*
avoir peur	*to be afraid*	éviter	*to avoid*
commander	*to order*	exiger	*to demand*
craindre	*to fear*	ordonner	*to order*
défendre	*to forbid*	permettre	*to allow*
demander	*to ask*	préférer	*to prefer*
désirer	*to desire*	proposer	*to suggest*
empêcher	*to prevent*	regretter	*to regret*
s'étonner	*to be surprised*	souhaiter	*to wish*
être content	*to be happy*	suggérer	*to suggest*
être désolé	*to be sorry*	supplier	*to beg*
être étonné	*to be surprised*	vouloir	*to want*

Verbes impersonnels

c'est dommage	*it is too bad*	il est naturel	*it is natural*
il est bon	*it is good*	il est nécessaire	*it is necessary*
il est curieux	*it is curious*	il est normal	*it is normal*
il est désirable	*it is desirable*	il est possible	*it is possible*
il est douteux	*it is doubtful*	il est souhaitable	*it is hopeful*
il n'est pas douteux	*it is not doubtful*	il est surprenant	*it is surprising*
il est essentiel	*it is essential*	il est temps	*it is time*
il est honteux	*it is shameful*	il est triste	*it is sad*
il est important	*it is important*	il faut	*it is necessary*
il est impossible	*it is impossible*	il semble	*it seems*
il est invraisemblable	*it is unlikely*	il se peut	*it is possible*
il est juste	*it is fair*	il vaut mieux	*it is better*

Temps et constructions rares

Les temps surcomposés

Ces temps sont formés à l'aide de l'auxiliaire au temps composé.

passé composé	passé surcomposé
j'ai aimé	j'ai eu aimé
il est arrivé	il a été arrivé

On ajoute **eu** ou **été** entre l'auxiliaire et le participe passé.

temps simple		temps composé	temps surcomposé
présent	j'aime	j'ai aimé	j'ai eu aimé
imparfait	tu regardais	tu avais regardé	tu avais eu regardé
futur	il dira	il aura dit	il aura eu dit
cond.	nous ferions	nous aurions fait	nous aurions eu fait
subj.	que je finisse	que j'aie fini	que j'aie eu fini
infinitif	planter	avoir planté	avoir eu planté
participe	dormant	ayant dormi	ayant eu dormi

Comparez les temps suivants au passif:

présent	passé composé	passé surcomposé
je suis nommé	j'ai été nommé	j'ai eu été nommé

On rencontre rarement un temps surcomposé pour un verbe pronominal.

La forme surcomposée la plus employée est le passé surcomposé. Les verbes avec l'auxiliaire **avoir** sont les plus courants. Le passé surcomposé appartient surtout à la langue parlée. On le trouve après les conjonctions **après que, aussitôt que, dès que, quand, lorsque** si le verbe principal est lui-même au passé composé.

> Quand il **a eu payé** ses dettes, il **est sorti** de prison.

Le passé antérieur

C'est le temps composé qui correspond au passé simple. L'auxiliaire est au passé simple; on ajoute le participe passé.

verbe avec **avoir**		verbe avec **être**	
j'**eus fini**	nous **eûmes fini**	je **fus allé(e)**	nous **fûmes allés(es)**
tu **eus fini**	vous **eûtes fini**	tu **fus allé(e)**	vous **fûtes allé(e)(s)**
il **eut fini**	ils **eurent fini**	il **fut allé**	ils **furent allés**

On emploie le passé antérieur après les conjonctions **après que, aussitôt que, dès que, quand, lorsque** si le verbe principal est au passé simple. C'est un temps de la langue écrite, très littéraire.

> **Quand** il **eut fini** son travail, il sortit.
>
> **Aussitôt qu'**elles **furent rentrées,** elles se couchèrent.

Les temps littéraires du subjonctif: Le subjonctif imparfait et le subjonctif plus-que-parfait

Le subjonctif imparfait

Le subjonctif imparfait se forme sur le passé simple. On prend la 3ème personne du singulier du passé simple et on ajoute les terminaisons du subjonctif imparfait.

donner			il **donna**
-sse	-ssions	que je **donnasse**	que nous **donnassions**
-sses	-ssiez	que tu **donnasses**	que vous **donnassiez**
-^(t)	-ssent	qu'il/elle/on **donnât**	qu'ils/elles **donnassent**

Remarque: La 3ème personne du singulier (**qu'il donnât**) est la plus fréquemment employée.

Voici le subjonctif imparfait d'**avoir** et d'**être**.

avoir		être	
que j'**eusse**	que nous **eussions**	que je **fusse**	que nous **fussions**
que tu **eusses**	que vous **eussiez**	que tu **fusses**	que vous **fussiez**
qu'il/elle/on **eût**	qu'ils/elles **eussent**	qu'il/elle/on **fût**	qu'ils/elles **fussent**

Le subjonctif plus-que-parfait

Le plus-que-parfait du subjonctif se forme ainsi:

> **avoir** ou **être** à l'imparfait du subjonctif + participe passé

verbe avec **avoir**	*verbe avec* **être**
que j'**eusse donné**	que je **fusse venu(e)**
que tu **eusses donné**	que tu **fusses venu(e)**
qu'il/elle/on **eût donné**	qu'il/elle/on **fût venu(e)**
que nous **eussions donné**	que nous **fussions venu(e)(s)**
que vous **eussiez donné**	que vous **fussiez venu(e)(s)**
qu'ils, elles **eussent donné**	qu'ils, elles **fussent venus(es)**

Dans une langue littéraire et soucieuse d'élégance, l'imparfait du subjonctif remplace le présent du subjonctif et le plus-que-parfait du subjonctif remplace le passé du subjonctif.

Langue parlée et langue écrite:
J'aurais bien aimé qu'il **vienne** ce soir.   J'aurais bien aimé qu'il **soit venu** ce soir.

Langue écrite, style élégant:
J'aurais bien aimé qu'il **vînt** ce soir.   J'aurais bien aimé qu'il **fût venu** ce soir.

Ne explétif (pléonastique)

Ne pléonastique est un mot sans valeur; on ne le traduit pas et il n'est jamais obligatoire. Il s'emploie dans la langue soignée élégante avec des verbes au subjonctif:

1 après un verbe de crainte, employé affirmativement.

Je crains qu'il **ne** vienne.   *I am afraid he **will come**.*

Comparez avec:

Je crains qu'il **ne** vienne **pas**.   *I am afraid he **will not come**.*

2 après les verbes d'empêchement (**empêcher que, éviter que**).

Evitez qu'il **ne** tombe.   *Make sure he does not fall.*

3 après les verbes **douter, nier, désespérer,** etc., à la forme négative.

Je ne doute pas qu'il **ne** vienne.   *I don't doubt that he **will come**.*

MAIS:

Je doute qu'il vienne.   *I doubt he **will come**.*

4 avec les conjonctions suivantes: **à moins que, avant que, de peur que, de crainte que.**

Nous sortirons, **à moins qu**'il **ne** pleuve.   *We will go out unless it rains.*

avant qu'il **ne** pleuve.   *before it rains.*

Prenez votre imperméable **de peur qu**'il **ne** pleuve.   *Take your raincoat lest it rain.*

Ne pléonastique s'emploie avec des verbes à l'indicatif, dans des comparaisons où le deuxième verbe est exprimé.

Il est plus grand que je **ne** croyais.   *He is taller than I thought.*

Elle est moins intelligente que je **n**'aurais cru.   *She is less intelligent than I would have thought.*

Appendice C

Les nombres

Les nombres cardinaux

1 à 100

1 un/une	16 seize	52 cinquante-deux, etc.
2 deux	17 dix-sept	60 soixante
3 trois	18 dix-huit	61 soixante et un
4 quatre	19 dix-neuf	62 soixante-deux, etc.
5 cinq	20 vingt	70 soixante-dix
6 six	21 vingt et un	71 soixante et onze
7 sept	22 vingt-deux, etc.	72 soixante-douze, etc.
8 huit	30 trente	80 quatre-vingts
9 neuf	31 trente et un	81 quatre-vingt-un
10 dix	32 trente-deux, etc.	82 quatre-vingt-deux, etc.
11 onze	40 quarante	90 quatre-vingt-dix
12 douze	41 quarante et un	91 quatre-vingt-onze
13 treize	42 quarante-deux, etc.	92 quatre-vingt-douze, etc.
14 quatorze	50 cinquante	100 cent
15 quinze	51 cinquante et un	

100 à 1.000.000.000.000

100 cent	1300 treize cents,
101 cent un, etc.	mille trois cents
200 deux cents	1400 quatorze cents,
201 deux cent un, etc.	mille quatre cents
1000 mille	1500 quinze cents,
1001 mille un, etc.	mille cinq cents
1100 onze cents,	1600 seize cents,
mille cent	mille six cents
1200 douze cents,	1700 dix-sept cents,
mille deux cents	mille sept cents

1800	dix-huit cents	10.000	dix mille
	mille huit cents	100.000	cent mille
1900	dix-neuf cents,	1.000.000	un million de
	mille neuf cents	1.000.000.000	un milliard de
2000	deux mille (invariable)	1.000.000.000.000	un billion de
2100	deux mille cent, etc.		

Remarque:
- Si **un mille** signifie *mile,* c'est un nom, et on a un **-s** au pluriel: **deux milles.**
- On a un point en français (10.000) là où on a une virgule en anglais pour indiquer le millésime: 10,000.

Les nombres ordinaux

1er (ère)	premier (ère)	12ème	douzième
2ème	deuxième ou second(e)	13ème	treizième
3ème	troisième	14ème	quatorzième
4ème	quatrième	15ème	quinzième
5ème	cinquième	16ème	seizième
6ème	sixième	17ème	dix-septième
7ème	septième	18ème	dix-huitième
8ème	huitième	19ème	dix-neuvième
9ème	neuvième	20ème	vingtième
10ème	dixième	21ème	vingt et unième
11ème	onzième	22ème	vingt-deuxième, etc.

Les fractions

1/2	un demi, une demie	3/4	trois quarts
1/3	un tiers	4/5	quatre cinquièmes, etc.
1/4	un quart	0	zéro
1/5	un cinquième	0,1	un dixième
1/6	un sixième, etc.	0,2	deux dixièmes
2/3	deux tiers		

Remarque:
- On a une virgule en français (0,15) là où en anglais on a un point (0.15).
- *Half* se traduit de différentes façons:

> *half of this cake*   la moitié de ce gâteau
> *half-dead*   à moitié mort
> *half-way*   à mi-chemin
> *half an hour*   une demi-heure
> *an hour and a half*   une heure et demie

Les états américains et les provinces et territoires canadiens

Voici les prépositions qui précèdent les noms d'états américains.

en Alabama	en Georgie	au Minnesota	en Pennsylvanie
en Alaska	à Hawaï[2]	au Mississippi	au Rhode Island
en Arizona	en Idaho	au Missouri	au Tennessee
en Arkansas	en Illinois	au Montana	au Texas
en Californie	en Indiana	au Nebraska	en Utah
en Caroline du Nord	en Iowa	au Nevada	au Vermont
en Caroline du Sud	au Kansas	au New Hampshire	en Virginie
au Colorado[1]	au Kentucky	au New Jersey	en Virginie
au Connecticut	en Louisiane	au Nouveau-Mexique	Occidentale
au Dakota du Nord	au Maine	dans l'état de New York	dans l'état de
au Dakota du Sud	au Maryland	en Ohio	Washington
au Delaware	au Massachusetts	en Oklahoma	au Wisconsin
en Floride	au Michigan	en Orégon	au Wyoming

Les provinces et les territoires canadiens suivent les mêmes règles que les états américains.

en Alberta	au Nouveau-Brunswick	dans l'Ile du Prince-Edouard[6]
en Colombie Britannique	en Nouvelle-Ecosse	au Saskatchewan
au Labrador[3]	en Ontario	dans les Territoires du Nord-Ouest
au Manitoba	en Québec[5]	au Yukon[7]
à Terre-Neuve[4]		

Changements des expressions de temps dans le discours indirect

Discours direct	*Discours indirect*	
aujourd'hui	**ce jour-là**	*that same day*
demain	**le lendemain, le jour suivant**	*the day after*
hier	**la veille, le jour précédent**	*the day before*
avant-hier	**l'avant-veille**	*two days before*
ce matin, ce soir	**ce matin-là, ce soir-là**	*that same morning, evening*
cette semaine, cette année	**cette semaine-là, cette année-la**	*that same week, year*
ce mois-ci	**ce mois-là**	*that same month*
l'année prochaine	**l'année suivante**	*the following year*
la semaine dernière	**la semaine précédente**	*the previous week*
le mois dernier	**le mois précédent**	*the previous month*

Il dit: «La lettre est arrivée **hier.**»	Il a dit que la lettre était arrivée **la veille.**
Marc a assuré: «J'aurai fini **ce soir.**»	Marc a assuré qu'il aurait fini **ce soir-là.**

---

[1] Pour les états masculins, on dit aussi: **dans le.** [2] Because Hawaii is an island, it is preceded by **à.** [3] Labrador is a region of Newfoundland. [4] Because Terre-Neuve is an island, it is preceded by **à.** [5] Reference here is to the province. When referring to the city, one says: **à Québec.** [6] One can also say: **à l'Ile du Prince-Edouard.** [7] One can also say: **dans le Territoire** du Yukon.

Vocabulaire

Cette liste contient tous les mots qui apparaissent dans le Vocabulaire et le Vocabulaire supplémentaire de chaque chapitre. Le genre est indiqué par *m.* ou *f.* Quand un mot a plusieurs sens, seul le sens qu'il a dans le texte est indiqué.

à to; for
  ~ bord on board
  ~ cause de because of
  ~ cinq (dix) ans at five (ten) years of age
  ~ défaut in the absence of
  ~ demi; à moitié half-way
  ~ deux together, as a couple
  ~ droite to the right
  ~ gauche to the left
  ~ genoux on one's knees
  ~ l'époque in those days
  ~ la fin finally
  ~ la veille de shortly before
  ~ louer for rent
  ~ mon tour for my part
  ~ table! Dinner is ready!
  ~ vendre for sale
abonnement *m.* subscription
aboyer to bark
accélérer to accelerate
accrocher to hang
s'accroupir to crouch
accueil *m.* welcome
accueillir to welcome
addition *f.* bill
administrer un questionnaire to conduct a survey
adorer to adore, to worship
affaires *f. pl.* things
s'affairer to fuss
affectueux (affectueuse) affectionate
affiche *f.* poster

âgé(e) old (people)
agence *f.* **immobilière** real estate agency
agence *f.* **publicitaire** advertising agency
s'agenouiller to kneel
s'appliquer to apply oneself
s'approcher (de) to come near
s'arrêter to stop
s'asseoir to sit down
s'attendre à to expect
aggraver to make worse
agiter to shake
ail *m.* garlic
aimable friendly
aîné *m.*, **aînée** *f.* older (oldest) child; the oldest
aîné(e) *adj.* older, oldest
ainsi thus
  ~ soit-il! Amen!
ajouter to add
alcoolisé(e) alcoholic (drink)
allée *f.* aisle; path
aller to go
  ~ à l'université to attend university, college
  ~ à to fit, to suit
  ~ chez le médecin to go to the doctor
alliance *f.* wedding band
allongé(e) stretched out
allonger to become longer
allumage *m.* ignition
allumer to light; to switch on

allumette *f.* match
allure *f.* speed
amateur *m.* **d'art** art lover
ami *m.* **amie** *f.* friend
  petit(e) ~ boyfriend/girlfriend
amour *m.* love
s'amouracher de quelqu'un to fall in love with someone
an *m.* year
ananas *m.* pineapple
âne *m.* donkey
ange *m.* angel
animal *m.* **en captivité** animal in a zoo
anniversaire *m.* **de mariage** wedding anniversary
annonces *f. pl.* ads
  petites ~ classified ads
antiquaire *m., f.* antique dealer
anthropomorphe anthropomorphous
s'apercevoir to realize
s'apitoyer to pity
appareils *m. pl.* **ménagers** appliances
s'appliquer to apply oneself
apprendre to inform; to learn
approcher to come in contact with
  s' ~ to come near
s'appuyer to lean
arête *f.* ridge

argot *m.*   slang
aride   dry
armoire *f.* **à pharmacie**
  medicine cabinet
arracher   to pull from, to grab
s'arrêter   to stop
arriver   to happen
ascenseur *m.*   elevator
Asiatiques *m. pl.*   the Asian
  people
asile *m.*   shelter
aspirateur *m.*   vacuum cleaner
s'asseoir   to sit down
assiette *f.*   plate
associé *m.*, **associée** *f.*
  business partner
assurer   to insure
atelier *m.*   workshop
atteindre   to reach
s'attendre à   to expect
atterrissage *m.*   landing
atterrir   to land
attraper   to catch, to grab
au   at
  ~ bout de   at the end of
  ~ fond de   at the back of, at
    the bottom of
  ~ hasard   at random
  ~ lendemain de   shortly
    after
  ~ moins   at least
  ~ secours!   Help!
aussitôt   immediately
autel *m.*   altar
autocollant *m.*   sticker
auto-pompier *f.*   fire engine
aux bons soins de   in care of
  (c/o)
avancer   to go, to move
  forward
aventure *f.*   affair; adventure
avertir   to warn, to notify
aveugle   blind
avis *m.*   opinion
avocat *m.*, **avocate** *f.*   lawyer
avoir   to have
  ~ besoin de   to need
  ~ confiance en   to trust

~ de la chance   to be lucky
~ de la fièvre   to have a fever
~ de la peine   to be sad
**~ de la peine à faire une
  chose**   to have a hard time
  doing something
~ des frissons   to shiver
~ droit à   to be entitled to
~ du chagrin   to be grieved,
  to be distressed
~ du goût   to have taste
~ du succès   to be successful
~ envie de   to feel like
~ l'air (+ adj.)   to look (adj.),
  to appear
~ le béguin pour quelqu'un
  to have a crush on someone
~ le cafard   to feel gloomy
~ le cœur gros   to be very
  sad
~ l'esprit clair   to have a
  clear mind
~ le goût de   to taste like; to
  have a taste for
~ les moyens   to be able to
  afford
~ lieu   to take place
~ mal à la gorge   to have a
  sore throat
~ mal à la tête   to have a
  headache
~ mal au cœur   to feel
  nauseated
~ mal au dos   to have a
  backache
~ mal au ventre   to have a
  stomachache
~ mauvais caractère   to have
  a bad disposition
~ raison   to be right
~ sommeil   to be sleepy
~ tort   to be wrong
~ un amour fou pour   to be
  madly in love with
~ une bourse   to have a
  scholarship
~ une mémoire de fer   to
  have a fantastic memory

bac *m.* **à glaçons**   ice-cube tray
baccalauréat *m.*   high school
  diploma
bague *f.*   ring
  ~ de fiançailles
    engagement ring
baie *f.*   bay
baignoire *f.*   bathtub
bain *m.*   bath
baladeur *m.*   walkman
banal(e)   ordinary
banlieue *f.*   suburb
barricade *f.*   barricade
bas(se)   low
bascule *f.*   scale
bataille *f.*   battle
bâtir   to build
batterie *f.* **de cuisine**   pots
  and pans
battre   to hit
  se ~   to have a fight
beau-frère *m.*   stepbrother;
  brother-in-law
  ~ père *m.*   stepfather, father-
    in-law
belle-mère *f.*   stepmother,
  mother-in-law
  ~ sœur *f.*   stepsister, sister-
    in-law
bénédiction *f.* **nuptiale**
  marriage ceremony
bénéfique   beneficent
berceau *m.*   cradle
berger *m.*   shepherd
bibelot *m.*   trinket, knickknack
biberon *m.*   baby bottle
Bible *f.*   Bible
bibliothèque *f.*   library
bien   well; correct
  ~ entendu   of course
bifteck *m.*   steak
bilan *m.* **de santé**   checkup
billet *m.* **de banque**
  banknote
blé *m.*   wheat
blesser   to wound
  se ~   to injure oneself

bloc *m.* note pad
bocal *m.* jar
bois *m.* wood
boisson *f.* drink, beverage
boîte *f.* box, can
 ~ **postale** P.O. box
bondir to jump
bonheur *m.* good luck; happiness
bonhomme *m.* old fellow
bonne note *f.* good grade
bottes *f. pl.* boots
bordé(e) lined
bouche *f.* **d'incendie** fire hydrant
bœuf *m.* ox
bouger to move
bougie *f.* candle
boulanger *m.* baker
boule *f.* bowling ball
bouleversé(e) upset
bout *m.* **de papier** scrap of paper
bouteille *f.* bottle
brancher to plug
braver to challenge
bricoler to putter
brigade *f.* **des stupéfiants** drug squad
briller to shine
brimade *f.* hazing; bullying
brimer to haze; to tease
briquet *m.* cigarette lighter
brochure *f.* pamphlet
brouillard *m.* fog
bruissement *m.* rustle
brûler to burn
bulletin *m.* **scolaire** report card
bureau *m.* **de poste** post office

C.R.S. *m. pl.* national guards
ça ne marche pas It does not work.
ça ne vous regarde pas It's none of your business.
cabine *f.* booth
cabri *m.* kid (goat's baby)

cabriole *f.* caper
se cacher to hide
cachet *m.* pill
cadeau *m.* gift
cadre *m.* executive
cage *f.* cage
cahier *m.* **de textes** assignment notebook
caisse *f.* box; cash register
 ~ **d'épargne** savings bank
caissier *m.*, **caissière** *f.* cashier
calotte *f.* cap
caméscope *m.* video camera
campagnard(e) countrylike
campagne *f.* countryside
 à la ~ in the country
 ~ **anti-tabac** anti-smoking campaign
 ~ **publicitaire** campaign
canard *m.* duck
canari *m.* canary
cancre *m.* dunce
cantine *f.* cafeteria
car *m.* bus between cities
caractère *m.* disposition, temperament
caressant(e) loving
caresser to pet
carreau *m.* tile
carrefour *m.* crossroads, intersection
cartable *m.* school bag
carte *f.* card, map
 ~ **des vins** wine list
 ~ **postale** postcard
cartomancien *m.*, **cartomancienne** *f.* fortune-teller (card reader)
casque *m.* helmet
cassé(e) broken
casser to break
casserole *f.* pan
cassette *f.* **vidéo** video cassette
catalogue *m.* catalogue
cave *f.* cellar
céder la priorité to yield
ceinture *f.* **de sécurité** safety belt

célibataire single
cendres *f. pl.* ashes
censeur *m.* vice-principal
cérémonieusement formally
cérémonieux (cérémonieuse) formal, ceremonious (speech, greeting, person, etc.)
chagrin *m.* sorrow
chaîne *f.* stereo
 ~ **de montagne** mountain range
chaloupe *f.* launch
chance *f.* (good) luck
changement *m.* **de vitesse** gear shift
changer de vitesse to switch gears
chapeau *m.* hat
charger to load
chariot *m.* **métallique** shopping cart
châtiment *m.* **corporel** corporal punishment
chauffe-eau *m.* water heater
chaussette *f.* sock
chemin *m.* path
cheminée *f.* chimney; fireplace
chien *m.* **chienne** *f.* dog
 ~ **de garde** watchdog
chuchoter to whisper
ci-joint herewith, enclosed
client *m.*, **cliente** *f.* customer
clignotant *m.* directional light
clochette *f.* small bell
cloison *f.* partition
cocotte *f.* **minute** pressure cooker
code *m.* **postal** zip code
code *m.* highway rules (rules of the road)
col *m.* pass
colis *m.* parcel
colle *f.* glue; punishment
collectionner to collect
coller to stick
collier *m.* collar; necklace
colline *f.* hill

commerçant *m.* **de traite** slave trader

commettre une erreur to make a mistake

commissaire *m.* **de police** police inspector

commissariat *m.* police station

commode *f.* chest of drawers

communier to receive communion

communiquer to communicate

se comporter to behave

compotier *m.* fruit-salad bowl

comprimé *m.* pill

comptable *m. ou f.* accountant

comptoir *m.* counter

concours *m.* contest; competitive exam

conducteur *m.*, **conductrice** *f.* driver

conduire to drive

se ~ to behave

confondre une chose avec une autre to take something for something else

confus(e) embarrassed

conjurer to ward off, avert

conseiller to advise

conserves *f. pl.* canned goods

consister à to consist of

constater to observe

contenu *m.* contents

contester to contest

contravention *f.* ticket

contrée *f.* region

convaincu(e) convinced

convenable convenient; suitable

copain *m.*, **copine** *f.* pal

copier to crib

cordelette *f.* thin cord

correction *f.* thrashing

côté *m.* side

côtelette *f.* **d'agneau** lamb chop

couche *f.* diaper

coucher to put to bed

~ avec to sleep with

se ~ to lie down; to go to bed

cœur *m.* heart

couler to flow

coup *m.* blow

~ d'œil glance

~ de foudre love at first sight

~ de tête blow to the head, impulsive action

couper le chemin à quelqu'un to cross someone's path

couplet *m.* **publicitaire** jingle

cour *f.* school yard, courtyard

courrier *m.* mail

cours *m.* class; course (of study)

courses *f. pl.* errands

coussin *m.* pillow

couteau *m.* knife

couturier *m.* head of a fashion house; dress designer

couturière *f.* seamstress; dress designer

couvent *m.* convent

couvert *m.* place setting; *adj.* cloudy

couverts *m. pl.* cutlery

couverture *f.* bed cover; blanket

se couvrir to cover oneself, to become overcast

cracher to spit out

craquer to give up; to crack up

crèche *f.* Christmas crib; child care center

créer to create

crémerie *f.* dairy

cresson *m.* watercress

crever to have a flat tire

crier to shout

~ après to shout at, scold

croire to believe; to think

croisement *m.* crossroad, crossing

croiser to cross

croquettes *f. pl.* dry cat food

croyant(e) *m. ou f.* believer

cru(e) raw

cueillir to pick (a plant); to gather

cuiller ou cuillière *f.* spoon

cuir *m.* leather

cuisinière *f.* female cook; stove

cuit(e) cooked

cuivre *m.* copper

d'accord ok

d'autant plus all the more

de of

~ cérémonie formal; ceremonial (uniform, etc.)

~ fait in fact

~ plus moreover

~ quoi s'agit-il? What is it about?

~ suite in a row

débarrasser la table to clear the table

debout standing up

se débrouiller to manage

décapsuleur *m.* bottle opener

déchirer to tear

décider to decide

se ~ to make up one's mind

découpé(e) cut in pieces

décrocher to take down

dedans inside

déduire to infer

défendre to forbid

défilé *m.* march; parade

défiler to march; to walk in file

dégoûter to make (someone) tired of; to disgust

dehors outside

délicieux (délicieuse) delightful; charming

demander to ask; to call for

démarrer to start

se dépêcher to hurry

demi half

~ -**frère** *m.*   half brother
~ -**sœur** *f.*   half sister
demoiselle *f.*   **d'honneur**
    maid of honor
démonstratif (démonstrative)
    demonstrative
dépendance *f.*   addiction
dépendre de   to depend on
dépliant *m.*   leaflet
déposer   to put down
déprimé(e)   depressed
déranger   to disturb
des fois   sometimes
désagréable   unpleasant
désolé(e)   sorry
désordre *m.*   mess
dessiner   to draw; to give
    shape to
dessus   on top
destin *m.*   destiny
destinataire *m. ou f.*   addressee
destituer (d'une fonction)   to
    dismiss; to remove (from
    office)
détecteur *m.*   **de fumée**
    smoke detector
détendu(e)   relaxed
devant *m.*   front; *prep.* in front
    of; *adv.* in front
dévaster   to ravage
dévisager   to stare at; to look
    hard at
devoirs *m. pl.*   homework
difficilement   with difficulty
directeur *m.,* **directrice** *f.*
    principal
discours *m.*   speech
disperser   to scatter
disposé(e)   arranged
dispute *f.*   quarrel; argument
disque *m.*   record
    ~ **compact ou**
    ~ **laser**   CD
dissimuler   to hide
doigt *m.*   finger
donner   to give
    ~ **à manger**   to feed
    ~ **congé**   to give leave

~ **la permission**   to give
    permission
~ **sa démission**   to resign
~ **sur**   to lead to; to look out
    on
Donnez-vous la peine de …
    Be kind enough to . . .
doubler   to pass (on the road)
douceur *f.*   softness; sweetness
douche *f.*   shower
doué(e)   endowed; talented
douillet(te)   cozy; easy, soft
douzaine *f.*   dozen
draguer   to chase
draps *m. pl.*   sheets
dresser le couvert   to set the
    table
se droguer   to take drugs
droit *m.*   right; law
drôle de   strange
du reste   besides
dur(e)   tough; hard
du tout   at all

échantillon *m.*   sample
s'échapper   to escape
échelle *f.*   ladder
échouer à un examen; rater un
    examen   to fail an exam
éclair *m.*   lightning flash
éclairage *m.*   lighting
s'éclaircir   to clear up
éclater   to break out
école *f.* **communale**   public
    school
    ~ **élémentaire**   elementary
    school
    ~ **maternelle**   kindergarten
économiser   to save money
écraser   to run over
Ecritures *f. pl.*   Scriptures
éducatif (éducative)
    educational
effacer   to erase
effectivement   in effect; in fact
effrayé(e)   frightened
électrophone *m.*   record player
élément *m.*   **de cuisine**

    kitchen cabinet
élève *m. ou f.*   pupil
élever   to bring up
    ~ **la voix**   to raise one's
    voice
éloge *m.*   praise
élu(e)   elected
embêtant(e)   bothersome
embêter   to bother
embouteillage *m.*   traffic jam
embrayer   to put into gear
émission *f.*   program
empêcher   to prevent
emploi *m.* **du temps**   schedule
émouvoir   to move (with
    emotion)
empreinte *f.*   print, mark
ému(e)   moved
en   in; made of
    ~ **argent**   of silver
    ~ **boîte(s)**   canned
    ~ **cachette**   secretly
    ~ **dedans**   within
    ~ **dépit de**   in spite of
    ~ **inox**   of stainless steel
    ~ **liberté**   wild; free
    ~ **noir**   dressed in black
    ~ **sachet(s)**   powdered
    ~ **sécurité**   safe
    ~ **somme**   in brief
    ~ **vitesse**   in a hurry; in a
    jiffy
encore   again; still
s'endetter   to go into debt
endroit *m.*   place
s'énerver   to get excited
enfant *m.*   child
    ~ **Jésus**   child Jesus
enfants *m.* **de mêmes parents**
    siblings
enfer *m.*   hell
enfumer   to fill with smoke
engager   to hire
    s' ~   to enlist; to enter
engrais *m.*   fertilizer
enlever   to take away;   to
    take off
ennuyé(e)   embarrassed

ennuyer   to bore
enquête *f.*   survey
enragé(e)   rabid
enregistrer   to record
ensemble   together
entasser   to pile up; to cram
entendre   to hear
   ~ sonner   to hear a bell ring
enterrer   to bury
entrée *f.*   dish between first
   course and main dish
entrer dans   to enter; to
   begin working
envahir   to invade
enveloppe *f.*   envelope
envelopper   to wrap
environner   to surround
épargner   to save money; to
   spare
épaule *f.*   shoulder
épée *f.*   sword
éplucher   to peel
épouser (quelqu'un)   to marry
   (someone)
époux *m.*, **épouse** *f.*   spouse
épreuve *f.*   test
éprouver   to feel
   ~ un besoin   to have a need
   ~ une impression   to have a
      feeling
équipage *m.*   crew
erreur *f.*   mistake
escalier *m.* **roulant**   escalator
esclavage *m.*   slavery
esclave *m. ou f.*   slave
espérance *f.*   hope
esprit *m.*   mind
essai *m.*   attempt
essayer   to try (on)
essence *f.*   gas
essuie-glace *m.*   windshield
   wiper
estimer   to assume; to
   evaluate; to respect
estrade *f.*   platform
étagère *f.*   shelf
   ~ de livres   bookcase
éteindre   to extinguish,

put out
étiquette *f.*   tag
étoile *f.*   star
étonnamment   surprisingly
étonné   surprised
étonnement *m.*   surprise
étourdi(e)   scatterbrained;
   dizzy
étrange   odd
étranger *m.*   male foreigner
   à l' ~   in a foreign country;
   abroad
étrangère *f.*   female foreigner
être   to be
   ~ à la charge de   to be
      financially dependent on
   ~ à la retraite   to be retired
   ~ accro   to have a habit, an
      addiction
   **~ amoureux(euse) de
      quelqu'un**   to be in love
      with someone
   ~ fauché(e)   to be broke
   ~ fier (ère) de   to be proud of
   ~ fonction de   to depend on
   ~ pour ou contre   to be for
      or against
   ~ pressé(e)   to be in a hurry
   ~ treize à table   to be the
      thirteenth guest for a
      dinner
étude *f.*   study hall
évidemment   of course
évier *m.*   kitchen sink
éviter   to avoid
exaucer   to grant (a wish, a
   prayer)
exécuter   to make up; to
   perform
expéditeur *m.*, **expéditrice** *f.*
   sender
exprès   specially; on purpose
extincteur *m.*   extinguisher
extorquer   to extort
exubérance *f.*   exuberance

fabriquer   to make for oneself
fâché(e)   angry

faciliter   to make easy
facteur *m.*, **factrice** *f.*   letter
   carrier
faible   weak
faiblesse *f.*   weakness
faire   to do; to make
   ~ confiance à   to trust
   ~ de l'auto-stop   to
      hitchhike
   ~ de la peine (à quelqu'un)
      to hurt (someone's)
      feelings
   ~ des analyses   to run tests
   ~ des compliments   to
      compliment
   ~ des courses   to go
      shopping; to run errands
   ~ des grimaces   to make faces
   ~ des remplacements   to
      substitute
   ~ du théâtre   to act in a play;
      to be an actor, actress
   ~ entrer (quelqu'un)   to
      show (someone) in
   ~ exprès   to do (something)
      on purpose
   ~ face à   to face
   ~ la cour à quelqu'un   to
      court; to woo
   ~ la leçon   to teach a lesson;
      to reprimand
   ~ la médecine   to go to
      medical school
   ~ la queue   to wait in line
   ~ la vaisselle   to wash the
      dishes
   ~ l'école buissonnière   to
      play hooky
   ~ le droit   to go to law
      school
   ~ le plein   to fill up
   ~ les (des) commissions   to
      go shopping
   ~ les sciences économiques
      to study economics
   ~ part *m.*   to make an
      announcement
   ~ partie de   to belong to

~ **plaisir à**   to please
~ **sa prière**   to say one's prayers
~ **sauter**   to flip (a pancake)
(se) ~ enlever (pour se marier)   to elope
~ **signe (à)**   to signal (to)
~ **suivre**   to forward
~ **tenir (les cheveux)**   to hold a set, the curl (of one's hair)
~ **un emprunt/emprunter**   to borrow
~ **une cure**   to have a treatment; to take the waters at a spa
~ **une piqûre**   to give an injection
~ **vivre**   to support (financially)
il fait   it is
~ **du brouillard**   it is foggy
~ **du vent**   it is windy
~ **jour**   it is becoming light; it is daytime
falaise *f.*   cliff
famille *f.* **nombreuse**   large family
fantastique *adj. ou n. m.* fantastic
fantôme *m.*   ghost
fauteuil *m.*   armchair
il faut   we need; it is necessary
faux (fausse)   false
féliciter   to congratulate
femme *f.* **de chambre**   maid
~ **de ménage**   cleaning lady, housekeeper
fer *m.* **à cheval**   horseshoe
fermer le gas, l'électricité   to turn off the gas, the electricity
fermeture *f.*   closing
fertile   fertile
fessée *f.*   spanking
fesses *f. pl.*   behind; seat (of a person)
fêter   to celebrate
feu *m.*   fire

~ **rouge**   stop light; traffic light
fiançailles *f. pl.*   engagement
fiancé, fiancée   betrothed
figurant *m.*   (movie) extra
filet *m.*   net bag
fileuse *f.*   spinner
fines herbes *f. pl.*   herbs
flamme *f.*   flame
fléau *m.*   calamity
fleuve *m.*   river (that goes to the sea)
flirter   to flirt
folie *f.*   craziness
force *f.*   strength
fortune *f.*   luck
fou (folle)   crazy
foudre *f.*   lightning bolt
foule *f.*   crowd
four *m.* **à micro-ondes** microwave oven
fourchette *f.*   fork
fourrière *f.*   pound
fourrure *f.*   fur
franchement   frankly
frapper   to hit
frein *m.*   brake
freiner   to brake
frigo, frigidaire *m.* refrigerator (fridge)
fringues *f. pl.*   clothes
fromage *m.*   cheese
fuir   to flee
fumée *f.*   smoke

galaxie *f.* galaxy
galette *f.*   flat cake
gambade *f.*   frolick
gant *m.*   glove
garagiste *m. ou f.*   gas station attendant
garçon *m.* **d'honneur**   best man
garder   to keep
gâté(e)   spoiled
gâteaux *m. pl.* **secs**   cookies
gendarme *m.*   highway patrol officer

genou *m.*   knee
genoux *m. pl.*   lap
gens *m. pl.* **du Nord, du Sud** Northerners, Southerners
gentiment   nicely
geste *m.*   action; gesture
gifle *f.*   slap
glace *f.*   ice; ice cream
glacier *m.*   glacier
glaçon *m.*   ice cube
golfe *m.*   golf
goût *m.*   taste
goûter   to taste
goutte *f.*   drop (of liquid)
gouvernante *f.*   nanny
grâce à   thanks to
graffiti *m.*   graffiti
gratter   to scratch
gratuit(e)   free
grave   serious
grenier *m.*   attic
grève *f.*   strike
griffe *f.*   claw
griffer   to scratch
grimper   to climb
grippe *f.*   flu
grisé(e)   intoxicated
gronder   to scold
guéri(e)   cured; well again
guérir   to cure
guerre *f.*   war
guetter   to look for (as a prey)

habillé(e)   dressed
habité(e)   inhabited
habitué(e)   accustomed
s'habituer à   to get used to
haine *f.*   hated
haïr   to hate
hasard *m.*   fate; chance
haut(e)   high
hautement   highly
histoire *f.*   affair; story; history
honte *f.*   shame
hors-d'œuvre *m.*   first course
hublot *m.*   round window (in a ship or a plane)
huile *f.*   oil

humecter   to dampen
humer   to smell (for animals)
hurler   to howl; to scream; to yell
hypothèque *f.*   mortgage

idylle *f.*   romance
île *f.*   island
illisible   unreadable
imbécile *m. ou f.*   dummy; stupid person
imper(méable) *m.*   raincoat
incendie *m.*   fire; blaze
incroyablement   incredibly
indications *f. pl.*   directions
indulgence *f.*   leniency
inoffensif (inoffensive)   harmless
inondation *f.*   flood
inquiétude *f.*   worry; anxiety
s'inscrire   to register
inscrit(e)   registered
instituteur *m.*, **institutrice** *f.*   elementary school teacher
interdire   to forbid
intéresser   to interest
interne *m. ou f.*   boarder (in a school)
interrogation *f.* **écrite**   quiz
interroger   to ask questions
s'interrompre   to interrupt oneself
interviewer   to interview
intoxiqué(e)   drug addicted
invité *m.*, **invitée** *f.*   guest
ivre   intoxicated
ivresse *f.*   drunkenness; intoxication

jardin *m.*   yard
jardinage *m.*   gardening
jeter l'argent par la fenêtre   to throw money down the drain
se jeter   to throw oneself
jeune   young
jeunesse *f.*   youth
jeux *m. pl.* **vidéo**   video games
joie *f.* **de vivre**   joy of living
jouer à   to play (a game)

~ de   to play (an instrument)
~ un rôle   to play a part
joyeux (joyeuse)   happy
jumeaux *m.*, **jumelles** *f.*   twins
jupe *f.*   skirt
jus *m.* **de fruit**   fruit juice

là   there
lac *m.*   lake
laid(e)   ugly
laisse *f.*   leash
laisser   to leave; to let; to allow
~ tout en plan   to drop everything
lait *m.*   milk
lancer   to throw
~ un produit   to launch a product
large   wide
larmes *f. pl.*   tears
Latins *m. pl.*   Latin people
lavandière *f.*   washerwoman
lavabo *m.*   bathroom sink
laxisme *m.*   permissiveness
laxiste   permissive
lécher   to lick
leçon *f.* **particulière**   private lesson; tutoring
lecteur *m.* **de cassettes**   cassette player
léger (légère)   light
légume *m.*   vegetable
lenteur *f.*   slowness
lessive *f.*   laundry, wash; detergent
lever   to raise
se ~   to get up
lèvres *f. pl.*   lips
librairie *f.*   bookstore
lien *m.*   rope
ligoter   to tie up
limite *f.* **de vitesse**   speed limit
limoger   to fire
linge *m.*   laundry, wash
~ de table   table linen
~ de maison   linen
lit *m.* **d'enfant**   crib
littoral *m.*   coast line
livre *m.* **scolaire**   textbook

livrer (à)   to hand over (to)
locataire *m. ou f.*   tenant; roomer
location *f.*   rental
loge *f.*   actor's dressing room
loisir *m.*   leisure time
louer   to rent
lourd(e)   heavy
loyer *m.*   rent
lunaire   lunar
lune *f.* **de miel**   honeymoon
lunettes *f. pl.*   eyeglasses
lutter   to fight
lycée *m.*   high school

magasin *m.*   store
magnétophone *m.*   tape recorder
magnétoscope *m.*   video recorder (VCR)
main *f.*   hand
maison *f.*   house
~ de campagne   country house; weekend house
~ de couture   fashion house
~ de repos, de santé   convalescent home
~ de retraite   retirement home
maître *m.*, **maîtresse** *f.*   elementary school teacher
maladie *f.*   illness
~ de peau   skin disease
maladresse *f.*   clumsiness
maladroit   clumsy
malchance *f.*   bad luck
maléfice *m.*   evil spell
maléfique   foreboding; ominous
malgré   in spite of
malheur *m.*   bad luck
manche *f.*   sleeve;   *m.* handle
mandat *m.*   money order
manifestation *f.*   rally; demonstration
interdire une ~   to forbid a rally
manifestant *m.*, **manifestante** *f.*   protestor

manifester to show; to demonstrate

manœuvre *f.* action

manteau *m.* **de pluie** raincoat

maquillage *m.* makeup

marché *m.* market

~ **aux puces** flea market

~ **aux fleurs** flower market

~ **aux oiseaux** market where birds are sold

marié *m.* groom, **mariée** *f.* bride

se marier to get married

marmonner to mutter

marque *f.* brand

masse *f.* heap

matelas *m.* mattress

matelot *m.* sailor

matière *f.* subject matter

mauvais(e) bad

~ **sort** *m.* evil spell

~ **temps** *m.* bad weather

~ **(e) élève** bad student

mécanicien *m.,* **mécanicienne** *f.* mechanic

médaille *f.* medal

médicament *m.* medicine

se méfier (de) to distrust

mélancolie *f.* melancholy, gloom

mélanger to mix

mêler to involve, to mix

se ~ de to get involved in

menacer to threaten

mentir to lie

méprisé(e) scorned

mépriser to despise

merveille *f.* marvel

merveilleux (merveilleuse) marvellous

messe *f.* mass

météo *f.* weather report

métier *m.* profession, line of work

mettre to put

~ **(deux personnes) d'accord** to get (two people) to agree

~ **à la porte** to fire, to kick out

~ **de l'argent de côté** to save money

~ **en pension** to send to boarding school

~ **en quarantaine** to put in quarantine

~ **le couvert** to set the table

meunier *m.* **meunière** *f.* miller

miauler to meow

mieux *adv.* better

militant(e) militant

militer to campaign; to be a militant, an activist

mixeur *m.* blender; juicer

mode *f.* fashion

monde *m.* people; world

monnaie *f.* change

morceau *m.* piece

mordre to bite

mordu(e) addicted to a sport; hooked

mort *f.* death

mort(e) dead

moteur *m.* motor

mouchoir *m.* handkerchief

mouette *f.* seagull

mousser to foam

moutarde *f.* mustard

muguet *m.* lily of the valley

mur *m.* wall

mûr(e) ripe

murmurer to whisper

musette *f.* army bag

nappe *f.* tablecloth

natal(e) native

néfaste harmful; deadly

négrier *m.* slave trader

neige *f.* snow

il ~ it snows; it is snowing

nez *m.* nose

niche *f.* doghouse

nier to deny

noces *f. pl.* **d'argent (d'or, de diamant)** 25th (50th, 60th) anniversary

note *f.* grade

mauvaise ~ bad grade

noter to grade; to make

note of

nourrir to feed; to nurse

se ~ de to eat (specific foods)

nuages *m. pl.* clouds

nuageux, couvert cloudy

objet *m.* **perfectionné** gadget

obliger à to force

obtenir to get

œuf *m.* egg

onctueux (onctueuse) oily and smooth

ongles *m. pl.* nails (of fingers, toes)

orage *m.* thunderstorm

ordinateur *m.* computer

ordonnance *f.* prescription

oreilles *f. pl.* ears

oser to dare

oubli *m.* omission; oversight

oublier to forget

ouverture *f.* opening

œuvre *f.* **d'art** work of art

ouvre-boîte *m.* can opener

paille *f.* straw

paix *f.* peace

pancarte *f.* sign

panier *m.* **à linge** clothes hamper

~ **percé** spendthrift

panne *f.* breakdown

panneau *m.* billboard

papeterie *f.* stationery; stationery store

paquet *m.* package

par hasard by chance

par terre on the floor

parapluie *m.* umbrella

parcourir to travel through

pare-brise *m.* windshield

pareil(le) alike; such (a), similar

parents *m. pl.* parents, relatives

~ **durs** tough parents

paresseux (paresseuse) lazy

parfois at times

parfum *m.* perfume; flavor
parole *f.* word
parquet *m.* wood floor
partager to share
particulier (particulière) special
parvenir to succeed
pas *m.* **de la porte** doorstep
passer to pass; to go through, by
  ~ **dans le camp** to join the side
  ~ **sous une échelle** to walk under a ladder
  ~ **un examen** to take an exam
  ~ **une radio** to have an X-ray
pastilles *f. pl.* cough drops
patate *f.* (*fam.*) potato
pâtée *f.* pet food
pâtes *f. pl.* noodles; pasta
patte *f.* leg of an animal
  ~ **de lapin** rabbit's foot
pavillon *m.* **de banlieue** *f.* suburban house
payer (se) la tête de quelqu'un to pull someone's leg
peau *f.* skin
peine *f.* sorrow; grief
pelage *m.* fur (on a live animal)
pêle-mêle helter-skelter
pelouse *f.* lawn
pension *f.* boarding school; tuition in a boarding school
pépier to chirp
perdre to lose
perdu(e) lost
période *f.* length of time
permettre to permit
perruche *f.* parakeet
persécuteur *m.* bully
persil *m.* parsley
pesanteur *f.* gravity
se peser to weigh oneself
peste *f.* plague
phares *m. pl.* headlights
pièce *f.* coin; room
pierre *f.* stone

piéton *m.*, **piétonne** *f.* pedestrian
piloté(e) driven
pilule *f.* pill
pin *m.* pine (tree)
pion *m.*, **pionne** *f.* student paid to supervise school children
piqûre *f.* shot, injection; insect bite
place *f.* town square
plage *f.* beach
planche *f.* **à repasser** ironing board
  ~ **à roulettes** skate board
planer to glide
plat *m.* platter; dish
  ~ **du jour** today's special
  ~ **principal** main course
plateau *m.* tray
pleurer to cry
pleuvoir to rain
plier to fold
plonger to dive, to submerge
plus more
  ~ **tard** later
  ~ **tôt** sooner
poche *f.* pocket
poêle *f.* frying pan; *m.* stove
poil *m.* animal hair; human body hair
poli(e) polite
police *f.* **d'assurance** insurance policy
politesse *f.* courtesy
pommade *f.* ointment
pommes *f. pl.* **de terre** potatoes
pompier *m.* fire fighter
pont *m.* bridge; deck of a ship
portable *m.* laptop computer
porte-bonheur *m.* good luck charm
porter ·to carry
  ~ **les yeux sur** to glance at
  ~ **malheur** to bring bad luck
poser des problèmes to cause problems

poste *f.* post office
  ~ **restante** general delivery
poste *m.* station; position
poster to post; to mail
potager *m.* vegetable garden
poudre *f.* powder
poulet *m.* chicken
pourtant yet
pousser une exclamation to exclaim
poussette *f.* stroller
poussière *f.* dust
pouvoir to be able to
  ~ *m.* power
préau *m.* covered school yard
prendre to take
  ~ **au sérieux** to take seriously
  ~ **sa retraite** to retire
  ~ **un bain, une douche** to take a bath, a shower
présage *m.* omen
prescrire to prescribe
présenter to introduce
préserver to protect
presque almost
presqu'île *f.* peninsula
prêt *m.* loan
prêt(e) ready
prétendre to claim
prêter to lend
  ~ **attention** to pay attention
  ~ **de l'argent** to lend money
prévenir to anticipate
prier to pray
prière *f.* prayer
prise *f.* capture; electrical plug, outlet
produits *m. pl.* **surgelés** frozen foods
professeur *m.* high school, university teacher, professor
promener to take for a walk
  se ~ to take a walk
promotion *f.* special offer
propre clean; own
propriétaire *m. ou f.* landlord, landlady; owner
propriété *f.* ownership; estate

prospectus *m.*   handout leaflet
protestataire *m. ou f.*   protester
protester   to protest
psycho-pédiatre *m. ou f.*   child psychologist
publicitaire, publiciste *m.*   PR person
pudeur *f.* **des sentiments** reserve
puisque   since
puissance *f.*   power
puissant(e)   powerful
pull *m.*   sweater
punir   to punish
purée *f.* **de pommes de terre** mashed potatoes
pyromane *m.*   pyromaniac

quant à, *pl.* **quant aux**   as for
quarantaine *f.*   quarantine
quasi   nearly
quelqu'un   somebody
quelque part   somewhere
queue *f.*   tail
quotidiennement   daily

race *f.*   breed
radieux (radieuse)   beaming
rage *f.*   rabies
ralentir   to slow down
ramasser   to pick up
ranger   to put in order
rapporter   to be profitable
raser   to shave off
  se ~   to shave
rater   to miss; to fail
rattrapper   to catch again
  ~ son chemin   to find one's way again
ravi(e)   delighted
ravissant(e)   gorgeous; ravishing; delightful
rayon *m.*   section, shelf
rayonner   to radiate
recevoir   to greet
réclamation *f.*   complaint
réclame *f.*   special offer
réclamer   to call for
récolte *f.*   crop, harvest

récompense *f.*   reward
reconnaissant(e)   grateful
reconnaître   to recognize
reconstruire   to rebuild
recopier   to copy
recouvrir   to cover totally
récréation *f.*   recess
rectiligne   straight
se recueillir   to collect oneself
redoubler   to repeat a class
réfrigérateur *m.*   refrigerator
se refuser à   to refuse absolutely
règne *m.*   kingdom
rejoindre   to join; to meet
remarquer   to notice
remerciements *m. pl.*   thanks
remettre   to postpone
remplir   to fill
remuer   shake; to stir
rendre   to give back
  ~ justice à   to give credit
  ~ service   to do a favor
renfermée   withdrawn
renoncer à   to give up
renseigner   to give information
rentrer   to go back home
renverser   to tip over; to knock over
renvoyer   to fire; to send back
repassage *m.*   ironing
repasser   to review; to iron
reposer   to put down
repousser   to repel; to push away
reprendre   to take over
  ~ conscience   to regain consciousness
  ~ son souffle   to catch one's breath
réprimander   to reprimand
réprimer   to repress; to put down
résoudre (se) à   to bring oneself to (do something)
ressembler à   to look like
rester   to stay
restes *m. pl.*   leftovers

résultats *m. pl.* **sportifs** sportscast
retenue *f.*   detention
retraité(e)   retired person
retraite *f.*   pension; retirement
réussir à   to succeed
revendeur *m.,* **revendeuse** *f.* peddler, pusher
revendications *f. pl.*   demands
revendiquer   to demand
réviser   to review
rhume *m.*   cold
rideau *m.*   drape; curtain
rigoler *fam.*   to laugh; to joke
rigolo (rigolote) *fam.*   funny
rigueur *f.*   strictness
risqué(e)   dangerous
rive *f.*   river bank
rivière *f.*   stream
robot *m.*   robot
  ~ ménager, ~ de cuisine food processor
rocade *f.*   bypass
Rois *m. pl.* **Mages**   Wise Men; Magi
romance *f.*   lovesong
rompre   to break off
rond-point *m.*   traffic circle
ronronner   to purr
rôti *m.* **de bœuf**   roast (beef)
rouler   to travel (in a car, train); to roll
route *f.*   road
  ~ en terre   dirt road
royaume *m.*   kingdom
rue *f.*   street
  ~ piétonnière   street closed to traffic
rupture *f.*   breaking off (of an engagement)

sable *m.*   sand
sac *m.*   bag
sachet *m.*   packet
sage   good; wise
saisi(e)   grabbed
salade composée   mixed vegetable salad
saladier *m.*   salad bowl

salaire *m.* salary; wages
salière *f.* salt shaker
salir to make dirty
salle *f.* **d'attente** waiting room
saluer to bow; to greet
sans cérémonie informal; informally
santé *f.* health
  être en bonne (mauvaise) ~ to be in good (bad) health
santon *m.* ornamental figure from Provence
sauvé(e) safe; saved
sauver to save
scaphandre *m.* space suit
séché(e) dried
sécher to dry
secouer to shake
selon according to
semblable similar
sentimental(e) romantic; sentimental
sentiments *f.* feelings
sentir to smell
  ~ mal, fiévreux to feel ill, feverish
  ~ le roussi (le brûlé) to smell burnt
seringue *f.* syringe
serrer to clench; to squeeze
  se ~ la ceinture to tighten one's belt
service *m.* favor
  ~ de table set of dishes
serviette *f.* napkin
  ~ de toilette towel
servir de to act as; to be used as
  se ~ de to use
SIDA *m.* AIDS
singe *m.* monkey
sinistre *m.* catastrophe
sirène *f.* alarm
sirop *m.* syrup
slogan *m.* slogan
Société *f.* **protectrice des animaux (SPA)** Humane Society

soigner to take care of
  se ~ to take care of oneself
sol *m.* floor; ground
soldes *m. pl.* sale items
solide strong
solitaire lonely
sombre somber
son *m.* sound
sondage *m.* poll
songer à to think of
sort *m.* fate; evil spell
soupière *f.* soup tureen
sourd(e) deaf
souriant(e) smiling
sous la main handy
sous-louer to sublet
sous-vêtements *m. pl.* underwear
souvenir *m.* memory
spécimen *m.* complimentary copy or item
spectacle *m.* show
spot *m.* **publicitaire** short message
squelette *m.* skeleton
station-service *f.* gas station
sténodactylo *m. ou f.* stenographer-typist
stupéfiant *m.* drug; narcotic
stupéfiant(e) *adj.* astounding
subitement suddenly
sucre *m.* sugar
suer to sweat
suivre to follow
  ~ un cours to take a course
sujet *m.* topic
supplier to beg
supporter to stand; to bear; to tolerate
supprimer to cancel
sûrement surely
sursauter to jump
surveillant *m.* **général, surveillante** *f.* **générale** supervisor
survoler to fly over
suspendre to hang
syndicat *m.* union

table *f.* **roulante** tea cart
tablier *m.* apron
tache *f.* spot
tâche *f.* task
taille *f.* waist
tandis que while
tant que as long as; while
taper to type
tapis *m.* rug
  ~ roulant conveyor belt
tarder to delay
tasse *f.* cup
tee-shirt *m.* T-shirt
teindre to dye
tel(le) such; such a
température *f.* temperature
tempête *f.* storm
tension *f.* high blood pressure
terrain *m.* plot (of land)
terrine *f.* a jar of pâté
tête *f.* head
thermomètre *m.* thermometer
tinter to jingle
tire-bouchon *m.* corkscrew
tirer to pull; to draw
tiroir *m.* drawer
toilettage *m.* grooming
tolérance *f.* tolerance
tomber to fall
  ~ amoureux(euse) de quelqu'un to fall in love with someone
  ~ en panne to break down
  ~ malade to become sick
tonnerre *m.* thunder
tôt early
toucher *m.* feel; touch
toucher du bois to knock on wood
tour *m.* turn
tourmenté (tourmentée) tortured
tourne-disque *m.* record player
tourner to make a turn; to toss; to stir
tous (toutes) les deux both
tous les jours every day

tousser   to cough
tout   all
   ~ **de suite**   just now; right away
   ~ **droit**   straight ahead
Tout va bien.   Everything is fine.
tout(e) fait(e)   instant; ready-to-use
tout(e) habillé(e)   fully clothed
tout(e) seul(e)   all by oneself
toute la journée   all day long
toux *f.*   cough
toxicomane *m. ou f.*   drug addict
trafiquant *m.*, **trafiquante** *f.*   runner (drug)
tramway *m.*   street car
tranquille   secure
   soyez ~   rest assured
   restez ~   be quiet
transport *m. pl.* **en commun**   public transportation
travaux *m. pl.*   road repairs; roadwork
traverser   to cross
trèfle *m.* **à quatre feuilles**   four-leaf clover
tribu *f.*   tribe
tricher   to cheat
tristesse *f.*   sadness
troisième âge *m.*   senior citizen's age group
trottoir *m.*   sidewalk
trouver   to find
tuer   to kill
tyranniser   to bully

unique   only

~ **enfant**   only child
urbain (urbaine)   urban
usage *m.* **de la drogue**   drug taking

vaillamment   valliantly
vaincre   to vanquish
vaincu(e)   defeated
vaisseau *m.* **spatial**   space ship
valable   valid
valeur *f.*   worth
vanter un produit   to praise or speak highly of a product
veille *f.* **au soir**   the evening before
veilleuse *f.*   nightlight
vendeur *m.*, **vendeuse** *f.*   salesperson
vengé(e)   avenged
vengeance *f.*   revenge
se venger   to take revenge
vent *m.*   wind
ventre *m.*   stomach
verglas *m.*   black ice
vérifier   to check
verre *m.*   glass
verser   to pour
vert(e)   green; unripe
vestiaire *m.*   coatroom
vétérinaire *m. ou f.*   veterinarian
viande *f.*   meat
victuailles *f. pl.*   food
vide   empty
vieille dame *f.*   old lady
vieillesse *f.*   old age
vieillir   to grow old
vieux (vieille)   old
vieux monsieur *m.*   old man
vinaigre *m.*   vinegar

vinaigrette *f.*   salad dressing
visage *m.*   face
vitesse *f.*   speed
vivre   to live
   ~ **d'amour et d'eau fraîche**   to live on love alone
vœu *m.*   wish
Voilà du joli!   It's disgraceful!
voilà pour   so much for
voile *f.*   sail
voilier *m.*   sailing ship; sailboat
voir   to see
   ~ **la vie en rose**   to see life through rose-colored glasses
   ~ **tout en noir**   to look on the black side
voisin *m.*, **voisine** *f.*   neighbor
voiture *f.*   car
   ~ **d'enfant**   baby buggy
   ~ **de pompiers**   fire engine
vol *m.* **à l'étalage**   shop lifting
volant *m.*   steering wheel
volcan *m.*   volcano
voler   to rob
voleur *m.*, **voleuse** *f.*   thief
voyance *f.*   clairvoyance
voyant *m.*, **voyante** *f.*   fortune teller
vrai(e)   real
vue *f.*   sight

wagon *m.*   train car

yaourt *m.*   yogurt
yeux *m. pl.*   eyes

Zut!   Darn it!

Index

à: avec l'article défini, 134; + nom, 433; + noms géographiques, 144–146; + l'infinitif, 260–262

à cause de, 437

accent, verbes et changement d', 21–22

accord: de l'article, 2; des adjectifs, 121–122; du participe passé, 47

à condition: de, 442; **que,** 441

adjectif. *Voir aussi* comparatif; superlatif; accord de l', 120; démonstratif, 3, 370–371; féminin de l', 118–119; interrogatif, 3, 196; place de l', 123–124; pluriel de l', 120; possessif, 3, 335–337; qualificatif, 3; verbal, 416–418

adverbe, 6, 268. *Voir aussi* comparatif; interrogatif; superlatif; **-ment,** 125–126; place de l', 49

afin que, 443

à force de, 437

aimer mieux, 165, 302

aller, 21, 31, 33; présent d', 7; **s'en,** 51; subjonctif d', 316; *vs.* **conduire,** 166

alors, 284–285, 285; **même que,** 447; **alors que,** 431

à mesure que, 432

à moins que, 442

à peine ... que, 432–433

approximation, 205

après: + infinitif passé, 262; **que,** 432–433

article, 2; absence d', 138–139; comme adjectif possessif, 338–339; défini, 2, 134–135, 137–138; emplois spéciaux de l'article, 137; indéfini, 2, 134, 136, 142–143; partitif, 2, 135–136; transformation en **de,** 139–141

assez: ... **pour,** 267; ... **pour que,** 439

à supposer que, 441

au, aux. *Voir* article

au cas où, 442

aucun ... ne, 178

au point ... que, 439

auquel: interrogatif, 199; relatif, 355

aussi, 284–285, 285; **longtemps que,** 431; **que,** 155, 440

aussitôt que, 432–433

avant: de, 262; **que,** 430

avoir: accord du participe passé après, 47; auxiliaire, 45; **beau,** 448; **besoin de,** 143–144; **envie de,** 143–144; expressions avec, 82–83, 392; **n'avoir qu'à,** 184; + partie du corps et adjectif, 339; **avoir** *vs.* **être,** 47; **que/qu'est-ce que** +, 201

bien du, de le, des, 140

bien que, 446; + adjectif, 448

but, 443–444

ça, 374

cause, 437–438

ce: adjectif démonstratif, 370–371; **c'est** *vs.* **ça,** 374; pronom neutre, 374

cela, 374. *Voir aussi* **ça;** *vs.* ceci, 374

celui/celle, 372

ce n'est pas que ... mais, 436

-cer, verbes en, 21

c'est, 374–375; *vs.* **il est, elle est,** 142, 374

c'est pourquoi, 407

chaque/chacun/chacune, 362

chaque fois que, 432

combien de temps, + passé composé, 50

comme, conjonction de subordination, 11; de cause, 435; de comparaison, 163; de temps, 430; préposition, 138

comparatif, 155–158

complexe, phrase, 429–430

concordance des temps, 325

conditionnel: après certaines conjonctions, 442, 447; emplois du, 296; emplois stylistiques du, 300; passé, 298–299; présent, 294–295

conduire, *vs.* **aller en voiture,** 166

conjonctions: de cause, 435–437; de condition, 441–443; de conséquence, 438–440; de coordination, 10; de subordination, 10–11; répétition de, 448; *vs.* préposition, 11

connaître, *vs.* **savoir,** 100–101

conséquence, 438–440

contraction, de l'article, 2

could, traduction de, 301

coup, expressions avec, 248

dans: + expressions de temps, 285; + noms géographiques, 145–146

de: article indéfini, 139; + expressions de quantité, 140; + noms géographiques, 147; + **quelqu'un, quelque chose, rien, personne,** 182; **se servir,** 100; suivi de l'infinitif, 260–262; *vs.* **en,** 223; *vs.* **par,** 404

de crainte que, 444

de façon que, 439, 444

défendre/interdire, 326

demander, 326

de manière que, 439, 444

démonstratif: adjectif, 370–371; pronom, 372–3734

de peur que, 444

depuis, 32; **quand,** 68; **que,** 432

de sorte que, 439, 444

dès que, 432

devenir, que/qu'est-ce que +, 201

devoir, 66–67

devrais, 294

différence, 163

dimensions, 203

discours indirect, 386–387, 389–390; *vs.* discours direct, 390–391

donc, 284–285, 285; + indicatif, 440

dont, 353–354

douter, 319

du. *Voir* article

du moment que, 436

duquel: interrogatif, 199; pronom relatif, 355

égalité, 155

élision, 2

emmener/emporter, 99

empêcher, 326

en: + expressions de temps, 285; expressions idiomatiques avec, 228; + noms géographiques, 145–146; pronom, 222–223

en attendant que, 431

en cas de, 442

encore du, de la, des, 140

encore que, 447

en même temps que, 432

en quoi est, 343

s'ennuyer, ennuyé, ennuyeux, ennui, 83–84

en vue de, 444

entendre dire/entendre parler de, 406

est-ce que, 10; interrogation avec, 194; **qu',** 200–201

étant donné que, 436

être. *Voir aussi* **c'est; il est,** 77; accord du participe passé après, 47; + **à** ou **de** + infinitif, 261; comme auxiliaire, 45–46; **en train de** + infinitif, 29, 422

faillir, + infinitif, 229

faire: en sorte de + infinitif, 440; **en sorte que,** 439; + infinitif, 263–265; **mieux de** + infinitif, 303; **semblant** *vs.* **prétendre,** 392–393

fly, 377

for, 361

futur antérieur: emplois du, 283; formes du, 282

futur simple: emplois du, 280–281; formes du, 278–279

genre: des adjectifs, 118; des noms, 109

-ger, verbes en, 21

gérondif, 8, 417

grâce à, 437

guère, ne, 179

hear, 407

how long, 32, 50

identité, 163; pronoms interrogatifs d', 196–197

if. Voir conditionnel; **si**

il est, 374–375

il faut, 325–326

il n'y a qu'à, 184

il reste, il me reste, 407

il s'agit de, 184

imparfait: **depuis quand** +, 68; du subjonctif, 477; emploi de l', 63–64, 80; formes de l', 59–61; passé composé et, 65; *vs.* passé simple, 97

impératif, 29–31; des verbes pronominaux, 29–31; emplois de l', 30–31; formes de l', 29; ordre des pronoms à l', 226; place des pronoms à l', 239

impersonnels, verbes, + indicatif, 47; + subjonctif, 316–318, 474

n'importe lequel/quel/qui/quoi/où/ comment, 424–425

indéfini. *Voir* article

indicatif, *vs.* subjonctif, 313, 319

indirect: discours, 10, 386; pronoms objets, 217–218

infinitif: emploi de l', 258–259; formes de l', 256–257; négatif, 257; ordre des pronoms objets avec, 227; précédé de **à** ou **de,** 260–262; prépositions et, 262

interrogatifs: adjectifs, 196; adverbes, 202; mots, 10; pronoms, 196–200

interrogation, 9, 193–194; avec **est-ce que,** 10; indirecte, 387–388; par mot interrogatif, 196–198; place des pronoms dans, 240; sur le verbe, 194–195

inversion: **à peine** +, 432; après un pronom relatif, 356; **aussi** +, 285; dans une citation, 286; interrogation et, 194–195

jamais, ne, 177–178

jusqu'à ce que, 431

laisser, + infinitif, 266; *vs.* **quitter,** 51

la plupart des, 141

le, la, les. *Voir* article, ou pronom personnel

lequel, relatif, 355–356; interrogatif, 199

lettres, formules de, 229–230

leur: adjectif possessif, 337; pronom objet indirect, 217

lorsque, 431–432

maintenant que, 436

make. Voir **faire**

malgré, 448

manquer, 376

marcher, *vs.* **aller à pied,** 166

matières, 343

meilleur, 161

même si, 446

mener, 99

mesures, 204

se mettre, 423–424

mieux, 161; **faire,** 303

mode, 9, 313

moindre, 158

moins/plus, 157

moitié, 140

mon, ma. *Voir* possessif

must. Voir **devoir; il faut**

nationalité, **être** + nom de, 142

ne pléonastique, 476

négation, 9, 175; combinée, 181; des verbes pronominaux, 27; du verbe au présent, 27; emploi de la, 176–180; formes de la, 176; impératif et, 29; passé composé et, 44; plus-que-parfait et, 77

ne … que *vs.* **seulement,** 182

n'est-ce pas, 195

nombres et fractions, 478

noms, 2; de chose, 112–114; de personne, 109–111; genre du, 109–113; géographiques, 144–146; pluriel des, 115–116

notre. *Voir* possessif

nul/nulle, 179

objet. *Voir* pronoms

omission de l'article, 138–139

on, 33–34, 406

only. Voir **ne … que, seulement, seul**

opposition, 445–446

où, 356; **que,** 446

par, *vs.* **de,** 405

paraître, *vs.* **avoir l'air/sembler,** 392

parce que, 11, 435

par conséquent, 440

participe, 416; parfait, 421; passif, 418; présent, 417, 419–420; proposition, 422

participe passé, 42–43, 417, 421; accord du, 46–48, 245–246; des verbes irréguliers, 43–44; des verbes pronominaux, 47

partir, *vs.* **quitter, laisser, sortir,** 51

partitif. *Voir* article

passé antérieur, 476

passé composé: **combien de temps** +, 50; emplois du, 48–49, 80; formes du, 42; *vs.* passé simple, 97–98

passé simple: emplois du, 97–98; formes du, 92–96

passé surcomposé, 475

passif, 8–9; emplois du, 404–405; formes du, 402–403

pendant: que, 11, 431; *vs.* **pour,** 360

penser à/de, 202–203

phrase complexe, 429

pluriel. *Voir* adjectif; article; noms

plus: de plus en plus, 164; **plus . . . plus,** 164; **plus . . . que,** 157

plus-que-parfait: emplois du, 78–80; formes du, 76–77; *vs.* passé simple, 97

plutôt, 165

porter, 99

possessif: adjectif: emploi de l'article pour, 338–339; emplois, 336–337; formes, 335; pronom, 340–341; expressions idiomatiques avec, 342–343

pour: que, 11, 443, 447; *vs.* **pendant,** 360

pourvu que, 442

préférence, verbes de, 318

permettre, 326

personne: ne . . . personne, 177; **personne de,** 177

prépositions, 5–6; + infinitif, 260; **lequel** +, 355; + noms géographiques, 145–147; *vs.* conjonction, 11

présent, 20–29; des verbes du deuxième groupe, 23; des verbes du premier groupe, 20–22; des

verbes du troisième groupe, 24; des verbes irréguliers, 24–26; des verbes pronominaux, 27; emploi du, 28–29; formes du, 20; après **depuis,** 32

prétendre, *vs.* **faire semblant,** 392–393

professions: **être** + nom de, 142

pronominal, verbe, 27, 238

pronoms: combinaisons de, 224–225; démonstratifs, 5, 372–374; disjoints, 5, 219–221; indéfinis, 5; interrogatifs, 5; objets directs, 4, 215–216; objets indirects, 4, 217–218; personnels, 3–4, 214–216; place des, 239–240, 241, 261, 264; possessifs, 5, 340–341; relatifs, 5, 352–354, 358; sujet, 4, 214–215

prononciation, 12

proportion, 163

puisque, 435

quand, 431–432; **bien même,** 447; conjonction de subordination, 11; + futur, 280, 283; **même,** 447

quantité, expressions de, 140

que: conjonction de subordination, 11; + discours indirect, 386–387; **ne,** 182–183; pronom interrogatif, 195; pronom relatif, 352–353

quel: adjectif interrogatif, 196; **que soit,** 447

quelque/quelques, 361; **que,** 447

quelque chose, 182

quelqu'un/quelques-uns/ quelques-unes, 361

qu'est-ce que, 200; + **avoir,** 210

qu'est-ce qui, 197

qui, 352–353; pronom interrogatif, 196; pronom relatif, 352

qui est-ce qui, 197

quitter, *vs.* **laisser, partir, sortir,** 51

quoi: en, 343; pronom interrogatif, 196; **que,** 446; relatif, 358

quoique, 446; + adjectif, 448

ramener *vs.* **rapporter,** 99

récit, temps du passé dans un, 80

réfléchi, *vs.* réciproque, 242

relatif. *Voir* pronoms

religion: **être** + nom de, 142

il reste, 407

ride a bike, a horse, 377

rien, 177, 181; expressions avec, 185

sans, 51, 138

savoir, *vs.* **connaître,** 100–101

sembler, *vs.* **avoir l'air/paraître,** 392

sentiment, verbes de, 318

servir, 100; **se servir de,** 143–144

seul, 182

seulement, 182–183

should, traduction de, 302

si: ... c'est que, 436; + conditionnel, 296, 298–300; conjonction de subordination, 11; + futur antérieur, 283; + futur simple, 281; + imparfait, 66; + indicatif, 441; **que,** 447

si bien ... que, 439

since, 32, 432

soit que ... soit que, 436, 442

sorte, de sorte que, 444

sortir *vs.* **laisser, partir, quitter,** 51

sous prétexte de, 437

sous prétexte que, 436

subjonctif: après certaines conjonctions, 321–322, 430–431, 436, 439, 443–444, 446–447; après conjonction de subordination, 11; après pronoms relatifs, 359; après un superlatif, 359; emplois du, 317–320, 322; expressions au, 323; imparfait, 477; irrégulier, 316–317; passé, 323–325; plus-que-parfait, 477; présent du, 313–315; *vs.* indicatif, 317

superlatif, 160–162

supposition. *Voir* conditionnel

ta, ton, tes *vs.* possessif, 335

tandis que, 431

tant, ... que, 438

tant que, 431

tant/tellement, 437

tel, telle, tels, telles, que, 439

temps, 283, 430–432. *Voir aussi* concordance des temps; conjonctions; futur; imparfait; passé composé; passé simple; plus-que-parfait; présent

this, that: démonstratifs, 374; *that:* relatif, 352

tout: adjectif, 246–247; adverbe, 247; pronom, 247; **que,** 447

tout ce qui/tout ce que, 246, 358
trop ... pour, 267
trop ... pour que, 439

un, une. *Voir* article
une fois que, 432

venir: de, 50; de + infinitif, 81
verbes, 6–7; à double construction,
    326; auxiliaires, 42–43; du
deuxième groupe, 23, 313–314;
impersonnels, 61, 316; irréguliers,
24–26, 30, 43–44, 61, 94–96,
314–315; mode des, 9; de
mouvement, 377; de perception,
266; du premier groupe, 7–8,
20–22, 313–314; pronominaux, 8,
27, 30, 46–47, 61, 242–245; du
troisième groupe, 24, 314
volonté, verbes de, 318
votre, vos *vs.* possessif, 335

vouloir, 318

what: traduction de, 200
which, 356; traduction de, 200
whose: relatif, 352; interrogatif, 196
would, traduction de, 301
will: traduction de, 281

y, 218; expressions idiomatiques
    avec, 228
-yer, verbes en, 21

Acknowledgments

Text Credits

p. 17: Extrait de Patrick Cauvin: *Monsieur Papa.* © Editions Jean-Claude Lattès, 1976. Reproduit avec la permission des Editions Jean-Claude Lattès. *p. 39:* Extraits de Jacques Prévert: *Paroles.* © Editions Gallimard. Reproduit avec la permission des Editions Gallimard. *p. 57: La Cause des Femmes* de Gisèle Halimi. Reproduit avec la permission de Gisèle-Halimi. p. 74: Extrait d'Albert Camus: *L'Etranger.* © Editions Gallimard. Reproduit avec la permission des Editions Gallimard. *p. 90: La Maison de papier* de Françoise Mallet-Joris. © Françoise Mallet-Joris. Reproduit avec la permission des Editions Bernard Grasset. *p. 107:* Extrait de Gabrielle Roy: *Rue Deschambault.* Reproduit avec permission de la Librairie E. Flammarion. *p. 131:* Extrait de Françoise Dorin: *Va voir Papa, Maman travaille.* Reproduit avec la permission des Editions Robert Laffont. *p. 153:* Extrait de Pierre Daninos de *Les Carnets du Major Thompson.* Reproduit avec la permission de Hachette. *p. 172:* Extrait de Ionesco: *La Cantatrice chauve.* © Editions Gallimard. Reproduit avec la permission des Editions Gallimard. *p. 191:* Extrait de Georges Pérec: *Les Choses.* Reproduit avec la permission des Editions Juillard. *p. 211:* Extrait de Marcel Pagnol; *Marius, Fanny, César.* Reproduit avec la permission de Jacqueline Pagnol. *p. 236:* Extrait de Camara Laye: *L'enfant noir.* © Librairie Plon. Reproduit avec la permission de la Librairie Plon. *p. 253:* Extrait de Nicole de Buron: *10 Jours de rêve.* Reproduit avec la permission de la Librairie E. Flammarion. *p. 275:* Extrait/ poèmes de Jacques Brel: *A deux.* © Editions Seghers SA. *p. 276:* Charles Aznavour: *Un jour tu verras* by Marcel Mouloudji and Georges Van Parys. Copyright © 1954 by Les Nouvelles Editions Meridian. Copyright renewed. Administered by Southern Music Publishing Co., Inc. in the U.S. International copyright secured. Used by permission. *p. 291:* Chanson de Maxime Le Forestier: *Mon Frère p. 293:* Extrait de René Bazin: *Ce que disait le vent. p. 309:* Extrait de Carmen Berno de Gasztold: «Prière du petit âne» et «Prière du signe» de *Prières* dans L'Arche (Utrecht: De Roos, 1962). *p. 311:* Extrait de Jean Marais: *Histoire de ma vie.* Reproduit avec la permission des Editions Albin Michel. *p. 332:* Extrait de Michelle Maurois: *La Table des Matières.* Reproduit avec la permission de la Librairie E. Flammarion. *p. 350:* Extrait de Françoise Giroud: *Si je mens.* Reproduit avec la permission des Editions Stock. *p. 368:* Extrait de Jean-Luc Caradeau et Cécile Donner: *Guide pratique de la chance.* © 1984 International Book Promotion, Paris. Reproduit avec la permission. *p. 383:* Extrait de Sempé et René Goscinny: *Le Petit Nicolas et les copains.* © Editions Denoël. Reproduit avec la permission des Editions Denoël. *p. 399:* Extrait de Maryse Condé: *Ségou, l'histoire de Naba.* Reproduit avec la permission des Editions Robert Laffont. *p. 413:* Extrait de Pierre Boulle: *La Planète des singes.* © Presses-Pocket, 1963. Reproduit avec la permission des Editions Juillard.

Photo Credits